Curso práctico para programación de AVR

Proyectos completos, código y explicación

Ernesto Paredes Martínez

Marcombo  Alfaomega

Curso práctico para programación de AVR. Proyectos completos, código y explicación
Ernesto Paredes Martínez

Derechos reservados © Alfaomega Grupo Editor, S.A. de C.V., México
Primera edición: 2018
ISBN: 978-607-538-095-7

Primera edición: MARCOMBO, S.L. 2024

© 2024 MARCOMBO, S.L.
www.marcombo.com

ISBN: 978-84-267-3858-5
D.L.: B 16761-2024

Impreso en Arteos
Printed in Spain

Libro ecológico
Impreso con papel procedente de bosques gestionados de manera eficiente, libre de cloro

Acerca del autor

 ### Ernesto Paredes Martínez

El autor es doctorado en ciencias, ejerce como catedrático en el Centro de Estudios Superiores Navales (CESNAV) y cuenta con una condecoración militar al Mérito Docente. Fue oficial militar de la misma institución y actualmente imparte cátedras como civil. Ha sido profesor de la asignatura de Microcontroladores AVR durante más de 10 años en diferentes instituciones, por lo que ha impartido otras cátedras de la electrónica como Potencia, Electrónica Digital y Analógica, y Control.

Su principal objetivo al haber elaborado este libro es compartir su experiencia docente y hacer llegar a los estudiantes de todos los niveles, y de varias disciplinas (tanto médicas como tecnológicas), el conocimiento detallado de la programación de AVR con la ayuda de prácticas y proyectos. Con la experiencia docente del doctorado en ciencias Ernesto Paredes, se ha facilitado la comprensión de la programación de AVR, que actualmente está considerada como un gran apoyo tecnológico en el diseño de circuitos electrónicos para proyectos de alto nivel.

Agradecimientos

Deseo agradecer el apoyo al equipo de Atmel, quienes a través del soporte técnico respondieron dudas sobre la aplicación de algunas funciones usadas en este libro, gracias por los emails y el apoyo incondicional. Especialmente a Y.C. Wang y Vinod PV por la autorización del uso de figuras y cuadros de los manuales PDF de los AVR expuestos en este trabajo, y las capturas del programa AVR Studio 4.15. También un especial agradecimiento a K. Ravi Kiran, Kristian Saxrud Bekken, Prachi Joshi, Sivashankari S., Manoraj Gnanadhas, del equipo de soporte de Atmel, por haberme ayudado con los enlaces y ejemplos de código para el correcto entendimiento de algunas funciones del AVR.

Gracias a Cadence Design Systems, Inc. y a EMA Design Automation, especialmente a Eric Ubiera, por su apoyo y soporte en la edición y autorización de los diagramas eléctricos y figuras presentados en este libro. Sin tu ayuda, Eric, no sería posible la adquisición de la licencia para la elaboración de los diagramas eléctricos. Gracias por la facilidad para adquirir la licencia original del programa OrCAD versión 17.2.

Gracias a Jonathan Westhues por su autorización para usar su programa LDmicro, explicado en este libro en el capítulo 45 "Crear un PLC con AVR". Jonathan, felicidades por tu estupendo programa.

Gracias a Emerson Williams, de la compañía Hilgraeve, Inc. (www.hilgraeve.com), por el permiso para disponer del programa Hyperterminal, usado en el capítulo 33 "Comunicación entre un AVR y un ordenador". Excelente programa.

Gracias a Gerhard Schmidt, quien elaboró la "subrutina de división" usada en este trabajo en algunos proyectos; esto facilitó la elaboración de dichas subrutinas. Gracias por conceder el derecho y el privilegio de usar tu subrutina en este libro.

Felicidades a la empresa Arduino por la extraordinaria aportación al mundo AVR con sus tarjetas de desarrollo.

Un agradecimiento a la casa Alfaomega Grupo Editor S.A de C.V., que abrazó este proyecto, en especial al Ing. Francisco Soto Velazco, Lic. Luis Martínez G., doctorado en ciencia Francisco Javier Rodríguez C. y Lic. Minerva Juárez Ibarra.

Agradezco principalmente a Hashem por haber hecho posible crear este sueño y anhelo que implicó tanto esfuerzo.

Mensaje del editor

Una de las convicciones fundamentales de Marcombo y de Alfaomega es que los conocimientos son esenciales en el desempeño profesional, ya que sin ellos es imposible adquirir las habilidades para competir laboralmente. El avance de la ciencia y de la técnica hace necesario actualizar continuamente esos conocimientos, y de acuerdo con esto Marcombo y Alfaomega publican obras actualizadas, con alto rigor científico y técnico, y escritas por los especialistas del área respectiva más destacados.

Consciente del alto nivel competitivo que debe de adquirir el estudiante durante su formación profesional, Marcombo y Alfaomega aportan un fondo editorial que destaca por sus lineamientos pedagógicos, que coadyuvan a desarrollar las competencias requeridas en cada profesión específica.

Además de la estructura pedagógica con la que están diseñados nuestros libros, Marcombo y Alfaomega hacen uso de los medios impresos tradicionales en combinación con las Tecnologías de la Información y la Comunicación (las TIC) para facilitar el aprendizaje. Correspondiente a este concepto de edición, todas nuestras obras tienen su complemento en una página web. En esta edición el lector podrá encontrar las figuras, los diagramas y las tablas a color incluidas en este libro.

Los libros de Marcombo y Alfaomega están diseñados para ser utilizados en los procesos de enseñanza y aprendizaje, y pueden ser usados como textos en diversos cursos o como apoyo para reforzar el desarrollo profesional; de esta forma, Marcomnbo y Alfaomega esperan contribuir a la formación y al desarrollo de profesionales exitosos para el beneficio de la sociedad, y esperan ser su compañera profesional en este viaje de por vida por el mundo del conocimiento.

Plataforma con contenidos interactivos

Para tener acceso al material de la plataforma con contenidos interactivos de este libro siga los siguientes pasos:

1. Ir a la página: http://marcombo.info/

2. Introducir el código **AVR24** y sus datos

Tendrá acceso a las imágenes a color que se incluyen en este libro.

NOTA: Se recomienda hacer una copia de seguridad los archivos descargados de la página web en un soporte físico.

Contenido

Relación de figuras, tablas, registros y diagramas

El siguiente listado ha sido tomado de manuales AVR de Atmel y software AVR Studio versión 4.15.

Figuras:

Tablas:

Registros:

Diagramas:

Introducción

Este libro pretende ayudar al estudiante a iniciarse en la programación de un AVR explicando de forma muy sencilla los pasos a seguir para la configuración y puesta en marcha de este microcontrolador. Se presentarán algunos circuitos prácticos y secciones de código del programa de cada circuito, así como recomendaciones para su correcta programación. Este curso, aunque es práctico, se apoya en las instrucciones más usadas del AVR, así como una matriz de programación avanzada. Quien sea que se guíe con este libro podrá programar un AVR de forma sencilla para una aplicación potente; cabe aclarar que para leer este libro no se necesita experiencia en la programación de un AVR, ya que este trabajo pretende que la información contenida aquí sea accesible para cualquier nivel, para ello se detallarán los pasos a seguir para la correcta programación. La destreza en la programación dependerá del tiempo que el diseñador dedique a la información escrita aquí, así como del tiempo que dedique a la práctica del simulador de AVR Studio.

En el contexto de trabajo, si a un grupo de personas se les solicita solucionar un problema de ingeniería con este microcontrolador, seguramente habrá más de dos formas "lógicas" de resolverlo, ya que cada cual diseñará el código del programa según la forma mental en que visualice la solución; dicho esto, los códigos de programa presentados en este trabajo seguramente se puedan resolver de otra manera, pero no se pretende mostrar al lector una única forma de programación, sino el uso de las instrucciones, comandos, operandos, macros y demás cualidades del AVR. La destreza del programador[1], la eficiencia del código, el número de líneas usadas, etcétera, dependerá de la experiencia que vaya adquiriendo el diseñador con la práctica.

Para la elaboración de este libro se usaron principalmente el AVR ATtiny2313 y el ATmega8515, y el programa gratuito AVR Studio 4.0, el cual puede ser descargado de la página del fabricante (Atmel), así como los diferentes documentos necesarios para su programación. También se anexará, en la parte penúltima del libro, un diagrama eléctrico de una base multi-AVR para programar varios microcontroladores de Atmel en un mismo módulo-programador (MP). Esta base se conecta al MP y puede ser muy práctico al usar programadores AVRISP. Además, se anexan en cada ejemplo y proyecto los diagramas eléctricos editados con el programa Orcad.

¿Por qué AVR?

Dentro de la experiencia docente y de campo, nos hemos encontrado con otros ingenieros que ya han manejado otro tipo de microcontroladores; nosotros tuvimos la oportunidad de utilizar otras marcas diferentes al AVR, y nos encontramos con que este microcontrolador ofrece muchas ventajas: un rango de voltaje de operación amplio, un rango de frecuencia de oscilación (tanto interna como externa) amplio y varios registros de usuario (registros conocidos como de *propósito general* o *de trabajo*)[2], entre muchas otras cualidades, lo que a

---

[1] La palabra "programador" que uso en este libro la vinculo a usted, apreciado lector.
[2] Aunque en este libro se denominará a los registros como de "usuario" (para facilitar su descripción) distribuidos en dos bancos (registros R0 al R15, y R16 al R31), en los manuales de AVR aparecen como registros de *propósito general* o *registros de trabajo*.

nuestro parecer hacen de un AVR un microcontrolador muy agradable en la programación y muy potente en la aplicación. Con esto no pretendemos decir que otras marcas son mejores o peores que la familia de Atmel, cada marca tiene sus bondades, pero en nuestra experiencia sí hemos encontrado un gran beneficio en el AVR; por supuesto, hay colegas que dominan el uso de otra marca de microcontroladores y son expertos y han desarrollado aplicaciones muy importantes y potentes, pero para quienes en todo el mundo ya han usado este microcontrolador coincidirán con nosotros en que es una herramienta potente.

AVR tiene la bondad de ser programado en **lenguaje ensamblador** y **lenguaje C**; sin embargo, para este libro se usará solamente lenguaje ensamblador a través del programa AVR Studio 4. Este libro se divide en dos partes, la primera es la explicación de cómo programar un AVR, estructuras y ejemplos; y la segunda parte mostrará la aplicación práctica de un AVR en proyectos reales, incluyendo códigos y diagramas eléctricos.

Parte 1

AVR

🖐 Programando

Antes de entrar en la sintaxis del programa, es necesario explicar cómo se puede dividir la estructura del programa en un AVR. Dependiendo de la destreza del programador, algunas partes de la estructura podrán tener una posición diferente. La estructura se puede dividir básicamente en cuatro partes (figura 1.1): encabezado, configuración, cuerpo y subrutinas auxiliares (esta estructura tiene una variante que veremos más adelante para introducir otros bloques).

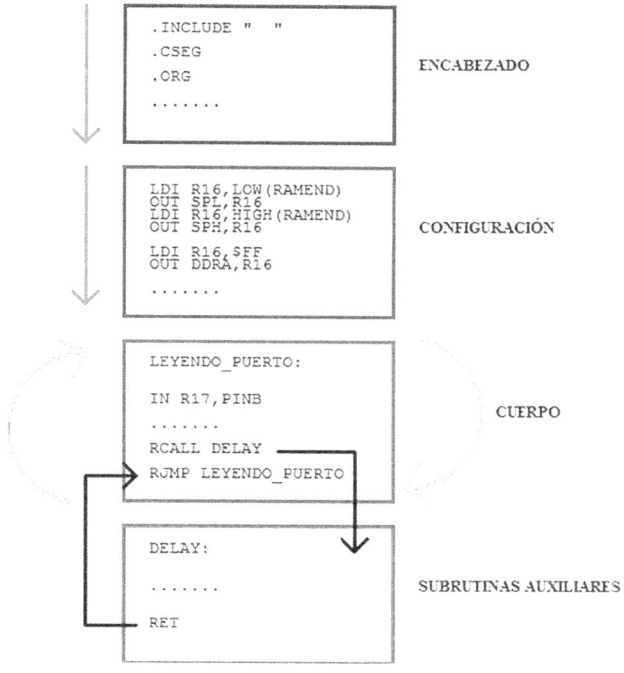

Figura 1.1 Secciones recomendadas para programar un AVR

AVR se configura, se programa y se trabaja con base en registros de 8 bits cada uno (la arquitectura de los AVR que usaremos en este libro es de 8 bits. Ya con los conocimientos adquiridos, podrá migrar a otros AVR). Con los registros de propósito general de 8 bits se pueden hacer arreglos para trabajar datos a 16, 32, 64 y 128 bits.

Primero explicaremos el uso de los registros de propósito general, y después el uso de los registros de configuración. En el manual de cada AVR, en el simulador y en el momento de hacer operaciones, el programador debe visualizar 8 casillas, como se observan a continuación (figura 1.2), con ponderación de derecha a izquierda:

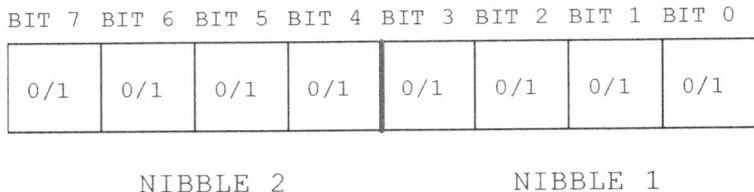

Figura 1.2 Registro de propósito general de 8 bits

Cada bit puede tomar el valor de 0 o 1, y exactamente como en la electrónica digital, la ponderación del Bit0 es $2^0 = 1$ (el bit menos significativo), y el valor del Bit7 es $2^7 = 128$ (el bit más significativo). En la figura 1.2 se observa que se encuentra una línea divisoria imaginaria (línea **azul**) entre el NIBBLE 1 y el NIBBLE 2, esto es para la nomenclatura hexadecimal (muy usada en el AVR). Por ejemplo, si deseamos visualizar en el registro de 8 bits el 3A hexadecimal ($3A) (figura 1.3), se escribirá de la siguiente forma:

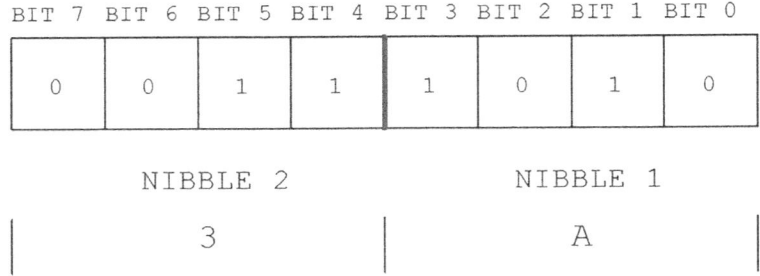

Figura 1.3 Registro cargado con $3ª

Los datos se pueden almacenar (cargar) en varias nomenclaturas en los registros de AVR (decimal, hexadecimal, octal, binario, signado, caracteres ASCII). En el siguiente ejemplo se muestra la instrucción LDI (Load immediate) usando el registro R16 (la "coma" siempre se usará en AVR). Existen 32 registros de propósito general o de trabajo (también llamados registros de usuario) divididos en dos bancos, del R0 al R15 y del R16 al R31:

```
LDI R16,0xFF                    ;HEXADECIMAL 1
LDI R16,$FF                     ;HEXADECIMAL 2
LDI R16,255                     ;DECIMAL 1
LDI R16,5                       ;DECIMAL 2
LDI R16,0377                    ;OCTAL
LDI R16,0b11111111              ;BINARIO 1
LDI R16,0b1111_1111             ;BINARIO 2
LDI R16,-128                    ;NÚMEROS SIGNADOS
LDI R16, 'A'                    ;CARACTERES ASCII
```

Más adelante se explicarán las diferentes modalidades para cargar un registro AVR y las formas de *personalizar* los registros. Los dos bancos de registros (del R0 al R15 y del R16 al R31) tienen reglas de uso y restricciones, asimismo, ciertas instrucciones no pueden ser usadas en ambos bancos. La tecla de ayuda F1 del programa AVR Studio indica en la pestaña de Contenido: AVR assembler-instructions todo el SET de instrucciones del AVR (también existen ciertas instrucciones que unos modelos de AVR pueden usar y otros no, como la instrucción de multiplicación MUL).

Aparentemente hablar de limitaciones y restricciones cuando se está empezando a programar AVR parece motivo de preocupación, pero en realidad no lo es, en el momento de editar el código en el AVR Studio, el mismo debugger mostrará si existe un error (ya sea en la sintaxis, o en el uso de alguna instrucción que el modelo de AVR en cuestión no permita), que el usuario podrá corregir. Sugiero empezar a programar con una versión sencilla, como un ATtiny2313, y ya con un poco más de práctica usar una versión Mega como el ATmega8515, y posteriormente el ATmega8535 (en este punto habrá programadores que opinen que es posible usar otro modelo de AVR para empezar a entrenar, sin embargo, estamos seguros de que muchos coincidirán en el uso de estos modelos que proponemos).

Un programador primerizo podrá pensar que usar un AVR cuyos registros son de 8 bits es limitado, sin embargo, esto no es cierto, un AVR de 8 bits es muy potente. El AVR tiene la facilidad de "concatenar" registros para operaciones con más bits (palabras mayores de 8 bits); de hecho, un AVR posee tres registros concatenados diseñados para operaciones con 16 bits, a tales registros se les conoce como registros X, Y y Z. El registro X está formado por los registros R26 y R27, el registro Y por los R28 y R29, y el registro Z por los R30 y R31. A estos registros también se les conoce como registros de apuntador (Pointer-registers), y al ser de 16 bits poseen un byte alto y un byte bajo; así el registro X está compuesto por XL y XH, el registro Y por YL e YH, y el registro Z por ZL y ZH.

Se sugiere que el programador novel empiece por trabajar los registros del R16 al R31. Posteriormente, ya con el desarrollo de este libro, podrá usar los registros del R0 al R15. Para el uso de las instrucciones, el programador podrá hacer uso de la ayuda F1 para revisar ejemplos en su uso y su sintaxis (de las instrucciones) y su interacción con los registros (por ejemplo, cómo usar el registro Z o el R0). Parece que 32 registros de trabajo son más que suficientes para hacer programas complejos; sin embargo, cuando falta práctica en el uso de los registros, en ocasiones el programador novel puede llegar a ocupar todos los registros y le faltará alguno para continuar su aplicación. Si esto llega a ocurrir, existe una solución: se debe analizar el programa para usar registros "redundantes", es decir, un solo registro puede ser usado en múltiples líneas de código sin que afecte a la aplicación, pero esto se logra a través de la práctica y la observación.

En ocasiones se puede caer en el error de usar registros en retrasos (retardos, delay) que ya fueron usados previamente en otra línea de código, lo que afecta a la correcta operación del retraso. En estos casos, se sugiere reservar registros que serán usados solo para los retrasos, y reservar otros registros para otras líneas de código. En ocasiones, también podemos llegar a tener un error al que llamaremos de "tiempo real", en donde el programador en su mente, y en el simulador aparentemente, observa que el programa realiza las funciones deseadas; sin embargo, en el momento de descargar el programa en el AVR, las funciones no se ejecutan correctamente o simplemente no funcionan, esto se debe a que el programador debe considerar la frecuencia de operación del AVR y debe sincronizar el tiempo de ejecución del AVR (dependerá de la frecuencia de reloj seleccionada) con el tiempo real. Por ejemplo, si el AVR trabaja a 4 MHz, en el simulador el programador no puede observar las operaciones a esa frecuencia porque está analizando línea por línea, pero en la aplicación el programador debe considerar el "universo" alrededor del AVR en esa frecuencia.

Un caso simple es encender un LED, el cual el programador desea que se encienda y apague a cierta frecuencia (esta sería una frecuencia de operación de AVR), pero debe considerar la frecuencia del ojo humano para poder observar que el LED se prenda y apague (esto sería el tiempo real), si no lo hace, el LED aparentemente estará siempre apagado, cuando en realidad la salida del pin de puerto sí está realizando la función que el programador quiere, y lo puede comprobar conectando un osciloscopio, pero es tan rápido el encendido-apagado que el LED no alcanza a excitarse o el ojo humano no puede percibir cierta frecuencia.

Otro error de tiempo real es cuando en el simulador el programa realiza las funciones deseadas, pero en la aplicación real no, esto es también debido a que el programador debe considerar todos los fenómenos involucrados en el entorno del AVR, dicho de otro modo, debe "pensar" como si fuera el AVR. Aunado a lo anterior, otro error muy común es cuando se programan puertos de salida. El programador debe considerar que debe activar las conexiones internas con el registro DDRX (esto se explicará en la sección de Puertos) para inyectar la corriente necesaria para la salida de un(os) pin(es) de puerto. Al programador novel en ocasiones se le olvida este paso y en el momento de conectar al AVR en la aplicación, simplemente, el pin de puerto programado como salida no excita a la etapa siguiente (aunque en el simulador sí esté operando de forma deseada).

En los ejemplos usados en este libro, el programador podrá observar sugerencias para hacer un "mapeo de registros", cuáles registros usar para usar los contadores, qué registros utilizar para configurar al AVR, qué registros usar de forma dinámica, etcétera. Recuerde que este libro es una guía para empezar a programar en AVR de forma básica y avanzada, pero dependiendo de la destreza del programador, el uso de registros será a conveniencia de la aplicación. Las sugerencias mostradas en este libro no son casos absolutos, sino simplemente sugerencias.

El programa AVR Studio se puede descargar gratuitamente de la página de Atmel (en la sección de Studio Archive) en la dirección http://www.atmel.com/tools/studioarchive.aspx, donde se puede acceder a versiones anteriores y a la última versión del programa. Para ayuda de otros programadores a nivel mundial, también se puede acceder a foros de discusión y aportación como el de AVR Freaks en la dirección http://www.avrfreaks.net/.

Primer programa en AVR (encender un LED)

Antes de continuar describiendo las partes que componen un programa para AVR, lo más práctico es escribir uno muy sencillo, y a partir de ahí continuar explicando cada sección para que el lector se familiarice con las explicaciones de forma directa en el programa.

El programa más sencillo que existe es encender un LED, que en este caso será conectado en el pin del puerto B `bit4` (`PB4`) (diagrama 2.1). En el montaje de los circuitos hay que considerar siempre dos aspectos físicos (hardware): el correcto voltaje de alimentación y la terminal de RESET. En este ejercicio, la terminal de RESET está conectada al voltaje VCC de +5 V a través de una resistencia de 1 kΩ (el valor de R puede variar entre 1 kΩ y 4.7 kΩ). En otros ejercicios la terminal de RESET va con un push-button.

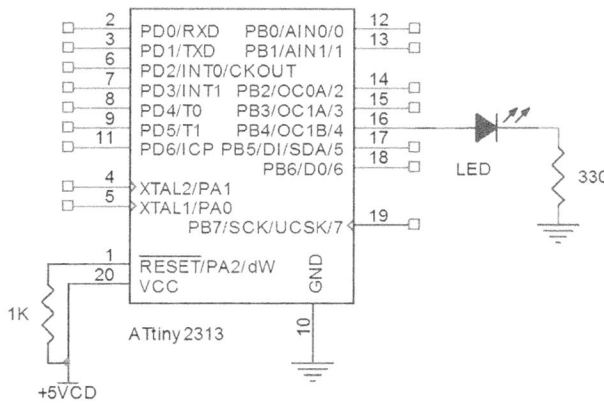

Diagrama 2.1 Primer circuito para encender un LED

Aún no se han explicado los registros involucrados en un puerto de AVR para la configuración, ni las partes que involucran la sección de configuración, pero se explicará con detalle cada sección del programa a partir de este ejemplo. El programa se inicializa de la siguiente forma:

```
;ESTE ES EL PRIMER PROGRAMA QUE SE HARÁ          Comentarios iniciales
                                                 con "punto-y-coma"
;PARA PRENDER UN LED                             en color verde

.INCLUDE "TN2313DEF.INC"          Debemos incluir la librería del AVR a programar
                                  que en este caso es un ATtiny2313
.CSEG
.ORG 0                     Debemos decirle al AVR en qué segmento vamos a programar,
                           que en este caso es en la Flash, por eso la directiva .CSEG
LDI R16, LOW(RAMEND)
                               Debemos decirle al AVR a partir de qué dirección vamos a
OUT SPL, R16                    programar la Flash, que en este caso es a partir de la CERO

                       Debemos configurar el Stack Pointer (SP) para el ATtiny2313

LDI R16, 0b0001_0000       Se configura el pin 4 del puerto B (PB4) como salida (por
                           eso el 1 en el número binario) usando el registro DDRB
OUT DDRB,R16

                       Se saca el voltaje físicamente usando el registro PORTB
OUT PORTB,R16

                           FIN de la subrutina

FIN: RJMP FIN
```

A continuación se muestra el uso del programa AVR Studio 4 para la edición y simulación de los programas que serán cargados en el AVR. La primera ventana después de ejecutar la catarina ❃ es la que muestra la figura 2.1 donde se debe seleccionar el tipo de proyecto, que en nuestro caso será "Atmel AVR Assembler" (este libro se basará exclusivamente en lenguaje ensamblador) que tiene la forma de rombo rojo (la opción AVR GCC es para lenguaje C). En la casilla de Project name se escribirá el nombre del proyecto al que le pondremos "PROGRAMA_1". Es importante que el nombre del programa use "guion bajo" en lugar de los "espacios".

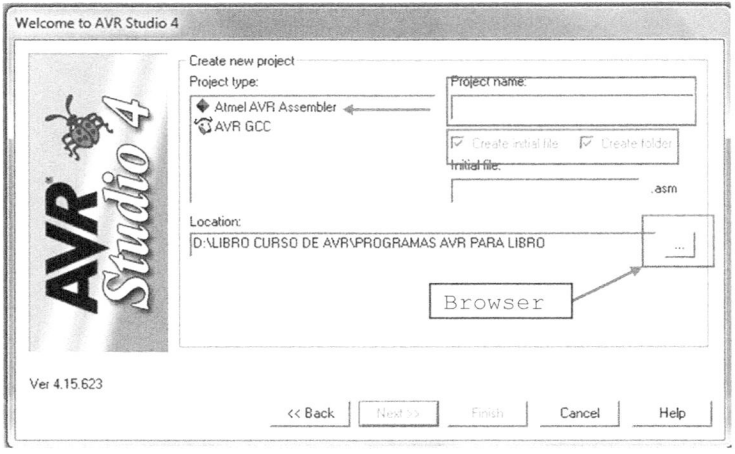

Figura 2.1 Seleccionando el nombre y tipo de proyecto

Deben estar seleccionadas las casillas Create inicial file y Create folder. Y seleccionar en el browser la ruta del programa nuevo (figuras 2.1 y 2.2).

En la web existen muchas páginas donde se pueden obtener proyectos, aplicaciones, fragmentos de código para AVR, en diferentes idiomas como español, inglés, alemán y ruso.

PRECAUCIÓN: Como siempre, se recomienda extrema precaución en la navegación de páginas web en la búsqueda de información para AVR (como cualquier otro tópico), ya que existen algunas que pueden ser de origen desconocido y causar problemas en el ordenador. Si el programador desea mayor seguridad en las páginas web sobre AVR, o más información sobre alguna instrucción o función, consultar directamente la página de Atmel (http://www.atmel.com/) e introducirse en "Soporte técnico (Support>Request Technical>Support>Open a new case)", y registrar un caso nuevo, a lo cual en un par de días obtendrán una respuesta vía email.

Nota:

En caso de seleccionar el tipo de proyecto para lenguaje C será necesario descargar el programa WinAVR, que se basa en el compilador GCC. El enlace para descargarlo es http //winavr.sourceforge.net/ o https://sourceforge.net/projects/winavr/files/latest/download.

También sugerimos revisar la página http://dybkowski.net/download/winavr-user-manual.html o la comunidad AVR Freaks http://www.avrfreaks.net/, donde podrá encontrar mucha información y ayuda en las plataformas ensamblador y lenguaje C para AVR.

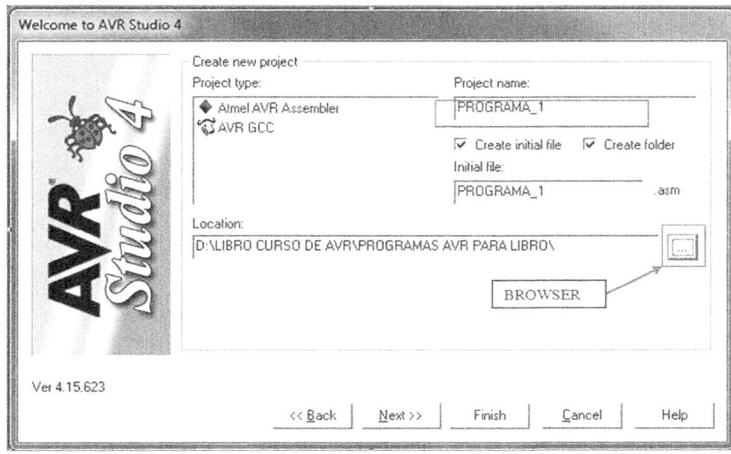

Figura 2.2 Escribiendo el nombre del proyecto y la localidad del nuevo programa

En la columna de la izquierda (figura 2.3) se selecciona la plataforma AVR Simulator en Debug Platform, y en la columna derecha se selecciona el AVR a programar (Device). Aquí hay que tener sumo cuidado en el modelo seleccionado, ya que debe coincidir con la librería que será editada en la sección de encabezado. Pulsamos Finish. Para este programa se usará el AVR ATtiny2313.

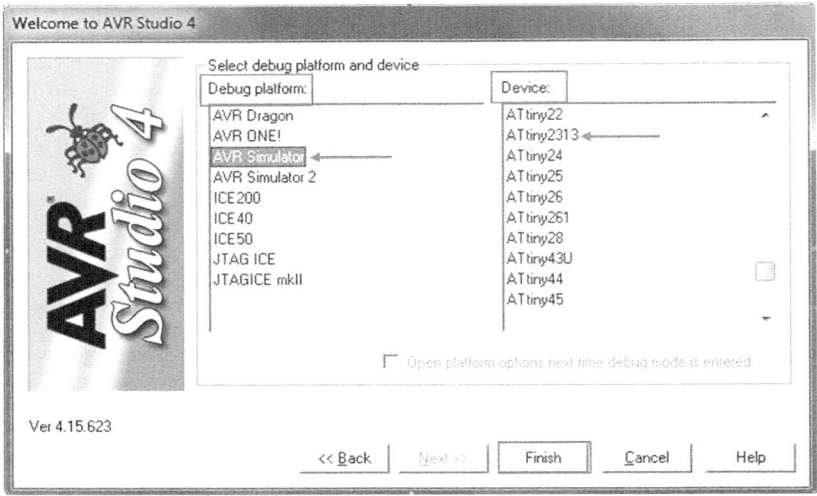

Figura 2.3 Seleccionando la plataforma y el AVR

A continuación se abre la siguiente ventana (figura 2.4), donde podemos visualizar seis secciones: 1) la barra de menú, 2) los archivos vinculados del proyecto, 3) la zona de edición, 4) la visualización de las funciones del AVR seleccionado, 5) la sección de simulación y 6) la sección de mensajes y compilación de archivos (Build). En la figura 2.4 aparece la ventana de edición con un programa precargado para fines explicativos; pero en la realidad, esta ventana debe aparecer virgen.

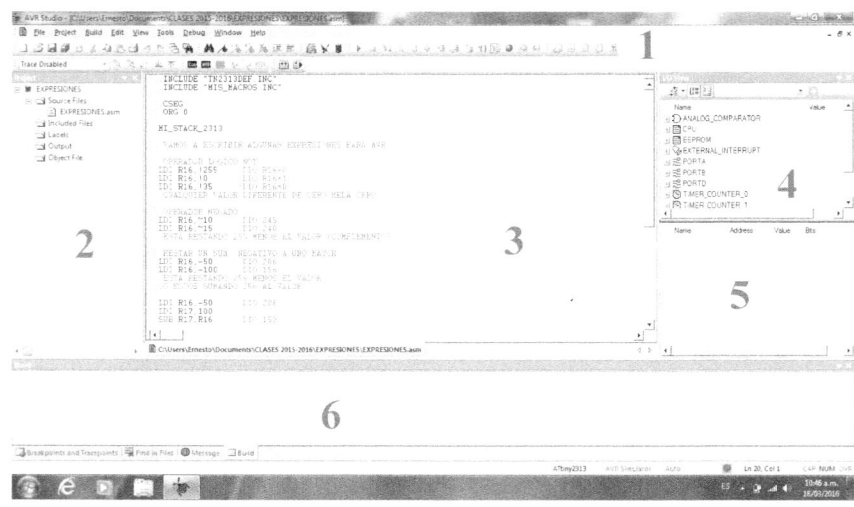

Figura 2.4 Ventana de programación de AVR Studio 4.0

De la sección 1

Los botones más usados son los de guardar, abrir 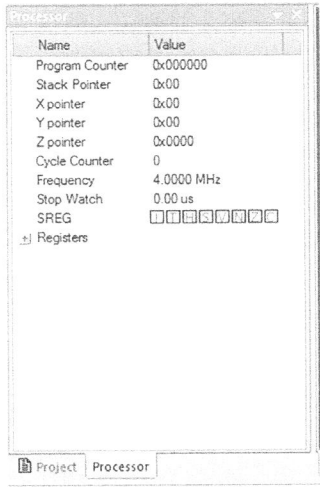, ensamblar (F7) , ensamblar y ejecutar (CTRL+F7) , star debugging , y las funciones de simulación .

Las funciones de programación son , donde se presionan para conectarse con el módulo-programador (MP) (aquí hay que tener sumo cuidado de comprar un MP que programe el modelo AVR que deseamos usar). Existen varios MP en el mercado, sugerimos contactar con Atmel, o buscar en eBay programadores ISP o similares (para este libro usamos del tipo AVRISP). En la Ciudad de México, por ejemplo, en la tienda de AG-Electrónica, se pueden adquirir MP más robustos. Hay que tener cuidado con no comprar MP AVRISP para Arduino, ya que son para otra aplicación (este lo puede adquirir hasta que tenga más experiencia en AVR). También se sugiere adquirir un MP del tipo High voltage como STK600, STK500 o AVR Dragon, ya que en ocasiones llegamos a cambiar la configuración por error de un AVR, y este ya no se puede programar mediante el AVRISP.

Los botones presentan una ventana donde se debe seleccionar el puerto de conexión (sugerimos seleccionar AUTO), y el modelo del MP. El icono sirve para programar directamente en la Flash del AVR sin necesidad de volver a conectar el MP (esto es, una vez conectado el MP se mantiene activo para la reprogramación de la Flash o de la EEPROM). Los íconos escriben o leen el contenido de la EEPROM (mismo caso que en la Flash si el MP se encuentra en comunicación online).

De la sección 2

Se tienen dos pestañas inferiores (Proyect y Processor. Figura 2.5). Processor se activa en función simulación, de lo cual tenemos el Program Counter, Stack Pointer, X-pointer, Y-pointer, Z-pointer, Cycle Counter, Frequency, Stop Watch, SREG y Registers.

Figura 2.5 Ventana de Processor

Program Counter (PC): de acuerdo al número de líneas que recorre el cursor amarillo (⇨) es el incremento del PC (Contador del Programa). Este contador puede ser editado para saltar al recuento deseado (hay que hacer dos clics sobre el PC). Si la dirección a la que se desea saltar está fuera de las líneas de cogido en la ventana de edición, se activará el Disassembler (en la figura 2.6 se editó la dirección `0x00000C`):

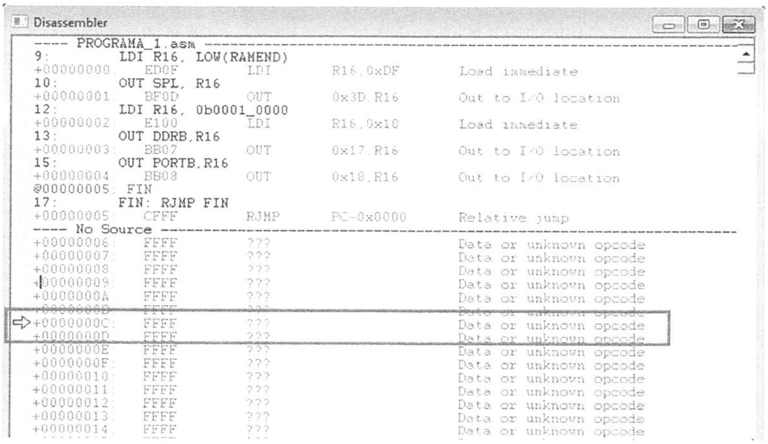

Figura 2.6 Ventana de Disassembler

Stack Pointer: escoge el valor editado para el SPL (Stack Pointer Low) o SPH (Stack Pointer High) dependiendo del modelo de AVR. Usando el término `RAMEND`, el simulador automáticamente asignará el valor contenido en la librería del AVR usado. Este valor no puede ser editado en la ventana de Processor.

X-pointer, Y-pointer, Z-pointer: son registros de 16 bits cada uno formado por dos registros de 8 bits. Se usan los registros concatenados `R26` y `R27` para X-pointer, `R28` y `R29` para Y-pointer, `R30` y `R31` para Z-pointer. El uso y ejemplos de estos registros será explicado más adelante.

Cycle Counter: es el contador de ciclos que consume una instrucción determinada. Cada instrucción consume 1, 2, 3 o hasta 4 ciclos de reloj (dependiendo de la instrucción). Se debe teclear F1 (Ayuda) para revisar el consumo de ciclos de cada instrucción. En la parte inferior de la descripción de cada instrucción aparece el número de ciclos que consume.

Frequency: es la frecuencia a la que está ajustada la simulación. Dependiendo del AVR seleccionado se pueden escoger diferentes frecuencias para la simulación. En el menú Debug seleccionar la opción AVR Simulator Options, y ahí se escoge la frecuencia deseada.

Stop Watch: es el tiempo consumido resultado de "= número de ciclos * 1 / f". Donde f = *frecuencia de operación del AVR*. Si la frecuencia de operación es de 4 MHz entonces un ciclo de reloj consumirá 0.25 μs.

SREG: es un registro de estado (Status Register) que comprende 8 banderas: I-bit (bandera de activación de interrupciones globales), T-bit (bandera de copia almacenada), H-bit (bandera de medio-acarreo Half-carry), S-bit (bandera de signo Sign), V-bit (bandera de desbordamiento de complemento A2), N-bit (bandera de número negativo Negative), Z-bit (bandera de cero Zero), C-bit (bandera de acarreo Carry).

Registers: son los registros R0 al R31. En esta sección se pueden monitorear el valor de cada registro y editar para cambiar el valor.

De la sección 3

Esta es la ventana de edición para lenguaje ensamblador. Aquí se editan las secciones de un programa (encabezado, zona de interrupciones, configuración, cuerpo y subrutinas, que serán explicadas más adelante).

De la sección 4

En este árbol se encuentran las funciones que componen al AVR en particular. Dependiendo del AVR son las funciones que aparecerán en esta sección. Pueden ser editados los valores que aparecen haciendo doble clic. En esta sección usando el botón derecho del ratón aparece un submenú (figura 2.7):

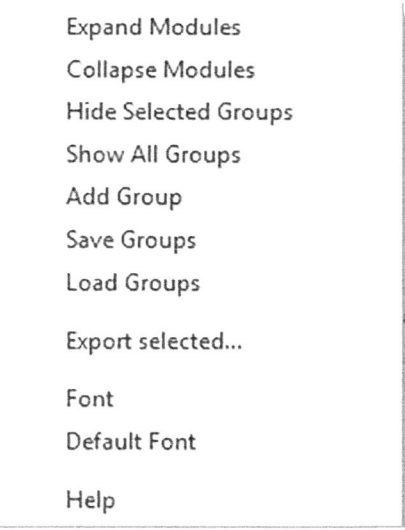

Expand Modules

Collapse Modules

Hide Selected Groups

Show All Groups

Add Group

Save Groups

Load Groups

Export selected...

Font

Default Font

Help

Figura 2.7 Menú emergente de la sección 4

De la sección 5

Del mismo modo que en la sección 4 es un árbol de funciones, aunque más expandido y se pueden visualizar mejor las funciones por bit. Es sumamente útil durante la simulación para introducir datos, activar banderas de interrupción, o editar el valor de los contadores, según sea el caso. Para activar más de una función en esta sección hay que aplanar la tecla CTRL del teclado seleccionando las funciones adicionales deseadas en la sección 4.

De la sección 6

Es una zona de diálogo donde aparecen los mensajes de warning, errores, desbordamiento de Stack Pointer, el estado de la compilación, el porcentaje de memoria usado en los segmentos de memoria Flash, Datos y EEPROM. También aparecen el número de breakpoints usados (puntos rojos) (figura 2.8):

```
● LDI  R16,  LOW(RAMEND)
  OUT  SPL,  R16

  LDI  R16,  0b0001_0000
● OUT  DDRB,R16
```

Figura 2.8 Breakpoints en el programa

Los breakpoints se habilitan desde el Menú>Debug>New breakpoint, Toggle Breakpoint, o Remove all Breakpoints.

En la figura 2.9 ya se ha editado el "PROGRAMA_1" y se ha ensamblado (pulsar F7 del teclado), si no aparece ningún error o warning la sección de mensajes dirá 0-errors 0-warnings.

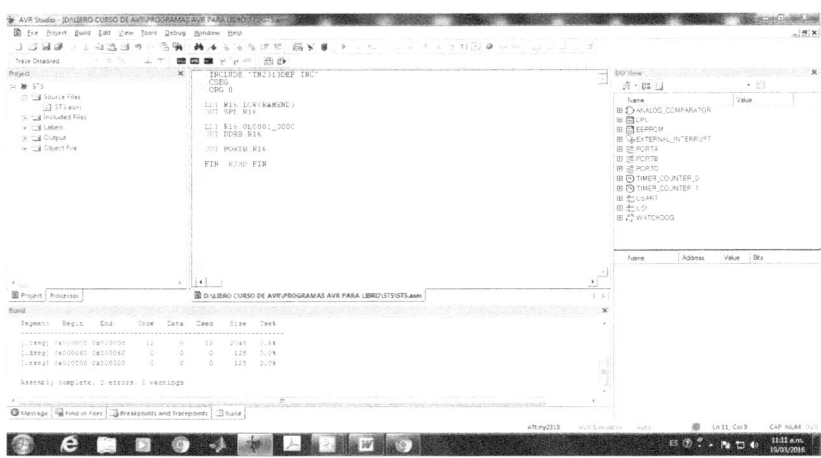

Figura 2.9 Editando el programa en AVR Studio 4.0

Aunque está claro que el programador no está familiarizado con las instrucciones de este primer programa, a continuación se detallará cada parte del programa, que ha sido estructurado en cuatro secciones (encabezado, configuración, cuerpo y subrutinas)[1], así como las consideraciones físicas o de hardware para montar un AVR en protoboard o en aplicación final.

---

[1] Existe una quinta sección que será explicada como **vectores de interrupción**, y una sexta llamada **zona de comentarios**, las cuales se verán más adelante.

Para mayor información sobre las ventanas y funciones de los menús del AVR Studio, uso de módulos-programadores y conexiones, puede hacerlo en el Menú de AVR Studio: Help>AVR Tools User Guide>AVR Studio (figura 2.10).

Figura 2.10 Ventana de ayuda en el uso de AVR Studio, módulos-programadores y conexiones

👆 Encabezado

En el encabezado se debe incluir la librería del AVR a usar mediante la directiva `.INCLUDE`. Este archivo INCLUDE define los registros contenidos en el AVR en cuestión y las direcciones de memoria usadas para asignar recursos (registros de entrada/salida, asignación de pines, etcétera). Esta librería es muy útil, ya que sin ella el programador debería escribir la asignación de recursos de forma manual.

La primera línea que debe escribirse en el código del programa es la librería de IN-CLUDE, aunque antes de ella es posible escribir en forma de comentarios (los comentarios en ensamblador para AVR se escriben con "punto y coma" o con doble slash "//"). Existen diferentes modelos de AVR en el mercado: la versión AT90S está considerada obsoleta, aunque todavía puede estar en venta; las versiones más modernas son la Tiny y la Mega, en cuyo caso, al tratarse de un AVR-Tiny, a la nomenclatura de la librería INCLUDE le corresponden las letras **TN** y, en el caso de la versión Mega, le corresponde la letra **M**.

Para el caso de un AVR AT90S2313, la sintaxis es:
```
.INCLUDE "2313DEF.INC"
```

Para un AT**tiny**2313:
```
.INCLUDE "TN2313DEF.INC"
```

Para un AT**mega**8515:
```
.INCLUDE "M8515DEF.INC"
```

> Una de las ventajas de usar AVR es que la sintaxis puede ser escrita en MAYÚSCULAS o minúsculas:
> ```
> .include "tn2313def.inc"
> ```
> o
> ```
> .INCLUDE "TN2313DEF.INC"
> ```

Para un AT**tiny**12:
```
.INCLUDE "TN12DEF.INC"
```

La directiva `.INCLUDE` también es usada para decirle al ensamblador que lea un archivo específico. Esto es muy útil cuando se desea incluir alguna subrutina o algún otro programa dentro del proyecto activo sin necesidad de tener que editarlo nuevamente (se verá más adelante).

La sintaxis siempre es:

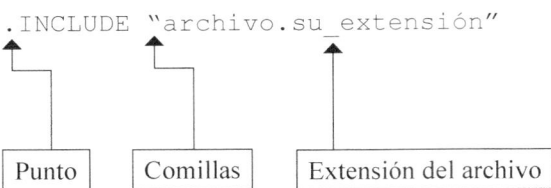

.INCLUDE "archivo.su_extensión"

Punto | Comillas | Extensión del archivo

Nota:

Las directivas .INCLUDE, .CSEG, .DSEG, .ESEG y .ORG siempre deben llevar un "punto" antes, y en el caso de .INCLUDE siempre lleva las "comillas" encerrando el nombre del archivo y su extensión.

Las librerías de *definición* de todos los AVR se encuentran en la raíz C:\Program Files\Atmel\AVR Tools\AvrAssembler\Appnotes.

A continuación se muestra la librería del AVR ATmega8515 (m8515def.inc), que abarca todas las definiciones del AVR a usar (asignación de nombre de registros, asignación de direcciones y asignación de cada pin de puerto):

```
;*************************************************************
;* A P P L I C A T I O N   N O T E   F O R   T H E   A V R   F A M I L Y
;*
;* Number          :AVR000
;* File Name        :"m8515def.inc"
;* Title            :Register/Bit Definitions for the ATmega8515
;* Date             :April 16th, 2002
;* Version          :1.00
;* Support E-mail   :support@atmel.no
;* Target MCU       :ATmega8515
;*
;* DESCRIPTION
;* When including this file in the assembly program file,
;* all I/O register names and I/O register Bit names
;* appearing in the data book can be used.
;* In addition, the six registers forming the three data
;* pointers X, Y and Z have been assigned names XL - ZH.
;* Highest RAM address for Internal SRAM is also defined
;*
;* The Register names are represented by their hexadecimal
;* address.
;*
;* The Register Bit names are represented by their bit number (0-7).
;*
;* Please observe the difference in using the bit names with
```

```
;* instructions such as "sbr"/"cbr" (set/clear bit in
;* register) and "sbrs"/"sbrc" (skip if bit in register
;* set/cleared). The following example illustrates this:
;*
;* in r16,PORTB                      ;read PORTB latch
;* sbr       r16,(1<<PB6)+(1<<PB5)   ;set PB6 and PB5 (use
                                     ;masks, not bit#)
;* out PORTB,r16                     ;output to PORTB
;*
;* in r16,TIFR                       ;read the Timer Interrupt
                                     ;Flag Register
;* sbrc      r16,TOV0                ;test the overflow flag
                                     ;(use bit#)
;* rjmp      TOV0_is_set             ;jump if set
;* ...                               ;otherwise do something
                                     ;else
;***********************************************************
;***** Specify Device
.device ATmega8515

;***** I/O Register Definitions
.equ   SREG   =$3f
.equ   SPH    =$3e
.equ   SPL    =$3d
.equ   GIMSK  =$3b
.equ   GICR   =$3b
.equ   GIFR   =$3a
.equ   TIMSK  =$39
.equ   TIFR   =$38
.equ   SPMCR  =$37
.equ   EMCUCR =$36
.equ   MCUCR  =$35
.equ   MCUSR  =$34        ; For compatibility,
.equ   MCUCSR =$34        ; keep both names until further
.equ   TCCR0  =$33
.equ   TCNT0  =$32
.equ   OCR0   =$31
.equ   SFIOR  =$30
.equ   TCCR1A =$2f
.equ   TCCR1B =$2e
.equ   TCNT1H =$2d
.equ   TCNT1L =$2c
.equ   OCR1AH =$2b
.equ   OCR1AL =$2a
.equ   OCR1BH =$29
```

```
.equ   OCR1BL=$28
.equ   ICR1H =$25
.equ   ICR1L =$24
.equ   WDTCR =$21
.equ   UCSRC =$20          ; Note! UCSRC equals UBRRH
.equ   UBRRH =$20          ; Note! UCSRC equals UBRRH
.equ   EEARH =$1f
.equ   EEARL =$1e
.equ   EEDR  =$1d
.equ   EECR  =$1c
.equ   PORTA =$1b
.equ   DDRA  =$1a
.equ   PINA  =$19
.equ   PORTB =$18
.equ   DDRB  =$17
.equ   PINB  =$16
.equ   PORTC =$15
.equ   DDRC  =$14
.equ   PINC  =$13
.equ   PORTD =$12
.equ   DDRD  =$11
.equ   PIND  =$10
.equ   SPDR  =$0f
.equ   SPSR  =$0e
.equ   SPCR  =$0d
.equ   UDR   =$0c
.equ   UCSRA =$0b
.equ   UCSRB =$0a
.equ   UBRR  =$09          ; for AT90S8515
.equ   UBRRL =$09
.equ   ACSR  =$08
.equ   PORTE =$07
.equ   DDRE  =$06
.equ   PINE  =$05
.equ   OSCCAL=$04          ; New

;***** Bit Definitions
;GIMSK
.equ   INT1  =7
.equ   INT0  =6
.equ   INT2  =5
.equ   IVSEL =1            ; interrupt vector select
.equ   IVCE  =0            ; interrupt vector change enable
```

```
;GIFR
.equ  INTF1 =7
.equ  INTF0 =6
.equ  INTF2 =5

;TIMSK
.equ  TOIE1 =7
.equ  OCIE1A=6
.equ  OCIE1B=5
.equ  TICIE1=3
.equ  TOIE0 =1
.equ  OCIE0 =0

;TIFR
.equ  TOV1  =7
.equ  OCF1A =6
.equ  OCF1B =5
.equ  ICF1  =3
.equ  TOV0  =1
.equ  OCF0  =0

;SPMCR
.equ  SPMIE =7
.equ  RWWSB =6
.equ  ASB   =6          ; old
.equ  RWWSRE=4
.equ  ASRE  =4          ; old
.equ  BLBSET=3
.equ  PGWRT =2
.equ  PGERS =1
.equ  SPMEN =0

;EMCUCR
.equ  SM0   =7
.equ  SRL2  =6
.equ  SRL1  =5
.equ  SRL0  =4
.equ  SRW01 =3
.equ  SRW00 =2
.equ  SRW11 =1
.equ  ISC2  =0

;MCUCR
.equ  SRE   =7
```

```
.equ    SRW    =6
.equ    SRW10  =6
.equ    SE     =5
.equ    SM     =4
.equ    SM1    =4
.equ    ISC11  =3
.equ    ISC10  =2
.equ    ISC01  =1
.equ    ISC00  =0

;MCUSR
.equ    SM2    =5
.equ    WDRF   =3
.equ    BORF   =2
.equ    EXTRF  =1
.equ    PORF   =0

;TCCR0
.equ    FOC0   =7
.equ    WGM00  =6
.equ    COM01  =5
.equ    COM00  =4
.equ    WGM01  =3
.equ    CS02   =2
.equ    CS01   =1
.equ    CS00   =0

;TCCR1A
.equ    COM1A1=7
.equ    COM1A0=6
.equ    COM1B1=5
.equ    COM1B0=4
.equ    FOC1A =3
.equ    FOC1B =2
.equ    PWM11 =1              ; OBSOLETE! Use WGM11
.equ    PWM10 =0              ; OBSOLETE! Use WGM10
.equ    WGM11 =1
.equ    WGM10 =0

;TCCR1B
.equ    ICNC1 =7
.equ    ICES1 =6
.equ    CTC11 =4              ; OBSOLETE! Use WGM13
.equ    CTC10 =3              ; OBSOLETE! Use WGM12
.equ    WGM13 =4
```

```
.equ   WGM12 =3
.equ   CS12  =2
.equ   CS11  =1
.equ   CS10  =0

;SFIOR
.equ   TSM   =7
.equ   XMBK  =6
.equ   XMM2  =5
.equ   XMM1  =4
.equ   XMM0  =3
.equ   PUD   =2
.equ   PSR10 =0

;WDTCR
.equ   WDTOE =4
.equ   WDCE  =4
.equ   WDE   =3
.equ   WDP2  =2
.equ   WDP1  =1
.equ   WDP0  =0

;EECR
.equ   EERIE =3
.equ   EEWEE =2
.equ   EEMWE =2
.equ   EEWE  =1
.equ   EERE  =0

;PORTA
.equ   PA7   =7
.equ   PA6   =6
.equ   PA5   =5
.equ   PA4   =4
.equ   PA3   =3
.equ   PA2   =2
.equ   PA1   =1
.equ   PA0   =0

;DDRA
.equ   DDA7  =7
.equ   DDA6  =6
.equ   DDA5  =5
.equ   DDA4  =4
.equ   DDA3  =3
```

```
.equ   DDA2   =2
.equ   DDA1   =1
.equ   DDA0   =0

;PINA
.equ   PINA7 =7
.equ   PINA6 =6
.equ   PINA5 =5
.equ   PINA4 =4
.equ   PINA3 =3
.equ   PINA2 =2
.equ   PINA1 =1
.equ   PINA0 =0

;PORTB
.equ   PB7    =7
.equ   PB6    =6
.equ   PB5    =5
.equ   PB4    =4
.equ   PB3    =3
.equ   PB2    =2
.equ   PB1    =1
.equ   PB0    =0

;DDRB
.equ   DDB7   =7
.equ   DDB6   =6
.equ   DDB5   =5
.equ   DDB4   =4
.equ   DDB3   =3
.equ   DDB2   =2
.equ   DDB1   =1
.equ   DDB0   =0

;PINB
.equ   PINB7 =7
.equ   PINB6 =6
.equ   PINB5 =5
.equ   PINB4 =4
.equ   PINB3 =3
.equ   PINB2 =2
.equ   PINB1 =1
.equ   PINB0 =0
```

```
;PORTC
.equ   PC7    =7
.equ   PC6    =6
.equ   PC5    =5
.equ   PC4    =4
.equ   PC3    =3
.equ   PC2    =2
.equ   PC1    =1
.equ   PC0    =0

;DDRC
.equ   DDC7   =7
.equ   DDC6   =6
.equ   DDC5   =5
.equ   DDC4   =4
.equ   DDC3   =3
.equ   DDC2   =2
.equ   DDC1   =1
.equ   DDC0   =0

;PINC
.equ   PINC7  =7
.equ   PINC6  =6
.equ   PINC5  =5
.equ   PINC4  =4
.equ   PINC3  =3
.equ   PINC2  =2
.equ   PINC1  =1
.equ   PINC0  =0

;PORTD
.equ   PD7    =7
.equ   PD6    =6
.equ   PD5    =5
.equ   PD4    =4
.equ   PD3    =3
.equ   PD2    =2
.equ   PD1    =1
.equ   PD0    =0

;DDRD
.equ   DDD7   =7
.equ   DDD6   =6
.equ   DDD5   =5
```

```
.equ   DDD4   =4
.equ   DDD3   =3
.equ   DDD2   =2
.equ   DDD1   =1
.equ   DDD0   =0

;PIND
.equ   PIND7 =7
.equ   PIND6 =6
.equ   PIND5 =5
.equ   PIND4 =4
.equ   PIND3 =3
.equ   PIND2 =2
.equ   PIND1 =1
.equ   PIND0 =0

;PORTE
.equ   PE2    =2
.equ   PE1    =1
.equ   PE0    =0

;DDRE
.equ   DDE2   =2
.equ   DDE1   =1
.equ   DDE0   =0

;PINE
.equ   PINE2 =2
.equ   PINE1 =1
.equ   PINE0 =0

;UCSRA
.equ   RXC    =7
.equ   TXC    =6
.equ   UDRE   =5
.equ   FE     =4
.equ   OR     =3              ; old name kept for compatibilty
.equ   DOR    =3
.equ   PE     =2
.equ   UPE    =2
.equ   U2X    =1
.equ   MPCM   =0

;UCSRB
.equ   RXCIE =7
```

```
.equ   TXCIE =6
.equ   UDRIE =5
.equ   RXEN  =4
.equ   TXEN  =3
.equ   CHR9  =2                    ; old name kept for compatibilty
.equ   UCSZ2 =2
.equ   RXB8  =1
.equ   TXB8  =0

;UCSRC
.equ   URSEL =7
.equ   UMSEL =6
.equ   UPM1  =5
.equ   UPM0  =4
.equ   USBS  =3
.equ   UCSZ1 =2
.equ   UCSZ0 =1
.equ   UCPOL =0

;SPCR
.equ   SPIE  =7
.equ   SPE   =6
.equ   DORD  =5
.equ   MSTR  =4
.equ   CPOL  =3
.equ   CPHA  =2
.equ   SPR1  =1
.equ   SPR0  =0

;SPSR
.equ   SPIF  =7
.equ   WCOL  =6
.equ   SPI2X =0

;ACSR
.equ   ACD   =7
.equ   AINBG =6
.equ   ACBG  =6
.equ   ACO   =5
.equ   ACI   =4
.equ   ACIE  =3
.equ   ACIC  =2
.equ   ACIS1 =1
.equ   ACIS0 =0
```

```
.def   XL     =r26
.def   XH     =r27
.def   YL     =r28
.def   YH     =r29
.def   ZL     =r30
.def   ZH     =r31

.equ   RAMEND        =$25F
.equ   EEPROMEND     =$1FF
.equ   FLASHEND      =$FFF


                        ; byte groups
                        ; /\/--\/--\/--\
.equ   SMALLBOOTSTART    =0b00111110000000 ;($0F80) smallest
                                           ;boot block is 128W
.equ   SECONDBOOTSTART   =0b00111100000000 ;($0F00) 2'nd boot
                                           ;block size is 256W
.equ   THIRDBOOTSTART    =0b00111000000000 ;($0E00) third boot
                                           ;block size is 512W
.equ   LARGEBOOTSTART    =0b00110000000000 ;($0C00) largest
                                           ;boot block is 1KW
.equ   BOOTSTART         =THIRDBOOTSTART   ;OBSOLETE!!! kept
                                           ;for compatibility
.equ   PAGESIZE          =32               ;number of WORDS in
                                           ;a page


.equ   INT0addr=$001    ;External Interrupt0 Vector Address
.equ   INT1addr=$002    ;External Interrupt1 Vector Address
.equ   ICP1addr=$003    ;Input Capture1 Interrupt Vector Address
.equ   OC1Aaddr=$004    ;Output Compare1A Interrupt Vector
                        ;Address
.equ   OC1Baddr=$005    ;Output Compare1B Interrupt Vector
                        ;Address
.equ   OVF1addr=$006    ;Overflow1 Interrupt Vector Address
.equ   OVF0addr=$007    ;Overflow0 Interrupt Vector Address
.equ   SPIaddr =$008    ;SPI Interrupt Vector Address
.equ   URXCaddr=$009    ;UART Receive Complete Interrupt
                        ;Vector Address
.equ   UDREaddr=$00a    ;UART Data Register Empty Interrupt
                        ;Vector Address
```

```
.equ    UTXCaddr=$00b    ;UART Transmit Complete Interrupt
                         ;Vector Address
.equ    ACIaddr =$00c    ;Analog Comparator Interrupt Vector
                         ;Address
.equ    INT2addr=$00d    ;External Interrupt2 Vector Address
.equ    OC0addr= $00e    ;Output Compare0 Interrupt Vector Address
.equ    ERDYaddr=$00f    ;EEPROM Interrupt Vector Address
.equ    SPMaddr =$010    ;SPM complete Interrupt Vector Address
.equ    SPMRaddr=$010    ;SPM complete Interrupt Vector Address
```

También en la sección del encabezado se incluyen las directivas `.CSEG` (o `.DSEG` o `.ESEG`) y `.ORG`. Estas directivas deben ser declaradas en el encabezado para informarle al programa en qué segmentos del AVR se desea escribir (ya sea en el segmento de la SRAM, en el segmento de datos o el segmento de la EEPROM), y el origen o dirección a partir de la cual se va a escribir.

Antes de la directiva `.INCLUDE`, pueden ser escritos comentarios para explicar el funcionamiento del programa, la fecha de elaboración, los derechos de autor, la institución, la empresa o alguna información general, etcétera. A la acción de escribir comentarios con "punto y coma" o con doble slash "//" se le denomina **Comentar**. Cuando el programador ya ha elaborado varios programas, es común olvidarse qué hace cierto programa si este no se ha "comentado" previamente en el encabezado, o cuando el programa es demasiado largo, entonces es de gran ayuda *comentar* las líneas de código.

Los comentarios pueden ser escritos en cualquier parte del programa (figura 3.1), ya sea antes del encabezado, después, o durante, describiendo una línea de código, o al inicio de cada subrutina, etc.

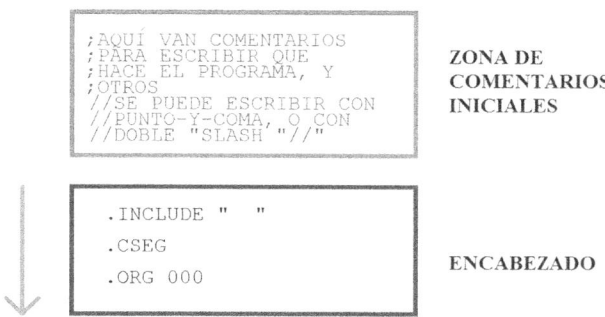

Figura 3.1 Recomendación para escribir los comentarios iniciales en el código del programa

Ejemplo:

```
;ANTES DE ESCRIBIR LAS LÍNEAS DE CÓDIGO SE PUEDE "COMENTAR"
;EN ESTA SECCIÓN QUÉ ES LO QUE HACE ESTE PROGRAMA.
//ESTA VERSIÓN ES LA VER. 1.0 DESARROLLADA POR EL AUTOR.
//CON ESTE LIBRO APRENDERÁN A PROGRAMAR AVR CON FACILIDAD
;INICIAMOS...

.INCLUDE "TN2313DEF.INC"
```

Todos los comentarios se pondrán en color verde de forma automática en el AVR Studio

Nota:

AVR Studio maneja tres colores en la ventana de edición del código de programa: el color negro (para etiquetas, registros, funciones, macros); el azul (para todas las instrucciones, llamado set de instrucciones) y el color verde (para comentarios). AVR posee un *detector* de texto que automáticamente detecta si se trata de una palabra del set de instrucciones, o un comentario, o texto de etiquetas, o registros, por lo que cambia el color automáticamente.

3.1 Directiva .ORG: indica el origen o inicio del programa

Dentro del encabezado, la directiva `.ORG` es usada para decirle al código de segmento en qué dirección se empezará a escribir el código del programa (también conocido como el código de la memoria Flash). Normalmente se comienza a escribir el código del programa en la dirección `0x00`. También es posible escribir en otra localidad de memoria indicando la dirección deseada[1] (la directiva `.ORG` también es usada para el código de segmento de datos y de la memoria EEPROM).

Después de la librería del AVR en cuestión, se indica al AVR dónde se puede escribir (en caso de desear escribir en la Flash o memoria SRAM) usando la directiva `.CSEG` (code segment), e inmediatamente después la directiva `.ORG` indicando en qué dirección se empezará a escribir.

La estructura básica de inicializar el encabezado es la siguiente (suponiendo que se desea programar un AVR ATmega8515):

Estructura 1:

```
.INCLUDE "M8515DEF.INC"
.CSEG
```

---

[1] Existen diferentes **nomenclaturas** en las que se pueden escribir los **datos** en AVR, como hexadecimal, decimal, binario, ASCII, octal (y otras variantes). Las diferentes nomenclaturas se explicarán en un cuadro-resumen más adelante.

```
.ORG 0x000   ;se inicia en la dirección 0x000


.
.
.
;lo_que_siga
```

Estructura 2 (cuando se desea incluir algún otro archivo dentro del código del programa):

```
.INCLUDE "M8515DEF.INC"
.INCLUDE "OTRO_PROGRAMA.ASM"
.CSEG
.ORG 0


.
.
.
;lo_que_siga
```

Estructura 3 (cuando se desea usar la directiva .DEF/.EQU):

```
.INCLUDE "M8515DEF.INC"
.INCLUDE "OTRO_PROGRAMA.ASM"

.DEF TEMPORAL = R17
.CSEG
.ORG 0


.
.
.
;lo_que_siga
```

Estructura 4 (cuando se desea escribir múltiples .ORG de forma consecutiva en el programa):

```
.INCLUDE "TN2313DEF.INC"
.CSEG
.ORG 0
;AQUÍ VA CÓDIGO


.ORG $003
;AQUÍ VA CÓDIGO


.ORG 005
;AQUÍ VA CÓDIGO


.ORG 0X00A
;AQUÍ VA CÓDIGO
```

Resumen de nomenclaturas (constantes enteras)
Los datos en AVR pueden ser escritos en:

```
LDI R16,0xFF              ;HEXADECIMAL 1
LDI R16,$FF               ;HEXADECIMAL 2
LDI R16,255               ;DECIMAL 1
LDI R16,8                 ;DECIMAL 2
LDI R16,0377              ;OCTAL
LDI R16,0b11111111        ;BINARIO 1
LDI R16,0b1111_1111       ;BINARIO 2
LDI R16,-128              ;NÚMEROS SIGNADOS
LDI R16,'A'               ;CARACTERES ASCII
```

Existen otras nomenclaturas de "separación de cifras" que serán muy útiles en la programación, cuando las cifras son muy largas (en algunos programas se han usado), por ejemplo:

En hexadecimal:	`.EQU NÚMERO = $EC_33CC_A5BC`
En decimal:	`.EQU NÚMERO = 47_50_18_40_51`
En binario:	`LDI R16,0b10_10_1_0_0_1`

Se usa el "guion_bajo" dependiendo de la necesidad de separar cifras.

Estructura 5 (cuando se desea escribir constantes `.DB`, `.DW`, `.DD`, `.DQ`, y otros segmentos `.DSEG` y `.ESEG`). Para el uso de constantes y otras directivas se explicará más adelante.

Nota:

La sintaxis de la dirección usando `.ORG` puede ser escrita en las diferentes nomenclaturas, es decir, en decimal, hexadecimal (en sus dos formatos), octal, ASCII o binario. Lo más común es usar la nomenclatura decimal o hexadecimal con la directiva `.ORG` (dependiendo del propósito del programador):

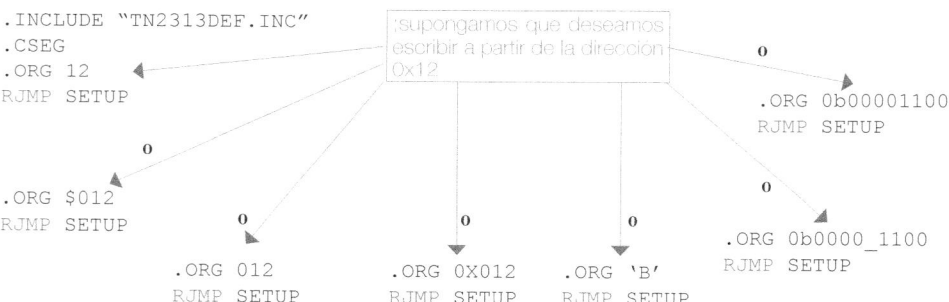

Si la directiva `.ORG` es dada dentro del segmento de datos (Data Segment), entonces el contador de la localidad de la SRAM es establecida. Si la directiva `.ORG` es dada dentro del código de segmento (code segment), entonces es el contador de la memoria del programa la que es establecida. Y si la directiva es dada dentro del segmento de la memoria EEPROM (EEPROM segment), entonces el contador de la localidad de la EEPROM es establecida.

El valor inicial de la localidad del segmento de código, así como del segmento de la EEPROM, es cero, y el valor inicial del contador de la localidad de la SRAM es la dirección inmediata seguida del espacio de las direcciones de entrada/salida (I/O), que es la `0x60` (en los AVR con memoria extendida la dirección es la `0x100`). Es posible escribir otra dirección diferente de cero para el segmento de código y para el segmento de la EPROM (pero dentro del banco de memoria correspondiente). Para los programadores noveles lo más recomendable es iniciar el segmento del código en la dirección `0x00` escribiendo simplemente `.ORG 0x00`

✓ 3.2 Directiva .CSEG: Code Segment

Esta directiva define el inicio del *código del programa* o *segmento de código* (líneas del programa). La directiva .CSEG tiene varias aplicaciones, la principal de ellas es cuando se le necesita decir al AVR que se iniciará al escribir las líneas del código para ser almacenadas en la memoria Flash[2]. Inmediatamente después de escribir la librería con .INCLUDE, se escribe .CSEG, el origen de inicio de la escritura del programa con .ORG 0x00, y posteriormente la configuración del SP:

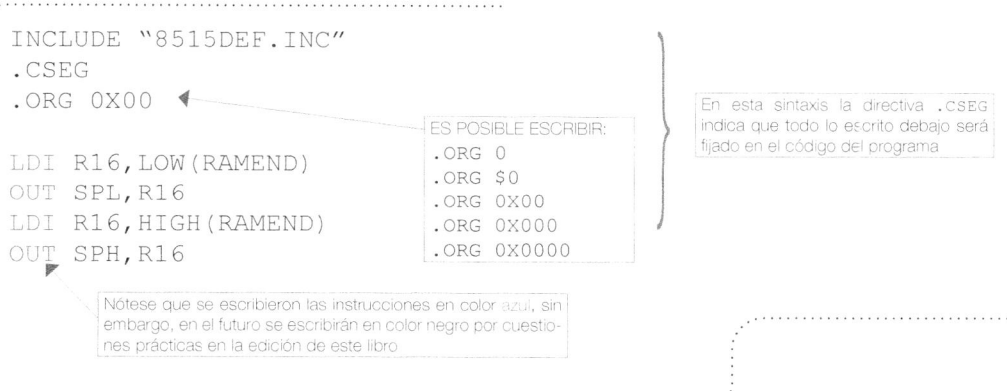

```
INCLUDE "8515DEF.INC"
.CSEG
.ORG 0X00

LDI R16,LOW(RAMEND)
OUT SPL,R16
LDI R16,HIGH(RAMEND)
OUT SPH,R16
```

ES POSIBLE ESCRIBIR:
.ORG 0
.ORG $0
.ORG 0X00
.ORG 0X000
.ORG 0X0000

En esta sintaxis la directiva .CSEG indica que todo lo escrito debajo será fijado en el código del programa

Nótese que se escribieron las instrucciones en color azul, sin embargo, en el futuro se escribirán en color negro por cuestiones prácticas en la edición de este libro.

Para explicar la siguiente aplicación de la directiva .CSEG es necesario exponer el uso de las constantes de definición (**DEFINE CONSTANT**). Existen varias constantes de definición en AVR:

.DB **Constant Byte(s).** Esta constante de definición reserva recursos de memoria en el programa de memoria (Program Memory) o en la memoria EEPROM. Esta constante de definición puede ser usada en el segmento de código .CSEG o en el segmento de la EEPROM .ESEG. El valor que adquiere una expresión con .DB es de 8 bits. (Definition Byte).

.DW **Constant Word(s).** Esta constante de definición reserva recursos de memoria en el programa de memoria (Program Memory) o en la memoria EEPROM. Esta constante de definición puede ser usada en el segmento de código .CSEG o en el segmento de la EEPROM .ESEG. El valor que adquiere una expresión con .DW es de 16 bits. (Definition Word).

---

[2] Un archivo de ensamblador puede consistir en varios segmentos de código (inclusive se pueden adjuntar más archivos de programa al programa principal usando la directiva .INCLUDE), y todos ellos se unen en un solo segmento de código cuando se ensamblan.

.DD   **Constant Doubleword(s).** Esta constante de definición reserva recursos de memoria en el programa de memoria (Program Memory) o en la memoria EEPROM. Esta constante de definición puede ser usada en el segmento de código .CSEG o en el segmento de la EEPROM .ESEG. El valor que adquiere una expresión con .DD es de 32 bits. (Definition Doubleword).

.DQ   **Constant Quadword(s).** Esta constante de definición reserva recursos de memoria en el programa de memoria (Program Memory) o en la memoria EEPROM. Esta constante de definición puede ser usada en el segmento de código .CSEG o en el segmento de la EEPROM .ESEG. El valor que adquiere una expresión con .DQ es de 64 bits. (Definition Quadword).

En las siguientes aplicaciones de la directiva .CSEG se expondrá cuando se desea mostrar caracteres ASCII en la memoria del programa, y se usará también para almacenar datos *(lista de expresiones)* en la memoria del programa (Program Memory) de manera voluntaria usando las constantes .DB, .DW, .DD, y .DQ.

En el siguiente ejemplo se usa la constante de Definición-Byte .DB (DEFINITION-BYTE) para personalizar un encabezado en la programación del AVR, como por ejemplo escribir el autor del programa, o la versión, o cualquier otro dato que puede ser escrito en código ASCII (a esto se le conoce como escribir una cadena o string usando .CSEG):

```
.INCLUDE "M8515DEF.INC"
.CSEG
.DB "VER. 1 ELABORADO POR ING. FULANITO"

LDI  R16,LOW(RAMEND)
OUT  SPL,R16
LDI  R16,HIGH(RAMEND)
OUT  SPH,R16

LDI R16,$40
.

.

.

;LO_QUE_SIGA
```

En este ejemplo no se escribió la directiva .ORG, entonces después del SP lo que se escriba se recorre dentro de la memoria de la Flash. Si se usa la directiva .ORG es posible que surja un mensaje de advertencia (warning) de invalid opcode

Aunque en esta aplicación de la directiva .CSEG solo se observa el mensaje ASCII en el simulador (figura 3.2), si se adjuntara una subrutina de visualización con un display, cada vez que se reinicie el AVR es posible que el mensaje VER. 1 ELABORADO POR ING. FULANITO se visualice en el display.

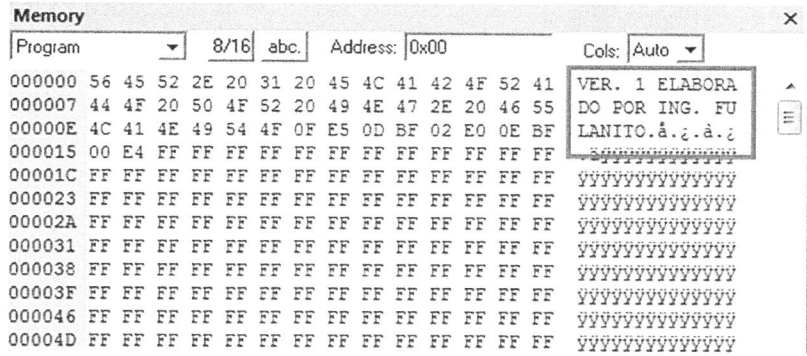

Figura 3.2 Mensaje en la Program Memory sin el uso de la directiva .ORG

También se puede escribir la cadena (string) en la memoria del programa colocándola en cualquier espacio de memoria del programa mediante `.ORG`. Hay que tener cuidado para que la información colocada no rebase la capacidad de la memoria del programa, que para el caso del ATmega8515 es de `0xFFF`.

Ahora el string y la directiva `.ORG` la escribiremos al final del código (figura 3.3):

```
.
.
.
DEC R2
DEC R3
NOP
DEC R4
.ORG $FF0
.DB '"HOLA MUNDO CÓMO HAS ESTADO?"
```

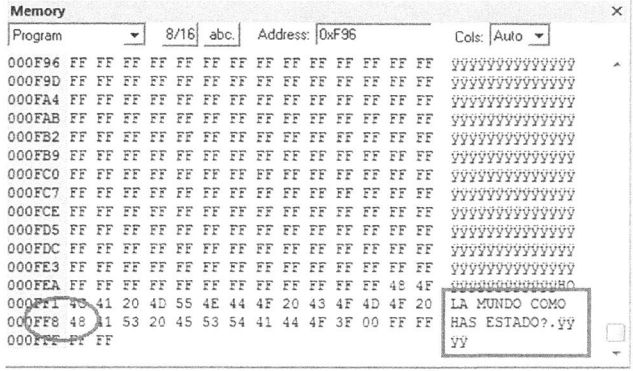

Figura 3.3 Final de la Program Memory para visualizar el mensaje

Si la cadena es demasiado larga, y se desea escribir más allá de la capacidad de la memoria del programa, en el momento de ensamblar en el simulador aparecerá la leyenda **OVER** (figura 3.4):

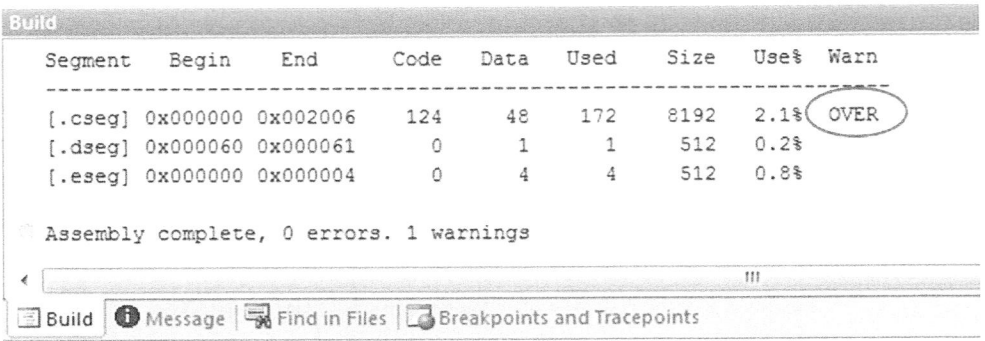

Figura 3.4 Leyenda de OVER en la ventanilla de Build

Cuando se desean almacenar datos en la memoria del programa (Program Memory) como una "base de datos" o una tabla de valores, que pueden ser invocados uno a uno (se le conoce como *lista de expresiones*[3]) para ser desplegados en un display, o sacados a través de un puerto, etcétera, se debe usar una ETIQUETA, cuyos valores serán invocados por una subrutina. Esta tabla de valores deberá tener un formato específico de al menos *una expresión*. A la *etiqueta* le llamaremos MENSAJE, que incluirá una lista de datos (en este ejemplo será 0 y 1).

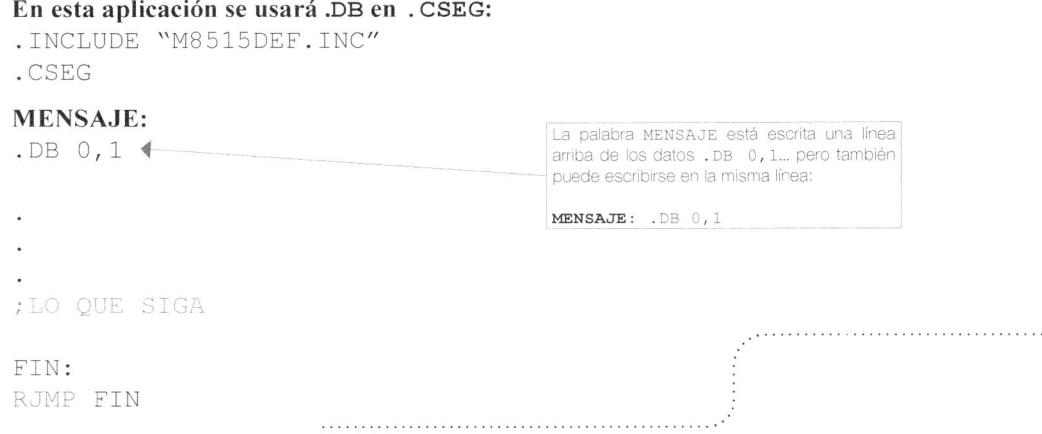

---

[3] La lista de expresión es una secuencia de expresiones delimitada por comas. Cada expresión debe evaluar a un número entre 2128 y 255. Si la expresión se evalúa como un número negativo, los 8 bits en "complemento-A2" (también visto como "256 menos el número signado") del número se colocarán en la posición de la memoria del programa o memoria EEPROM. Los valores de la lista de expresiones dependerán de la longitud de la palabra deseada (por ejemplo 8 o 16 bits).

Si la directiva .DB se da en un segmento de código y la lista de expresiones contiene más de una expresión, las expresiones son agrupadas de manera que dos bytes se colocan en cada palabra de memoria del programa. Si la lista de expresiones contiene un número impar de expresiones, una última expresión se colocará en una palabra de la memoria del programa con el valor 0x00 (figura 3.5), y un mensaje de warning se mostrará en el AVR Studio de "warning: .cseg .db misalignment - padding zero byte". La notificación advierte al programador de que un byte-adicional-cero se añadió:

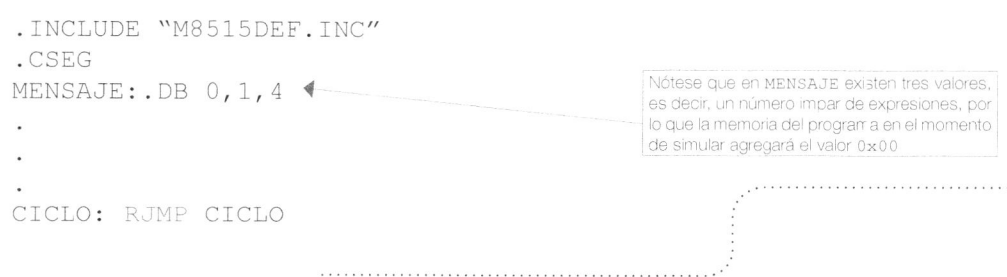

```
.INCLUDE "M8515DEF.INC"
.CSEG
MENSAJE:.DB 0,1,4

.

.

.

CICLO: RJMP CICLO
```

Nótese que en MENSAJE existen tres valores, es decir, un número impar de expresiones, por lo que la memoria del programa en el momento de simular agregará el valor 0x00

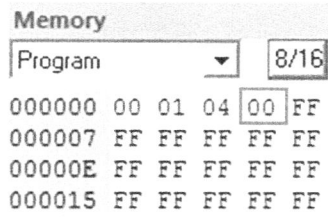

```
Memory
Program          ▼   8/16
000000 00 01 04 00 FF
000007 FF FF FF FF FF
00000E FF FF FF FF FF
000015 FF FF FF FF FF
```

Figura 3.5 El valor 0X00 agregado en la memoria del programa

La lista de expresiones puede ser escrita en las diferentes nomenclaturas que acepta el AVR (binario, hexadecimal, decimal, octal, ASCII, números signados o negativos):

```
.CSEG
DATOS:  .DB 0,255,0b01010101,-128,0xAA, 'b',$55,0334
```

Hagamos un pequeño programa para comprobar que la tabla de datos es válida en la memoria del programa (introduzca usted este programa en AVR Studio y compruebe el comportamiento en la ventana del Menú>View>Memory…Program). En INICIO se configurará el SP del M8515 y el puerto B como salida. Usaremos los registros ZL, ZH y la instrucción LPM para sacar dato a dato por el puerto B (esta subrutina se explicará más adelante cuando el programador ya esté más entrenado, pero por el momento se introduce este ejemplo para que se conozca otra opción del uso de la directiva .CSEG). Este programa lo usaremos en las siguientes subrutinas para comprobar las tablas de datos. Vea el comportamiento en la figura 3.6:

```
;PROGRAMA COMPROBADOR DE TABLA DE DATOS

.INCLUDE "M8515DEF.INC"
.CSEG

MENSAJE: .DB 1,2,3,4

INICIO:
LDI R16, LOW(RAMEND)
OUT SPL,R16
LDI R16, HIGH(RAMEND)
OUT SPH,R16

LDI R16,$FF
OUT DDRB,R16

LDI ZH,HIGH(2*MENSAJE)
LDI ZL,LOW(2*MENSAJE)

CARGAR_BYTE:

LPM
OUT PORTB, R0
ADIW ZL,1
RJMP CARGAR_BYTE

FIN: RJMP FIN
```

Estos son lo datos de MENSAJE

Memory

| Program ▼ | 8/16 | abc. | Address: 0x00 | Cols: Auto ▼ |

```
000000  01 02 03 04 0F 4E5 0D BF 02 E0 0E BF 0F EF  .....å.¿.à.¿.ï
000007  07 DD F0 E0 E0 E0 E0 C8 95 08 BA 31 96 FC CF  .»ðàaÈ•.°1-üÏ
00000E  FF CF 4E 49 54 4F 0F E5 0D BF 02 E0 0E BF  ÿÏNITO.å.¿.à.¿
000015  00 E4 2A 94 3A 94 00 00 4A 94 FF FF FF FF  .ä*":"..J"ÿÿÿÿ
00001C  FF FF FF FF FF FF FF FF FF FF FF FF FF FF  ÿÿÿÿÿÿÿÿÿÿÿÿÿÿ
000023  FF FF FF FF FF FF FF FF FF FF FF FF FF FF  ÿÿÿÿÿÿÿÿÿÿÿÿÿÿ
00002A  FF FF FF FF FF FF FF FF FF FF FF FF FF FF  ÿÿÿÿÿÿÿÿÿÿÿÿÿÿ
000031  FF FF FF FF FF FF FF FF FF FF FF FF FF FF  ÿÿÿÿÿÿÿÿÿÿÿÿÿÿ
000038  FF FF FF FF FF FF FF FF FF FF FF FF FF FF  ÿÿÿÿÿÿÿÿÿÿÿÿÿÿ
00003F  FF FF FF FF FF FF FF FF FF FF FF FF FF FF  ÿÿÿÿÿÿÿÿÿÿÿÿÿÿ
000046  FF FF FF FF FF FF FF FF FF FF FF FF FF FF  ÿÿÿÿÿÿÿÿÿÿÿÿÿÿ
00004D  FF FF FF FF FF FF FF FF FF FF FF FF FF FF  ÿÿÿÿÿÿÿÿÿÿÿÿÿÿ
000054  FF FF FF FF FF FF FF FF FF FF FF FF FF FF  ÿÿÿÿÿÿÿÿÿÿÿÿÿÿ
00005B  FF FF FF FF FF FF FF FF FF FF FF FF FF FF  ÿÿÿÿÿÿÿÿÿÿÿÿÿÿ
000062  FF FF FF FF FF FF FF FF FF FF FF FF FF FF  ÿÿÿÿÿÿÿÿÿÿÿÿÿÿ
000069  FF FF FF FF FF FF FF FF FF FF FF FF FF FF  ÿÿÿÿÿÿÿÿÿÿÿÿÿÿ
```

Figura 3.6 Ventana de la memoria del programa con los datos de la tabla MENSAJE

En esta aplicación se usará .DW **en** .CSEG **(para 16 bits):** para el uso de la directiva .DW cada expresión debe evaluar un número entre 232768 y 65535. Si la expresión se evalúa como un número negativo, los 16 bits *complemento-A2* llegarán a ser colocados en la memoria del programa o en la ubicación de la memoria EEPROM.

```
.CSEG
LISTA_DE_VARIABLES: .DW 0, 0xffff, 0b1001110001010101,
-32768, 65535
```

> Para el caso del número binario se puede escribir de estas formas:
>
> 0b1001110001010101
> 0b10011100_01010101
> 0b1001_1100_0101_0101

En esta aplicación se usará .DD **y** .DQ **en** .CSEG: el uso de .DD se emplea para una lista de expresiones de 32 bits cada uno (desde −2147483648 hasta 4294967295), y .DQ es usada para una lista de expresiones de 64 bits cada uno (desde −9223372036854775808 hasta 18446744073709551615).

```
.CSEG
LISTA: .DD 0, 0xABCFEDBC, -2147483648, 4294967295, 1 << 30

.CSEG
LISTA: .DQ 0, 0xABCDEFFEDBCBBACD, -9223372036854775808, 1 <<62
```

✓ 3.3 Directiva .ESEG: EEPROM Segment

La directiva .ESEG define el inicio de un segmento EEPROM. Un archivo fuente en ensamblador puede consistir en varios segmentos de EEPROM, los cuales se concatenan en un solo segmento de EEPROM cuando se ensamblan. Un segmento EEPROM normalmente constará solo de directivas .DB y .DW (y etiquetas). La directiva .ORG se puede utilizar para colocar las variables en ubicaciones específicas en la EEPROM.

Vamos a proceder a hacer una subrutina de comprobación de datos al igual que en la sección de .CSEG usando ahora .ESEG (introduzca usted este programa en AVR Studio y compruebe el comportamiento en la ventana del Menú>View>Memory…EEPROM):

```
.INCLUDE "M8515DEF.INC"

.ESEG
MENSAJE_EEPROM:  .DB 0,1,2,3,4,5,6,7,8,9,1,0,11

.CSEG
INICIO:

FIN: RJMP FIN
```

Si usa la subrutina verificadora del caso pasado, se dará cuenta de que no es posible introducir los datos a la memoria EEPROM utilizando simplemente una tabla, ya que es necesario que se programe por subrutina (revise la sección de memoria EEPROM en las páginas posteriores y regrese a esta sección). Si ya revisó la ventana de memoria EEPROM se dará cuenta de que sigue intacta (figura 3.7). Si usa la subrutina verificadora, los datos que obtendrá en el puerto B serán los datos de la memoria Flash, y no los datos de la memoria EEPROM.

```
LDI ZH,HIGH(2*MENSAJE_EEPROM)
LDI ZL,LOW(2*MENSAJE_EEPROM)
CARGAR_BYTE:
LPM
OUT PORTB, R0
ADIW ZL,1
RJMP CARGAR_BYTE
```

```
Memory                                                              ×
[EEPROM       ▼]  8/16  abc.  Address: 0x00        Cols: Auto ▼
000000 FF FF FF FF FF FF FF FF FF FF FF FF FF FF   ÿÿÿÿÿÿÿÿÿÿÿÿÿÿ  ▲
00000E FF FF FF FF FF FF FF FF FF FF FF FF FF FF   ÿÿÿÿÿÿÿÿÿÿÿÿÿÿ
00001C FF FF FF FF FF FF FF FF FF FF FF FF FF FF   ÿÿÿÿÿÿÿÿÿÿÿÿÿÿ
00002A FF FF FF FF FF FF FF FF FF FF FF FF FF FF   ÿÿÿÿÿÿÿÿÿÿÿÿÿÿ
000038 FF FF FF FF FF FF FF FF FF FF FF FF FF FF   ÿÿÿÿÿÿÿÿÿÿÿÿÿÿ  ≡
000046 FF FF FF FF FF FF FF FF FF FF FF FF FF FF   ÿÿÿÿÿÿÿÿÿÿÿÿÿÿ
000054 FF FF FF FF FF FF FF FF FF FF FF FF FF FF   ÿÿÿÿÿÿÿÿÿÿÿÿÿÿ
000062 FF FF FF FF FF FF FF FF FF FF FF FF FF FF   ÿÿÿÿÿÿÿÿÿÿÿÿÿÿ
000070 FF FF FF FF FF FF FF FF FF FF FF FF FF FF   ÿÿÿÿÿÿÿÿÿÿÿÿÿÿ
00007E FF FF FF FF FF FF FF FF FF FF FF FF FF FF   ÿÿÿÿÿÿÿÿÿÿÿÿÿÿ
00008C FF FF FF FF FF FF FF FF FF FF FF FF FF FF   ÿÿÿÿÿÿÿÿÿÿÿÿÿÿ
00009A FF FF FF FF FF FF FF FF FF FF FF FF FF FF   ÿÿÿÿÿÿÿÿÿÿÿÿÿÿ
0000A8 FF FF FF FF FF FF FF FF FF FF FF FF FF FF   ÿÿÿÿÿÿÿÿÿÿÿÿÿÿ
0000B6 FF FF FF FF FF FF FF FF FF FF FF FF FF FF   ÿÿÿÿÿÿÿÿÿÿÿÿÿÿ
0000C4 FF FF FF FF FF FF FF FF FF FF FF FF FF FF   ÿÿÿÿÿÿÿÿÿÿÿÿÿÿ
0000D2 FF FF FF FF FF FF FF FF FF FF FF FF FF FF   ÿÿÿÿÿÿÿÿÿÿÿÿÿÿ  ▼
```

Figura 3.7 Ventana de memoria EEPROM después de editar la tabla "MENSAJE_EEPROM"

Sin embargo, si revisa la sección de mensajes (Build) del simulador (figura 3.8), se dará cuenta de que el porcentaje del segmento .ESEG es del 2.5 %. Esto indica que sí se elaboró un archivo con extensión .epp que contiene los datos de la tabla MENSAJE_EEPROM.

```
Build

D:\LIBRO CURSO DE AVR\PROGRAMAS AVR PARA LIBRO\PROGRAMA_VARIOS\PROGRAMA_VARIO5.asm(1):

ATmega8515 memory use summary [bytes]:
Segment  Begin     End      Code   Data   Used   Size   Use%
------------------------------------------------------------
[.cseg]  0x000000 0x00000e    14      0     14    8192   0.2%
[.dseg]  0x000060 0x000060     0      0      0     512   0.0%
[.eseg]  0x000000 0x00000d     0     13     13     512   2.5%

Assembly complete, 0 errors. 0 warnings
```

Figura 3.8 En la sección de mensaje aparece un porcentaje del segmento de EEPROM

Para comprobar los datos de .ESEG se procede en el simulador a subir el archivo generado en la ventana de visualización de la memoria EEPROM (Menu>Debug>Up/Download Memory... y seleccionamos el archivo .epp generado y seleccionamos Load from File) (figura 3.9), y entonces después procederemos a programar ese archivo con el módulo programador en un AVR, y haremos una subrutina que despliegue en unos LED cada valor de la tabla EEPROM para comprobar que, efectivamente, los datos sí están almacenados en el AVR.

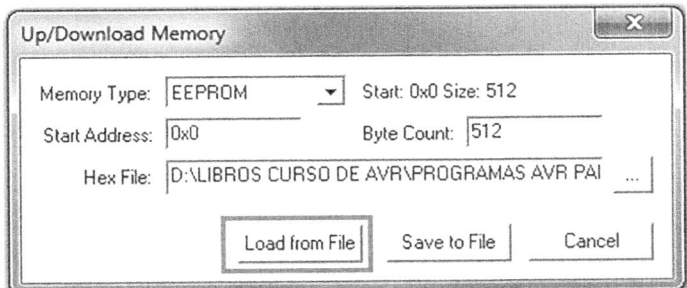

Figura 3.9 Ventana para cargar los datos EEPROM del archivo .EPP de vuelta a la ventana de EEPROM en el simulador

Una vez cargado el archivo .epp en el simulador, veremos la ventana de memoria de EEPROM de la siguiente forma (figura 3.10), lo cual indica que ya puede ser grabada la memoria Flash y EEPROM del AVR con el archivo .hex y .epp, respectivamente:

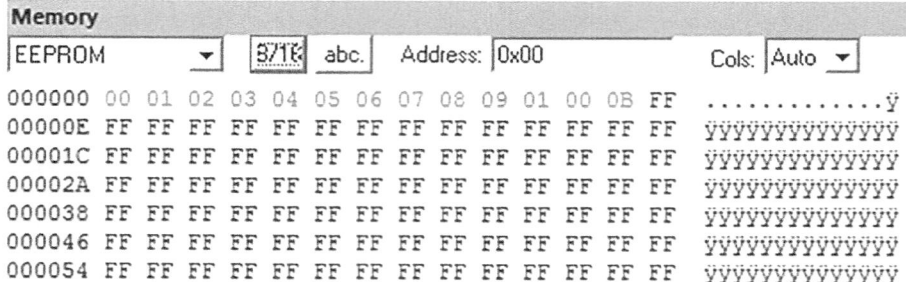

Figura 3.10 En la sección del mensaje aparece un porcentaje del segmento de EEPROM

Este es el programa que deberá editar en AVR Studio:

```
;PROGRAMA VERIFICADOR DE TABLA DE DATOS PARA .ESEG
.INCLUDE "M8515DEF.INC"

.ESEG
MENSAJE_EEPROM: .DB 0,1,2,3,4,5,6,7,8,9,1,0,11

.CSEG

INICIO:
LDI R16, LOW(RAMEND)
OUT SPL,R16
LDI R16, HIGH(RAMEND)
OUT SPH,R16

LDI R16,$FF
OUT DDRB,R16

LDI R16,0          ;para que inicialice la dirección de la
                   ;EEPROM en 0x00

CICLO:
RCALL READ_EEPROM

OUT PORTB, R30     ;R30 contiene el dato para sacar LECTURA

RCALL UN_SEGUNDO
RCALL UN_SEGUNDO
INC R16
RJMP CICLO
```

> Estas subrutinas de 1_SEGUNDO se encuentran explicadas en otro programa más adelante (Programa_5)

```
;************************
;ESTA SUBRUTINA DE EEPROM SE ENCUENTRA EN LA SECCIÓN
;DE EEPROM EN ESTE LIBRO
;PÁGINAS MÁS ADELANTE
READ_EEPROM:
SBIC EECR,1          ;SENSO SI ESTÁ LISTO
RJMP READ_EEPROM

OUT EEARL,R16        ;1) PRIMERO LA DIRECCIÓN DESEADA A LEER

LDI R17,$01
OUT EECR,R17         ;2) ACTIVAR EL Bit DE LECTURA EN EL REG
                     ;DE CONTROL DE LA EEPROM

IN R30,EEDR          ;3) LEER EL DATO

NOP                  ;4) 4 CICLOS DE RELOJ DE DELAY
NOP
NOP
NOP
RET
```

Para programar la memoria EEPROM con los valores de la tabla MENSAJE_EEPROM deberá seleccionar el archivo .epp, según la figura 3.11, y pulsar Program:

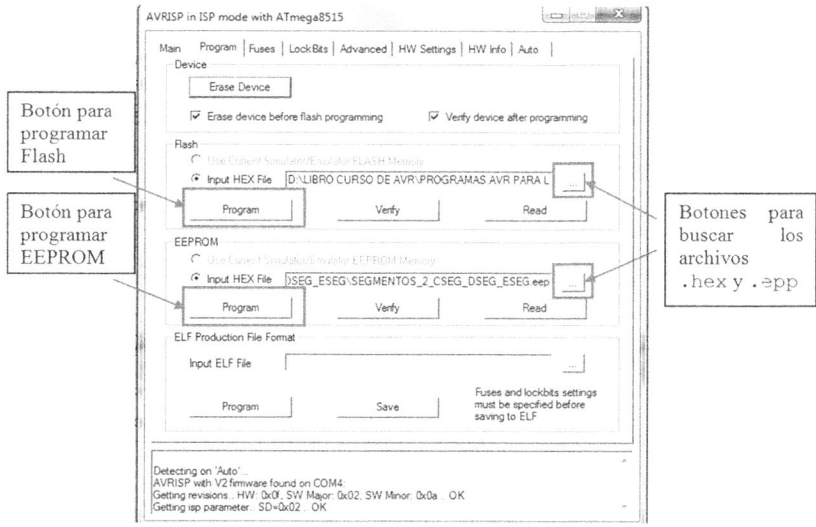

Figura 3.11 Ventana de programación para Flash y EEPROM usando un módulo-programador

✓ 3.4 Directiva .DSEG: Data Segment

La directiva .DSEG define el inicio de un *segmento de datos*. Un archivo fuente en ensamblador puede consistir en varios segmentos de datos, que se concatenan en un solo segmento de datos cuando se ensamblan. Un segmento de datos normalmente solo constará de directivas BYTE (y etiquetas). Los segmentos de datos tienen su propio contador de ubicación, que es un contador de bytes. La directiva .ORG se puede utilizar para colocar las variables en ubicaciones específicas en la SRAM.

El .DSEG es usado para fijar datos en la SRAM, en la memoria de datos (Data Memory). Existen dos formas de fijar datos en la SRAM: el primer caso es usando la instrucción STS (también puede ser usada la instrucción ST) asignando la dirección a la que se va a escribir un dato (esta opción no reserva el espacio de memoria y puede ser ocupado por alguna otra operación. Figura 3.12); y el segundo caso es reservando un espacio de memoria y asignando a partir de qué dirección se van a escribir los datos en la memoria de datos:

Caso 1:

```
.INCLUDE "M8515DEF.INC"
.CSEG

LDI R20,'A'
STS 0X70,R20        ;el registro R20 almacena el dato a ser
                    ;escrito en la dirección 0x70 (VER FIGURA
                    ;3.12)
.
.
.


;LO_QUE_SIGA:
```

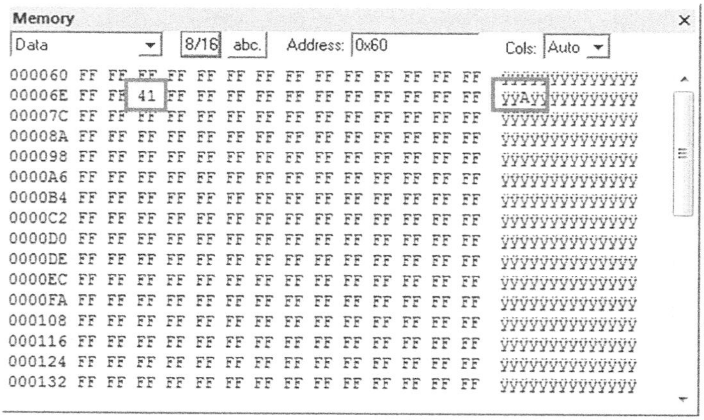

Figura 3.12 Este es el dato en la dirección 0x70

Caso 2:

En este caso el origen de escritura para la memoria de datos se hará en la dirección 0x100 (la dirección inicial de fábrica es 0x60), y se usarán las etiquetas VALORES1, VALORES2 y VALORES3, que reservarán 1 Byte respectivamente en la memoria SRAM (otro caso es cuando se desee reservar espacio de memoria usando etiquetas en lugar de constantes):

```
.INCLUDE "M8515DEF.INC"
.DSEG

.ORG 0X100

RESERVA1: .BYTE 1 ;reserva 1 BYTE en la SRAM
RESERVA2: .BYTE 1 ;reserva 1 BYTE en la SRAM
RESERVA3: .BYTE 1 ;reserva 1 BYTE en la SRAM


.DB 1,2,3,4,5,6,7,8
.CSEG

LDI R20,'A'
STS RESERVA1,R20

LDI R20,'B'
STS RESERVA2,R20

LDI R20,'C'
STS RESERVA3,R20

LDI R16,4
.
.
.
LO_QUE_SIGUE:
```

Nótese que la directiva .DSEG es usada después del .INCLUDE, y una vez que se han reservado los bytes se usa la directiva .CSEG para la escritura en el segmento de código

Es muy importante reservar con directivas .BYTE

Después de la simulación se observan los tres datos ASCII A, B y C a partir de la dirección 0x150 en la Data Memory (memoria de datos):

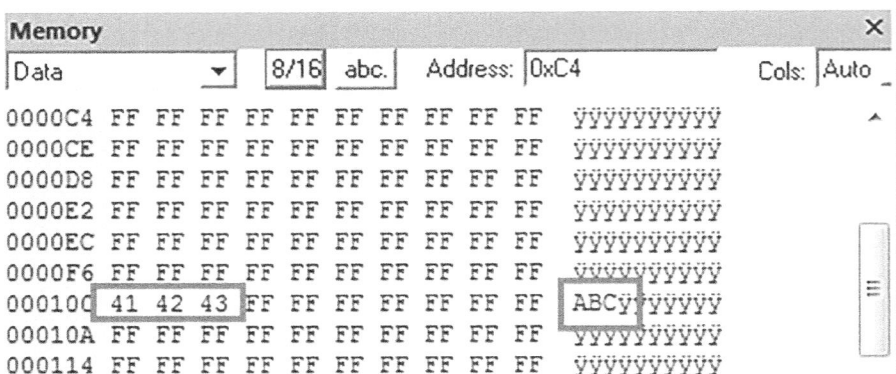

Figura 3.13 Visualización de la dirección 0x150

Si deseamos combinar el uso de directivas .CSEG con directivas .DSEG, se debe tener especial cuidado en el orden de uso de directivas y la dirección de cada una de ellas. En el siguiente ejemplo se muestra una directiva .DSEG con la directiva .CSEG, donde primero se coloca la .DSEG y luego la .CSEG, y se observa que la dirección de la .DSEG tendría que inicializarse en 0x60, de lo contrario aparecerá un aviso (warning) de memoria "UNDER" en la ventana de mensajes de AVR Studio (figura 3.14) indicando que no es el espacio de memoria correcto para el .DSEG:

```
.INCLUDE "M8515DEF.INC"

.DSEG                   ;DATA SEGMENT
.ORG 0x59               ;dirección del SRAM con warning de "UNDER"

variable: .BYTE 1   ;se reserva un BYTE en la SRAM

.CSEG
.ORG 0

LDI R16,LOW(RAMEND)
OUT SPL,R16
LDI R16,HIGH(RAMEND)
OUT SPH,R16

CICLO:
RJMP CICLO
```

```
ATmega8515 memory use summary [bytes]:
Segment   Begin     End      Code   Data   Used   Size   Use%  Warn
-------------------------------------------------------------------
[.cseg] 0x000000 0x00000a    10      0     10    8192   0.1%
[.dseg] 0x000059 0x000060     0      1      1     512   0.2%  UNDER
[.eseg] 0x000000 0x000000     0      0      0     512   0.0%

Assembly complete, 0 errors. 1 warnings
```

Figura 3.14 Mensaje de UNDER debido al mal uso de la dirección de inicialización del DSEG

La subrutina debería quedar de esta forma:

```
.INCLUDE "M8515DEF.INC"

.DSEG                ;DATA SEGMENT
.ORG 0x60            ;dirección del SRAM sin warning de "UNDER"

RESERVA: .BYTE 1     ;se reserva 1 BYTE en la SRAM

.CSEG
.ORG 0
.
.
.
CICLO:
RJMP CICLO
```

Es posible usar más de una vez la directiva .CSEG, lo importante es regresar al uso de la directiva .CSEG para inicializar la escritura en la memoria Flash. En el siguiente ejemplo se muestra la configuración del SP seguido de la reserva de 1 Byte en la SRAM usando .DSEG, y posteriormente volver a usar .CSEG para el inicio del código del programa:

```
.INCLUDE "M8515DEF.INC"

.CSEG
.ORG 0

LDI R16,LOW(RAMEND)
```

```
OUT SPL,R16
LDI R16,HIGH(RAMEND)
OUT SPH,R16

.DSEG
.ORG 0x60
variable: .BYTE 1

.CSEG
LDI R17,$20
.
.
.
LO_QUE_SIGA:
```

3.4.1 Problema en el segmento .DSEG

Cuando se usan los segmentos para fijar datos, la ventana de mensajes muestra en Build un porcentaje de memoria usado según el segmento correspondiente (ya sea .CSEG, .ESEG, o .DSEG), y aquí existe un gran problema para el segmento .DSEG, que no genera ningún archivo físico. Los únicos archivos generados son el .HEX, que corresponde a la Flash, y un archivo .ESEG que corresponde a la EEPROM. Muchos programadores nos topamos con este problema al querer trabajar un archivo .DSEG que en realidad no existe, entonces ¿por qué aparece un porcentaje de uso en .DSEG en la ventana de Build? El simulador muestra que una serie de constantes o valores han sido generados en el segmento .DSEG y representa el porcentaje de la memoria de datos que ocuparían esas constantes, si por ejemplo el porcentaje fuese del 3 % indica que se estaría ocupando ese porcentaje de la capacidad de memoria de datos, que para un ATmega8515 es de 512 bytes (expresados en el manual del ATmega8515 como *SRAM interno*). Así que para colocar constantes o valores en la SRAM se necesita hacerlo manualmente (no es posible integrar el segmento de datos en el AVR como se haría con el archivo .epp de la EEPROM). Otra de las razones de usar el segmento de datos es que cuando se resetea el AVR el estado de la RAM no es conocido, por lo que conviene reservar las localidades de la SRAM que serán usadas posteriormente (reserve con directivas .BYTE).

Recuerde

Las directivas del ensamblador pueden cambiar la forma en la que el ensamblador trabaja con el código, se puede cambiar la localidad del código en la memoria del programa asignando *etiquetas* a las direcciones de la SRAM o definiendo *constantes*. Se puede intercalar el uso de las directivas .CSEG, .DSEG y .ESEG usando siempre al final de las directivas la .CSEG para regresar al código del programa.

Configuración

4.1 Stack Pointer

En la sección de la configuración se debe dar de alta el **Stack Pointer (SP)**, el cual se puede activar de dos maneras: la primera es conociendo la dirección más alta de la memoria estática SRAM del banco de memoria del AVR (dependiendo del AVR a usar), esta dirección se muestra en los PDF del AVR; la segunda, de no contar con el valor de la dirección, es escribir la expresión **LOW(RAMEND)** y la expresión **HIGH(RAMEND)** dependiendo de si el AVR a usar trabaja con un solo registro de Stack Pointer o dos.

El Stack Pointer es un bloque de memoria que sirve para localizar y almacenar la dirección de memoria cuando el **cursor**[1] salta de un lado a otro. Si el Stack Pointer no es configurado correctamente cuando se desea saltar de una línea de código a otro, el cursor no lo hará como corresponde.

El Stack Pointer consiste en uno o dos registros de configuración. Existen diferentes configuraciones de SP dependiendo del AVR a usar; si es usado un AVR ATtiny2313, el SP posee un solo registro llamado SPL (Stack Pointer Low), si usamos un AVR ATmega8515, el SP posee dos registros, llamados SPL y SPH (Stack Pointer High), pero si usáramos un ATtiny12 no contendría registros de SP configurables, sino del tipo Hardware Stack, es decir, poseería un SP-físico de tres niveles dedicado a las subrutinas e interrupciones. Esto significa que un AVR que contiene registros SPL y SPH posee, entonces, un SP de 16 bits, y un AVR que contiene solo un registro SPL o un Hardware Stack contiene un SP de 8 bits.

La sintaxis para un ATtiny2313 es la siguiente:

```
LDI R16, LOW(RAMEND)
OUT SPL, R16
```

---

[1] Llamémosle cursor a la línea o segmento de código que está siendo ejecutado en un momento dado. En el simulador, el cursor es una *flecha amarilla* que va indicando el código del programa que se está ejecutando en ese momento.

O si se conoce la dirección más alta de la SRAM, se puede escribir de la siguiente manera:

```
LDI R16, $DF
OUT SPL, R16
```

La dirección de memoria DF se escribe con el carácter $, que describe un número HEXADECIMAL.

Para el caso de un ATmega8515 la sintaxis es la siguiente:

```
LDI R16, LOW(RAMEND)
OUT SPL, R16
LDI R16, HIGH(RAMEND)
OUT SPH, R16
```

El Stack Pointer debe ser configurado inmediatamente después de haber incluido la librería del AVR a usar. Por ejemplo:

```
.INCLUDE "M8515DEF.INC"     ◄──────── Esta es la librería del AVR

LDI   R16, LOW(RAMEND)
OUT   SPL, R16                    ⎫
LDI   R16, HIGH(RAMEND)           ⎬ Esta es la configuración del Stack Pointer
OUT   SPH, R16                    ⎭
```

El SP se configura con instrucciones OUT, que son usadas para "sacar" o "enviar" un dato a un registro. Aunque se explicarán con más detalle las instrucciones usadas para la programación del AVR, el programador en esta parte deberá entender que las dos instrucciones básicas, OUT y LDI, muy usadas en los códigos de programa, se utilizan para el SP.

Explicaré brevemente el significado de las líneas de código para configurar el SP:

La línea:
```
LDI R16, LOW(RAMEND)
```

Contiene cuatro "palabras" (LDI, R16, LOW, RAMEND), las cuales significan lo siguiente:

LDI   (Load Inmmediate o carga inmediata) Se usa para establecer inmediatamente un valor hexadecimal a un registro[2]. Aunque existen diferentes formas de *direccionamientos* o subida de datos, por el momento se manejará LDI.

---

[2] Cabe referirse al cuadro de **nomenclaturas** para ver los formatos en los que al AVR se le puede escribir un dato.

R16   Es uno de los 32 registros de trabajo o de propósito general (le llamaremos también registros de usuario). Podemos dividirlo en dos "bancos": banco-1, que abarca del registro R0 al R15, y banco-2, que abarca del R16 al R31[3].

LOW   Es una función (se explicará más a detalle en la sección de Functions) que devuelve el byte bajo de una expresión (valor o dato hexadecimal[4]).

RAMEND   Es un término que contiene un valor que ha sido definido en la librería del AVR que carga la última dirección de la memoria RAM.

La línea:
```
OUT    SPL, R16
```

OUT   Es una instrucción (Store Register to I/O Location o cargar un registro a una localidad de entrada/salida, puertos, Timers, registros de configuración, etc.). Se usa para subir un valor hexadecimal a un registro. La instrucción OUT también es usada para sacar el voltaje de los puertos del AVR.

La línea:
```
LDI    R16, HIGH(RAMEND)
```

HIGH   Es una función (se explicará con más detalle en la sección de Functions) que devuelve el byte alto de una expresión (valor o dato hexadecimal).

De igual forma que en el caso del ATtiny2313, si se conoce la dirección real del banco de memoria SRAM del ATmega8515 para configurar el SP, en lugar de escribir las expresiones **LOW(RAMEND)** y **HIGH(RAMEND)**, se escriben las direcciones $5F (para el caso del SPL) y $02 (para el caso del SPH) usando el caracter $. En caso de no contar con el PDF de dicho AVR, una vez que se han introducido las líneas de código para configurar el SPL y el SPH, se pueden observar en el simulador de AVR Studio (figura 4.1) los valores de las direcciones reales en la sección de Processor del simulador:

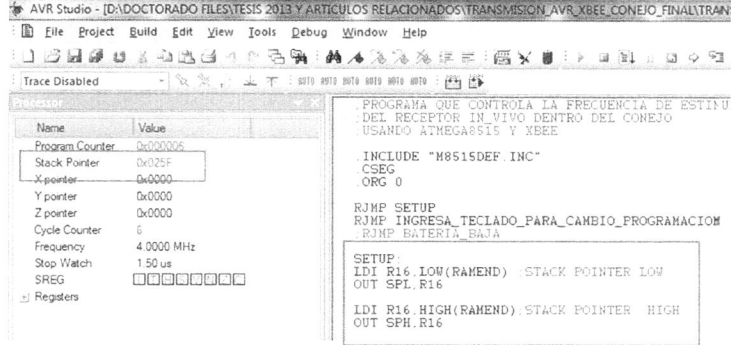

Figura 4.1 Vista del Stack Pointer y su configuración en AVR Studio

---

[3] En los manuales del AVR los registros de propósito general no se explican con la palabra "banco", pero la usaremos en este libro para fines explicativos.

[4] Pueden usarse diferentes nomenclaturas (hexadecimal, decimal, octal, etc.).

No es recomendable cambiar el valor de las direcciones predeterminadas designadas por las expresiones **LOW(RAMEND)** y **HIGH(RAMEND)**; sin embargo, es posible cambiar estas direcciones dependiendo de las necesidades del usuario (para programadores avanzados). Las direcciones de las expresiones **LOW(RAMEND)** y **HIGH(RAMEND)** se encuentran localizadas en un archivo-librería "`.INC`", que es la librería del propio AVR usado (para el caso del ATmega8515 la librería se llama "**m8515def.inc**"). Estas librerías son incluidas por AVR Studio en el momento de ensamblar todo el programa.

En la figura 4.2 se observa que en la visualización del bloque de memoria entrada/salida (Memory I/O) se encuentran las direcciones de las instrucciones `SPL` y `SPH` (`0x3D` y `0x3E`), correspondientemente para los datos `$5F` y `$02`.

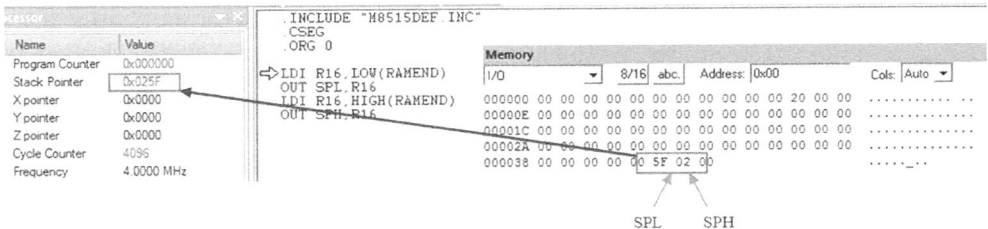

Figura 4.2 Visualización del Stack Pointer en Memory I/O

Los datos `$5F` y `$02` corresponden a la dirección del último espacio de memoria de datos (Data Memory) que atañe a **$025F** (figura 4.3). El valor del SP se va modificando de forma automática ante la presencia de la ejecución de ciertas instrucciones (como los *saltos de subrutina* o *ejecución de interrupciones*). No en todas las instrucciones se modifica el valor del *SP* (en la sección de `PUSH`/`POP` se mostrará un código que ayudará a monitorear el estado del *SP* ante la presencia de los saltos de interrupción y retorno de las subrutinas).

```
Memory                                                              ×
Data          ▼   8/16 abc.   Address: 0x178      Cols: Auto ▼
000178 FF FF FF FF FF FF FF FF FF FF FF FF FF FF   ÿÿÿÿÿÿÿÿÿÿÿÿÿÿ  ▲
000186 FF FF FF FF FF FF FF FF FF FF FF FF FF FF   ÿÿÿÿÿÿÿÿÿÿÿÿÿÿ
000194 FF FF FF FF FF FF FF FF FF FF FF FF FF FF   ÿÿÿÿÿÿÿÿÿÿÿÿÿÿ
0001A2 FF FF FF FF FF FF FF FF FF FF FF FF FF FF   ÿÿÿÿÿÿÿÿÿÿÿÿÿÿ
0001B0 FF FF FF FF FF FF FF FF FF FF FF FF FF FF   ÿÿÿÿÿÿÿÿÿÿÿÿÿÿ
0001BE FF FF FF FF FF FF FF FF FF FF FF FF FF FF   ÿÿÿÿÿÿÿÿÿÿÿÿÿÿ
0001CC FF FF FF FF FF FF FF FF FF FF FF FF FF FF   ÿÿÿÿÿÿÿÿÿÿÿÿÿÿ
0001DA FF FF FF FF FF FF FF FF FF FF FF FF FF FF   ÿÿÿÿÿÿÿÿÿÿÿÿÿÿ
0001E8 FF FF FF FF FF FF FF FF FF FF FF FF FF FF   ÿÿÿÿÿÿÿÿÿÿÿÿÿÿ
0001F6 FF FF FF FF FF FF FF FF FF FF FF FF FF FF   ÿÿÿÿÿÿÿÿÿÿÿÿÿÿ
000204 FF FF FF FF FF FF FF FF FF FF FF FF FF FF   ÿÿÿÿÿÿÿÿÿÿÿÿÿÿ
000212 FF FF FF FF FF FF FF FF FF FF FF FF FF FF   ÿÿÿÿÿÿÿÿÿÿÿÿÿÿ
000220 FF FF FF FF FF FF FF FF FF FF FF FF FF FF   ÿÿÿÿÿÿÿÿÿÿÿÿÿÿ
00022E FF FF FF FF FF FF FF FF FF FF FF FF FF FF   ÿÿÿÿÿÿÿÿÿÿÿÿÿÿ  ═
00023C FF FF FF FF FF FF FF FF FF FF FF FF FF FF   ÿÿÿÿÿÿÿÿÿÿÿÿÿÿ
00024A FF FF FF FF FF FF FF FF FF FF FF FF FF FF   ÿÿÿÿÿÿÿÿÿÿÿÿÿÿ
000258 FF FF FF FF FF FF FF FF                     ÿÿÿÿÿÿÿÿ        ▼

              25F: FF 255 11111111 ÿ
```

Figura 4.3 Vista del Stack Pointer y su configuración en AVR Studio.
Vista del Data Memory, donde aparece el último espacio en memoria correspondiente a $025F

Después de haber configurado el SP se procede a configurar (o "dar de alta") las funciones que se desean utilizar del AVR, ya sea configurar los registros de entrada/salida DDRx de algún puerto, los registros de los contadores o los registros del comparador analógico, entre otros.

Aunque es recomendable que en la sección de configuración se den de alta los registros a usar para activar las diversas funciones del AVR, también es posible que a lo largo del cuerpo del programa se configuren otras funciones del AVR si fuera necesario Concentrar los registros de configuración en una sección (en este caso la denominaremos sección de configuración) es muy útil para dirigirnos a esta sección cada vez que necesitemos revisar la configuración, o reconfigurar una sección, en lugar de estar navegando por todo el cuerpo del programa buscando una configuración determinada (cuando el cuerpo del programa es muy extenso es más complicado).

✋ Cuerpo del programa

En esta sección es donde se concentra la estructura principal de operación del AVR. Se escriben los comandos de lectura de un puerto (o varios puertos), la ejecución de las funciones del AVR o las llamadas a subrutina.

El **cuerpo del programa** es la rutina "principal" del AVR. Aunque también es posible dividir la rutina principal en varias rutinas "principales" a lo largo del programa dependiendo de las necesidades del usuario y su destreza en la programación.

✓ 5.1 Subrutinas

Debido a que el cuerpo principal del programa engloba la "actividad principal" del AVR, se puede introducir una cuarta sección que denominaremos sección de subrutinas, donde se dan de alta todas las subrutinas utilizadas en el cuerpo del programa principal. Una subrutina es un bloque de código usado (o ejecutado) varias veces, por lo que para reducir el tamaño del código se realiza una subrutina que es invocada las veces que sean necesarias. Es posible dar de alta una o varias subrutinas dentro del cuerpo del programa (dependiendo de las necesidades del usuario y su destreza en la programación).

Una subrutina es un código que está formado por una etiqueta (finaliza con "dos puntos"), líneas de código y termina en una instrucción RET (o RETI si hablamos de una subrutina de interrupción), o RJMP dependiendo de las necesidades del programador. Por ejemplo:

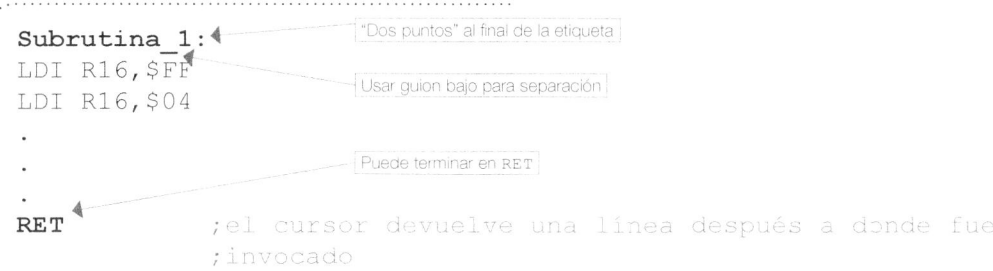

```
Subrutina_2:
LDI R16,$FF
LDI R16,$04
.
.
.
RJMP saltar_a_otra_etiqueta
```

Puede terminar en RJMP

Nótese que la etiqueta de una subrutina *siempre* debe finalizar en "dos puntos" y no debe llevar separación *(espacio)* entre sus palabras o caracteres (usar guion bajo para separación).

5.2 Puertos

Un puerto de AVR posee tres registros vinculados (independientemente del tipo de AVR), los cuales son **DDRx**, **PORTx** y **PINx**, donde "**x**" es la *letra* de puerto (puede ser puerto A, B, C, D, E).

DDRx   Se usa para direccionar si un bit del puerto se comportará como una entrada o como salida.

PORTx   Se usa para sacar el voltaje en un pin (o en varios o todos) del puerto.

PINx   Se usa para leer el voltaje presente en un pin (o en varios o todos) del puerto.

Para configurar los registros de los puertos se pueden usar diferentes nomenclaturas: hexadecimal, binario, decimal u octal (existen otras nomenclaturas). Por ejemplo, si deseamos configurar el "puerto A" como salida exclusivamente en nomenclatura hexadecimal, entonces se debe configurar así:

```
LDI R16, 0xFF          ; (usando "0x")

También:
LDI R16, $FF           ; (usando el símbolo de "$")

En notación binaria:
LDI R16, 0b11111111    ; (todos los bits juntos)

También:
LDI R16, 0b1111_1111   ; (usando un separador de guion bajo "_")

En notación decimal:
LDI R16, 255           ; (el valor decimal va desde el 0 hasta el 255)
```

Los AVR trabajan con *lógica positiva*, es decir, para configurar un bit como salida el bit debe valer "1", y para entrada el bit debe valer "0"

En notación octal:

```
LDI R16, 0377              ;(al valor octal se le debe agregar un 0
                           ;al principio de la cifra)
```

Posteriormente se envía el valor del registro (en este caso el R16) al registro DDRA, de esta forma:

```
LDI R16, 0b11111111        ;(todos los bits juntos)
OUT DDRA, R16              ;(aquí está configurado
                           ;para el puerto A)
```

Recuerde

Recuerde este cuadro-resumen para las diferentes nomenclaturas que puede manejar el AVR:

Resumen de nomenclaturas:

```
LDI R16,0xFF              ;HEXADECIMAL 1
LDI R16,$FF               ;HEXADECIMAL 2
LDI R16,255               ;DECIMAL 1
LDI R16,8                 ;DECIMAL 2
LDI R16,0377              ;OCTAL
LDI R16,0b11111111        ;BINARIO 1
LDI R16,0b1111_1111       ;BINARIO 2
LDI R16,-128              ;NÚMEROS SIGNADOS
LDI R16,'A'               ;CARACTERES ASCII
```

Si deseamos configurar unos pines como entrada y como salida, por ejemplo:

Bit 7=1	Bit 6=0	Bit 5=0	Bit 4=1	Bit 3=0	Bit 2=1	Bit 1=0	Bit 0=1
Salida	Entrada	Entrada	Salida	Entrada	Salida	Entrada	Salida

Lo escribiremos así:

```
LDI R16, 0b1001_0101
OUT DDRA, R16
```

Para configurar el registro de salida (PORTx) para sacar un voltaje en un puerto (en este caso es el puerto A), se usa la siguiente sintaxis :

```
LDI R16, 0b1001_0101       ;Nótese que usamos el mismo valor del
                           ;DDRA anterior
```

```
OUT PORTA, R16              ;0b1001_0101) para sacar voltaje por
                           ;Bit7, Bit4, Bit2, Bit0
```

En el ejemplo anterior unos bits están configurados como entrada y otros como salida, aunque voluntariamente decidimos configurar los bits 7, 4, 2, 0 como salida, los bits restantes (que mantienen el valor de 0) están configurados como "entrada". Estos bits de entrada pueden ser usados para introducir un voltaje o simplemente son ignorados cuando exclusivamente solo se desea usar a los bits de salida. Cuando se desea usar un puerto de forma "bidireccional", es necesario hacer una *máscara* para separar el estado de los bits de salida del estado de los bits de entrada:

Si la configuración del "puerto A" está como en el ejemplo anterior, entonces la máscara deberá contener los valores *complemento*, esto es:

```
LDI R16, 0b1001_0101       ;si esta es la configuración deseada
                           ;entrada/salida
OUT DDRA,R16               ;se deberá usar una máscara
                           ;"complemento"
```

Si la configuración del DDRA está en 0b1001_0101, entonces la máscara deberá estar en 0b0110_1010 usando una instrucción AND y se usará el registro PINA (que en este caso leerá el estado del voltaje presente en el "puerto A"):

```
IN R17,PINA                ;el registro PINx para leer el
                           ;voltaje presente en el "puerto A"
LDI R18, 0b0110_1010       ;Valor cargado a R18 que contiene
                           ;el complemento de la palabra
                           ;0b1001_0101
AND R18,R17                ;con la instrucción AND el valor de
                           ;"R18-AND-R17" será el que solo
                           ;deseamos leer, que en este caso
                           ;es el valor de los bits de entrada.
                           ;De esta forma separamos el valor
                           ;de los bits de entrada del valor
                           ;de los bits de salida.
```

👆 Pull-up y pull-down

El AVR maneja una lógica positiva para dar de alta los bits de puerto, esto es, para dar de alta al registro DDRx como salida se usan los "1", y para configurarlo como entrada se usan los "0" (en algunos microcontroladores la lógica es contraria, es decir, lógica negativa, esto significa que para configurar un bit de puerto como entrada se usan los "1", y en los bits de salida se usan los "0", como en el caso de los PIC). El AVR puede leer el voltaje con *flancos de subida* o *flancos de bajada*, es decir, que si se activa la función "pull-up", un bit de entrada del registro DDRx puede mantener el estado lógico "1" internamente, y hace el cambio de voltaje al introducir un "0" lógico por el bit de entrada. La función de pull-up conecta internamente en el AVR una resistencia (de pull-up) a un voltaje lógico 1, por lo que el AVR detectará un voltaje presente constante de "1", el cual cesa cuando le es introducido el estado lógico "0". La función pull-up es muy útil cuando deseamos detectar un flanco de bajada "Falling Edge" (es decir, pasar de un estado lógico "1" a un estado lógico "0") (figura 6.1). La lectura del voltaje con un flanco de subida (Rising Edge), es decir, cuando se pasa del estado lógico "0" al estado lógico "1", se hace con resistencias de pull-down.

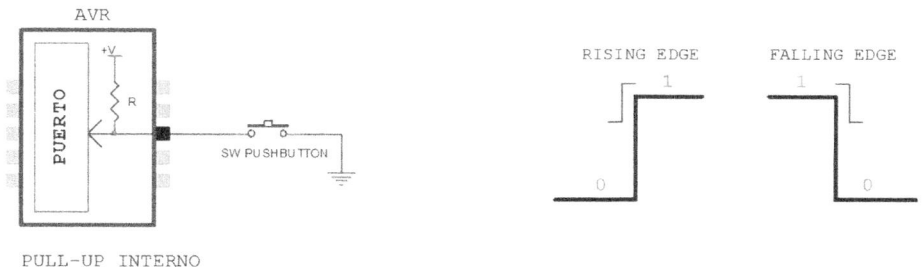

Figura 6.1 Pull-up interno (izquierda). Flancos de subida y bajada (derecha)

La función pull-up y pull-down (figura 6.2) puede configurarse usando resistencias externas al AVR:

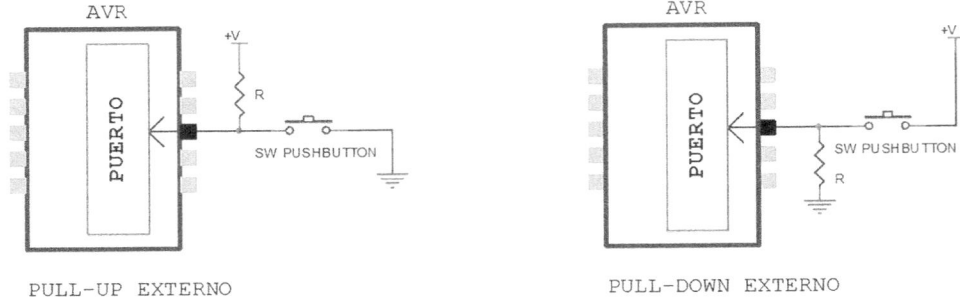

Figura 6.2 Resistencia de pull-up (izquierda). Resistencia de pull-down (derecha)

Ejemplo para activar la función de pull-up:

```
LDI R16, $00
OUT DDRA, R16              ;Aquí se da de alta el "puerto A"
                           ;como entrada

LDI R16, $FF
OUT PORTA, R16             ;Aquí se saca voltaje de forma interna
                           ;por el "puerto A" aunque el puerto
  .                        ;está como entrada. Esto ACTIVA el
                           ;PULL-UP INTERNO. Ahora en las
  .                        ;entradas la pulsación deberá hacerse
                           ;con cero (GND)

  .

  .
;LO_QUE_SIGA
```

Cuando se desea leer exclusivamente un pin de puerto como entrada, sin querer leer los demás pines, se usan dos métodos: el primero es el de alambrar todas las entradas que no se van a usar de ese puerto, en particular a tierra (ground o cero), y conectar una resistencia a tierra en el pin de puerto de entrada deseado, y la segunda forma es usando una máscara lógica para evitar alambrar todos los pines no deseados de la entrada.

La arquitectura de cada puerto en el AVR hace que si una entrada de pin de puerto no está referida a tierra, un voltaje lógico de "1" estará presente en ese pin aunque físicamente, de manera externa, al AVR no se le haya introducido ningún voltaje, así que en el diagrama 6.1 se observará que la entrada de interés es el pin PD3, mientras que los otros pines del "puerto D" (PD0, PD1, PD2, PD4, PD5, y PD6) están conectados a tierra. La resistencia de 1 kΩ conectada a PD3 (resistencia de pull-down) cierra la entrada mientras no exista un voltaje de entrada a través del push-button (Enciende-LED). Si no se cierran las entradas no deseadas, el registro de lectura de voltaje PIND estará leyendo el estado lógico de 0b1111_0111 (en hexadecimal $F7) cuando el push-button de encender LED no esté activado, y cuando se active el push-button el registro PIND leerá 0b1111_1111 (el número señalado con ▼ indica que se trata del bit que nos interesa), es decir $FF en hexadecimal. Lo que, claro, no es la condición deseada (a menos que al programador le convenga que esto sea así), en cambio, si es cerrada cada entrada no deseada, entonces la lectura del registro PIND será de 0b000_0000 (con push-button no aplanado) y de 0b0000_1000 con push-button aplanado.

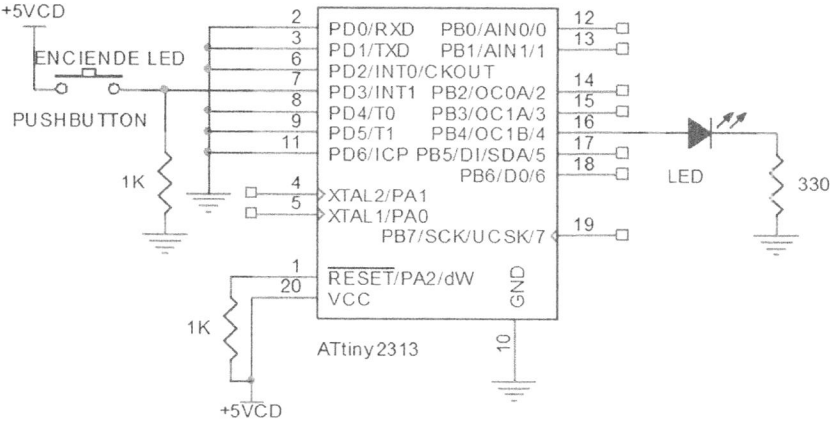

Diagrama 6.1 Circuito que usa las entradas aterrizadas no deseadas. Entrada de pull-down

Ciclo While

Para resolver el siguiente programa necesitamos explicar primero qué es un **ciclo While**. Conceptualmente es una estructura cíclica que depende de las condiciones falso o verdadero, o de condiciones de datos de entrada o de comparaciones; por ejemplo, en el caso de una lectura del puerto usando PINA (esta es la subrutina que usaremos en el siguiente programa):

El valor de la entrada debe ser igual a 0b0000_1000, si es igual entonces saltará a una subrutina llamada **PRENDE_LED**, pero si no es igual el cursor regresará a la etiqueta **LEYENDO**. Nótese que, después del uso de la instrucción de comparación CP, la siguiente instrucción es la ejecución debida a esa comparación (**BREQ = Branch if equal**).

```
LEYENDO:
IN R17,PIND  ◀
LDI R18,0b0000_1000
CP R17,R18
BREQ PRENDE_LED
RJMP LEYENDO
```

La instrucción IN introduce el voltaje físico y lo "convierte" a un estado lógico para ser manipulado dentro del programa.

Programa 2 (botón enciende LED)

Lo que haremos a continuación es programar al AVR, como aparece en el diagrama 6.1, para que detecte un botón de encendido para un LED, si el botón no ha sido activado el LED no se encenderá. Conectar el LED en el pin 4 del "puerto B" (PB4), y un botón de encendido en el pin 3 del "puerto D" (PD3). Considerar el voltaje de alimentación de +5 V, tierra (ground), y la terminal de Reset conectarla a una resistencia de 1 kΩ a +5 V.

En este programa el "puerto D" es la entrada, así que los pines no deseados los cerraremos, y el pin deseado (PD3) es el que tendrá la resistencia de pull-down. Debemos considerar un método ante que los registros asociados a los puertos del AVR se encuentren en estado indeterminado antes de programar. Por ello, lo más prudente es siempre configurar los registros de entrada (como en este caso el DDRD, que debe valer $00), y no confiar en que un registro DDRx, si no ha sido usado antes, se encuentre en el valor $00. Por esta razón, en el siguiente programa daremos de alta el registro DDRD con $00 (para asegurarnos):

```
;ESTE ES EL SEGUNDO PROGRAMA QUE SE HARÁ
;PARA ENCENDER UN LED CUANDO SE PRESIONE UN BOTÓN EN PD3

.INCLUDE "TN2313DEF.INC"
.CSEG
.ORG 0

LDI R16, LOW(RAMEND)    } Stack Pointer
OUT SPL, R16

LDI R16, 0b0001_0000    } DDRB  PB4 como salida
OUT DDRB,R16

LDI R16, 0b0000_0000    } DDRD como entrada
OUT DDRD,R16
```

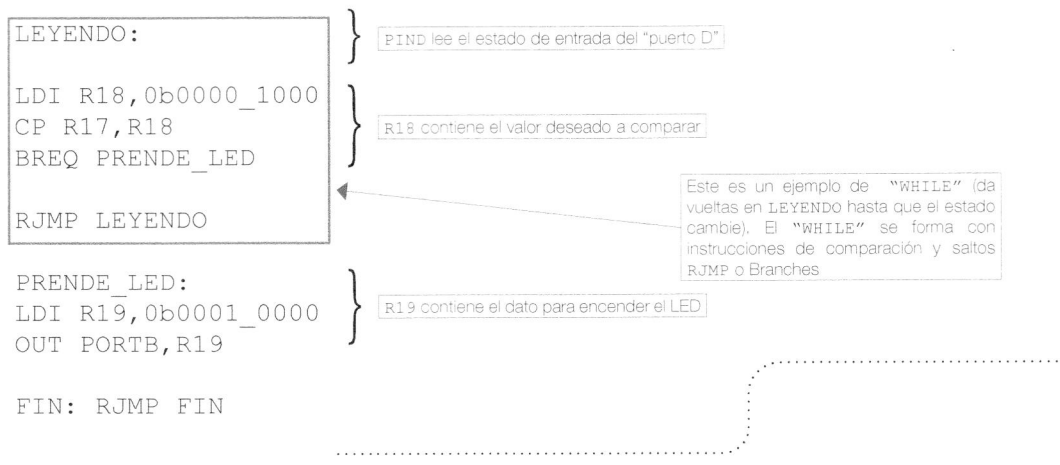

```
LEYENDO:

LDI R18,0b0000_1000
CP R17,R18
BREQ PRENDE_LED

RJMP LEYENDO
```

} PIND lee el estado de entrada del "puerto D"

} R18 contiene el valor deseado a comparar

Este es un ejemplo de "WHILE" (da vueltas en LEYENDO hasta que el estado cambie). El "WHILE" se forma con instrucciones de comparación y saltos RJMP o Branches

```
PRENDE_LED:
LDI R19,0b0001_0000
OUT PORTB,R19

FIN: RJMP FIN
```

} R19 contiene el dato para encender el LED

✍ Programa 3 (puerto bidireccional)

Para el caso de más de una entrada de lectura deseada (en el caso siguiente se leerán dos push-buttons. Diagrama 9.1) el procedimiento es el mismo. Usaremos la técnica de cerrar todas las entradas no deseadas, pues solo se usarán las resistencias referidas a tierra (resistencias de pull-down) en los botones. Antes de pulsar cualquiera de los push-buttons el registro PIND leerá 0b0000_0000[1], es decir $00, al pulsar el push-button-1 el registro PIND leerá 0b0000_0001, es decir $01, y al pulsar el push-button-2 el registro PIND leerá 0b0000_1000, es decir $08, si presionamos al mismo tiempo ambos push-buttons el registro PIND leerá 0b0000_1001, es decir $09.

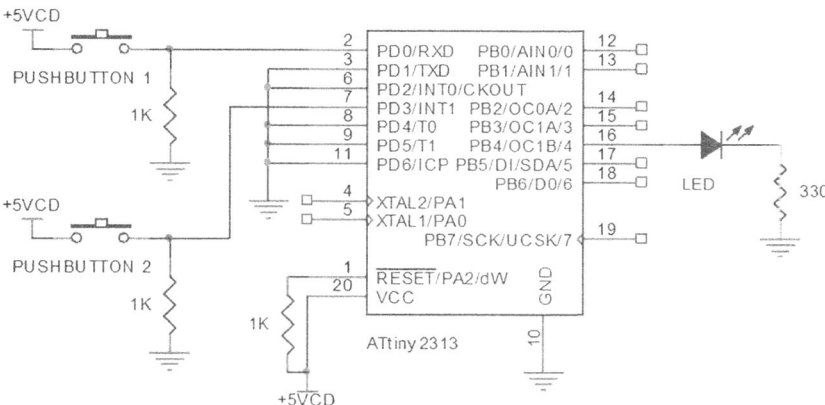

Diagrama 9.1 Circuito que usa entradas cerradas no deseadas con dos entradas de pull-down

Cuando se usa un puerto como entrada y salida simultáneamente, el proceso de "separación" es relativamente sencillo, aunque es mucho más fácil configurar un puerto exclusivamente como salida y otro puerto exclusivamente como entrada.

---

[1] El número señalado con (▼) es el que nos interesa.

Hay que recordar que en un puerto usado como entrada y salida simultáneamente, el registro PINx de lectura de voltaje (usando la instrucción IN) tomará la lectura tanto del voltaje entrante presente en las terminales del puerto (bit de entrada), como el voltaje de salida del mismo puerto (bit de salida), ya que el voltaje de salida (desde el AVR hacia fuera de él) finalmente se encuentra presente, cuyos bits son leídos por el registro PINx, así que hay que considerar este comportamiento en la separación de los bits de entrada y de salida (sobre todo en las subrutinas donde la lectura del puerto es cíclica).

Suponiendo que en el diagrama 9.2 nos interesa leer cuándo los push-buttons son pulsados, el push-button-1 activa el LED-1 y el push-button-2 el LED-2. Nótese que en el mismo puerto están conectados tanto los push-buttons como los LED, es decir, está trabajando el "puerto D" como entrada y salida al mismo tiempo. Para este caso es necesario trabajar sobre el registro PIND para hacer una máscara, en la cual se discriminen las entradas de las salidas.

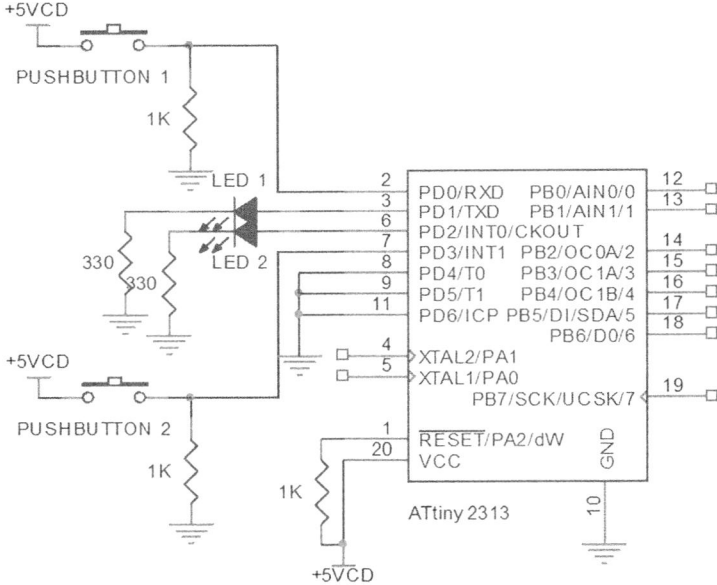

Diagrama 9.2 Circuito que usa un puerto con entradas y salidas simultáneas

La subrutina de separación será la siguiente:

1. Primero se da de alta el registro DDRD según sea la entrada y la salida.
2. Se lee el "puerto D" con el registro PIND.
3. Se hace una máscara poniendo a 0 las salidas y a 1 las entradas que se desean leer (es decir, se usa el complemento-A1 de la entrada). Se usa la instrucción AND.
4. Se hacen subrutinas de comparación.
5. Se hacen subrutinas de cada push-button.
6. Lo que siga.

La parte de la subrutina que nos interesa para la discriminación quedaría de esta forma:

```
LDI R16, 0b0000_0110            ;Los bits en 1 son las salidas
                                ;(LED)
OUT DDRD,R16

LEYENDO_BOTONES:
IN R17, PIND                    ;Esta línea lee el voltaje
                                ;presente en el puerto

LDI R18, 0b0000_1001            ;En R18 nos interesa leer
                                ;solamente PD0 y PD3, donde
AND R17, R18                    ;están los push-buttons
```

La instrucción AND hará el siguiente proceso: suponiendo que el registro de lectura R17 posee este dato 0b0000_0011, es decir, ya se había pulsado el push-button-1 y se encendió el LED-1, entonces:

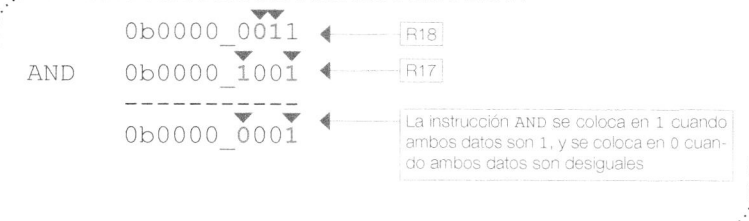

Se observa que el bit en 1 es el que corresponde al push-button-1. Esta operación eliminó la condición de LED-1-encendido (el LED sigue encendido, pero no es tenido en cuenta por la máscara-AND). De igual forma sucede con la detección del push-button-2, que, supongamos, ya fue presionado y el LED-2 ya se encendió, entonces:

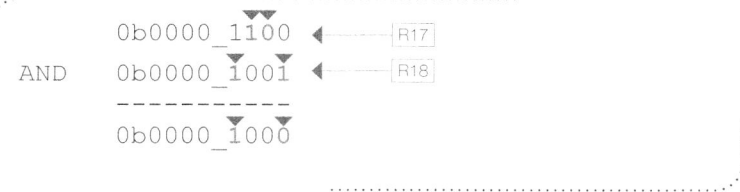

Se observa que el bit en 1 es el que corresponde al push-button-2. Esta operación eliminó la condición de LED-2-encendido (el LED sigue encendido, pero no es tenido en cuenta por la máscara-AND). Si ambos botones fueran presionados al mismo tiempo entonces:

```
        0b0000_1111   ◀──── R18
AND     0b0000_1001   ◀──── R17
        ----------
        0b0000_1001
```

Si presionamos la tecla F1 del teclado en AVR Studio una ventana de ayuda emergerá, y se podrá ver ahí la sintaxis y lo referente a la instrucción AND, dónde se almacena el resultado, etc.

Se observa que los bits en 1 corresponden a los push-buttons 1 y 2, esta operación eliminó la condición de LED-1 y LED-2 encendido (los LED siguen encendido, pero no son tenidos en cuenta por la máscara-AND).

El programa quedaría de la siguiente forma:

```
;ESTE PROGRAMA HABILITARÁ UN SOLO PUERTO PARA ENTRADA Y SALIDA
;CONECTANDO AL "PUERTO D": 2 PUSH-BUTTONS Y 2 LED, USANDO LA TÉCNICA
;DEL ENMASCARAMIENTO (MÁSCARA PARA SOLO ENTRADAS).

.INCLUDE "TN2313DEF.INC"
.CSEG
.ORG 0

LDI R16, LOW(RAMEND)
OUT SPL, R16
```
Stack Pointer

```
LDI R16, 0b0000_0110
OUT DDRD,R16
```
PD1 y PD2 son salidas, y los demás bits son entradas

```
LEYENDO:
IN R17,PIND
```
R17 contiene el valor leído del "puerto D"

```
LDI R18,0b0000_1001
AND R17,R18
```
Hacemos la máscara solo para los bits de entrada, que serán para PD0 y PD3, y procedemos con la instrucción AND entre el valor leído de R17 con la máscara de R18. El resultado está en R17

```
LDI R19,0b0000_0001
CP R17,R19
BREQ PREDER_LED1
```
Cargamos a R19 con el valor del push-button de encendido del LED-1, y comparamos con R17

```
LDI R19,0b0000_1000
CP R17,R19
BREQ PREDER_LED2

RJMP LEYENDO

PREDER_LED1:
LDI R20,0b0000_0010
OUT PORTD,R20
RJMP LEYENDO

PREDER_LED2:
LDI R20,0b0000_0100
OUT PORTD,R20
RJMP LEYENDO
```

Cargamos a R19 con el valor del push-button de encendido del LED-2, y comparamos con R17

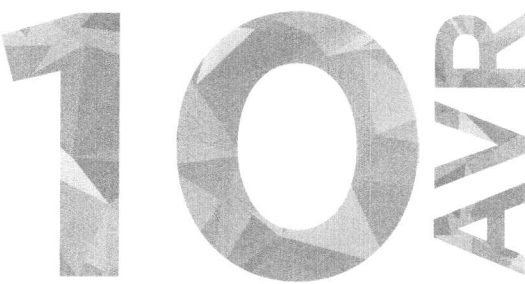

✋ Programa 4 (máscara)

Este ejercicio posee la misma operación que el programa 2, la única diferencia es que las entradas no deseadas ya no están cerradas, solo la entrada deseada está con una resistencia de pull-down (diagrama 10.1). El objetivo es resolver este caso usando el concepto de máscara explicado en el capítulo 5.

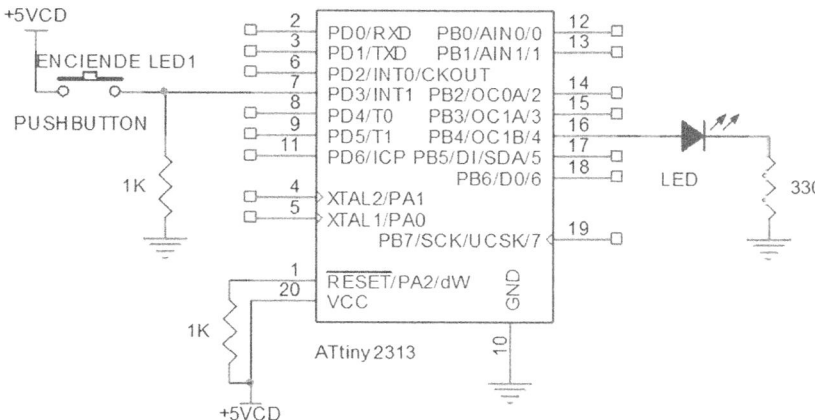

Diagrama 10.1 Circuito cuyas entradas no deseadas no están cerradas. Se usa una máscara por software

```
;ESTE ES EL CUARTO PROGRAMA PARA ENCENDER UN LED
;USANDO EL PUSH-BUTTON EN PD3 UTILIZANDO UNA MÁSCARA
;SOLO PARA LA ENTRADA (PUSH-BUTTON)

.INCLUDE "TN2313DEF.INC"
.CSEG
.ORG 0
```

```
LDI R16, LOW(RAMEND)
OUT SPL, R16

LDI R16, 0b0001_0000        ;Se configura el DDRB para sacar
                            ;voltaje por PB4
OUT DDRB,R16

LDI R16, 0b0000_0000        ;Se configura el DDRD para meter
                            ;voltaje (lectura)
OUT DDRD,R16                ;No es necesario pero es preferible
                            ;escribirlo


LEYENDO:
IN R17,PIND                 ;La instrucción IN extrae el valor
                            ;de PIND

LDI R18,0b0000_1000         ;Ahora cargamos el valor de la
                            ;máscara para PD3
AND R17,R18                 ;Con AND procesamos la máscara.
                            ;En R17 se queda el resultado.
                            ;Revisar con F1 el uso de la
                            ;instrucción AND.
CP R17,R18                  ;El valor de R18 no cambia por lo
                            ;que lo volveremos a usar
                            ;para la comparación con R17 procesado
                            ;con la máscara.
BREQ PRENDE_LED             ;Si la comparación es verdadera
                            ;(iguales), entonces saltar
RJMP LEYENDO                ;a PRENDE_LED, de lo contrario se va
                            ;a la siguiente
                            ;instrucción RJMP LEYENDO.


PRENDE_LED:
LDI R20,0b0001_0000         ;En esta subrutina llamada PRENDE_LED
                            ;se carga R20 con el valor $10
OUT PORTB,R20               ;hexadecimal para prender el LED que
                            ;se encuentra en PB4.

FIN: RJMP FIN               ;Aquí se queda ciclado el programa
                            ;(FIN)
```

Programa 5 (subrutina de un segundo)

Haremos un programa que ejecute una subrutina que retrase 1 segundo. El AVR posee dos contadores/Timers que se explicarán más adelante (dependiendo del modelo); que pueden servir para esta aplicación, pero por el momento usaremos una técnica que permita consumir ciclos de reloj que, sumados todos ellos, consuman un tiempo de 1 segundo, este retraso, si es llamado 60 veces, generará un retraso de 1 minuto, si este retraso de 1 minuto es llamado 60 veces retrasará 1 hora, y así sucesivamente.

El oscilador del AVR puede trabajar a varias frecuencias (figura 11.1). Escogeremos la de 4 MHz (se debe programar al AVR en el módulo-programador para que el oscilador se fije a 4 MHz), entonces el tiempo consumido por ciclo del reloj es:

$$t = \frac{1}{f} = \frac{1}{4 \text{ MHz}} = 0.25 \mu\text{seg}$$

Figura 11.1 Ventana del módulo-programador para cambiar la frecuencia de operación del AVR (esta ventana es para Mega 8515, pero existe una parecida para el Tiny2313)

Cada ciclo de reloj consume 0.25 µs, con lo que, calculando la siguiente subrutina, el tiempo consumido es de 1 segundo (presionando F1 buscamos el consumo de ciclos de reloj para cada instrucción usada en la subrutina).

Esta es la subrutina base para generar un retraso de 1 segundo:

```
UN_SEGUNDO:
LDI R17,$FF
LDI R18,$3F
LDI R19,$10
LDI R20,0

CICLO1:
DEC R17
CP R17,R20        Etapa 1
BRNE CICLO1

DEC R18
CP R18,R20        Etapa 2
BRNE CICLO1

DEC R19
CP R19,R20        Etapa 3
BRNE CICLO1
RET
```

Esta subrutina se ha elaborado con tres registros cargados a un valor específico. En la etiqueta CICLO1 se decrementa el primer registro R17 en uno, hasta que su valor sea 0; entonces saltará al decremento de R18, como R18 aún no es 0 entonces regresará a CICLO1 (el cual dará 255 vueltas); después de haber terminado la **Etapa 1** y la **Etapa 2**, el cursor bajará a la **Etapa 3** a decrementar a R19, el cual aún no es 0, entonces regresará a CICLO1, de esta forma los ciclos de retraso de cada **etapa** se multiplican (retraso = Etapa-1 x Etapa-2 x Etapa-3)

Si esta subrutina se escribiera de la siguiente forma, entonces el retraso final sería la suma de los retrasos de cada etapa y no la multiplicación. Entonces el retraso final sería de 337 microsegundos:

```
RETARDO:
LDI R17,$FF
LDI R18,$3F
LDI R19,$10
LDI R20,0

CICLO1:
DEC R17
CP R17,R20        Etapa 1
BRNE CICLO1
```

```
CICLO2:
DEC R18          Etapa 2
CP R18,R20
BRNE CICLO2

CICLO3:
DEC R19          Etapa 3
CP R19,R20
BRNE CICLO3
RET
```

En el simulador (figura 11.2) se deben seguir los siguientes pasos para revisar el tiempo consumido debido a una subrutina:

1. Una vez editada la subrutina de UN_SEGUNDO se sugiere usar la instrucción RCALL para llamar a UN_SEGUNDO y observar en el Stop Watch el tiempo consumido por dicha subrutina.

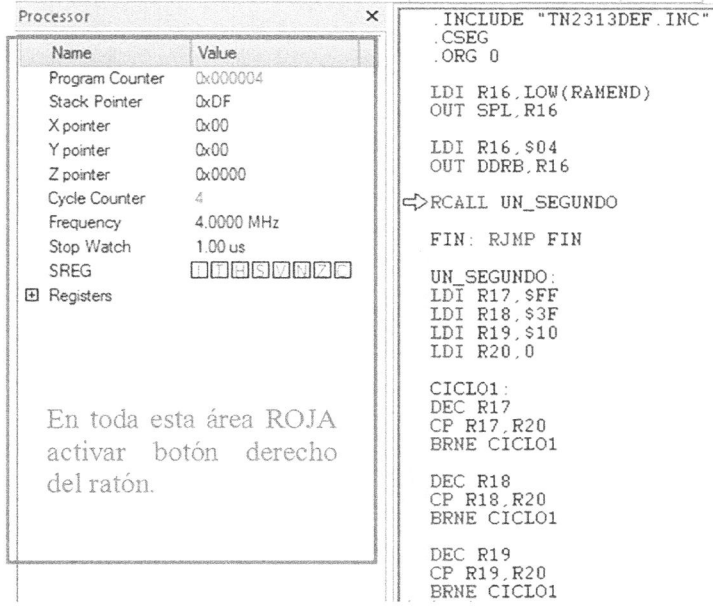

Figura 11.2 Ventana de simulación para un_segundo

2. Si el cursor *amarillo* ya ha pasado por otras líneas anteriores a la subrutina deseada, entonces con el botón derecho del ratón (figura 11.3) hay que activar una ventana emergente sobre la ventana de Processor y seleccionar la opción Reset Stop Watch. A continuación, la ventana emergente mostrará que el tiempo de consumo Stop Watch está en cero (figura 11.4).

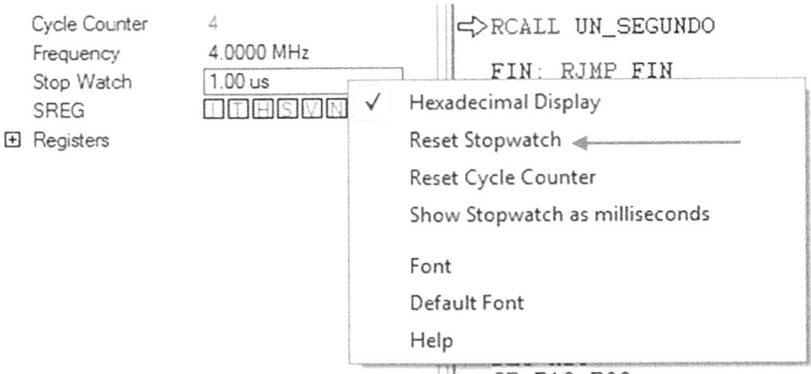

Figura 11.3 Ventana emergente para Stop Watch

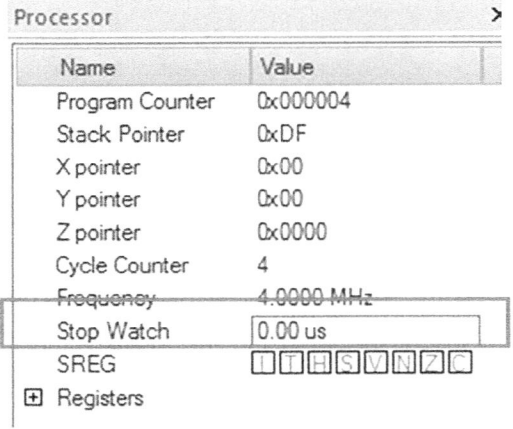

Figura 11.4 Stop Watch en cero

3. Entonces al pulsar F10 el cursor amarillo desaparecerá unos instantes (dependiendo del tiempo-consumo), y cuando reaparezca el Stop Watch mostrará el tiempo consumido de la subrutina UN_SEGUNDO (figura 11.5). Cuando las subrutinas de tiempo son grandes, el cursor amarillo posiblemente desaparezca de la ventana durante minutos (tenga paciencia). Observe que el Stop Watch muestra un tiempo consumido de 1.0021 segundos.

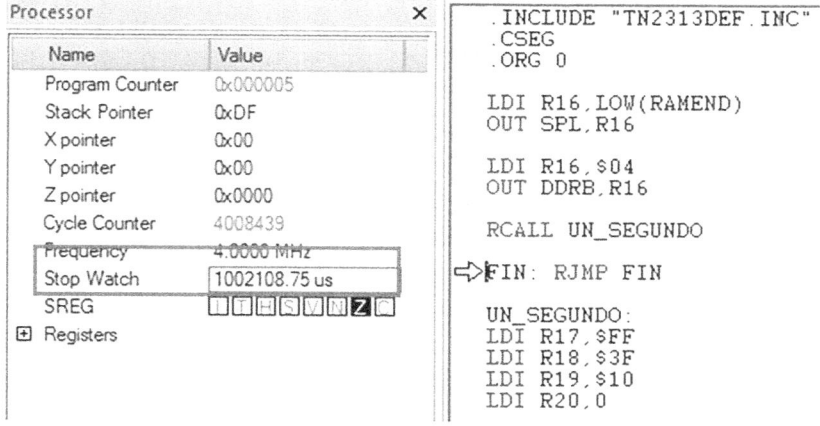

Figura 11.5 Tiempo consumido en Stop Watch

Ciclo For

Este ciclo se hace cargando dos registros (uno tendrá el valor deseado y el otro es el que se incremente o decremente para la comparación). Esta es una subrutina de muestra donde se aprecia el número de veces que deseamos repetir una subrutina (en este caso será de 60 veces):

```
LDI R17,60          ;Se carga un registro con 60 que es el
                    ;valor de vueltas deseado
LDI R18,0           ;Se carga un registro para comparar con
                    ;cero

UN_MINUTO:
RCALL UN_SEGUNDO

INC R18
CP R18,R17          ;Esta instrucción CP compara el valor
                    ;obtenido con el deseado
BRNE UN_MINUTO      ;Esta línea ejecuta una etiqueta según
                    ;el resultado de la comparación anterior
                    ;CP (que es de Branch-If-Not-Equal "BRNE")
```

Haremos a continuación un programa que ejecute una subrutina que retrase 1 segundo y sea llamada 60 veces para hacer el retraso de 1 minuto (llamémosle 1_minuto). Esta subrutina 1_minuto, si la llamamos 60 veces, podrá hacer un retraso de 1_hora, y así sucesivamente.

✓ 12.1 Programa 6 (retraso de 1 minuto usando el ciclo For)

```
;ESTE PROGRAMA GENERA UN RETRASO DE 1-MINUTO USANDO
;UN CICLO-FOR QUE LLAMA 60 VECES A OTRA SUBRUTINA
;DE 1-SEGUNDO

.INCLUDE "TN2313DEF.INC"
.CSEG
.ORG 0

LDI R16, LOW(RAMEND)
OUT SPL, R16

LDI R17,60          ;Se carga un registro con 60 (para llamar
                    ;a UN_SEGUNDO)
LDI R18,0           ;Se carga un registro para comparar con
                    ;cero

UN_MINUTO:
RCALL UN_SEGUNDO
,
INC R18  ◄
CP R18,R17  ◄
BRNE UN_MINUTO

FIN: RJMP FIN

UN_SEGUNDO:
LDI R19,$FF
LDI R20,$3F
LDI R21,$10
LDI R22,0

CICLO1:
DEC R19
CP R19,R22
BRNE CICLO1

DEC R20
CP R20,R22
BRNE CICLO1

DEC R21
CP R21,R22
BRNE CICLO1
RET
```

El registro R18 es incrementado en 1 y comparado con R17, que vale 60, al no ser igual en las primeras 59 vueltas, el cursor regresa a UN_MINUTO (el cual llama a UN_SEGUNDO 60 veces), una vez que se alcanza la igualdad R17=R18, entonces el cursor salta a FIN

También puede ser usada la instrucción Decrementar DEC en lugar de Incrementar INC, para tal caso R17 debería ser cero y R18 = 60

Ahora, el programa anterior lo llamaremos 60 veces a la subrutina llamada UN_MINUTO para que retrase 1_hora:

```
UNA_HORA:
LDI R17,60          ;Se carga un registro con 60
LDI R18,0           ;Se carga un registro para comparar
                    ;con cero

CICLO_1:
RCALL UN_MINUTO
DEC R17  ◄
CP R17,R18
BRNE CICLO_1

FIN: RJMP FIN

UN_MINUTO:
LDI R19,60          ;Se carga un registro con 60
LDI R20,0           ;Se carga un registro para comparar
                    ;con cero

CICLO_2:
RCALL UN_SEGUNDO

DEC R19
CP R19,R20
BRNE CICLO_2
RET  ◄

UN_SEGUNDO:
LDI R20,$FF
LDI R21,$3F
LDI R22,$10
LDI R23,0

CICLO3:
DEC R20
CP R20,R23
BRNE CICLO3

DEC R21
CP R21,R23
BRNE CICLO3

DEC R22
CP R22,R23
BRNE CICLO3
RET
```

Ahora, el registro R17 es decrementado en 1 y comparado con R18 que vale 0, al no ser igual en las primeras 59 vueltas, el cursor regresa a CICLO_1, el cual llama a UN_MINUTO 60 veces, el cual a su vez llama a UN_SEGUNDO 60 veces

Convertimos ahora a UN_SEGUNDO en una subrutina terminada con RET para que opere con la instrucción RCALL

Esta subrutina es la nativa usada en el programa anterior, sin embargo, se le han hecho cambios a los registros, ya que de haber usado los registros R17, R18 y R19 se cruzarían con los valores de los registros cargados inicialmente con 60

En los ejemplos anteriores, para generar un retraso de `1_hora`, al desear simularlo, probablemente causará problemas en el simulador, ya que el tiempo real que necesita el programa AVR Studio para simular `1_segundo` son aproximadamente unos 15 segundos (depende de la velocidad del ordenador); en el caso de la simulación para `1_minuto` AVR Studio necesitará alrededor de 14 minutos, pero en el caso de la simulación para `1_hora`, el simulador ya no podrá procesarlo tan fácilmente. Así que para casos en los que el usuario necesite programar retrasos mayores a `1_hora`, deberá calcularla siguiendo la lógica y el comportamiento del programa, o de forma práctica, usando un LED que se encienda y apague en ese tiempo deseado, o emplear un cronómetro electrónico que inicie y detenga el recuento en el momento en el que el LED de prueba se encienda y apague.

✋ Debouncer (función antirrebote)

Uno de los problemas clásicos en la operación de los microcontroladores es la gestión de los rebotes indeseables en los botones de entrada a un puerto cuando se necesitan contar las pulsaciones de un push-button, ya que, debido a la velocidad del AVR (por ejemplo a 4 MHz), cada vez que se presiona un push-button este interpretará más de una pulsación debido al rebote mecánico indeseable. Esto se puede solucionar de cuatro formas: elaborando una subrutina que ignore los rebotes, usando un circuito integrado que elimine los rebotes (como por ejemplo el MAX6816 o el MC14490. Figura 13.1), empleando un disparador Schmitt, o utilizando un condensador cerámico en paralelo al push-button de entrada y una resistencia en serie.

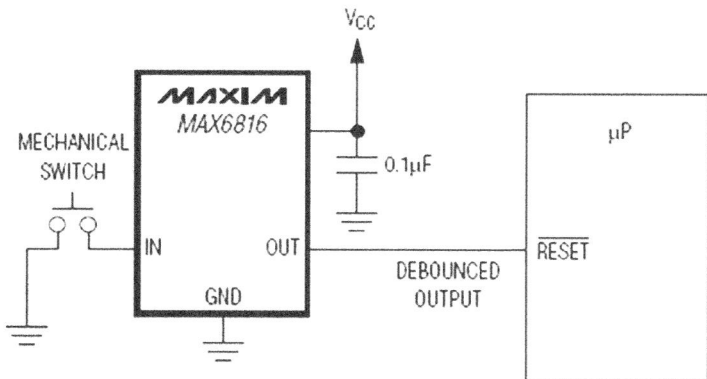

Figura 13.1 Uso del MAX6816

A continuación, se presenta un ejemplo de una subrutina (DELAY_DEBOUNCER) que retrasa 0.332 milésimas de segundo el uso de una nueva pulsación en el push-button (el tiempo suficiente para que el usuario pueda introducir una nueva pulsación):

```
DELAY_DEBOUNCER:           ;DELAY de 0.332 segundos
LDI R26,$FF
LDI R27,$0F
LDI R28,$06
LDI R29,0

CICLO2:
DEC R26
CP R26,R29
BRNE CICLO2

DEC R27
CP R27,R29
BRNE CICLO2

DEC R28
CP R28,R29
BRNE CICLO2
RET
```

✓ 13.1 Programa 7 (Delay_Debouncer)

En el siguiente programa se muestra la subrutina de Debouncer para incrementar el recuento en unos LED (diagrama 13.1). Si el programador realiza con éxito esta subrutina, se ahorrará el uso de circuitos integrados para el mismo fin. La subrutina DELAY_DEBOUNCER retrasa 332 ms (oscilación interna = 4 MHz), pero este retraso puede ser de un tiempo diferente dependiendo de las necesidades del programador.

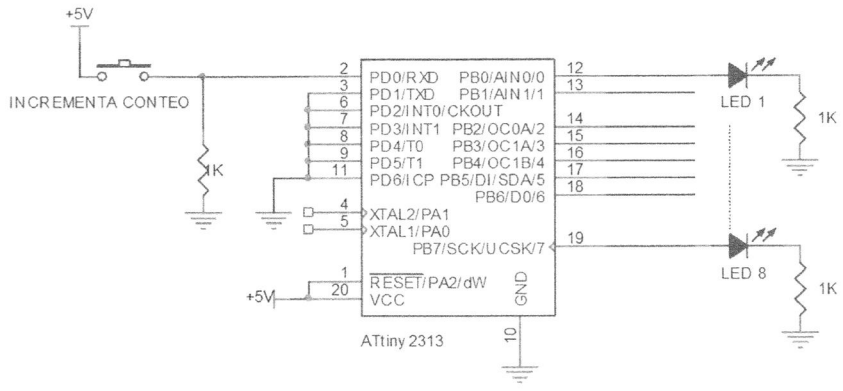

Diagrama 13.1 Circuito para probar el Debouncer por software

```
;ESTE PROGRAMA UTILIZA UN RETRASO EN EL USO DE UN
;PUSH BUTTON PARA EVITAR LOS REBOTES MECÁNICOS (DEBOUNCER)
;EL RETRASO ES DE 332 MILISEGUNDOS

.INCLUDE "TN2313DEF.INC"
.CSEG
.ORG 0

LDI R16,LOW(RAMEND)
OUT SPL,R16

LDI R16,$FF              ;"PUERTO B" como SALIDA
OUT DDRB,R16

LDI R16,$00              ;"PUERTO D" como ENTRADA
OUT DDRD,R16

LDI R18,0               ;Inicializamos el registro del contador

LEYENDO:

IN R17,PIND

LDI R19,0b0000_0001     ;Máscara para leer solamente el PD0
AND R17,R19
CP R17,R19
BREQ CONTAR             ;Si se detectó botonazo ir a "CONTAR"

RJMP LEYENDO

CONTAR:
INC R18
OUT PORTB,R18

RCALL DELAY_DEBOUNCER   ;Para dejar pasar los rebotes
                        ;indeseados del botonazo anterior
BOTON_SOLTADO:
IN R17,PIND             ;Ahora hay que esperar que el botón
                        ;sea soltado para continuar al
                        ;siguiente botonazo

LDI R19,0b0000_0001     ;Máscara para leer solamente el PD0
AND R17,R19
CP R17,R19
```

```
BREQ BOTON_SOLTADO
RJMP LEYENDO

DELAY_DEBOUNCER:          ;DELAY de 332 milisegundos
LDI R21,$FF
LDI R22,$0F
LDI R23,$06
LDI R24,0

CICLO1:
DEC R21
CP R21,R24
BRNE CICLO1

DEC R22
CP R22,R24
BRNE CICLO1

DEC R23
CP R23,R24
BRNE CICLO1
RET_
```

Programa 8 (control de un motor de pasos unipolar)

Una vez entendidas la configuración de los puertos y la subrutina de retraso, procederemos a controlar un motor de pasos unipolar modelo 28BYJ-48 (diagrama 14.1). Se debe buscar en internet (o en la ficha técnica en caso de tenerla) las secuencias de control del motor, y probar cada una según le corresponda al motor bipolar o unipolar, según sea el caso. Usaremos un driver ULN2803, que es un circuito integrado Darlington, conectado a la salida del AVR (oscilación interna = 4 MHz).

Nota:

Con el objetivo de reducir el programa se sustituirán algunas líneas de código por rectángulos "explicativos".

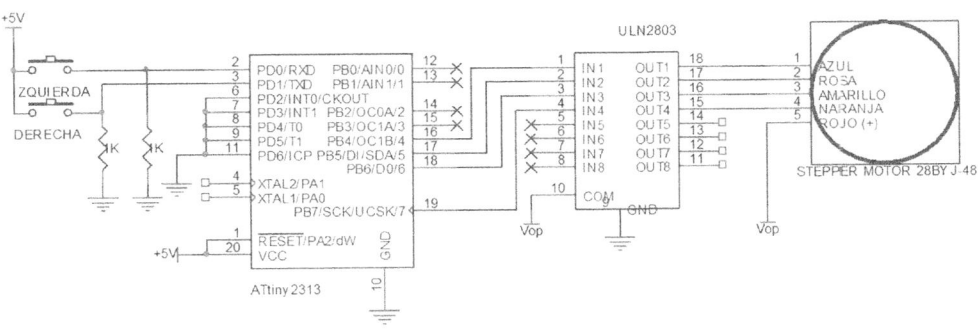

Diagrama 14.1 Circuito que controla un motor de pasos unipolar

```
;PROGRAMA QUE CONTROLA UN MOTOR A PASOS 28BYJ-48
```

Encabezado para ATtiny2313

Stack Pointer para ATtiny2313

} Rectángulos "explicativos"

```
LDI R16,$F0           ;Se usarán los bits de salida PB7,
                      ;PB6, PB5 y PB4
OUT DDRB,R16

LECTURA:              ;Detecta los botones para Derecha
                      ;e Izquierda
LDI R17,$01
IN R18,PIND
CP R18,R17
BREQ IZQUIERDA
LDI R17,$02
IN R18,PIND
CP R18,R17
BREQ DERECHA
RJMP LECTURA

IZQUIERDA:
LDI R16,0b1000_0000
OUT PORTB,R16
RCALL DELAY
LDI R16,0b1100_0000
OUT PORTB,R16
RCALL DELAY
LDI R16,0b0100_0000
OUT PORTB,R16
RCALL DELAY
LDI R16,0b0110_0000
OUT PORTB,R16
RCALL DELAY
LDI R16,0b0010_0000
OUT PORTB,R16
RCALL DELAY
LDI R16,0b0011_0000
OUT PORTB,R16
RCALL DELAY
LDI R16,0b0001_0000
OUT PORTB,R16
RCALL DELAY
```

```
LDI R16,0b1001_0000
OUT PORTB,R16
RCALL DELAY
RJMP LECTURA

DERECHA:
LDI R16,0b0001_0000
OUT PORTB,R16
RCALL DELAY
LDI R16,0b0011_0000
OUT PORTB,R16
RCALL DELAY
LDI R16,0b0010_0000
OUT PORTB,R16
RCALL DELAY
LDI R16,0b0110_0000
OUT PORTB,R16
RCALL DELAY
LDI R16,0b0100_0000
OUT PORTB,R16
RCALL DELAY
LDI R16,0b1100_0000
OUT PORTB,R16
RCALL DELAY
LDI R16,0b1000_0000
OUT PORTB,R16
RCALL DELAY
LDI R16,0b1001_0000
OUT PORTB,R16
RCALL DELAY
RJMP LECTURA

DELAY:
LDI R31,$FF
LDI R30,$04
LDI R28,0

CICLO1:
DEC R31
CP R31,R28
BRNE CICLO1
DEC R30
CP R30,R28
BRNE CICLO1
RET
```

👆 Programa 9 (control de velocidad de un motor CD)

Ahora usaremos la subrutina de Debouncer para el control de la velocidad de un motor de CD usando un puente-H (diagrama 15.1). Sabemos que un motor CD puede ser controlado ON/OFF de forma inmediata, y que también puede ser controlado según la velocidad usando un voltaje intermitente (voltaje conmutado) al emplear la técnica de PWM (modulación por ancho de pulso). Esta subrutina no usará la función de PWM del AVR, sino que se generará un voltaje conmutado en la terminal PB0 para que el motor gire solamente en un sentido. Para resolver este programa se usará una definición llamada DEF (que será explicada en la sección 32.2 Directiva DEF: establecer una etiqueta en un registro. Cabe revisar esta definición para que el programador entienda más claramente el siguiente programa).

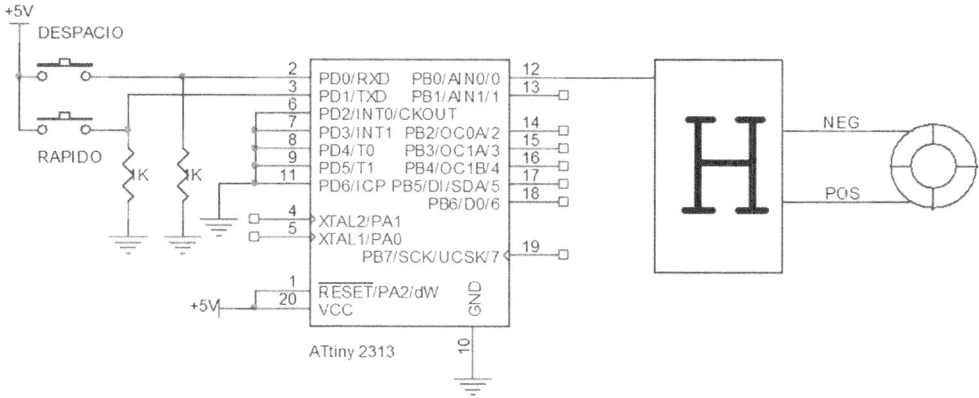

Diagrama 15.1 Circuito que controla un motor CD

Programa:

```
;PROGRAMA QUE CONTROLA LA VELOCIDAD DE UN MOTOR CD
;USANDO UN PUENTE-H
```

Encabezado para ATtiny2313

```
.DEF REGISTRO_T_ON          =R20
.DEF REGISTRO_T_OFF         =R21
```

Stack Pointer para ATtiny2313

> Estas dos líneas de código fueron escritas para sustituir a R20 y **R21** en su equivalente en REGISTRO_T_ON y REGISTRO_T_OFF para personalizarlos y hacer más fácil su uso en este programa

```
LDI R16,$00
OUT DDRD,R16                 ;Entrada de botones

LDI R16,$01                  ;Salida para activar PUENTE-H
OUT DDRB,R16

LDI REGISTRO_T_ON,90
LDI REGISTRO_T_OFF,166

LEYENDO:
IN R17,PIND

LDI R18,0b0000_0001          ;PD0 botón de RÁPIDO, PD1 botón
                             ;para LENTO
AND R17,R18
CP R17,R18
BREQ RÁPIDO
CONTINUA_1:
LDI R16,$01
OUT PORTB,R16

MOV R22,REGISTRO_T_ON
MOV R23,REGISTRO_T_OFF

RCALL T_ON

IN R17,PIND

LDI R18,0b0000_0010          ;PD0 botón de RÁPIDO, PD1 botón
                             ;para LENTO
AND R17,R18
CP R17,R18
BREQ LENTO
```

> La instrucción **MOV** copia (mueve) el valor de un registro de fuente (Rr) a otro registro de destino (Rd):
> ```
> MOV Rd,Rr
> MOV R1,R15
> MOV R16,R0
> ```

```
CONTINUA_2:
LDI R16,$00
OUT PORTB,R16

MOV R22,REGISTRO_T_ON
MOV R23,REGISTRO_T_OFF

RCALL T_OFF

RJMP LEYENDO

RÁPIDO:
;EL REGISTRO DINÁMICO DEBE SER MENOR A 255
;Y NUNCA LLEGAR A DESBORDARSE

INC REGISTRO_T_ON
DEC REGISTRO_T_OFF

CPI REGISTRO_T_ON,255    ;Límite superior
BREQ RESET_RÁPIDO
CPI REGISTRO_T_OFF,8     ;Límite inferior
BRLO RESET_RÁPIDO

RJMP CONTINUA_1

LENTO:
;EL REGISTRO DINÁMICO DEBE SER MAYOR QUE 0 (en este caso
;es de 8)Y NUNCA LLEGAR A DESBORDARSE

DEC REGISTRO_T_ON
INC REGISTRO_T_OFF

CPI REGISTRO_T_ON,8      ;Límite inferior
BRLO RESET_LENTO
CPI REGISTRO_T_OFF,254   ;Límite superior
BRGE RESET_LENTO

RJMP CONTINUA_2

RESET_RÁPIDO:
LDI REGISTRO_T_ON,128    ;Para iniciar a una velocidad
                         ;intermedia
LDI REGISTRO_T_OFF,128
RJMP LEYENDO
```

```
RESET_LENTO:
LDI REGISTRO_T_ON,128    ;Para iniciar a una velocidad
                         ;intermedia
LDI REGISTRO_T_OFF,128
RJMP LEYENDO

T_ON:
LDI R27,$FF
LDI R30,0

CICLO20:
DEC R27
CP R27,R30
BRNE CICLO20

DEC R22                  ;R22=REGISTRO_T_ON
CP R22,R30
BRNE CICLO20
RET

T_OFF:
LDI R27,$FF
LDI R30,0

CICLO30:
DEC R27
CP R27,R30
BRNE CICLO30

DEC R23                  ; R23=REGISTRO_T_OFF
CP R23,R30
BRNE CICLO30
RET
```

🤚 Direccionamientos

Todos los modelos de microcontroladores RISC de la familia AVR son compatibles con los modos de direccionamiento para acceder a la memoria del programa (Flash), y a la memoria de datos (SRAM, Archivo de Registros, memoria de I/O, y la memoria extendida de I/O). Para los siguientes modos de direccionamiento, "OP" significa el código de operación de la instrucción. Para generalizar, los términos RAMEND y FLASHEND se usan para representar la memoria más alta de la localidad en los datos y en el programa. El registro Rd significa registro de destino (Destination Register), y el registro Rr significa registro de fuente (Root Register). Aunque se explicarán brevemente en esta sección, el programador se familiarizará con los diferentes tipos de direccionamiento de AVR por medio de la práctica; cada vez que se necesite revisar alguna instrucción, el programador podrá revisar la lista de instrucciones (Instruction Set) presionando la tecla F1.

✓ 16.1 Direccionamiento directo de un solo registro

El operando está contenido en el registro **d (Rd)**.

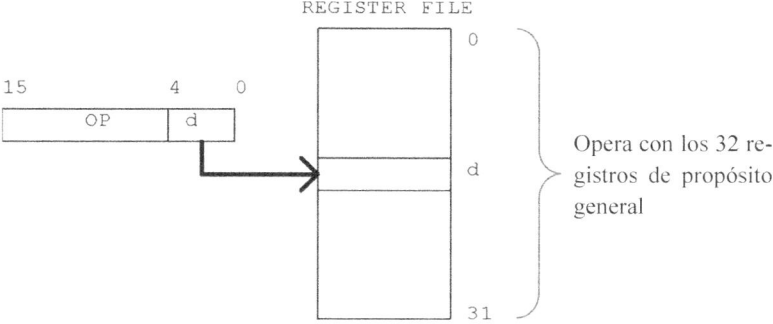

Ejemplo:

```
INC R16
CLR R22
     ↑
    Rd
```

✓ 16.2 Direccionamiento directo de dos registros

Los operandos están contenidos en el registro **r (Rr)** y **d (Rd)**. El resultado se almacena en el registro **d (Rd)**.

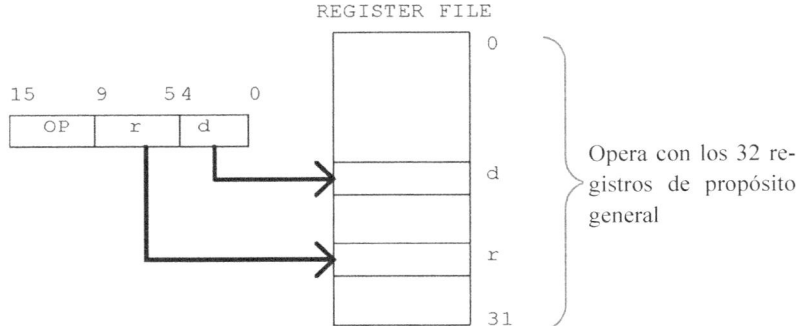

Ejemplo:

```
ADD R16,R17
MOV R0,R1
SUB R20,R22
CP R16,R30
    ↑
   Rd
```

✓ 16.3 Direccionamiento directo de I/O

La dirección del operando está contenida en 6 bits de la instrucción de la palabra. "**A**" es la dirección (Address) del registro de destino o fuente. Son 64 registros de I/O (entrada/salida).

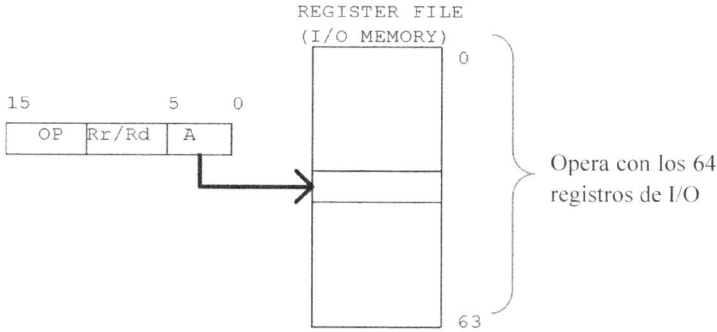

REGISTER FILE
(I/O MEMORY)

Opera con los 64
registros de I/O

```
IN R18,PIND
OUT PORTC,R18
```

16.4 Direccionamiento directo de datos

Una dirección de datos de 16 bits está contenida en los 16 bits menos significativos de la instrucción de dos bytes. **Rd/Rr** especifican el registro de destino y fuente.

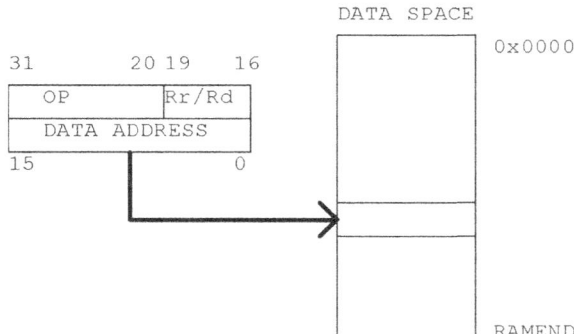

DATA SPACE

```
STS 0x1000,R18
```

✓ 16.5 Direccionamiento indirecto de datos con desplazamiento

La dirección del operando es el resultado del contenido del registro Y o Z, sumada a la dirección contenida en 6 bits (q) de la instrucción de la palabra. Rd/Rr especifican el registro de destino o fuente.

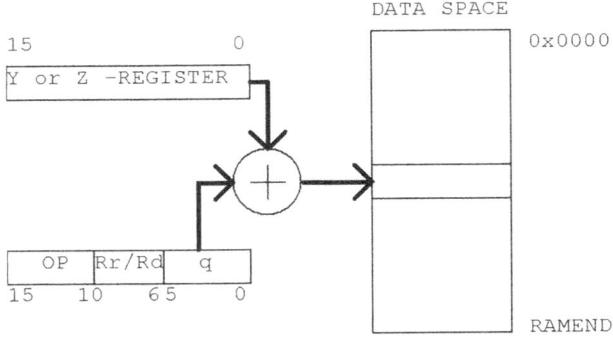

Ejemplo:

```
LDD R16, Y+0x10
STD Z+0x20, R16
```

✓ 16.6 Direccionamiento indirecto de datos

La dirección del operando es el contenido del registro X, Y o Z.

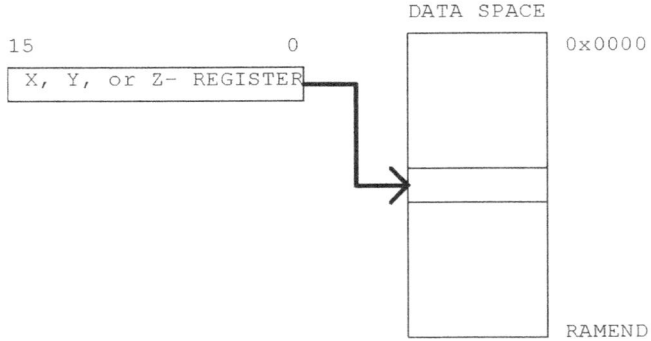

Ejemplo:

```
LD R16, Y
ST Z, R16
```

✓ 16.7 Direccionamiento indirecto de datos con predecremento

Los registros X, Y o Z se decrementan antes de la operación. La dirección del operando es el contenido decrementado del registro X–, Y– o Z–.

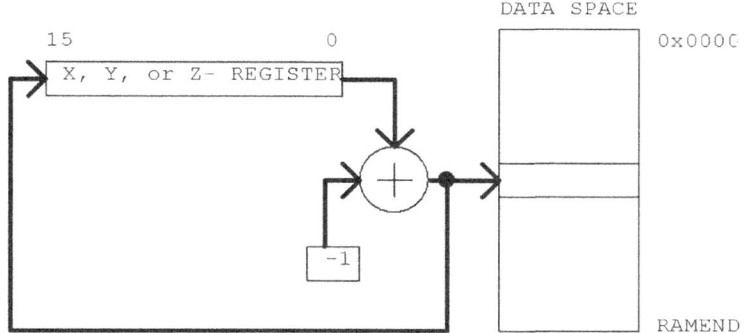

Ejemplo:

```
LD R16, -Z
ST -Z, R16
```

✓ 16.8 Direccionamiento indirecto de datos con postincremento

Los registros X, Y o Z se incrementan después de la operación. La dirección del operando es el contenido del registro X–, Y– o Z– antes de incrementarse.

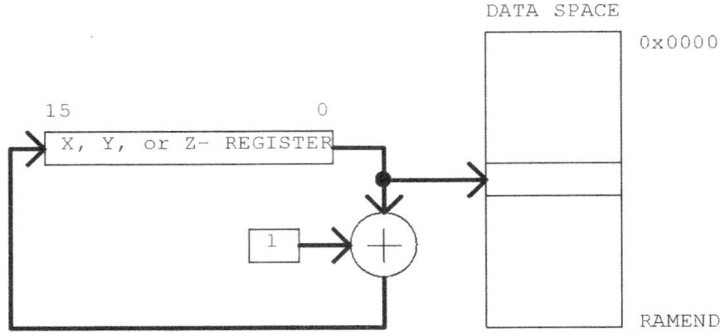

Ejemplo: ....

```
LD R16, Z+
ST Z+, R16
```

✓ 16.9 Direccionamiento a la memoria del programa

La dirección del byte es especificada por el contenido del registro **Z**. Los 15 bytes más significativos seleccionan la dirección de la palabra. Para LPM, si LSB = 0 se selecciona el byte bajo, de lo contrario, si LSB = 1, se selecciona el byte alto.

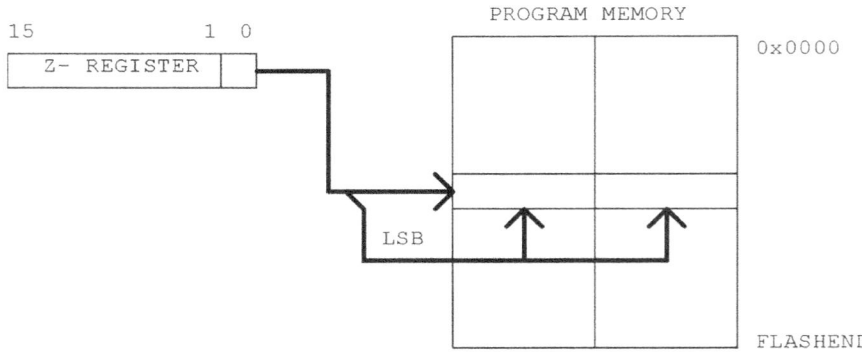

Ejemplo: ....

```
LPM
```

16.10 Direccionamiento indirecto a la memoria del programa, IJMP e ICALL

La ejecución del programa continúa en la dirección contenida en el registro Z.

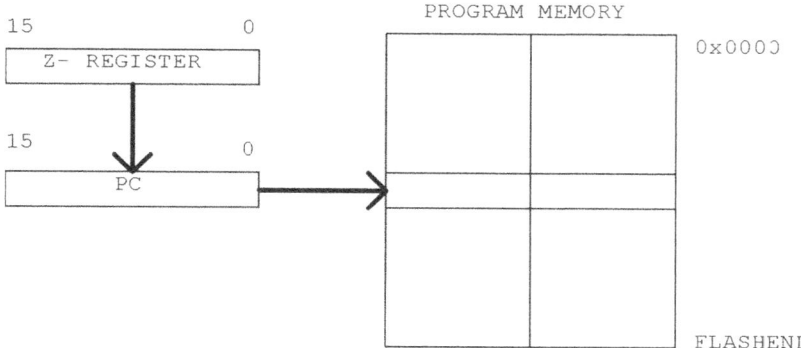

Ejemplo: ....

```
IJMP
ICALL
```

16.11 Direccionamiento relativo a la memoria del programa

El programa continúa la ejecución en la dirección PC + k + 1. La dirección relativa de k varía de -2047 a 2048.

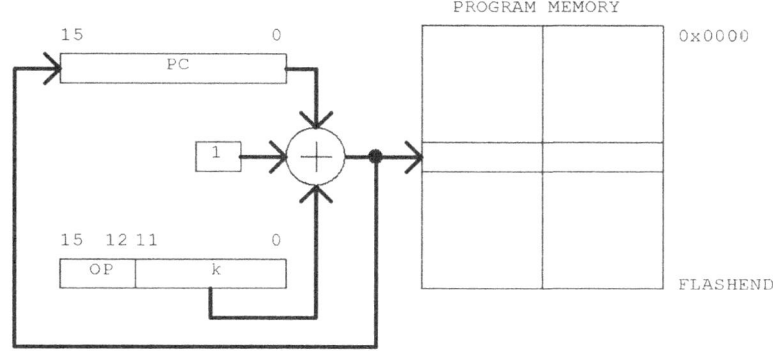

Ejemplo: ....

```
RJMP
RCALL
```

....

Otras instrucciones muy usadas en la programación AVR son, por ejemplo, la instrucción **LDI**, que carga una constante de 8 bits directamente a los registros de R16 a R31; o la instrucción **LD**, que carga indirectamente desde un espacio de memoria al registro "**X**":

```
CLR R27              ;Limpia el BYTE alto de X
LDI R26,$60          ;Coloca el BYTE bajo de X con
                     ;el número $60
LD  R0,X+            ;Se carga R0 con el valor de
                     ;la localidad $60 y se incrementa
LD  R1,X             ;Se carga R1 con el valor de
                     ;la localidad $61
LDI R26,$63          ;Coloca el BYTE bajo de X con
                     ;el número $63
LD  R2,X             ;Se carga R2 con el valor de
                     ;la localidad $63
LD  R3,-X            ;Se decrementa X y se carga R3 con
                     ;el valor de la localidad $62
```

La instrucción **ST**, que almacena un byte indirecto del registro en un espacio de memoria. El espacio de memoria que es direccionado por los registros punteros de 16 bits **X**, **Y** o **Z**. La instrucción **LPM**, que carga un byte del registro apuntado por **Z** a un registro de destino:

```
LDI ZH,HIGH(Tabla_1) ;Inicializa el apuntador Z
LDI ZL,LOW (Tabla_1)
LPM R16,Z            ;Carga una constante de la
                     ;memoria de programa apuntada por Z
                     ;(R31:R30)
```

La instrucción **IN**, que carga datos desde un espacio de I/O (puertos, timers, registros de configuración, etcétera) al registro de destino, **Rd**:

```
IN R25,PINB            ;Lee el "puerto B"
CPI R25,4              ;Compara el valor leído con una
                       ;constante
BREQ EXIT              ;Salta si R25=4
...
EXIT: NOP              ;Salta al destino (no hace nada)
```

La instrucción **OUT**, que envía los datos desde un registro de fuente, Rr, a un espacio de I/O (puertos, timers, registros de configuración, etc.):

```
OUT $18,R16            ;Envía el contenido de R16 al
                       ;"puerto B"
;OUT PORTB,R16         ;La dirección $18 equivale a escribir
                       ;"PORTB"
NOP                    ;Espera (no hace nada)
```

Instrucciones orientadas al bit

La instrucción **SBI** pone un "1" en el bit del registro especificado:

```
OUT $1E,R0              ;Se escribe la dirección ($1E)
                       ;de la EEPROM
SBI $1C,0              ;Pone a "1" el bit-0 del
                       ;registro $1C (EECR)
```

La instrucción **CBI** limpia un bit del registro especificado:

```
CBI $12,7             ;Limpia el bit-7 del "puerto D"
```

La instrucción **LSL** recorre todos los bits a la izquierda de un bit. El bit-0 se limpia. El bit-7 se carga en la bandera de acarreo "**C**", del registro SREG. Esta instrucción efectúa multiplicaciones de números con signo y sin signo por 2:

```
LDI R16,0b1000_0001    ;Se carga R16 con $81
LSL R16               ;Multiplica R16 por 2 (R16=2)...
                      ;0b0000_0010
```

La instrucción **LSR** recorre todos los bits a la derecha de un bit. El bit-7 se limpia. El bit-0 se carga en la bandera de acarreo "C", del registro SREG. Esta instrucción efectúa divisiones de números sin signo entre 2:

```
LDI R16,0b1000_0001      ;Se carga R16 con $81
LSR R16                  ;Divide R16 entre 2 (R16=64)...
0b0100_0000
```

La instrucción **ROL** recorre todos los bits del registro de destino a la izquierda. La bandera de acarreo se pasa al bit-0 del registro. El bit-7 se pasa a la bandera de acarreo "C". Esta instrucción, combinada con **LSL**, efectúa multiplicaciones de varios bytes con valores con signo y sin signo por 2:

```
LDI R16,0b0000_0001      ;R16 =0b0000_0001
ROL R16                  ;R16 =0b0000_0010

;-------
LDI R16,0b0000_0001      ;R16 =0b0000_0001
LSL R16                  ;R16 =0b0000_0010

;-------
LDI R16,0b1000_0001      ;R16 =0b1000_0001
ROL R16                  ;R16 =0b0000_0010 y se prende
                         ;la bandera de ;acarreo "C"

;-------
LDI R16,0b1000_0001      ;R16 =0b1000_0001
LSL R16                  ;R16 =0b0000_0010 y se prende
                         ;la bandera de ;acarreo "C"
```

Pero si una instrucción anterior activara la bandera de acarreo "C", entonces los resultados serían estos (C=1). Con **LSL** no se agrega el acarreo a R16:

```
LDI R16,0b0000_0001        ;R16 =0b0000_0001
ROL R16                    ;R16 =0b0000_0011
;-------

LDI R16,0b0000_0001        ;R16 =0b0000_0001
LSL R16                    ;R16 =0b0000_0010
```

La instrucción **SWAP**, que intercambia los *nibbles* en un registro, el alto por el bajo y viceversa:

```
LDI R16,0b0000_1111        ;R16 =0b0000_1111
SWAP R16                   ;R16 =0b1111_0000
```

La instrucción **SEC** pone a uno el bit de la bandera de acarreo "C" en el registro SREG. Mientras que la instrucción **CLC** limpia esta bandera (ver los ejemplos de otros bits de SREG):

```
LDI R16,0b0000_1111        ;R16 =0b0000_1111
SEC                        ;Se activa la bandera de acarreo "C"
CLC                        ;Borra la bandera de acarreo "C"
```

Interrupciones

Las interrupciones son "llamadas de atención" al MCU debido a eventos internos o externos, es decir, las interrupciones pueden ser internas o externas; por ejemplo, una interrupción interna es una llamada de atención al MCU, debido a un evento interno como lo es el "overflow" (o desbordamiento) de un contador (cuando el registro de dicho contador pasa de tener el valor de $FF a $00 se activa [si se da de alta] una interrupción de overflow). Una interrupción externa al MCU es aquella donde se presenta un cambio de voltaje en una terminal del AVR (por ejemplo cuando se presenta un voltaje lógico "0" en la terminal de Reset del AVR). En otras palabras, una interrupción externa se puede considerar del tipo "hardware", y una interna del tipo "software". La mayor ventaja de usar interrupciones es que el programador no necesita desarrollar subrutinas que estén monitoreando entradas o condiciones específicas en el AVR, sino que simplemente, con tan solo dar de alta a las interrupciones, decirles cómo van a operar y hacer las subrutinas de interrupción que ejecutarán alguna función cuando estas (las interrupciones) se presenten, el programador se ahorrará muchas líneas de código y la unidad central de procesamiento del AVR (UCP o CPU por sus siglas en inglés, central processing unit) se ahorrará tiempos de ejecución.

Como en el caso de las interrupciones físicas externas al AVR "INT0 e INT1", si se presenta un flanco de subida o un flanco de bajada (según se configure), el AVR ejecutará la interrupción correspondiente. Una interrupción al AVR (sea interna o externa) ejecutará una subrutina *ligada* a esa interrupción, ya que cada interrupción se vincula a una dirección interna en el AVR y cada dirección estará ligada a su vez a una subrutina.

Cada vez que se ejecuta una interrupción, una "bandera de estado" se activará indicando que una interrupción se ha llevado a cabo. Como es posible que más de una interrupción se lleve acabo, existen jerarquías o prioridades en cada interrupción; según la jerarquía, se irán ejecutando una por una, lo que depende de la arquitectura del AVR. La jerarquía predominante en las interrupciones de un AVR es una interrupción de Reset, la cual tiene la dirección 0x000 (o $000). A cada jerarquía se la conoce como **vector de interrupción** (un vector es una dirección física dentro del AVR). Dependiendo del AVR, la tabla de vectores de interrupción varía (aunque no muy significativamente); sin embargo, existen interrupciones comunes en todo AVR como el Reset, alguna interrupción externa como INT0 y alguna interrupción de contador.

Los vectores de interrupción se colocan entre el encabezado y la configuración. Las direcciones o vectores de interrupción dependerán del modelo de AVR que usemos. Cada AVR posee un número específico de interrupciones (aunque muchas son similares en dirección y configuración). Las subrutinas que se usarán para ser ejecutadas después de una interrupción se llaman **subrutinas de interrupción**, las cuales pueden ser colocadas dentro del cuerpo del programa, entre el cuerpo y la sección de subrutinas auxiliares, o después del bloque de las subrutinas auxiliares, todo dependerá de la necesidad del programador. En la figura 18.1 se observa la posición que toma el bloque de **vectores de interrupción** (para introducir los vectores correspondientes hay que observar el documento PDF del AVR sobre la sección de vectores de interrupción) y las subrutinas de interrupción, que son subrutinas que poseen una *etiqueta* (etiqueta seguida de dos puntos) y terminan en RETI. La instrucción RETI está "hermandada" con una instrucción SEI (Set Global Interrupt Flag), que habilita todas las interrupciones del AVR para ser ejecutadas. Aunque se configure correctamente una interrupción para ser ejecutada, si la instrucción SEI no está inscrita en el programa, tal interrupción no se llevará a cabo. SEI es la instrucción que habilita todas las interrupciones, y opera como una "llave maestra", la cual se desactiva cuando cualquier interrupción es ejecutada, por lo que SEI debe ser nuevamente activada para que el AVR vuelva a permitir la ejecución de otra nueva interrupción, para ello, al usar la instrucción RETI, se estará regresando al punto de ejecución de tal interrupción (donde se encontraba el programa un instante antes de haberse ejecutado la interrupción), y al mismo tiempo se estará activando SEI. La instrucción RETI significa RET (de "Return") + I (de "SEI"), así, RETI significa "regresa y activa SEI".

Si el programador solo desea que una interrupción se ejecute una vez, la subrutina de interrupción (**S.I.**) podrá terminar con RET (retorno) o con RJMP (salto incondicional). Pero si desea que las interrupciones se vuelvan a ejecutar cada vez que una ya fue ejecutada, entonces deberá terminar la subrutina de interrupción con RETI. También es posible terminar una subrutina de interrupción con SEI+RET o SEI+RJMP (dependiendo de la necesidad del programador).

En la figura 18.1 se observa, en el bloque de vectores de interrupción, las leyendas comentadas DIR $000, DIR $001 y DIR $003, indicando que cada línea después de la directiva .ORG 000 corresponde a la dirección 0x000, luego a la dirección 0x001, etcétera. Se deben respetar las direcciones de cada interrupción cuando se va a integrar el bloque de vectores de interrupción, de lo contrario, una llamada a una subrutina de interrupción será invocada en la dirección equivocada.

Después del bloque de vectores de interrupción puede escribir las líneas de código acostumbradas (que en este caso es el bloque de configuración):

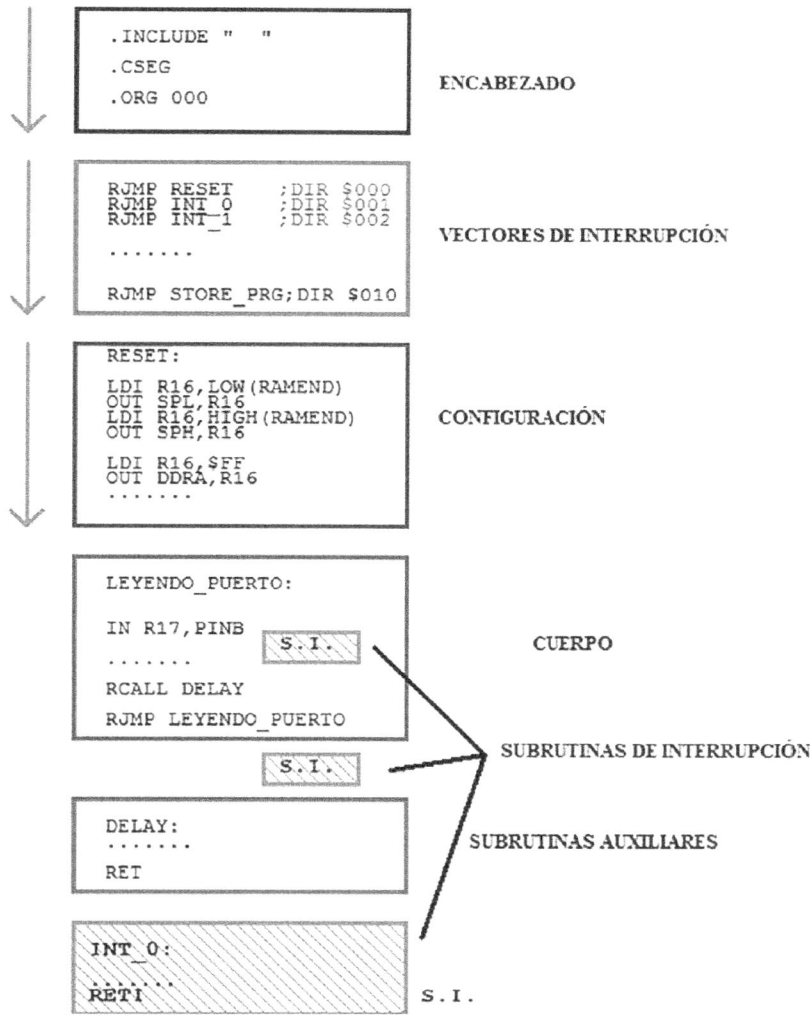

Figura 18.1 Esquema de bloques donde iría la sección de vectores de interrupción y subrutinas de interrupción

Se presentan tres formas de terminar una *subrutina de interrupción* (suponiendo que la subrutina se llame "PRENDER_LED", la cual fue ejecutada por una interrupción INT0):

; ESTA SUBRUTINA DE INTERRUPCIÓN REGRESARÁ A DONDE FUE LLAMADA
; (UN INSTANTE ANTES DE QUE LA INTERRUPCIÓN SE EJECUTARA,
; DONDE EL APUNTADOR DEL PROGRAMA SE ENCONTRABA YA SEA EN LA
; SECCIÓN DE "CUERPO" O EN ALGUNA OTRA SECCIÓN). OBSERVE QUE
; LA INSTRUCCIÓN **SEI** SE ESCRIBE ANTES DE QUE LA INTERRUPCIÓN
; DESEADA SE EJECUTE:

```
.INCLUDE "M8515DEF.INC"
.CSEG
.ORG 000

RJMP INICIO                          ;DIR $000  ⎫  Este sería el bloque de "vecto-
RJMP PRENDER_LED                     ;DIR $001  ⎬  res de interrupción"
.                                               ⎭
.
.

INICIO:
.
.
.


SEI
ESPERANDO_INTERRUPCION:              ;En esta sección se
                                     ;estará consumiendo
RJMP ESPERANDO_INTERRUPCION          ;tiempo hasta que se
                                     ;ejecute una interrupción
PRENDER_LED:
LDI R16,$01
OUT PORTB,R16
RCALL DELAY
LDI R16,$00
OUT PORTB,R16
RETI  ◄──────────  ;RET+SEI
```

1

2

3

4

5

6

Una vez que se ejecute la interrupción deseada, el apuntador saltará de "ESPERANDO_INTERRUP-CION" a la dirección física de la correspondiente interrupción, y se ejecutará la etiqueta que se encuentre en dicha dirección, que en este caso será la etiqueta "PRENDER_LED"

Cuando se termine la subrutina de interrupción "PRENDER_LED" el apuntador regresará a donde se activó la interrupción (que en este caso fue en "ESPERANDO_INTERRUPCION"), y activará la instrucción "**SEI**".

Ahora, si deseamos terminar la subrutina de interrupción con RET, entonces la subrutina de interrupción, al terminar, hará que el apuntador salte a donde se encontraba un instante antes de la ejecución de la interrupción (ESPERANDO_INTERRUPCION), pero si dicha interrupción se llevara a cabo nuevamente, el apuntador ya no saltará al vector de interrupción y tampoco a la subrutina de interrupción (esta sintaxis es de "interrupción de una sola vez").

```
.INCLUDE "M8515DEF.INC"
.CSEG
.ORG 000

RJMP INICIO
RJMP PRENDER_LED
.
.
.
INICIO:
.
.
.
SEI
ESPERANDO_INTERRUPCIÓN:            ;En esta sección se
                                  ;estará consumiendo
RJMP ESPERANDO_INTERRUPCIÓN       ;tiempo hasta que se
                                  ;ejecute una interrupción
PRENDER_LED:
.
.
.
RET  ◄─────────── ;RETURN
```

Si se desea que después de haber terminado la subrutina de interrupción el apuntador salte a otra dirección (otra línea o etiqueta), pero que se vuelva a ejecutar cualquier vector de interrupción, entonces la subrutina de interrupción deberá terminar con SEI y RJMP "etiqueta":

```
PRENDER_LED:
.
.
.
SEI
RJMP OTRA_ETIQUETA
```

La instrucción SEI puede ser escrita en el programa cuantas veces sea necesario por el programador.

El número de jerarquías o vectores de interrupción depende del modelo del AVR. Por ejemplo, en la tabla 18.1 se observa la lista de vectores de interrupción para un ATmega8515, donde se ve claramente que la interrupción principal o de mayor jerarquía le corresponde al Reset (por software o físico). El Reset físico debe estar conectado por medio de una resistencia de pull-up a voltaje lógico "1", ya que el estado de ejecución del Reset se da cuando es detectado en esa terminal un estado lógico "0" (diagrama 18.1). De no conectarse esta terminal al voltaje lógico "1", el AVR puede permanecer en un estado errático, es decir, se pueden llevar ejecuciones de Reset de forma indeseable, lo que alteraría el funcionamiento y la ejecución deseada del programa del AVR.

Tabla 18.1 Tabla de los vectores de interrupción del AVR Mega8515

Vector núm.	Direcciones	Source	Definición de interrupción
1	$000	RESET	External Pin, Power-on Reset, Brown-out Reset and Watchdog Reset
2	$001	INT0	External Interrupt Request 0
3	$002	INT1	External Interrupt Request 1
4	$003	TIMER1 CAPT	Timer/Counter1 Capture Event
5	$004	TIMER1 COMPA	Timer/Counter1 Compare Match A
6	$005	TIMER1 COMPB	Timer/Counter1 Compare Match B
7	$006	TIMER1 OVF	Timer/Counter1 Overflow
8	$007	TIMER0 OVF	Timer/Counter0 Overflow
9	$008	SPI, STC	Serial Transfer Complete
10	$009	USART, RXC	USART, Rx Complete
11	$00A	USART, UDRE	USART Data Register Empty
12	$00B	USART, TXC	USART, Tx Complete
13	$00C	ANA_COMP	Analog Comparator
14	$00D	INT2	External Interrupt Request 2
15	$00E	TIMER0 COMP	Timer/Counter0 Compare Match
16	$00F	EE_RDY	EEPROM Ready
17	$010	SPM_RDY	Store Program memory Ready

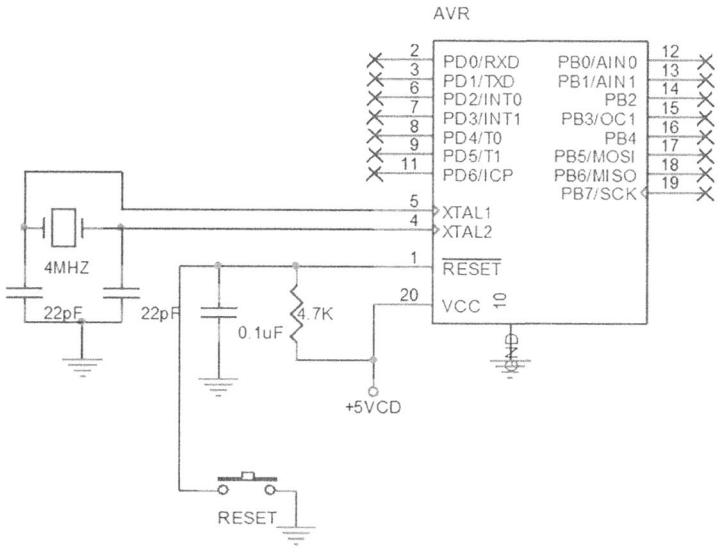

Diagrama 18.1 Diagrama para conectar con el Reset físico

Para activar cualquier interrupción, se deben buscar los registros que activen y configuren (cómo deseo que operen) a la interrupción deseada. En el caso del simulador (AVR Studio), para activarla (como no es posible introducir un voltaje físico al simulador) es necesario activar la bandera de estado asociada con esa interrupción (Flag).

Existen tres formas de escribir los vectores de interrupción en el programa, la primera es escribiendo el vector desde la interrupción de mayor prioridad (RESET con dirección 0x000), y así sucesivamente en orden ascendente en el vector de dirección; la segunda es usando varias directivas .ORG (abajo se escribe un ejemplo para el ATmega8515); y la tercera es utilizando varias instrucciones RETI para ocupar las direcciones que no se usarán para introducir una subrutina de interrupción.

Suponiendo que se desea usar el vector de la interrupción del Capture Event (dirección $003), entonces se pueden escribir todos los vectores entre la dirección $000 (RESET) y el vector de la dirección deseada (y así sucesivamente), que en este caso es la $003:

```
.INCLUDE "M8515DEF.INC"
.CSEG
.ORG 000

RJMP RESET                          ;DIR $000
RJMP INTERRUPCIÓN_INT0              ;DIR $001
RJMP INTERRUPCIÓN_INT1              ;DIR $002
RJMP INTERRUPCIÓN_DE_CAPTURE_EVENT  ;DIR $003
```

Las etiquetas de los vectores no deben llevar separación, por ello se usa un "guion bajo"

```
RESET:
LDI R16,LOW(RAMEND)
OUT SPL,R16
LDI R16,HIGH(RAMEND)
OUT SPH,R16
```

También se pueden escribir varias directivas .ORG para "saltar" a la dirección deseada, de esta forma se pueden trabajar varios vectores de interrupción de forma no secuencial:

```
.INCLUDE "M8515DEF.INC"
.CSEG
.ORG 000
RJMP RESET                              ;DIR $000
.ORG 003
RJMP INTERRUPCIÓN_DE_CAPTURE_EVENT  ;DIR $003
.ORG 009
RJMP USART_RECEPCIÓN_COMPLETA       ;DIR $009

RESET:
LDI R16,LOW(RAMEND)
OUT SPL,R16
LDI R16,HIGH(RAMEND)
OUT SPH,R16
```

La tercera forma de sintaxis del bloque de direcciones de interrupción puede ser escrita de esta forma usando instrucciones RETI (hasta llegar a la dirección deseada), el problema con esta sintaxis es el uso excesivo de las instrucciones RETI, ya que no es el estilo de un programador avanzado:

```
.INCLUDE "M8515DEF.INC"
.CSEG
.ORG 000

RJMP RESET                              ;DIR $000
RETI                                    ;DIR $001
RETI                                    ;DIR $002
```

```
RJMP  INTERRUPCIÓN_DE_CAPTURE_EVENT    ;DIR $003
RETI                                   ;DIR $004
RETI                                   ;DIR $005
RETI                                   ;DIR $006
RETI                                   ;DIR $007
RETI                                   ;DIR $008
RJMP  USART_RECEPCIÓN_COMPLETA         ;DIR $009
```

En el caso de un AVR ATmega8515, las terminales de interrupción (por hardware) son las que se muestran en la figura 18.2 (A=RESET, B=INT0, C=INT1, D=INT2), que son terminales que "leen" cambios de voltaje, que pueden ser flancos de subida (Rising Edge) o flancos de bajada (Falling Edge):

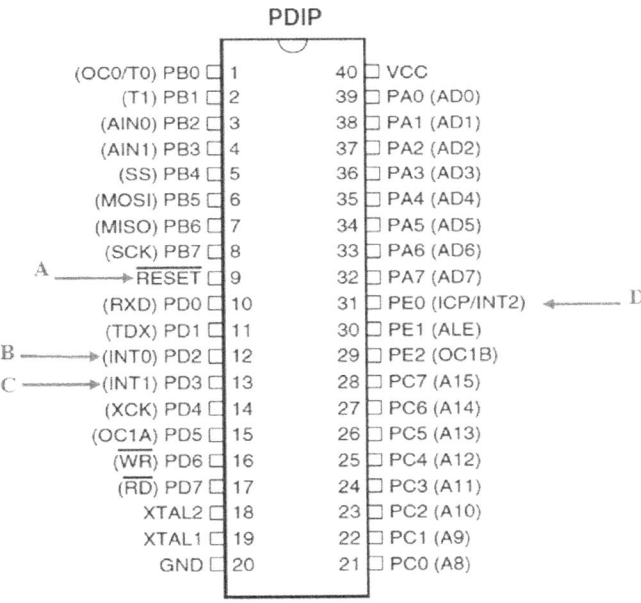

Figura 18.2 Pinning donde se muestra las terminales de interrupción externa del ATmega8515

🖉 18.1 Programa 10 (encender un LED con una interrupción INT0)

Ya habiendo entendido el concepto de interrupción en el AVR, procederemos a editar el siguiente programa en AVR Studio. En este programa habilitaremos la interrupción INT0 del

ATtiny2313 (diagrama 18.2), y encenderemos (prenderemos) un LED indicando que ya se ha pulsado el push-button que activa a la `INT0`.

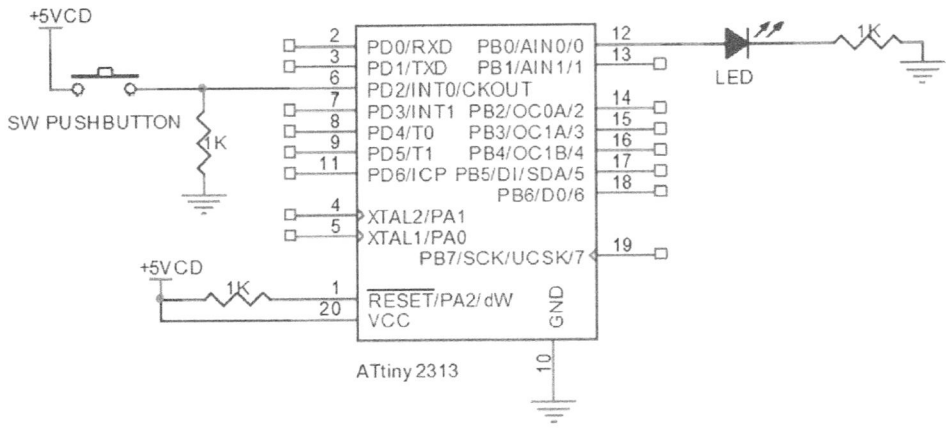

Diagrama 18.2 Diagrama para usar una interrupción cero

Una de las primeras cosas que hay que manejar en el AVR es el manual, el cual está distribuido en las funciones del AVR en cuestión; por ejemplo, en este caso, en el que vamos a manejar la interrupción `INT0`, deberemos buscar los registros asociados con esta función en el manual en la sección `EXTERNAL INTERRUPTS` y configurarlos. Sabemos que al principio el programador no estará familiarizado con el manual y deberá revisarlo para que se haga una idea de lo que puede hacer su AVR. Todo manual de AVR (archivo PDF) posee una columna en el lado izquierdo de marcadores, y cada marcador posee un acceso directo a la función deseada. Los pasos a seguir para activar y configurar una función determinada son los siguientes:

1. Buscar en el manual la función deseada y activar el acceso directo a la función, el archivo PDF automáticamente mostrará la sección indicada. El usuario deberá leer la sección deseada para entender cómo opera dicha función.
2. Buscar los registros involucrados para la activación y configuración de la función deseada.
3. Todos los registros de configuración poseen un recuadro (como el mostrado a continuación, `GIMSK` para la interrupción `INT0`) donde se puede apreciar una línea de `Bits` enumerados del `Bit-7` al `Bit-0`, un nombre por `Bit`, y características de lectura o escritura (`READ/WRITE`). Si un `Bit` dice "`R/W`" significa que ese `Bit` puede ser leído o escrito, si solo dice "`R`" significa que ese `Bit` solo puede ser leído.
4. Para activar o configurar una función en un registro, se debe cargar un valor *hexadecimal*, *decimal*, *octal* o *binario* en un registro de propósito general, y luego cargar dicho valor al registro de configuración (se necesitan 2 pasos), como se muestra a continuación.

Este registro GIMSK posee 3 bits configurables (INT1, INT0, PCIE), de los cuales solo nos interesa el INT0, que corresponde a la interrupción cero. Esta función se encuentra en el Bit-6.

Bit	7	6	5	4	3	2	1	0	
	INT1	INT0	PCIE	-	-	-	-	-	**GIMSK**
	R/W	R/W	R/W	R	R	R	R	R	
Valor inicial	0	0	0	0	0	0	0	0	

Los bits se pueden activar de las siguientes formas:

Forma 1:
```
LDI R16, 0b0100_0000      ;Forma BINARIA
OUT GIMSK,R16
```

Forma 2:
```
LDI R16, $40              ;Forma HEXADECIMAL
OUT GIMSK,R16
```

Forma 3:
```
LDI R16, 1<<INT0          ;Forma POR Bit
OUT GIMSK,R16
```

También puede ser cargado de forma *decimal*, *octal* o *ASCII*, pero ¿de qué depende qué tipo de nomenclatura usar? Todo depende de lo que sea más fácil para el programador, por ejemplo:

- Para cargar un registro de propósito general con 60 (porque deseo comparar cuando un motor dé 60 vueltas) es mucho más fácil usar decimal que hexadecimal.

```
LDI R16,60
```

- Para cargar un registro de propósito general con 100 (porque deseo iniciar el contador cero TCNT0 con 100) es mucho más fácil usar decimal que hexadecimal.

```
LDI R16,100
OUT TCNT0,R16
```

- Para cargar un registro de propósito general con el dato 0x15 (porque deseo almacenar un dato en un dirección de memoria) es mucho más fácil usar hexadecimal que binario o decimal.

```
LDI R16,0x15
STS $40,R16
```

- Para cargar un registro de propósito general con 0b1010_0000 (porque deseo configurar unos bits como entrada y otros como salida en un puerto) es mucho más fácil usar binario que hexadecimal o decimal.

```
LDI R16,0b1010_0000
OUT DDRA, R16
```

- Para cargar un registro de propósito general con la letra 'A' (porque deseo sacar por un LCD la letra 'A') es mucho más fácil usar ASCII que usar hexadecimal o decimal.

```
LDI R16,'A'
```

- Para cargar un registro de propósito general con diferentes bits para activar diferentes funciones del AVR (porque deseo activar tanto la interrupción-0 como la interrupción-1) es mucho más fácil la configuración por bit que usar hexadecimal o decimal.

```
LDI R16,0<<INT1|0<<INT0
OUT GIMSK,R16
```

o

```
LDI R16,(0<<INT1)|(1<<INT0)
OUT GIMSK,R16
```

o

```
LDI R16,(1<<INT1)|(0<<INT0)
OUT GIMSK,R16
```

o

```
LDI R16,0<<INT1|1<<INT0
 OUT GIMSK,R16
```

Todo depende de lo que sea más fácil para el programador para cargar un registro y ver su aplicación.

Entonces vamos a activar a la interrupción cero (usaremos la nomenclatura por bit por comodidad):

```
LDI R16,1<<INT0
OUT GIMSK,R16
```

Ahora necesitamos configurar a la interrupción como **flanco de subida** (Rising Edge), función que se encuentra en el registro de configuración MCUCR, en el cual desde el Bit-3 al Bit-0 se encuentran las configuraciones para la interrupción-1 y la interrupción-0 (solo nos interesa la interrupción-0):

Bit	7	6	5	4	3	2	1	0	
	PUD	SM1	SE	SMD	ISC11	ISC10	ISC01	ISC00	MCUCR
	R/W	R/W	R/W	R/W	R/W	R/W	R/W	R/W	
Valor inicial	0	0	0	0	0	0	0	0	

El comportamiento de las interrupciones INT0 e INT1 dependen de la tabla de los bits ISC11, ISC10, ISC01, ISC00. Solo nos interesa la INT0, por lo que procederemos a cargar un registro de propósito general con el valor correspondiente al flanco de subida (Rising Edge), que en nuestro caso es **ISC01 = 1, ISC00 = 1**:

ISC01	ISC00	Descripción
0	0	The low level of INT0 generates an interrupt request.
0	1	Any logical change on INT0 generates an interrupt request.
1	0	The falling edge of INT0 generates an interrupt request.
1	1	The rising edge of INT0 generates an interrupt request.

Procedemos a cargar la configuración del Rising Edge a la interrupción-0 (usaremos la nomenclatura por bit por comodidad):

```
LDI R16,(1<<ISC01)|(1<<ISC00)
OUT MCUCR,R16
```

El último paso a considerar cuando se manejan interrupciones es la instrucción **SEI** (que está vinculada al Bit "I" del registro SREG [figura 18.3], el cual se puede observar en la parte superior izquierda del árbol de Processor del simulador).

Figura 18.3 Bit-I del registro SREG del simulador

SEI es como una "llave general" de interrupciones (conocida como *Instrucción de activación global de interrupciones*). Aunque esté debidamente configurada y activada una interrupción, si la instrucción SEI no está editada en el programa, tal interrupción jamás se llevará acabo.

La instrucción SEI es un candado de seguridad que regula cuándo se permite la ejecución de una interrupción, es equivalente a decir: "Ahora sí puede llevarse a cabo la interrupción". En el siguiente programa se observará que la instrucción SEI está escrita antes que la etiqueta, esto es porque solo una línea antes de la etiqueta deseamos que la interrupción INT0 sea ejecutada.Una vez ejecutada la interrupción (u otras interrupciones si estas fueron programadas) la bandera I del registro SREG pasará a desactivarse indicando que, si se desea volver a ejecutar dicha interrupción, se debe escribir nuevamente la instrucción SEI en la subrutina donde saltó el cursor, o en su defecto terminar la subrutina de interrupción con la instrucción RETI, o SEI+RJMP.

Supongamos que el cursor se encuentra encerrado "infinitamente" en una etiqueta ESPERANDO, y de repente sucede una interrupción que saca al cursor de ESPERANDO:

```
ESPERANDO:
RJMP ESPERANDO
```

El cursor "viaja" a la sección de vectores de interrupción y busca la etiqueta de dicha interrupción, la ejecuta y, para salir, se presentan cuatro formas:

Forma 1:   ;esta forma activa "SEI" y regresa a
                                    ;donde fue ejecutada la interrupción
                                    ;(que en este caso fue en la etiqueta
.   ;"ESPERANDO")

.

.

RETI

Forma 2:   ;esta forma activa "SEI" y salta a
                                    ;"ESPERANDO" (donde estaba el
.   ;cursor antes de ser activada
                                    ;la interrupción)

.

.

```
SEI
RJMP ESPERANDO
```

Forma 3:   ;esta forma
                                ;activa "SEI"
                                ;y salta
                                ;a OTRO LADO

.
.

.

```
SEI
RJMP SALTA_A_OTRA_ETIQUETA
```

Forma 4:   ;esta forma NO-reactiva "SEI"
                                ;y regresa a donde fue ejecutada la
.   ;interrupción (que en este caso fue
                                ;en la etiqueta "ESPERANDO") la
.   ;interrupción ya no será ejecutada
                                ;nuevamente (el SEI deberá ser
.   ;reescrito si se desean habilitar
                                ;nuevamente las interrupciones).

```
RET
```

> *Nota:*
>
> La instrucción SEI puede ser escrita cuantas veces sean necesarias en un programa.

Programa del diagrama 10:

```
;ESTE PROGRAMA ACTIVA Y CONFIGURA LA INTERRUPCION-0 PARA
;ENCENDER UN LED
.INCLUDE "TN2313DEF.INC"
.CSEG
.ORG 000

RJMP CUANDO_RESETEO              ;DIR $000
RJMP INTERRUPCION_INT0           ;DIR $001

CUANDO_RESETEO:
LDI R16,LOW(RAMEND)
OUT SPL,R16

LDI R16,$01
OUT DDRB,R16
```

```
;DAREMOS DE ALTA LA INTERRUPCIÓN-0 CON FLANCO DE SUBIDA
;(RISING EDGE)

LDI R16,(1<<ISC01)|(1<<ISC00) ;RISING EDGE (ver manual)
OUT MCUCR,R16

LDI R16, 1<<INT0              ;Habilitamos INT0
OUT GIMSK,R16

SEI

ESPERANDO: RJMP ESPERANDO

;ESTA SUBRUTINA ENCIENDE UN LED Y LO APAGA
;DESPUÉS DE 1-SEGUNDO
INTERRUPCION_INT0:

LDI R16,$01

OUT PORTB,R16

RCALL UN_SEGUNDO

LDI R16,$00
OUT PORTB,R16
```

> Como deseamos que la interrupción pueda ser ejecutada cada vez que se presenta el flanco de subida en la terminal INT0 del AVR, por eso terminamos la subrutina de interrupción INTERRUPCION_INT0 con RETI

```
RETI

UN_SEGUNDO:
.
.
.
RET
```

Una vez terminado el programa se simula. La pregunta es: ¿cómo decirle al simulador que un voltaje externo está presente en las terminales deseadas? Para ello existe una ventana de funciones (**I/O View**) que muestra el estado de cada bit y cada pin del AVR (figura 18.4). Como principio en el uso de interrupciones, cada vez que se ejecuta un interrupción *física* (es decir, suponemos que un voltaje de flanco de subida o flanco de bajada está ya presente en el pin correspondiente) se activa una **bandera de interrupción**, que en nuestro caso está en el registro de bandera EIFR (Extended Interrupt Flag Register). Se expande el árbol de EIFR y con el ratón activamos el recuadro que corresponde a INTF0, esto ejecutará la interrupción en el simulador (el estado de las banderas también puede ser leído o escrito mediante programación según convenga).

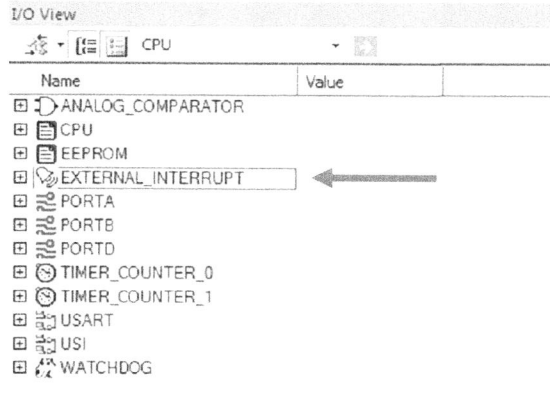

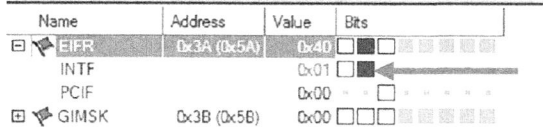

Figura 18.4 Ventana de estado de interrupción INT0

👆 Reset entre los AVR

Es posible interrumpir un AVR mediante otro AVR u otro dispositivo. Esto es muy útil cuando se tienen conectados a un AVR-maestro uno o más AVR-esclavos, ya que el AVR-maestro controla los Resets de los AVR-esclavos. Se presentan algunas formas de realizar este control:

Caso 1:

Se supone que no es posible resetear un AVR mediante una terminal de puerto de otro AVR de forma directa (sin electrónica adicional), ya que los pines de puerto son tri-estados (diagrama 19.1); sin embargo, sí es posible pero no es la forma más ortodoxa, ya que se pueden dañar los pines del puerto del AVR-maestro o introducir a los AVR-esclavos a un estado indeterminado. Otra desventaja es que el Reset de los esclavos deberá hacerse con estado lógico 0. Para este ejemplo se elaboraron las siguientes subrutinas (pero insistimos, no es la forma más ortodoxa):

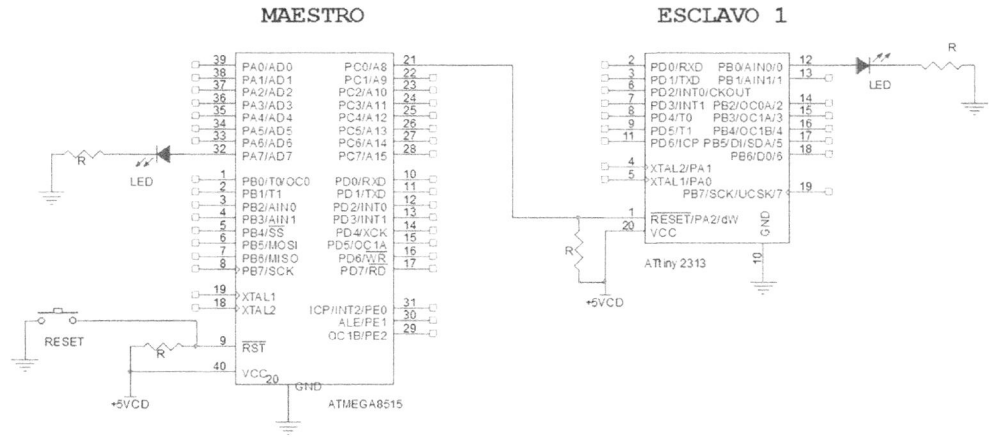

Diagrama 19.1 Diagrama de conexión para "resetear" de un AVR a otro de forma directa

Para el maestro:

```
;PROGRAMA QUE CONTROLA EL RESET DE OTROS AVR USANDO
;UN ATMEGA8515 COMO MAESTRO Y UN ATtiny2313 COMO ESCLAVO
```

| Encabezado para ATmega8515 |

| Stack Pointer para ATmega8515 |

```
LDI R16,0b1000_0000      ;El PA7 como salida para TESTIGO
OUT DDRA,R16

LDI R16,0b1000_0000      ;El PA7 YA ENCIENDE para TESTIGO
OUT PORTA,R16

LDI R16,0b0000_0001      ;El PC0 como salida para RESETEAR
                         ;CON CERO
OUT DDRC,R16

LDI R16,0b0000_0001      ;El PC0 está en 1 para NO-resetear
                         ;al ESCLAVO (TODAVÍA)
OUT PORTC,R16

RCALL UN_SEGUNDO         ;Vamos a esperar 3 segundos para
                         ;mandar a CERO al PC0
RCALL UN_SEGUNDO
RCALL UN_SEGUNDO

RESETANDO_ESCLAVO_1:
LDI R16, 0b0000_0000
OUT PORTC,R16            ;Aquí se debe resetear el AVR esclavo
                        ;porque está a CERO y debe apagar
                        ;al LED testigo en esclavo
RCALL UN_SEGUNDO        ;Después de 2 segundos se REACTIVA
                        ;ESCLAVO
RCALL UN_SEGUNDO

LDI R16, 0b0000_0001
OUT PORTC,R16           ;Aquí se debe REACTIVAR el AVR
                       ;esclavo porque está en "1" y debe
                       ;volver a encender al LED esclavo
FIN: RJMP FIN
```

```
UN_SEGUNDO:
.
.
.
RET
```

Para el esclavo:

```
;PROGRAMA QUE DEJA CONTROLAR EL RESET POR MEDIO DE OTRO
;AVR USANDO UN ATMEGA8515 COMO MAESTRO Y EL ATtiny2313 COMO
;ESCLAVOPB0 SE APAGA CUANDO EL ATMEGA8515 LO RESETEA
```

Encabezado para ATtiny2313

Stack Pointer ATtiny2313

```
LDI R16,0b0000_0001          ;el PB0 como salida para
                             ;TESTIGO DEL ;RESET
OUT DDRB,R16

LDI R16,0b0000_0001          ;el PB0 como salida para
                             ;TESTIGO DEL ;RESET
OUT PORTB,R16

ESPERANDO: RJMP ESPERANDO     ;Está ESPERANDO que el MAESTRO
                             ;active el ;RESET
```

Caso 2:

En este ejemplo se usa electrónica adicional entre el AVR-maestro para controlar los Reset de los AVR-esclavos (diagrama 19.2). Usaremos un transistor C547B y dos resistencias para controlar el Reset (otro tipo de electrónica puede ser usada). La ventaja de este caso es que la salida del AVR-maestro se protege, y que el disparo del Reset al esclavo es con un "1" lógico, lo que facilita la secuencia de programación (puede ser inducido un RESET entre los AVR a través de la función Watchdog –perro guardián– u otra subrutina, o se pueden enlazar los AVR mediante UART, I²C o algún otro protocolo de comunicación que el programador pueda diseñar para inducir el Reset):

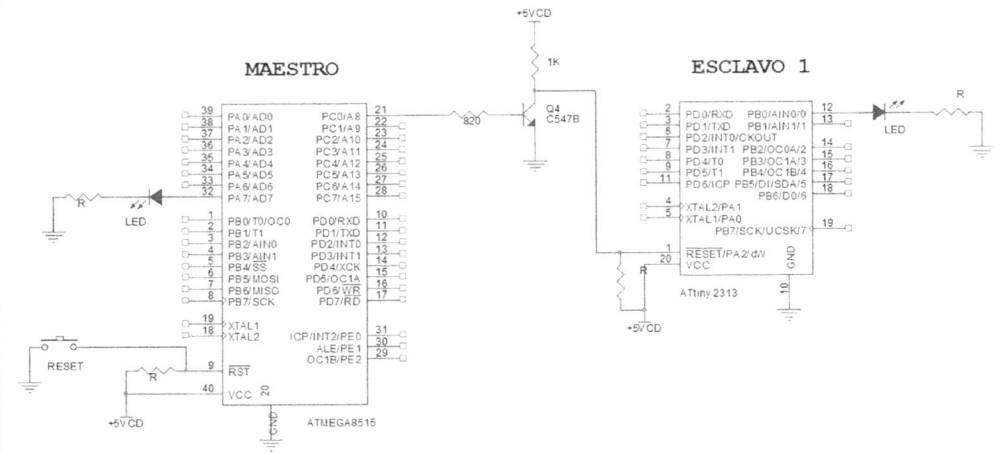

Diagrama 19.2 Diagrama de conexión para "resetear" de un AVR a otro usando C547B

La programación permanece para el AVR-esclavo, pero sí se modifica para el AVR-maestro (en la etiqueta RESETANDO_ESCLAVO_1 se cambió la lógica del Reset):

Para el maestro:

```
;PROGRAMA QUE CONTROLA EL RESET DE OTROS AVR USANDO
;UN ATmega8515 COMO MAESTRO Y UN ATtiny2313 COMO ESCLAVO
```

Encabezado para ATmega8515

Stack Pointer para ATmega8515

```
LDI R16,0b1000_0000      ;El PA7 como salida para TESTIGO
OUT DDRA,R16

LDI R16,0b1000_0000      ;El PA7 YA ENCIENDE para TESTIGO
OUT PORTA,R16

LDI R16,0b0000_0001      ;El PC0 como salida para RESETEAR
                         ;CON "0"
OUT DDRC,R16

LDI R16,0b0000_0000      ;El PC0 está en "0" para NO-resetear
                         ;al ESCLAVO ;(TODAVÍA)
OUT PORTC,R16

RCALL UN_SEGUNDO         ;Vamos a esperar 3 segundos para
                         ;mandar a "1" ;al PC0
```

```
RCALL UN_SEGUNDO
RCALL UN_SEGUNDO

RESETANDO_ESCLAVO_1:
LDI R16, 0b0000_0001
OUT PORTC,R16              ;Aquí se debe resetear el AVR esclavo
                          ;(se ;apagará el LED)

RCALL UN_SEGUNDO          ;Después de 2 segundos se REACTIVA
                          ;ESCLAVO
RCALL UN_SEGUNDO

LDI R16, 0b0000_0000
OUT PORTC,R16             ;Aquí se debe REACTIVAR el AVR
                          ;esclavo (debe ;encender el LED)
FIN: RJMP FIN

UN_SEGUNDO:
.
.
.
RET
```

Caso 3:

Existen en el mercado chips de Reset para microcontroladores, como por ejemplo el ST-M1001RWX6F, que controlan el voltaje de alimentación y cuando este baja de un límite ($V_{THRESHOLD}$) manda el Reset. Esta aplicación (figura 19.1) es la misma, que ya contiene integrado un AVR con la función de Brown-out detection (se activa el Fuse (Fusible) de Boden por medio del módulo-programador), el cual puede ser fijado a 2.7 o 4 V (dependiendo del AVR):

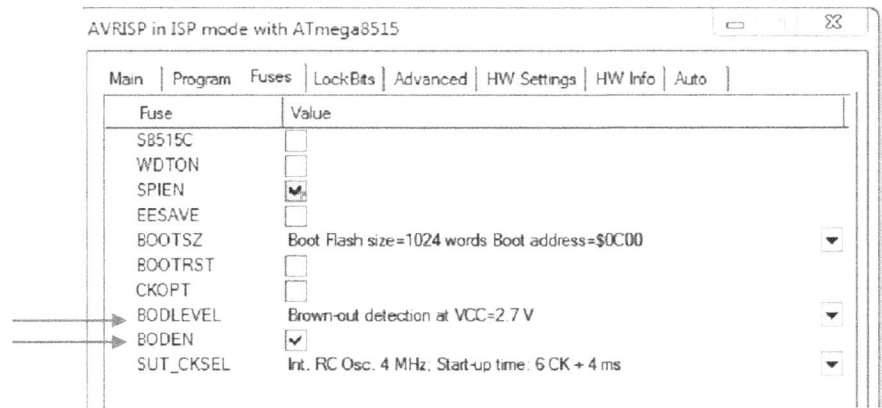

Figura 19.1 Función de Brown-out detection activando Boden (Brown-out enable)

Instrucciones del control del MCU

En la tabla 20.1 se muestra el menú de las instrucciones del control del MCU. Donde, a continuación, se pondrán ejemplos del uso de cada instrucción.

Tabla 20.1 Instrucciones del control del MCU

Mnemónicos	Descripción	Banderas afectadas	Ciclos de reloj
NOP	No Operation (No operación)	Ninguna	1
SLEEP	Sleep (Dormir)	Ninguna	1
WDR	Watchdog Reset (Reset de la función "perro guardián")	Ninguna	1
BREAK	Break For On-Chip Debug Only (Break solo para el Debuger On-Chip)	Ninguna	N/A

La instrucción NOP se ejecuta en un solo ciclo de instrucción y no realiza nada, solo consume un ciclo de reloj y salta a la instrucción siguiente (si la hubiera).

```
LDI R16,$40
OUT DDRB,R16

NOP                     ;Si la frecuencia de reloj es de 4MHZ
                        ;entonces cada NOP consume 0.25 microseg
NOP

LDI R17,$38
MOV R13,R17
```

La instrucción **SLEEP** coloca al circuito en modo "dormido" definido por el modo de control del MCU. Usaremos el programa de interrupción INT0 para encender un LED usando el ATtiny2313.

Necesitamos configurar el registro MCUCR del AVR para indicar el modo de *dormir*, y como en nuestra aplicación despertaremos al AVR por medio de la interrupción INT0, también configuraremos los bits ISC01 e ISC00:

Bit	7	6	5	4	3	2	1	0	
	PUD	SM1	SE	SM0	ISC11	ISC10	ISC01	ISC00	**MCUCR**
	R	R/W	R/W	R/W	R/W	R/W	R/W	R/W	
Valor inicial	0	0	0	0	0	0	0	0	

De la tabla 20.2 seleccionaremos el modo de Sleep. Una vez escogido el modo deberemos usar la instrucción SE en el programa antes de ejecutar SLEEP, e inmediatamente después de despertar al AVR se debe deshabilitar SE (es una protección en contra de un SLEEP indeseado). Seleccionaremos el modo Power-down, el cual detendrá al oscilador del AVR y minimizará la corriente de consumo, y configuraremos la INT0 para despertarlo (para nuestra configuración Power-down usaremos la interrupción en modo Level Interrupt), debido a que en esta función de Sleep se necesita de un tiempo de retraso después de la ejecución de Sleep. Seleccionaremos también el tiempo en los "Fusibles" CKSEL (FUSES)[1]:

Tabla 20.2 Selector del modo Sleep

SM1	SM0	Sleep Mode
0	0	Idle
0	1	Power-down
1	1	Power-down
1	0	Standby

```
LDI R16,(1<<SE)|(1<<SM1)|(1<<SM0)|(0<<ISC01)|(0<<ISC00) ;HABILITAMOS
OUT MCUCR, R16;                    ;EL SLEEP EN MODO POWER-DOWN
                                   ;Y EL INT0 EN "LEVEL INTERRUPT"
```

---

[1] Para mayor referencia de la función SLEEP, la configuración IDLE y STANDBY, cabe revisar el manual del AVR.

En el siguiente programa (diagrama 20.1) se introdujo un retraso de 4 segundos para que mida la corriente de consumo antes y después del SLEEP. El lector observará que el consumo normal del AVR está alrededor de 7 u 8 mA (los 4 segundos de retraso son para que estabilice la lectura en el multímetro). Después de la instrucción SLEEP, el multímetro deberá marcarle casi cero mA. Monte el siguiente circuito para probar la subrutina:

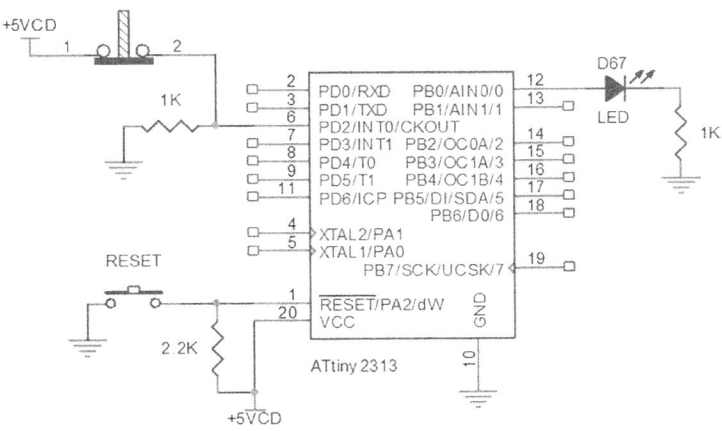

Diagrama 20.1 Circuito para probar la instrucción Sleep

Programa:

```
;ESTE PROGRAMA DORMIRÁ AL AVR, CON LA INTERRUPCIÓN-0
;SE DESPERTARÁ AL AVR PARA ENCENDER UN LED
```

Encabezado para ATtiny2313

```
RJMP  CUANDO_RESETEO            ;DIR $000
RJMP  INTERRUPCION_INT0         ;DIR $001


CUANDO_RESETEO:
LDI R16,LOW(RAMEND)
OUT SPL,R16

LDI R16,$01
OUT DDRB,R16                    ;PB0 como salida del LED


;DAREMOS DE ALTA LA INTERRUPCIÓN-0 CON "LEVEL INTERRUPT" (VER
;MANUAL) PORQUE ES LA CONFIGURACIÓN QUE RESPETA LA "INT0"
;PARA EL SLEEP EN POWER-DOWN
```

```
LDI R16,(0<<SE)|(1<<SM1)|(1<<SM0)|(0<<ISC01)|(0<<ISC00)
OUT MCUCR,R16

LDI R16, 1<<INT0                    ;Habilitamos INT0
OUT GIMSK,R16
SEI
```

```
IN R16,MCUCR
ORI R16,(1<<SE)◄─────── Esta sintaxis ayuda a activar un solo bit
OUT MCUCR, R16          sin tener que escribir todos los demás
```

```
RCALL CUATRO_SEGUNDOS

SLEEP                              ;DORMIMOS AL AVR

ESPERANDO: RJMP ESPERANDO
;DESHABILITAREMOS EL SLEEP PARA QUE SOLO SEA USADO UNA VEZ
INTERRUPCION_INT0:

;"SE" deshabilitado
LDI R16,(0<<SE)|(1<<SM1)|(1<<SM0)|(0<<ISC01)|(0<<ISC00) ◄────┐
OUT MCUCR, R16
```
En este ejercicio desactivamos SE en esta línea, pero es factible activar nuevamente SE en otra parte del programa

```
LDI R16,$01
OUT PORTB,R16                      ;ENCIENDE LED
RETI
```

La instrucción **WDR** (Watchdog Reset o Reset de la función "perro guardián") se usa para que el AVR entre en Reset de forma automática. Por ejemplo, supongamos que el AVR está controlando un proceso industrial de forma automática y no hay nadie que pueda reiniciar el equipo si algo falla, entonces se puede programar el perro guardián por si un evento no es detectado por el AVR y este lo interpreta como uno fallo del sistema, por lo que activará un auto-reset, de igual forma, si por alguna razón el programa del AVR se corrompiera. Esto es un Watchdog Reset. Vamos a configurar el tiempo de retraso del Watchdog a 2.1 segundos con el registro de control WDTCR con los bits WDP2, WDP1 y WDP0. Y los bits WDCE y WDE se usan para activar y desactivar la función:

Bit	7	6	5	4	3	2	1	0	
	-	-	-	WDCE	WDE	WDP2	WDP1	WDP0	**WDTCR**
	R/W	R/W	R/W	R/W	R/W	R/W	R/W	R/W	
Valor inicial	0	0	0	0	X	0	0	0	

De la tabla de tiempos (tabla 20.3) se seleccionará el Watchdog a 2.1 segundos. Recuerde que el Watchdog es un Reset lógico:

Tabla 20.3 Tiempos de selección del Watchdog

WDP2	WDP1	WDP0	Tiempos de Reset típicos a VCC = 5.0 V
0	0	0	16.3 ms
0	0	1	32.5 ms
0	1	0	65 ms
0	1	1	0.13 s
1	0	0	0.26 s
1	0	1	0.52 s
1	1	0	1.0 s
1	1	1	2.1 s

Existen tres modos de seguridad (ver manual), de los cuales seleccionaremos el "**Safety Level 1**". Compruebe el Fuse "WDTON" del módulo-programador; si está activado, será imposible desactivar el Watchdog, ya que esta opción es para tener activa siempre la función (figura 20.1). También es importante comprobar que esté activado el Fuse de S8515C del módulo-programador AVRISP, de lo contrario el Timer no respetará el preescalamiento seleccionado:

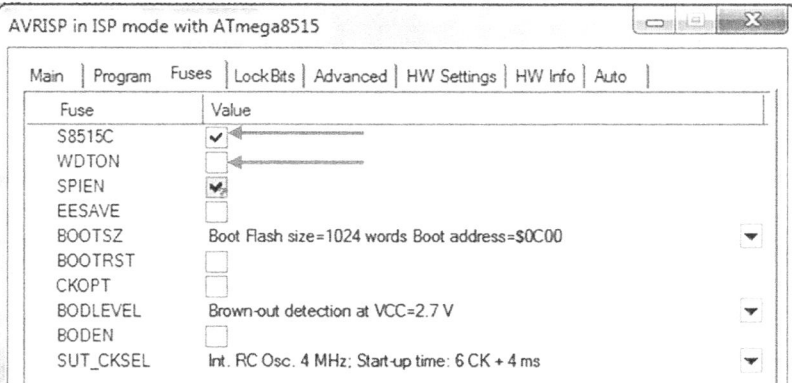

Figura 20.1 Activación del Fuse S8515C para el preescalamiento del Watchdog

Programa:

El programa activa el Timer-1 con preescalamiento, y cuando se desborde (`TIMER1 OVER-FLOW`) activará el Watchdog. El LED se encenderá indicando que el cursor se encuentra ya en la sección del Watchdog 2.1 segundos antes del Reset del AVR.

```
;SUBRUTINA WATCHDOG RESET
;SIRVE PARA RESETEAR EL AVR POR SOFTWARE POR SI ALGÚN
;PROCESO NO SE CUMPLE

.INCLUDE "M8515DEF.INC"
.CSEG
.ORG 0
RJMP RESET          ;DIR 000
.ORG 6
RJMP OVER1          ;DIR 006

RESET:
LDI R16,LOW(RAMEND)
OUT SPL,R16
LDI R16,HIGH(RAMEND)
OUT SPH,R16

RCALL DOG_OFF       ;Deshabilita DOG

LDI R16,$01
OUT DDRA,R16        ;Testigo

LDI R16,$00
OUT PORTA,R16

OUT TCNT1L,R16      ;RESET al CONTADOR-1
OUT TCNT1H,R16

LDI R16,$80         ;Activa interrupción TIMER1 OVERFLOW
OUT TIMSK,R16

LDI R16,$80         ;Borra OVERFLOW1
OUT TIFR,R16

LDI R16,$04         ;PREESCALAMIENTO CK/256 para TIMER1
OUT TCCR1B,R16      ;para que sea lento
SEI

CICLO:
RJMP CICLO

OVER1:
LDI R16,$01         ;Indica que ya entró a OVERFLOW
OUT PORTA,R16
```

```
RCALL DOG_ON          ;Enciende el WATCHDOG y esperamos a que
                      ;se apague el LED
RETI

DOG_ON:               ;Subrutina para habilitar al WATCHDOG
WDR                   ;Resetea el DOG TIMER para evitar que
                      ;El DOG no empiece en cero

LDI R16,1<<WDE|1<<WDP2|1<<WDP1|1<<WDP0
OUT WDTCR,R16         ;El PREESCALAMIENTO es el retraso para
                      ;que se dé el RESET

LDI R16,$00           ;Detenemos el TIMER1
OUT TCCR1B,R16
RET

DOG_OFF:              ;Subrutina para deshabilitar WATCHDOG
LDI R16,$18           ;pongo 1 en WDCE y WDE al mismo tiempo
OUT WDTCR,R16         ;dentro de los 4 ciclos de reloj (según
                      ;manual)

LDI R16,$10           ;Pongo a cero el WDE
OUT WDTCR,R16         ;ya se deshabilitó el WATCHDOG
NOP
RET
```

La instrucción **BREAK** se usa para un sistema de *debug interno*. Cuando se ejecuta esta instrucción la CPU del AVR se coloca en modo de "Stop". Esto ayuda a acceder a los recursos internos del micro a través del software, pero no es útil en la aplicación real. En el siguiente código se observa la instrucción BREAK antes de activar un LED, si esta instrucción detuviera la ejecución del código en la aplicación, el LED no se encendería (BREAK en la aplicación real se comporta como un simple NOP). Simule este código, monte el circuito de prueba y compruebe el comportamiento en ambos ambientes:

Ejemplo:

```
.INCLUDE "TN2313DEF.INC"
.CSEG
.ORG 0

LDI R16,LOW(RAMEND)
OUT SPL,R16
```

```
LDI  R16,1
OUT  DDRB,R16        ;SALIDA PARA LED-TEST

LDI  R16,10
LDI  R17,10
LDI  R18,10

BREAK ◄
LDI  R20,1
OUT  PORTB,R16       ;Encendemos EL LED para
                     ;visualizar el comportamiento de BREAK

FIN: RJMP FIN
```

En la simulación va a encontrar el error "AVR Simulator: Invalid opcode 0x9598", cuando ejecute BREAK, que corresponde al hexadecimal de la instrucción en el desensamblador. Compruebe la ventana Disassembler

✋ Error de Branch out of range

La sección de subrutinas ayuda a seccionar el programa del AVR para darle una mejor estructura y distribución; sin embargo, cuando el cuerpo del programa principal es muy extenso y se desea llamar a una subrutina (en la sección de subrutinas), o a una **etiqueta** (en cualquier parte del programa), usando el comando **BREQ** o **BRNE** (estos comandos poseen un limitación de desplazamiento de $-64 \leq k \leq +63$), AVR Studio nos mostrará un error de **Branch out of range** (error del rango del salto). Esto significa que la llamada a la subrutina o etiqueta usando **BREQ** o **BRNE** no alcanza la posición en la que se encuentra dicha subrutina o etiqueta, por lo que se debe recurrir a escribir un "parche" (es decir, otro comando) que sea capaz de alcanzar la posición de dicha subrutina o etiqueta.

Por ejemplo, mediante la siguiente sintaxis se puede generar este "parche" para una llamada de subrutina o etiqueta cuando se ha usado la instrucción **BREQ** o **BRNE** usando otra instrucción **RJMP** (ya que esta instrucción tiene la capacidad de saltar otras 2000 líneas más):

```
BREQ SUBRUTINA_1_PARCHE
 .
 .

SUBRUTINA_1_PARCHE:
RJMP SUBRUTINA_1
 .
 .


SUBRUTINA_1:
 .

 .
RJMP ETIQUETA_2
```

63 líneas de código cuando más

Hasta 2000 de código

Llamada a una subrutina o etiqueta con parche, cuando se encuentra a más de 63 líneas de código (pero menos de 2000)

Si se han usado varios "parches" también es posible escribir una sección donde se encuentren localizados los "parches" utilizados en el programa (dependiendo de la necesidad del usuario y de su destreza en la programación), por ejemplo:

```
;-----------------------
;SECCIÓN DE "PARCHES"
SALTA_PARCHE_1:
RJMP SALTA_1
SALTA_PARCHE_2:
RJMP SALTA_2
SALTA_PARCHE_3:
RJMP SALTA_3
```

✓ 21.1 Branch: saltos a las subrutinas

Existen varios **saltos-condicionados** a la subrutina con instrucciones BRANCH. Cada salto BRANCH es ejecutado si una condición previa se ha cumplido. En la siguiente lista aparecen 20 saltos BRANCH dependientes de banderas de estado o de comparación entre registros:

```
1)BRBC  - Branch if Bit in SREG is Cleared    --I T H S V N Z C
2)BRBS  - Branch if Bit in SREG is Set        --I T H S V N Z C
3)BRCC  - Branch if Carry Cleared             --FLAG "C"
4)BRCS  - Branch if Carry Set                 --FLAG "C"
5)BRHC  - Branch if Half Carry Flag is Cleared --FLAG "H"
```

```
6)BRHS  - Branch if Half Carry Flag is Set         --FLAG "H"
7)BRID  - Branch if Global Interrupt is Disabled   --FLAG "I"
8)BRIE  - Branch if Global Interrupt is Enabled    --FLAG "I"
9)BRTC  - Branch if the T Flag is Cleared          --FLAG "T"
10)BRTS - Branch if the T Flag is Set              --FLAG "T"
11)BRVC - Branch if Overflow Cleared               --FLAG "V"
12)BRVS - Branch if Overflow Set                   --FLAG "V"
13)BREQ - Branch if Equal
14)BRNE - Branch if Not Equal
15)BRGE - Branch if Greater or Equal (Signed)
16)BRLO - Branch if Lower (Unsigned)
17)BRLT - Branch if Less Than (Signed)
18)BRMI - Branch if Minus
19)BRPL - Branch if Plus
20)BRSH - Branch if Same or Higher (Unsigned)
```

Ejemplo:

Se presenta un ejemplo del uso del salto por Branch comparando un registro entre dos valores (150 y 80):

```
;SUBRUTINAS PARA EL USO DE LAS INSTRUCCIONES DE SALTO "BRANCH"

.INCLUDE "M8515DEF.INC"
.CSEG
.ORG 0

LDI R16,LOW(RAMEND)
OUT SPL,R16
LDI R16,HIGH(RAMEND)
OUT SPH,R16

LDI R16,100

;SALTO ENTRE DOS VALORES
;IMPLEMENTACIÓN DE CP 80<=R16<=150
;PARA COMPARAR UN REGISTRO ENTRE DOS CANTIDADES

CPI R16,150                      ;Compara R16 con 150
BRSH SALTA_SI_ES_MAYOR_1         ;Salta si R16=150 (unsigned)
CPI R16,80                       ;Compara R6 con 80
BRLO SALTA_SI_ES_MENOR_2         ;Salta si R16 es menor a 80
                                 ; (unsigned)
```

```
.                                    ;R16 debe ser mayor de 80
.
.
OTRO_PROCESO:
RJMP OTRO_PROCESO

SALTA_SI_ES_MAYOR_1:
NOP

SALTA_SI_ES_MENOR_2:
NOP
;COMO R16 SE ENCUENTRA ENTRE 150 Y 80
;ENTONCES NO EJECUTA NINGÚN SALTO
;SI R16 SE ENCONTRARA DENTRO DE LOS LÍMITES ENTONCES
;EJECUTARÁ CUALQUIER DE LAS DOS SUBRUTINAS DE COMPARACIÓN
```

Ejemplo:

```
; IMPLEMENTATION DE CP R16, <=120
;==================================

LDI R16,20
CPI R16,121                    ;Compara R16 con 121
BRLO SI_ES_MENOR_SALTA_A_FIN   ;Si R16 es menor que 121
                               ;entonces ejecuta ;subrutina
.                              ;"SI_ES_MENOR_SALTA_A_FIN"
.                              ;si no es menor, NO ejecuta
                               ;el "BRLO" y continúa hacia
.                              ;"OTRO_PROCESO"
OTRO_PROCESO:
RJMP OTRO_PROCESO

SI_ES_MENOR_SALTA_A_FIN:
RJMP SI_ES_MENOR_SALTA_A_FIN
```

🖐 Uso del teclado y display LCD

Para iniciar un proyecto con LCD (Liquid Crystal Display) es necesario conocer la simbología **ASCII** (American Standard Code for Information Exchange o Código Estadounidense Estándar para el Intercambio de Información) que puede desplegar dicho display. Para ello, es necesario recurrir a la hoja técnica para ver configuraciones y capacidades del LCD a usar.

Se sugiere la siguiente estructura básica para la configuración del LCD (figura 22.1). No es posible con este LCD (display tipo QC1602A) escribir en la línea 1 y línea 2 simultáneamente (se escribe exclusivamente en la línea 1 o 2 y después hay que decirle al LCD que se desea cambiar de línea. Si solo se desea escribir en la línea 1 o 2 y no se requiere cambiar de línea, basta con configurarlo una sola vez). Se debe consultar la tabla de configuraciones del LCD (tabla 22.1) para cambiar las funciones dependiendo de las necesidades del programador.

Procedimiento:

1. Encender el LCD.
2. Configurar los bit de comunicación (de fábrica debe estar en 8 bits), pero puede cambiarse a 4 bits.
3. Configurar el formato del punto "Dot".
4. Decirle al LCD si se va a escribir en la línea 1 o 2. Una vez declarado esto se envían los caracteres ASCII. Si es necesario intercambiar entre una línea y otra se debe reconfigurar el LCD con los comandos correspondientes.
5. Dentro de la programación del AVR se puede reconfigurar el LCD cuantas veces sea necesario.

```
CONFIGURAR:
1) ENCENDIDO DEL LCD
2) # DE BITS DE COMUNICACIÓN
3) FORMATO DE DOT
4) ESCRIBIR EN LINEA UNO, O
LINEA DOS
```

Figura 22.1 Pasos para la configuración básica de un LCD

Se observa a continuación la tabla ASCII (tabla 22.1) del LCD de 16 x 2 (16 caracteres en 2 líneas cada una) usada en este libro:

Tabla 22.1 Tabla ASCII para el uso del display LCD[1]

En la figura 22.2 se observan las terminales del LCD, se debe tener especial cuidado con los pines de alimentación, un exceso o inversión de voltaje puede dañar al LCD. Existen algunos LCD con Backlight que respetan la configuración de estas tablas, donde las terminales 15 y 16 se usan para dicho fin.

---

[1] Tabla extraída de esta página: https://raulrprdesing.files.wordpress.com/2011/11/3-tabla-ascii.png.

Pin n°	Símbolo	Descripción
1	V$_{ss}$	Patilla de tierra de alimentación
2	V$_{dd}$	Patilla de alimentación de +5V
3	V$_o$	Patilla de contraste del cristal líquido. Normalmente se conecta a un potenciómetro a través del cual se aplica una tensión variable entre 0 y +5V que permite regular el contraste del cristal líquido.
4	RS	Selección del registro de control/registro de datos: **RS** =0 Selección del registro de control **RS**=1 Selección del registro de datos
5	R/W	Señal de lectura/escritura **R/W**=0 El Módulo LCD es escrito **R/W**=1 El Módulo LCD es leído
6	E	Señal de activación del módulo LCD: **E**=0 Módulo desconectado y no funcionan el resto de las señales **E**=1 Modulo conectado
7-14	D0-D7	Bus de datos bi-direccional. A través de estas líneas se realiza la transferencia de información entre el módulo LCD y el sistema informático que lo gestiona

Figura 22.2 Pinning del LCD para su control

Según el diagrama de tiempos de la figura 22.3, se sugiere el siguiente procedimiento para configurar o escribir en el LCD: primero se le debe decir al LCD si es configuración o escritura ASCII con las terminales RS y R/W (ver pin 4 y 5 de la figura 22.2); segundo, se presenta la palabra de 8 bits en las terminales D7-D0, que corresponden al dato de configuración o dato ASCII (según sea el caso), y finalmente activamos y desactivamos a la terminal E (usando la subrutina DELAY) para que el dato sea aceptado por el LCD.

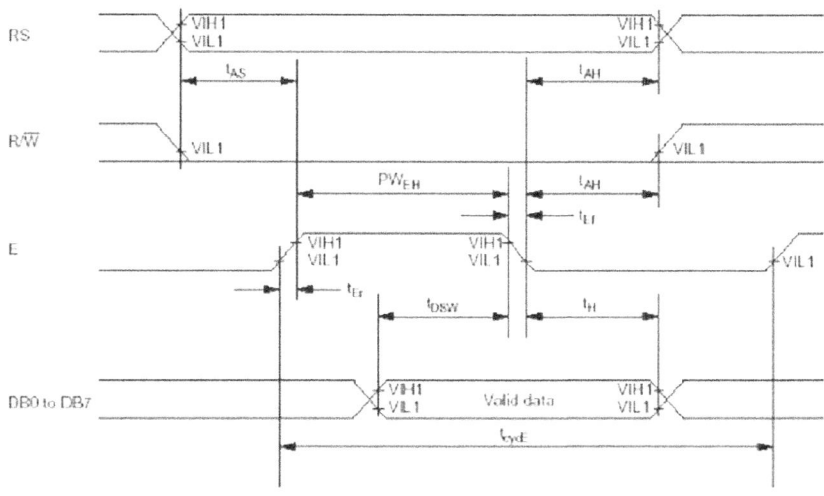

Write Operation

Figura 22.3 Diagrama de tiempos del LCD

En la tabla 22.2 se muestran todas las funciones de nuestro LCD, observe las combinaciones que puede hacer según se necesite.

Tabla 22.2 Tabla de funciones del LCD[2]

Command	Binary								Hex
	D7	D6	D5	D4	D3	D2	D1	D0	
Clear Display	0	0	0	0	0	0	0	1	01
Display & Cursor Home	0	0	0	0	0	0	1	x	02 or 03
Character Entry Mode	0	0	0	0	0	1	I/D	S	04 to 07
Display On/Off & Cursor	0	0	0	0	1	D	U	B	08 to 0F
Display/Cursor Shift	0	0	0	1	D/C	R/L	x	x	10 to 1F
Function Set	0	0	1	8/4	2/1	10/7	x	x	20 to 3F
Set CGRAM Address	0	1	A	A	A	A	A	A	40 to 7F
Set Display Address	1	A	A	A	A	A	A	A	80 to FF

Depende del tipo de display estos datos pueden variar. ←

I/D: 1=Increment*, 0=Decrement
S: 1=Display shift on, 0=Display shift off*
D: 1=Display On, 0=Display Off*
U: 1=Cursor underline on, 0=Underline off*
B: 1=Cursor blink on, 0=Cursor blink off*
D/C: 1=Display shift, 0=Cursor move

R/L: 1=Right shift, 0=Left shift
8/4: 1=8 bit interface*, 0=4 bit interface
2/1: 1=2 line mode, 0=1 line mode*
10/7: 1=5x10 dot format, 0=5x7 dot format*

x = Don't care   * = Initialisation settings

Considerando las explicaciones y tablas anteriores (de acuerdo con las características de tiempos de conmutación entre las señales RS y E del display para configurar en modo-escritura o en modo-configuración, y la tabla ASCII), se mostrará la subrutina de configuraciones y códigos ASCII a desplegar para los proyectos de este libro. Observe los cuadros rojos que corresponden a la configuración del LCD para los comandos de control o para escribir ASCII. Básicamente, los comandos y códigos ASCII se centran en los bloques en color rojo, donde se aprecia el dato $01 para la configuración, y el dato $05 para ASCII (estos datos vinculan los pines E, R/W y RS), que será enviado por PORTE:

```
;E       = PE0
;R/W     = PE1
;RS      = PE2
;RS      = 0...CONTROL
;RS      = 1...DATOS

OCHO_BIT_DOT_FORMAT:
LDI R16,0b00111100 ;$0F...8 BITS+2LINEAS+5X10 DOT FORMAT
OUT PORTC,R16
```

Solo se muestran algunos de los comandos de control del LCD en esta sección, pero para más configuraciones cabe revisar la tabla 22.2 de configuración del LCD

---

[2] Tabla extraída del artículo "How to use intelligent L.C.D.´s". Julyan Illet, parte uno, página 86.

```
LDI R16,$01
OUT PORTE,R16
RCALL DELAY
LDI R16,$00
OUT PORTE,R16
RET
```

Bloque para configuración. Dato $01

```
;PANTALLA ON/OFF
DISPLAY_CONTROL_ON:
LDI R16,$0F                  ;$0F...PANTALLA Y CURSOR ACTIVADO+
                             ;PARPADEA CURSOR

OUT PORTC,R16
LDI R16,$01
OUT PORTE,R16
RCALL DELAY
LDI R16,$00
OUT PORTE,R16
RET


DISPLAY_CONTROL_OFF:

LDI R16,0b00001000          ;$0F...PANTALLA Y CURSOR ACTIVADO+
                             ;PARPADEA CURSOR

OUT PORTC,R16

LDI R16,$01
OUT PORTE,R16
RCALL DELAY
LDI R16,$00
OUT PORTE,R16
RET

MOVER_DERECHA:
LDI R16,$14
OUT PORTC,R16

LDI R16,$01
OUT PORTE,R16
RCALL DELAY
LDI R16,$00
OUT PORTE,R16
RET

HOME:
LDI R16,$02
OUT PORTC,R16
```

```
LDI R16,$01
OUT PORTE,R16
RCALL DELAY
LDI R16,$00
OUT PORTE,R16
RET
CLEAR_DISPLAY:
LDI R16,$01
OUT PORTC,R16

LDI R16,$01
OUT PORTE,R16
RCALL DELAY
LDI R16,$00
OUT PORTE,R16
RET

ESCRIBIR_EN_LINEA_UNO:
LDI R16,$80
OUT PORTC,R16

LDI R16,$01
OUT PORTE,R16
RCALL DELAY
LDI R16,$00
OUT PORTE,R16
RET

ESCRIBIR_EN_LINEA_DOS:
LDI R16,$C0
OUT PORTC,R16

LDI R16,$01
OUT PORTE,R16
RCALL DELAY
LDI R16,$00
OUT PORTE,R16
RET

RECORRE_IZQUIERDA_CURSOR:
LDI R16,$10
OUT PORTC,R16

LDI R16,$01
OUT PORTE,R16
```

Quizá a veces sea necesario usar dos instrucciones adicionales cuando el LCD se comporta erráticamente al escribir de forma dinámica en la línea 1 o en la línea 2: `HABILITAR_LINEA_UNO` (Dato $30), y `HABILITAR_LINEA_DOS` (Dato $3C)

```
RCALL DELAY
LDI R16,$00
OUT PORTE,R16
RET

RECORRE_DERECHA_CURSOR:
LDI R16,$14
OUT PORTC,R16

LDI R16,$01
OUT PORTE,R16
RCALL DELAY
LDI R16,$00
OUT PORTE,R16
RET

RECORRE_IZQUIERDA_DISPLAY:
LDI R16,$18
OUT PORTC,R16

LDI R16,$01
OUT PORTE,R16
RCALL DELAY
LDI R16,$00
OUT PORTE,R16
RET
RECORRE_DERECHA_DISPLAY:
LDI R16,$1C
OUT PORTC,R16

LDI R16,$01
OUT PORTE,R16
RCALL DELAY
LDI R16,$00
OUT PORTE,R16
RET
```

Para el código ASCII del vocabulario y números, es mucho más fácil escribirlos en formato ASCII usando apóstrofos que en su equivalente en hexadecimal. Por ejemplo, para la letra `'A'` la sintaxis es la que se muestra a continuación (observe que PORTE se carga con el dato $05, que corresponde a la configuración del LCD para mostrar ASCII):

```
A:
LDI R16,'A'          ;EN CÓDIGO ASCII
OUT PORTC,R16

LDI R16,$05
OUT PORTE,R16
RCALL DELAY

LDI R16,$00
OUT PORTE,R16
RET
```

Siempre es mucho más "amigable" escribir los datos a desplegar de forma ASCII en lugar de hexadecimal o decimal. El AVR facilita el uso de ASCII para el display LCD

```
B:
LDI R16,'B'          ;EN CÓDIGO ASCII
OUT PORTC,R16

LDI R16,$05
OUT PORTE,R16
RCALL DELAY
LDI R16,$00
OUT PORTE,R16
RET
```

Bloque para ASCII. Dato $05

```
C:
LDI R16,'C'          ;EN CÓDIGO ASCII
OUT PORTC,R16

LDI R16,$05
OUT PORTE,R16
RCALL DELAY
LDI R16,$00
OUT PORTE,R16
RET
  .
  .
  .
  .
ENHE:
LDI R16,'Ñ'          ;EN CÓDIGO ASCII
OUT PORTC,R16

LDI R16,$05
OUT PORTE,R16
RCALL DELAY
```

La letra "Ñ" no puede ser escrita con la etiqueta "Ñ" en AVR Studio 4, por ello se escribe ENHE. Las letras "X", "Y" y "Z" son el nombre de los registros X, Y y Z respectivamente, y para no entrar en conflicto en el simulador escribimos en las subrutinas EQUIS, YGRIEGA y ZETA

```
LDI R16,$00
OUT PORTE,R16
RET
.
.
.
.
EQUIS:
LDI R16,'X'          ;EN CÓDIGO ASCII
OUT PORTC,R16

LDI R16,$05
OUT PORTE,R16
RCALL DELAY
LDI R16,$00
OUT PORTE,R16
RET

YGRIEGA:
LDI R16,'Y'          ;EN CÓDIGO ASCII
OUT PORTC,R16

LDI R16,$05
OUT PORTE,R16
RCALL DELAY
LDI R16,$00
OUT PORTE,R16
RET

ZETA:
LDI R16,'Z'          ;EN CÓDIGO ASCII
OUT PORTC,R16

LDI R16,$05
OUT PORTE,R16
RCALL DELAY
LDI R16,$00
OUT PORTE,R16
RET

CERO:
LDI R16,'0'          ;EN CÓDIGO ASCII
OUT PORTC,R16
LDI R16,$05
OUT PORTE,R16
```

```
RCALL DELAY
LDI R16,$00
OUT PORTE,R16
RET
  .
  .
  .

NUEVE:
LDI R16,'9'          ;EN CÓDIGO ASCII
OUT PORTC,R16

LDI R16,$05
OUT PORTE,R16
RCALL DELAY
LDI R16,$00
OUT PORTE,R16
RET
  .
  .
  .
  .

FLECHA:
LDI R16,$7E          ;EN CÓDIGO ASCII
OUT PORTC,R16

LDI R16,$05
OUT PORTE,R16
RCALL DELAY
LDI R16,$00
OUT PORTE,R16
RET

ESPACIO:
LDI R16,' '          ;O DATO $20
OUT PORTC,R16

LDI R16,0b00000101
OUT PORTE,R16
RCALL DELAY
LDI R16,0b00000000
OUT PORTE,R16
RET
```

✓ 22.1 Programa 11 (desplegar mensajes en el display LCD)

El circuito que se muestra a continuación (diagrama 22.1) interrumpe por INTO al AVR para introducir una palabra de 4 bits a un puerto, el cual contiene la decodificación de un teclado matricial 4 x 4 por medio de un 74C922. En el programa 11 vamos a desplegar en el LCD el mensaje "HOLA SALUDOS", y "2016 BYE"; posteriormente, en el programa 12, vamos a visualizar en el LCD las teclas pulsadas del teclado.

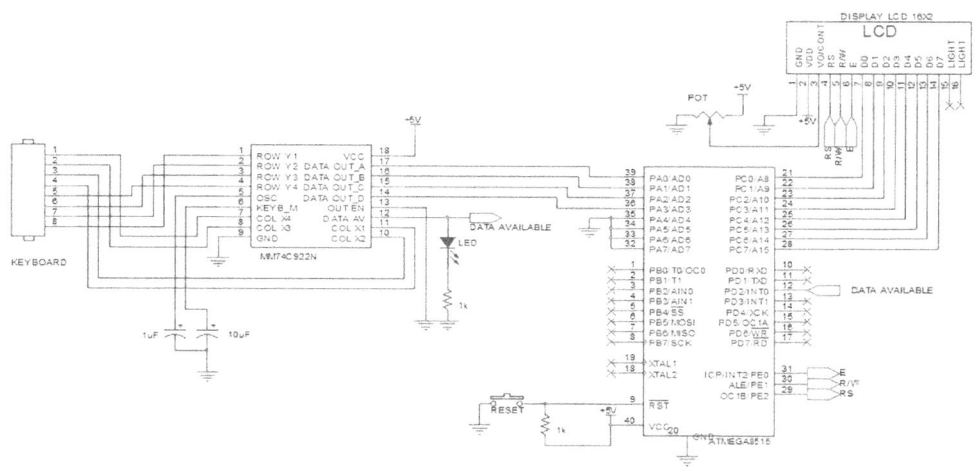

Diagrama 22.1 Diagrama de conexión para usar un decodificador 74C922 para un teclado 4 x 4

Ya habiendo explicado la operación del display, se procederá a escribir un programa sencillo para desplegar algunos caracteres ASCII en la pantalla. Nótese que no se ha incluido el código de ASCII y los comandos de control en el programa activo, esto se hizo para ahorrar espacio en la ventana de edición de AVR Studio. La sección de ASCII y comandos es una subrutina ya probada, por lo que puede ser añadida como archivo adjunto al programa activo (figura 22.4). Este procedimiento se usará en algunas ocasiones en este libro. Usando la directiva .INCLUDE se adjuntará un archivo llamado "CODIGOS_ASCII_Y_CONTROL_ LCD.TXT", el cual ha sido guardado en un Bloc de notas en formato .TXT. El nombre de este archivo se escribió al final del programa:

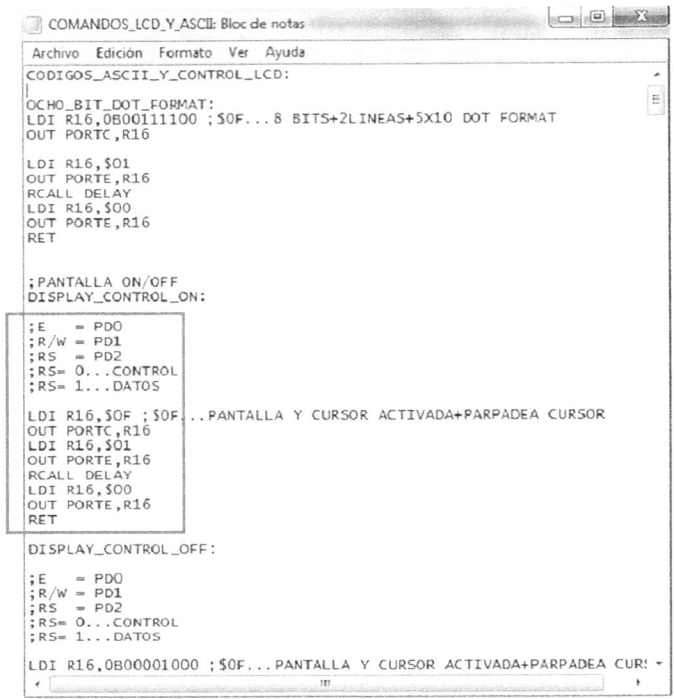

Figura 22.4 Ejemplo de cómo se usa el Bloc de notas para adjuntar una subrutina grande

Programa:

```
;PROGRAMA PARA PROBAR CONFIGURACIÓN DEL DISPLAY LCD
;ACTIVANDO DOS LÍNEAS ENVIANDO MENSAJES
```

Encabezado para ATmega8515

Stack Pointer para ATmega8515

```
LDI R16,$FF
OUT DDRC,R16        Se configuran "puerto C" y "puerto E"
                    para los datos y el control del LCD
LDI R16,$FF
OUT DDRE,R16
```

```
;PARA DARLE TIEMPO AL LCD A QUE SE ESTABILICE
LDI R27,$FF
LDI R28,$0F
```

```
LDI R29,$0F
LDI R30,0
CICLO2:
DEC R27
CP R27,R30
BRNE CICLO2

DEC R28
CP R28,R30
BRNE CICLO2

DEC R29
CP R29,R30
BRNE CICLO2

;INICIALIZANDO DISPLAY

RCALL DISPLAY_CONTROL_ON
RCALL CLEAR_DISPLAY
RCALL HOME

RCALL ESCRIBIR_EN_LÍNEA_UNO
RCALL H
RCALL O
RCALL L
RCALL A

RCALL ESCRIBIR_EN_LÍNEA_DOS

RCALL S
RCALL A
RCALL L
RCALL U
RCALL D
RCALL O
RCALL S

RCALL DELAY2

RCALL HOME
RCALL CLEAR_DISPLAY

RCALL ESCRIBIR_EN_LÍNEA_UNO
RCALL DOS
RCALL CERO
```

Se sugiuere inicializar el display antes de iniciar el "cuerpo del programa"

Depende del tipo de LCD 16 x 2 usado, ya que las instrucciones para escribir en la línea 1 y línea 2 pueden variar

```
RCALL UNO
RCALL SEIS

RCALL ESCRIBIR_EN_LÍNEA_DOS

RCALL B
RCALL YGRIEGA
RCALL E

FIN:
RJMP FIN

DELAY_UN_SEG:
.

.

.
RET

DELAY:
LDI R27,$CB
LDI R28,$14
LDI R29,0

CICLO1:
DEC R27
CP R27,R29
BRNE CICLO1

DEC R28
CP R28,R29
BRNE CICLO1
RET

.INCLUDE "CODIGOS_ASCII_Y_CONTROL_LCD.TXT"
;*********************************
```

Este es el archivo incluido con .INCLUDE

✓ 22.2 Programa 12 (desplegar los caracteres del teclado en el display)

Ahora procedemos a hacer una subrutina que lea las teclas del teclado de entrada al "puerto A" y sean desplegadas en el LCD (usaremos el diagrama 22.1). Para realizar este programa necesitamos la tabla de verdad (tabla 22.3) del teclado conectado al 74C922 en las salidas OUT_D,

OUT_C, OUT_B, OUT_A, respectivamente. Los datos "DCBA" serán cargados dinámicamente en R17 y comparados con R18, que es el dato de entrada del teclado por PINA.

Tabla 22.3 Tabla de verdad para los datos del teclado de 4 x 4

D	C	B	A	Tecla	Hexa
0	0	0	0	1	$00
0	0	0	1	2	$01
0	0	1	0	3	$02
0	0	1	1	A	$03
0	1	0	0	4	$04
0	1	0	1	5	$05
0	1	1	0	6	$06
0	1	1	1	B	$07
1	0	0	0	7	$08
1	0	0	1	8	$09
1	0	1	0	9	$0A
1	0	1	1	C	$0B
1	1	0	0	*	$0C
1	1	0	1	0	$0D
1	1	1	0	#	$0E
1	1	1	1	D	$0F

El concepto de "Registro Dinámico" se refiere a que el valor de un registro cambia según la posición del cursor en el programa, es decir, el mismo registro usado adquiere diferentes valores mientras el programa se está ejecutando. Esta es una buena técnica de carga de registros para ahorrarnos su uso y vernos limitados porque se nos han consumido los 32 registros de propósito general. Es común que un programador iniciado consuma todos los registros de propósito general en programas relativamente sencillos, pero, a través de la experiencia, el programador será mas eficiente en el uso de los registros, inclusive podrá depurar el número de registros usados cuando haya terminado un programa complejo. Por ejemplo, si el programador ha terminado un programa complejo y usó 30 registros de propósito general, si depura el programa haciendo algunos registros dinámicos, instrucciones PUSH y POP, o alguna otra técnica, seguramente habrá usado finalmente 20 registros en lugar de 30. Por supuesto, depende del criterio del programador si le conviene o no depurar.

Programa:

```
;PROGRAMA DESPLIEGA LOS CARACTERES DEL TECLADO 4x4
;EN EL DISPLAY
```

```
.INCLUDE "M8515DEF.INC"
.CSEG
.ORG 0

RJMP SETUP                  ;INICIO
RJMP INGRESA_TECLADO        ;INT0

SETUP:
LDI R16,LOW(RAMEND)         ;STACK POINTER LOW
OUT SPL,R16
LDI R16,HIGH(RAMEND)        ;STACK POINTER HIGH
OUT SPH,R16

;***********************
LDI R16,$00
OUT DDRA,R16               ;"PUERTO A" como entrada de teclado

LDI R16,$FF
OUT DDRC,R16               ;"PUERTO C" como salida CONTROL/DATOS
                          ;para DISPLAY

LDI R16,$FF
OUT DDRE,R16               ;"PUERTO E" COMO SALIDA PARA CONTROL
                          ;DEL DISPLAY

;*********************************
;INICIALIZAR EL LCD
;LDI R16,$80                ;ESCRIBE_LÍNEA_UNO
;LDI R16,$C0                ;ESCRIBE_LÍNEA_DOS
;LDI R16,$01                ;CLEAR_DISPLAY
;LDI R16,$02                ;HOME
;LDI R16,$0F                ;DISPLAY_CONTROL_ON
;LDI R16,$30                ;UNA_LÍNEA
;LDI R16,$38                ;DOS_LÍNEAS

LDI R16,$0F                 ;DISPLAY_CONTROL_ON
RCALL CONTROL_DISPLAY

LDI R16,$01                 ;CLEAR_DISPLAY
RCALL CONTROL_DISPLAY

LDI R16,$80                 ;UNA LÍNEA
RCALL CONTROL_DISPLAY

LDI R16,$02                 ;HOME
```

En esta tabla se escribieron los comandos usados en este programa para no introducir el archivo .INCLUDE "CODIGOS_ASCII_Y_CONTROL_LCD.TXT" que se introdujo en el programa 11

```
RCALL CONTROL_DISPLAY

;*************************************
;HABILITA INTERRUPCION-0 PARA DETECCIÓN DE TECLA APLANADA

LDI R16,(1<<ISC01)|(1<<ISC00) ;RISING EDGE INT0
OUT MCUCR,R16

LDI R16,(1<<INT0)              ;HABILITA INT0
OUT GIMSK,R16

SEI
ESPERANDO_INGRESO_DE_TECLADO:
RJMP ESPERANDO_INGRESO_DE_TECLADO

;SUBRUTINA DE INTERRUPCIÓN DE TECLA APLANADA
INGRESA_TECLADO:

IN R18,PINA                   ;Lectura de "puerto A" desde
teclado

LDI R17,$00
CP R18,R17

BREQ TECLA_UNO_PARCHE

LDI R17,$01
CP R18,R17
BREQ TECLA_DOS_PARCHE

LDI R17,$02
CP R18,R17
BREQ TECLA_TRES_PARCHE

LDI R17,$04
CP R18,R17
BREQ TECLA_CUATRO_PARCHE

LDI R17,$05
CP R18,R17
BREQ TECLA_CINCO_PARCHE

LDI R17,$06
CP R18,R17
BREQ TECLA_SEIS_PARCHE
```

> En este programa, debido a la extensión del mismo, como aparecerán errores por saltos de Branch se recurre a la técnica descrita en el capítulo 21 "Error de Branch out of range"

```
LDI R17,$08
CP R18,R17
BREQ TECLA_SIETE_PARCHE

LDI R17,$09
CP R18,R17
BREQ TECLA_OCHO_PARCHE

LDI R17,$0A
CP R18,R17
BREQ TECLA_NUEVE_PARCHE

LDI R17,$0D
CP R18,R17
BREQ TECLA_CERO_PARCHE

LDI R17,$0E
CP R18,R17
BREQ TECLA_GATO_PARCHE

LDI R17,$0C
CP R18,R17
BREQ TECLA_ASTERISCO_PARCHE

LDI R17,$03
CP R18,R17
BREQ TECLA_A_PARCHE

LDI R17,$07
CP R18,R17
BREQ TECLA_B_PARCHE

LDI R17,$0B
CP R18,R17
BREQ TECLA_C_PARCHE

LDI R17,$0F
CP R18,R17
BREQ TECLA_D_PARCHE

RETI
;***********************************
;PARCHES PARA ERRORES DE BRANCHES

TECLA_UNO_PARCHE:
RJMP TECLA_UNO
```

```
TECLA_DOS_PARCHE:
RJMP TECLA_DOS

TECLA_TRES_PARCHE:
RJMP TECLA_TRES

TECLA_CUATRO_PARCHE:
RJMP TECLA_CUATRO

TECLA_CINCO_PARCHE:
RJMP TECLA_CINCO

TECLA_SEIS_PARCHE:
RJMP TECLA_SEIS

TECLA_SIETE_PARCHE:
RJMP TECLA_SIETE

TECLA_OCHO_PARCHE:
RJMP TECLA_OCHO

TECLA_NUEVE_PARCHE:
RJMP TECLA_NUEVE

TECLA_CERO_PARCHE:
RJMP TECLA_CERO

TECLA_GATO_PARCHE:
RJMP TECLA_GATO

TECLA_ASTERISCO_PARCHE:
RJMP TECLA_ASTERISCO


TECLA_A_PARCHE:
RJMP TECLA_A

TECLA_B_PARCHE:
RJMP TECLA_B

TECLA_C_PARCHE:
RJMP TECLA_C

TECLA_D_PARCHE:
RJMP TECLA_D
```

```
;* * * * * * * * * * * * * * * * * * * * * * * * * * * * * * * * * *
;SUBRUTINAS PARA DISPLAY

LETRAS_DISPLAY:
;E  = PE0
;R/W = PE1
;RS = PE2
;RS=0 PARA CONTROL
;RS=1 PARA DATO

;AQUÍ VA EL DATO ASCII
OUT PORTC,R16

LDI R16,$05                ;Este dato corresponde al ASCII
OUT PORTE,R16
RCALL DELAY_DISPLAY
LDI R16,$00
OUT PORTE,R16
SEI
RET

;* * * * * * * * * * * * * * * *
CONTROL_DISPLAY:
;AQUÍ VA EL DATO QUE CORRESPONDE AL CONTROL DEL LCD (los
;valores de la tabla 22.2 "TABLA DE FUNCIONES DEL LCD"
;comentada líneas arriba).

OUT PORTC,R16

LDI R16,$01                ;Este dato corresponde al CONTROL del
                           ;LCD
OUT PORTE,R16
RCALL DELAY_DISPLAY
LDI R16,$00
OUT PORTE,R16
RET

;* * * * * * * * * * * * * * * * * * * * * * * * * * * * * * * *
DELAY_DISPLAY:

LDI R16,$CB
MOV R0,R16

LDI R16,$14
MOV R1,R16
```

```
LDI R16,0
MOV R3,R16

CICLO_DISPLAY1:
DEC R0
CP R0,R3
BRNE CICLO_DISPLAY1
CICLO_DISPLAY2:
DEC R1
CP R1,R3
BRNE CICLO_DISPLAY1
RET

;********************************
TECLA_UNO:                ;Estos datos se observarán en EL LCD
LDI R16,'1'               ;si son invocados
RCALL LETRAS_DISPLAY
RET

TECLA_DOS:
LDI R16,'2'
RCALL LETRAS_DISPLAY
RET

TECLA_TRES:
LDI R16,'3'
RCALL LETRAS_DISPLAY
RET

TECLA_CUATRO:
LDI R16,'4'
RCALL LETRAS_DISPLAY
RET

TECLA_CINCO:
LDI R16,'5'
RCALL LETRAS_DISPLAY
RET

TECLA_SEIS:
LDI R16,'6'
RCALL LETRAS_DISPLAY
RET

TECLA_SIETE:
LDI R16,'7'
```

```
RCALL LETRAS_DISPLAY
RET

TECLA_OCHO:
LDI R16,'8'
RCALL LETRAS_DISPLAY
RET

TECLA_NUEVE:
LDI R16,'9'
RCALL LETRAS_DISPLAY
RET

TECLA_CERO:
LDI R16,'0'
RCALL LETRAS_DISPLAY
RET

TECLA_GATO:
LDI R16,'#'
RCALL LETRAS_DISPLAY
RET

TECLA_ASTERISCO:
LDI R16,'*'
RCALL LETRAS_DISPLAY
RET

TECLA_A:
LDI R16,'A'
RCALL LETRAS_DISPLAY
RET

TECLA_B:
LDI R16,'B'
RCALL LETRAS_DISPLAY
RET

TECLA_C:
LDI R16,'C'
RCALL LETRAS_DISPLAY
RET

TECLA_D:
LDI R16,'D'
RCALL LETRAS_DISPLAY
RET
```

✍ Álgebra booleana con AVR

Construir circuitos con compuertas lógicas puede ser tedioso al usar el protoboard, pero con AVR es posible hacer cualquier circuito de compuertas lógicas haciendo los algoritmos correspondientes para el control de las variables verdaderas y negadas (sea el caso de "A verdadera" y "A negada (A)", por ejemplo). Las mayores ventajas de usar un AVR (o cualquier microcontrolador que sustituya físicamente el uso de cualquier compuerta lógica) son la reducción del espacio sobre el protoboard, el ahorro en tiempo cuando se cablean las compuertas, la reducción de costes, la reducción de probabilidad de que una compuerta montada en el protoboard esté dañada y afecte al comportamiento de todo el circuito, y la reducción de cortocircuitos.

Cuando el programador ya tenga bastante experiencia en el uso del AVR podrá programar fácilmente cualquier comportamiento de compuertas lógicas, contadores, decodificadores, multiplexores o Flip-Flops, entre otros.

El AVR posee varias instrucciones de comportamiento lógico, como son las instrucciones OR, AND, COM (complemento A1), NEG (complemento A2), EOR (OR exclusiva). Para el siguiente ejercicio se sugiere hacer la reducción de ecuaciones booleanas mediante mapas de Karnaugh de cuatro variables.

✓ 23.1 Programa 13 (ecuación booleana a través de programación AVR)

Usando el álgebra booleana, expresar entonces las ecuaciones de la siguiente tabla de verdad (tabla 23.1) para la función $f = 1$ en todos los casos. Con la ecuación booleana resultante haga un circuito con compuertas lógicas que opere según la función f. Desarrollaremos un programa que sea el equivalente a las compuertas lógicas que se usarían para resolver este problema, por lo que la salida de la función f será un LED de salida del "puerto B" (la entrada de datos será por el "puerto A").

Vamos a emular las compuertas lógicas tradicionales con las siguientes instrucciones del AVR:

```
AND    AND R16,R17   El resultado de la compuerta AND se almacena en R16.
OR     OR R16,R17    El resultado de la compuerta QR se almacena en R16.
COM    COM R16       Complemento-A1 de R16.
EOR    EOR R16,R17   "OR-Exclusiva", el resultado se almacena en R16.
```

Tabla 23.1 Tabla de verdad para la función $f = 1$ (suma de productos)

Número	D	C	B	A	Función f
0	0	0	0	0	1
1	0	0	0	1	0
2	0	0	1	0	0
3	0	0	1	1	1
4	0	1	0	0	1
5	0	1	0	1	1
6	0	1	1	0	0
7	0	1	1	1	1
8	1	0	0	0	0
9	1	0	0	1	1
A	1	0	1	0	1
B	1	0	1	1	0
C	1	1	0	0	0
D	1	1	0	1	0
E	1	1	1	0	0
F	1	1	1	1	0

Se procede a extraer las ecuaciones para la función $f = 1$ como se desarrollaría para un circuito con compuertas lógicas:

$$f = \overline{ABCD} + AB\overline{CD} + \overline{A}BC\overline{D} + A\overline{B}C\overline{D} + ABC\overline{D} + A\overline{B}\overline{C}D + \overline{A}\overline{B}C\overline{D}$$

Se reduce lo más posible la ecuación con un mapa de Karnaugh de cuatro variables.

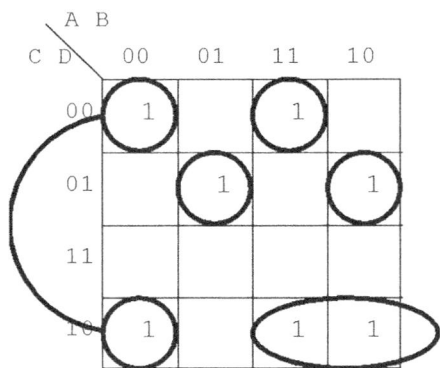

El resultado obtenido del mapa de Karnaugh nos dará el circuito característico a emular en el AVR; y para poder hacer esto explicaremos el secreto de este proyecto, que es generar la subrutina "GENERADOR_DE_VARIABLES", la cual va a extraer del dato de entrada (por "puerto A") las variables $A, \overline{A}, B, \overline{B}, C, \overline{C}, D$ y D, y posteriormente con cada variable se programará cada compuerta lógica con el lenguaje ensamblador.

La ecuación resultante, y reducida, queda expresada como:

$$f = \overline{AB}D + AC\overline{D} + \overline{A}\overline{B}CD + A\overline{B}\overline{C}D + \overline{A}BCD = \overline{D}(\overline{A} \oplus \overline{B}) + AC\overline{D} + \overline{C}D(A \oplus B)$$

Resolviendo la ecuación reducida del mapa Karnaugh mediante el uso de compuertas lógicas físicas tenemos:

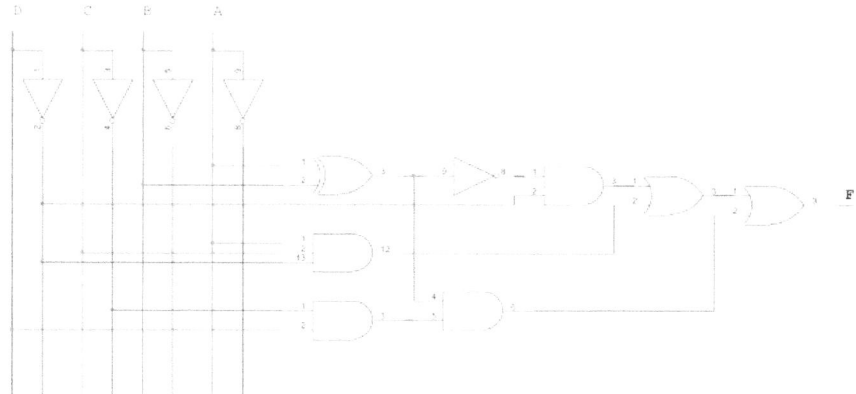

El circuito va a ser introducido mediante instrucciones lógicas dentro del AVR (diagrama 23.1) y obtendremos la misma tabla de verdad (tabla 23.1). Para obtener el "GENERADOR_DE_VARIABLES", cada dato leído en el "puerto A" se debe recorrer a la derecha con la instrucción LSR, el resultado de cada variable estará contenido en los registros R1, R2, R3, R4, R5, R6, R7, y R8:

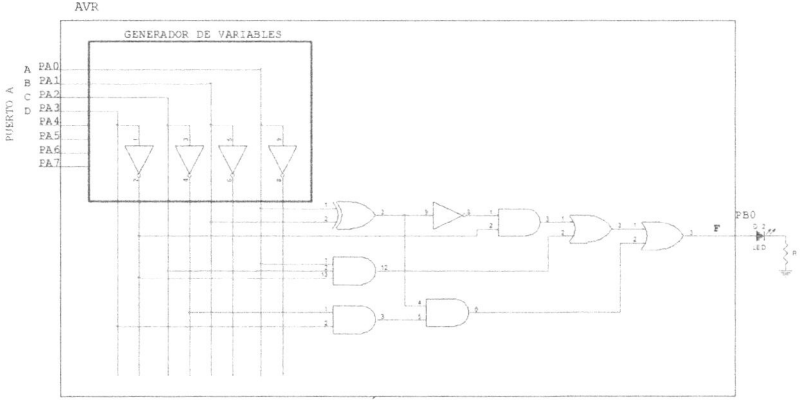

Diagrama 23.1 Diagrama lógico programado en el AVR

Programa:

```
;PROGRAMA PARA EMULAR UN CIRCUITO CON COMPUERTAS LÓGICAS
;DE UNA ECUACIÓN BOOLEANA A TRAVÉS DE PROGRAMACIÓN AVR
```

Encabezado para ATmega8515

Stack Pointer para ATmega8515

```
;DAMOS DE ALTA PUERTOS

;"PUERTO A" PARA ENTRADA DE DATOS
;"PUERTO B" PARA LED...SALIDA


LDI R16,$00
OUT DDRA,R16        ;ENTRADA DE DATOS

LDI R16,$01
OUT DDRB,R16        ;SALIDA DEL LED

IN R21,PINA

RCALL GENERADOR_DE_VARIABLES
OUT PORTB,R11       ;R11 SALIDA PARA EL LED

FIN:RJMP FIN
;R21-PINA

;R1-A
;R2-/A
;R3-B
;R4-/B
;R5-C
;R6-/C
;R7-D
;R8-/D
```

GENERADOR_DE_VARIABLES:

```
LDI R22,0b0000_1111
AND R21,R22

;EXTRAER DATOS D,C,B,A:
```

```
;PARA A y /A
LDI R22,0b0000_0001
MOV R1,R21                   ;R21 contiene DATO GRAL.

AND R1,R22                   ;R1 contiene "A"

MOV R2,R21
COM R2                       ;COMPLEMENTO A-1 de R2
AND R2,R22                   ;R2 contiene "/A"

;PARA B y /B
LDI R22,0b0000_0010
MOV R3,R21                   ;R21 contiene DATO GRAL.

AND R3,R22                   ;R3 contiene "B"
LSR R3

MOV R4,R21
COM R4                       ;COMPLEMENTO A-1 de R4
AND R4,R22                   ;R4 contiene "/B"
LSR R4

;PARA C y /C
LDI R22,0b0000_0100
MOV R5,R21                   ;R21 contiene DATO GRAL.

AND R5,R22                   ;R5 contiene "C"
LSR R5
LSR R5

MOV R6,R21
COM R6                       ;COMPLEMENTO A-1 de R6
AND R6,R22                   ;R6 CONTIENE "/C"
LSR R6
LSR R6

;PARA D y /D
LDI R22,0b0000_1000
MOV R7,R21                   ;R21 contiene DATO GRAL.

AND R7,R22                   ;R7 contiene "D"
LSR R7
LSR R7
LSR R7
```

```
MOV R8,R21
COM R8                          ;COMPLEMENTO A-1 de R8
AND R8,R22                      ;R8 contiene "/D"
LSR R8
LSR R8
LSR R8


;R1-A
;R2-/A
;R3-B
;R4-/B
;R5-C
;R6-/C
;R7-D
;R8-/D


ECUACIÓN_BOOLEANA:

MOV R9,R1                       ;A
MOV R10,R3                      ;B
MOV R11,R8                      ;/D
EOR R9,R10
COM R9
AND R9,R11                      ;SALIDA 1...R9

MOV R10,R1                      ;A
MOV R11,R5                      ;C
MOV R12,R8                      ;/D
AND R10,R11
AND R10,R12                     ;SALIDA 2...R10

MOV R11,R1                      ;A
MOV R12,R3                      ;B
MOV R13,R6                      ;/C
MOV R14,R7                      ;D

EOR R11,R12
AND R13,R14
AND R11,R13                     ;SALIDA 3...R11

OR R10,R9
OR R11,R10                      ;DATO FINAL en R11
RET
```

Usando el "GENERADOR_DE_VARIABLES" se puede realizar cualquier configuración booleana. Como en el ejemplo anterior, es posible desarrollar más circuitos de compuertas por medio de instrucciones AVR. El número de circuitos internos dependerá de la destreza del programador. Existen otras tecnologías para programar compuertas lógicas dentro de un circuito integrado (como lo es el FPGA de Altera). De ninguna manera AVR sustituye a Altera, simplemente se explicó con el ejercicio anterior lo que se puede hacer con AVR.

👆 Flip-Flops con AVR

Los elementos de memoria utilizados en los circuitos secuenciales se llaman Flip-Flops (diagrama 24.1). Estos circuitos son capaces de almacenar un bit de información reflejado en las salidas Q y $\overline{Q}$. Con un AVR se pueden generar Flip-Flops síncronos y asíncronos. Al terminar este ejercicio quizá el programador encuentre que es mucho más práctico usar un circuito integrado que contenga un Flip-Flop que programarlo en un AVR; sin embargo, si el programador ya ha elaborado programas complejos es muy probable que introducir un Flip-Flop en AVR no le parezca tan mala idea.

FLIP-FLOP RS

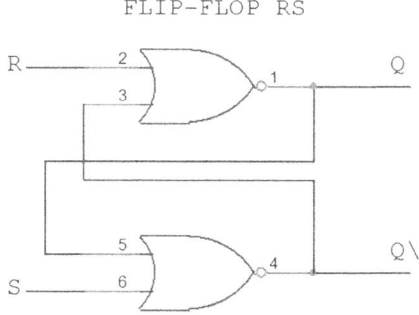

Diagrama 24.1 Celda básica para un Flip-Flop tipo SR

Está claro que un Flip-Flop no se encuentra dentro de un AVR, pero de forma "lógica" el código puede ser editado para que emule el mismo comportamiento que un Flip-Flop tipo SR (u otro si fuese necesario). Programaremos la función de un Flip-Flop SR en un ATtiny2313 como el siguiente circuito (diagrama 24.2), usando `PB0` como la entrada `S`, `PB1` como la entrada `R`, `PD0` como la salida Q y `PD1` como la salida Q:

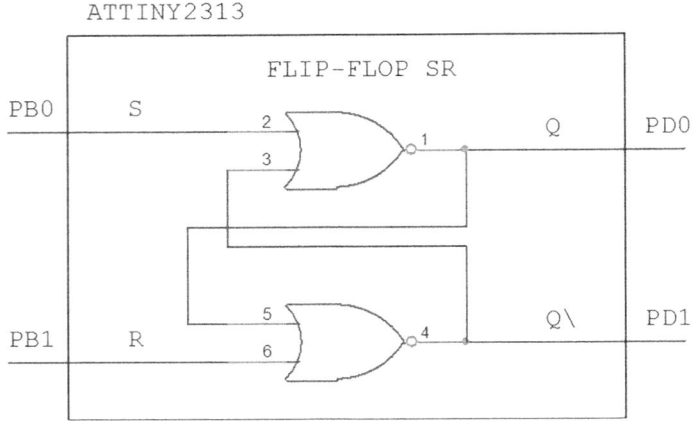

Diagrama 24.2 Circuito Flip-Flop SR emulado por un AVR

Generamos la tabla de verdad (tabla 24.1) del Flip-Flop SR considerando el estado prohibido:

Tabla 24.1 Tabla de verdad para el Flip-Flop SR

R	S	Q	$\bar{Q}$
0	0	0	1
0	1	0	1
1	0	1	0
1	1	0	0

◄—— Una ventaja de emular un Flip-Flop con AVR es que en la **condición prohibida** se puede manipular Q y $\bar{Q}$ según necesite el programador

✓ 24.1 Programa 14 (Flip-Flop con AVR)

```
;PROGRAMA PARA EMULAR UN FLIP FLOP "TIPO SR"
;USANDO UN AVR ATTINY2313
```

Encabezado para ATtiny2313

Stack Pointer para ATtiny2313

```
;              0bxxxx_xxRS
LDI R16, 0b0000_0000    ;PORTB como entrada para R y S
OUT DDRB,R16
```

```
;                                    Q
;                    Q-NEG


LDI R16, 0b0000_0011      ;PORTD como salida para Q Y Q-negada
OUT DDRD,R16


LEYENDO:
IN R17,PINB               ;Leyendo PINB para detectar R y S
LDI R18,0b0000_0000       ;Compara si la entrada es R=0 y S=0
AND R18,R17               ;Máscara para primera condición
CP R18,R17
BREQ QQ1


LDI R18,0b0000_0001       ;Compara si la entrada ES R=0 y S=1
AND R18,R17               ;Máscara para segunda condición
CP R18,R17
BREQ QQ2


LDI R18,0b0000_0010       ;Compara si la entrada es R=1 y S=0
AND R18,R17               ;Máscara para tercera condición
CP R18,R17
BREQ QQ3


LDI R18,0b0000_0011       ;Este es el estado prohibido
AND R18,R17               ;Compara si la entrada es R=1 y S=1
CP R18,R17                ;Máscara para cuarta condición
BREQ QQ4
RJMP LEYENDO


QQ1:
;             0bx|x|x|x_x|x|Q_neg|Q
LDI R19,0b0000_0010       ;La salida es 0bx|x|x|x|x|Q_neg|Q
OUT PORTD,R19
RJMP LEYENDO


QQ2:
;             0bx|x|x|x_x|x|Q_neg|Q
LDI R19,0b0000_0010
OUT PORTD,R19
RJMP LEYENDO
```

```
QQ3:
;              0bx|x|x|x_x|x|Q_neg|Q
LDI R19,0b0000_0001
OUT PORTD,R19
RJMP LEYENDO

;CONDICIÓN PROHIBIDA
QQ4:
;              0bx|x|x|x_x|x|Q_neg|Q
LDI R19,0b0000_0000
OUT PORTD,R19
RJMP LEYENDO ◀
```

> Este programa ha terminado aquí; sin embargo, si se desea se puede introducir un LED que indique cuando el **estado-prohibido** se ha activado, también se puede alterar el comportamiento de Q y $\bar{Q}$

Si el programador desea alterar el resultado de Q y $\bar{Q}$ para el **estado-prohibido**, puede cambiar el resultado de $Q = 0$ y $\bar{Q} = 0$ por otro que le convenga y encender un LED (diagrama 24.3) indicando que el AVR_FLIP-FLOP está en un estado prohibido (usaremos PD2 y, por supuesto, habría que darlo de alta como salida en el DDRD). Esta es una ventaja al emular un Flip-Flop con AVR:

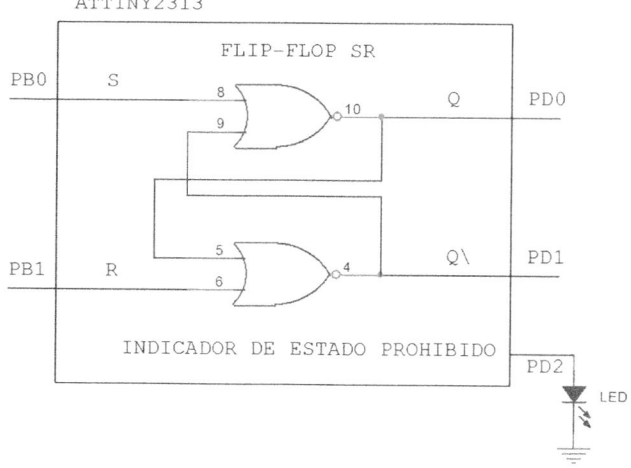

Diagrama 24.3 Circuito Flip-Flop SR con indicador de estado prohibido

Lectura/escritura en EEPROM

Este tipo de memoria es no volátil (eléctricamente reprogramable) y su tamaño depende del modelo de AVR. Existen tres recomendaciones para fijar correctamente un dato en la memoria EEPROM: la primera es asegurarnos de que el voltaje de alimentación en el AVR sea estable, ya sea instalando un condensador electrolítico en las terminales de alimentación del AVR (sugiero un condensador entre 470 y 1000 µF) o programando un retraso de 0.5 segundos antes de iniciar alguna subrutina de lectura/escritura; segundo, hay que asegurarse de que la EEPROM no está siendo utilizada por algún proceso de lectura/escritura, para ellos se introduce una subrutina de protección a través del registro EECR:

```
WRITE_EEPROM:                   ;SENSO SI ESTÁ LISTA LA EEPROM PARA
                                ;SER USADA
SBIC EECR,1
RJMP WRITE_EEPROM
```

Tercero, se deben usar cuatro ciclos de reloj para fijar correctamente el dato en la EEPROM, ya sea para la lectura o escritura. Para esta condición se usarán cuatro instrucciones NOP:

```
NOP
NOP
NOP
NOP
```

A continuación se muestran las subrutinas de lectura/escritura. En ambas subrutinas se debe usar un registro para la dirección de la localidad-EEPROM y otro para el dato-EEPROM:

```
;;;;;SUBRUTINA DE ESCRITURA DE LA EEPROM

WRITE_EEPROM:
SBIC EECR,1              ;Senso si está listo
RJMP WRITE_EEPROM

OUT EEARL,R16           ;R16 para dirección de la EEPROM
OUT EEDR,R17            ;R17 para datos de la EEPROM

;;;;;;;;;;;;;;;;;;;;;;;;;;;;;;;;;;
SBI EECR, EEMWE         ;SET Bit EEMWE del registro EECR
SBI EECR, EEWE          ;Pone en "1" el EEWE del registro
                        ;EECR
;;;;;;;;;;;;;;;;;;;;;;;;;;;;;;;;;

NOP
NOP
NOP
NOP
RET
```

Se usan cuatro ciclos de reloj para fijar correctamente el dato

```
;;;;;SUBRUTINA DE LECTURA DE LA EEPROM

READ_EEPROM:
SBIC EECR,1              ;Senso si está listo
RJMP READ_EEPROM

OUT EEARL,R16           ;1) Primero colocar la dirección
                        ;deseada a leer

LDI R16,$01
OUT EECR,R16            ;2) Activar bit de lectura en el REG
                        ;de control de la EEPROM

IN R30,EEDR            ;3) Leer el dato

NOP                     ;4) 4 Ciclos de reloj de DELAY
NOP
NOP
NOP
RET
```

A continuación se muestra una aplicación didáctica para el control de la EEPROM para la lectura/escritura. Se memorizarán los valores hexadecimales de las teclas de un teclado matricial 4 x 4, cuando cualquier tecla es pulsada, será comparada con las localidades de la EEPROM programadas previamente, y observaremos la comparativa en el LCD. En el simulador se observarán los datos memorizados (MENU>VIEW>MEMORY>EEPROM):

25.1 Programa 15 (memorización de un teclado matricial en la EEPROM)

```
;PROGRAMA PARA ENVIAR MENSAJES EN DISPLAY MEMORIZANDO LAS
;TECLAS EN LAS EEPROM USANDO UN TECLADO MATRICIAL 4X4
```

Encabezado para ATmega8515
```
RJMP SETUP
RJMP TECLA_APLANADA

SETUP:
```

Stack Pointer para ATmega8515
```
LDI R16,$00
OUT DDRA,R16            ;"PUERTO A" como entrada de teclado

LDI R16,$FF
OUT DDRC,R16            ;"PUERTO C" como salida para DISPLAY

LDI R16,$FF
OUT DDRE,R16            ;"PUERTO E" como salida para control
                       ;del DISPLAY

LDI R16,$40
OUT GICR,R16           ;Habilitamos INT0

LDI R16,$03
OUT MCUCR,R16          ;Flanco de subida

;ESTOS SON LOS VALORES HEXADECIMALES DE LAS TECLAS
;Y LAS DIRECCIONES DE LA MEMORIA EEPROM A USAR

;TECLA 1...$00..DIR 0
;TECLA 2...$01..DIR 1
;TECLA 3...$02..DIR 2
;TECLA 4...$04..DIR 3
```

```
;TECLA 5...$05..DIR 4
;TECLA 6...$06..DIR 5
;TECLA 7...$08..DIR 6
;TECLA 8...$09..DIR 7
;TECLA 9...$0A..DIR 8
;TECLA 0...$0D..DIR 9
;TECLA A...$03..DIR 10
;TECLA B...$07..DIR 11
;TECLA C...$0B..DIR 12
;TECLA D...$0F..DIR 13
;TECLA #...$0E..DIR 14
;TECLA *...$0C..DIR 15

;INICIALIZAR EL LCD
LDI R16,$0F              ;DISPLAY_CONTROL_ON
RCALL CONTROL_DISPLAY

LDI R16,$01              ;CLEAR_DISPLAY
RCALL CONTROL_DISPLAY

LDI R16,$80              ;UNA LÍNEA
RCALL CONTROL_DISPLAY

LDI R16,$02              ;HOME
RCALL CONTROL_DISPLAY

//AHORA MEMORIZAMOS LOS DATOS DE CADA TECLA EN LA EEPROM:

;;TECLA_1

LDI R16,0               ;DIRECCIÓN 0
LDI R17,$00             ;DATO

RCALL WRITE_EEPROM

;;TECLA_2

LDI R16,1               ;DIRECCIÓN 1
LDI R17,$01             ;DATO

RCALL WRITE_EEPROM
.
.
.
;;TECLA_D
```

Comprobar el comportamiento de la memoria EEPROM en el simulador

```
LDI R16,13                    ;DIRECCIÓN 13
LDI R17,$0F                   ;DATO

RCALL WRITE_EEPROM

;;TECLA_#

LDI R16,14                    ;DIRECCIÓN 14
LDI R17,$0E                   ;DATO

RCALL WRITE_EEPROM

;;TECLA_*

LDI R16,15  ;DIRECCIÓN 15
LDI R17,$0C ;DATO

RCALL WRITE_EEPROM

SEI

CICLO:
RJMP CICLO                    ;Esperando a que se presione una
                              ;tecla

;VAMOS A INTRODUCIR CADA TECLA Y COMPARARLA CON EL CONTENIDO DE
;LA EEPROM
TECLA_APLANADA:

IN R18,PINA

;TECLA 1...DATO $00..DIR 0
LDI R16,0                     ;DIRECCIÓN
RCALL READ_EEPROM
CP R18,R30                    ;R30 contiene el dato de EEPROM
BREQ TECLA_1

;TECLA 2...DATO $01..DIR 1
LDI R16,1                     ;DIRECCIÓN
RCALL READ_EEPROM
CP R18,R30                    ;R30 contiene el dato de EEPROM
BREQ TECLA_2
   .
   .
   .
```

Comprobar el comporta-miento de la memoria EE-PROM en el simulador

```
;TECLA D...DATO $0F..DIR 13
LDI R16,13                 ;DIRECCIÓN
RCALL READ_EEPROM
CP R18,R30                 ;R30 contiene el dato de EEPROM
BREQ TECLA_D

;TECLA #...DATO $0E..DIR 14
LDI R16,14                 ;DIRECCIÓN
RCALL READ_EEPROM
CP R18,R30                 ;R30 contiene el dato de EEPROM
BREQ TECLA_GATO

;TECLA *...DATO $0C..DIR 15
LDI R16,15                 ;DIRECCIÓN
RCALL READ_EEPROM
CP R18,R30                 ;R30 contiene el dato de EEPROM
BREQ TECLA_ASTERISCO

RETI

;;;;;SUBRUTINAS DE TECLAS PARA MOSTRAR EN LCD

TECLA_1:
LDI R16,'1'
RCALL LETRAS_DISPLAY
RETI

TECLA_2:
LDI R16,'2'
RCALL LETRAS_DISPLAY
RETI
.
.
.
TECLA_GATO:
LDI R16,'#'
RCALL LETRAS_DISPLAY
RETI

TECLA_ASTERISCO:
LDI R16,'*'
RCALL LETRAS_DISPLAY
RETI
```

> Por ejemplo, la **TECLA_C**, en lugar de mostrar el caracter ASCII "**C**", se puede sustituir por un comando de "CLEAR_DISPLAY":
>
> ```
> LDI R16,$01
> ;CLEAR_DISPLAY
> RCALL CONTROL_DISPLAY
> ```
>
> Así, cada vez que presionemos la **TECLA_C** el display se borrará para seguir escribiendo

```
;;;;;SUBRUTINA DE ESCRITURA DE LA EEPROM
WRITE_EEPROM:
SBIC EECR,1              ;SENSO SI ESTÁ LISTO
RJMP WRITE_EEPROM

OUT EEARL,R16           ;R16 PARA DIRECCIÓN DE LA EEPROM

OUT EEDR,R17            ;R17 PARA DATOS DE LA EEPROM
;;;;;;;;;;;;;;;;;;;;;;;;;;;;;;;;;
SBI EECR, EEMWE         ;SET Bit EEMWE DEL REGISTRO EECR
SBI EECR, EEWE          ;PON EN 1 EL EEWE DEL REG EECR
;;;;;;;;;;;;;;;;;;;;;;;;;;;;;;;;;

NOP
NOP
NOP
NOP
RET

;;;;;SUBRUTINA DE LECTURA DE LA EEPROM
READ_EEPROM:
SBIC EECR,1             ;SENSO SI ESTÁ LISTO
RJMP READ_EEPROM

OUT EEARL,R16          ;1) PRIMERO LA DIRECCIÓN DESEADA A
                       ;LEER

LDI R16,$01
OUT EECR,R16          ;2) ACTIVAR bit DE LECTURA EN EL REG
                     ;DE CONTROL DE LA ;EEPROM

IN R30,EEDR          ;3) LEER EL DATO

NOP                  ;4) 4 CICLOS DE RELOJ DE DELAY
NOP
NOP
NOP
RET

;SUBRUTINAS PARA DISPLAY
LETRAS_DISPLAY:
;E   = PE0
;R/W = PE1
;RS  = PE2
;RS=0 PARA CONTROL
```

```
;RS=1 PARA DATO

;AQUÍ VA EL DATO ASCII
OUT PORTC,R16

LDI R16,$05
OUT PORTE,R16
RCALL DELAY_DISPLAY
LDI R16,$00
OUT PORTE,R16
SEI
RET

;***************
CONTROL_DISPLAY:

OUT PORTC,R16

LDI R16,$01
OUT PORTE,R16
RCALL DELAY_DISPLAY
LDI R16,$00
OUT PORTE,R16
RET
DELAY_DISPLAY:

LDI R16,$CB
MOV R0,R16

LDI R16,$14
MOV R1,R16

LDI R16,0
MOV R3,R16

CICLO_DISPLAY1:
DEC R0
CP R0,R3
BRNE CICLO_DISPLAY1
CICLO_DISPLAY2:
DEC R1
CP R1,R3
BRNE CICLO_DISPLAY1

RET
```

Sugerencia: esta es una forma de usar los registros R0 a R15 para una subrutina de delay. Así podemos usar los registros R16 a R31 para subrutinas generales

Observaremos en el simulador la siguiente ventana de memoria (figura 25.1) en MENU>-VIEW>MEMORY>EEPROM para visualizar los datos memorizados:

Memory

| EEPROM ▼ | 8/16 | abc. | Address: 0x00 | | | | | | | Cols: Auto ▼ |

```
000000 00 01 02 04 05 06 08 09 0A 0D 03 07 0B 0F  ..............
00000E 0E 0C FF FF FF FF FF FF FF FF FF FF FF FF  ..ÿÿÿÿÿÿÿÿÿÿÿÿ
00001C FF FF FF FF FF FF FF FF FF FF FF FF FF FF  ÿÿÿÿÿÿÿÿÿÿÿÿÿÿ
00002A FF FF FF FF FF FF FF FF FF FF FF FF FF FF  ÿÿÿÿÿÿÿÿÿÿÿÿÿÿ
000038 FF FF FF FF FF FF FF FF FF FF FF FF FF FF  ÿÿÿÿÿÿÿÿÿÿÿÿÿÿ
000046 FF FF FF FF FF FF FF FF FF FF FF FF FF FF  ÿÿÿÿÿÿÿÿÿÿÿÿÿÿ
```

Figura 25.1 Sección de la memoria EEPROM donde se visualizan los datos memorizados

☝ Instrucciones Push y Pop

Estas dos instrucciones son muy útiles para recolectar datos en la memoria de datos (Data Memory), pero hay algunas restricciones y peligros al usarlas que se comentarán a continuación.

✓ 26.1 Push: salvar el valor de un registro en el Stack

La instrucción PUSH sirve para almacenar el valor contenido en un registro (R0 al R31) a una localidad de memoria del bloque de Data Memory (Stack). Dentro del programa la primera localidad usada es la última del Stack, y así sucesivamente de forma regresiva (para el caso de un ATtiny2313 la última localidad de memoria es la 0xDF, la anterior es la 0xDE, etcétera). Entonces, la primera vez que se use la instrucción PUSH, el contenido de ese registro se almacenará en la localidad 0xDF, el siguiente PUSH en el programa almacenará el dato en la localidad anterior a 0xDF (0xDE), el siguiente PUSH lo hará en la localidad 0xDC, y así sucesivamente[1].

✓ 26.2 Pop: recuperar el valor de un registro del Stack

La instrucción POP sirve para recuperar el valor contenido en una localidad de memoria del bloque de Data Memory (Stack) y llevarlo a un registro (R0 al R31). Cuando se invoca una instrucción POP dentro del código del programa, el contenido de la última localidad de memoria del Stack usada previamente por PUSH pasa a un registro (que para el caso del próximo ejemplo será la dirección 0xDC) y así sucesivamente, de forma progresiva, hasta llegar a la primera localidad de memoria usada por el PUSH (que para el caso del próximo ejemplo será la dirección 0xDF). Entonces, la primera vez que se use la instrucción POP el contenido de la localidad 0xDC se almacenará en un registro, el siguiente POP en el programa almacenará el dato de la localidad siguiente 0xDD, el siguiente POP lo hará en la localidad 0xDE y así sucesivamente. Esto se debe a que la forma en que opera el Stack Pointer es FIFO (de sus siglas en inglés, First IN-First OUT).

---

[1] La ayuda del programa AVR Studio dice que la instrucción Push y Pop no están disponibles en todos los modelos AVR.

Cada instrucción PUSH usada en el código del programa será para "almacenar" un valor en la memoria, y cada instrucción POP será usada para "recuperar" ese valor; así que se deben usar tantas instrucciones PUSH como POP en el código del programa. Si se usan más instrucciones POP que PUSH en el código del programa, el valor que cargará el registro de "recuperación" será de 0x30.

En el siguiente ejemplo se observará el uso de cuatro instrucciones PUSH con sus respectivos POP, se introducirán cuatro caracteres ASCII ('A', 'B', 'C', 'D', respectivamente):

Ejemplo:

```
;PROGRAMA PARA USAR LAS INSTRUCCIONES PUSH Y POP

Encabezado para ATtiny2313

Stack Pointer para ATtiny2313

LDI R16,'A'
PUSH R16

LDI R17,'B'
PUSH R17

LDI R18,'C'
PUSH R18

LDI R19,'D'
PUSH R19

POP R16
POP R17
POP R18
POP R19

;LO_QUE_SIGA
.
.
.
```

Revise en el simulador MENU>VIEW>MEMORY>DATA el comportamiento de los datos:

Figura 26.1 Bloque de memoria de datos donde se observan los caracteres ASCII debido a los cuatro Push

Y revisaremos el estado de los registros R16, R17, R18 y R19 en el simulador en MENU>-VIEW>WATCH (figura 26.2), y como se puede observar, los registros contienen los valores ASCII en orden inverso de cómo se introdujeron (hace doble clic en el espacio de Name y escribir el registro deseado. También se pueden monitorear etiquetas, registros de puerto. Si alguna etiqueta o definición no se puede monitorear, aparecerá la leyenda Not in Scope. En la columna de Value, con el ratón, entonces hay que posicionarse en la casilla deseada y con el botón derecho hacer clic y aparecerá un submenú para visualizar Value en decimal, ASCII o hexadecimal [hay que activar la opción]):

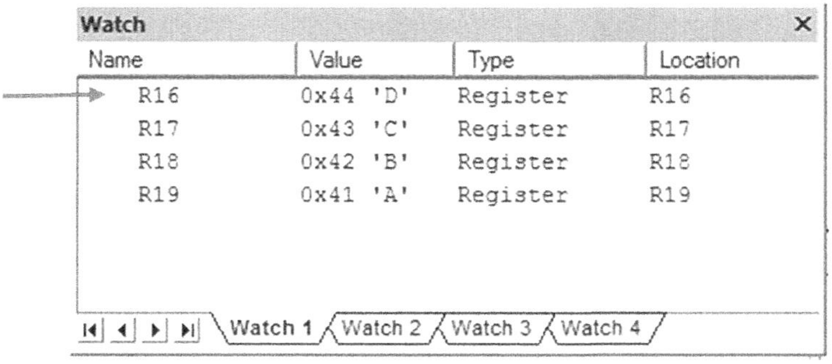

Figura 26.2 Sección de monitoreo (Watch) donde se observan los datos ASCII debido a los cuatro Pop

En la figura 26.3 se observa un ejemplo de la visualización del submenú para cambiar el Value a decimal, ASCII o hexadecimal. Note la leyenda Not in Scope (cuando se desea monitorear una etiqueta que no existe o que no puede ser observada):

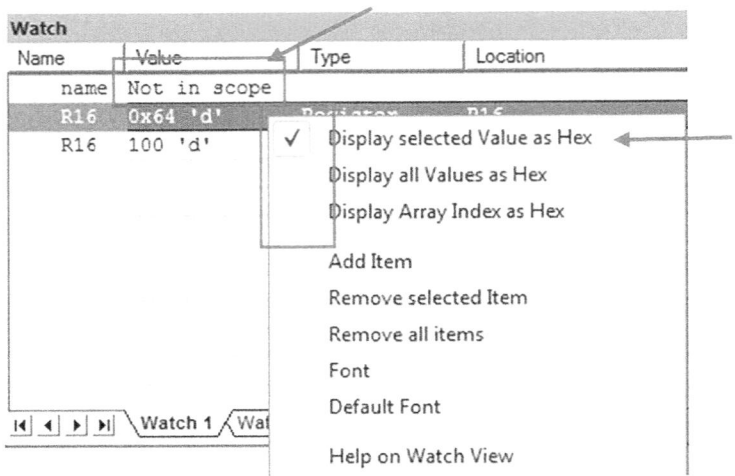

Figura 26.3 Submenú para visualizar a "Value"

Como se pudo observar, el uso de PUSH/POP es muy simple, sin embargo, es necesario monitorear el estado del SP relacionado con el número de instrucciones PUSH/POP para evitar errores en el SP. Para comprobar el comportamiento del SP frente al PUSH/POP se puede implementar el siguiente código (comprobar el estado del SP en AVR Studio):

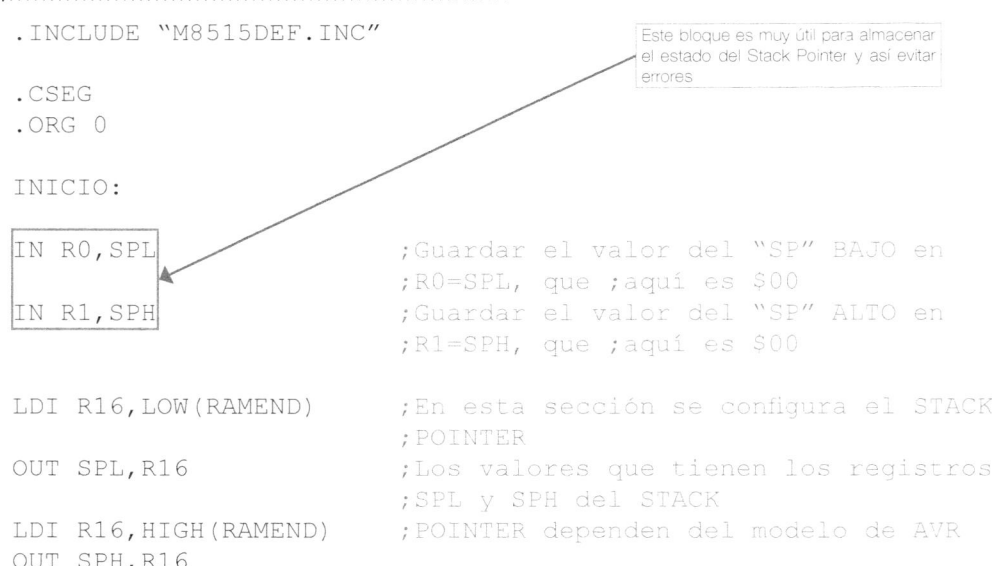

```
.INCLUDE "M8515DEF.INC"

.CSEG
.ORG 0

INICIO:

IN R0,SPL              ;Guardar el valor del "SP" BAJO en
                       ;R0=SPL, que ;aquí es $00
IN R1,SPH              ;Guardar el valor del "SP" ALTO en
                       ;R1=SPH, que ;aquí es $00

LDI R16,LOW(RAMEND)    ;En esta sección se configura el STACK
                       ;POINTER
OUT SPL,R16            ;Los valores que tienen los registros
                       ;SPL y SPH del STACK
LDI R16,HIGH(RAMEND)   ;POINTER dependen del modelo de AVR
OUT SPH,R16
```

Este bloque es muy útil para almacenar el estado del Stack Pointer y así evitar errores

```
IN R0,SPL                  ;Guardar el valor del "SP" BAJO en
                           ;R0=SPL, que aquí es $5F
IN R1,SPH                  ;Guardar el valor del "SP" ALTO en
                           ;R1=SPH, que aquí es $02


LDI R16,$00                ;En esta sección el valor del stack
                           ;pointer no se modifica
OUT DDRA,R16
LDI R16,0B1010_0000
OUT DDRD,R16

IN R0,SPL                  ;Por eso el valor del SPL aquí sigue
                           ;siendo $5F
IN R1,SPH                  ;Por eso el valor del SPH aquí sigue
                           ;siendo $02


LEYENDO_OTRA_VEZ:

RCALL LEER_TECLADO         ;Aquí al ejecutar el "RCALL" cambió
                           ;el valor de ;SPL a ;$5D
                           ;y el valor de SPH a $00
FIN:RJMP FIN

LEER_TECLADO:

IN R0,SPL                  ;Aquí el valor del SPL sigue siendo
                           ;$5D
IN R1,SPH                  ;Aquí el valor del SPH sigue siendo
                           ;$00


LDI R20,200                ;Cargar R20=200

PUSH R20                   ;Aquí se modificó el valor del STACK

IN R0,SPL                  ;Así que el nuevo valor del SPH es
                           ;$5C
IN R1,SPH                  ;Así que el nuevo valor del SPH es
                           ;$00


POP R20                    ;Aquí se modificó el valor del STACK
```

```
IN R0,SPL                   ;Así que el nuevo valor del SPH es
                            ;$5D
IN R1,SPH                   ;Así que el nuevo valor del SPH es $00

RJMP LEYENDO_OTRA_VEZ    ;Aquí se modificó el valor del STACK
```

Si existiese algún error en la configuración del SP en el momento de ejecutar el programa, en la ventana de mensajes aparecerá Stack Pointer below Start of RAM:

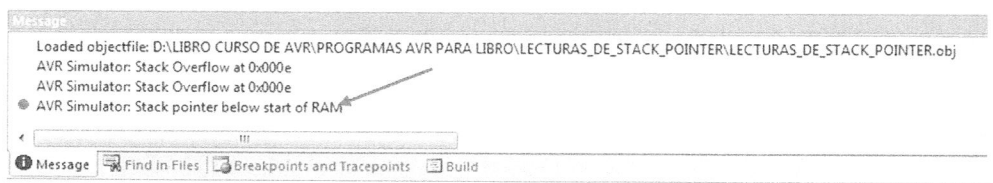

Loaded objectfile: D:\LIBRO CURSO DE AVR\PROGRAMAS AVR PARA LIBRO\LECTURAS_DE_STACK_POINTER\LECTURAS_DE_STACK_POINTER.obj
AVR Simulator: Stack Overflow at 0x000e
AVR Simulator: Stack Overflow at 0x000e
● AVR Simulator: Stack pointer below start of RAM

🛈 Message | 🔍 Find in Files | 🗔 Breakpoints and Tracepoints | 🗖 Build

Figura 26.4 Mensaje de error en la ventana de "Message" debido al SP

Como las instrucciones PUSH/POP almacenan y leen la información de forma "secuencial", es necesario usar otras instrucciones para almacenar y leer información de la memoria de forma "aleatoria", las cuales se explicarán más adelante (capítulo 27 "Instrucciones ST/STD/STS - LD/LDS").

✓ 26.3 Error en el uso del Stack Pointer con interrupciones

En el siguiente ejemplo se observa un "error" en el Stack Pointer en el momento de introducir una interrupción, es decir, el SP tiene un comportamiento típico cuando las instrucciones PUSH/POP se encuentran frente a la ejecución de una interrupción.

```
.INCLUDE "M8515DEF.INC"

.DEF ENTRADA_TECLADO    =R20
.DEF GUARDAR_NUM        =R21

.CSEG
.ORG 0
```

```
RJMP INICIO                 ;DIR $000 <--- EL    CURSOR  SALTA
                            ;AQUÍ   EN   LUGAR   DE
                            ;                        "ESPERANDO_TECLA"
RJMP LEER_TECLADO           ;DIR $001

INICIO:
LDI R16,LOW(RAMEND)
OUT SPL,R16
LDI R16,HIGH(RAMEND)
OUT SPH,R16

LDI R16,$00
OUT DDRA,R16
LDI R16,0B1010_0000
OUT DDRD,R16

LDI R16,1<<INT0
OUT GICR,R16

LDI R16,1<<ISC01|1<<ISC00
OUT MCUCR,R16

SEI

ESPERANDO_TECLA:            ;<---- AQUÍ DEBIERA REGRESAR
                           ;EL CURSOR
RJMP ESPERANDO_TECLA

LEER_TECLADO:
MOV GUARDAR_NUM,ENTRADA_TECLADO

PUSH GUARDAR_NUM
RETI                       ;<----- ESTE "RETI" ENVÍA A "RJMP
                           ;INICIO" EN LUGAR DE "ESPERANDO_TECLA"
 .
 .
 .
```

Siempre que una interrupción se ejecute, el contador del programa PC (Program Counter) es almacenado (pushed) en el Stack Pointer, y el Stack Pointer será direccionado a ese valor. Por ello, donde sea que se ejecute una instrucción RETI (Regreso de subrutina + SEI), el valor del Stack es extraído (poped) y su valor es devuelto al contador del programa PC. Este es el problema, que la dirección deseada al regresar después del RETI debería ser a la etiqueta

ESPERANDO_TECLA, sin embargo, el salto se hace hasta RJMP INICIO, que corresponde a la dirección 0x000.

Existen dos posibles soluciones: la primera consiste en NO utilizar la instrucción PUSH GUARDAR_NUM (y guardar el valor de "GUARDAR_NUM" en otro registro), sino terminar la línea con SEI y posteriormente escribir RJMP ESPERANDO_TECLA:

```
.
.
.
SEI

ESPERANDO_TECLA:
RJMP ESPERANDO_TECLA  ←

LEER_TECLADO:

MOV GUARDAR_NUM,ENTRADA_TECLADO

SEI
RJMP ESPERANDO_TECLA

FIN: RJMP FIN
```

La segunda solución es preservar primero el valor del Stack Pointer antes de usar PUSH GUARDAR_NUM, y entonces volver a cargarlo de vuelta al Stack (usando instrucciones IN y OUT), y de esta forma regresar al punto deseado ESPERANDO_TECLA:

```
.
.
.
SEI

ESPERANDO_TECLA:            ;<----EL CURSOR DEBE REGRESAR AQUÍ
                           ;DESPUES DEL RETI
RJMP ESPERANDO_TECLA

LEER_TECLADO:

MOV GUARDAR_NUM,ENTRADA_TECLADO

IN R0,SPL                  ;Guardar el STACK POINTER BAJO
```

```
IN R1,SPH                    ;Guardar el STACK POINTER ALTO

PUSH GUARDAR_NUM             ;Este PUSH modifica el valor del STACK
                             ;POINTER
.
.

;CUALQUIER_OTRA_COSA
.
.

OUT SPL,R0           ;<----Esta línea restablece el valor del
                          ;STACK POINTER BAJO
OUT SPH,R1           ;<----Esta línea restablece el valor del
                          ;STACK POINTER ALTO

RETI

RJMP OTRO_PROCESO

FIN: RJMP FIN
```

La tercera solución es usar instrucciones **ST/STD/STS - LD/LDS** que permitan almacenar (write) y leer (read) datos en localidades de memoria específica determinadas por el programador y no por el contador del programa de ordenador.

✓ 26.4 Error en el uso del Stack Pointer con saltos RCALL

En el siguiente ejercicio, la sintaxis del programa es correcta, sin embargo, en el momento de simular en AVR Studio, el SP se modifica al estar frente a la instrucción RCALL y alcanza una dirección menor a la SRAM. Esto se debe a que el PC (Program Counter) es empujado (pushed) en cada instrucción RCALL, que en cambio mantiene en decremento al Stack. Así pues, cuando el SP alcanza el final de la dirección de la SRAM, el simulador del AVR muestra el error (figura 26.5). Si se observa, la instrucción RCALL llama a una etiqueta llamada LEER_TECLADO, en cuya subrutina se termina con RJMP LEYENDO_OTRA_VEZ. No es ortodoxo usar una instrucción RCALL si la llamada a subrutina no termina en una instrucción RET (de Return), ya que el odenador debe ser "restaurado" de una instrucción RCALL con la instrucción RET:

Encabezado para ATmega8515
```
INICIO:
```
Stack Pointer para ATmega8515

```
LDI R16,$00
OUT DDRA,R16
LDI R16,0b1010_0000
OUT DDRD,R16

LEYENDO_OTRA_VEZ:

RCALL LEER_TECLADO        ;<---- EN ESTA LÍNEA SE GENERA EL
                          ;ERROR "STACK OVERFLOW"

FIN:RJMP FIN

LEER_TECLADO:

LDI R20,200

RJMP LEYENDO_OTRA_VEZ     ;<---- TERMINA CON "RJMP" EN LUGAR DE
                          ;"RET"
```

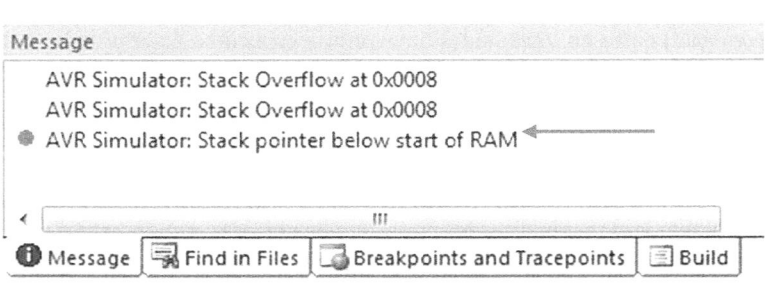

Figura 26.5 Error en el simulador del AVR al ejecutarse "RCALL LEER_TECLADO"

Existen dos soluciones para que este problema no ocurra:

1. En lugar de usar la instrucción RCALL (llamada a subrutina que no termina en RET) es mejor usar la instrucción RJMP (que no necesita RET al final). La instrucción RJMP previene el decremento del SP.
2. Si es necesario usar la instrucción RCALL, entonces terminar la subrutina con RET, la cual extraerá de regreso el valor del ordenador desde el SP:

```
.INCLUDE "M8515DEF.INC"
.CSEG
.ORG 0

INICIO:

LDI R16,LOW(RAMEND)
OUT SPL,R16
LDI R16,HIGH(RAMEND)
OUT SPH,R16

LDI R16,$00
OUT DDRA,R16
LDI R16,0b1010_0000
OUT DDRD,R16

LEYENDO_OTRA_VEZ:

RCALL LEER_TECLADO      ←─────────────

FIN:RJMP FIN            ↖

LEER_TECLADO:
                        ┌─────────────────────────────┐
                        │ Del "RET" se regresa a "FIN" │
                        └─────────────────────────────┘
LDI R20,200
RET            ←───────────
```

Instrucciones ST/STD/STS - LD/LDS

Se debe conocer primero la distribución de memoria en el AVR. Cada AVR posee un espacio de memoria (Data, Registros de usuario, Registros de I/O y SRAM interna) particular, cuya distribución se encuentra explicada en los mapeos de memoria de cada AVR.

Comparando el mapa de memoria de algunos AVR, se observará que prácticamente tienen la misma asignación de direcciones de memoria, a diferencia de la dirección final de la SRAM interna.

Resumiendo (aunque cabe confirmarlo en el manual del AVR deseado):

- **SRAM-Interna (Data Memory)** = `0X60`

- **Registros de usuarios (propósito general o de trabajo)** = `$0000-$001F`

- **64 registros I/O** = `$0020-$005F` (comprobar que en el mapa no aparece la dirección `$005F`, solo llega a `003F`).

Por ejemplo, para el caso del ATtiny2313 el mapeo de memoria es el siguiente[1]:

Data Memory

32 Registers	0x0000 - 0x001F
64 I/O Registers	0x0020 - 0x005F
	0x0060
Internal SRAM (128 x 8)	
	0x00DF

---

[1] Estas figuras fueron recopiladas de los manuales PDF del ATtiny2313, ATmega8515 y ATmega8, respectivamente.

Para el ATmega8515 el mapa de memoria es el siguiente:

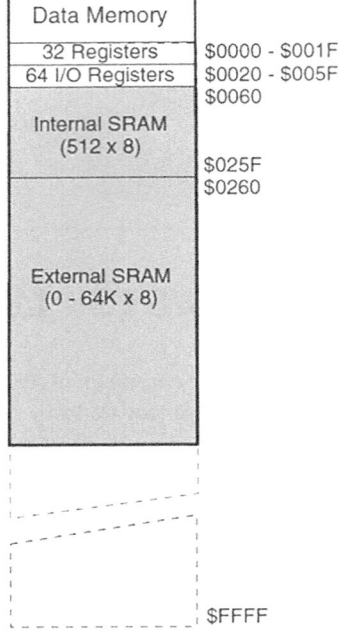

Para el ATmega8 el mapa de memoria es el siguiente:

Register File			Data Address Space
R0			$0000
R1			$0001
R2			$0002
...			...
R29			$001D
R30			$001E
R31			$001F

I/O Registers			
$00			$0020
$01			$0021
$02			$0022
...			...
$3D			$005D
$3E			$005E
$3F			$005F

Internal SRAM	
$0060	
$0061	
...	
$045E	
$045F	

En el siguiente programa usaremos las instrucciones ST/STD/STS/LD/LDS y visualizaremos los resultados en MENU>VIEW>MEMORY:

ST Coloca un registro (usar registro X) en una localidad de la memoria Data.

STD Coloca un registro (usar registro Y) en una localidad de la memoria Data.

STS Coloca un dato en una localidad de la memoria Data.

LD Carga indirecta en el registro X el contenido de una localidad de la memoria Data.

LDS Carga directa en un registro el contenido de una localidad de la memoria Data.

Como el registro X es de 16 bits está compuesto de dos registros de 8 bits cada uno (R26 y R27).

Como el registro Y es de 16 bits está compuesto de dos registros de 8 bits cada uno (R28 y R29).

Programa:

```
;ESTE PROGRAMA MOSTRARÁ EL USO DE LAS INSTRUCCIONES ST/STD/
;STS/LD/LDS USAREMOS EL ATtiny2313

.INCLUDE "TN2313DEF.INC"
.CSEG
.ORG 0

LDI R16,LOW(RAMEND)
OUT SPL,R16

LDI R25,$44         ;Este es el dato a fijar ($44)
LDI R27,0           ;Este es el HIGH-BYTE del registro "X" = 0
LDI R26,$60         ;Este es el LOW-BYTE del registro
                    ;"X" = dirección $60
ST  X+,R25          ;En la dirección $0060 se fijará el dato $44

LDI R25,$20
LDI R26,$62         ;Este es el LOW-BYTE del registro
                    ;"X" = dirección $62
ST  X,R25           ;En la dirección $0062 se fijará el dato $20

;En este ejemplo se observa "-X" que decrementa la dirección
;en uno.
LDI R25,$30
LDI R26,$62         ;Este es el LOW-BYTE del registro
                    ;"X" = dirección $62 ;(OJO)
```

```
ST  -X,R25           ;En la dirección $0061 (62-1) se fijará el
                     ;dato $30

LDI R28,$65          ;Este es el LOW-BYTE del registro
                     ;"Y" = dirección $65 (OJO)
LDI R29,0            ;Este es el HIGH-BYTE del registro "Y" = 0
LDI R20,$15          ;Este es el dato a fijar
STD Y+4,R20          ;En la dirección $0069 (65+4)se fijará el
                     ;dato $15

LDI R17,$66
STS $00A0,R17        ;Escribiremos en la dirección $00A0 el dato
                     ;$66

;AHORA LEEREMOS EL CONTENIDO DE LA DIRECCIÓN Y
;ALMACENAREMOS EN UN REGISTRO

LDS R20,$00A0        ;Sería la instrucción contraria de "STS"

LDI R26,$62          ;El LOW-BYTE del registro "X" tendrá la
                     ;dirección $62
LD R2,X              ;R2 contiene el valor de LOW-BYTE del
                     ;registro "x"

CICLO: RJMP CICLO
```

👆 PWM

Para generar un PWM en un ATmega8515 con el T/C0 se deben configurar varios bits que se encuentran en el registro TCCR0 (los bits de generación de forma de onda WGM01 y WGM00, los bits de modo de comparación COM01 y COM00, y los bits de selección de frecuencia CS02, CS01, CS00). Inicialmente, todos los bits están en 0, lo que significa que la función PWM está desactivada.

En la figura 28.1 se observan las salidas que se pueden usar para el PWM o para generar señales cuadradas:

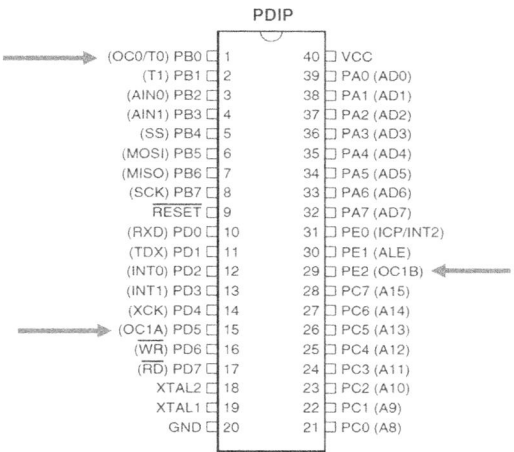

Figura 28.1 Salidas OC0, OC1A y OC1B

Vamos a practicar primero la generación de una onda cuadrada con un duty-cycle de 50 % configurando al AVR para No-PWM (la terminal OC0 debe estar siempre configurada como salida con el DDRx):

1. De la tabla 28.1 del generador de forma de onda (Waveform Generation) usaremos WGM01=0 y WGM00=0:

Tabla 28.1 Configuración para el generador de forma de onda (Waveform Generation)

Mode	WGM01 (CTC0)	WGM00 (PWM0)	Timer/Counter Mode of Operation	TOP	Update of OCR0 at	TOV0 Flag Set on	
0	0	0	Normal	0xFF	Immediate	MAX	◄
1	0	1	PWM, Phase Correct	0xFF	TOP	BOTTOM	
2	1	0	CTC	OCR0	Immediate	MAX	
3	1	1	Fast PWM	0xFF	TOP	MAX	

2. Los bits COM01 y COM00 estarán en TOGGLE (según la tabla 28.2 para la función de No-PWM). Como no seleccionamos la función PWM, entonces no escogeremos ni modo rápido PWM ni modo corrección de fase PWM:

Tabla 28.2 Configuración para el modo de salida de OC0. Modo de salida de comparación (Compare Output Mode) para el modo No-PWM

COM01	COM00	Descripción	
0	0	Operación normal del puerto, OC0 desconectado	
0	1	Toggle OC0 on Compare Match	◄
1	0	Clear OC0 on Compare Match	
1	1	Set OC0 on Compare Match	

3. Se da de alta la frecuencia a la que va a operar el T/C0 configurando los bits CS02, CS01, CS00. Usaremos la configuración más baja (preescalamiento CLK/1024. Tabla 28.3):

Tabla 28.3 Configuración para el preescalamiento. Selector de Clock Bit

CS02	CS01	CS00	Descripción	
0	0	0	No clock source (Timer/counter stopped)	
0	0	1	clkI/O/(No prescaling)	
0	1	0	clkI/O/8 (From prescaler)	
0	1	1	clkI/O/64 (From prescaler)	
1	0	0	clkI/O/256 (From prescaler)	
1	0	1	clkI/O/1024 (From prescaler)	◄
1	1	0	External clock source on T0 pin. Clock on falling edge	
1	1	1	External clock source on T0 pin. Clock on rising edge	

4. Por último, cargaremos los valores anteriores al registro `TCCR0` (usaremos la sintaxis por bit). Como el bit `FOC0` no lo usaremos, lo pondremos a cero:

```
LDI R16, 0<<FOC0|1<<CS02|0<<CS01|1<<CS00|0<<COM01|1<<COM00|0<<WGM01 0<<WGM00
OUT TCCR0,R16
```

Bit	7	6	5	4	3	2	1	0	
	FOC0	WGM00	COM01	COM00	WGM01	CS02	CS01	CS00	**TCCR0**
	W	R/W	R/W	R/W	R/W	R/W	R/W	R/W	
Valor inicial	0	0	0	0	0	0	0	0	

Este es el registro del `OCR0`:

Bit	7	6	5	4	3	2	1	0	
					OCR0 [7:0]				**OCR0**
	R/W	R/W	R/W	R/W	R/W	R/W	R/W	R/W	
Valor inicial	0	0	0	0	0	0	0	0	

El programa queda de la siguiente forma:

```
.INCLUDE "M8515DEF.INC"
.CSEG
.ORG 0

LDI R16,LOW(RAMEND)
OUT SPL,R16
LDI R16,HIGH(RAMEND)
OUT SPH,R16

LDI R16,0b0000_0001
OUT DDRB,R16        ;OC0 PWM OUTPUT (PB0)

LDI R16,0<<FOC0|1<<CS02|0<<CS01|1<<CS00|0<<COM01|1<<COM00|0<<WGM01|0<<WGM00
```

```
OUT TCCR0,R16

LDI R16,1          ;R16 DEBE VALER CUALQUIER NÚMERO A
                   ;EXCEPCIÓN DE CERO
OUT OCR0,R16

CICLO: RJMP CICLO
```

Esto es lo que obtendremos en un osciloscopio conectado en OC0:

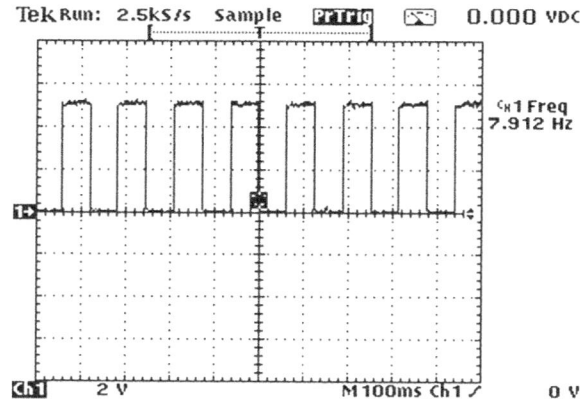

Figura 28.2 Visualización en el osciloscopio para CK/1024

Ahora cambiaremos el valor del **selector de Clock** a CLK (CS02=0, CS01=0, CS00=1), que en nuestro caso es de 4 MHz:

```
LDI R16,0<<FOC0|0<<CS02|0<<CS01|1<<CS00|0<<COM01|1<<COM00|0<<WGM01|0<<WGM00
OUT TCCR0,R16
```

WGM01 y WGM00 deben estar en cero

Esto es lo que obtendremos en el osciloscopio para un preescalamiento a CK:

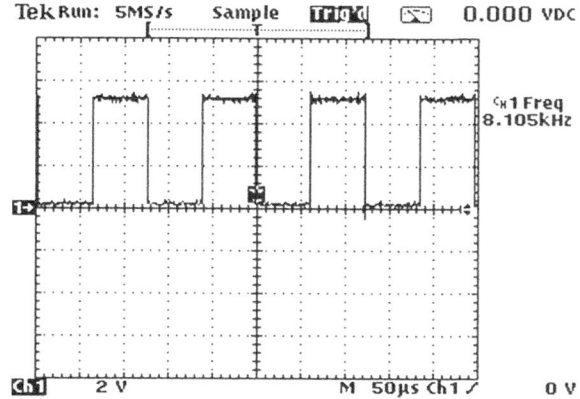

Figura 28.3 Visualización en el osciloscopio para CK (4 MHz)

Ahora vamos a cambiar la configuración para generar PWM de forma dinámica. Cargaremos a OCR0=0 e incrementaremos hasta 255:

```
LDI R16,0<<FOC0|1<<CS02|0<<CS01|1<<CS00|1<<COM01|0<<COM00|1<<WGM01|1<<WGM00
OUT TCCR0,R16

LDI R16,0              ;VALOR INICIAL

CICLO:
OUT OCR0,R16
INC R16
RCALL DELAY_1_SEGUNDO
RJMP CICLO

DELAY_1_SEGUNDO:
.
.
.
RET
```

WGM01 y WGM00 deber estar en uno

En el osciloscopio se observarán estas formas de onda (figura 28.4) pasando por un tiempo de ON más pequeño que el tiempo de OFF, hasta llegar a un tiempo de OFF más pequeño que el tiempo de ON, y se repetirá el ciclo (observe la secuencia 1, 2, 3 y 4):

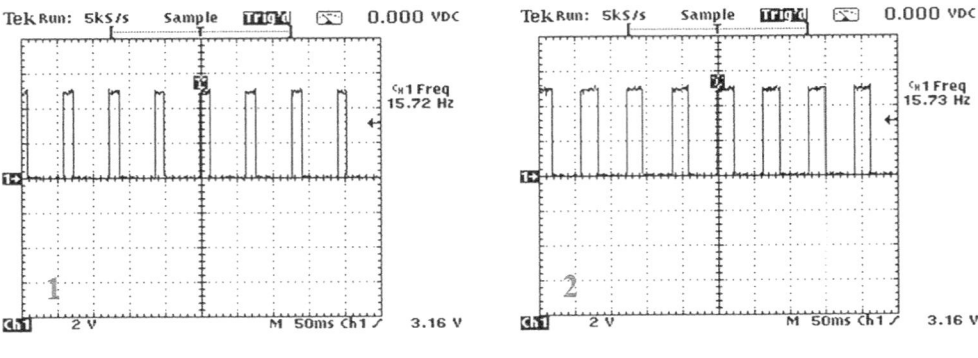

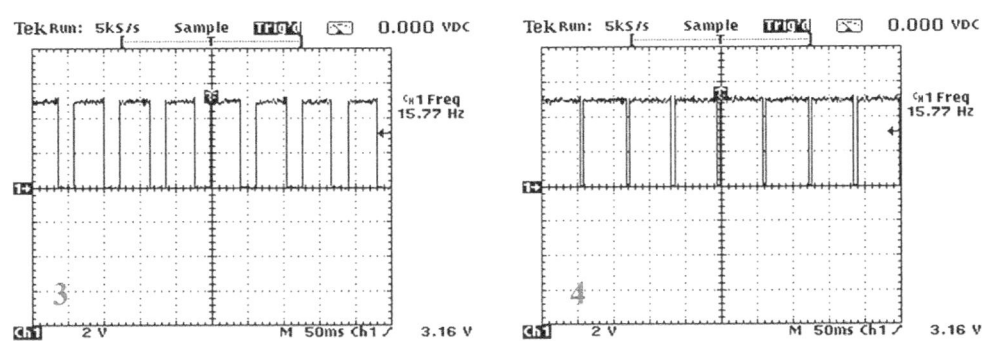

Figura 28.4 Visualización en el osciloscopio para un PWM con un OCR0 desde cero (#1) hasta OCR0=255 (#4)

Si se desea generar el PWM de forma inversa, puede hacerse escribiendo en la subrutina un ciclo inverso para decrementar OCR0 desde 255 hasta cero (observe en la figura 28.5 la secuencia 1, 2, 3 y 4):

```
LDI R16,255        ;VALOR INICIAL

CICLO:
OUT OCR0,R16
DEC R16
RCALL DELAY_1_SEGUNDO
RJMP CICLO
```

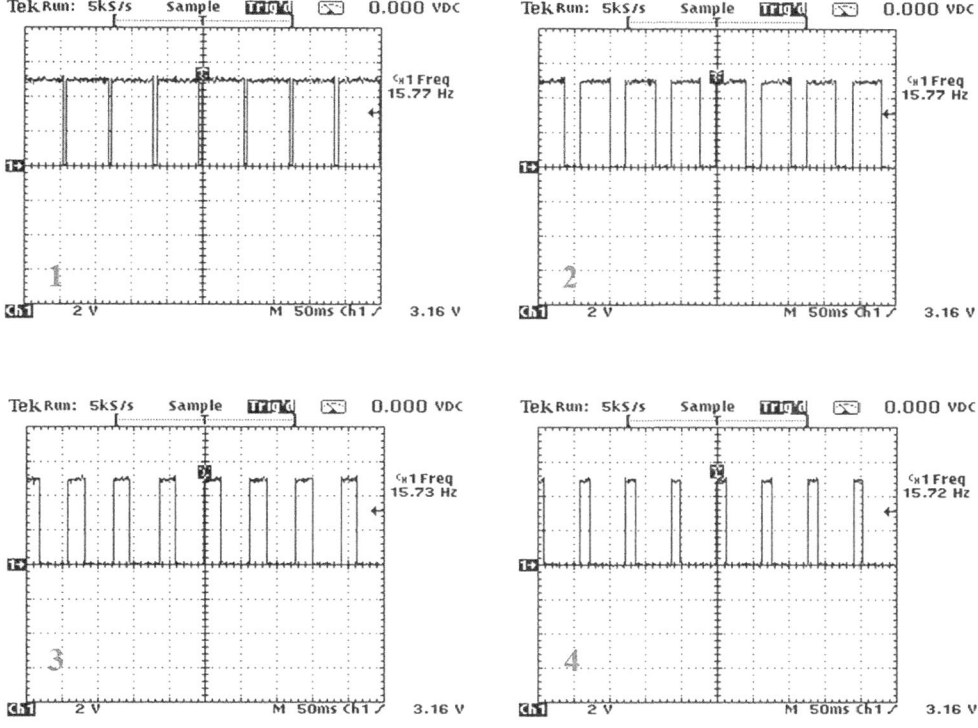

Figura 28.5 Visualización en el osciloscopio para un PWM con un OCR0 desde 255 (1) hasta OCR0 = 0 (4)

✓ 28.1 Control del servomotor

Ahora vamos a generar en la terminal `OC0` (esta terminal debe estar siempre configurada como salida con el `DDRx`) una señal PWM configurando de la siguiente forma para controlar un servomotor:

1. De la tabla del **generador de forma de onda (Waveform Generation)** usaremos `WGM01=1` y `WGM00=1`:

Generador de forma de onda (Waveform Generation):

Mode	WGM01 (CTC0)	WGM00 (PWM0)	Timer/Counter Mode of Operation	TOP	Update of OCR0 at	TOV0 Flag Set on
0	0	0	Normal	0xFF	Immediate	MAX
1	0	1	PWM, Phase Correct	0xFF	TOP	BOTTOM
2	1	0	CTC	OCR0	Immediate	MAX
3	1	1	Fast PWM	0xFF	TOP	MAX ◀

2. De acuerdo con los valores seleccionados del generador de forma de onda (Waveform Generation), escogeremos **modo rápido PWM** o **modo corrección de fase PWM** (para este ejemplo seleccionamos el **modo FAST PWM** en función `CLEAR OC0`):

Tabla 28.4 Configuración para la corrección de la fase PWM

Compare Output Mode, modo rápido PWM (FAST PWM Mode):

COM01	COM00	Descripción
0	0	Normal port operation, OC0 disconnected.
0	1	RESERVED.
1	0	Clear OC0 on Compare Match, set OC0 at TOP.
1	1	Set OC0 on Compare Match, clear OC0 at TOP.

Compare Output Mode, modo corrección de fase PWM (Phase Correct PWM Mode):

COM01	COM00	Descripción
0	0	Normal port operation, OC0 disconnected.
0	1	RESERVED.
1	0	Clear OC0 on Compare Match when up-counting. Set OC0 on Compare Match when downcounting.
1	1	Set OC0 on Compare Match when up-counting. Clear OC0 on Compare Match when downcounting.

3. Se da de alta la frecuencia a la que va a operar el `T/C0` configurando los bits `CS02`, `CS01`, `CS00`. La frecuencia máxima a la que opera esta función en `OC0` (para un CLK sin preescalamiento) es de aproximadamente 8 kHz y la frecuencia mínima (preescalamiento de CLK/1024) es de 7.9 Hz:

Selector de Clock Bit:

CS02	CS01	CS00	Descripción
0	0	0	No clock source (Timer/counter stopped).
0	0	1	clkI/O/(No prescaling).
0	1	0	clkI/O/8 (From prescaler).
0	1	1	clkI/O/64 (From prescaler).
1	0	0	clkI/O/256 (From prescaler).
1	0	1	clkI/O/1024 (From prescaler).
1	1	0	External clock source on T0 pin. Clock on falling edge.
1	1	1	External clock source on T0 pin. Clock on rising edge.

Una vez configurado el AVR, conectaremos el servomotor (diagrama 28.1) a la salida OC0 (o cualquier salida PWM del AVR), y en la rutina principal (cuerpo) colocaremos valores específicos para OCR0, el cual generará una posición en el servomotor. Los valores de OCR0 dependen del tipo de servomotor que usemos:

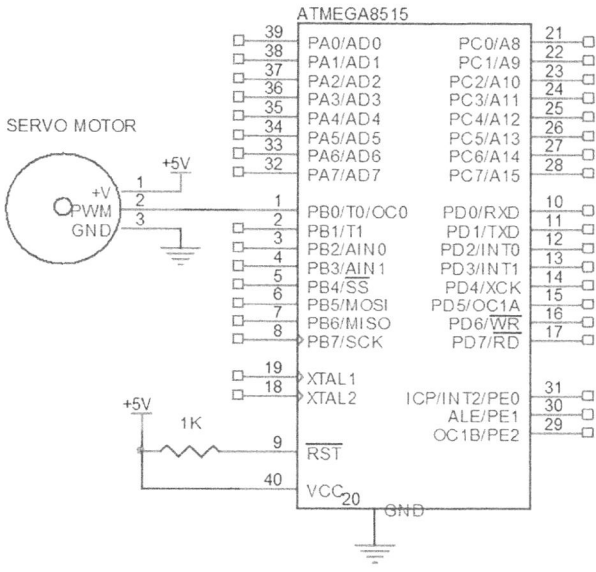

Diagrama 28.1 Conexión entre el AVR y un servomotor (terminal OC0)

El programa queda de la siguiente forma:

```
.INCLUDE "M8515DEF.INC"
.CSEG
.ORG 0

LDI R16,LOW(RAMEND)
OUT SPL,R16
LDI R16,HIGH(RAMEND)
OUT SPH,R16

LDI R16,0b0000_0001
OUT DDRB,R16                 ;OC0 PWM OUTPUT (PB0)
```

```
LDI R16,0<<FOC0|1<<CS02|0<<CS01|1<<CS00|1<<COM01|0<<COM00|1<<WGM01|1<<WGM00
;               --------------------  -----------------  ----------------
;                    SELECTOR          Clear OC0 on          FAST PWM
;                  DE FRECUENCIA       Compare Match
;                                      set OC0 at TOP
OUT TCCR0,R16

CICLO:
LDI R16,1
OUT OCR0,R16
RCALL DELAY_1_SEGUNDO

LDI R16,2
OUT OCR0,R16
RCALL DELAY_1_SEGUNDO

LDI R16,3
OUT OCR0,R16
RCALL DELAY_1_SEGUNDO

LDI R16,4
OUT OCR0,R16
RCALL DELAY_1_SEGUNDO
.
.
.
LDI R16,8
OUT OCR0,R16
RCALL DELAY_1_SEGUNDO

LDI R16,9
OUT OCR0,R16
RCALL DELAY_1_SEGUNDO
RJMP CICLO

DELAY_1_SEGUNDO:
.
.
.
RET
```

Cada valor de OCR0 es una posición específica del servomotor

En la figura 28.6 se observan las posiciones del servomotor empleadas para este ejercicio y la forma de onda de cada posición:

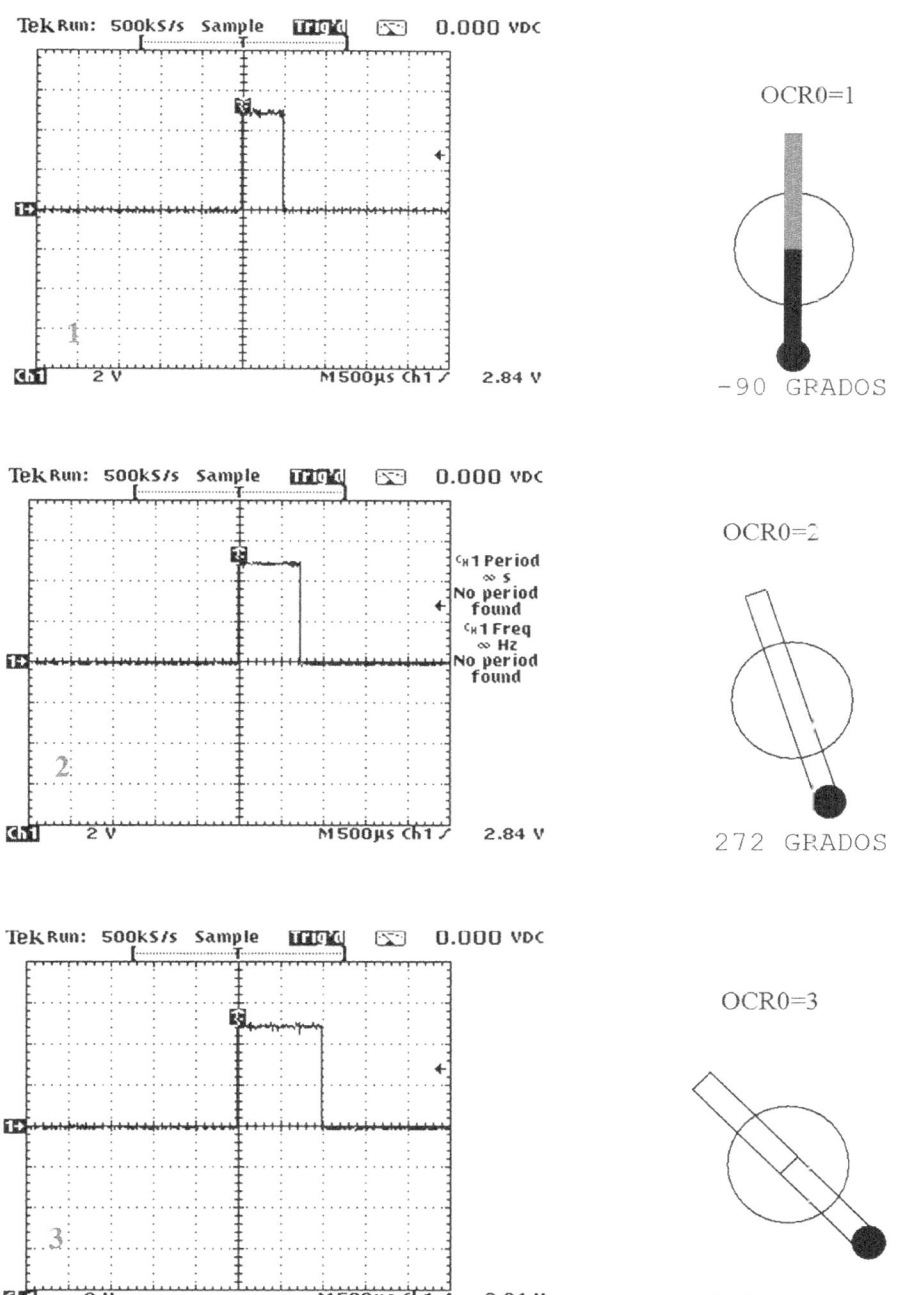

OCR0=1

−90 GRADOS

OCR0=2

272 GRADOS

OCR0=3

315 GRADOS

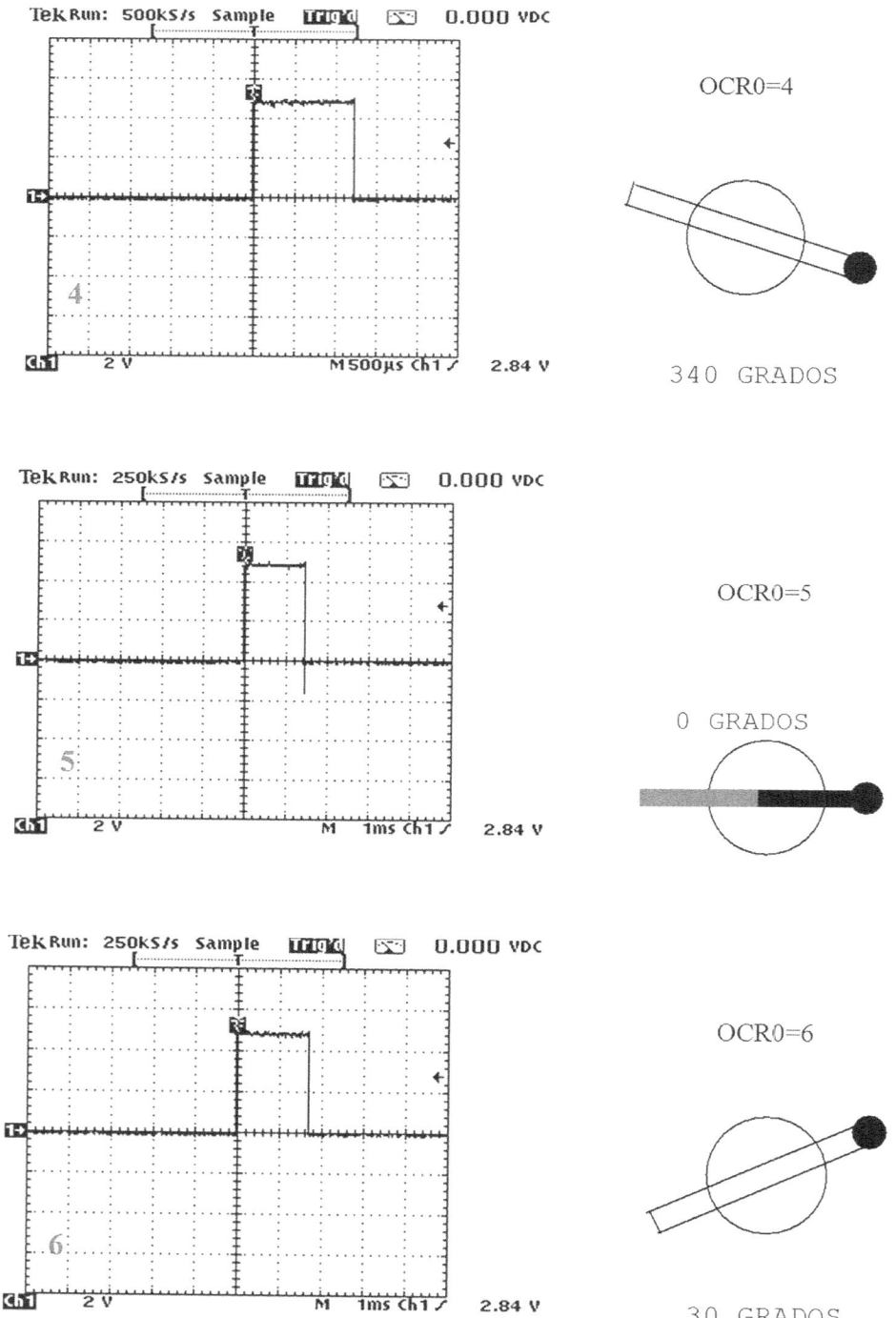

OCR0=4

340 GRADOS

OCR0=5

0 GRADOS

OCR0=6

30 GRADOS

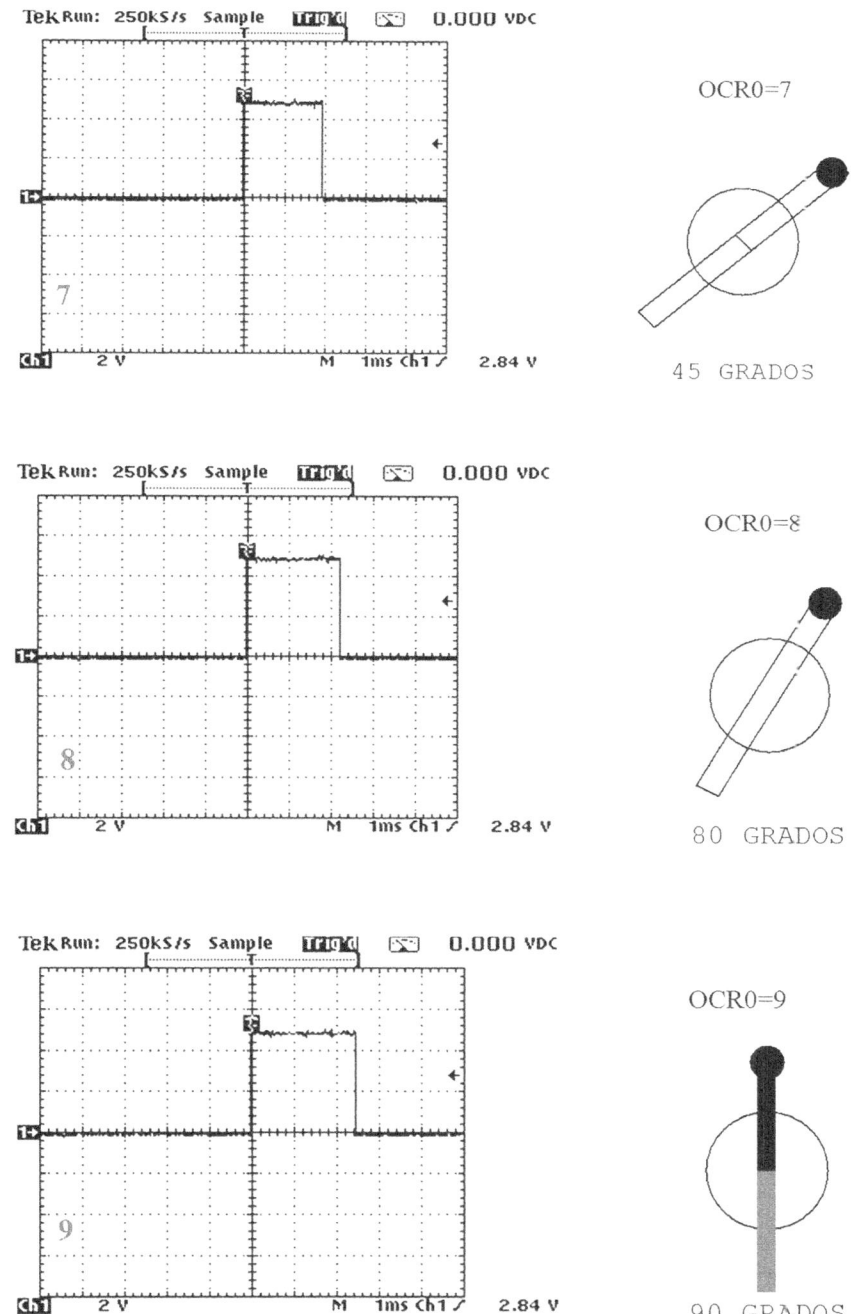

Figura 28.6 Visualización en el osciloscopio del periodo de la señal para la posición del servomotor

Una vez que se obtienen los valores límite del servomotor es posible hacer desplazamientos intermedios:

```
LDI R16,1
LDI R17,9

CICLO:
CP R16,R17
BREQ FIN

OUT OCR0,R16
RCALL DELAY_2

INC R16

RJMP CICLO

FIN:
LDI R16,1
RJMP CICLO
```

Contador de 24 y 32 bits (ascendente y descendente)

Tanto el registro de 8 bits del contador/timer-0 como los registros de 16 bits del contador contador/timer-1 tienen una limitación: ambos dependen del tamaño de sus registros de recuento (de 8 y 16 bits, respectivamente), pero ¿que sucedería si necesitamos un contador mayor de 16 bits? Para resolver esta limitación será necesario usar los registros de propósito general para concatenar tres o más registros de 8 bits.

Un contador de 24 o 32 bits (o más si fuese necesario) se puede realizar de tres formas: la primera es usando el contador/timer-0 como generador de bit y se concatenan 1, 2, 3 o los registros de propósito general que se necesiten; la segunda es usando el contador/timer-1, que es de 16 bits, concatenando 1, 2 o los registros que se necesiten; estas opciones solo nos permiten generar contadores ascendentes. La tercera forma de generar un contador es usando los registros de propósito general, ya sea de forma ascendente o descendente, y de esta manera es posible crear un contador de 8, 16, 24, 32 bits, etc.

A continuación se muestra la subrutina para generar un contador de 24 bits usando como generador de bits el contador/timer-0 en un AVR ATtiny2313:

```
;PROGRAMA QUE GENERA UN CONTADOR DE 24 Y 32 bits ASCENDENTE
;USAREMOS EL CONTADOR/TIMER-0 DE BASE

.INCLUDE "TN2313DEF.INC"
.CSEG

.ORG 0
RJMP INICIO

.ORG 6
RJMP INCREMENTA_CONTEO_REGISTRO_1
```

```
INICIO:
LDI R16,LOW(RAMEND)
OUT SPL,R16

LDI R16,0
OUT TCNT0,R16
CLR R17      ;Borra el registro R17
CLR R18      ;Borra el registro R18
CLR R19      ;Borra el registro R19

LDI R16,1<<TOIE0
OUT TIMSK,R16

SEI

LDI R16,0<<CS02|0<<CS01|1<<CS00
OUT TCCR0B,R16

CICLO:       ;Aquí se consume tiempo hasta que se ejecute el
             ;desbordamiento del contador (OVERFLOW)
RJMP CICLO

INCREMENTA_CONTEO_REGISTRO_1:
LDI R20,0
INC R17

CP R20,R17
BREQ INCREMENTA_CONTEO_REGISTRO_2
RETI

INCREMENTA_CONTEO_REGISTRO_2:
LDI R20,0
INC R18
CP R18,R20
BREQ INCREMENTA_CONTEO_REGISTRO_3
RETI

INCREMENTA_CONTEO_REGISTRO_3:
LDI R20,0
INC R19
CP R19,R20
BREQ RESET
RETI
```

Procedimiento:
- Se activa el contador a frecuencia de CK (o algún preescalamiento)
- Cuando el contador se desborde, generará una interrupción que cree un incremento en el registro R17
- Cuando el R17 se desborde, incrementará al registro R18, y así sucesivamente

Para generar un contador de 32 o más bits se necesitan agregar más etapas como esta

```
RESET:
LDI R16,0
OUT TCNT0,R16
CLR R17
CLR R18
CLR R19
RETI            ;Antes de llegar a este RETI si no se desea
                ;volver a usar este contador de 24 bits la
                ;subrutina se termina con otra instrucción
```

Ahora programaremos un contador de 32 bits descendente usando registros de propósito general:

```
;PROGRAMA QUE GENERA UN CONTADOR DE 32 bits DESCENDENTE
;USAREMOS REGISTROS DE PROPÓSITO GENERAL

.INCLUDE "TN2313DEF.INC"
.CSEG
.ORG 0

INICIO:
LDI R16,LOW(RAMEND)
OUT SPL,R16

CLR R16
SER R17        ;R17=255
SER R18        ;R18=255
SER R19        ;R19=255

DECREMENTA_CONTEO_REGISTRO_3:
DEC R19
CP R19,R16    ;R16=0
BREQ DECREMENTA_CONTEO_REGISTRO_2
RJMP DECREMENTA_CONTEO_REGISTRO_3

DECREMENTA_CONTEO_REGISTRO_2:
DEC R18
CP R18,R16    ;R16=0
```

```
BREQ DECREMENTA_CONTEO_REGISTRO_1
RJMP DECREMENTA_CONTEO_REGISTRO_3
```

```
DECREMENTA_CONTEO_REGISTRO_1:
DEC R17
CP R17,R16   ;R16=0
BREQ RESET
RJMP DECREMENTA_CONTEO_REGISTRO_3
```

Para generar un contador de más bits se necesitan agregar más etapas como esta

```
RESET:
CLR R16
SER R17
SER R18
SER R19
RJMP DECREMENTA_CONTEO_REGISTRO_3
```

Cada registro usado en las subrutinas anteriores puede ser visualizado en los puertos del AVR con los LED, o vincularlos a otra etapa que necesite un divisor de frecuencia.

 # Expresiones (Expressions)[1]

El ensamblador de AVR Studio incorpora expresiones, las cuales consisten en operandos, operadores y funciones. Las expresiones son de 32 bits para el AVRASM y de 64 bits para el AVRASM2.

30.1 Operandos (Operands)

Existen diferentes operandos que pueden ser usados de esta forma:

- El usuario puede crear ETIQUETAS, a las cuales se les dan valores del contador de la localidad en el lugar donde ellas aparecen.

- El usuario puede definir variables con la directiva SET.

- El usuario puede definir constantes con la directiva EQU.

- Constantes enteras: las constantes pueden ser dadas en diferentes formatos (decimal, hexadecimal, binario, octal). Estas constantes están explicadas en este libro como "RESUMEN DE NOMENCLATURAS". Aunque el AVR solo admite constantes enteras, es posible que lo haga con constantes fraccionarias con un truco explicado en este libro.

- PC: valor actual del contador de la localidad de memoria (Program Counter).

- Constantes de punto flotante: solamente para AVRASM2.

30.2 Operadores (Operators)

El ensamblador soporta un número de operadores, que serán explicados en esta sección. Las expresiones pueden estar encerradas entre paréntesis y son evaluadas dentro de estos, y pos-

---

[1] Esta sección de expresiones, operandos y operadores se encuentra en la ayuda de AVR Studio 4.0 bajo el término *Expressions*.

teriormente se pueden mezclar con cualquier otra operación fuera del paréntesis. Pueden asociarse los operadores a la derecha o a la izquierda, por ejemplo: a la izquierda sería (4-5) - 2, y la asociación a la derecha sería 5- (7-6). Algunos operadores no se pueden asociar, por lo que hacerlo no tendría efecto alguno.

Estos son los operadores:

Tabla 30.1 Operadores para AVR

Símbolo	Descripción
!	Operador lógico Not (Inversor)
~	Operador negado
−	Resta (de un número negativo con uno positivo y resta de un número mayor con uno menor)
*	Multiplicación
/	División
%	Módulo (solo AVRASM2)
+	Suma
−	Substracción
<<	Recorrer a la izquierda
>>	Recorrer a la derecha
<	Menor que
<=	Menor o igual
>	Mayor que
>=	Mayor o igual
==	Igual
!=	No-igual
&	Bitwise AND
^	Bitwise XOR
|	Bitwise OR
&&	Lógica AND
||	Lógica OR
?	Operador condicional (solo AVRASM2)

Se deben simular los siguientes operadores en el simulador AVR Studio para comprobar el valor de los registros de los siguientes ejemplos:

a) Operador lógico NOT (inversor):

```
LDI R16,!255            ;R16=0. CUALQUIER NÚMERO DIFERENTE DE
                        ;CERO DA CERO
LDI R16,!0              ;R16=1. SIEMPRE QUE SEA !0 EL
                        ;RESULTADO SERÁ 1
```

b) Operador negado:

```
LDI R17,~10             ;R17=245. EL RESULTADO ES 255 MENOS
                        ;10 (complemento)

LDI R17,~0b0101_0101    ;R17=1010_1010. EL RESULTADO ES EL
                        ;COMPLEMENTO

LDI R17,~-2             ;R17=1. EL RESULTADO ES EL COMPLEMETO
                        ;DE LA DIFERENCIA DE 256-2
                        ;ES DECIR 255-(256-2) =1
                        ;El COMPLEMENTO (~) DE 254
                        ;(complemento de 0b1111_1110=254 en
                        ;BINARIO)es 0b0000_0001
                        ;Dicho de otra forma, el resultado es
                        ;el COMPLEMENTO del COMPLEMENTO-A2 de
                        ;(-2)

NOP                     ;ESTE NOP ES NECESARIO PORQUE LA
                        ;LÍNEA ANTERIOR INCREMENTA PC+1
                        ;OJO!!!
```

El valor que asume el AVR de un número *negativo* es el **complemento-A2** de ese número, mientras que el operador negado (~) es solamente el complemento.

En este libro se ha escrito la segunda forma de sacar el **complemento -A2** de un número, esto es (para el número **-10** decimal por ejemplo):

Para 8 bits, el resultado es: $(2^8) - 10 = 256 - 10 = 246$
Para 16 bits, el resultado es: $(2^{16}) - 10 = 65536 - 10 = 65526$

c) Resta de un número negativo con uno positivo:

```
LDI R17,-50             ;R17=256-50=206 (COMPLEMENTO-A2)
LDI R18,100

SUB R17,R18             ;R17=206-100=106
                        ;Se activó bandera de bit de SIGNO
                        ;y bandera de COMPLEMENTO-A2
```

d) Resta de un número mayor con uno menor:

```
LDI R17,-50             ;R17=256-50=206 (COMPLEMENTO-A2)
```

```
LDI R18,100
SUB R18,R17          ;R18=100-(-50)=100+50=150
                     ;R18=100-(256-50)=100-(206)=100+
                     ; (256-206)=150
                     ;SE ACTIVÓ CARRY FLAG
                     ;NEGATIVE FLAG
                     ;COMPLEMENT OVERFLOW FLAG

                     ;y también HALF-CARRY (MEDIO-ACARREO)
```

e) Multiplicación:

```
LDI R18,127*2        ;R18=254

;LDI R18,128*2        ;ERROR OUT OF RANGE  ◄
```

> Este es un error que sucede cuando el resultado del **operador** es mayor de 8 bits

f) División:

```
LDI R18,127/2        ;R18=63...REAL 63.5
LDI R18,127/3        ;R18=42...REAL 42.33
LDI R18,127/128      ;R18=0....REAL 0.99
```

g) Adición:

```
LDI R16,5+6          ;R16=11...EL RESULTADO ES LA SUMA
```

h) Substracción:

```
LDI R16,5-6          ;R16=255...EL RESULTADO ES
                     ;5-6=5+(256-6)=-1+256=255
;o dicho de otro modo, el resultado es 5+(COMPLEMENTO-A2 DE
;-6)
LDI R16,6-5          ;R16=1
```

i) Recorrer a la izquierda (Shift Left):

```
LDI R16,0b0000_0001<<1          ;R16=0b0000_0010...EL 1 se
                                ;recorrió un lugar a la
                                ;izquierda

LDI R16,0b0000_0001<<3          ;R16=0b0000_1000...EL 1 se
                                ;recorrió 3 lugares a la
                                ;izquierda
```

j) Recorrer a la derecha (Shift Right):

```
LDI R16,0b1000_0000>>1          ;R16=0b0100_0000...EL 1 se
                                ;recorrió un lugar a la
                                ;derecha
```

```
LDI R16,0b1000_0000>>3          ;R16=0b0001_0000...EL 1 se
                                ;recorrió 3 lugares a la
                                ;derecha
```

k) Menor que:

```
LDI R16,3<2         ;R16=0...Si el valor de la izquierda es
                    ;mayor que el de la derecha
LDI R16,2<3         ;R16=1...Si el valor de la izquierda es
                    ;menor que el de la derecha
LDI R16,-2<3        ;R16=1...Si el valor de la izquierda es
                    ;menor que el de la derecha
LDI R16,(2<3)+1     ;R16=2...Porque en el paréntesis el valor
                    ;de la izquierda es menor que el de la
                    ;derecha, al resultado se le suma 1
```

l) Menor o igual:

```
LDI R16,3<=2        ;R16=0...Si el valor de la izquierda es
                    ;mayor que el de la derecha
LDI R16,2<=2        ;R16=1...Si el valor de la izquierda es
                    ;menor o igual que el de la derecha
LDI R16,2<=10       ;R16=1...Si el valor de la izquierda es
                    ;menor o igual que el de la derecha
LDI R16,-3<=2       ;R16=1...Si el valor de la izquierda es
                    ;menor o igual que el de la derecha
```

m)Mayor que:

```
LDI R16,3>2         ;R16=1...Si el valor de la izquierda es
                    ;mayor que el de la derecha
LDI R16,3>10        ;R16=0...Si el valor de la izquierda es
                    ;menor que el de la derecha
LDI R16,-5>10       ;R16=0...Si el valor de la izquierda es
                    ;menor que el de la derecha
LDI R16,(-5>10)+8   ;R16=8...Porque en el paréntesis el valor
                    ;de la izquierda es menor que el de la
                    ;derecha, y el resultado es más 8
```

n) Mayor o igual:

```
LDI R16,3>=2        ;R16=1...Si el valor de la izquierda es
                    ;mayor o igual que el de la derecha
LDI R16,10>=10      ;R16=1...Si el valor de la izquierda es
                    ;mayor o igual que el de la derecha
LDI R16,2>=5        ;R16=0...Si el valor de la izquierda es
                    ;menor que el de la derecha
LDI R16,3>=-2       ;R16=1...Si el valor de la izquierda es
                    ;mayor o igual que el de la derecha
```

o) Igual:

```
LDI R16,3==3        ;R16=1...Si el valor de la izquierda es
                    ;igual que el de la derecha
LDI R16,10==3       ;R16=0...Si el valor de la izquierda no
                    ;es igual que el de la derecha
LDI R16,(3==5)+2    ;R16=2...Porque en el paréntesis el valor
                    ;de la izquierda no es igual que el de la
                    ;derecha, y el resultado es más 2
```

p) No-igual:

```
LDI R16,8!=8        ;R16=0...Si el valor de la izquierda no es
                    ;igual que el de la derecha
LDI R16,5!=10       ;R16=1...porque el valor de la izquierda no
                    ;es igual al de la derecha
LDI R16,(7!=4)+5    ;R16=6...Porque en el paréntesis el valor
                    ;de la izquierda no es igual que el de la
                    ;derecha, y el resultado es más 5
```

q) Bitwise AND:

```
LDI R16,8&8         ;R16=8...UNO Y OTRO DEBEN SER IGUALES para
                    ;que el resultado sea uno


LDI R16,0b0000_1111&0b1111_0000        ;R16=0b0000_0000...Un BIT
                                       ;y otro deben ser IGUALES
;      0b0000_1111
;    & 0b1111_0000
;      -----------
;      0b0000_0000


LDI R16,0b1010_1010&0b1010_1010        ;R16=0b1010_1010...Un BIT
                                       ;y otro deben ser IGUALES
;      0b1010_1010
;    & 0b1010_1010
;      -----------
;      0b1010_1010
```

r) Lógica AND:

```
;SI UNA DE LAS EXPRESIONES ES CERO ENTONCES EL RESULTADO ES CERO
LDI R16,0b0000_1010&&0b0000_1010    ;R16=0b0000_0001
LDI R16,0b0000_0000&&0b0000_0000    ;R16=0b0000_0000
LDI R16,0b0000_1010&&0b0000_0000    ;R16=0b0000_0000
```

s) Bitwise OR:

```
LDI  R16,8|4                    ;R16=12
LDI  R16,200|200                ;R16=200
```

En el ejemplo anterior no se puede visualizar apropiadamente por tratarse de números decimales, por ello se sugiere que sean manipulados en binario:

```
LDI  R16,0b1000_0000|0b0000_0100

;      0b0000_1000        =8
;   |  0b0000_0100        =4
;      -----------
;      0b0000_1100        R16=12        ;El resultado es la suma
                                        ;de la ponderación


LDI  R16,0b1100_1000|0b1100_1000

;      0b1100_1000        =200
;   |  0b1100_1000        =200
;      -----------
;      0b1100_1000        R16=200       ;El resultado es la suma
                                        ;de la ponderación


LDI  R16,0b0000_1010|0b0000_1011        ;R16=0b0000_1011...Un BIT
                                        ;u otro deben ser uno
                                        ;para que el resultado
                                        ;sea UNO


;      0b0000_1010
;   |  0b0000_1011
;      -----------
;      0b0000_1011                      ;El resultado es la suma
                                        ;de la ponderación
```

t) Lógica OR

```
;SI UNA DE LAS EXPRESIONES NO ES CERO ENTONCES EL RESULTADO ES UNO
LDI  R16,0b0000_1010||0b0000_1010    ;R16=0b0000_0001
LDI  R16,0b0000_0000||0b0000_0000    ;R16=0b0000_0000
LDI  R16,0b0000_1010||0b0000_0000    ;R16=0b0000_0001
```

u) XOR:

```
LDI  R16,7^5        ;R16=2...UNO U OTRO PERO NO AMBOS
LDI  R16,5^7        ;R16=2...UNO U OTRO PERO NO AMBOS
```

Como en el ejemplo anterior no se puede visualizar apropiadamente por tratarse de números decimales, se sugiere que sean manipulados en binario:

```
;                7            5

LDI R16,0b0000_0111^0b0000_0101        ;R16=0b0000_0010...UNO U
                                       ;OTRO PERO NO AMBOS

;     0b0000_0111
;   ^ 0b0000_0101
;     ----------
;     0b0000_0010          R16=2

LDI R16,0b0000_1010^0b0000_1011        ;R16=0b0000_0001...UNO U
                                       ;OTRO PERO NO AMBOS
;     0b0000_1010
;   ^ 0b0000_1011
;     ------------
;     0b0000_0001          R16=1
```

30.3 Funciones (Functions)

Las funciones extraen (o devuelven) los bits correspondientes por la posición de una expresión. La expresión es un número hexadecimal, binario, etcétera. Se sugiere trabajar en hexadecimal para visualizar mejor el concepto.

Esta es una lista de las **funciones** que entiende el AVR:

- **LOW(expression)** -regresa el *byte-bajo* de una expresión
- **HIGH(expression)** -regresa el *byte-alto* de una expresión
- **BYTE1(expression)** -regresa el *primer byte (byte-bajo)* de una expresión
- **BYTE2(expression)** -regresa el *segundo byte (byte-alto)* de una expresión
- **BYTE3(expression)** -regresa el *tercer byte* de una expresión
- **BYTE4(exxpresion)** -regresa el *cuarto byte* de una expresión
- **LWRD(expression)** -regresa los bits 0-15 de una expresión
- **HWRD(expression)** -regresa los bits 16-31 de una expresión
- **PAGE(expression)** -regresa los bits 16-21 de una expresión
- **EXP2(expression)** -regresa la potencia 2^n de una expresión

Por ejemplo:
```
LDI R16,EXP2(5)            ;nos dará R16=32 (que sería 2⁵)
```

- **LOG2(expression)**-regresa la parte entera del logaritmo natural de 2:

Por ejemplo:
```
LDI R16,LOG2(10)           ;nos dará R16=3 (el número conpleto
                           ;sería 3.3219280948873626)
```

Vamos a explicar las funciones: la palabra **0x12345678** la distribuiremos de la siguiente manera para visualizar todas las funciones: **0x12_34_56_78**. Aunque no se puede introducir la palabra "0x12345678" (que es de 32 bits) directamente en un registro de 8 bits (eso lo veremos en un momento), la usaremos de base para las siguientes funciones.

Para las funciones **BYTE1**, **BYTE2**, **BYTE3** y **BYTE4** se distribuyen así:

```
;     BYTE4 BYTE3 BYTE2 BYTE1
; 0X   12    34    56    78

;               0X56                              0X78
;|----------BYTE2----------|  |----------BYTE1----------|
```

Debido a la posición de **BYTE1** y **BYTE2**, se pueden usar las funciones **HIGH** y **LOW**:

```
;               0X56                              0X78
;|----------BYTE2----------|  |----------BYTE1----------|
;|----------HIGH-----------|  |----------LOW------------|
```

Ahora vamos a distribuir **BYTE1**, **BYTE2**, **BYTE3** y **BYTE4** en número de bits, que corresponden del bit 0 al 7 al **BYTE1**, del bit 8 al 15 al **BYTE2**, del bit 16 al 23 al **BYTE3**, y de los bits 24 al 31 al **BYTE4**:

```
;  _____    _____    _____    _____
; |7|6|5|4|3|2|1|0|  |7|6|5|4|3|2|1|0|  |7|6|5|4|3|2|1|0|  |7|6|5|4|3|2|1|0|
;  -----------     -----------     -----------     -----------
; |-----------|   |-----------|   |-----------|   |-----------|
;     31-24            23-16            15_8             7-0
; |-----------------------|   |-----------------------|
;          31-16                       15-0
; |---BYTE4---|  |---BYTE3---|  |---BYTE2---|  |---BYTE1---|
```

Para la función **LWRD** (LOW WORD), y la función **HWRD** (HIGH WORD), los bits 0 al 15 corresponden a la función **LWRD**, y la función **HWRD** corresponde a los bits 16 al 31. La función **PAGE** del bit 16 al 21:

```
; |-----------------------|   |-----------------------|
;            HWRD                        LWRD
;              |-----------|
;            PAGE(21-16)
```

Ahora vamos a programar la teoría anterior para cargar correctamente la palabra **0X12345678** (se puede cargar usando la directiva .EQU que veremos más adelante, pero por ahora usaremos las funciones junto con la instrucción LDI):

```
LDI  R18,BYTE1(0X12345678)      ;R18=0x78
LDI  R18,BYTE2(0X12345678)      ;R18=0x56
LDI  R18,BYTE3(0X12345678)      ;R18=0x34
LDI  R18,BYTE4(0X12345678)      ;R18=0x12


LDI  R18,LOW(0X12345678)        ;R18=0x78
LDI  R18,HIGH(0X12345678)       ;R18=0x56
```

La misma carga en binario:

```
LDI  R18,LOW(0b0001_0010_0011_0100_0101_0110_0111_1000)
;                  1      2      3      4      5      6      7      8  =0x78

LDI  R18,HIGH(0b0001_0010_0011_0100_0101_0110_0111_1000)
;                   1      2      3      4      5      6      7      8  =0x56

LDI  R18,BYTE1(0b0001_0010_0011_0100_0101_0110_0111_1000) ;BYTE1=0x78
;                   1      2      3      4      5      6      7      8

LDI  R18,BYTE2(0b0001_0010_0011_0100_0101_0110_0111_1000) ;BYTE2=0x56
;                   1      2      3      4      5      6      7      8

LDI  R18,BYTE3(0b0001_0010_0011_0100_0101_0110_0111_1000)
;                   1      2      3      4      5      6      7      8  =0x34

LDI  R18,BYTE4(0b0001_0010_0011_0100_0101_0110_0111_1000)
;                   1      2      3      4      5      6      7      8  =0x12
```

En otra sintaxis para binario:

```
LDI  R18,BYTE4(0b00010010001101000101011001111000)
;                   1      2      3      4   5   6   7   8  =0x12
```

O una combinación de dos *funciones* para una *expresión* (en este ejemplo el valor resultante es la función BYTE1=0x78, que no tiene una función HIGH, por ello el valor es 0x00):

```
LDI  R18,HIGH(BYTE1(0X12345678))        ;R18=0x00
```

Pero si se escriben los límites adecuados (por ejemplo, LWRD es para los bits 0 al 15 y LOW extraerá el contenido bajo de LWRD), entonces:

```
LDI  R18,LOW(LWRD(0b0001_0010_0011_0100_0101_0110_0111_1000))
;                       1      2      3      4      5      6      7      8  =0x78
;                                                  |------LWRD------|
;                                                       |---LOW---|
```

```
LDI  R18,HIGH(LWRD(0b0001_0010_0011_0100_0101_0110_0111_1000))
;                      1     2     3     4     5     6     7     8   =0x56
;                                            |------LWRD------|
;                                            |--HIGH--|


LDI  R18,LOW(HWRD(0b0001_0010_0011_0100_0101_0110_0111_1000))
;                      1     2     3     4     5     6     7     8   =0x34
;                      |------HWRD-------|
;                              |--LOW--|


LDI  R18,HIGH(HWRD(0b0001_0010_0011_0100_0101_0110_0111_1000))
;                      1     2     3     4     5     6     7     8   =0x12
;                      |------HWRD------|
;                      |--HIGH--|

                                    ▼▼ ▼▼▼▼
LDI  R18,PAGE(0b0001_0010_0011_0100_0101_0110_0111_1000)
;               1     2     3     4     5     6     7     8   =0b0011_0100=$34
;                                |--PAGE--|
;                                  16-21


LDI  R19,LOW(0X1234)       ;R19=0x34
;                 --


LDI  R19,HIGH(0X1234)      ;R19=0x12
;                 --
```

También se pueden trabajar las funciones para cargar un dato negado y ellas (las funciones) automáticamente convertirán el dato negado a **complemento-A2**; por ejemplo, vamos a extraer de (-$0F83) el **A2**, lo procesaremos en binario para visualizarlo mejor:

```
(-$0F83)= 0b0000_1111_1000_0011
              0    F    8    3
A2:
        0b0000_1111_1000_0011


        0b1111_0000_0111_1100         Este es el complemento
     +                     1          A2 del dato (-$0F83)
        --------------------
        0b1111_0000_0111_1101    =$F07D

Entonces:
LDI   R17,LOW(-$0F83)   ;R17=0X7D
LDI   R18,HIGH(-$0F83)  ;R18=0XF0
```

✋ Macros

De acuerdo con la definición encontrada en Atmel, una **macro** es un grupo de instrucciones representadas por un simple estado (es decir, un grupo de instrucciones invocadas por otra sola instrucción). También puede ser vista como una **nueva instrucción** creada a partir de otras funciones ya existentes del *set de instrucciones* del AVR. Una macro puede contener una subrutina, una función, una configuración muy usada, un código de programa específico, etc.

El caso más común en los ejemplos Atmel para elaborar una **macro** es usando el Stack Pointer del ATmega8515. Se sabe que un ATmega8515 necesita de dos registros (SPL, SPH) de 8 bits cada uno para configurar el Stack Pointer, lo que se escribe (de la forma tradicional) de la siguiente manera:

```
.INCLUDE "M8515DEF.INC"
.CSEG
.ORG 0

;CONFIGURANDO EL STACK POINTER
LDI R16, LOW(RAMEND)
OUT SPL, R16
LDI R16, HIGH(RAMEND)
OUT SPH, R16

Lo_que_siga:
.
.
.
```

Estas cuatro líneas conforman la configuración del Stack Pointer del M8515

Si deseamos elaborar una **macro** sustituyendo estas cuatro líneas de código, seguiremos el siguiente procedimiento:

1. Abrir un archivo de texto nuevo en un *Bloc de notas* o similar.
2. Designar una etiqueta para la nueva **macro** (en este caso llamémosla "**mi_stack**").
3. Escribir de la siguiente forma a la nueva macro (la etiqueta debe ir en línea con la palabra **.macro**), de lo contrario aparecerá un "**error de sintaxis de macro o símbolo inesperado**":

```
.MACRO        mi_stack
     LDI R16, LOW(RAMEND)
     OUT SPL, R16
     LDI R16, HIGH(RAMEND)
     OUT SPH, R16
.ENDMACRO
```

Es importante escribir "**.MACRO**" seguido de la etiqueta del nuevo macro, que en este caso es "**mi_stack**" (este es el inicio de la macro) y al final de la macro es importante escribir "**.ENDMACRO**" o "**.ENDM**".

4. Salvar el archivo de texto y colocarlo dentro de la carpeta del proyecto activo.
5. En la ventana de edición se puede incluir .INCLUDE "STACK" e invocarlo cuando se le necesite, que en este caso es después del .ORG 0.

```
.INCLUDE "M8515DEF.INC"
.INCLUDE "STACK"

.CSEG
.ORG 0

mi_stack

Lo_que_siga:
     .
     .
     .
```

Nótese que el archivo donde se encuentra la macro se llama "STACK" sin la terminación .INC, aunque no es necesario para que operen las macros con el archivo incluido "STACK", es mejor usar la terminación .INC para que el programador siga un "protocolo", de esta forma la librería quedaría:

```
.INCLUDE "STACK.INC"
```

La palabra **mi_stack** es el equivalente a las líneas de configuración del Stack Pointer de la forma tradicional (escribiendo los registros SPL y SPH, y las instrucciones LDI y OUT).

Es factible hacer un archivo de texto (e incrustarlo en el programa mediante .INCLUDE) donde se encuentren contenidos varias macros que podemos utilizar en nuestros programas, para no tener que editarlas cada vez que elaboremos un programa nuevo. El archivo puede llamarse "mis_macros.INC", y en él escribir todas las macros deseadas. Esto es muy cómodo para el programador cuando ya está habituado a ciertas configuraciones, le ahorra tiempo en la escritura del código, o cuando desea hacer operaciones o cálculos específicos, como multiplicaciones, copia entre registros, o una macro que invoque una llamada a alguna subrutina, etcétera (las macros pueden ser tan elaboradas como la experiencia y las necesidades del programador).

```
.INCLUDE  "M8515DEF.INC"
.INCLUDE  "mis_macros.INC"

.CSEG
.ORG 0

STACK                     ;Esta MACRO configura el stack pointer
CONFIGURANDO_PUERTOS      ;Esta MACRO configura puertos

Lo_que_siga:
.
.
.
```

El archivo "mis_macros.INC" quedaría de la siguiente forma:

```
.MACRO       STACK
      LDI    R16, LOW(RAMEND)
      OUT    SPL, R16
      LDI    R16, HIGH(RAMEND)
      OUT    SPH, R16
.ENDMACRO

.MACRO       CONFIGURANDO_PUERTOS
      LDI    R16,$FF
      OUT    DDRA,R16
      OUT    DDRB,R16
      OUT    DDRC,R16
      LDI    R16,$00
      OUT    DDRE,R16
.ENDMACRO
```

Existe otra posibilidad de escribir macros (regresando al primer ejemplo de la configuración del Stack Pointer) usando argumentos o símbolos "@":

```
.MACRO      STACK
            LDI     @0, LOW(@1)
            OUT     SPL, @0
            LDI     @0, HIGH(@1)
            OUT     SPH, @0
.ENDMACRO
```

En esta macro se utilizaron los símbolos "@0" y "@1", que son argumentos usados para indicar que otros argumentos empleados en la macro **stack** sustituirán los valores. Es decir, cuando se invoque la macro **stack**, el argumento R16 y RAMEND, por la aparición que tienen en la macro, sustituirán a @0 por **R16** y @1 por **RAMEND**.

Finalmente, usando la nueva macro **stack** (se debe incluir la librería donde se encuentra el nuevo macro), la sintaxis queda de la siguiente forma:

```
.INCLUDE "M8515DEF.INC"
.INCLUDE "MI_LIBRERIA_DE_MACROS.INC"
.CSEG
.ORG 0

;CONFIGURANDO EL STACK POINTER
stack R16,   RAMEND
```

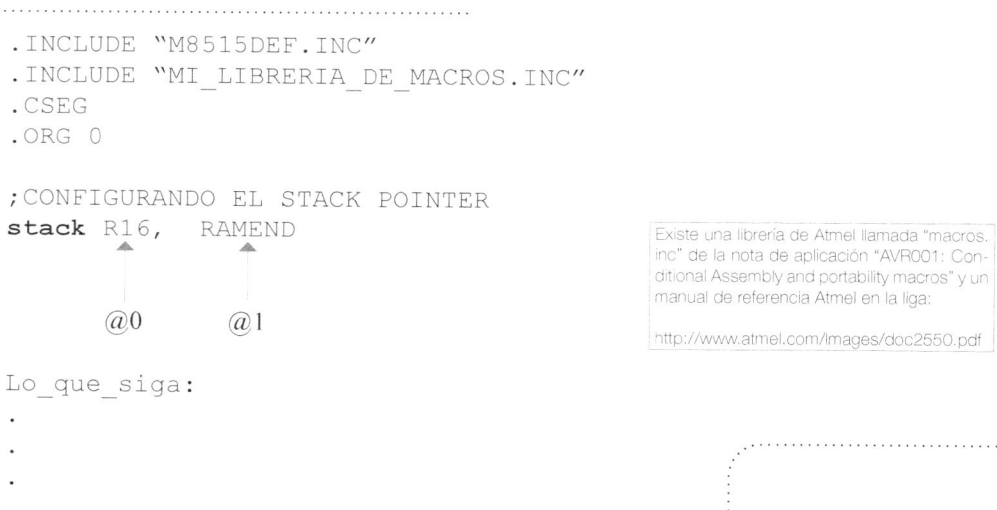

```
        @0      @1

Lo_que_siga:
.
.
.
```

Existe una librería de Atmel llamada "macros. inc" de la nota de aplicación "AVR001: Conditional Assembly and portability macros" y un manual de referencia Atmel en la liga:

http://www.atmel.com/Images/doc2550.pdf

Cuando son usados más de dos argumentos "@" en una **macro**, la sintaxis será la siguiente (a cada expresión se le dio el nombre de "grupo" para que sea más sencillo comprenderlo):

```
.MACRO          USANDO_ARGUMENTOS
                LDI @0,@1    ;GRUPO 1
                MOV @2,@3    ;GRUPO 2
                LDI @4,@5    ;GRUPO 3
                LDI @6,@7    ;GRUPO 4
.ENDM
```

Y en el código de programa, la forma de invocar a la macro "USANDO_ARGUMENTOS" para los cuatro grupos de la macro es la siguiente:

```
.INCLUDE "M8515DEF.INC"
.INCLUDE "MI_LIBRERIA_DE_MACROS.INC"
.CSEG
.ORG 0

;CONFIGURANDO EL STACK POINTER
stack R16,  RAMEND

USANDO_ARGUMENTOS R20, 0x13, R21, R20, R22, 0x14, R23, 0x15

;                       @0 , @1    @2 , @3    @4 , @5    @6 , @7
;                      |--------|  |-------|  |--------|  |------|
;                       GRUPO 1    GRUPO 2    GRUPO 3    GRUPO 4
```

Existen directivas definidas en el archivo INCLUDE (la librería escrita al principio de un programa AVR) con valores ya definidos. A estas directivas se les puede "considerar" como macros (aunque no son macros), ya que definen etiquetas y direcciones en el archivo .INC (en el caso de la macro, ha sido escrita o definida en un archivo incrustado también con INCLUDE):

```
.equ  RAMEND          =$25F
.equ  EEPROMEND       =$1FF
.equ  FLASHEND        =$FFF
```

```
.equ   SMALLBOOTSTART    =0b00111110000000   ;($0F80) smallest
                                             ;boot block is 128W
.equ   SECONDBOOTSTART   =0b00111100000000   ;($0F00) 2'nd boot
                                             ;block size is 256W
.equ   THIRDBOOTSTART    =0b00111000000000   ;($0E00) third boot
                                             ;block size is 512W
.equ   LARGEBOOTSTART    =0b00110000000000   ;($0C00) largest
                                             ;boot block is 1KW
.equ   BOOTSTART         =THIRDBOOTSTART     ;OBSOLETE!!! kept
                                             ;for compatibility
.equ   PAGESIZE          =32                 ;number of WORDS in
                                             ;a page
```

🖐 Directivas[1]

Son palabras que entiende el programa de AVR para la gestión de números, carga o personalización de registros de usuario, condicionales, configuración del tamaño de la memoria del programa, mensajes, entre otras. A continuación se describen las directivas AVR.

✓ 32.1 Directiva #DEFINE

En el AVR existen dos tipos de registros, los de configuración del AVR (de entrada/salida), que son etiquetas exclusivas de la lista de definiciones de la *librería Include* (como son DDRA, PINA, PORTA, TIMSK, TCNT0, etcétera), y los registros de usuario R0 al R31 (o de propósito general o de trabajo). La directiva **#DEFINE** es usada para asignar una etiqueta o un valor, ya sea a un registro de la librería de definiciones entrada/salida (I/O) o a un registro de usuario (R0 al R31).

Por ejemplo, vamos a personalizar los registros PINA2 (se llamará MI_PIN), DDRA (se llamará REED_CONTACT), PORTA (se llamará REED_CONTACT_OUT) y veamos cómo se trabajan los nuevos nombres en un programa (los registros R18 y R19 que utilizan la directiva .DEF): se llamarán MI_REGISTRO_1 y MI_REGISTRO_2, respectivamente (la directiva .DEF se explicará más adelante):

```
.INCLUDE "M8515DEF.INC"

#define     MI_PIN              PINA2
#define     CONTACT             R17
#define     REED_CONTACT        DDRA
#define     REED_CONTACT_OUT    PORTA
```

[1] Para mayores referencias de las directivas mostradas en este libro, cabe referirse a la ayuda (F1) de AVR Studio.

```
.def        MI_REGISTRO_1        =R18
.def        MI_REGISTRO_2        =R19
```

◄ Estas dos líneas se explicarán en **.DEF**

```
.CSEG
.ORG 0

;AQUÍ VA EL STACK POINTER

LDI CONTACT,50
LDI R16,0b0000_0001
OUT REED_CONTACT,R16
OUT REED_CONTACT_OUT,R16

LDI MI_REGISTRO_1,20
LDI MI_REGISTRO_2,100

CICLO:
IN CONTACT,MI_PIN
RJMP CICLO
```

✓ 32.2 Directiva DEF: establecer una etiqueta en un registro

Es muy útil *personalizar* a los registros de usuario R0 a R31; por ejemplo, en lugar de decir "R16", poderle asignar una etiqueta personalizada "mi_registro" facilita mucho su uso dentro del programa. "DEF" define o asigna una etiqueta o símbolo a un registro de usuario. La definición de un registro de usuario con DEF puede ser escrito en cualquier parte del programa (ya sea después del INCLUDE o dentro del cuerpo del programa, como se vaya requiriendo).

No es posible usar .DEF con un registro definido de configuración del AVR (registro definido en el *archivo Include* como DDRA, PORTA, PINA, etcétera), ya que mostrará un error de *símbolo inesperado* ("error: syntax error, unexpected SYMBOL, expecting REGISTER").

En un *archivo de definiciones* (por ejemplo el m8515def.inc) se encuentran especificaciones como:

```
.def XL    =R26
.def XH    =R27
```

Es posible monitorear el estado de un registro personalizado con .DEF en la ventana de WATCH de AVR Studio

Sintaxis:

```
.DEF Simbolo=Registro
```

Ejemplo:

```
.INCLUDE "M8515DEF.INC"
.DEF  SALIDA_1=R0
```

```
;.def MI_PIN =PORTA
```
◄─────────────── Está comentado ya que marcaría error

```
.CSEG

.def  SALIDA_2=R20
.def  SALIDA_3=R18

.ORG 0
LDI R16,LOW(RAMEND)
OUT SPL,R16
LDI R16,HIGH(RAMEND)
OUT SPH,R16

.def  SALIDA_4=R19

CICLO:RJMP CICLO
```

En un programa muy elaborado, siempre es recomendado hacer un **mapeo de registros** (se escriben los registros en comentarios indicando qué función realizan dentro del código del programa). Este mapeo de registros indica que cada registro de usuario posee un valor exclusivo según la posición dentro del programa (donde se encuentre el cursor en ese momento), y si es necesario usar un nuevo registro se necesita revisar todo el programa para comprobar que no se esté usando un registro que no conviene usar (llamémosle "**cruzar registros**"). Usar la directiva .DEF también es muy útil porque, al usar una etiqueta designada a un registro de usuario, este registro ya no necesita ser "monitoreado" o buscado en el programa con tanto afán, porque se reduce el riesgo de cruzar registros, así pues, es más fácil buscar directamente en la sección de definiciones de registros (usando .DEF) qué registros se han usado y cuáles quedan libres.

En el siguiente ejemplo se observará un mapeo de registros en cuyo código de programa se deben buscar los registros usados para no cruzarse con otros en el *cuerpo del programa* (o en caso de desear sustituir un registro por otro). En este ejemplo no se usa la directiva .DEF:

```
.INCLUDE "M8515DEF.INC"
.INCLUDE "mis_macros.INC"

.CSEG
.ORG 0
```

```
STACK            ;MACRO

;MAPEO DE REGISTROS:

;R0  - para leer programa LPM
;R1  - para leer programa LPM
;R2  - para delay 1 segundo
;R3  - LIBRE
;R4  - LIBRE
;R5  - para delay 1 segundo
;R6  - LIBRE
;R7  - para copiar contenido de PINA
;R8  - LIBRE...ETC
;R10 - para almacenar dato de proceso 1
;R11 - para almacenar dato de proceso 1
;R16 - para almacenar dato de proceso 1
;R18 - para almacenar dato de proceso 2
;R19 - para almacenar dato de proceso 2
;R20 - para almacenar dato de proceso 3
;R21 - para saber dónde se quedó delay_media hora
;R22 - para saber dónde se quedó delay_media hora
;R23 - para saber dónde se quedó delay_media hora
;R24 - para memorizar contador 0
;R25 - para memorizar contador 0
;R29 - para memorizar contador 1
;R30 - para memorizar contador 1
;R31 - para reset de todas las funciones
```

Éste es un mapeo de registros

```
.
.
.
;Y LO QUE SIGUE ES UN CÓDIGO DE MÁS LÍNEAS
```

Si se desea modificar un registro R1 por otro registro libre (por ejemplo el R3), habría que buscar en las 2000 líneas de código los registros R1 para ser sustituidos. Por ello, una forma más sencilla de hacer una sustitución de registros es usando .DEF, entonces el programa puede ser de la siguiente forma:

```
.INCLUDE "M8515DEF.INC"
.INCLUDE "mis_macros.INC"
```

```
.def    USER_LMP1    =R0    ;para leer programa LPM
.def    USER_LMP2    =R1    ;para leer programa LPM
.def    USER_LMP3    =R2    ;para leer programa LPM
.def    USER_DELAY1  =R5    ;para delay 1 segundo
.def    USER_PINA    =R7    ;para copiar contenido
                            ;de PINA




.def    USER_CONT1   =R30   ;para memorizar contador 1
.def    USER_RST     =R31   ;para reset de todas las
                            ;funciones

.CSEG
.ORG 0

STACK

;Y LO QUE SIGUE ES UN CÓDIGO DE MÁS LÍNEAS
```

Esta es la sección de definiciones .DEF

Aquí solo se tendrían que modificar los registros y ya no en todo el programa

✓ 32.3 Directiva UNDEF: indefinir o "desnombrar" el nombre simbólico de un registro (quitar la etiqueta a un registro)

Esta directiva es usada para "desnombrar" un símbolo cuando se nombró previamente con la directiva .DEF (esta directiva está disponible para el ensamblador AVRASM-2); sin embargo, si es usada en AVRASM-1 puede ser monitoreada en la función del menú View>Watch. Un símbolo puede ser nombrado y desnombrado varias veces en el programa. Se usa para quitarle un nombre personalizado a un registro y renombrarlo o usar el registro nativo.

Sintaxis:

.UNDEF símbolo

Ejemplo:

.INCLUDE "M8515DEF.INC"

.DEF SALIDA_1=R0

.CSEG

```
.def   SALIDA_2=R20
.def   SALIDA_3=R18

.ORG 0

LDI R16,LOW(RAMEND)
OUT SPL,R16
LDI R16,HIGH(RAMEND)
OUT SPH,R16

.def   SALIDA_4 = R19

;se usan SALIDA_1, SALIDA_2, SALIDA_3, SALIDA_4 en el
;programa
.
.
.
;ahora nos interesa renombrar o quitarle la etiqueta a R20,
;entonces

.UNDEF SALIDA_2            ;DESNOMBRAMOS aquí

.def   SALIDA_20 = R20    ;y volvemos a NOMBRAR aquí a R20 con
                          ;la etiqueta
                          ;"SALIDA"
CICLO: RJMP CICLO
```

✔ 32.4 Directiva EQU: hacer un símbolo igual que una expresión (asignar un valor a una etiqueta)

La directiva .EQU asigna un valor a una etiqueta y se comporta como una constante que no puede ser cambiada una vez asignada.

Ejemplo:

```
.EQU TEST   =$40
.EQU NUMERO =23000              ;$59D8 EN HEXADECIMAL

LDI R16,LOW(NUMERO)            ;R16=$D8
LDI R17,HIGH(NUMERO)          ;R17=$59
```

Esta directiva es muy útil cuando se desea trabajar con números mayores a 8 bits para operaciones matemáticas (su longitud máxima es a 32 bits). Supongamos que deseamos cargar un número de 40 bits ($7F_25_41_DE_22) con la directiva .EQU, pero no es posible, ya que esta directiva trabaja a 32 bits y nos marcará error:

```
.EQU NUM_40BITS = $7F_25_41_DE_22    ;=(546_085_920_290)dec

LDI R16,BYTE1(NUM_40BITS)        ;$22

LDI R17,BYTE2(NUM_40BITS)        ;$DE
LDI R18,BYTE3(NUM_40BITS)        ;$41
LDI R19,BYTE4(NUM_40BITS)        ;$25
LDI R20,BYTE5(NUM_40BITS)        ;$7F
```

Esta línea causará error en el uso de la función BYTE5

Por lo tanto, usaremos la directiva #DEFINE para resolver el número a 40 bits. Como se observa a continuación, la posición que necesitamos cargar es del valor $7F, que ocupa el lugar 33, por ello recorreremos del número de 40 bits 32 lugares con el símbolo ">>":

```
  $7F        25        41        DE        22
0111_1111_0010_0101_0100_0001_1101_1110_0010_0010

     ◀─| 32 - 25 | | 24 - 17 | | 16 - 9 | | 8 - 1 |◀── Posiciones
```

La sintaxis queda:
```
LDI R16, NUM_40BITS >> 32
```

Entonces la sintaxis final para cargar todo el número quedará:

#Define NUM_40BITS $7F_25_41_DE_22

```
LDI R16,BYTE1(NUM_40BITS)        ;$22
LDI R17,BYTE2(NUM_40BITS)        ;$DE
LDI R18,BYTE3(NUM_40BITS)        ;$41
LDI R19,BYTE4(NUM_40BITS)        ;$25
LDI R20, NUM_40BITS >> 32        ;$7F  ◀─────
```

Puede usar esta sintaxis con #Define para números más grandes.

✓ 32.5 Directiva SET: establece que un símbolo sea igual a una expresión

La directiva .SET asigna un valor a una etiqueta. A diferencia de la directiva .EQU, esta directiva puede ser redefinida posteriormente en el programa.

Ejemplo: ....

```
.SET TEST = 40
LDI R16,TEST

.SET TEST = 50
LDI R17,TEST
```

✓ 32.6 Directiva DEVICE[2]

Define qué modelo de AVR se usará para ensamblar (directiva en desuso). Esta directiva es reemplazada por las directivas *pragma*. Si el programador usa esta directiva se emitirá un mensaje de advertencia en caso de emplear una instrucción que no puede ser soportada por el modelo AVR usado. Si esta directiva no se usa, entonces se asume que todas las instrucciones escritas en el programa son soportadas por el AVR empleado. Cuando el programador tiene más experiencia, no es necesario usar la directiva .DEVICE, ya que se familiarizará con el set de instrucciones de un modelo en particular. En la práctica, un programador normalmente se "casa" con dos o tres modelos AVR y se acostumbra con el set de instrucciones rápidamente, por lo que no se suele usar la directiva .DEVICE, de hecho, de forma personal, en ninguno de los programas que hemos elaborado se ha usado esta directiva, pues en el simulador del AVR revisamos concienzudamente si existe un error o un mensaje de advertencia –Warning– que deba corregirse.

Ejemplo: ....

```
.INCLUDE "TN2313DEF.INC"
.DEVICE ATTINY2313

.CSEG
.ORG 0

LDI R16,LOW(RAMEND)
```

---

[2] Para mayores referencias de las directivas mostradas en este libro, cabe referirse a la ayuda (F1) de AVR Studio.

```
OUT SPL,R16
.
.
.
;LO QUE SIGA
```

32.7 Directiva CSEGSIZE: tamaño de la memoria del programa (Program Memory Size)

Esta directiva es usada para especificar el tamaño del bloque de memoria del programa. En los dispositivos AT94K se puede hacer una partición de memoria entre la memoria del programa y la memoria de datos (Data memory). La memoria del programa y la memoria de datos (SRAM) se puede dividir en tres bloques: 10K × 16 dedicados al programa SRAM, 4K × 8 dedicados a la memoria de datos SRAM, y 6K × 16 o 12K × 8. En los dispositivos como el ATtiny2313 marcará error si se usa esta directiva.

Sintaxis:

```
.CSEGSIZE = 10 | 12 | 14 | 16
```

Por ejemplo:

```
.CSEGSIZE = 12        ;Especifica el tamaño de la memoria como 12K x 16
```

32.8 Directivas IF, ELSE, ENDIF: condicionales (conditional assembly)

La directiva .IF tiene un pequeño truco, se podría pensar que puede tener cualquier valor entre 0 y otro para hacer una condicional (o comparación); sin embargo, .IF es verdadero (o se ejecuta) cuando el valor condicional **NO es cero**, dicho de otro modo, .IF **es una condición de falso**. Si .IF fuese cero, entonces el cursor saltará a la siguiente condicional. Vea este ejemplo:

Ejemplo:

```
.INCLUDE "M8515DEF.INC"
.CSEG
```

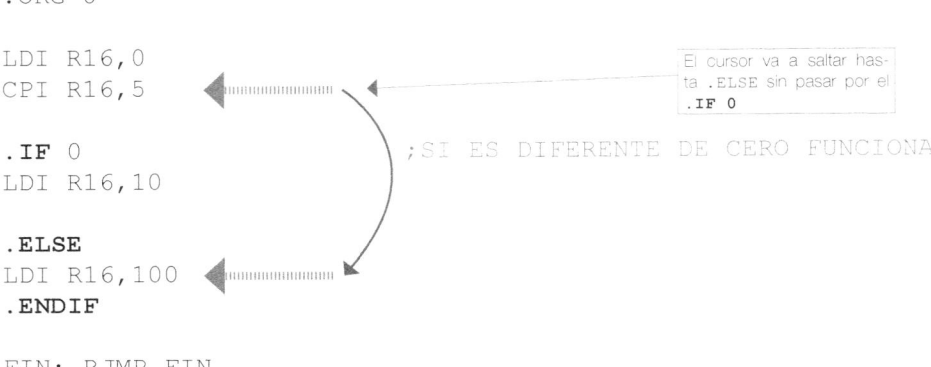

```
.ORG 0

LDI R16,0
CPI R16,5

.IF 0                    ;SI ES DIFERENTE DE CERO FUNCIONA
LDI R16,10

.ELSE
LDI R16,100
.ENDIF

FIN: RJMP FIN
```

El cursor va a saltar hasta .ELSE sin pasar por el .IF 0

Pero si en el siguiente ejemplo usamos la directiva .EQU y le asignamos a la expresión (HOLA) el valor de cero, ocurre esto (simúlelo):

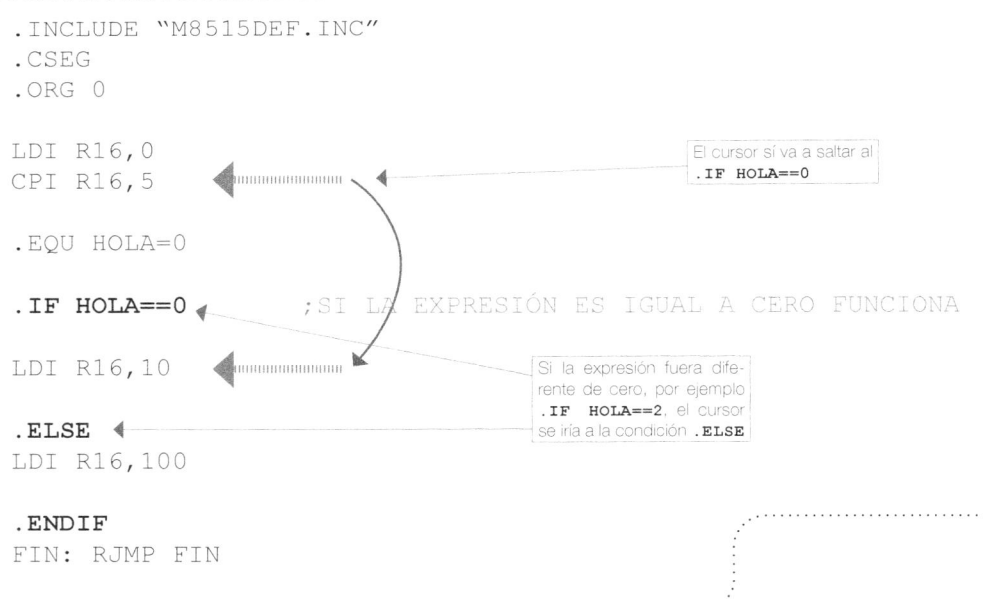

```
.INCLUDE "M8515DEF.INC"
.CSEG
.ORG 0

LDI R16,0
CPI R16,5

.EQU HOLA=0

.IF HOLA==0         ;SI LA EXPRESIÓN ES IGUAL A CERO FUNCIONA

LDI R16,10

.ELSE
LDI R16,100

.ENDIF
FIN: RJMP FIN
```

El cursor sí va a saltar al .IF HOLA==0

Si la expresión fuera diferente de cero, por ejemplo .IF HOLA==2, el cursor se iría a la condición .ELSE

La directiva .IF incluirá código si la expresión es evaluada diferente de cero, es válida hasta el siguiente .ELSE o .ENDIF.

La directiva .ELSE (es el equivalente a "**si no, ejecuta esto otro**") incluye más código hasta su correspondiente directiva .ENDIF.

32.9 Directivas IFDEF, IFNDEF: condicionales (conditional assembly)

La directiva `.IFDEF` incluirá código hasta su correspondiente directiva `.ELSE` si `.IF` es definida. Se supone que el símbolo debe operar solo con las directivas `.EQU` y `.SET`, pero también opera con la directiva `.DEF`.

Con `.IFDEF` se comprueba que un símbolo ha sido definido; si así fue, entonces esa sección de código es traducida e insertada, si no, el código no es traducido. Puede combinarse con `.ELSE` y `.ELIF`; debe terminar con `.ENDIF`.

Con `.IFNDEF` se produce lo contrario que con `.IFDEF`. Si el símbolo no está definido, el código es traducido e insertado.

Al usar `.IFDEF` e `.IFNDEF`, lo podemos comprender de esta forma: `.IFDEF` como "si se ha definido `.DEF` salta aquí", y el `.IFNDEF` como "si no se ha definido `.DEF` salta aquí"; por consiguiente, en el próximo ejemplo simule cuando se ha escrito en el programa la línea "`.def NUM=R10`" y vea a dónde salta el cursor, después anule esa línea y compruebe que el cursor deberá saltar a la sección `.IFNDEF NUM.`:

```
.INCLUDE "TN2313DEF.INC"
.CSEG
.ORG 0

#define NUM_40BITS $7F_25_41_DC_22
.def NUM=R10   ◄

.IFDEF NUM   ◄
LDI R16,BYTE1(NUM_40BITS);$22
LDI R17,BYTE2(NUM_40BITS);$DC
LDI R18,BYTE3(NUM_40BITS);$41
LDI R19,BYTE4(NUM_40BITS);$25
LDI R20,NUM_40BITS >> 32 ;$7F
.ENDIF

.IFNDEF NUM   ◄
LDI R16,BYTE1(NUM_40BITS);$22
LDI R17,BYTE2(NUM_40BITS);$DC
LDI R18,BYTE3(NUM_40BITS);$41
LDI R19,NUM_40BITS >> 31
LDI R20,NUM_40BITS >> 32
.ENDIF

LO_QUE_SIGUE:
.

.

.
FIN: RJMP FIN
```

```
También funcionaría si
escribimos:
.DEF NUM=R10
.EQU NUM=10
```

✓ 32.10 Directiva **ELIF**: condicionales (conditional assembly)

La directiva .ELIF (es el equivalente a **"si esta condición se cumple"**) se cierra o termina cuando se encuentre su correspondiente directiva .ENDIF. Es posible usar varias directivas .ELIF antes del .ENDIF.

Por ejemplo:

Haremos una **macro** llamada TEST_IF_ELIF_ELSE y la invocaremos desde la pantalla del código principal en el simulador. Esta macro compara el número introducido en el *argumento* @0 y lo compara primero con el número 10, si no es igual lo compara con el número 1, y si no se cumple se cargará R16 con 'a'. Esta macro la cargaremos en nuestro archivo MIS_MACROS.INC:

```
.MACRO TEST_IF_ELIF_ELSE
.IF (@0==10)
     LDI R16,20
.ELIF (@0>1)
     LDI R16,40
.ELSE
     LDI R16,'a'
.ENDIF
.ENDMACRO
```

En el simulador escribiremos lo siguiente:

```
.INCLUDE "TN2313DEF.INC"
.INCLUDE "MIS_MACROS.INC"
```
◄———— Se incluyó el archivo MIS_MACROS.INC

```
.CSEG
.ORG 0

LDI R16,LOW(RAMEND)
OUT SPL,R16
```
Se escribió el número 2 para comparar:
- No es igual a 10
- Es mayor que 1 (2>1), por lo que R16=40

```
TEST_IF_ELIF_ELSE 2
```
◄

```
FIN: RJMP FIN
```

En el simulador en VIEW>WATCH, R16=40:

Watch	
Name	Value
R16	40 '('

Si cambiamos el valor de la macro a 10:

```
TEST_IF_ELIF_ELSE 10
```

En el simulador en VIEW>WATCH, R16=20

Si cambiamos el valor de la macro a 0:

```
TEST_IF_ELIF_ELSE 0        ;(un valor que no sea igual a 10 ni
                           ;mayor a 1)
```

En el simulador en VIEW>WATCH, R16='a'

✓ 32.11 Directiva ERROR: saca la palabra "ERROR" con una cadena de caracteres (string)[3]

Por ejemplo, si elaboramos una macro "USANDO_DIRECTIVA_ERROR" de la siguiente forma, en la ventana de edición escribiremos el valor de un argumento de forma que en la ventana de Build se observe el mensaje debido a la directiva .ERROR:

```
MACRO USANDO_DIRECTIVA_ERROR
.IF (@0>1)
.ERROR "ES MAYOR QUE 1"
.ENDIF
.ENDMACRO
```

Ahora en la ventana de edición escribiremos:

```
.INCLUDE "TN2313DEF.INC"
.INCLUDE "MIS_MACROS.INC"
.CSEG
.ORG 0

USANDO_DIRECTIVA_ERROR 1
FIN: RJMP FIN
```

En la ventana de Build aparecerá la leyenda "Assembly complete, 0 errors. 0 warnings".

---

[3] Para mayores referencias de las directivas mostradas en este libro, cabe referirse a la ayuda (F1) de AVR Studio.

Pero si ahora le asignamos el número 2 a la macro (que sí es mayor que el número 1):

```
.
.
.
USANDO_DIRECTIVA_ERROR 2
FIN: RJMP FIN
```

Aparecerá en la ventana de Build la siguiente leyenda:

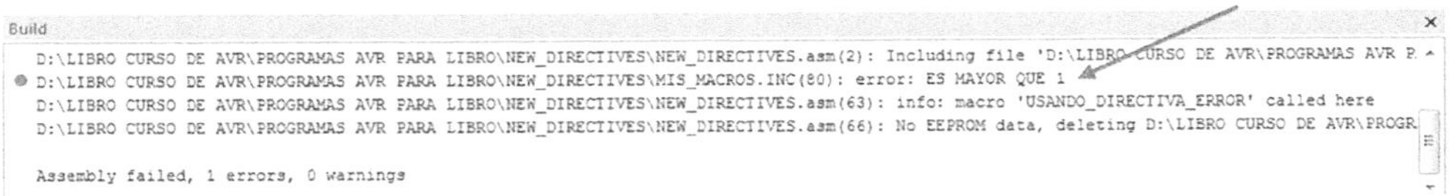

```
Build                                                                                                    ×
   D:\LIBRO CURSO DE AVR\PROGRAMAS AVR PARA LIBRO\NEW_DIRECTIVES\NEW_DIRECTIVES.asm(2): Including file 'D:\LIBRO CURSO DE AVR\PROGRAMAS AVR P
 ● D:\LIBRO CURSO DE AVR\PROGRAMAS AVR PARA LIBRO\NEW_DIRECTIVES\MIS_MACROS.INC(80): error: ES MAYOR QUE 1
   D:\LIBRO CURSO DE AVR\PROGRAMAS AVR PARA LIBRO\NEW_DIRECTIVES\NEW_DIRECTIVES.asm(63): info: macro 'USANDO_DIRECTIVA_ERROR' called here
   D:\LIBRO CURSO DE AVR\PROGRAMAS AVR PARA LIBRO\NEW_DIRECTIVES\NEW_DIRECTIVES.asm(66): No EEPROM data, deleting D:\LIBRO CURSO DE AVR\PROGR

   Assembly failed, 1 errors, 0 warnings
```

Figura 32.1 Ventana de Build donde aparece la directiva .ERROR

✓ 32.12 Directiva WARNING: saca la palabra "WARNING" con una cadena de caracteres (string)

Usando el mismo ejemplo que para la directiva .ERROR, visualizaremos la respuesta de la directiva .WARNING en la ventana de Build (que será el mensaje TEN CUIDADO!!) haciendo una macro "USANDO_DIRECTIVA_WARNING":

```
.MACRO USANDO_DIRECTIVA_WARNING
.IF (@0==1)

.WARNING "TEN CUIDADO!!!"
.ENDIF
.ENDMACRO
```

Y en la ventana de edición escribiremos lo siguiente (le asignaremos a la macro USAN-DO_DIRECTIVA_WARNING el valor de 1):

```
.INCLUDE "TN2313DEF.INC"
.INCLUDE "MIS_MACROS.INC"
.CSEG
.ORG 0
```

```
USANDO_DIRECTIVA_WARNING 1
FIN: RJMP FIN
```

En la ventana de Build al ensamblar el código (F7) aparecerá en el "sumario de memoria usada" un indicador que dice "0 errores y 1 warning" (figura 32.2), y un poco más arriba en la misma ventana aparecerá la leyenda TEN CUIDADO!!:

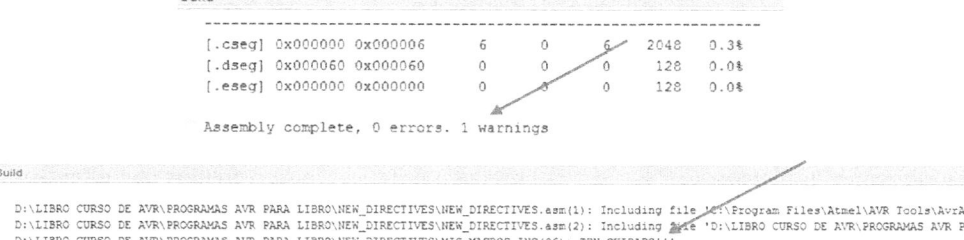

```
Build
----------------------------------------------------------------
   [.cseg] 0x000000 0x000006      6      0      6     2048   0.3%
   [.dseg] 0x000060 0x000060      0      0      0      128   0.0%
   [.eseg] 0x000000 0x000000      0      0      0      128   0.0%

Assembly complete, 0 errors. 1 warnings
```

```
Build
D:\LIBRO CURSO DE AVR\PROGRAMAS AVR PARA LIBRO\NEW_DIRECTIVES\NEW_DIRECTIVES.asm(1): Including file 'C:\Program Files\Atmel\AVR Tools\AvrA
D:\LIBRO CURSO DE AVR\PROGRAMAS AVR PARA LIBRO\NEW_DIRECTIVES\NEW_DIRECTIVES.asm(2): Including file 'D:\LIBRO CURSO DE AVR\PROGRAMAS AVR P
D:\LIBRO CURSO DE AVR\PROGRAMAS AVR PARA LIBRO\NEW_DIRECTIVES\MIS_MACROS.INC(96): TEN CUIDADO!!!
D:\LIBRO CURSO DE AVR\PROGRAMAS AVR PARA LIBRO\NEW_DIRECTIVES\NEW_DIRECTIVES.asm(71): No EEPROM data, deleting D:\LIBRO CURSO DE AVR\PROGR
```

Figura 32.2 Ventana de Build donde aparece la directiva .WARNING

✓ 32.13 Directiva MESSAGE: saca la palabra "MESSAGE" con una cadena de caracteres (string)

Haremos una macro "USANDO_DIRECTIVA_MESSAGE" para visualizar la respuesta de la directiva .MESSAGE en la ventana de Build (que será el mensaje **ESTE ES UN MEN-SAJE**):

```
.MACRO USANDO_DIRECTIVA_MESSAGE
.MESSAGE "**ESTE ES UN MENSAJE**"
.ENDMACRO
```

En la ventana de edición escribiremos lo siguiente:

```
USANDO_DIRECTIVA_MESSAGE
```

Nota:

Para explicar estas directivas se han creado macros, pero es posible también manejar las directivas en la ventana de edición sin la necesidad de las macros.

Y en la ventana de Build aparecerá la leyenda:

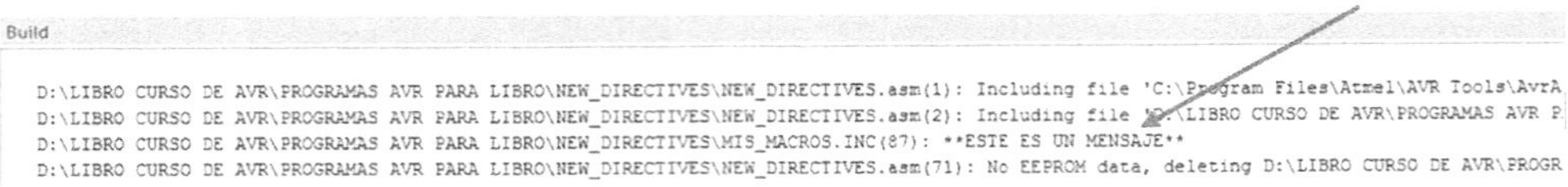

Figura 32.3 Ventana de Build donde aparece la directiva .MESSAGE

✅ 32.14 Directiva EXIT: salirse del archivo

Esta directiva le dice al ensamblador que detenga el ensamblado del archivo. Normalmente el ensamblador continúa hasta el fin del archivo. Si se usa un .EXIT en un archivo .INCLUDE, el cursor saldrá de este archivo y continuará en el archivo principal. En el siguiente ejemplo escribiremos la directiva .EXIT en el programa principal, observaremos que el cursor, al llegar a la directiva, desaparecerá, lo que indica que se ha salido del archivo principal. Si revisamos el mapa del desensamblador en el simulador veremos que el cursor se encontrará en "alguna parte" de la memoria (con la leyenda Data or unknown opcode. Figura 32.4), esto por supuesto no nos es muy útil:

```
.INCLUDE "TN2313DEF.INC"
.CSEG
.ORG 0

LDI R16,LOW(RAMEND)
OUT SPL,R16

LDI R16,2
LDI R17,20
LDI R18,20

.EXIT

LDI R19,1
LDI R20,10
LDI R21,100
LDI R22,30

FIN: RJMP FIN
```

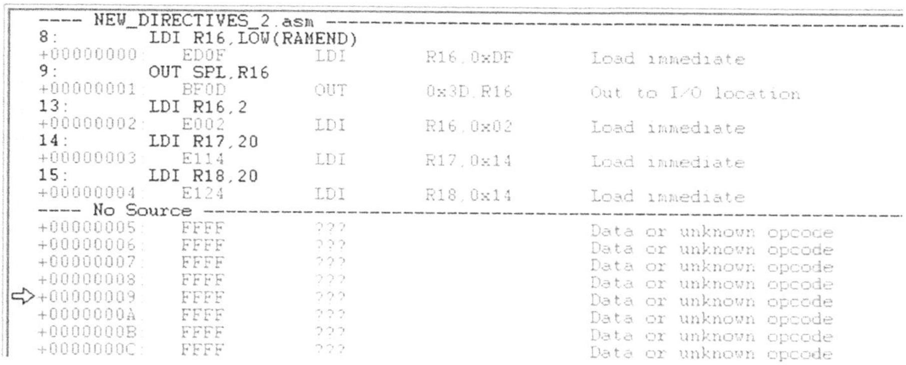

```
---- NEW_DIRECTIVES_2.asm -------------------------------------------------
  8:          LDI R16,LOW(RAMEND)
+00000000    ED0F      LDI      R16,0xDF      Load immediate
  9:          OUT SPL,R16
+00000001    BF0D      OUT      0x3D,R16      Out to I/O location
 13:          LDI R16,2
+00000002    E002      LDI      R16,0x02      Load immediate
 14:          LDI R17,20
+00000003    E114      LDI      R17,0x14      Load immediate
 15:          LDI R18,20
+00000004    E124      LDI      R18,0x14      Load immediate
---- No Source ------------------------------------------------------------
+00000005    FFFF      ???                    Data or unknown opcode
+00000006    FFFF      ???                    Data or unknown opcode
+00000007    FFFF      ???                    Data or unknown opcode
+00000008    FFFF      ???                    Data or unknown opcode
+00000009    FFFF      ???                    Data or unknown opcode
+0000000A    FFFF      ???                    Data or unknown opcode
+0000000B    FFFF      ???                    Data or unknown opcode
+0000000C    FFFF      ???                    Data or unknown opcode
```

Figura 32.4 El cursor se encuentra en "UNKNOWN OPCODE"

En cambio, si generamos un archivo .INCLUDE e introducimos en él la directiva .EXIT para salir de dicho archivo incluido, el cursor podrá regresar al programa principal. El cursor irá desde el inicio (la configuración del Stack Pointer) hasta el .INCLUDE "EXIT_TEST. TXT", donde se introducirá en el archivo en cuestión (flecha azul apuntando al cuadro rojo), cargará los registros R16, R17 y R18, y con la directiva .EXIT el cursor regresará al programa principal (flecha verde). Simúlelo:

```
.INCLUDE "TN2313DEF.INC"
.CSEG
.ORG 0

LDI R16,LOW(RAMEND)
OUT SPL,R16
.INCLUDE "EXIT_TEST.TXT"

;continúa aquí después del .EXIT
;para abajo o lo que tenga que hacer
LDI R19,1
LDI R20,10
LDI R21,100
LDI R22,30

FIN: RJMP FIN
```

Este es el archivo incrustado "EXIT_TEST.TXT":

```
EXIT:
LDI R16,2
LDI R17,20
LDI R18,20
.EXIT
```

32.15 Directivas LIST – NOLIST: genera un archivo "listfile .lst"[4]

La directiva `.LIST` le dice al ensamblador que genere un archivo con la extensión `.lst`; este archivo es una combinación del código fuente, direcciones y mnemónicos o códigos de operación (Opcodes). Se supone que este archivo se genera por defecto; sin embargo, a veces no ocurre así, para ello hay que activar la opción "Create List File" en la ventana de "Assembler Options" (`Menú>Project>Assembler Options`. Figura 32.5). La directiva `.LIST` se puede usar en combinación con la directiva `.NOLIST` para generar o no la lista de las partes deseadas del programa.

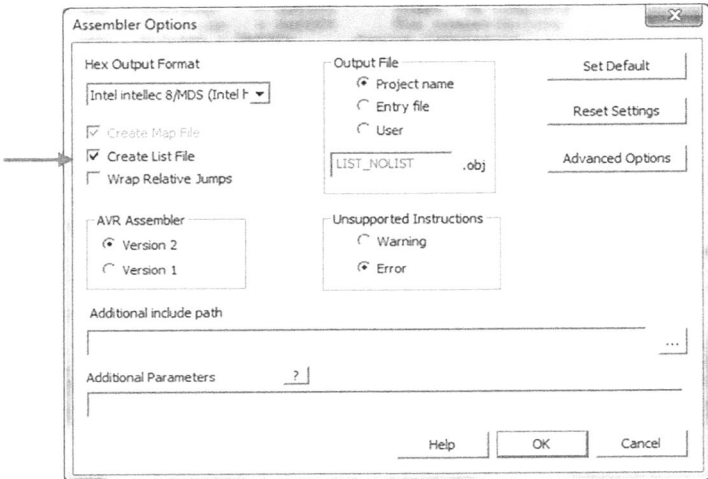

Figura 32.5 Ventana para activar la generación del "LIST FILE"

Vamos a escribir el siguiente ejemplo para generar el archivo `.lst`:

```
.INCLUDE "TN2313DEF.INC"
.CSEG
.ORG 0

INICIO:
LDI R16,LOW(RAMEND)
OUT SPL,R16
```

---

[4] Para mayores referencias de las directivas mostradas en este libro, cabe referirse a la ayuda (F1) de AVR Studio.

```
.NOLIST
LDI R16,'N'
LDI R16,'O'
LDI R16,'L'
LDI R16,'I'
LDI R16,'S'
LDI R16,'T'
```

Esta sección corresponde a las direcciones 0x02 al 0x07 que no aparecerán en .lst

```
.LIST
LDI R16,'L'
LDI R16,'I'
LDI R16,'S'
LDI R16,'T'
FIN: RJMP FIN
```

Esta sección sí aparecerá en la lista .lst

Una vez activada la directiva, en el árbol del lado izquierdo del simulador verá la siguiente ventana, donde podrá observar el archivo .lst generado en la carpeta Output:

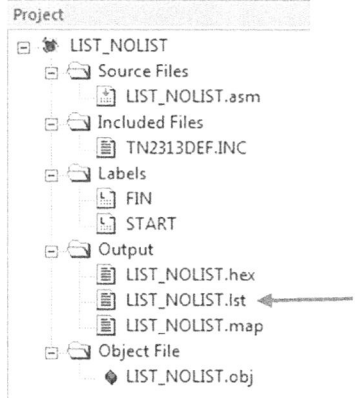

Si abrimos el archivo .lst veremos (redujimos el contenido del archivo) la siguiente información (observe que la sección escrita debajo de la directiva .NOLIST no aparece en este archivo, pero sí aparece la sección de .LIST):

```
·
·
·
;*****END OF FILE *********************
```

```
                         .CSEG
                         .ORG 0

                         INICIO:
000000 ed0f              LDI R16,LOW(RAMEND)
000001 bf0d              OUT SPL,R1
┌──────────────────────────────┐ ◄─── Observe que las direcciones 0x02
│                              │        al 0x07 no apareceren en .1st
└──────────────────────────────┘
                         .LIST
000008 e40c              LDI R16,'L' ⎫
000009 e409              LDI R16,'I' ⎬  Observe que las direcciones 0x08
00000a e503              LDI R16,'S' ⎪  a la 0x0b sí apareceren en .1st
00000b e504              LDI R16,'T' ⎭

00000c cfff              FIN: RJMP FIN
```

```
RESOURCE USE INFORMATION
------------------------
Notice:
The register and instruction counts are symbol table hit
counts,
and hence implicitly used resources are not counted, eg, the
'lpm' instruction without operands implicitly uses r0 and z,
none of which are counted.

x,y,z are separate entities in the symbol table and are
counted separately from r26..r31 here.

.dseg memory usage only counts static data declared with
.byte

ATtiny2313 register use summary:
r0 :   0 r1 :   0 r2 :   0 r3 :   0 r4 :   0 r5 :   0 r6 :   0 r7 :   0
r8 :   0 r9 :   0 r10:   0 r11:   0 r12:   0 r13:   0 r14:   0 r15:   0
r16: 12 r17:   0 r18:   0 r19:   0 r20:   0 r21:   0 r22:   0 r23:   0
r24:   0 r25:   0 r26:   0 r27:   0 r28:   0 r29:   0 r30:   0 r31:   0
x  :   0 y :   0 z  :   0
Registers used: 1 out of 35 (2.9%)

ATtiny2313 instruction use summary:
.lds  :   0 .sts  :   0 adc   :   0 add   :   0 adiw  :   0 and   :   0
andi  :   0 asr   :   0 bclr  :   0 bld   :   0 brbc  :   0 brbs  :   0
brcc  :   0 brcs  :   0 break :   0 breq  :   0 brge  :   0 brhc  :   0
brhs  :   0 brid  :   0 brie  :   0 brlo  :   0 brlt  :   0 brmi  :   0
brne  :   0 brpl  :   0 brsh  :   0 brtc  :   0 brts  :   0 brvc  :   0
brvs  :   0 bset  :   0 bst   :   0 cbi   :   0 cbr   :   0 clc   :   0
clh   :   0 cli   :   0 cln   :   0 clr   :   0 cls   :   0 clt   :   0
clv   :   0 clz   :   0 com   :   0 cp    :   0 cpc   :   0 cpi   :   0
cpse  :   0 dec   :   0 eor   :   0 icall :   0 ijmp  :   0 in    :   0
```

```
inc   :  0 ld    :  0 ldd  :  0 ldi  : 11 lds   :  0 lpm   :  0
lsl   :  0 lsr   :  0 mov  :  0 movw :  0 neg   :  0 nop   :  0
or    :  0 ori   :  0 out  :  1 pop  :  0 push  :  0 rcall :  0
ret   :  0 reti  :  0 rjmp :  1 rol  :  0 ror   :  0 sbc   :  0
sbci  :  0 sbi   :  0 sbic :  0 sbis :  0 sbiw  :  0 sbr   :  0
sbrc  :  0 sbrs  :  0 sec  :  0 seh  :  0 sei   :  0 sen   :  0
ser   :  0 ses   :  0 set  :  0 sev  :  0 sez   :  0 sleep :  0
spm   :  0 st    :  0 std  :  0 sts  :  0 sub   :  0 subi  :  0
swap  :  0 tst   :  0 wdr  :  0
Instructions used: 3 out of 105 (2.9%)

ATtiny2313 memory use summary [bytes]:
Segment    Begin      End         Code    Data    Used    Size    Use%
-----------------------------------------------------------------
--
[.cseg] 0x000000 0x00001a       26       0      26    2043    1.3%
[.dseg] 0x000060 0x000060        0       0       0     123    0.0%
[.eseg] 0x000000 0x000000        0       0       0     123    0.0%

Assembly complete, 0 errors, 0 warnings
```

✓ 32.16 Directiva LISTMAC: expansión del contenido de una macro

La directiva `.LISTMAC` ayuda a visualizar el contenido de una macro en el archivo "Listfile `.lst`" en el simulador generado por el ensamblador.

Ejemplo:

Vamos a generar una macro llamada `LISTMAC_TEST` con el siguiente contenido, y guardaremos esta macro en un archivo para que sea incluida en el programa principal:

```
.MACRO LISTMAC_TEST
      LDI R16,5
      ADD R16,@0
.ENDMACRO
```

De tal forma que en el programa principal invoquemos a la `MACRO` que acabamos de editar con su respectivo argumento @0. Para que se use la directiva `.LISTMAC` de expansión, se escribe la directiva y después la `MACRO` en cuestión (en este ejemplo escribiremos un registro cualquiera `R0` para que el compilador no cometa un error):

```
.INCLUDE "TN2313DEF.INC"
.INCLUDE "TEST.INC"
.CSEG
.ORG 0

LDI R18,10
LISTMAC_TEST R18

.LISTMAC
LISTMAC_TEST R0

FIN: RJMP FIN
```

Entonces visualizaremos el archivo .lst en la carpeta "Output" y veremos la macro "LISTMAS_TEST" de forma expandida:

```
        .
        .
        .

                ;*****END OF FILE****************************
                .INCLUDE "TEST.INC"

                LDI R16,5
                ADD  R16,@0
                .ENDMACRO
                .CSEG
                .ORG 0

000000 e02a     LDI R18,10
000001 e005
000002 0f02     LISTMAC_TEST R18
```

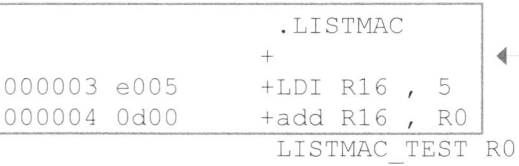

```
                .LISTMAC
                +
000003 e005     +LDI R16 , 5
000004 0d00     +add R16 , R0
                LISTMAC_TEST R0

000005 cfff      FIN: RJMP FIN


RESOURCE USE INFORMATION
-----------------------
        .
        .
        .
```

Con .LISTMAC se expandió el contenido de la MACRO en el archivo .lst

Parte 2

AVR

 # Proyectos con AVR

Después de entender la teoría de configuración y demás detalles del uso del AVR, procederemos a programar aplicaciones reales. A continuación se mostrarán algunos proyectos para el uso del AVR, donde explicaremos los secretos del código usado.

Nota:

En estos proyectos se integrará el monitoreo de los ciclos de reloj consumidos, Stop Watch, la interacción con los registros de datos, la sincronicidad entre las subrutinas, etcétera. Cuando el programador esté elaborando su propio código, será necesario que dentro de la simulación vaya escribiendo código o cometarios, ya que se pueden encontrar errores o mejoras. Cuando se está reeditando el código es necesario volver a ensamblar y ejecutar el programa, pero cuando se están escribiendo comentarios aparecerá una pantalla de solicitud para preguntarle al programador si desea reensamblar el programa (Rebuild) o continuar con la simulación. Puede escoger "No", continuar simulando sin ninguna alteración y el programa mantendrá el nuevo comentario añadido. Si selecciona "Sí", el programa se reensamblará y comenzará la simulación desde el principio:

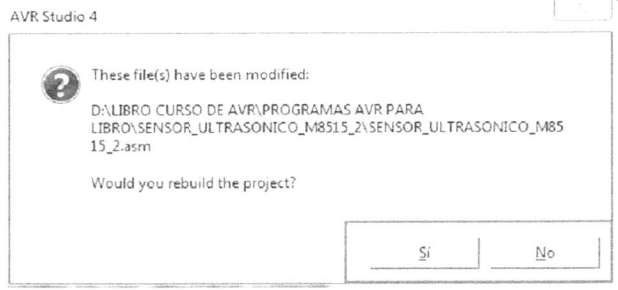

Ventana de solicitud para reensamblar el proyecto cuando se ha escrito algo
en el programa mientras se está simulando

Comunicación entre un AVR y un ordenador

Una de las formas más tradicionales de comunicar un AVR con un ordenador es usando la interfaz RS-232[1] (figura 33.1). El AVR tiene un puerto de comunicación serial llamado UART (o USART en algunos AVR), el cual contiene un pin de transmisión (Tx) y uno de recepción (Rx). La UART es una comunicación serial asíncrona (y en el caso del USART es asíncrona/síncrona). Para los proyectos de comunicación entre los AVR se sugiere el uso del cristal a 4 MHz (o según desee el programador).[2]

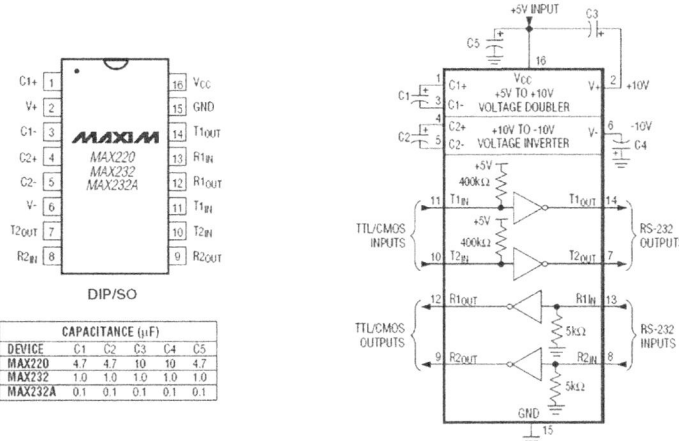

Figura 33.1 Esquema de la interfaz MAX RS-232

---

[1] Aunque es un protocolo ya viejo aún se pueden encontrar aplicaciones. Actualmente se ha sustituido el RS-232 por USB. Dependiendo del ordenador a usar, si ya no cuenta con un puerto DB-9 se sugiere comprar para este proyecto un convertidor DB-9 a USB y conectar el circuito integrado RS-232 de MAXIM o algún otro.

[2] Para un AVR se puede usar el oscilador interno o el externo (revisar la figura 11.1 del capítulo 11). Para este primer proyecto no es necesario usar un cristal, sino una oscilación interna (que será a 4 MHz).

Lo primero que hay que elaborar es el cable de comunicación según el diagrama 33.1 (lado izquierdo) y conectarlo al ordenador con el puerto DB-9 (diagrama 33.1, lado izquierdo). Usaremos para la comunicación un programa llamado Hyperterminal Private Edition, el cual hay que configurar para sincronizar la velocidad de comunicación y los *parámetros de paridad*. El programa Hyperterminal se puede descargar de http://www.hilgraeve.com/hyperterminal-trial, o de la página de Softonic (http://hyperterminal-private-edition-htpe.softonic.com[3]). Una vez descargado, daremos de alta una nueva conexión (figura 33.2) y configuraremos los parámetros necesarios de velocidad de comunicación.

Figura 33.2 Conexión nueva

Debido a que los ordenadores actuales carecen del puerto de comunicación serial DB-9, será necesario utilizar un convertidor DB-9 a USB. En la figura 33.3 se muestra la configuración a usar para la conexión al AVR con el ordenador (a través del Hyperterminal). En este caso, la casilla de Telnet deberá estar en ANSI y en la pestaña de ASCII Setup se seleccionarán las casillas de Send line ends with line feeds y Echo typed characters locally.

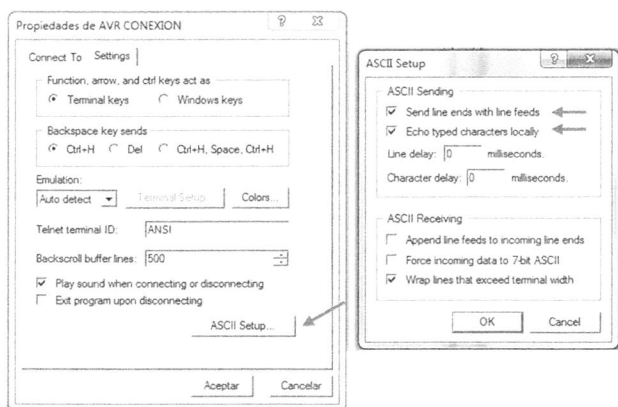

Figura 33.3 Configuración del Hyperterminal

---

[3] ¡Hay que tener cuidado en la búsqueda para la descarga del programa!

Será necesario usar el AVR ATmega8515 conectado a un display LCD para visualizar los comandos ASCII que serán enviados desde el Hyperterminal hacia el AVR y viceversa. Lo que se reciba del ordenador al AVR será escrito en la línea 2 del LCD, y lo que se escriba en el teclado del AVR será visualizado en la línea 1 del LCD y enviado al Hyperterminal en el ordenador:

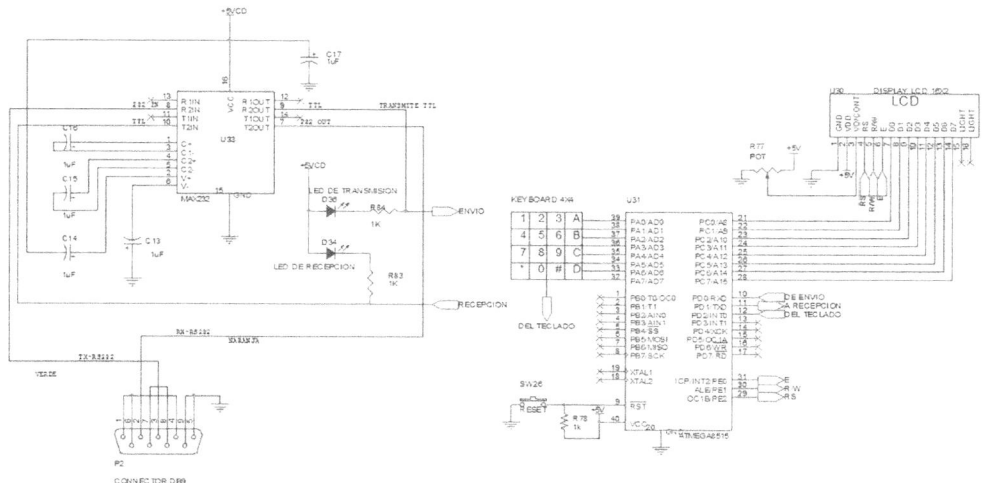

Diagrama 33.1 Interfaz RS-232 con un puerto serial al ordenador por DB-9 usando un convertidor USB (izquierda). Conexión del ATmega8515 para la comunicación UART (derecha)

Es necesario programar la interrupción INT0 para que cada vez que el usuario presione una tecla del teclado 4 × 4, el AVR se interrumpa y lea el contenido del PINA. Al UART se le debe activar el transmisor y el receptor, el número de bits de comunicación (que en este caso es de 8 bits) y los BAUD de comunicación (deben coincidir los BAUD del AVR con los del Hyperterminal). En el diagrama eléctrico (diagrama 33.1, lado derecho), aunque no aparezca el codificador de teclado, para este programa sí se usó el 74C922N[4].

Programa:

```
;PROGRAMA PARA ENVIAR MENSAJES EN DISPLAY
;EN DOT MATRIX 2x16 Y EN LA PC USANDO HYPERTERMINAL

.INCLUDE "M8515DEF.INC"
.CSEG
.ORG 0000
```

---

[4] En aplicaciones como esta es siempre necesario que el programador lea la sección correspondiente del AVR a configurar para que compruebe los detalles de la configuración, trucos y pormenores.

```
RJMP SETUP                                              ;INICIO
RJMP INGRESA_TECLADO                                    ;INT0


SETUP:
```

Stack Pointer para ATmega8515

```
LDI R16,$00                                             ;LECTURA DE TECLADO
OUT DDRA,R16
LDI R16,$FF ;LCD
OUT DDRC,R16

LDI R16,$FF ;LCD                              Para LCD y teclado
OUT DDRE,R16
```

```
LDI R16,(1<<ISC01)|(1<<ISC00)                           ;RISING EDGE INT0
OUT MCUCR,R16

LDI R16,(1<<INT0)                                       ;HABILITA INT0
OUT GIMSK,R16                                   Configura la INT0
```

```
LDI R16,(0<<U2X)                                        ;VELOCIDAD NORMAL
OUT UCSRA,R16

LDI R16,(1<<RXEN)|(1<<TXEN)|(0<<UCSZ2)       ;TX Y RX ENABLE
OUT UCSRB,R16
LDI R16,(0<<UMSEL)|(1<<UCSZ0)|(1<<UCSZ1)     ;ASÍNCRONA+8 bits
OUT UCSRC,R16

LDI R16,25                                              ;9600 BAUDS
OUT UBRRL,R16
                                             Configura la UART
                                             asincrona a 9600
LDI R16,$00                                  BAUDS
OUT UBRRH,R16
```

```
INICIALIZANDO_DISPLAY:

RCALL DISPLAY_CONTROL_ON
RCALL CLEAR_DISPLAY
RCALL DOS_LINEAS
RCALL HOME

RCALL ESCRIBE_LINEA_UNO
```

```
SEI
```

```
RECIBIENDO_1:
SBIS UCSRA,RXC
RJMP RECIBIENDO_1

IN R21,UDR
RCALL ESCRIBE_LINEA_DOS

OUT PORTC,R21

LDI R16,$05
OUT PORTE,R16
RCALL DELAY
LDI R16,$00
OUT PORTE,R16

RJMP RECIBIENDO_1
```

Esta sección espera un dato en recepción del UDR (registro de datos de la UART) antes de escribirla en el LCD. Sin esta sección es muy complicado sincronizar al AVR con el Hyperterminal

```
INGRESA_TECLADO:
RCALL CLEAR_DISPLAY
RCALL HOME
RCALL ESCRIBE_LINEA_UNO

LDI R16,0b0000_1111

IN R18,PINA                    ;LECTURA DE "PUERTO A" DESDE
                               ;TECLADO

AND R18,R16
LDI R17,$00
CP R18,R17
BREQ TECLA_UNO_PARCHE

LDI R17,$01
CP R18,R17
BREQ TECLA_DOS_PARCHE


.
.
.
LDI R17,$0F
CP R18,R17
BREQ TECLA_D_PARCHE
RETI
```

Esta sección es la que se corresponde a la interrupción **INT0** cuando una tecla del teclado ha sido pulsada. Los saltos de BREQ con la etiqueta de "PARCHE" son debidos a los errores en los saltos largos

```
;*********************************
;*********************************
```

```
;PARCHES PARA ERRORES DE BRANCHES

TECLA_UNO_PARCHE:
RJMP TECLA_UNO

TECLA_DOS_PARCHE:
RJMP TECLA_DOS


.
.
.
TECLA_D_PARCHE:
RJMP TECLA_D
```

Esta sección le ayuda al cursor a saltar a mucho más distancia por las instrucciones **RJMP**. Aquí se vinculan las etiquetas de las instrucciones **BREQ** con **RJMP**

```
TECLA_UNO:                              ;ESTOS DATOS INTERRUMPEN
                                        ;AL RECEPTOR
LDI R16,'1'
OUT UDR,R16
RCALL LETRAS_DISPLAY
RETI


.
.
.
TECLA_D:
LDI R16,'D'
OUT UDR,R16
RCALL LETRAS_DISPLAY
RETI


LETRAS_DISPLAY:
OUT PORTC,R16

LDI R16,$05
OUT PORTE,R16
RCALL DELAY_DISPLAY
LDI R16,$00
OUT PORTE,R16
RET
```

```
DELAY_DISPLAY:
.
.
.
RET
;****************
;****************
.INCLUDE "CONFIGURACION_LCD.TXT"
```

Este .INCLUDE es usaco para incrustar todas las configuraciones posibles del LCD. Así ahorramos espacio en la ventana de edición

✍ Comunicación entre los AVR

Existen varias formas de comunicarse entre los AVR, de las que presentaremos solo dos: comunicación con el protocolo SPI-USI para 3-hilos (3-wire) (usaremos el ATtiny2313 en este protocolo) y un protocolo híbrido (utilizaremos un ATmega8515 con un ATtiny2313), que ayudará a comunicarse entre cualquier modelo de AVR, o entre un AVR y otro microcontrolador de cualquier otra marca.

Existen otros protocolos como el SPI-USI con 2-hilos (2-wire) o el protocolo I²C. El programador debe revisar lo que puede soportar un AVR en particular, y para ello tiene que revisar el manual del AVR en cuestión. Si el programador se encuentra con dificultades en la programación, se sugiere ponerse en contacto con la ayuda que brinda el portal de Atmel, o preguntar en los foros de ayuda de AVRfreaks o algún otro.

✓ 34.1 Comunicación entre los AVR usando SPI-USI

Trabajaremos la comunicación SPI (Serial Peripheral Interface) con el ATmega8515 y la comunicación USI (Universal Serial Interface) con el ATtiny2313. En la comunicación SPI se usan los pines MISO (Master-input, Slave-output), MOSI (Master-output, Slave-input), SCK (Source Clock) y $\overline{SS}$ (Slave Select) (diagrama 34.1). Para esta comunicación se necesitan dos AVR ATmega8515 (o entre los AVR que posean SPI), uno de ellos será configurado como Master y el otro como Slave (Maestro-Esclavo). Como no es posible comunicar un ATmega8515 en SPI con un ATtiny2313 en USI, se explicarán por separado las comunicaciones SPI y USI.

Para la comunicación entre un ATmega8515 y un ATtiny2313 haremos un "protocolo híbrido" que será muy útil en la comunicación entre otros distintos AVR, o entre la comunicación de un AVR con cualquier otro microcontrolador.

Para este tipo de proyectos se pueden configurar ambos AVR (maestro-esclavo) con la oscilación interna o externa; sin embargo, lo más conveniente es configurar a los AVR cuando se trata de comunicaciones con la oscilación externa a cristal, que para nuestros proyectos (donde se use) sean de 4 MHz. En los siguientes diagramas eléctricos, si no apareciera dibujado el cristal (por motivo de reducción de conexiones), queda a criterio del programador instalarlo en su aplicación final.

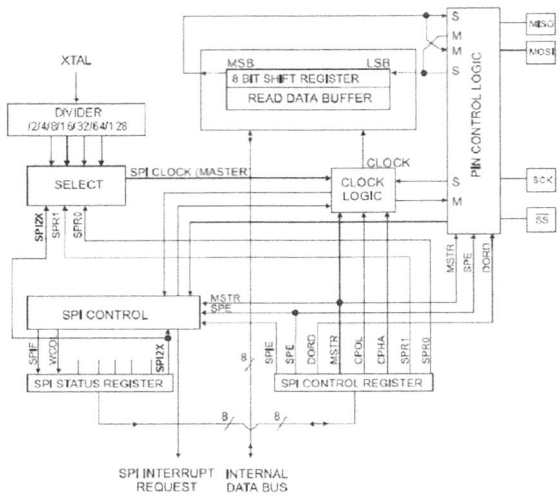

Diagrama 34.1 Diagrama de bloque de la comunicación SPI del ATmega8515

Vamos a considerar los siguientes parámetros de configuración para el maestro y el esclavo (ambos ATmega8515), y los conectaremos como muestra el diagrama 34.2. Para nuestro proyecto, en el maestro la conexión de la terminal $\overline{S\,S}$ se pondrá a +5 VCD, para el esclavo la terminal $\overline{S\,S}$ va a tierra (GND). La terminal MISO del maestro va al MISO del esclavo, y el MOSI del maestro al MOSI del esclavo; las terminales SCK van conectadas entre sí[1]:

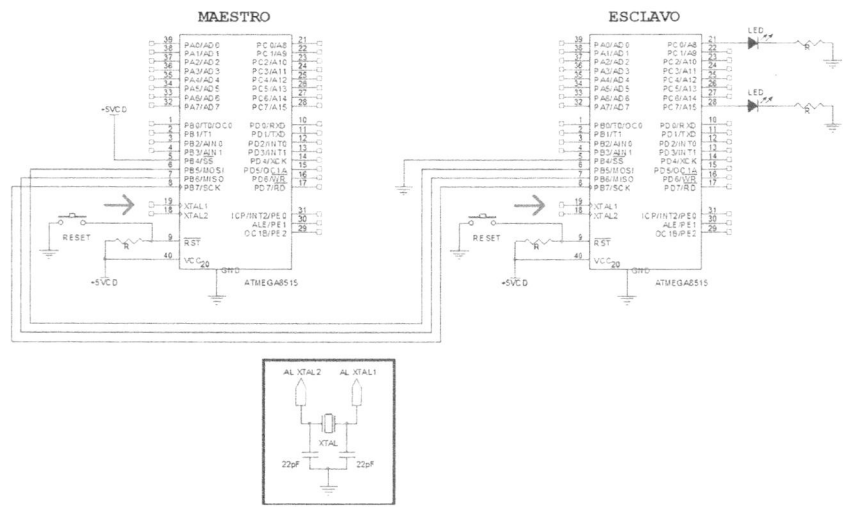

Diagrama 34.2 Conexión SPI entre dos ATmega8515 (maestro-esclavo)

---

[1] Para mayor información cabe revisar la sección "Serial Peripheral Interface – SPI" del manual del ATmega8515L

Si se conectara un solo maestro con más de un esclavo, la terminal SS de cada esclavo sería controlada por el AVR maestro. En nuestro circuito, el maestro siempre enviará datos y el esclavo los recibirá debido a la conexión física de las terminales SS. Si el maestro enviara un dato al esclavo, el maestro debería colocar a cero la terminal SS del esclavo, y, una vez terminada la comunicación, el maestro pondría al SS del esclavo a +5 VCD. Esto indica que la coordinación entre la SS y el deseo de enviar datos debe ser perfecta. Vamos a enviar un solo dato (de maestro a esclavo) colocándolo en el registro de datos (`SPDR`), y en ese momento se generará la señal de reloj entre maestro-esclavo.

Del registro de control SPCR activaremos la función SPI, el orden del dato (si LSB o MSB sale primero), la selección del maestro-esclavo y la polaridad del SCK. Seleccionaremos la frecuencia de oscilación para la comunicación con la tabla 34.1 (usaremos Fosc/8):

Tabla 34.1 Relación entre SCK y la frecuencia de oscilación

SPI2X	SPR1	SPR0	SCK Frequency
0	0	0	fosc/4
0	0	1	fosc/16
0	1	0	fosc/64
0	1	1	fosc/128
1	0	0	fosc/2
1	0	1	fosc/8
1	1	0	fosc/32
1	1	1	fosc/64

Este es el registro de control del SPI:

Bit	7	6	5	4	3	2	1	0	
	SPIE	SPE	DORD	MSTR	CPOL	CPHA	SPR1	SPR0	SPCR
	R/W	R/W	R/W	R/W	R/W	R/W	R/W	R/W	
Valor inicial	0	0	0	0	0	0	0	0	

Y como para la frecuencia de oscilación fosc/8 necesitamos configurar también el bit `SPI2X=1` del registro de estado `SPSR`:

Bit	7	6	5	4	3	2	1	0	
	SPIF	WCOL	–	–	–	–	–	SPI2X	SPSR
	R	R	R	R	R	R	R	R/W	
Valor inicial	0	0	0	0	0	0	0	0	

Para el AVR maestro a fosc/8 la configuración queda de la siguiente forma:

```
LDI R16, 1<<SPE|1<<DORD|1<<MSTR|0<<CPOL|0<<CPHA|0<< SPR1|1<< SPR0
OUT SPCR,R16

LDI R16, 1<< SPI2X
OUT SPSR,R16
```

Este es el programa para el maestro:

```
;PROGRAMA QUE ENVÍA UN DATO POR SPI
;A OTRO AVR ESCLAVO ATMEGA8515
;ESTE ES EL MAESTRO

.INCLUDE "M8515DEF.INC"
.CSEG
.ORG 0

LDI R16,LOW(RAMEND)
OUT SPL,R16
LDI R16,HIGH(RAMEND)
OUT SPH,R16

LDI R16,0b1010_0000
OUT DDRB,R16                    ;MOSI-SALIDA
                               ;MISO-ENTRADA
                               ;SCK-SALIDA

;CONFIGURAMOS VELOCIDAD DE TRANSFERENCIA
;USAREMOS FOSC/8
LDI R16, 1<<SPE|1<<DORD|1<<MSTR|0<<CPOL|0<<CPHA|0<< SPR1|1<< SPR0
OUT SPCR,R16

LDI R16, 1<< SPI2X
OUT SPSR,R16

LDI R16,0b1010_1111            ;DATO A ENVIAR POR SPDR
OUT SPDR,R16
```

```
WAIT_TRANSMIT:
; WAIT FOR TRANSMISSION COMPLETE
SBIS SPSR,SPIF
RJMP WAIT_TRANSMIT
```

◄ Esta sección se copió del manual AVR para hacer esperar al cursor hasta que ha enviado el último dato del registro de datos SPDR al AVR esclavo

```
FIN: RJMP FIN
```

Para el AVR esclavo a fosc/8 la configuración podría quedar de la siguiente forma:

```
LDI R16, 1<<SPE|1<<DORD|0<<MSTR|0<<CPOL|0<<CPHA|0<< SPR1|1<< SPR0
OUT SPCR,R16

LDI R16, 1<< SPI2X
OUT SPSR,R16
```

O, de forma reducida, en el esclavo solo se activa el bit SPE (el AVR maestro es el que controla la sincronía y la frecuencia, ya no es necesario dar de alta los mismos parámetros que en el maestro):

```
LDI R16, 1<<SPE
OUT SPCR,R16
```

Este es el programa para el esclavo:

```
;PROGRAMA QUE RECIBE UN DATO POR SPI
;DE OTRO AVR MAESTRO ATMEGA8515
;ESTE ES EL SLAVE

.INCLUDE "M8515DEF.INC"
.CSEG
.ORG 0

LDI R16,LOW(RAMEND)
OUT SPL,R16
LDI R16,HIGH(RAMEND)
OUT SPH,R16
```

```
LDI  R16,0b0100_0000
OUT  DDRB,R16                          ;MOSI-ENTRADA
                                       ;MISO-SALIDA
                                       ;SCK-ENTRADA

LDI  R16,$FF
OUT  DDRC,R16                          ;"PUERTO C" PARA SALIDA A LED's


;CONFIGURAMOS VELOCIDAD DE TRANSFERENCIA
;USAREMOS FOSC/8 (ESTA CONFIGURACIÓN ES OPCIONAL)
LDI  R16, 1<<SPE|1<<DORD|0<<MSTR|0<<CPOL|0<<CPHA|
0<< SPR1|1<< SPR0
OUT  SPCR,R16

LDI  R16, 1<< SPI2X||
OUT  SPSR,R16
```

O en la forma reducida

```
SPI_SlaveReceive:
; Wait for reception complete
sbis SPSR,SPIF
rjmp SPI_SlaveReceive
```

Esta sección se copió del manual AVR para hacer esperar al cursor hasta que ha llegado el último dato en el registro de datos SPDR

```
; Read received data
IN  R16,SPDR               ;LEE EL DATO RECIBIDO EN SPRD
OUT PORTC,R16              ;Y LO SACA A LOS LEDS

FIN: RJMP FIN
```

✒ 34.2 Comunicación USI 3-hilos (3-Wire)

En la comunicación USI a 3-hilos se necesitan en realidad 4 pines (D0-Data Output, DI-Data Input, USCK-Source Clock y GND). El voltaje de cada AVR puede ser independiente, pero una nota muy importante: **¡los voltajes de ambos AVR deben ser los mismos! No se debe trabajar con voltajes diferentes (por ejemplo +3 V con +5 V).**

A continuación se muestra el diagrama de bloques del protocolo a 3-hilos (diagrama 34.3). Se debe conectar el D0 del AVR-1 con el DI del AVR-2, y el D0 del AVR-2 con el DI del AVR-1; se debe conectar la terminal USCK en ambos AVR (el USCK del AVR-maestro controla al USCK del AVR esclavo). El USCK del AVR-maestro domina por el tipo de subrutina, que incluye para generar la señal de reloj que depende de la forma de generación del Clock según la configuración de los bits: USICS1, USICS0, USICLK (en nuestro ejemplo usaremos la configuración para generar el Clock mediante SOFTWARE CLOCK STROBE, esto significa que quien controla la comunicación es el maestro; sin embargo, es posible generar en el AVR-esclavo la misma subrutina del AVR-maestro para crear el reloj [aunque ya se vuelve más compleja la subrutina en ambos AVR]), así que la comunicación puede ser maestro-a-esclavo y de esclavo-a-maestro. En nuestro ejemplo solo usaremos el control de maestro-a-esclavo.

En el diagrama 34.3, observe que la terminal de reloj USCK está controla por el AVR-maestro. Para configurar al esclavo de modo que transmita información hacia el maestro, es necesario leer el manual del ATtiny2313 para configurar adecuadamente el registro DDRB de cada AVR y hacer una comunicación Half-Duplex.

Para las configuraciones de los DDRB para el AVR maestro (transmisor) y el AVR esclavo (receptor), se debe leer el manual AVR del ATtiny2313 en la sección "**Universal Serial Interface – USI**". Recuerde que este libro es una guía práctica y por ello no se ha escrito desglosadamente cada parte del manual para los proyectos descritos en este trabajo, así que para más combinaciones o configuraciones es necesario recurrir al manual.

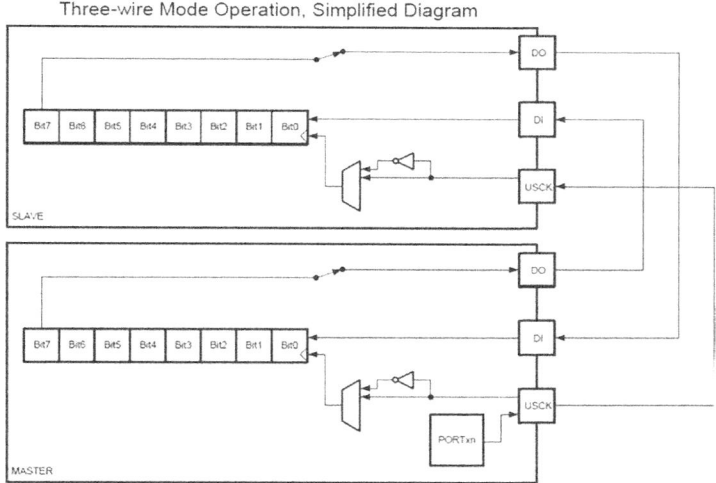

Diagrama 34.3 Diagrama de bloques de la comunicación entre los AVR mediante USI a 3-hilos

Para nuestro siguiente programa usaremos dos AVR ATtiny2313 en los que el esclavo tendrá en el "puerto D" conectados 7 LED (no 8, porque el ATtiny2313 carece del pin PD7) (diagrama 34.4). El AVR-maestro enviará una palabra de 8 bits (0b0111_0101) que será cargada en el registro USIDR (registro de Datos del USI), y mediante el cambio del registro USICLK se generará el reloj en el maestro (observe que el bit USICLK cambia de 0 a 1, y que ambos estados son cargados en registros diferentes R16 y R17). Del registro de control de USI (USICR), usaremos los bits USIWM1 y USIWM0 para configurar la comunicación a 3-hilos, con los bits USICS1, USICS0 y USICLK se selecciona la fuente para generar el Clock, y con el bit USITC se activará la función Toggle:

7	6	5	4	3	2	1	0	
USISIE	USIOIE	USIWM1	USIWM0	USICS1	USICS0	USICLK	USITC	USICR
R/W	R/W	R/W	R/W	R/W	R/W	W	W	

Valor inicial 0   0   0   0   0   0   0   0

Tabla de configuración para `USIWM1` y `USIWM0` para la selección del tipo de comunicación (en nuestro caso será a 3-hilos):

Tabla 34.2 Modo de comunicación a 2 o 3-hilos

USIWM1	USIWM0	Descripción
0	0	Los pines operan de forma normal. Se desactiva la detección de Start y Clock.
0	1	Modo en 3-hilos. Usa los pines DO, DI, y USCK. ◄
1	0	Modo 2-hilos. Usa los pines SDA (DI) y SCL (USCK).
1	1	Modo 2-hilos. Usa los pines SDA y SCL (es la misma configuración de arriba, pero el pin SCL se mantiene abajo cuando ocurre un Overflow en el contador, y se mantiene abajo hasta que la bandera del Overflow del Timer [USIOIF] es borrado).

De la siguiente tabla seleccionaremos la fuente para generar el Clock en el maestro:

Tabla 34.3 Generación del reloj para la comunicación USI

USICS1	USICS0	USICLK	Shift Register Clock Source	4 bits Counter Clock Source
0	0	0	No Clock	No Clock
0	0	1	Software clock strobe (USICLK)	Software clock strobe (USICLK) ◄
0	1	X	Timer/Counter0 overflow	Timer/Counter0 overflow
0	1	1	External, positive edge	External, both edges
1	0	0	External, negative edge	External, both edges
1	0	1	External, positive edge	Software clock strobe (USITC)
1	1	1	External, negative edge	Software clock strobe (USITC)

Entonces el registro de control quedará configurado de la siguiente forma para generar el Clock (nótese que el bit USITC cambia de estado y observe este bit en el programa final):

```
LDI R16, (0<<USIWM1)|(1<<USIWM0)|(0<<USICS1)|(0<<USICS0)|(0<<USICLK)|(1<<USITC)
OUT USICR,R16

LDI R17, (0<<USIWM1)|(1<<USIWM0)|(0<<USICS1)|(0<<USICS0)|(1<<USICLK)|(1<<USITC)
OUT USICR,R17
```

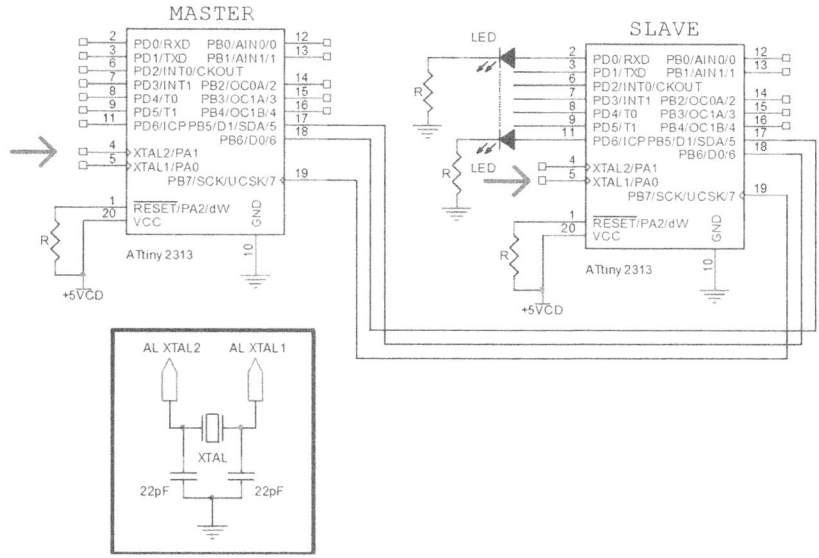

Diagrama 34.4 Diagrama para la configuración 3-wire con ATtiny2313

Nota:

En el diagrama 34.4 se observa que se ha colocado el cristal con dos condensadores no-polarizados de 22 pF cada uno. En los diagramas de comunicación entre los AVR, donde sea necesario se usará ese cristal, pero no se ha conectado al AVR (en los diagramas) para reducir el número de conexiones, aunque se entiende que las terminales AL XTRAL1 y AL XTRAL2 –del cuadro azul– se conectan en las terminales "AL XTAL1" y "AL XTAL2" del AVR (ver las flechas rojas).

Subrutina del transmisor en 3-wire:

```
;SPI 3-WIRE MASTER
.INCLUDE "TN2313DEF.INC"
.CSEG
.ORG 0

LDI R16,LOW(RAMEND)
OUT SPL,R16

LDI R16,0b1100_0000
OUT DDRB,R16
;PB7=SCK (SALIDA)
;PB6=DO (DATA OUT)
;PB5=DI (DATA INPUT)

;Bit    7      6      5      4      3       2       1       0
;       ───────────────────────────────────────────────────────────
;       USISIF USIOIF USIPF USIDC USICNT3 USICNT2 USICNT1 USICNT0  --USISR
;       ───────────────────────────────────────────────────────────────

LDI R16,(1<<USIOIF)          ;PARA RESETEAR LA BANDERA DE
                             ;INTERRUPCIÓN DE OVERFLOW (Bit 6)
OUT USISR,R16

LDI R16, 0b0111_0101         ;DATO A ENVIAR
OUT USIDR,R16                ;REGISTRO DE DATOS DEL USI


LDI R16,(0<<USIWM1)|(1<<USIWM0)|(0<<USICS1)|(0<<USICS0)|(0<<USICLK)|(1<<USITC)
                                        ;3-WIRE
                                        ------------
OUT USICR,R16                           ;Software clock strobe


LDI R17,(0<<USIWM1)|(1<<USIWM0)|(0<<USICS1)|(0<<USICS0)|(1<<USICLK)|(1<<USITC)
                                        ;3-WIRE
                                        ------------
OUT USICR,R17                           ;Software clock strobe

RCALL DOS_SEGUNDOS                      ;VAMOS A ESPERAR 2
                                        ;SEGUNDOS ANTES DE
                                        ;TRANSMITIR
```

```
OUT  USICR,R16        ;7 MSB
OUT  USICR,R17
OUT  USICR,R16        ;6
OUT  USICR,R17
OUT  USICR,R16        ;5
OUT  USICR,R17
OUT  USICR,R16        ;4
OUT  USICR,R17
OUT  USICR,R16        ;3
OUT  USICR,R17
OUT  USICR,R16        ;2
OUT  USICR,R17
OUT  USICR,R16        ;1
OUT  USICR,R17
OUT  USICR,R16        ;0 LSB
OUT  USICR,R17
```

Se va intercalando el R16 y el R17, que corresponde al bit USICLK, para ir sacando los bits del dato a ser enviado (10111_0101)

```
SPITransfer_loop:
SBIS USISR,USIOIF
RJMP SPITransfer_loop
```

Esta sección se copió del manual AVR para hacer esperar al cursor hasta que ha enviado el último dato del registro de datos en USIDR

```
FIN: RJMP FIN
```

Subrutina del receptor en 3-wire:

De la siguiente tabla seleccionaremos la fuente para el Clock de esclavo:

USICS1	USICS0	USICLK	Shift Register Clock Source	4 bits Counter Clock Source
0	0	0	No Clock	No Clock
0	0	1	Software clock strobe (USICLK)	Software clock strobe (USICLK)
0	1	X	Timer/Counter0 overflow	Timer/Counter0 overflow
0	1	1	External, positive edge	External, both edges
1	0	0	External, negative edge	External, both edges
1	0	1	External, positive edge	Software clock strobe (USITC)
1	1	1	External, negative edge	Software clock strobe (USITC)

Nota:

En esta subrutina hay que tener cuidado en la selección del Clock, ya que el AVR-maestro es quien controla el reloj, y entonces el AVR-esclavo deberá ser configurado para ser controlado (o sincronizado) por las opciones de "fuente externa de Clock" (que en nuestro caso seleccionaremos con USICS1=1, USICS0=0, y USICLK=0).

Programa:

```
;PROGRAMA QUE CONFIGURA USI CON 3-WIRE SLAVE
.INCLUDE "TN2313DEF.INC"
.CSEG
.ORG 0

LDI R16,LOW(RAMEND)
OUT SPL,R16

LDI R16,0b0100_0000
OUT DDRB,R16
;PB7=SCK (ENTRADA)
;PB6=DO (DATA OUTPUT)
;PB5=DI (DATA INPUT)

LDI R16,$FF
OUT DDRD,R16

LDI R16,(0<<USIWM1)|(1<<USIWM0)|(1<<USICS1)|(0<<USICS0)|(0<<USICLK) ;3-WIRE

OUT USICR,R16                                      ;EXTERNAL NEGATIVE EDGE
```

```
;SlaveSPITransfer:

LDI R16,(1<<USIOIF)            ;Desactiva la bandera de
                              ;interrupción
OUT USISR,R16                 ;Si es que antes se activó

SlaveSPITransfer_loop:        ;Espera hasta que termine de
                              ;recibir
SBIS USISR,USIOIF
RJMP SlaveSPITransfer_loop
```

Copiado del manual

```
IN R16,USIDR
OUT PORTD,R16                 ;Lo que recibe el registro USI
                             ;lo envía al "PORT D" para
                             ;comprobar que el dato enviado
                             ;está en el
FIN: RJMP FIN                ;receptor
```

✓ 34.3 Comunicación entre los AVR usando una comunicación híbrida síncrona

La comunicación entre los AVR se hace con protocolos ya establecidos por el fabricante, pero ¿qué sucede si deseamos conectar los AVR que no tengan los mismos protocolos de comunicación? Por ejemplo, conectar un AVR que no tenga ISP con uno que sí lo tenga.

La comunicación híbrida entre los AVR va más allá del protocolo que contenga cada uno, inclusive mediante esta lógica se puede comunicar un AVR con otro microcontrolador de cualquier otra marca, ya que cualquier pin del microcontrolador puede operar como Clock, como Data o como Ready to send. Este protocolo híbrido puede ser establecido en cualquier pin del AVR.

Se pueden establecer dos formas de comunicación híbrida: la asíncrona y la síncrona. A continuación mostraremos un ejemplo de la comunicación síncrona.

Para elaborar un protocolo de comunicación síncrona se necesitan solo dos pines, el de Data (datos) y el de sincronía o reloj (Clock) (diagrama 34.5). La subrutina del AVR-maestro transmitirá bit a bit el dato hacia el AVR-esclavo. En este ejemplo la comunicación es muy rápida, pero se puede variar la velocidad de transmisión si se cambia el `DELAY_2` de la subrutina del transmisor. La palabra enviada por el maestro se visualizará en el "puerto B" del AVR-esclavo. En este ejercicio se enviará un solo dato, por lo que las subrutinas del maestro y esclavo terminan en la etiqueta `FIN: RJMP FIN` para este propósito, pero es posible enviar múltiples datos de maestro a esclavo, o de esclavo a maestro. Este protocolo permite la comunicación entre un solo maestro y múltiples esclavos.

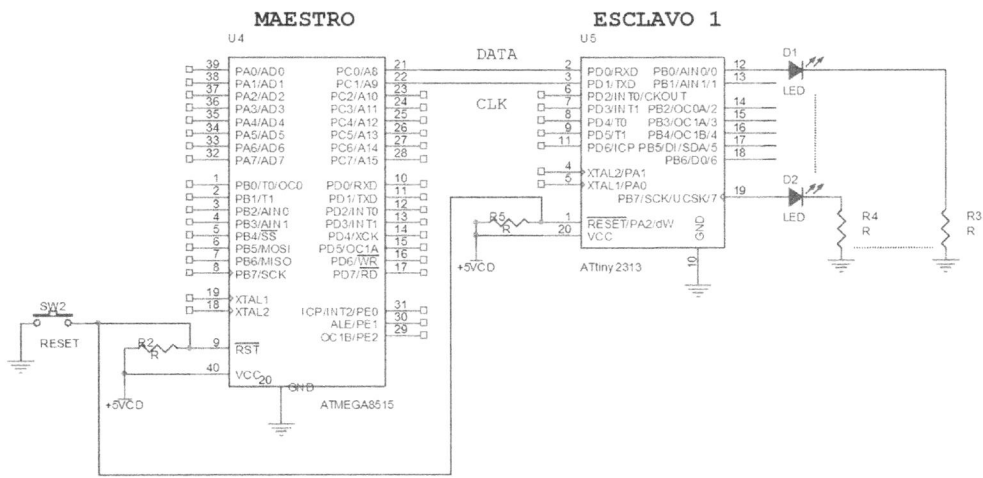

Diagrama 34.5 Comunicación híbrida entre los AVR mediante dos terminales Data/CLK

En el transmisor se dará de alta el `PC0` para la señal de sincronía (Clock) y `PC1` para el Data (ya sea 0 o 1). Enviaremos el dato `0b1100_0010`:

Para el transmisor:

```
;SACA Bit A Bit EL VALOR DEL REGISTRO A TRANSMITIR A OTRO AVR
;(ATTINY2313)
;ENVÍA Bit A Bit POR MEDIO DE DOS PINES DEL "PUERTO C"
;SE USA PARA ENVIAR UN ATMEGA8515
```

Encabezado para ATmega8515

Stack Pointer para ATmega8515

```
; 7 6 5 4 3 2  1   0   ...Bit
;---------------------
;|X|X|X|X|X|X|DATA|CLK|  ...FUNCIÓN
;---------------------

LDI R16,0b0000_0011      ;Estos dos bits representan el
                         ;CLK=PB0
OUT DDRC,R16             ;Y el PB1 EL bit dato a sacar
                         ;Los demás bits no se usan

RCALL 2_SEGUNDOS         ;Vamos a esperar 2 segundos antes de
                         ;la transmisión

LDI R25,0b1100_0010      ;DATO A ENVIAR

SACANDO_BITS:

LDI R21,8               ;8 repeticiones
LDI R22,0               ;Para comparar
```

ENVIANDO_BIT_A_BIT:

```
LDI R17,0b00000001
LDI R18,0b00000001
CP R22,R21
BREQ FIN_PARCHE

AND R17,R25             ;Compara el bit del dato para enviar
                       ;CERO o UNO

CP R17,R18

BREQ BIT_UNO
RJMP BIT_CERO
```

```
FIN_PARCHE:
RJMP FIN

;ENVIANDO EL BIT
;*****************************
;SI EL BIT DEL DATO A ENVIAR ES UNO

BIT_UNO:
DEC R21

LDI R19,0b00000011
OUT PORTC,R19       ;envía DATO al otro AVR

RCALL DELAY_2

LDI R19,0b00000000
OUT PORTC,R19

RCALL DELAY_2

LSR R25

RJMP ENVIANDO_BIT_A_BIT

;*****************************
;SI EL Bit DEL DATO A ENVIAR ES CERO

BIT_CERO:
DEC R21

LDI R19,0b00000001
OUT PORTC,R19

RCALL DELAY_2

LDI R19,0b00000000
OUT PORTC,R19

RCALL DELAY_2

LSR R25

RJMP ENVIANDO_BIT_A_BIT

FIN: RJMP FIN
```

Para el receptor:

```
;PROGRAMA QUE RECIBE Bit A Bit
;EN UN PIN DE PUERTO
```

Encabezado para ATtiny2313

Stack Pointer para ATtiny2313

```
LDI R16,0b0000_0000
OUT DDRD,R16                  ;Como entradas PD0=CLOCK, PD1=DATA

LDI R16,$FF                   ;Para que se enciendan los LED's
OUT DDRB,R16

LDI R16,$00
OUT PORTB,R16

LDI R16,0
MOV R0,R16

LDI R16,1
MOV R1,R16

LDI R16,2
MOV R2,R16

LDI R16,3
MOV R3,R16

LDI R16,4
MOV R4,R16

LDI R16,5
MOV R5,R16

LDI R16,6
MOV R6,R16

LDI R16,7
MOV R7,R16

LDI R16,0
MOV R8,R16                    ;PARA EL #DE VUELTAS DE LOS Bits
```

```
RECIBE_BIT_A_BIT:

;LEE DATO PROVENIENTE DEL TRANSMISOR

LDI R16,0b0000_0001     ;Máscara de detección de CLK
LDI R18,0b0000_0011     ;Máscara para UNO
LDI R19,0b0000_0001     ;Máscara para CERO

LEYENDO:

IN R17,PIND             ;R17 contiene el bit del dato que
                        ;envía el transmisor

MOV R9,R17

AND R17,R16             ;Máscara para saber si existe dato en
                        ;puerto
CP R17,R16
BRNE LEYENDO

MOV R17,R9              ;Devuelve valor cargado anteriormente

AND R17,R18             ;Máscara para extraer Bit 0 o 1

CP R17,R18
BREQ DATO_UNO

RJMP DATO_CERO

;***************
DATO_CERO:

LDI R17,0b0000_0000
RJMP GO_ON
;***************
DATO_UNO:

LDI R17,0b0000_0001

GO_ON:

CP R0,R8                ;COMPARA con Bit_0
BREQ CERO_PARCHE
```

```
CP R1,R8                    ;COMPARA con Bit_1
BREQ UNO_PARCHE
.
.
.
CP R6,R8                    ;COMPARA con Bit_6
BREQ SEIS_PARCHE

CP R7,R8                    ;COMPARA con Bit_7
BREQ SIETE_PARCHE


CERO_PARCHE:
RJMP CERO
.
.
.
SEIS_PARCHE:
RJMP SEIS

SIETE_PARCHE:
RJMP SIETE

;*********************************
CERO:

MOV R20,R17                 ;R20 adquiere el valor inicial
INC R8

OUT PORTB,R20               ;DATO ACTUAL

RCALL DELAY
RJMP RECIBE_BIT_A_BIT

UNO:

LSL R17
OR R17,R20
MOV R20,R17                 ;R20 adquiere el VALOR ACTUAL
INC R8

OUT PORTB,R20               ;DATO ACTUAL

RCALL DELAY
RJMP RECIBE_BIT_A_BIT
```

```
DOS:

LSL R17
LSL R17
OR R17,R20
MOV R20,R17                ;R20 adquiere el VALOR ACTUAL
INC R8

OUT PORTB,R20             ;DATO ACTUAL

RCALL DELAY
RJMP RECIBE_BIT_A_BIT
.
.
.
SIETE:

LSL R17
LSL R17
LSL R17
LSL R17
LSL R17
LSL R17
LSL R17

OR R17,R20
MOV R20,R17

OUT PORTB,R20             ;DATO ACTUAL
LDI R16,0
MOV R8,R16                ;RESETA # DE Bits

RCALL DELAY_2
FIN:RJMP FIN

;RJMP RECIBE_BIT_A_BIT
```

Este programa solo recibe un dato de 8 bits, ya que el transmisor está programado para ello, por eso la subrutina termina con FIN: RJMP FIN, pero si el transmisor va a enviar más datos, la subrutina terminará con RJMP RECIBE_BIT_A_BIT.

Comunicación entre los AVR a distancia

35.1 Comunicación a distancia con una interfaz RS-485

Se puede tener una comunicación a distancia entre los AVR o entre un AVR y cualquier otro dispositivo electrónico (un ordenador, un sensor, etcétera). Mostraremos dos métodos de comunicación a distancia: el primero por cable usando una interfaz RS-485, y el segundo usando módulos XBEE. Para la comunicación a distancia por cable mostraremos, en el diagrama 35.1, la conexión con un AVR y un circuito integrado DS3695, que es una interfaz RS-485 (figura 35.1), la cual puede enlazar más de 500 metros (en teoría un poco más de 1 km). Este proyecto se probó usando un carrete de cable UTP entre el receptor y el transmisor; la conexión es muy similar al del proyecto "Comunicación entre un AVR y un ordenador" (por el uso puerto de comunicación DB-9 y el CI MAX-232). Se pueden integrar varias configuraciones con el diagrama 35.1, ya sea una comunicación alámbrica entre un ordenador + RS-232 + RS-485 usando el programa de Hyperterminal para enviar los datos desde el ordenador hacia un AVR remoto (o algún otro dispositivo); también se puede integrar una comunicación alámbrica entre el ordenador + RS-232 + RS-485 + AVR, donde el AVR transmitirá por medio del RS-485 a distancia, y el RS-232 se comunicará con el ordenador usando el Hyperterminal, y varias otras configuraciones.

En este ejemplo enviaremos datos a través del AVR a distancia (RS-845) a otro AVR, y el ordenador mostrará (usando el Hyperterminal) los datos enviados (texto ASCII). Para este proyecto necesitaremos configurar dos AVR para la función de UART (usaremos un ATtiny2313 para el envío de información y un ATmega8515 con display para la recepción).

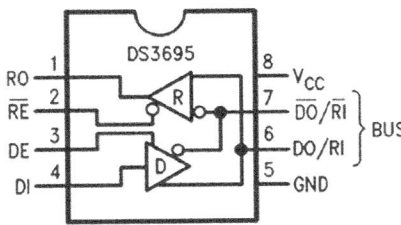

Figura 35.1 Pinning del DS3695 interfaz RS-485

Se debe revisar el manual PDF del RS-485 (DS3695) para entender la conexión con el RS-232, el programador puede buscar cualquier otra interfaz RS-485 en la web. Aunque estamos en la tecnología inalámbrica, todavía se pueden encontrar aplicaciones para la comunicación alámbrica a distancia. El voltaje de operación del DS3695 será a +5 VCD, igual que la alimentación de los AVR, la terminal RE debe ir a tierra y la terminal DE se conectará a +5 VCD. DI es la terminal de entrada TTL, RO es la terminal de salida del DS3695, las terminales BUS son las de transmisión/recepción a distancia.

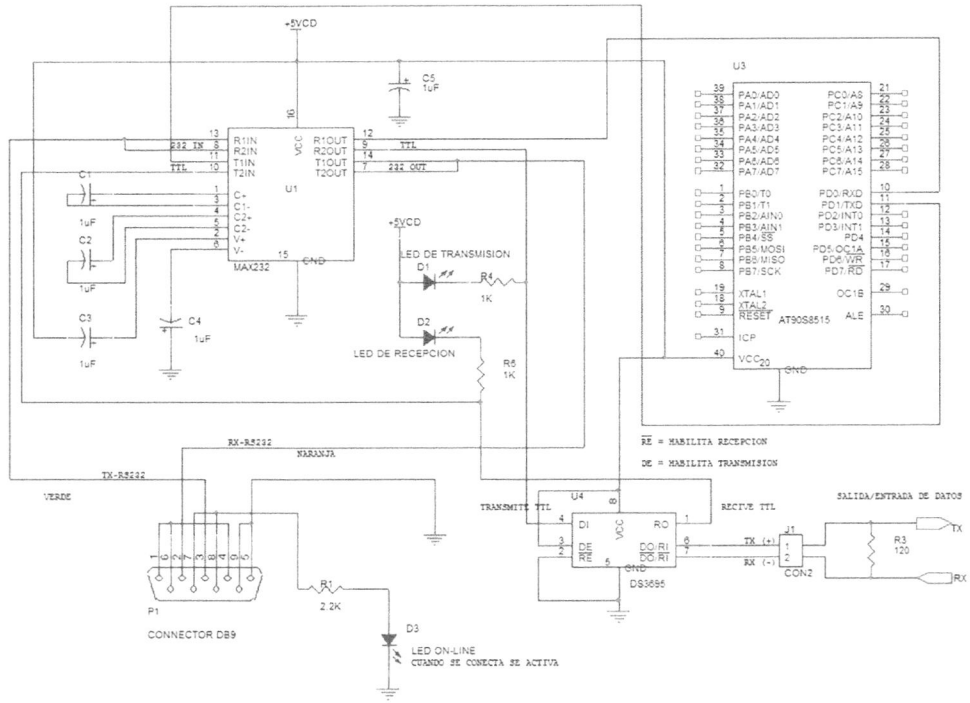

Diagrama 35.1 Diagrama de un AVR conectado a una interfaz RS-232 Y RS-485

✓ 35.2 Comunicación a distancia usando XBEE

Vamos a realizar un proyecto que comunique a distancia un AVR con otro AVR usando módulos XBEE serie 1 (diagrama 35.2). Este es un proyecto más elaborado, pero con los conocimientos y práctica ya adquiridos en este libro se podrá realizar fácilmente. Para este proyecto necesitaremos varias herramientas: un módulo-programador (MP) para XBEE, el software de programación X-CTU (si sus XBEE los acaba de comprar asegúrese de que sean nuevos y que nadie los programó, ya que de fábrica vienen con la configuración de UART para esta aplicación, y de ser así no necesitará comprar el MP ni descargar el software), dos

AVR (puede ser cualquier AVR con comunicación UART), dos XBEE y dos adaptadores para un protoboard-XBEE (la distancia de la distribución de pines del XBEE es diferente que la del protoboard). Para este proyecto usaremos dos AVR ATtiny2313 (transmisor y receptor).

El transmisor enviará 4 datos ASCII diferentes, los datos son comunicados por la UART del AVR-1, su correspondiente XBEE, el cual se comunicará con el XBEE del receptor. Se debe tener especial cuidado en el voltaje de alimentación del XBEE, ya que opera a +3.2 VCD. Para conectar el AVR con el XBEE por cuestiones de voltaje, se debe revisar en los manuales AVR el voltaje mínimo de operación.

Se necesita descargar el software DIGI X-CTU[1] para programar a los XBEE. De fábrica los XBEE vienen programados en "modo transparente", esto significa que cualquier dato introducido por la terminal DIN es modulado y enviado a otro XBEE, la terminal DOUT recibe los datos enviados de otro XBEE. Para hacer más fácil la comunicación entre un AVR y un XBEE se sugiere usar la comunicación UART entre ambos (es posible también comunicar desde el AVR al XBEE por otras terminales que no sean UART). El uso del cristal a 4 MHz es opcional.

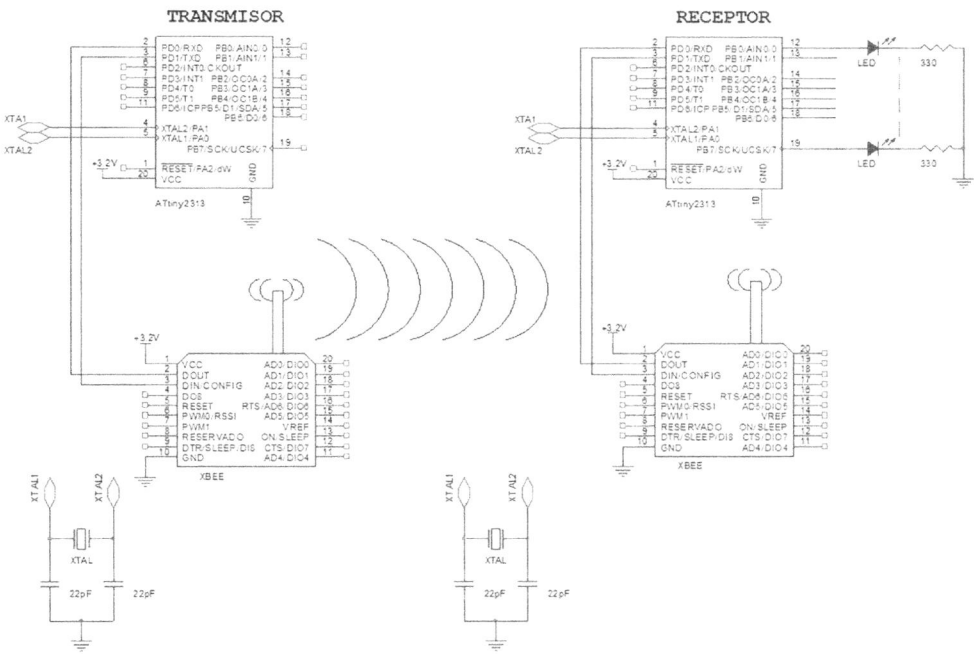

Diagrama 35.2 Diagrama de la comunicación UART entre un AVR y un XBEE

---

[1] El programa DIGI X-CTU se puede descargar de http://www.digi.com/products/xbee-rf-solutions/xctu-scftware/xctu#prod uctsupport-utilities.

Para empezar a programar los AVR seguiremos los pasos que hemos aprendido hasta ahora, que son:

1. Conocer los registros de la función que deseamos activar (conocer los registros que controlan la función deseada y conocer el registro de datos de la función deseada).
2. Revisar las tablas de operación, velocidades, frecuencias (si existiesen), etc.
3. Leer la sección correspondiente buscando la información o detalles necesarios.
4. En caso de ser necesario, buscar en internet, en el soporte técnico o en foros la información complementaria.

Siguiendo las recomendaciones anteriores, vamos a localizar en el manual los registros de configuración y activación correspondientes para el UART del ATtiny2313. Encontraremos los siguientes registros:

Del registro UCSRA vamos solo a cargar el bit U2X=0 (velocidad normal), que corresponde a "doble velocidad" o velocidad normal de transmisión:

Bit	7	6	5	4	3	2	1	0	
	RXC	TXC	UDRE	FE	DOR	UPE	U2X	MPCM	UCSRA
	R	R/W	R	R	R	R	R/W	R/W	
Valor inicial	0	0	1	0	0	0	0	0	

Del registro UCSRB vamos a habilitar la transmisión y recepción del UART (RXEN=1, TXEN=1), y el formato de número de bits para la comunicación, ya sea de 5 a 9 bits (UCSZ2=0):

Bit	7	6	5	4	3	2	1	0	
	RXCIE	TXCIE	UDRIE	RXEN	TXEN	UCSZ2	RXB8	TXB8	UCSRB
	R/W	R/W	R/W	R/W	R/W	R/W	R	R/W	
Valor inicial	0	0	0	0	0	0	0	0	

Del registro UCSRC vamos a seleccionar la comunicación asíncrona (UMSEL=0), sin paridad (UPM1=0, y UPM0=0), 1 bit de parada (USBS=0), el formato de número de bits para la comunicación, ya sea de 5 a 9 bits (UCSZ1=1, y UCSZ0=1) y la polaridad del reloj en Rising (UCPOL=0):

Bit	7	6	5	4	3	2	1	0	
	–	UMSEL	UPM1	UPM0	USBS	UCSZ1	UCSZ0	UCPOL	UCSRC
	R	R/W	R/W	R/W	R/W	R/W	R/W	R/W	
Valor inicial	0	0	0	0	0	1	1	0	

De la tabla 35.1 usaremos la configuración para 8 bits:

Tabla 35.1 Tamaño de la palabra para la comunicación UART

UCSZ2	UCSZ1	UCSZ0	Tamaño del caracter
0	0	0	5 bits
0	0	1	6 bits
0	1	0	7 bits
0	1	1	8 bits
1	0	0	Reservado
1	0	1	Reservado
1	1	0	Reservado
1	1	1	9 bits

Para la velocidad de transmisión en bits por segundo (BAUD), seguiremos la tabla que aparece en el manual para el ATtiny2313 a un cristal de 4 MHz (tabla 35.2), sin doble velocidad (U2X=0), para 9600 BAUD. Para este caso necesitamos UBRRL=25 y UBRRH=0. De la tabla de BAUD (tabla 35.2), al seleccionar la velocidad y frecuencia deseada (para 9600 BAUD @4 Mhz del cristal interno del AVR), nos da un valor de 25 (decimal). Este valor lo cargaremos al registro UBRRL:

	R	R	R	R	R/W	R/W	R/W	R/W	
Bit	15	14	13	12	11	10	9	8	
	–	–	–	–	UBRR[11:8]				UBRRH
	UBRR[7:0]								UBRRL
	7	6	5	4	3	2	1	0	
	R/W	R/W	R/W	R/W	R/W	R/W	R/W	R/W	
Valor inicial	0	0	0	0	0	0	0	0	
	0	0	0	0	0	0	0	0	

```
LDI  R16,25
OUT  UBRRL,R16
LDI  R16,0
OUT  UBRRH,R16
```

Tabla 35.2 Velocidad de transmisión (BAUD) para 4 MHz y U2X=0

| Baud Rate (bps) | f_{osc} = 3.6864 MHz | | | | f_{osc} = 4.0000 MHz | | | |
| | U2X = 0 | | U2X = 1 | | U2X = 0 | | U2X = 1 | |
	UBRR	Error	UBRR	Error	UBRR	Error	UBRR	Error
2400	95	0.0%	191	0.0%	103	0.2%	207	0.2%
4800	47	0.0%	95	0.0%	51	0.2%	103	0.2%
9600	23	0.0%	47	0.0%	25	0.2%	51	0.2%

El siguiente registro (UDR) es el encargado de enviar o recibir los datos del UART:

Bit	7	6	5	4	3	2	1	0	
	RXB[7:0]								UDR (Read)
	TXB[7:0]								UDR (Write)
	R/W	R/W	R/W	R/W	R/W	R/W	R/W	R/W	
Valor inicial	0	0	0	0	0	0	0	0	

Programa:

Vamos a elaborar el programa para el transmisor que enviará cuatro datos diferentes al receptor vía UART primeramente (entre los AVR sin los XBEE), esto es para asegurarnos de que la transmisión y recepción son perfectas antes de conectar los XBEE. Los datos enviados se visualizarán en los LED del receptor.

Transmisor:

Usaremos la subrutina sugerida en el manual para la espera a estar "listo" en el registro de datos del UART (UDR) antes de ser enviado.

Nota:

Los bits que acabamos de seleccionar para la configuración del UART dependen de la aplicación del programador, en nuestro caso, con esta configuración es suficiente. Aunque algunos bits mencionados no los usaremos, estarán declarados en el programa sllo para enfatizar y asegurarnos de que valgan cero.

Nota:

Usaremos la nomenclatura por bit para cargar los registros de configuración.

```
;PROGRAMA PARA TRANSMITIR 4 DATOS USANDO XBEE
;CON LA COMUNICACIÓN UART
```

Encabezado para ATtiny2313

Stack Pointer para ATtiny2313

```
LDI R16,(0<<U2X)
OUT UCSRA,R16                    ;VELOCIDAD DE TRANSMISIÓN
                                 ;NORMAL

LDI R16,(1<<RXEN)|(1<<TXEN)|(0<<UCSZ2)
OUT UCSRB,R16                    ;SE HABILITA TX Y RX

LDI R16,(0<<UMSEL)|(0<<UPM1)|(0<<UPM0)|(0<<USBS)|(1<<UCSZ1)|(1<<UCSZ0)|(0<<UCPOL)
OUT UCSRC,R16                    ;SE CONFIGURA COMUNICACIÓN
                                 ;ASÍNCRONA, POLARIDAD DEL
                                 ;RELOJ, BIT´s DE PARADA, # DE
                                 ;Bits DE COMUNICACIÓN, Y
                                 ;COMUNICACIÓN ASÍNCRONA.

LDI R16,25
OUT UBRRL,R16                    ;SE CONFIGURA BAUD´S POR
                                 ;SEGUNDO ;=6900

LDI R16,0
OUT UBRRH,R16

RCALL UN_SEGUNDO
RCALL UN_SEGUNDO                 ;Esperamos 2 segundos antes de
                                 ;empezar

RCALL ESPERANDO_PARA_ENVIAR
LDI R17,0b1010_1010              ;DATO a enviar 0b1010_1010
OUT UDR, R17
RCALL UN_SEGUNDO

RCALL ESPERANDO_PARA_ENVIAR
LDI R17,0b1100_0011              ;DATO a enviar 0b1100_0011
OUT UDR, R17
RCALL UN_SEGUNDO
```

```
RCALL ESPERANDO_PARA_ENVIAR
LDI R17,0b0101_1111              ;DATO a enviar 0b0101_1111
OUT UDR, R17
RCALL UN_SEGUNDO

RCALL ESPERANDO_PARA_ENVIAR
LDI R17,0b0110_0110              ;DATO a enviar 0b0110_0110
OUT UDR, R17
RCALL UN_SEGUNDO

FIN:RJMP FIN

;*************************************
;*************************************
ESPERANDO_PARA_ENVIAR:
```

```
USART_Transmit:
; Wait for empty transmit buffer
sbis UCSRA,UDRE
rjmp USART_Transmit
```

Esta subrutina se copió del manual. Sirve para esperar a que el registro UDR esté listo para ser enviado

```
RET

UN_SEGUNDO:
.
.
.
RET
```

Receptor:

Usaremos la subrutina sugerida en el manual para la espera a estar "listo" en el registro de datos del UART (UDR) antes de ser recibido.

```
;PROGRAMA PARA RECIBIR 4 DATOS USANDO XBEE
;CON LA COMUNICACIÓN UART.
;LOS DATOS RECIBIDOS SE VISUALIZARÁN EN LOS LED
```

Encabezado para ATtiny2313

Stack Pointer para ATtiny2313

```
LDI R16,$FF
OUT DDRB,R16                ;PARA ENCENDER LOS LED

LDI R16,(0<<U2X)
OUT UCSRA,R16               ;VELOCIDAD DE TRANSMISIÓN NORMAL

LDI R16,(1<<RXEN)|(1<<TXEN)|(0<<UCSZ2)
OUT UCSRB,R16               ;SE HABILITA TX Y RX

LDI R16,(0<<UMSEL)|(0<<UPM1)|(0<<UPM0)|(0<<USBS)|(1<<UCSZ1)|(1<<UCSZ0)|(0<<UCPOL)
OUT UCSRC,R16               ;SE CONFIGURA COMUNICACIÓN ASÍNCRONA,
                           ;POLARIDAD DEL RELOJ,
                           ;BITS DE PARADA, # DE Bit DE
                           ;COMUNICACIÓN, Y COMUNICACIÓN
                           ;ASÍNCRONA.

LDI R16,25
OUT UBRRL,R16              ;Se configura BAUD´S POR SEGUNDO =6900

LDI R16,0
OUT UBRRH,R16

RECIBIENDO:

RCALL RECIBIENDO_DATO
OUT PORTB,R20             ;R20 contiene el DATO RECIBIDO

RJMP RECIBIENDO

;************************************
;************************************



RECIBIENDO_DATO:

USART_Receive:
; Wait for data to be received
sbis UCSRA, RXC
rjmp USART_Receive
```

Esta subrutina se copió del manual. Sirve para esperar a que el registro UDR esté listo para recibir

```
IN R20, UDR              ;REGISTRO DE DATO DE RECEPCIÓN
RET
```

Una vez probada la comunicación entre los AVR por UART, debemos configurar los XBEE y conectarlos a los AVR como está descrito en el diagrama eléctrico de este proyecto (diagrama 35.2). Se pueden usar dos fuentes de alimentación, una por cada circuito, para que haga prueba de distancia con los XBEE (tambien puede usar baterías AA de 1.5 V cada una). **¡Asegúrese de que los voltajes de operación de las fuentes sean de +3.3 VCD!**

Generador de un pulso de reloj para una sincronía (Clock Recovery)

Cuando se trata de las comunicaciones, en ocasiones se necesita de una sincronía cuando no se tiene. El siguiente proyecto es un artificio para generar una señal de reloj de sincronía de una señal asíncrona. Generaremos un *frame de datos* que serán introducidos al AVR, y este va a generar en dos pines de salida la señal de entrada más su *señal de sincronía* (señal de reloj para una siguiente etapa). El principio de operación de este programa (que es introducir una señal digital a un pin del AVR y que este, a través de un algoritmo, elabore otra respuesta) es la base para la elaboración de otros programas más complejos como un decodificador, un codificador, un encriptador, multiplicadores de señales, etc.

Del siguiente diagrama de tiempos (diagrama 36.1), veremos que el dato de entrada a 8 bits (en este caso) será el frame SIG_IN, que será procesado por el AVR para obtener una señal de reloj (CLK_RECOVERY 0 grados), que es el equivalente a un ciclo de reloj por dato; así, en 8 bits tendremos 16 cambios en la señal de reloj recuperada (o generada), es decir, que la frecuencia del CLK_RECOVERY es del doble que la frecuencia de los datos ($f_{CLK\ REC} = 2f_{DATA}$). También es posible generar un CLK_RECOVERY con desfasamiento u obtener más cambios por dato, como por ejemplo 32 o 48 cambios por dato, según necesite el programador.

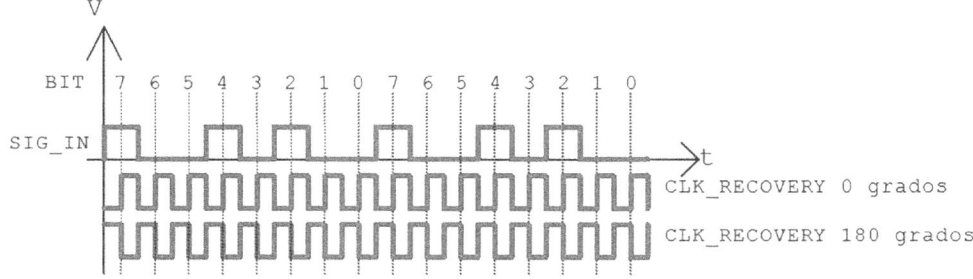

Diagrama 36.1 Diagrama de tiempos para un CLK_RECOVERY de dos cambios por dato

Vamos a generar el dato 0b1001_0100 (el dato del diagrama 36.2) en un AVR para que sea enviado infinitamente a otro AVR, que será el que genere el CLK_RECOVERY (para este proyecto se sugiere el uso del cristal para una mayor exactitud en la generación del reloj):

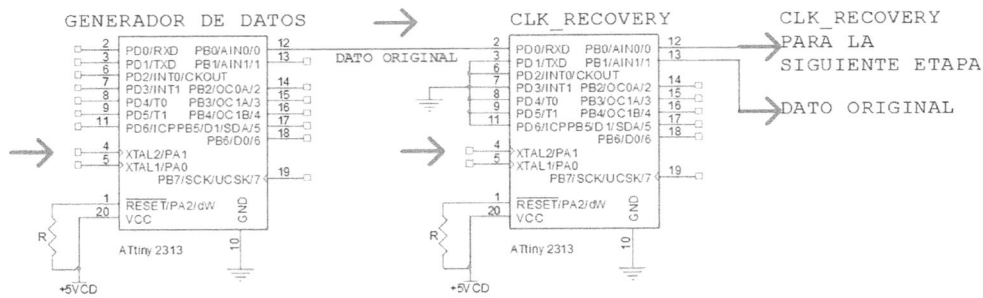

Diagrama 36.2 Diagrama para generar el dato de prueba y el recuperador del reloj

Para el generador:

La frecuencia de reloj del dato a enviar depende de la subrutina en el recuperador, ya que si la frecuencia es muy rápida la detección puede ser muy defectuosa en el recuperador. **Se debe de medir el consumo de ciclos de reloj en el simulador AVR (Stop Watch) en la subrutina de detección en el recuperador, y con ello ajustar la frecuencia del dato enviado. ¡En este programa se necesita una sincronización perfecta!**

Programa:

```
;PROGRAMA PARA GENERAR EL DATO 0b1001_0100
;QUE SERÁ ENVIADO A UN RECUPERDOR DE RELOJ

.INCLUDE "TN2313DEF.INC"
.CSEG
.ORG 0

LDI R16,LOW(RAMEND)
OUT SPL,R16

LDI R16,$01
OUT DDRB,R16        ;PARA ENVIAR EL DATO AL RECUPERADOR

;0b1001_0100
LDI R16,$01         ;DATO 1 a ENVIAR
LDI R17,$00         ;DATO 0 a ENVIAR
```

```
CICLO:
OUT PORTB,R16      ;Para Bit-7
RCALL DELAY

OUT PORTB,R17      ;Para Bit-6
RCALL DELAY

OUT PORTB,R17      ;Para Bit-5
RCALL DELAY

OUT PORTB,R16      ;Para Bit-4
RCALL DELAY

OUT PORTB,R17      ;Para Bit-3
RCALL DELAY

OUT PORTB,R16      ;Para Bit-2
RCALL DELAY

OUT PORTB,R17      ;Para Bit-1
RCALL DELAY

OUT PORTB,R17      ;Para Bit-0
RCALL DELAY
RJMP CICLO

DELAY:

LDI R20,$1C
LDI R22,0

CICLO2:
DEC R20
CP R20,R22
BRNE CICLO2
RET
```

Este DELAY se debe ajustar según el consumo de ciclos de reloj de la subrutina de detección en el "Recuperador de reloj", que es 30.25 µs

Para el recuperador de reloj:

```
;PROGRAMA QUE EXTRAE Bit A Bit DEL DATO
;ENVIADO PARA GENERAR EL RELOJ Y GENERAR
;NUEVAMENTE EL DATO RECIBIDO

.INCLUDE "TN2313DEF.INC"
.CSEG
.ORG 0000

LDI R16,LOW(RAMEND)
OUT SPL,R16

LDI R16,0b0000_0011
OUT DDRB,R16

LDI R16,$00
OUT DDRD,R16        ;Solo usaremos un pin para recibir los
                    ;datos
```

```
LEYENDO_BIT_A_BIT:
IN R16,PIND         ;R16 contiene el DATO a procesar

MOV R20,R16         ;COPIAMOS el DATO a R20 para evitar
                    ;CORRUPCIÓN

LDI R18,1
LDI R17,1

AND R17,R20
CP R17,R18
BREQ DATO_1_BIS
RJMP DATO_0_BIS

DATO_1_BIS:
LDI R18,0b0000_00_1_0

;0bXXXX_XX D CLK
;0b0000_00 1  0
;0b0000_00 1  1
                    ;CLOCK BAJA
OUT PORTB,R18       ;DATO SUBE
```

> Este bloque debe ser revisado en el STOP WATCH para comprobar el tiempo consumido para ajustar al Delay y cerrarlo a un tiempo conveniente. En nuestro caso es de 30.25 μs

```
RCALL DELAY
LDI R18,0b0000_00_1_1
                    ;CLOCK SUBE
OUT PORTB,R18       ;DATO SUBE

RCALL DELAY
RJMP LEYENDO_BIT_A_BIT

DATO_0_BIS:
LDI R18,0b0000_00_0_0

;0bXXXX_XX D CLK
;0b0000_00 0  0
;0b0000_00 0  1

                    ;CLOCK BAJA
OUT PORTB,R18       ;DATO BAJO

RCALL DELAY

LDI R18,0b0000_00_0_1
                    ;CLOCK SUBE
OUT PORTB,R18       ;DATO BAJO

RCALL DELAY

RJMP LEYENDO_BIT_A_BIT
```

```
DELAY:
LDI R20,$0B
LDI R22,0
CICLO:
DEC R20
CP R20,R22
BRNE CICLO
NOP
RET
```

Este DELAY se debe ajustar para ser sumado al bloque rojo del DELAY del "Generador".

En el osciloscopio observaremos la señal recuperada original (en PB1), y la señal de reloj para la siguiente etapa (en PB0) (figura 36.1). Existe un desfasamiento entre la señal de entrada SIG_IN y la señal de salida recuperada. Compare la señal de la figura del diagrama 36.1 con la pantalla del osciloscopio, es exactamente la misma que programamos:

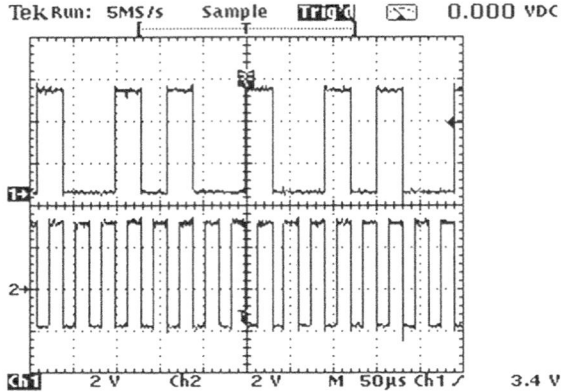

Figura 36.1 Vista en el osciloscopio de la señal recuperada y el CLK_RECOVERY

Esta es una forma de hacer el `CLOCK_RECOVERY`; existen otras opciones, por ejemplo hacer la subrutina del Recovery usando interrupciones externas junto con el overflow de un contador para generar el reloj y fijar la señal de entrada con la recuperada, o usando unos CI especializados para esta función. Esta es una propuesta que por supuesto puede ser mejorada.

✓ 36.1 Codificador Manchester

El siguiente proyecto codifica un dato binario en un código Manchester bifase. Usaremos un ATtiny13[1] y un ATtiny2313 como codificadores para generar los datos de prueba. Escogiendo como principio de operación la programación del Clock Recovery visto en el proyecto anterior ("Generador de un pulso de reloj para una sincronía"), podremos crear el codificador/decodificador Manchester bifase. En este proyecto se va a codificar el Manchester y obtendremos el Clock Recovery para la siguiente etapa.

Existen dos criterios de conversión Manchester; en la figura 36.2 aparece el primer criterio de conversión usado en este proyecto, esto es: para el dato 0 el flanco va de 0-a-1, y para el dato 1 el flanco va de 1-a-0:

Figura 36.2 Flancos de subida y bajada para la codificación Manchester

---

[1] Este AVR se usa por primera vez en este libro para que el programador practique el enlazar dos AVR con diferente frecuencia de oscilación.

En la figura 36.3 aparece el segundo criterio de conversión de un dato a código Manchester. Observamos que el dato 0 Manchester equivale a un flanco de 1-a-0, y el dato 1 Manchester equivale de 0-a-1:

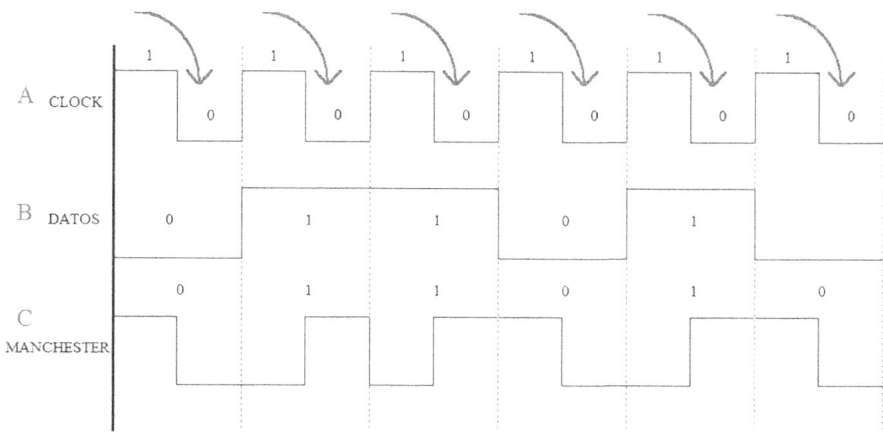

Figura 36.3 Forma de onda de la codificación Manchester

Para poder codificar y decodificar un Manchester bifase por software o hardware, es necesario tener en cuenta la frecuencia a la cual se encuentran los datos para poder hacer la detección de las transiciones de voltaje en la señal Manchester. Cuando una señal lógica es convertida a Manchester, la frecuencia de esta nueva conversión será del doble de la frecuencia de los datos originales. Se programó al ATtiny13 con un dato lógico 10011010 (8 bits), con una duración por bit de 256 µs para la conversión (en una secuencia cíclica infinita).

En el siguiente circuito (diagrama 36.3), el Generador de datos (ATtiny13) enviará los datos de prueba 10011010 por PB0, y serán introducidos por PD0 del ATtiny2313; PB0 y PB1 serán las salidas del sistema:

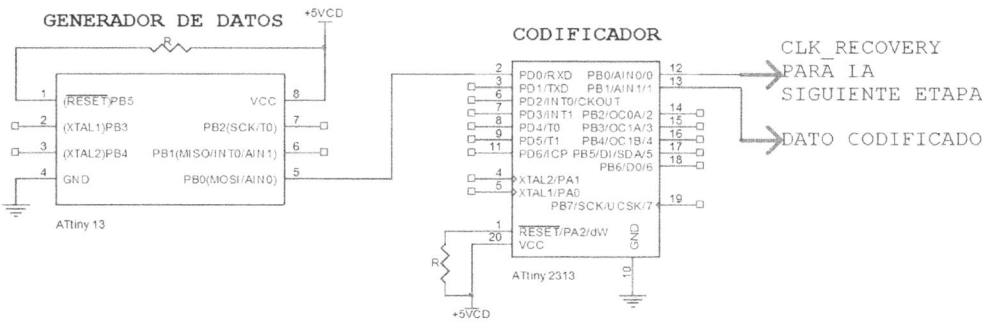

Diagrama 36.3 Diagrama eléctrico para la codificación a Manchester

Debido a que este proyecto se desprende de una aplicación inalámbrica para RFID (no presentada en este trabajo), donde la tasa de transmisión es de 3.9 Kbaud/s entre el generador y el codificador, consideraremos que el periodo de cada bit codificado a Manchester es de

$$T = \frac{1}{f} = \frac{1}{3.9 \text{ kHz}} = 256.41 \text{ μseg.}$$

Cerramos el periodo de cada bit a 256 μs. Una transición de 1- a -0 estará formada por dos tiempos: el tiempo del estado 1 (TH) y el tiempo del estado 0 (TL). TH = TL = 128 μs. En el diagrama 36.4 se observa la señal de prueba (los bits 10011010), en la cual construiremos un protocolo de comunicación para iniciar la detección del frame de datos deseado. El primer bit de arranque tendrá una duración de 256 μs, seguido de un espacio de otros 256 μs (para separar el bit de arranque del frame), y empezará la lectura número 1 después de 128 μs (esto es a los 640 μs). Se lee y compara el dato en la terminal PD0 del AVR, si la detección es 0, la subrutina enviará un dato de salida 0-manchester a la terminal PB0 con su respectivo Clock recuperado en PB1. Posteriormente se cuentan otros 256 μs (lectura número 2) para detectar el estado de la entrada del AVR; si la lectura es 1, el AVR sacará un 1-manchester, si un 0 es detectado, el AVR sacará un 0-manchester (con sus respectivos clock's recuperados). La subrutina vuelve a contar otros 256 μs para realizar la lectura número 3, y así sucesivamente hasta completar toda la cadena de bits (la detección y conversión se hará infinitamente). Al final del frame habrá tres espacios de 256 μs (Wait), antes del próximo bit de arranque (Start), para que el programador observe la conversión de datos de una forma más clara (pero pueden ser retirados a criterio del programador):

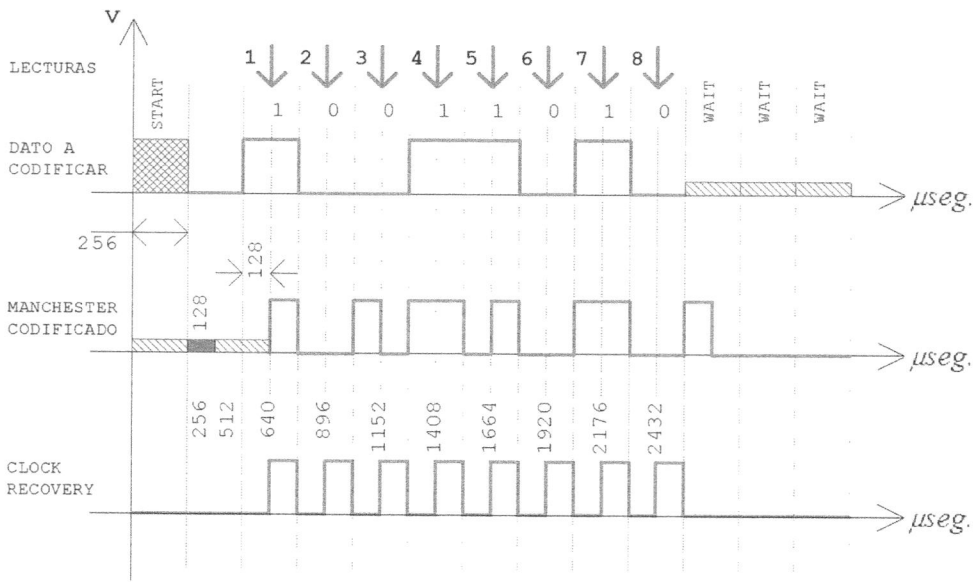

Diagrama 36.4 Diagrama de tiempos de la codificación

Existen métodos alternativos para la codificación y decodificación Manchester, uno de ellos es usando circuitos discretos, como por ejemplo el decodificador 3D7502-M, que posee una gran ventaja, ya que obtiene pulsos de reloj del mismo CI para la sincronización de la decodificación. También mediante Flip-Flops "D" o compuertas lógicas OR-EXC se pueden fabricar codificadores y decodificadores Manchester. Una ventaja de usar la codificación y decodificación por software es la reducción de elementos en el circuito; sin embargo, la complejidad de la subrutina aumenta.

Para el generador de datos:

Debido a que la frecuencia de oscilación del ATtiny13 y ATtiny2313 son diferentes, ajustaremos ambos osciladores a una frecuencia compatible (recuerde que para los proyectos de este libro usted puede usar el AVR que más le convenga). Para el generador de datos usamos el ATtiny13 porque es muy pequeño (para un generador de datos en realidad solo se necesita un PIN); también nos servirá para practicar el ajuste de frecuencias de operación entre los AVR diferentes. Para ajustar la frecuencia del oscilación del ATtiny13 (figura 36.4) con el módulo-programador AVRISP –en la pestaña de Fuses, ajuste la frecuencia interna a 4.8 MHz y seleccione la casilla de división de reloj entre 8 (CKDIV8)–. El valor de los registros de la subrutina `DELAY_256` es equivalente a 256 µs.

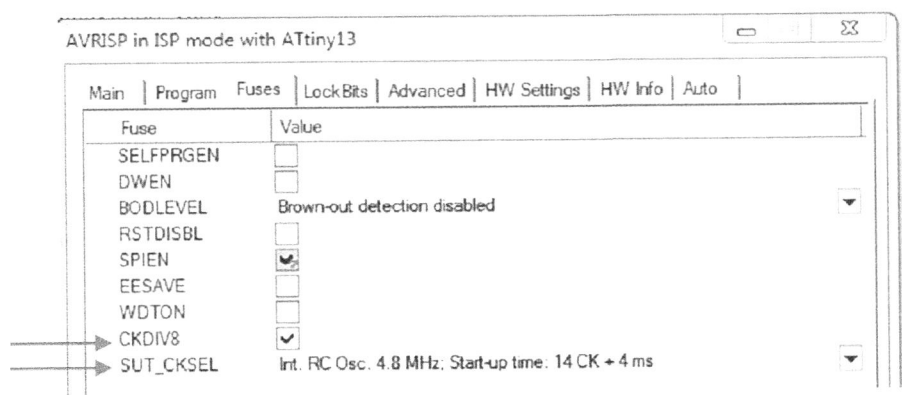

Figura 36.4 Ventana de configuración de oscilación interna del AVRISP para el ATtiny13

```
;PROGRAMA QUE GENERA UN DATO DE 8 Bits CON UN ATtiny13
;PARA SER CODIFICADOS EN MANCHESTER.
;SE AJUSTÓ LA FRECUENCIA DE OSCILACIÓN CON EL
;MÓDULO-PROGRAMADOR AVRISP

.INCLUDE "TN13DEF.INC"    ◄─────────    Observe cómo se escribe el .INCLUDE
.CSEG                                   para la librería del ATtiny13
.ORG 0
```

```
LDI R16,LOW(RAMEND)
OUT SPL,R16

LDI R16,$03
OUT DDRB,R16

;DELAY PARA EMPEZAR TODO
RCALL DELAY_256

INFINITO:
```

```
LDI R16,$01
OUT PORTB,R16      ;BIT DE ARRANQUE (START)

RCALL DELAY_256

LDI R16,$00
OUT PORTB,R16      ;SEPARACIÓN

RCALL DELAY_256    ;HASTA AQUÍ SE HAN CONSUMIDO 512 MICROSEG.
```

```
;EMPIEZA EL FRAME 1001_1010
LDI R16,$01
OUT PORTB,R16      ;DATO 1

RCALL DELAY_256

LDI R16,$00
OUT PORTB,R16      ;DATO 0

RCALL DELAY_256

LDI R16,$00
OUT PORTB,R16      ;DATO 0

RCALL DELAY_256

LDI R16,$01
OUT PORTB,R16      ;DATO 1

RCALL DELAY_256
LDI R16,$01
OUT PORTB,R16      ;DATO 1

RCALL DELAY_256
```

```
LDI R16,$00
OUT PORTB,R16        ;DATO 0

RCALL DELAY_256

LDI R16,$01
OUT PORTB,R16        ;DATO 1

RCALL DELAY_256

LDI R16,$00
OUT PORTB,R16        ;DATO 0

RCALL DELAY_256
```

```
;WAIT
RCALL DELAY_256
RCALL DELAY_256      ;PARA ESPERAR UN POCO ANTES DE LA NUEVA
RCALL DELAY_256      ;DETECCIÓN DE START EN EL CODIFICADOR
```

```
RJMP INFINITO
```

```
DELAY_256:
LDI R17,$23
LDI R18,0

SALTO1:
DEC R17
CP  R17,R18
BRNE SALTO1
RET
```

Para el codificador Manchester:

```
;PROGRAMA PARA CODIFICAR MANCHESTER EN UN ATTINY2313
;SE GENERA CLOCK_RECOVERY

.INCLUDE "TN2313DEF.INC"
.CSEG
.ORG 0

RJMP RESET
RJMP DETECTA_START
```

```
RESET:
LDI R16,LOW(RAMEND)
OUT SPL,R16

RCALL RETARDO_128_MICROS

LDI R16,$00
OUT DDRD,R16

LDI R16,$03                        ;Saca MANCHESTER (PB1) y
                                   ;CLK_;RECOVERY (PB0)
OUT DDRB,R16

LDI R20,0                          ;Para contar # de CONVERSICNES
                                   ;por frame
LDI R21,9                          ;Para comparar # de Bits
LDI R31,1                          ;Para comparar con DATO de
                                   ;entrada
DETECTA_START:
IN R30,PIND
AND R30,R31
CP R30,R31
BRNE DETECTA_START

RCALL RETARDO_256_MICROS           ;Tiempo de START
RCALL RETARDO_128_MICROS           ;Espacio para PRIMERA LECTURA

SEPARADOR_DE_FRAME:
RCALL RETARDO_256_MICROS           ;Tiempo del SEPARADOR

LEYENDO:
INC R20                            ;# DE LECTURAS
CP R20,R21                         ;R21=9, para comparar # de Bits
                                   ;a 8
BREQ WAIT

IN R30,PIND
AND R30,R31
CP R30,R31                         ;R31=1
BREQ SACA_1_MANCHESTER_Y_CLOCK
RJMP SACA_0_MANCHESTER_Y_CLOCK
```

```
SACA_1_MANCHESTER_Y_CLOCK:
;0bXXXX_XX D CLK
;0b0000_00 1  1
;0b0000_00 0  0

LDI R19,0b0000_00_1_1

                                    ;CLOCK SUBE
OUT PORTB,R19                       ;DATO SUBE
RCALL RETARDO_128_MICROS

LDI R19,0b0000_00_0_0

                                    ;CLOCK BAJA
OUT PORTB,R19                       ;DATO BAJA

RCALL RETARDO_128_MICROS

RJMP LEYENDO

SACA_0_MANCHESTER_Y_CLOCK:
;0bXXXX_XX D CLK
;0b0000_00 0  1
;0b0000_00 1  0

LDI R19,0b0000_00_0_1

                                    ;CLOCK SUBE
OUT PORTB,R19                       ;DATO BAJA

RCALL RETARDO_128_MICROS

LDI R19,0b0000_00_1_0
                                    ;CLOCK BAJA
OUT PORTB,R19                       ;DATO SUBE

RCALL RETARDO_128_MICROS

RJMP LEYENDO

WAIT:
LDI R20,0                           ;RESETEA el # de conversiones
```

```
;ÚLTIMA SEÑAL DE RELOJ:


;0bXXXX_XX D CLK
;0b0000_00 X  1
;0b0000_00 X  0


LDI R19,0b0000_000_1
                                      ;CLOCK SUBE
OUT PORTB,R19                         ;DATO BAJA
RCALL RETARDO_128_MICROS


LDI R19,0b0000_000_0
                                      ;CLOCK BAJA
OUT PORTB,R19                         ;DATO SUBE
RCALL RETARDO_128_MICROS
```

Esta sección es *opcional*. Se colocó para obtener un ciclo de reloj "extra" en CLK_RECOVERY. Pero puede ser eliminado

```
LDI R19,0b0000_0000               ;Pone a "0" la salida
OUT PORTB,R19                     ;tanto CLK como MANCHESTER

RCALL RETARDO_256_MICROS

RJMP DETECTA_START

;* * * * * * * * * * * * * * * * * * * * * *
;* * * * * * * * * * * * * * * * * * * * * *
RETARDO_128_MICROS:
LDI R17,$7D ;78..7E
LDI R18,0

SALTO2:
DEC R17
CP  R17,R18
BRNE SALTO2
RET

RETARDO_256_MICROS:
LDI R17,$FD;FE
LDI R18,0

SALTO3:
DEC R17
CP  R17,R18
BRNE SALTO3
RET
```

El programa del codificador Manchester también puede operar para el arranque (START) usando una interrupción externa INT0 (u otra). Bajo el mismo principio de este proyecto, se puede elaborar ahora el decodificador Manchester para recuperar el frame original; también se puede realizar cualquier conversión de datos para la comunicación entre los dispositivos.

En la figura 36.5 se muestra la señal de prueba generada por el ATtiny13 a codificar por el ATtiny2313:

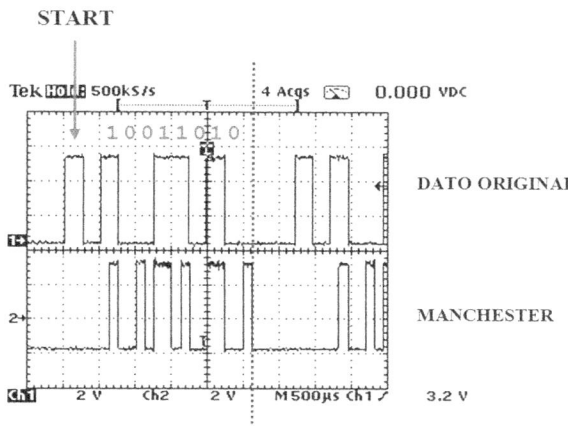

Figura 36.5 Dato general (0b1001_1010) (arriba). Dato codificado en Manchester (abajo)

Si se requieren etapas adicionales para enviar o sincronizar otra etapa, es necesario que el AVR genere una señal de sincronía, la cual es creada a partir de los tiempos de transición de la señal Manchester. Esta señal de sincronía es una función denominada **Clock Recovery** o señal de reloj recuperada (el mismo principio de operación del proyecto anterior). La recuperación de la señal de reloj puede ser generada también por hardware. En la figura 36.6 se observa la señal Manchester con su Clock Recovery a 9 pulsos (puede ser a 8 pulsos, o continuos hasta el siguiente frame a convertir):

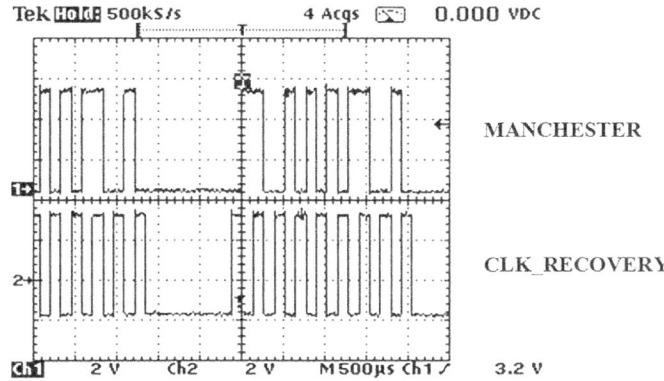

Figura 36.6 Señal codificada Manchester (arriba). CLK_RECOVERY con 9 pulsos (abajo)

Lectura de un convertidor ADC0804 en un display LCD

En el siguiente circuito (diagrama 37.1) conectaremos un convertidor analógico-a-digital ADC0804, el cual tiene una resolución de 8 bits. La palabra leída en el ADC0804 será visualizada en 8 LED para calibrar (potenciómetro "ajuste de Offset") el voltaje leído en una escala de 0 a +5 Volts con 256 valores de resolución correspondientemente. El display mostrará el valor-resolución relacionado con el valor de voltaje introducido con el potenciómetro "Lectura". Si por ejemplo el voltaje leído es de +5 VCD, el display mostrará el valor de 255, si el voltaje leído es de 0 VCD entonces el display mostrará 000. Este proyecto convierte el voltaje analógico en digital, y dicha conversión se mostrará en el LCD.

En el diagrama se muestran las conexiones del ATmega8515 con el ADC0804. El truco de este proyecto es una subrutina que convierte la resolución (de 0 a 255) en números ASCII para ser desplegados en el LCD. Esta subrutina de conversión (CONVIERTE_DATO_A_LCD) en realidad contiene tres subrutinas: una para las centenas, otra para las decenas y otra para las unidades. Este proyecto no muestra el voltaje leído como si fuera un voltímetro (para esto, en el siguiente proyecto se enseñará cómo diseñarlo).

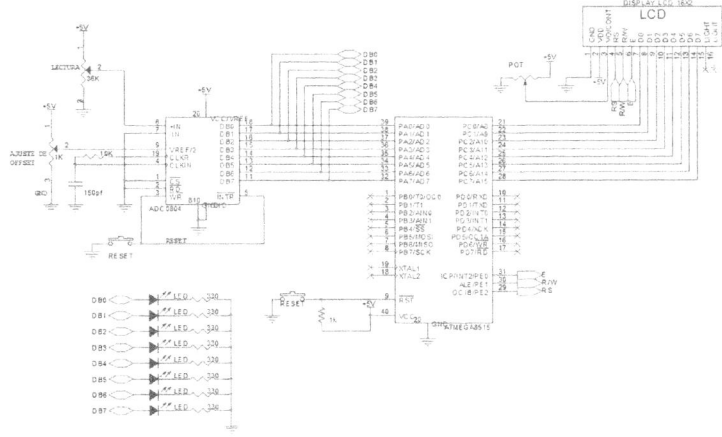

Diagrama 37.1 Circuito de un convertidor 8-Bits AD0804 para el AVR ATmega8515

Explicaremos el funcionamiento de la conversión de "centenas" (es el mismo procedimiento para las "decenas" y las "unidades"). Supongamos que el R17 tiene cargado el valor 120, la instrucción SUBI hace una resta del valor del registro R17 menos 100 (por posición), así que la primera resta posible es 120-100 (el resultado será 20), la segunda resta será 20-100, donde se activará la bandera de Carry "C", no porque no sea posible, sino porque Carry indicará una resta negativa; recordemos que deseamos determinar el número de restas positivas, que equivale al número de dígitos –en este caso, de las centenas, que para el número 120 contiene "una centena, dos decenas y cero unidades"–. La bandera Carry indicará cuando se active la resta negativa, después de haber logrado un número de restas positivas (que es el número de dígitos de cada posición). El conteo de restas positivas se almacenará en R18 (para las centenas), R19 (para las decenas) y R20 (para las unidades):

```
LEYENDO:
IN R17,PINA

LEYENDO_HUNDREDS:
MOV R0,R17
SUBI R17,100
BRCS LEYENDO_DECENAS
INC R18
BRCC LEYENDO_HUNDREDS
```

Con la instrucción BRCC LEYENDO_HUNDREDS, el cursor regresará a LEYENDO_HUNDREDS hasta que la bandera de Carry se active. R18 almacena el número de vueltas, ergo, el número de centenas. Cuando el Carry se active, el cursor saltará a la subrutina de las decenas LEYENDO_DECENAS. Y así sucesivamente hasta terminar con las unidades. Esta subrutina puede ser usada para contar el número de cifras deseadas (centenas, unidad de millar, etc.)

Subrutina:

```
;CON ESTA SUBRUTINA EL DISPLAY DESPLIEGA EL VALOR LEÍDO
;PROVENIENTE DEL CONVERTIDOR ADC0804.
```

Encabezado para ATmega8515

Stack Pointer para ATmega8515

```
LDI R16,$00
OUT DDRA,R16

LDI R16,$FF
OUT DDRC,R16

LDI R16,$FF
OUT DDRE,R16
```

```
;SE USÓ "PUERTO C y E" PARA CONTROL DEL DISPLAY LCD

;E   = PE0...31-6                    Tabla resumen de las confi-
;R/W = PE1...30-5                    guraciones del LCD usado en
;RS  = PE2...29-4                    este libro

;RS= 0...CONTROL
;RS= 1...DATOS

;INICIALIZAR EL LCD
;LDI R16,$0C ;SIN_UNDERLINE_SIN_BLINK
;LDI R16,$10 ;RECORRE_IZQUIERDA_CURSOR
;LDI R16,$14 ;RECORRE_DERECHA_CURSOR
;LDI R16,$18 ;RECORRE_IZQUIERDA_DISPLAY
;LDI R16,$1C ;RECORRE_DERECHA_DISPLAY
;LDI R16,$80 ;ESCRIBE_LINEA_UNO
;LDI R16,$C0 ;ESCRIBE_LINEA_DOS
;LDI R16,$01 ;CLEAR_DISPLAY
;LDI R16,$02 ;HOME
;LDI R16,$0F ;DISPLAY_CONTROL_ON
;LDI R16,$08 ;DISPLAY_CONTROL_OFF
;LDI R16,$30 ;UNA_LINEA..OPCIONAL
;LDI R16,$38 ;DOS_LINEAS..OPCIONAL
;LDI R16,$3C ;8-Bits/2 líneas/5X10 dot/
```

```
INICIA:
;INICIALIZA DISPLAY LCD Y HABILITA LÍNEA UNO

RCALL DISPLAY_CONTROL_ON
RCALL CLEAR_DISPLAY
RCALL ESCRIBIR_EN_LINEA_UNO
RCALL HOME


;LÍNEA DE ARRIBA DEL LCD
RCALL L
RCALL E
RCALL C
RCALL T
RCALL U
RCALL R
RCALL A
```

```
RCALL ESCRIBIR_EN_LINEA_DOS

LEYENDO:
IN R17,PINA          ;Se obtiene el dato del CONVERTIDOR

;CONVERTIDOR ADC A DISPLAY LCD
;;***********
CONVIERTE_DATO_A_LCD:
```

```
;ESTA SUBRUTINA DETECTA LA ACTIVACION DEL FLAG CARRY "C"
LDI R18,0            ;CENTENAS
LDI R19,0            ;DECENAS
LDI R20,0            ;UNIDADES

LEYENDO_HUNDREDS:
MOV R0,R17
SUBI R17,100
BRCS LEYENDO_DECENAS
INC R18              ;CENTENAS
BRCC LEYENDO_HUNDREDS

LEYENDO_DECENAS:
MOV R17,R0
SALTO:
MOV R0,R17
SUBI R17,10
BRCS LEYENDO_UNIDADES
INC R19              ;DECENAS
BRCC SALTO

LEYENDO_UNIDADES:
MOV R17,R0
SALTO_2:
MOV R0,R17
SUBI R17,1
BRCS SACANDO_ASCII
INC R20              ;UNIDADES
BRCC SALTO_2

RJMP CONVIERTE_DATO_A_LCD
```

Con este bloque extraemos el número de las centenas, decenas y unidades de un número de 8 bits (con más etapas se puede manejar a 16, 32 bits o más)

```
SACANDO_ASCII:


;EN ESTA SECCIÓN SE ORDENAN LOS DATOS A SER DESPLEGADOS
;EN EL DISPLAY.
```

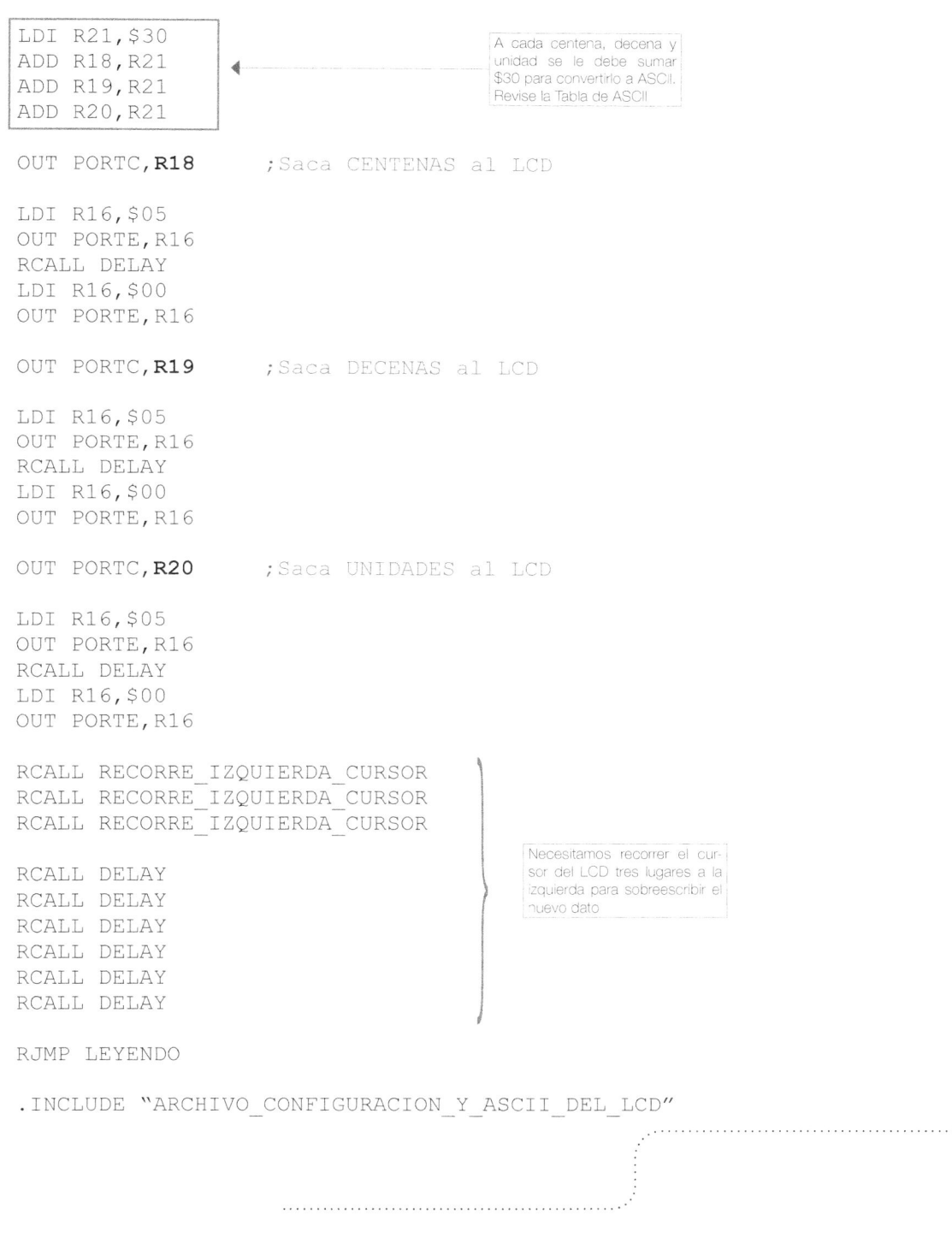

```
LDI R21,$30
ADD R18,R21
ADD R19,R21
ADD R20,R21
```
A cada centena, decena y unidad se le debe sumar $30 para convertirlo a ASCII. Revise la Tabla de ASCII

```
OUT PORTC,R18        ;Saca CENTENAS al LCD

LDI R16,$05
OUT PORTE,R16
RCALL DELAY
LDI R16,$00
OUT PORTE,R16

OUT PORTC,R19        ;Saca DECENAS al LCD

LDI R16,$05
OUT PORTE,R16
RCALL DELAY
LDI R16,$00
OUT PORTE,R16

OUT PORTC,R20        ;Saca UNIDADES al LCD

LDI R16,$05
OUT PORTE,R16
RCALL DELAY
LDI R16,$00
OUT PORTE,R16

RCALL RECORRE_IZQUIERDA_CURSOR
RCALL RECORRE_IZQUIERDA_CURSOR
RCALL RECORRE_IZQUIERDA_CURSOR
```
Necesitamos recorrer el cursor del LCD tres lugares a la izquierda para sobreescribir el nuevo dato
```
RCALL DELAY
RCALL DELAY
RCALL DELAY
RCALL DELAY
RCALL DELAY
RCALL DELAY

RJMP LEYENDO

.INCLUDE "ARCHIVO_CONFIGURACION_Y_ASCII_DEL_LCD"
```

✓ 37.1 Convertidor ADC del ATtiny13

En el proyecto anterior se usó un ADC0804 como circuito auxiliar para la conversión de analógico a digital, pero existen algunos AVR que tienen integrado el convertidor, como es el caso del ATtiny13, el cual posee cuatro canales para la conversión analógico-digital a 10 bits; el valor de la conversión estará contenido en los registros ADCH y ADCL.

Vamos a conectar un potenciómetro en el canal ADC3 para introducir un voltaje analógico (entre 0 y +5 VCD), el cual controlará el destello de un LED conectado en PB0. Dependiendo del valor de los registros de conversión, la subrutina DELAY modificará el retraso del parpadeo del LED (o más rápido o más lento). El convertidor está relacionado con los registros ADMUX (los bits MUX1 y MUX2 seleccionan el canal), ADCSRA (el bit ADEN activa el convertidor, el bit ADSC inicia la conversión, el bit ADATE dispara la conversión en la detección de un flanco positivo en el canal seleccionado, los bits ADPS2, ADPS1 y ADPS0 determinan el factor de división entre la frecuencia de oscilación del AVR y el reloj de entrada del convertidor), ADCSRB (los bits ADTS2, ADTS1, y ADTS0 están configurados para free-running) y DIDR0. Se pueden usar los otros canales de conversión ADC0, ADC1 y ADC2 de forma multiplexada (revisar el manual para más detalles). En el diagrama 37.2 se observa una aplicación muy sencilla para la conversión del canal ADC3.

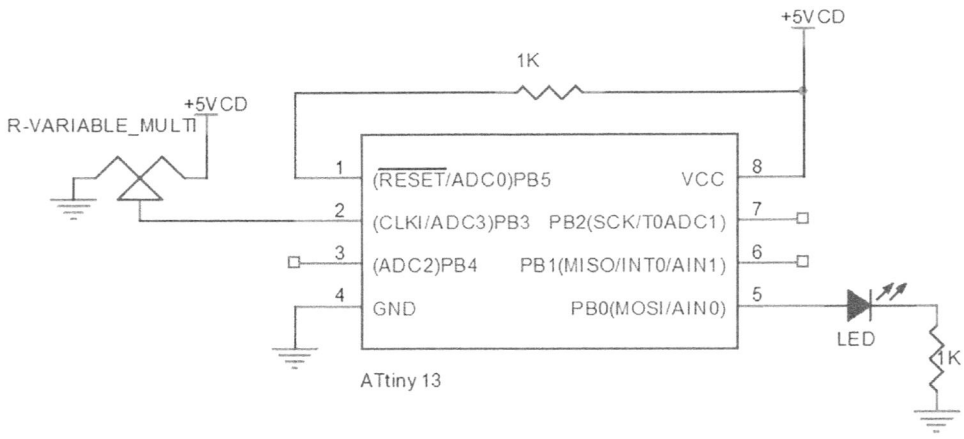

Diagrama 37.2 Diagrama para probar la función ADC del ATtiny2313 canal-3 (ADC3)

Programa:

```
.INCLUDE "TN13DEF.INC"

.CSEG
.ORG 0000
```

```
LDI  R16,LOW(RAMEND)
OUT  SPL,R16

LDI  R16,$01
OUT  DDRB,R16        ;PB0 para LED que parpadea

;**** REGISTRO DE SELECCION DE CANAL Y REFERENCIA ***

LDI  R16,0<<REFS0|0<<ADLAR|1<<MUX1|1<<MUX0        ;Selecciona
                                                 ;el canal
OUT  ADMUX,R16                                   ;referencia a
                                                 ;VCC (5V)
                                                 ;ADC3
LDI  R16,1<<ADEN|1<<ADSC|1<<ADATE|0<<ADPS2|0<<ADPS1|0<<ADPS0
OUT  ADCSRA,R16

LDI  R16,0<<ACME|0<<ADTS2|0<<ADTS1|0<<ADTS0
OUT  ADCSRB,R16

CICLO:
LDI  R17,$01
OUT  PORTB,R17
RCALL DELAY

LDI  R17,$00
OUT  PORTB,R17
RCALL DELAY
RJMP CICLO

DELAY:
LDI  R31,$01

IN  R30,ADCL
IN  R29,ADCH

LDI  R27,$00

DELAY1:
DEC   R31
CP    R31,R27
BRNE  DELAY1

DEC   R30
CP    R30,R27
BRNE  DELAY1

DEC   R29
CP    R29,R27
BRNE  DELAY1
RET
```

Esta subrutina es de prueba, por lo que habría que hacer una relación del voltaje de entrada debido al potenciómetro conectado al canal 3 y la frecuencia generada en el LED. La subrutina funciona bien, pero sea paciente al calibrar el potenciómetro. En esta sintaxis el LED va a parpadear de muy lentamente a muy rápidamente

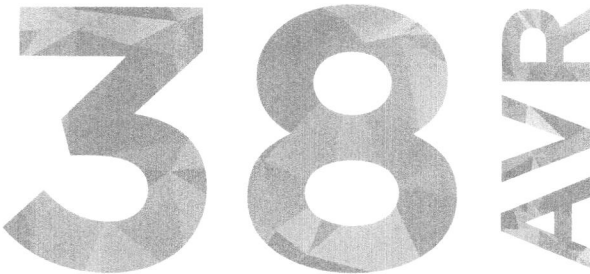

✍ Voltímetro digital de 8 bits

Usando el mismo circuito del ejercicio "Lectura de un convertidor ADC0804 en un display LCD" es posible realizar un pequeño voltímetro de 8 bits con un error de 0.01 V (depende de la calibración de este circuito y del algoritmo de ajuste del *residuo*). El truco de este ejercicio está en leer y enviar los valores ASCII al LCD en las decenas de V usando una subrutina de división[1] y manipulando los residuos de esta subrutina de división para los decimales. Teniendo en cuenta los tres elementos de una división (residuo, divisor y dividendo) para manejar los decimales del residuo, usaremos la ecuación de *la recta de carga* mediante la pendiente "*m*" (que será el valor de 51 del *divisor*). Obtendremos la resolución de voltaje por bit (para 8 bits). También se elaboró una tabla en Excel para comprobar el valor de las conversiones desde 255 hasta 0 para calcular el valor del residuo y su equivalencia en voltaje (la tabla de Excel se distribuye en cinco secciones debido al residuo).

Para calcular la resolución de voltaje en 8 bits para la conversión analógica-a-digital, tenemos 255 valores, pero 256 estados (que equivale a toda la escala de voltaje), entonces:

$$\text{Resolución en 8 bits} = \frac{5 \text{ Volts}}{256 \text{ estados} - 1} = 0.01960 \text{ Volts/estado}$$

Para representar "*X*" (el voltaje) e "*Y*" (el valor del registro de 8 bits), obtenemos la pendiente "*m*". Entonces tenemos que:

$$m = \frac{Y_2 - Y_1}{X_2 - X_1} = \frac{255 - 0}{5 - 0} = 51$$

De:

$Y = Xm + b$, tenemos para $b|_{Y=255, X=5V}$:

$b = Y - Xm = 255 - 5(51) = 0$

---

[1] La **subrutina de división** usada en este libro, en algunos proyectos, fue creada por Gerhard Schmidt, a quien se le pidió autorización y permiso para su uso.

Entonces representaremos la recta para "X" e "Y" para todos los *estados de transición* entre 0 a +5 V (voltaje en el eje "X" según el valor de "Y") (figura 38.1):

$$X_{(VOLTAJE)} = \frac{Y - b}{m} = \frac{Y - 0}{51}$$

Sacando los límites de la recta:

$$X1_{(Y=0)} = \frac{Y - b}{m} = \frac{0 - 0}{51} = 0$$

$$X2_{(Y=255)} = \frac{Y - b}{m} = \frac{255 - 0}{51} = \frac{255}{51} = 0$$

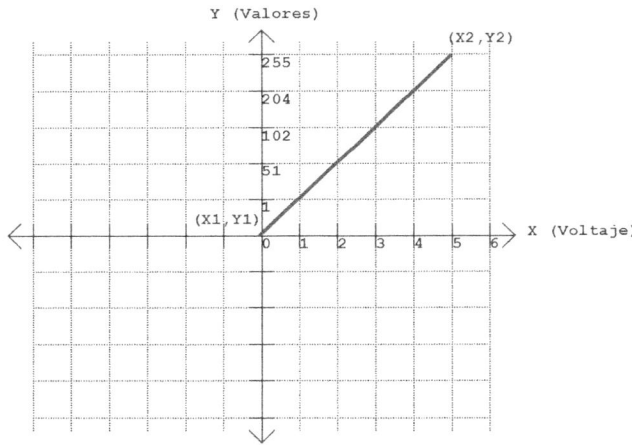

Figura 38.1 Gráfica de la recta para el voltaje *vs.* valor a 8 bits

Ahora, vamos a distribuir las partes de una división para asociarla a la programación del AVR:

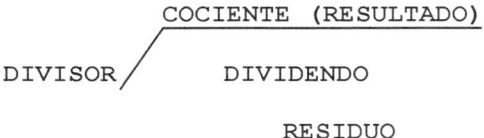

El `DIVIDENDO` serán los valores desde 0 hasta 255.
El `DIVISOR` tendrá el valor de 51 (que corresponde a la pendiente "m").

Vamos a introducir una tabla de Excel con tres columnas (tabla 38.1): la columna de VALOR posee los 256 estados posibles de la conversión analógica-a-digital (desde 0 hasta 255), la columna de VOLTAJE tiene la división de VALOR entre 51, que dará el voltaje a mostrar en el LCD cerrado a dos cifras decimales por conveniencia; la columna de RESIDUO contiene la parte decimal de VOLTAJE (extraído en Excel con la fórmula =**A1-ENTERO(A1)**), multiplicado por 51 para hacerla entera y procesarla con el AVR (observe que se agrupan en bloques-colores de 0 a 50). Esto es un artificio para encontrar un patrón en el comportamiento del residuo (esto es válido en cualquier subrutina AVR para facilitar la programación); al final se compensa el artificio con la aritmética. La parte de residuos de la subrutina AVR procesará y compensará los decimales (debido al artificio), que se encuentran en las subrutinas BRGE MUL_X2_MENOS_1, MUL_X2_MENOS_1, y MUL_X2_MENOS_2:

Tabla 38.1 Tablas Excel de equivalencias de 255 valores entre 51 para el multímetro

VALOR	VOLTAJE (VALOR/51)	RESIDUO DE LOS DECIMALES DE "VOLTAJE" POR 51	VALOR	VOLTAJE	RESIDUO	VALOR	VOLTAJE	RESIDUO
255.00	5.00	0						
254.00	4.98	50	203.00	3.98	50	152.00	2.98	50
253.00	4.96	49	202.00	3.96	49	151.00	2.96	49
252.00	4.94	48	201.00	3.94	48	150.00	2.94	48
251.00	4.92	47	200.00	3.92	47	149.00	2.92	47
250.00	4.90	46	199.00	3.90	46	148.00	2.90	46
249.00	4.88	45	198.00	3.88	45	147.00	2.88	45
248.00	4.86	44	197.00	3.86	44	146.00	2.86	44
247.00	4.84	43	196.00	3.84	43	145.00	2.84	43
246.00	4.82	42	195.00	3.82	42	144.00	2.82	42
245.00	4.80	41	194.00	3.80	41	143.00	2.80	41
244.00	4.78	40	193.00	3.78	40	142.00	2.78	40
243.00	4.76	39	192.00	3.76	39	141.00	2.76	39
242.00	4.75	38	191.00	3.75	38	140.00	2.75	38
241.00	4.73	37	190.00	3.73	37	139.00	2.73	37
240.00	4.71	36	189.00	3.71	36	138.00	2.71	36
239.00	4.69	35	188.00	3.69	35	137.00	2.69	35
238.00	4.67	34	187.00	3.67	34	136.00	2.67	34
237.00	4.65	33	186.00	3.65	33	135.00	2.65	33
236.00	4.63	32	185.00	3.63	32	134.00	2.63	32
235.00	4.61	31	184.00	3.61	31	133.00	2.61	31
234.00	4.59	30	183.00	3.59	30	132.00	2.59	30
233.00	4.57	29	182.00	3.57	29	131.00	2.57	29
232.00	4.55	28	181.00	3.55	28	130.00	2.55	28
231.00	4.53	27	180.00	3.53	27	129.00	2.53	27
230.00	4.51	26	179.00	3.51	26	128.00	2.51	26
229.00	4.49	25	178.00	3.49	25	127.00	2.49	25
228.00	4.47	24	177.00	3.47	24	126.00	2.47	24
227.00	4.45	23	176.00	3.45	23	125.00	2.45	23
226.00	4.43	22	175.00	3.43	22	124.00	2.43	22
225.00	4.41	21	174.00	3.41	21	123.00	2.41	21
224.00	4.39	20	173.00	3.39	20	122.00	2.39	20
223.00	4.37	19	172.00	3.37	19	121.00	2.37	19
222.00	4.35	18	171.00	3.35	18	120.00	2.35	18
221.00	4.33	17	170.00	3.33	17	119.00	2.33	17
220.00	4.31	16	169.00	3.31	16	118.00	2.31	16
219.00	4.29	15	168.00	3.29	15	117.00	2.29	15
218.00	4.27	14	167.00	3.27	14	116.00	2.27	14
217.00	4.25	13	166.00	3.25	13	115.00	2.25	13
216.00	4.24	12	165.00	3.24	12	114.00	2.24	12
215.00	4.22	11	164.00	3.22	11	113.00	2.22	11
214.00	4.20	10	163.00	3.20	10	112.00	2.20	10
213.00	4.18	9	162.00	3.18	9	111.00	2.18	9
212.00	4.16	8	161.00	3.16	8	110.00	2.16	8
211.00	4.14	7	160.00	3.14	7	109.00	2.14	7
210.00	4.12	6	159.00	3.12	6	108.00	2.12	6
209.00	4.10	5	158.00	3.10	5	107.00	2.10	5
208.00	4.08	4	157.00	3.08	4	106.00	2.08	4
207.00	4.06	3	156.00	3.06	3	105.00	2.06	3
206.00	4.04	2	155.00	3.04	2	104.00	2.04	2
205.00	4.02	1	154.00	3.02	1	103.00	2.02	1
204.00	4.00	0	153.00	3.00	0	102.00	2.00	0

101.00	1.98	50		50.00	0.98	50
100.00	1.96	49		49.00	0.96	49
99.00	1.94	48		48.00	0.94	48
98.00	1.92	47		47.00	0.92	47
97.00	1.90	46		46.00	0.90	46
96.00	1.88	45		45.00	0.88	45
95.00	1.86	44		44.00	0.86	44
94.00	1.84	43		43.00	0.84	43
93.00	1.82	42		42.00	0.82	42
92.00	1.80	41		41.00	0.80	41
91.00	1.78	40		40.00	0.78	40
90.00	1.76	39		39.00	0.76	39
89.00	1.75	38		38.00	0.75	38
88.00	1.73	37		37.00	0.73	37
87.00	1.71	36		36.00	0.71	36
86.00	1.69	35		35.00	0.69	35
85.00	1.67	34		34.00	0.67	34
84.00	1.65	33		33.00	0.65	33
83.00	1.63	32		32.00	0.63	32
82.00	1.61	31		31.00	0.61	31
81.00	1.59	30		30.00	0.59	30
80.00	1.57	29		29.00	0.57	29
79.00	1.55	28		28.00	0.55	28
78.00	1.53	27		27.00	0.53	27
77.00	1.51	26		26.00	0.51	26
76.00	1.49	25		25.00	0.49	25
75.00	1.47	24		24.00	0.47	24
74.00	1.45	23		23.00	0.45	23
73.00	1.43	22		22.00	0.43	22
72.00	1.41	21		21.00	0.41	21
71.00	1.39	20		20.00	0.39	20
70.00	1.37	19		19.00	0.37	19
69.00	1.35	18		18.00	0.35	18
68.00	1.33	17		17.00	0.33	17
67.00	1.31	16		16.00	0.31	16
66.00	1.29	15		15.00	0.29	15
65.00	1.27	14		14.00	0.27	14
64.00	1.25	13		13.00	0.25	13
63.00	1.24	12		12.00	0.24	12
62.00	1.22	11		11.00	0.22	11
61.00	1.20	10		10.00	0.20	10
60.00	1.18	9		9.00	0.18	9
59.00	1.16	8		8.00	0.16	8
58.00	1.14	7		7.00	0.14	7
57.00	1.12	6		6.00	0.12	6
56.00	1.10	5		5.00	0.10	5
55.00	1.08	4		4.00	0.08	4
54.00	1.06	3		3.00	0.06	3
53.00	1.04	2		2.00	0.04	2
52.00	1.02	1		1.00	0.02	1
51.00	1.00	0		0.00	0.00	0

Si observa cuidadosamente, las diferencias entre cada voltaje son de 0.01960, que es la resolución para 8 bits

Programa:

```
;MIDE EL VOLTAJE ANALÓGICO DE UN CONVERTIDOR ADC0804
;Y MUESTRA EL VOLTAJE LEÍDO EN UN DISPLAY LCD

.INCLUDE "M8515def.inc"

.DEF DIVIDENDO      = R17 ;El número que proviene del ADC0804
.DEF RESIDUO        = R18 ;RESIDUO
.DEF DIVISOR        = R19 ;=51
.DEF RESULTADO      = R20 ;RESULTADO
.DEF DECENAS        = R21 ;DECENAS DEL VOLTAJE
.DEF UNIDADES       = R22 ;UNIDADES DEL VOLTAJE

.DEF CONTADOR_DECENAS   =R23
```

```
.DEF CONTADOR_UNIDADES   =R24
.CSEG
.ORG 0
```

Stack Pointer para ATmega8515

```
LDI  R16,$00
OUT  DDRA,R16        ;PARA ENTRADA DE DATOS QUE PROVIENE DEL
                     ;ADC0804

LDI  R16,$FF
OUT  DDRC,R16        ;PARA EL LCD

LDI  R16,$FF
OUT  DDRE,R16        ;PARA EL LCD

;INICIALIZANDO DISPLAY
RCALL DISPLAY_CONTROL_ON
RCALL CLEAR_DISPLAY
RCALL HOME

RCALL ESCRIBIR_EN_LINEA_UNO          ;DATO $80

RCALL V
RCALL O
RCALL L
RCALL T
RCALL S

RCALL ESCRIBIR_EN_LINEA_DOS          ;DATO $C0

PROCESO:

IN DIVIDENDO,PINA                    ;PROVIENE DEL ADC0804

RCALL DIVISION
RJMP PROCESO


;*********************************
;*********************************
;SUBRUTINA DE DIVISIÓN

DIVISION:
;SE CARGAN LOS REGISTROS CORRESPONDIENTES SEGÚN
```

;LA ESTRUCTURA DE LA DIVISIÓN:

;   COCIENTE(RESULTADO)
;   ─────────────────────
;   DIVISOR |DIVIDENDO
;   RESIDUO
;

Subrutina de Gerhard Schmidt

```
LDI DIVISOR,51              ;DIVISOR

DIV8:
     CLR RESIDUO            ;BORRA EL RESIDUO
     CLR RESULTADO          ;BORRA EL RESULTADO
     INC RESULTADO          ;INCREMENTA PARA EMPEZAR

DIV8A:
     CLC                    ;BORRA LA BANDERA "CARRY"
     ROL DIVIDENDO          ;ROTA A LA IZQUIERDA CON EL
                            ;"CARRY"
     ROL RESIDUO            ;ROTA A LA IZQUIERDA CON EL
                            ;"CARRY"
     BRCS DIV8B             ;UN "1" SE MOVIÓ A LA IZQUIERDA
     CP RESIDUO,DIVISOR     ;DIVISIÓN SI EL RESULTADO ES 0
                            ;o 1
     BRCS DIV8C             ;SALTA SI ES MENOR
DIV8B:
     SUB RESIDUO,DIVISOR    ;RESTA DEL DIVISOR Y RESIDUO
     SEC                    ;ACTIVA EL "CARRY"
     RJMP DIV8D
DIV8C:
     CLC                    ;BORRA LA BANDERA "CARRY"
DIV8D:
     ROL RESULTADO          ;ROTA A LA IZQUIERDA CON EL
                            ;"CARRY"
     BRCC DIV8A             ;SALTAR A "DIV8A" SI "CARRY" ES
                            ;BORRADA
```

;SACAMOS AL LCD EL RESULTADO
LDI R16,$30
ADD RESULTADO,R16

OUT PORTC,RESULTADO   ;SACANDO ENTEROS EN LCD
LDI R16,$05
OUT PORTE,R16

```
RCALL DELAY
LDI R16,$00
OUT PORTE,R16

RCALL PUNTO
```

```
;*********************************
;*********************************
;AHORA VAMOS A PROCESAR LOS RESIDUOS
```

```
CLC                             ;Borramos la bandera de CARRY

CPI RESIDUO,13                  ;PRIMER LÍMITE =13
BRGE MUL_X2_MENOS_1
;SI NO ES MAYOR ENTONCES SOLO MULTIPLICAR X2

LDI R16,2                       ;Multiplica por 2 a RESIDUO
MUL RESIDUO,R16
MOV RESIDUO,R0                  ;En R0 está el resultado de la
                                ;multiplicación
RCALL CONVIERTE_DATO_A_LCD      ;manda dato a LCD

MUL_X2_MENOS_1:                 ;SI ES MAYOR de 12 multiplicar
                                ;X2-1
CPI RESIDUO,39                  ;SEGUNDO LÍMITE =39
BRGE MUL_X2_MENOS_2
LDI R16,2                       ;Multiplica por 2 a RESIDUO
MUL RESIDUO,R16
MOV RESIDUO,R0                  ;En R0 está el resultado de la
                                ;multiplicación
SUBI RESIDUO,1                  ;PARA COMPENSAR CON EXCEL
RCALL CONVIERTE_DATO_A_LCD

MUL_X2_MENOS_2:                 ;SI ES MAYOR de 38 multiplicar
                                ;X2-2
LDI R16,2
MUL RESIDUO,R16                 Este bloque es un artificio para
MOV RESIDUO,R0                  procesar los residuos
SUBI RESIDUO,2
RCALL CONVIERTE_DATO_A_LCD
```

```
;***************************
;PARA CONTAR LAS DECENAS Y UNIDADES

CONVIERTE_DATO_A_LCD:
```

```
;ESTA SUBRUTINA DETECTA LA ACTIVACIÓN DEL FLAG CARRY "C"
LDI CONTADOR_DECENAS,0
LDI CONTADOR_UNIDADES,0

LEYENDO_DECENAS:
MOV R1,RESIDUO
SUBI RESIDUO,10

BRCS LEYENDO_UNIDADES
INC CONTADOR_DECENAS            ;Cuenta las Decenas

BRCC LEYENDO_DECENAS

LEYENDO_UNIDADES:
MOV RESIDUO,R1

SALTO:
MOV R1,RESIDUO
SUBI RESIDUO,1

BRCS SACANDO_ASCII
INC CONTADOR_UNIDADES           ;Cuenta las Unidades

BRCC SALTO

;*****************************
;PARA SACAR LOS VALORES AL LCD
SACANDO_ASCII:

LDI R16,$30
ADD CONTADOR_DECENAS,R16
ADD CONTADOR_UNIDADES,R16

OUT PORTC,CONTADOR_DECENAS      ;Saca Decenas al LCD

LDI R16,$05
OUT PORTE,R16
RCALL DELAY
LDI R16,$00
OUT PORTE,R16

OUT PORTC,CONTADOR_UNIDADES     ;Saca unidades al LCD

LDI R16,$05
OUT PORTE,R16
```

```
RCALL DELAY
LDI R16,$00
OUT PORTE,R16

RCALL RECORRE_IZQUIERDA_CURSOR
RCALL RECORRE_IZQUIERDA_CURSOR
RCALL RECORRE_IZQUIERDA_CURSOR
RCALL RECORRE_IZQUIERDA_CURSOR

RCALL DELAY
RCALL DELAY
RCALL DELAY
RCALL DELAY
RCALL DELAY

RJMP PROCESO

DELAY:
LDI R27,$FF
LDI R28,$0F
LDI R29,0

CICLO1:
DEC R27
CP R27,R29
BRNE CICLO1

CICLO2:
DEC R28
CP R28,R29
BRNE CICLO1
RET

.INCLUDE "CODIGOS_ASCII_Y_CONTROL_LCD.TXT"
```

✍ Sensor de temperatura PT100

Una vez entendido el procedimiento de desarrollo del multímetro digital será más sencillo entender la subrutina y procedimiento para desplegar en LCD la temperatura debido a un sensor PT100. Este proyecto está formado por muchas etapas complejas, por lo que iremos explicando poco a poco cada una. En el diagrama 39.1 se muestra el circuito que transformará la temperatura del PT100 en un voltaje analógico capaz de excitar la entrada de un convertidor analógico-digital ADC0804 (usando el mismo circuito del proyecto "Lectura de un convertidor ADC0804 en un display LCD"). El potenciómetro del circuito que dice "LECTURA" (figura 39.1) deberá ser removido para conectar directamente la salida del circuito con amplificadores operacionales del PT100.

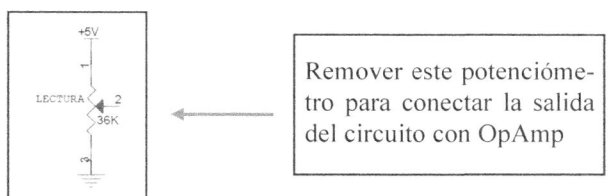

Figura 39.1 Potenciómetro para prueba

En el circuito (diagrama 39.1) se observan tres amplificadores operacionales OpAmp LM741, que procesarán el voltaje proveniente de un sensor de temperatura PT100. El sensor PT100 posee un corto voltaje de operación debido a la temperatura. Al conectar el PT100 al primer OpAmp LM741, se obtiene un voltaje de -3.40 a -3.80 V (dependiendo de la calibración del operacional), el cual es aplicado a un restador para cambiar la polaridad al voltaje y restarle el voltaje fijo (que en este caso es de 3 V); el tercer OpAmp es usado para darle la ganancia apropiada al voltaje en un rango de 0 a +5 VCD, voltaje que será aplicado al ADC0804 (es necesario usar un condensador cerámico a la salida del tercer OpAmp por cuestión de estabilidad en la señal de salida, debido al ruido térmico. Flecha roja).

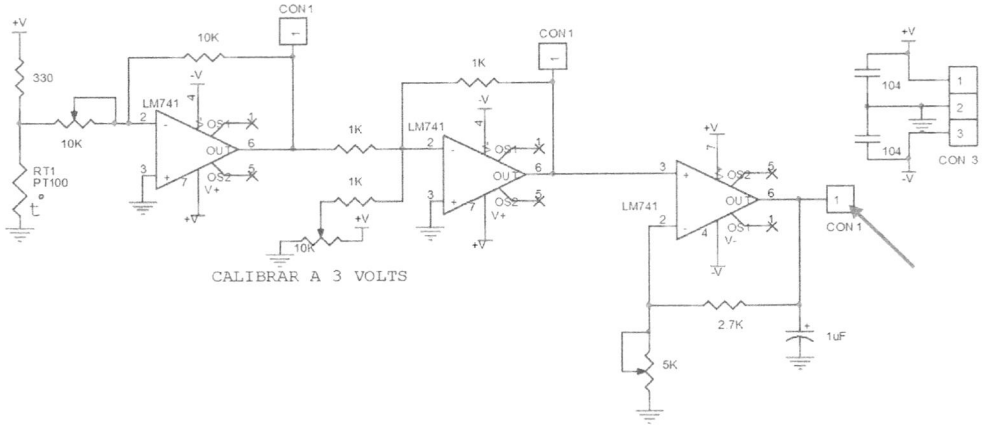

Diagrama 39.1 Diagrama para el procesamiento del voltaje del PT100 con OpAmp

Se eligieron como temperaturas didácticas 18 °C para el agua fría y 90 °C para agua en ebullición. Por lo que con estos valores se generó una ecuación para determinar la ecuación que caracterice el comportamiento del voltaje debido a la temperatura en el PT100 usando la ecuación de una recta. En la figura 39.2 se observa que el eje "*X*" es la palabra debida al convertidor ADC0804 y el eje "*Y*" la temperatura –porque así nos conviene en este ejercicio–, pero también es factible cambiar los ejes si le conviene al programador para determinar la ecuación de otra forma. Este proyecto mostrará que el AVR puede resolver un sistema de ecuaciones. Como el AVR no procesa números fraccionarios, se mostrará un artificio para manejar todas las cifras como enteros, y mediante la subrutina de desplegado de información en el LCD se compensará el artificio. A través de este procedimiento el AVR podrá manejar números fraccionarios sin ningún problema. Debido a la complejidad del proyecto, se asumió arbitrariamente que la *temperatura* está valorada de 18.00 a 89.99 °C para el dato $00 y $FF del convertidor ADC0804, respectivamente (se necesita un termómetro industrial para medir la temperatura respecto al sensor y ajustar la diferencia mediante la subrutina del AVR).

En la figura 39.2 observamos la recta para satisfacer la ecuación que será introducida al AVR. Dependiendo del tipo de sensor de temperatura, la ecuación puede ser lineal o no-lineal. En teoría, el AVR puede controlar y procesar la información de cualquier sensor.

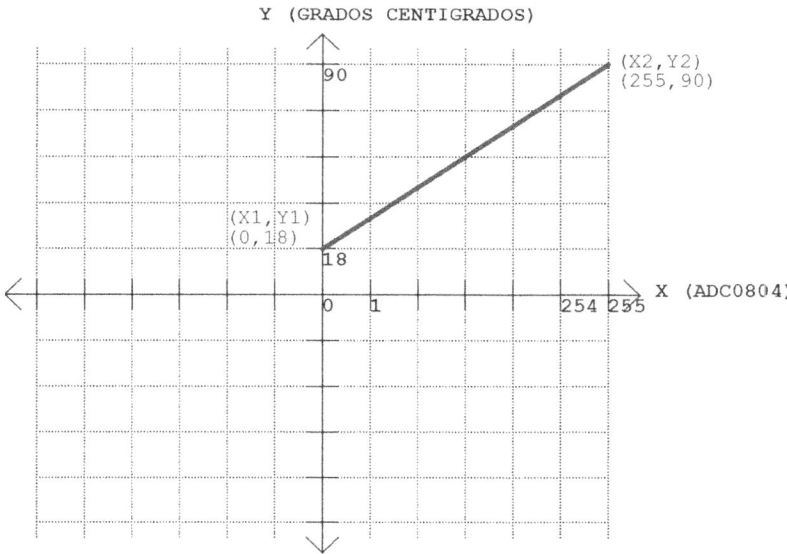

Figura 39.2 Recta para la ecuación del sensor de temperatura *vs.* los datos del convertidor ADC0804

De la ecuación de la recta tenemos que (para $Y_2 = 90°$, $Y_1 = 18°$, $X_2 = 255$, $X_1 = 0$):

$$m = \frac{Y_2 - Y_1}{X_2 - X_1} = \frac{90 - 18}{255 - 0} = 0.2823$$

De:

$Y = Xm + $ b, tenemos para b (para $X = 255$ e $Y = 90$):

$b = Y - Xm = 90 - 255(0.2823) = 18.01$

De esta forma, la ecuación que describe el comportamiento del voltaje (la palabra del convertidor ADC0804) según la temperatura del PT100 es (esta ecuación será introducida en el AVR):

$$Y = X * 0.2823 + 18.01$$

Sometiendo esta ecuación en una hoja de Excel se obtienen todos los valores de "*Y*" debido a los 256 valores de entrada de "*X*". La columna DATOS DEL CONVERTIDOR contiene desde 0 hasta 255, la columna de TEMPERATURA muestra la temperatura según la ecuación del comportamiento de voltaje que calculamos ($Y = X * 0.2823 + 18.01$), y la tercera columna (nombrada AVR) es el equivalente de la ecuación original, pero ajustada (artificio), es decir, el multiplicador `0.28` y la constante `18.01` se multiplicaron por 10 000. Este artificio se ajustará en el momento de presentar los datos finales en el display LCD. Compare la columna TEMPERATURA con la de AVR y notará que presentan las mismas equivalencias (tabla 39.1):

Tabla 39.1

DATOS DEL CONVERTIDOR	TEMPERATURA	AVR
0	18.00	180117.00
1	18.28	182940.00
2	18.56	185763.00
3	18.85	188586.00
4	19.13	191409.00
5	19.41	194232.00
6	19.69	197055.00
7	19.98	199878.00
8	20.26	202701.00
9	20.54	205524.00
10	20.82	208347.00
11	21.11	211170.00
12	21.39	213993.00
13	21.67	216816.00
14	21.95	219639.00
15	22.23	222462.00
16	22.52	225285.00
17	22.80	228108.00
18	23.08	230931.00
19	23.36	233754.00
20	23.65	236577.00
21	23.93	239400.00
22	24.21	242223.00
23	24.49	245046.00
24	24.78	247869.00
25	25.06	250692.00
26	25.34	253515.00
27	25.62	256338.00
28	25.90	259161.00
29	26.19	261984.00
30	26.47	264807.00
31	26.75	267630.00
32	27.03	270453.00
33	27.32	273276.00
34	27.60	276099.00
35	27.88	278922.00
36	28.16	281745.00
37	28.45	284568.00
38	28.73	287391.00
39	29.01	290214.00
40	29.29	293037.00
41	29.57	295860.00
42	29.86	298683.00
43	30.14	301506.00
44	30.42	304329.00
45	30.70	307152.00
46	30.99	309975.00
47	31.27	312798.00
48	31.55	315621.00
49	31.83	318444.00
50	32.12	321267.00
51	32.40	324090.00
52	32.68	326913.00
53	32.96	329736.00
54	33.24	332559.00
55	33.53	335382.00
56	33.81	338205.00
57	34.09	341028.00
58	34.37	343851.00
59	34.66	346674.00
60	34.94	349497.00
61	35.22	352320.00
62	35.50	355143.00
63	35.78	357966.00
64	36.07	360789.00
65	36.35	363612.00
66	36.63	366435.00
67	36.91	369258.00
68	37.20	372081.00
69	37.48	374904.00
70	37.76	377727.00
71	38.04	380550.00
72	38.33	383373.00
73	38.61	386196.00
74	38.89	389019.00
75	39.17	391842.00
76	39.45	394665.00
77	39.74	397488.00
78	40.02	400311.00
79	40.30	403134.00
80	40.58	405957.00
81	40.87	408780.00

Se observa que la columna de TEMPERATURA está valorada entre 18.00 y 89.99 para el dato $00 y $FF del convertidor ADC0804, respectivamente. Sin embargo, no es posible cargar un registro de AVR con un dato fraccionario, por lo que se debe hacer un artificio matemático para trabajar este algoritmo. La solución es multiplicar por 10 000 tanto el valor de "m" como el valor de "b", quedando la ecuación como y=2823(x)+180117, que corresponde a la columna AVR.

De este modo, la resultante de "Y" quedará de 180117.00 a 899982.00, y para "X" desde 0 hasta 255, respectivamente.

El siguiente paso es introducir la ecuación adaptada al AVR, para lo cual hay que distinguir que tanto el número 2823 y el 180117 son números que no pueden ser cargados en un registro de 8 bits. En un registro de 8 bits sllo se puede hasta el número 255.

El número 2823 (en decimal) equivale al número $0B07, y el número 180117 (decimal) equivale al número $02BF95, que corresponden a números de 16 y 24 bits, respectivamente.

La ecuación adaptada para el AVR pasa a ser entonces una multiplicación de un registro de 8 bits (el dato proveniente del ADC0804) por un número de 16 bits $0B07 (la pendiente "m" modificada).

Al resultado de esta multiplicación se le debe sumar el número $02BF95, que es una cifra de 24 bits (180117 en decimal).

Explicaremos primero los tipos de multiplicación que pueden ser usados en un AVR dependiendo del modelo del AVR y la destreza del programador. Existen básicamente dos formas de hacer una multiplicación de números enteros en un AVR:

1. Usando la instrucción MUL (multiplicar).
2. Utilizando la instrucción LSR (recorrer a la izquierda los bits de un registro).

39.1 Instrucción de multiplicación MUL

El modelo Mega8515 soporta la instrucción MUL, pero existen otros como el AT90S2313 o el AT90S8515 que no soportan esta instrucción, que aunque ya son

82	41.15	411603.00
83	41.43	414426.00
84	41.71	417249.00
85	42.00	420072.00
86	42.28	422895.00
87	42.56	425718.00
88	42.84	428541.00
89	43.12	431364.00
90	43.41	434187.00
91	43.69	437010.00
92	43.97	439833.00
93	44.25	442656.00
94	44.54	445479.00
95	44.82	448302.00
96	45.10	451125.00
97	45.38	453948.00
98	45.67	456771.00
99	45.95	459594.00
100	46.23	462417.00
101	46.51	465240.00
102	46.79	468063.00
103	47.08	470886.00
104	47.36	473709.00
105	47.64	476532.00
106	47.92	479355.00
107	48.21	482178.00
108	48.49	485001.00
109	48.77	487824.00
110	49.05	490647.00
111	49.34	493470.00
112	49.62	496293.00
113	49.90	499116.00
114	50.18	501939.00
115	50.46	504762.00
116	50.75	507585.00
117	51.03	510408.00
118	51.31	513231.00
119	51.59	516054.00
120	51.88	518877.00
121	52.16	521700.00
122	52.44	524523.00
123	52.72	527346.00
124	53.01	530169.00
125	53.29	532992.00
126	53.57	535815.00
127	53.85	538638.00
128	54.13	541461.00
129	54.42	544284.00
130	54.70	547107.00
131	54.98	549930.00
132	55.26	552753.00
133	55.55	555576.00
134	55.83	558399.00
135	56.11	561222.00
136	56.39	564045.00
137	56.68	566868.00
138	56.96	569691.00
139	57.24	572514.00
140	57.52	575337.00
141	57.80	578160.00
142	58.09	580983.00
143	58.37	583806.00
144	58.65	586629.00
145	58.93	589452.00
146	59.22	592275.00
147	59.50	595098.00
148	59.78	597921.00
149	60.06	600744.00
150	60.35	603567.00
151	60.63	606390.00
152	60.91	609213.00
153	61.19	612036.00
154	61.47	614859.00
155	61.76	617682.00
156	62.04	620505.00
157	62.32	623328.00
158	62.60	626151.00
159	62.89	628974.00
160	63.17	631797.00
161	63.45	634620.00
162	63.73	637443.00
163	64.01	640266.00
164	64.30	643089.00
165	64.58	645912.00
166	64.86	648735.00
167	65.14	651558.00
168	65.43	654381.00

modelos en desuso hay que estar conscientes de la posibilidad de encontrar modelos AVR que no soporten esta instrucción.

Una multiplicación de un registro de 8 bits con otro de 8 bits, se hará de la siguiente forma:

```
LDI R16,$45
LDI R17,$02
MUL R16,R17
```

El resultado ($8A) de tal operación queda almacenado en el registro R0. Este resultado queda almacenado en un registro de 8 bits, ya que es menor a 255; sin embargo, cuando se trabaja con un resultado mayor a 255, la operación queda registrada en R0 (Byte-bajo) y R1 (Byte-alto), respectivamente, de este modo si:

```
LDI R16,$45
LDI R17,$AA
MUL R16,R17
```

El resultado ($2DD2) de tal operación queda almacenado en el registro R0 ($D2) y R1 ($2D) respectivamente, que corresponde al valor 11730 en decimal. Cuando se desea multiplicar un registro de 8 bits con uno de 16 bits, la operación se hace de la siguiente forma: usando la función LOW y HIGH y la directiva .EQU. Suponiendo que se desea multiplicar $45 con $2020 (8224 en decimal), entonces se carga de esta otra:

El registro de 8 bits:

```
LDI R16,$45
```

El registro de 16 bits se cargará a una palabra llamada NÚMERO:

```
.EQU NUMERO = $2020
LDI R17,LOW(NÚMERO)
LDI R18,HIGH(NÚMERO)
```

169	65.71	657204.00
170	65.99	660027.00
171	66.27	662850.00
172	66.56	665673.00
173	66.84	668496.00
174	67.12	671319.00
175	67.40	674142.00
176	67.68	676965.00
177	67.97	679788.00
178	68.25	682611.00
179	68.53	685434.00
180	68.81	688257.00
181	69.10	691080.00
182	69.38	693903.00
183	69.66	696726.00
184	69.94	699549.00
185	70.23	702372.00
186	70.51	705195.00
187	70.79	708018.00
188	71.07	710841.00
189	71.35	713664.00
190	71.64	716487.00
191	71.92	719310.00
192	72.20	722133.00
193	72.48	724956.00
194	72.77	727779.00
195	73.05	730602.00
196	73.33	733425.00
197	73.61	736248.00
198	73.90	739071.00
199	74.18	741894.00
200	74.46	744717.00
201	74.74	747540.00
202	75.02	750363.00
203	75.31	753186.00
204	75.59	756009.00
205	75.87	758832.00
206	76.15	761655.00
207	76.44	764478.00
208	76.72	767301.00
209	77.00	770124.00
210	77.28	772947.00
211	77.57	775770.00
212	77.85	778593.00
213	78.13	781416.00
214	78.41	784239.00
215	78.69	787062.00
216	78.98	789885.00
217	79.26	792708.00
218	79.54	795531.00
219	79.82	798354.00
220	80.11	801177.00
221	80.39	804000.00
222	80.67	806823.00
223	80.95	809646.00
224	81.24	812469.00
225	81.52	815292.00
226	81.80	818115.00
227	82.08	820938.00
228	82.36	823761.00
229	82.65	826584.00
230	82.93	829407.00
231	83.21	832230.00
232	83.49	835053.00
233	83.78	837876.00
234	84.06	840699.00
235	84.34	843522.00
236	84.62	846345.00
237	84.91	849168.00
238	85.19	851991.00
239	85.47	854814.00
240	85.75	857637.00
241	86.03	860460.00
242	86.32	863283.00
243	86.60	866106.00
244	86.88	868929.00
245	87.16	871752.00
246	87.45	874575.00
247	87.73	877398.00
248	88.01	880221.00
249	88.29	883044.00
250	88.58	885867.00
251	88.86	888690.00
252	89.14	891513.00
253	89.42	894336.00
254	89.70	897159.00
255	89.99	899982.00

Ahora se procede a hacer la multiplicación que se hará en varios pasos:

1. Se multiplica el registro LOW con el registro de 8 bits:

```
MUL R16,R17
```

El resultado está en R0 y R1 (dependiendo de la longitud del resultado). Se sugiere sumar estos registros usando MOV a otros registros para futuras operaciones.

```
MOV R4,R0
MOV R5,R1    ;QUEDA $R5R4 ($08A0)
```

2. Se multiplica el registro HIGH con el registro de 8 bits:

```
MUL R16,R18
```

El resultado está en R0 y R1 (dependiendo de la longitud del resultado). Se sugiere sumar estos registros usando MOV a otros registros para futuras operaciones.

```
MOV R6,R0
MOV R7,R1    ;QUEDA $R7R6 ($08A0)
```

3. Se obtuvieron cuatro resultados copiados respectivamente a R4, R5, R6 y R7, ahora hay que hacer una suma. R4 se queda intacto, se suma R5 con R6 y si existiese un acarreo CARRY debido a esta suma, se le añadirá al registro R7 (con la instrucción ADC):

```
      $08 A0 $08 A0
       R7  R6   R5  R4
            \____/

      M= R6+R5              =$A8
S= R7+CARRY(DE R6+R5)       =$08
```

Es decir:

```
ADD R6,R5    ;ADICIÓN entre registros
ADC R7,R6    ;ADICIÓN con CARRY
```

Entonces el resultado queda expresado como:

```
        S   M   R4
     ($08 A8 A0)
```

A la subrutina mostrada a continuación se le han incrustado recuadros para sustituir las instrucciones de configuración para reducir el tamaño de las páginas del programa.

Programa:

```
;PROGRAMA QUE VISUALIZA LA TEMPERATURA DE
;UN SENSOR PT100
```

Encabezado para ATmega8515

Stack Pointer para ATmega8515

```
LDI R16,$00
OUT DDRB,R16

LDI R16,$FF
OUT DDRC,R16

LDI R16,$FF
OUT DDRE,R16
```

Se inicializa el LCD

```
LEYENDO:
IN R18,PINB              ;Entrada de datos del convertidor

RCALL CONVIRTIENDO_ECUACIÓN
RCALL EXTRAYENDO_DÍGITOS
RCALL SACA_LCD

RJMP LEYENDO
```

```
CONVIRTIENDO_ECUACION:
;Y=0.2823(X)+18
;MULTIPLICACIÓN DE 16 Bits X 8 Bits

;1) Primero se carga el valor de los registros el de 16 Bits
;y el de 8 Bits

.EQU BITS_16 = 2823        ;= $0B07

LDI R16,LOW(BITS_16)
LDI R17,HIGH(BITS_16)

;2) Se multiplica el registro "LOW" con el registro de
;8 Bits:

MUL R16,R18

;3) El resultado está en R0 y R1 (dependiendo de la longitud
;del resultado)

;El resultado de R1 (MSB) y R0 (LSB)

MOV R20,R0                ;R1_R0
MOV R21,R1

;4) Se multiplica el registro "HIGH" con el registro de
;8 Bits:

MUL R17,R18

;5) EL RESULTADO ESTÁ EN R0 y R1 (dependiendo de la longitud
;del resultado)

;El resultado de R1 (MSB) y R0 (LSB) queda respectivamente =

MOV R22,R0
MOV R23,R1                ;R23 R21 R20

ADD R21,R22
```

Subrutina *artificio* para manejar una operación con números fraccionarios a números enteros

```
BRCC CONTINUA_1
INC R23

CONTINUA_1:
.EQU COMPENSADOR = 180117    ;Carga a 24 Bits ($02BF95)
```

```
LDI R24,BYTE1(COMPENSADOR)        ;719,865+180117 = 899982
                                  ;= $0D BB  8E
LDI R25,BYTE2(COMPENSADOR)        ;  R23 R21 R20
LDI R26,BYTE3(COMPENSADOR)        ;+ R26 R25 R24


ADD R20,R2

BRCC CONTINUA_2
INC R21

CONTINUA_2:
ADD R21,R25
BRCC CONTINUA_3
INC R23

                        Esta sintaxis es otra
                        forma de escribir:
CONTINUA_3:             ADD R21,R25
ADD R23,R26             ADC R23,r26
BRCC SIGUE                        ;Resultados en
INC R23                           ;R23 R21 R20

SIGUE:
RET
;********************************
;SUBRUTINA PARA ENVIAR DATOS AL LCD
EXTRAYENDO_DIGITOS:
.EQU NUMERO1=100000    ;= $0186A0

LDI R16,BYTE1(NUMERO1)  ;$A0
LDI R17,BYTE2(NUMERO1)  ;$86
LDI R18,BYTE3(NUMERO1)  ;$01

LDI R19,0                ;Contador de CIEN MILES

MOV R7,R20
MOV R8,R21
MOV R9,R23

CICLO1:
SUB R20,R16
SBC R21,R17
SBC R23,R18

BRCS DIEZ_MILES
```

```
MOV R7,R20
MOV R8,R21
MOV R9,R23

INC R19                    ;Contador de CIEN MILES

MOV R1,R19                 ;R1 contiene el número de vueltas de
                           ;MILLONES

BRCC CICLO1

DIEZ_MILES:

MOV R20,R7
MOV R21,R8
MOV R23,R9


.EQU NUMERO2=10000         ;= $2710

LDI  R16,BYTE1(NUMERO2)    ;$10
LDI  R17,BYTE2(NUMERO2)    ;$27
LDI  R18,BYTE3(NUMERO2)    ;$00

CLR R19                    ;Contador de DIEZMILES

CICLO2:
SUB R20,R16
SBC R21,R17
SBC R23,R18

BRCS MILES

MOV R7,R20
MOV R8,R21
MOV R9,R23

INC R19                    ;Contador de DIEZMILES

MOV R2,R19                 ;R2 contiene el número de vueltas de
                           ;DIEZ MILES
BRCC CICLO2

MILES:
.EQU NUMERO3=1000          ;= $03E8
```

```
MOV R20,R7
MOV R21,R8
MOV R23,R9

LDI R16,BYTE1(NUMERO3)    ;$E8
LDI R17,BYTE2(NUMERO3)    ;$03
LDI R18,BYTE3(NUMERO3)    ;$00

LDI R19,0                 ;Contador de MILES

CICLO3:
SUB R20,R16
SBC R21,R17
SBC R23,R18

BRCS CIENTOS

MOV R7,R20
MOV R8,R21
MOV R9,R23

INC R19                   ;Contador de MILES

MOV R3,R19                ;R3 contiene el número de vueltas de
                          ;MILES
BRCC CICLO3

CIENTOS:
.EQU NÚMERO4=100          ;= $0064

MOV R20,R7
MOV R21,R8
MOV R23,R9

LDI R16,BYTE1(NÚMERO4)    ;$E8
LDI R17,BYTE2(NÚMERO4)    ;$00

LDI R19,0                 ;Contador de CIENTOS

CICLO4:
SUB R20,R16
SBC R21,R17

BRCS DECENAS
```

```
MOV R7,R20
MOV R8,R21

INC R19                          ;Contador de CIENTOS

MOV R4,R19                       ;R4 contiene el número de vueltas de
                                 ;CIENTOS
BRCC CICLO4

;YA NO ES NECESARIO SACAR MÁS DÍGITOS
;NI DECENAS NI UNIDADES, PERO AÚN ASÍ LOS SACAMOS

DECENAS:
MOV R20,R7
LDI R19,0                        ;Contador de DECENAS

CICLO5:
SUBI R20,10

BRCS UNIDADES

MOV R7,R20

INC R19                          ;Contador de DECENAS
MOV R5,R19                       ;R5 contiene el número de vueltas de
                                 ;DECENAS

BRCC CICLO5

UNIDADES:
MOV R20,R7

LDI R19,0                        ;Contador de UNIDADES

CICLO6:
SUBI R20,1
BRCS SALIDA
INC R19                          ;Contador de UNIDADES
MOV R6,R19                       ;R6 contiene el número de vueltas de
                                 ;UNIDADES
BRCC CICLO6

SALIDA:
RET
```

```
SACA_LCD:                       ;SUMA $30 a cada registro para
                                ;convertirlo a ASCII
LDI R16,$30
ADD R1,R16
ADD R2,R16
ADD R3,R16
ADD R4,R16
ADD R5,R16
ADD R6,R16

OUT PORTC,R1
RCALL SALIDA_ASCII
OUT PORTC,R2
RCALL SALIDA_ASCII

RCALL PUNTO

OUT PORTC,R3
RCALL SALIDA_ASCII
OUT PORTC,R4
RCALL SALIDA_ASCII
OUT PORTC,R5
RCALL SALIDA_ASCII
OUT PORTC,R6
RCALL SALIDA_ASCII

LDI R16,$DF                     ;Dato para el símbolo de GRADO
                                ;CENTÍGRADO
OUT PORTC,R16
RCALL SALIDA_ASCII

RCALL C                         ;ASCII "C"

RCALL HOME
RCALL DELAY2
RET
```

Generador de funciones usando un convertidor DAC0800

Con este proyecto se puede generar prácticamente cualquier forma de onda monopolar o bipolar mediante el uso de un convertidor DAC0800 y un par de amplificadores operacionales LM741 (diagrama 40.1). El secreto de este ejercicio es generar una tabla de valores decimales (o hexadecimales) como base de datos para la formación de la onda deseada (tabla 40.1).

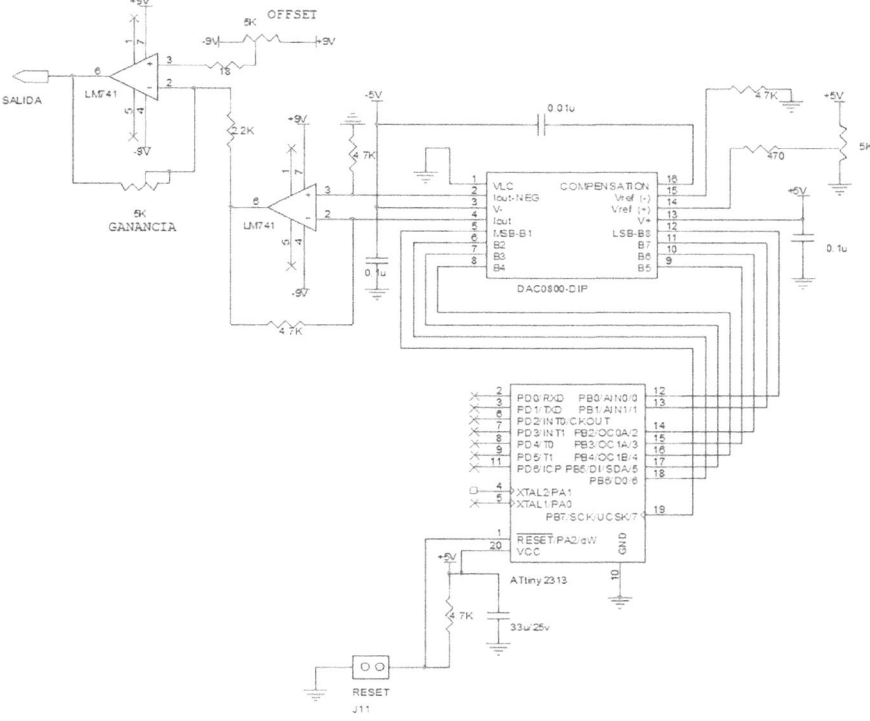

Diagrama 40.1 Diagrama eléctrico para el convertidor DAC0800 conectado a un AVR

Otro secreto de este proyecto es la instrucción LPM (Load Program Memory), que está vinculada con el registro Z (compuesto por R30 y R31) y con el registro de salida R0 (para mayor información compruebe la ayuda de AVR Studio con F1). Este proyecto aplica la instrucción LPM a una tabla de datos para 8 bits. Se deben generar 32 líneas con 8 columnas cada una para obtener un total de 256 valores. Esta tabla puede ser generada mediante Excel y se guarda en formato .TXT en el Bloc de notas o cualquier editor de texto. Este archivo se vinculará posteriormente al programa principal del AVR mediante un INCLUDE (.INCLUDE "TABLA.TXT"); en nuestro caso la tabla usada se llama GENERA_SINUSOIDE.TXT. Se debe usar la directiva ".DB" (Directive BYTE) para 8 bits. La tabla puede ser llenada manualmente o mediante la ayuda de otro programa como MATLAB para generar valores debido a una función, y copiar los datos generados en el editor de texto.

La tabla debe llevar una etiqueta (que en nuestro caso se llama SINUSOIDE), y cada valor debe estar separado por una "coma", de lo contrario AVR Studio en el momento de ensamblar mostrará errores:

Tabla 40.1 Valores para generar una forma de onda analógica

> SINUSOIDE:

Etiqueta de la tabla								
.DB	128,	138,	148,	158,	167,	176,	184,	192
.DB	200,	206,	212,	217,	221,	224,	227,	228
.DB	228,	227,	225,	223,	219,	214,	209,	203
.DB	196,	188,	180,	171,	161,	152,	142,	132
.DB	122,	112,	102,	93,	84,	75,	67,	59
.DB	52,	46,	41,	36,	33,	30,	29,	28
.DB	28,	30,	32,	35,	40,	45,	51,	57
.DB	65,	73,	82,	91,	100,	110,	120,	130
.DB	140,	150,	159,	168,	177,	186,	194,	201
.DB	207,	213,	218,	222,	225,	227,	228,	228
.DB	227,	225,	222,	218,	213,	208,	201,	194
.DB	186,	178,	169,	160,	150,	140,	130,	120
.DB	111,	101,	91,	82,	74,	65,	58,	51
.DB	45,	40,	36,	32,	30,	28,	28,	29
.DB	30,	33,	36,	40,	46,	52,	59,	66
.DB	74,	83,	92,	102,	111,	121,	131,	141
.DB	151,	161,	170,	179,	187,	195,	202,	208
.DB	214,	219,	222,	225,	227,	228,	228,	227
.DB	225,	221,	217,	213,	207,	200,	193,	185
.DB	177,	168,	158,	149,	139,	129,	119,	109
.DB	99,	90,	81,	72,	64,	57,	50,	44
.DB	39,	35,	32,	30,	28,	28,	29,	30
.DB	33,	37,	41,	47,	53,	60,	68,	76
.DB	85,	94,	103,	113,	123,	133,	143,	153
.DB	162,	172,	180,	189,	196,	203,	209,	215
.DB	219,	223,	226,	227,	228,	228,	226,	224

32 líneas

```
.DB   221,  217,  212,  206,  199,  192,  184,  175
.DB   166,  157,  147,  137,  127,  117,  1C7,  98
.DB   88,   79,   71,   63,   56,   49,   43,   38
.DB   34,   31,   29,   28,   28,   29,   31,   34
.DB   37,   42,   48,   54,   61,   69,   77,   86
.DB   95,   105,  115,  125,  126,  127,  127,  128
```

8 columnas

Programa:

```
;PROGRAMA PARA ENVIAR DATOS DECIMALES A UN ADC0800
;Y GENERAR FORMAS DE ONDA SEGÚN UNA TABLA .DB
```

Encabezado para ATtiny2313

Stack Pointer para ATtiny2313

```
LDI R16,$FF                  ;"PUERTO B" salida para enviar datos
                             ;al DAC
OUT DDRB,R16
LDI R17,0b0000_0010
OUT PORTA,R17

FORMA_DE_ONDA:
LDI R16,0

LOOP1:
RCALL DELAY

LOOP2:
LPM
OUT PORTB,R0
ADIW ZL,1
DEC R16
BRNE LOOP1

LDI ZH,HIGH(2*SINUSOIDE)
LDI ZL,LOW(2*SINUSOIDE)

RJMP LOOP2
```

Este registro se incrementa o se decrementa (depende el caso) según el número de bits de la tabla

Debe poner la **etiqueta** de la tabla multiplicado por 2 (en nuestro caso se llama SINUSOIDE)

```
.INCLUDE "GENERA_SINUSOIDE.TXT"      ;Tabla incrustada de
                                     ;8 columnas x32 ;líneas


RJMP FORMA_DE_ONDA
```

La forma de onda resultante de la tabla 40.1 se muestra en la figura 40.1(lado izquierdo). También es posible generar una señal triangular (figura 40.1, lado derecho), o cualquier otra forma de onda dependiendo de los valores asignados en la tabla.

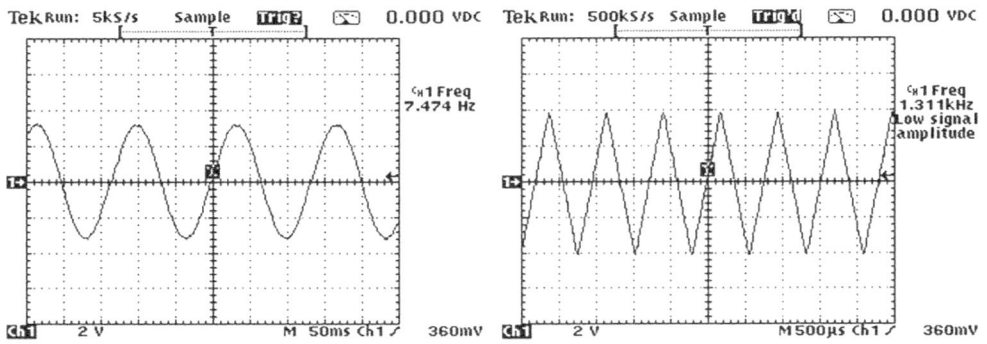

Figura 40.1 Formas analógicas generadas por el AVR

Es posible escribir tablas de 16 bits para la extracción de una cifra de 8 bits a la vez con cada instrucción `LPM`. Se añade un ejemplo del programa que controlaría esta tabla didáctica (tabla 40.2) para extraer el `BYTE`-bajo y el `BYTE`-alto. Note que se usa la directiva `.DW` para controlar 16 bits:

Tabla 40.2 Tabla para 16 bits

```
TABLA_16_BITS:
.DW $1020 ,$3020 ,$4525 ,$AA0B ,$DF5D ,$56DD ,$EF00 ,$34DF
.DW $AA0B ,$2031 ,$4525 ,$CBBB ,$21AC ,$56DD ,$2451 ,$2151
.DW $1020 ,$3412 ,$0102 ,$AA0B ,$DF5D ,$2121 ,$EF00 ,$34DF
.DW $41D1 ,$2512 ,$4525 ,$AA0B ,$DF5D ,$56DD ,$EF00 ,$34DF
.DW $2312 ,$3020 ,$2120 ,$941A ,$CCDB ,$56DD ,$3532 ,$0A0A
.DW $2010 ,$CB4A ,$4525 ,$AA0B ,$DF5D ,$3532 ,$EF00 ,$34DF
.DW $3020 ,$3020 ,$C0B2 ,$AA0B ,$DF5D ,$56DD ,$EF00 ,$34DF
.DW $221A ,$3344 ,$4525 ,$C21A ,$0312 ,$56DD ,$EF00 ,$34DF
.DW $15A0 ,$3020 ,$34DC ,$AA0B ,$DF5D ,$3420 ,$4545 ,$3A12
.DW $3AC2 ,$45DD ,$4525 ,$AA0B ,$DF5D ,$56DD ,$EF00 ,$34DF
```

```
.DW $12AA ,$3020 ,$47FF ,$24A0 ,$0512 ,$56DD ,$EF00 ,$34DF
.DW $1020 ,$ACCC ,$4525 ,$AA0B ,$DF5D ,$56DD ,$7800 ,$00AA
.DW $2AC0 ,$3020 ,$1001 ,$AA0B ,$0000 ,$CB01 ,$EF00 ,$34DF
.DW $32DE ,$3020 ,$4525 ,$3131 ,$DF5D ,$56DD ,$EF00 ,$34DF
.DW $1020 ,$AA0B ,$4525 ,$AA0B ,$2121 ,$CBFF ,$0000 ,$AA0C
.DW $0101 ,$3020 ,$3131 ,$AA0B ,$DF5D ,$56DD ,$EF00 ,$34DF
.DW $1020 ,$EFBC ,$4525 ,$AA0B ,$DF5D ,$EF00 ,$EF00 ,$34DF
.DW $1020 ,$3020 ,$4525 ,$5050 ,$3ACC ,$56DD ,$1111 ,$32CC
.DW $AACC ,$1200 ,$ADAD ,$000B ,$DF5D ,$56DD ,$EF00 ,$04DF
.DW $1020 ,$3020 ,$4525 ,$AA0B ,$DF5D ,$FFCC ,$EF00 ,$34DF
.DW $3555 ,$31BC ,$4525 ,$6060 ,$3232 ,$56DD ,$EF00 ,$FBB2
.DW $1000 ,$3020 ,$DCDC ,$AA0B ,$DF5D ,$56DD ,$1215 ,$34DF
.DW $30CA ,$3020 ,$4525 ,$AA0B ,$0000 ,$56DD ,$EF00 ,$34DF
.DW $1020 ,$3232 ,$4525 ,$7070 ,$DF5D ,$2121 ,$EF00 ,$34DF
.DW $1020 ,$2121 ,$3134 ,$0022 ,$1212 ,$56DD ,$3532 ,$0BFF
.DW $15AC ,$3020 ,$4525 ,$AA0B ,$DF5D ,$56DD ,$EF00 ,$34DF
.DW $1020 ,$AA0B ,$4525 ,$6262 ,$DF5D ,$56DD ,$EF00 ,$34DF
.DW $A021 ,$3020 ,$6451 ,$AA0B ,$DF5D ,$15AC ,$EF00 ,$34DF
.DW $1020 ,$3020 ,$4525 ,$AA0B ,$3232 ,$56DD ,$A0CA ,$CBC0
.DW $3031 ,$2020 ,$10AC ,$3431 ,$DF5D ,$56DD ,$EF00 ,$34DF
.DW $1020 ,$3020 ,$4525 ,$AA0B ,$DF5D ,$3131 ,$EF00 ,$34DF
.DW $1020 ,$3020 ,$4525 ,$AA0B ,$DF5D ,$56DD ,$A0C0 ,$0215
```

Este es el programa para procesar la tabla de 16 bits:

```
EXTRAYENDO_TABLA:
LDI ZH,HIGH(2*TABLA_16_BITS)
LDI ZL,LOW(2*TABLA_16_BITS)

LDI R16,0

LOOP:
LPM  ◄──────── Extrae el primer registro de 8 bits
ADIW ZL,1
INC R16

LPM  ◄──────── Extrae el segundo registro de 8 bits     Se incrusta el archivo de la tabla
ADIW ZL,1                                                de 16 bits al final del programa
INC R16
RJMP LOOP
.INCLUDE "TABLA_DIDÁCTICA_16_BITS.TXT"
```

✓ 40.1 Trazador de figuras de dos dimensiones

Teniendo en cuenta el proyecto anterior para 8 bits (y el mismo programa), es posible "dibujar" figuras de dos dimensiones usando el mismo DAC0800. A continuación mostraremos la tabla 40.3 que dibujará un corazón en el osciloscopio. Se puede dibujar cualquier objeto de dos dimensiones sin regresión en el tiempo (como un círculo, un triángulo, un cuadrado u otra figura):

Tabla 40.3 Valores para generar una figura de dos dimensiones

```
TABLA_CORAZON:
.DB    153,   159,   167,   138,   145,   177,   147,   124
.DB    171,   169,   116,   146,   185,   129,   116,   182
.DB    157,   98,    155,   184,   107,   116,   190,   138
.DB    87,    167,   175,   85,    124,   193,   114,   83
.DB    179,   157,   67,    136,   189,   87,    86,    188
.DB    132,   55,    151,   176,   61,    95,    191,   102
.DB    49,    165,   154,   39,    109,   185,   70,    51
.DB    174,   124,   21,    124,   169,   37,    58,    175
.DB    86,    9,     135,   139,   3,     64,    159,   64
.DB    3,     139,   135,   9,     86,    175,   58,    37
.DB    169,   124,   21,    124,   174,   51,    70,    185
.DB    109,   39,    154,   165,   49,    102,   191,   95
.DB    61,    176,   151,   55,    132,   188,   86,    87
.DB    189,   136,   67,    157,   179,   83,    114,   193
.DB    124,   85,    175,   167,   87,    138,   190,   116
.DB    107,   184,   155,   98,    157,   182,   116,   129
.DB    185,   146,   116,   169,   171,   124,   147,   177
.DB    145,   138,   167,   159,   153,   153,   153,   153
.DB    153,   153,   153,   153,   153,   153,   153,   153
.DB    153,   153,   153,   153,   153,   153,   153,   153
.DB    153,   153,   153,   153,   153,   153,   153,   153
.DB    153,   153,   153,   153,   153,   153,   153,   153
.DB    153,   153,   153,   153,   153,   153,   153,   153
.DB    153,   153,   153,   153,   153,   153,   153,   153
.DB    153,   153,   153,   153,   153,   153,   153,   153
.DB    153,   153,   153,   153,   153,   153,   153,   153
.DB    153,   153,   153,   153,   153,   153,   153,   153
.DB    153,   153,   153,   153,   153,   153,   153,   153
.DB    153,   153,   153,   153,   153,   153,   153,   153
.DB    153,   153,   153,   153,   153,   153,   153,   153
.DB    153,   153,   153,   153,   153,   153,   153,   153
.DB    153,   153,   153,   153,   153,   153,   153,   153
```

Observe que en el osciloscopio el corazón está "dibujado" (figura 40.2), es decir, el cursor irá de arriba abajo describiendo el contorno del corazón, avanzando en el tiempo, por ello parece que el corazón ha sido dibujado. Esta forma didáctica muestra que el AVR puede dibujar figuras de dos dimensiones. La separación entre las líneas que suben y bajan depende del número de datos de la tabla; cuanta mayor resolución (16 o 32 bits), el dibujo será más fino y menos burdo:

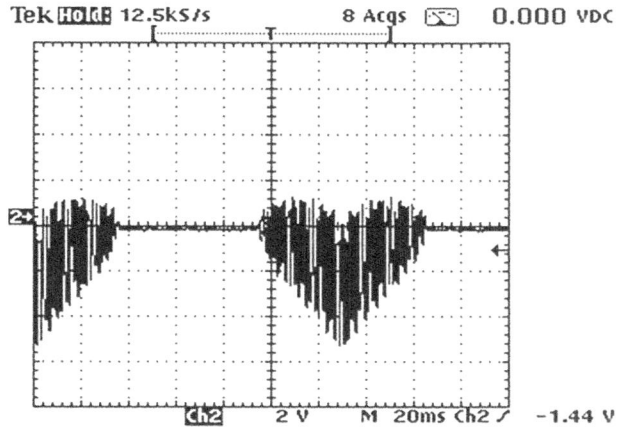

Figura 40.2 Corazón "dibujado" en el osciloscopio a 8 bits

En la figura 40.3 se observa un círculo dibujado (a manera de muestra) que se puede obtener con una tabla de datos para 8 bits:

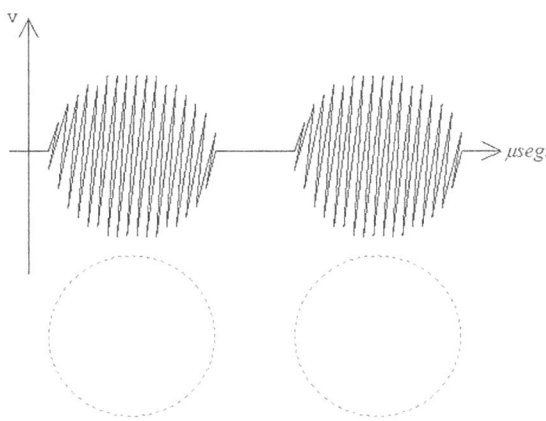

Figura 40.3 Círculo dibujado en dos dimensiones

Sensor de proximidad ultrasónico HC-SR04

El siguiente proyecto muestra cómo controlar un sensor ultrasónico con el que mediremos la distancia entre un obstáculo y el sensor. El AVR mostrará en el LCD la distancia en centímetros. Para desarrollar este proyecto se necesita activar un contador, el cual está relacionado directamente con la distancia máxima que deseamos detectar. Se va a comprobar la distancia medida *vs.* la palabra digital en un circuito con el sensor y ocho LED conectados al ATmega8515 (diagrama 41.2). Los LED mostrarán cómo de rápido (o lento) varía la palabra de acuerdo con el movimiento del obstáculo al sensor, así determinará qué contador del AVR le conviene usar (el de 8 o 16 bits), así como el preescalamiento del contador. El sensor HC-SR04 posee 4 pines: el "Trigger" que dispara al sensor, la terminal de "Echo", que entrega un ancho de pulso variable "directamente" proporcional a la distancia del obstáculo-sensor, y los pines de alimentación a +5 VD y GND.

Se debe generar en el AVR un pulso cuyo ancho sea el suficiente (pulso cuyo retraso es DELAY_10_MICROSEG) para activar la medición del HC-SR04 (sección de la etiqueta TRIGGER), una vez disparado, esperaremos 22 µseg antes de leer la duración del ancho del pulso en Echo (detectaremos el flanco de subida y el flanco de bajada de Echo para la lectura de los registros del contador de 16 bits –TCNT1L y TCNT1H). El ancho del pulso de Echo nos dirá la distancia entre el sensor y el obstáculo –previamente usando un algoritmo de ajuste para el ancho del pulso–.

En el diagrama 41.1 se observan los tiempos para Echo, Burst de detección y Trigger. Echo posee un ancho de pulso dinámico y Trigger tiene un ancho fijo de 10 µs. La duración de Trigger no se recomienda menor a lo establecido en este ejercicio, ya que es probable que un Trigger muy corto no dispare al sensor. Usaremos un retraso entre el Trigger y la detección del flanco de subida de Echo de 22 µs, retraso que también puede ser cambiado a consideración del programador. La señal de BURTS DE DETECCIÓN consiste en 8 pulsos emitidos por el sensor a una frecuencia de 40 kHz (esta señal es la que choca con el obstáculo y regresa al sensor), una vez activado por Trigger. Debemos sumar la duración de los 8 pulsos del Burst (200 µs) a los 10 µs del Trigger para empezar a detectar el pulso variable de Echo. Después de la primera lectura, la subrutina espera 200 ms antes de un nuevo disparo:

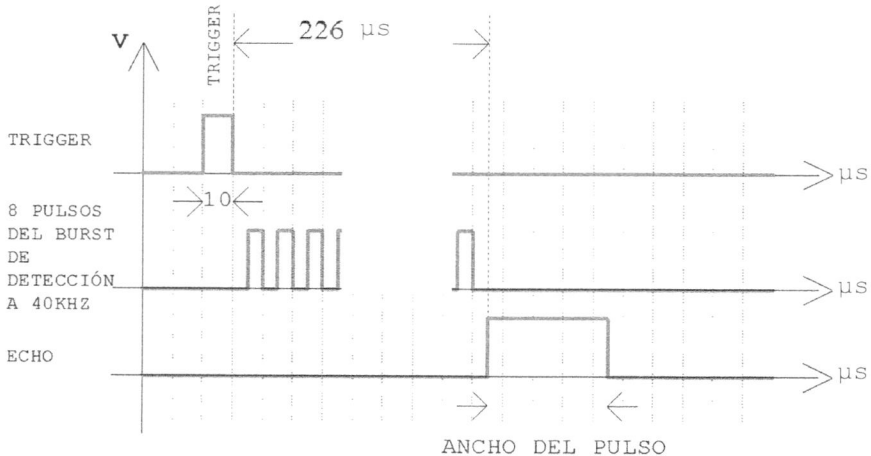

Diagrama 41.1 Diagrama de tiempos de Echo y Trigger

Para la elaboración del algoritmo de este proyecto es necesario considerar la ecuación de la velocidad de la propagación del sonido en el aire para la ida (señal emitida –BURTS DE DETECCIÓN– por el sensor cuando se dispara Trigger) hasta que choque con el obstáculo, y el regreso del Burst al sensor (Echo). La velocidad de propagación del sonido está íntimamente relacionada con la frecuencia de oscilación del AVR, ya que de ello depende la velocidad de detección de Echo en el microcontrolador y la interpretación de los datos de detección de la distancia al obstáculo. Si el AVR es lento o demasiado rápido en comparación al Echo, las lecturas de distancia no serán fieles, sin embargo, si esto llegara a ocurrir, se puede ajustar el error de lectura mediante un algoritmo de compensación en la subrutina.

Consideremos la velocidad del sonido en el aire a temperatura de 20 °C a 340 m/s, teniendo en cuenta la ecuación de velocidad $V = \dfrac{d}{t}$. Si por ejemplo tuviéramos un obstáculo a 1 metro del sensor, habría un tiempo "$t1$" que tarda el Echo en desplazarse "$D1$" de ida, y otro tiempo "$t2$" para el "$D2$" de regreso, esto significa que el tiempo del Echo considera dos distancias $D1+D2$, así como 2 tiempos $t1+t2$ (figura 41.1). Deducimos entonces de $V = \dfrac{2d}{t}$ para 1 metro:

$$t = \frac{2d}{V} = \frac{2(1\text{m})}{340 \text{ m/s}} = 5.882 \text{ ms}$$

Comprobando con la ecuación original $V = \dfrac{d}{t}$ para $2t$:

$$2(t = \frac{d}{V}) = 2 \left(\frac{1 \text{ m}}{340 \text{ m/s}} \right) = 2(2.941 \text{ ms}) = 5.882 \text{ ms}$$

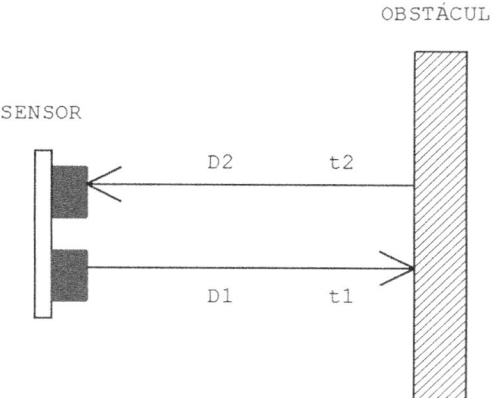

Figura 41.1 Distancia y tiempo de Echo desde el sensor hasta el obstáculo

Esto significa teóricamente que el *Burts de detección* tarda 5.882 ms en salir del sensor, chocar con el obstáculo a 1 metro de distancia y regresar al sensor. Ahora lo que nos falta es elaborar una subrutina que sincronice el ancho dinámico de Echo con el consumo de tiempo de cada ciclo de reloj del AVR.

El sensor "en teoría" maneja un rango de anchura de Echo desde aproximadamente 150 µs correspondientes a 2 cm de detección al obstáculo, hasta 25 µs correspondiente a 5 metros de detección; a 38 µs se considera que no hay obstáculo (estos datos pueden variar)[1]. Sin embargo, si se conecta un osciloscopio para medir el ancho del pulso Echo con distancias de prueba de 1 cm a la vez (a partir del centímetro 2), observaremos que el ancho de Echo no es lineal a la distancia, los factores de incremento no son los mismos en cada centímetro de la prueba, esto significa que no deberíamos usar la ecuación de una recta para hacer el algoritmo de comportamiento de este sensor porque se perdería exactitud; sin embargo, vamos a considerar que se comporta linealmente para facilitar la programación de este proyecto (es responsabilidad del programador el deseo de mejorar este proyecto dependiendo de su aplicación final). En el osciloscopio se observó que el tiempo a 2 cm es de 204 µs y no de 150 µs, y la distancia medida a 20 cm nos dio un tiempo de 1.24 ms. Extrapolando el resultado medido con el osciloscopio digital obtuvimos 23.11 ms para 400 cm y 28.86 ms para 500 cm; como estas mediciones prácticas difieren muy poco del tiempo de detección de los 150 µs correspondientes a 2 cm al obstáculo, los 25 ms correspondientes a los 5 metros de detección y los 38 ms donde no hay obstáculo, trabajaremos con nuestra tabla de Excel para 204 µs y 28.86 ms (tabla 41.1).

El manual del sensor dice que la linealidad de la detección dependerá directamente del ángulo de detección, para este proyecto consideramos que la detección es lineal para obstáculos frontales al sensor (consideramos que el incremento en tiempo entre cm a cm es constante). Algunos programadores usan la proporción de "T/58" para desplegar en el LCD

---

[1] En este sensor la detección mínima se puede dar desde 1 cm, pero presentaría lecturas erráticas. A 2 cm, la lectura se estabiliza.

la distancia en centímetros, pero nosotros determinaremos el algoritmo mediante la ecuación de la recta para un $m = 17374.51$ y un $b = -1.54$, de tal forma que la ecuación para el sensor quedará:

$$Y = 17374.51(X) - 1.54 \ \left[cm / seg \right] \qquad \text{(Ec. 41.1)}$$

Vamos a recorrer el punto decimal a la derecha para facilitar la programación (editar el código de programa sin punto decimal):

$$Y = 1737451(X) - 154 \ \left[cm / seg \right] \qquad \text{(Ec. 41.2)}$$

Donde:

Y = distancia en centímetros
X = tiempo en segundos

El resultado de la ecuación 2 debería ser dividido entre 100, pero para evitar usar la subrutina de división, se recorrerán las cifras en el LCD a la izquierda para usar solo aquellas que nos interesan. De este modo, el "truco" del uso de los decimales está en la forma de desplegar las cifras en el LCD (al igual que en proyectos anteriores).

Debido a que esta ecuación contiene una operación con un número de 24 bits (`1737451=$1A82EB`) multiplicado por un número de 16 bits (distancia "X"), de resolver este proyecto usando esta resolución obtendríamos un resultado de 40 bits. Para solucionarlo, propondremos un algoritmo de multiplicación donde seccionaremos el número de 24 bits en dos números (uno de 16 y otro de 8 bits), haciendo al final una doble multiplicación y una suma especial (la multiplicación de un número de 24 bits con uno de 16 bits también puede hacerse bajo otros métodos). A continuación se muestra el procedimiento para multiplicar un número de 24 bits por uno de 16 bits (también es posible resolver la ecuación reduciendo cifras a como mejor nos convenga).

✓ 41.1 Multiplicación de un número de 24 bits por uno de 16 bits

Una multiplicación de este tamaño es muy compleja, ya que el resultado es de 40 bits, pero se puede hacer de varias formas. Propondremos una forma a la que le llamaremos *multiplicaciones parciales* en la que el número de 24 bits se divida en dos grupos, entonces se harán dos multiplicaciones, una de 16 bits (primera parte del número de 24 bits) por el otro número de 16 bits; y una segunda multiplicación del número de 8 bits (segunda sección del número de 24 bits) por el número de 16 bits. De la multiplicación original, se invertirán en cada multiplicación el orden del *multiplicando* por el del *multiplicador* y viceversa. Por ejemplo, vamos a multiplicar el número de 24 bits `$1A8340` por el número de 16 bits `$4040`:

```
      $1A8340  ⎫
×       $4040  ⎬  Multiplicación original
      -------  ⎭
```

Bajo nuestro método, las multiplicaciones quedarán así:

```
        $4040                    $4040
×       $8340          ×         $1A
        -------                  -------
```

Procedimiento:

1. Vamos a separar el número de 24 bits ($1A8340) en dos partes ($1A y $8340):

```
.EQU NUM_SEPARADO_1=$8340
.EQU NUM_SEPARADO_2=$1A
```

2. Vamos a cargar el número de 16-bits $4040:

```
.EQU NUM_16=$4040
```

3. Vamos a extraer los bytes correspondientes y a multiplicar la primera parte:

```
;PARA EL NÚMERO DE 24-Bits:
LDI R16,LOW(NUM_SEPARADO_1)
LDI R17,HIGH(NUM_SEPARADO_1)

;PARA EL NÚMERO DE 16 Bits:
LDI R21,LOW(NUM_16)
LDI R22,HIGH(NUM_16)

;RESULTADOS EN:
.DEF RES1=R3
.DEF RES2=R4
.DEF RES3=R5
.DEF RES4=R6

;HAGAMOS LA MULTIPLICACIÓN DE 16 Bits x 16 Bits:
MUL R16,R21              ;LOW1*LOW2
MOV RES1,R0              ;PRIMERO SIN TOCAR
MOV RES2,R1              ;PARA SUMA

MUL R17,R22              ;HIGH1*HIGH2
MOV RES3,R0              ;PARA SUMA
MOV RES4,R1              ;ÚLTIMO MÁS CARRY

MUL R16,R22              ;LOW1*HIGH2
ADD RES2,R0
ADC RES3,R1
```

```
MUL R17,R21      ;LOW2*HIGH1
ADD RES2,R0
ADC RES3,R1
ADC RES4,R2      ;R2 no contiene valor sólo si hay CARRY
                 ;(DUMMY)
```

4. Ahora multiplicamos el número de 16 bits por el de 8 bits:

```
;   $R22 R21
;x $      1A

;RECORDEMOS QUE PARA EL NÚMERO DE 16 Bits:
LDI R21,LOW(NUM_16)
LDI R22,HIGH(NUM_16)

LDI R18,$1A

;RESULTADOS EN:
.DEF RES5=R7
.DEF RES6=R8
.DEF RES7=R9

MUL R18,R21            ;LOW1*LOW2
MOV RES5,R0            ;PRIMERO SIN TOCAR
MOV RES6,R1            ;PARA SUMA

MUL R18,R22            ;HIGH1*HIGH2
ADD RES6,R0            ;PARA SUMA
ADC RES7,R1            ;ÚLTIMO MÁS CARRY
```

5. Finalmente sumamos los resultados excluyendo la posición de RES1 y RES2:

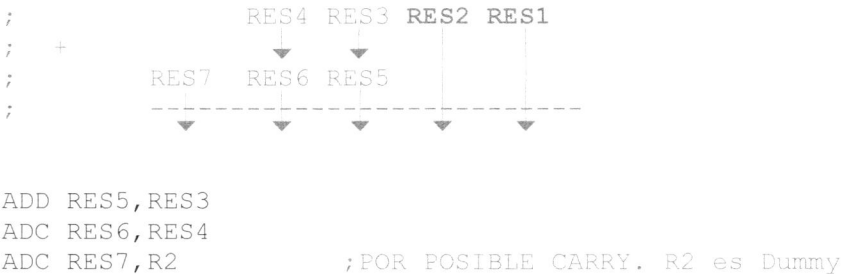

```
ADD RES5,RES3
ADC RES6,RES4
ADC RES7,R2                ;POR POSIBLE CARRY. R2 es Dummy
```

6. El resultado final está en: RES7   RES6   RES5   RES2   RES1

Que corresponde a la multiplicación original (multiplicación del número $1A8340 por $4040). Bajo esta propuesta (multiplicaciones parciales) se pueden hacer multiplicaciones de más bits.

Continuamos con la elaboración de una tabla en Excel (tabla 41.1) para comprobar nuestra ecuación (Ec. 41.2), y calcular el número de ciclos y el tiempo en segundos y milisegundos de nuestros contadores; esta tabla debe coincidir casi al 100 % con nuestra simulación, así como los LED de la prueba. Compruebe que para 2 y 500 cm, el tiempo en milisegundos es el que corresponde a nuestra ecuación (0.204 y 28.86 ms, respectivamente). La columna azul de DECIMAL corresponde a la equivalencia del contenido de los registros TCNT1L y TCNT1H para los milisegundos de la columna naranja. Los datos de la columna DECIMAL deben coincidir con el valor de los LED en las pruebas (en hexadecimal por supuesto):

Tabla 41.1 Tabla de Excel para la relación entre la distancia y el tiempo consumido en milisegundos del contador del AVR

cm (Y)	Tiempo en segundos. X=(Y+1.54)/17374.51	Tiempo en milisegundos. X=((Y+154)/1737451)*1000	Decimal para cálculo de contador
X	X	X	X
2	0.000203747	0.204	13
3	0.000261302	0.261	16
4	0.000318858	0.319	20
5	0.000376413	0.376	24
6	0.000433969	0.434	27
7	0.000491525	0.492	31
8	0.000549080	0.549	34
9	0.000606636	0.607	38
10	0.000664191	0.664	42
11	0.000721747	0.722	45
12	0.000779303	0.779	49
13	0.000836858	0.837	52
14	0.000894414	0.894	56
15	0.000951969	0.952	59
16	0.001009525	1.010	63
17	0.001067080	1.067	67
18	0.001124636	1.125	70
19	0.001182192	1.182	74
20	0.001239747	1.240	77

.
.
.

481	0.027772870	27.773	1736
482	0.027830425	27.830	1739
483	0.027887981	27.888	1743
484	0.027945536	27.946	1747
485	0.028003092	28.003	1750
486	0.028060647	28.061	1754
487	0.028118203	28.118	1757
488	0.028175759	28.176	1761
489	0.028233314	28.233	1765
490	0.028290870	28.291	1768
491	0.028348425	28.348	1772
492	0.028405981	28.406	1775
493	0.028463537	28.464	1779
494	0.028521092	28.521	1783
495	0.028578648	28.579	1786
496	0.028636203	28.636	1790
497	0.028693759	28.694	1793
498	0.028751314	28.751	1797
499	0.028808870	28.809	1801
500	0.028866426	28.866	1804

Ahora, necesitamos configurar el contador del AVR para la detección de Echo entre 0.204 y 28.86 ms para la distancia al obstáculo, y 38 ms cuando no hay obstáculo. Se hicieron pruebas con el contador-0 (a 8 bits) y el registro del contador no nos permitió medir el rango deseado, por lo que migramos al contador-1 (a 16 bits). Esto no significa que el sensor ultrasónico opere solo con el contador-1, sino que depende de la necesidad del programador. Veamos la siguiente relación para el preescalamiento del contador para la frecuencia-base del AVR, que es 4 MHz, cada ciclo de reloj sin preescalamiento es de 0.25 µs *ciclo, y con preescalamiento observamos que:

```
CLK (SIN)  = 4MHz                       T_CICLO = 0.25 µseg * ciclo
CLK/8      = 4MHz/8     =500KHz         T_CICLO = 2 µseg * ciclo
CLK/64     = 4MHz/64    =62.5KHz        T_CICLO = 16 µseg * ciclo
CLK/256    = 4MHz/256   =15.625KHz      T_CICLO = 64 µseg * ciclo
CLK/1024   = 4MHz/1024  =3.906KHz       T_CICLO = 256 µseg * ciclo
```

Debido a que el registro del contador sin preescalamiento consume 255 * 0.25 µs = 63.75 µs en 8 bits, y 65535 * 0.25 µs = 16.38 ms para 16 bits, necesitamos un preescalamiento que alcance los 38 ms; si usamos CLK/8 el tiempo consumido para 16 bits será de 65535 * 2 µs = 131.07 ms, que es el tiempo que necesitamos; sin embargo, en las pruebas vemos que los LED cambian muy rápido en relación con la distancia del objeto en movimiento, por ello usamos CLK/64, para ver un cambio de estado en los LED aproximadamente en cada centímetro de desplazamiento del obstáculo (así nos conviene en este proyecto).

Si nos vamos a CLK/1024, el preescalamiento podría funcionar; sin embargo, el problema radicaría en la sensibilidad del AVR para el factor de cambio en los datos, ya que a mayor preescalamiento (mediante la prueba de los LED) se observará que el estado de los LED cambiará muy lentamente (es decir, una baja resolución). En caso contrario, si el preescalamiento es muy pequeño el estado de los LED cambiará demasiado rápido, por esto se recomienda que se haga la prueba de los LED, para ajustar la frecuencia de reloj que más le convenga. Puede trabajar a 1 MHz (recalcule los tiempos consumidos de ciclos de reloj para esta nueva frecuencia) o a 1.2 MHz con otro AVR.

Es necesario que compruebe en el simulador el tiempo en Stop Watch (usando el botón derecho del ratón seleccione la opción Show Stop Watch as milliseconds) respecto a los registros TCNT1L y TCNT1H, el Stop Watch debe llegar a los milisegundos deseados de la tabla de Excel que debe corresponder al valor de la columna de DECIMAL.

Para facilitar el desarrollo de este proyecto, nos basaremos de forma práctica en el siguiente circuito con los LED (diagrama 41.2), para que el programador compruebe la configuración del contador (el de 8 o 16 bits) y, en función de ello, el preescalamiento de dicho contador. Solo asegúrese de que los LED se enciendan de forma estable, y que el encendido y apagado siempre coincida con la distancia de prueba (que el estado de los LED no cambie demasiado rápidamente ni muy lentamente). Para las pruebas se sugiere que se hagan en superficies sólidas e inmovibles, como el suelo o una mesa, y el obstáculo sea una pared o un móvil perfectamente controlado (y perpendicular el sensor). Para probar el preescalamiento y el factor de cambio, configure solamente el puerto D como salida (por el momento no use el LCD). Se sugiere usar el cristal externo para el circuito final. Una vez realizada la prueba de distancia con los LED, compruebe si se necesita un algoritmo de ajuste en el programa. Según el tipo de sensor, la detección puede hacerse a mucho más distancia. Lea el manual del HC-SR04 para que vea el alcance máximo y el lóbulo de detección:

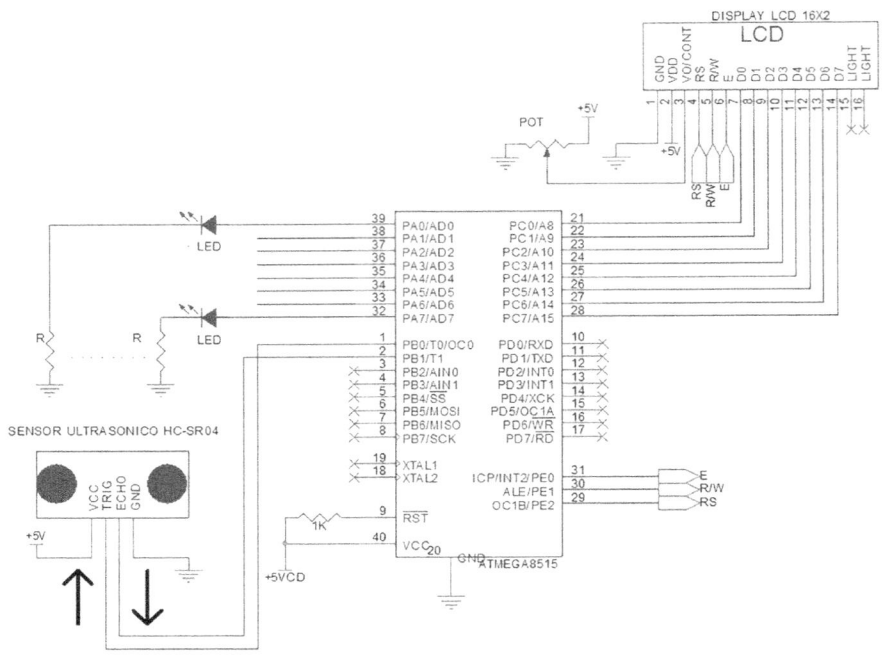

Diagrama 41.2 Diagrama eléctrico para controlar un sensor ultrasónico HC-SR04

En el programa se lee el estado del contador-1 con el preescalamiento de CLK/64, que será el valor de la incógnita "X", este valor a 16 bits (TCNT1L y TCNT1H) será multiplicado por 16 (que equivale a 16 μs. Esta cantidad es entera para evitar el uso de decimales), que a su vez nos dará el tiempo en milisegundos, este resultado debe ser convertido por otra subrutina (CONVIRTIENDO_MILISEGUNDOS_A_CENTIMETROS) de milisegundos a centímetros, y posteriormente desplegará en el LCD las cifras que nos interesan. La ecuación Y=17374.51(X)−1.54 la vamos a modificar para simplificar aún más la multiplicación, quedando así Y=1737(X)−154000:

Programa:

```
; PROGRAMA QUE CONFIGURA EL SENSOR DE PROXIMIDAD
; ULTRASÓNICO HC-SR04
```

Encabezado para ATmega8515

Stack Pointer para ATmega8515

```
LDI R16,$FF
OUT DDRA,R16
```

La ecuación "Y = 1737(X) – 154000" proviene de recorrer a la izquierda el punto decimal de "m" y "b" quedando como: Y = 1737.451(X) – 0.154, luego eliminamos 0.451 de "m" y multiplicamos por 1 000 000 a "b". "X" toma valores enteros de TCNT1L y TCNT1H

Siendo el resultado de esta operación de 32 bits, el artificio consiste en considerar las tres últimas cifras más significativas de la cantidad en decimal (que son las que se muestran en el LCD)

```
LDI R16,0b0000_0001        ;PB0-TRIGGER
OUT DDRB,R16               ;PB1-LECTURA de ECHO

LDI R16,$FF
OUT DDRC,R16

LDI R16,$FF
OUT DDRE,R16

;INCIALIZANDO DISPLAY
RCALL DISPLAY_CONTROL_ON
RCALL CLEAR_DISPLAY
RCALL HOME
RCALL ESCRIBIR_EN_LINEA_UNO

TRIGGER:                   ;Dispara al sensor ultrasónico
                           ;y muestra mensaje en el LCD
RCALL D
RCALL I
RCALL S
RCALL T
RCALL ESPACIO

LDI R16,0                  ;Inicializa contadores
OUT TCNT1L,R16
OUT TCNT1H,R16

LDI R16,0b0000_0001
OUT PORTB,R16
RCALL DELAY_10_MICROSEG
LDI R16,0b0000_0000
OUT PORTB,R16

;ESPERAMOS A QUE SALGAN LOS 8 PULSOS DEL BURST
;226 MICRO-SEGS
RCALL DELAY_226_MICROSEG

LDI R16,0b0000_0010
MASCARA:                   ;Detecta flanco de subida de ECHO
IN R17,PINB
AND R17,R16
CP R16,R17
BRNE MASCARA
```

```
LDI R16,0<<CS12|1<<CS11|1<<CS10        ;Inicia CONTADOR_1 para
                                       ;contar desde 204useg
OUT TCCR1B,R16                         ;hasta 28.11 mseg.

;0<<CS12|0<<CS11|0<<CS10----STOP
;0<<CS12|0<<CS11|1<<CS10----CK
;0<<CS12|1<<CS11|0<<CS10----CK/8
;0<<CS12|1<<CS11|1<<CS10----CK/64   <---------
;1<<CS12|0<<CS11|0<<CS10----CK/256
;1<<CS12|0<<CS11|1<<CS10----CK/1024

LDI R16,0b0000_0010
LDI R31,0b0000_0000
DETECTA_FIN_DE_ECO:        ;Detecta flanco de bajada de ECHO
IN R17,PINB
AND R17,R16
CP R31,R17
BRNE DETECTA_FIN_DE_ECO

CLR R18
CLR R19

IN R18,TCNT1L             ;Lee el valor del TIMER1 TCNT1L
IN R19,TCNT1H             ;Lee el calor del TIMER1 TCNT1H

LDI R16,0<<CS12|0<<CS11|0<<CS10       ;STOP
OUT TCCR1B,R16

OUT PORTA,R18             ;Para prueba de LED´s (OPCIONAL)

;Multiplicar los contadores por 16 micro-segs
;para adaptarlo en MICRO-SEGUNDOS, para ajustar la ecuación
;de la recta que luego serán convertidos a DISTANCIA

;Multiplicación de un número de 16 Bits por uno de 8 Bits
;R18 es el registro LOW = TCNT1L
;R19 es el registro HIGH= TCNT1H

LDI R20,16                ;$10 equivalente a 16 MICROSEGUNDOS

MUL R18,R20               ;R18 contiene el valor de TCNT1L
MOV R21,R0                ;PRIMERO
MOV R22,R1                ;+
```

```
MUL R19,R20                 ;R19 contiene el valor de TCNT1H
ADD R22,R0
ADC R23,R1                  ;ÚLTIMO
;Debido a que el resultado mayor en nuestro proyecto
;abarca R21 y R22, desechamos R23

;Como vamos a adaptar la ecuación del comportamiento del
;sensor necesitamos ajustar el valor de R21 y R22, por lo
;tanto:

SUBI R21,3
SBC R22,R2                  ;si hay CARRY se resta a R22. R2 es
                            ;Dummy para CARRY

CONVIRTIENDO_MICROSEGUNDOS_A_CENTIMETROS:
;"X" Es el número en MICROSEGUNDOS del CONTADOR de 16 Bits
;"Y" Es el resultado en CENTÍMETROS

;Esta es la ecuación original
;Y=17374.51(X)-1.54

;ADAPTANDO para reducir # de Bits
;Y=1737(X)-154000

;***MULTIPLICACIÓN de 16 Bits por uno de 16 Bits***

;Para el número (1737)d=$06C9
;Multiplicado por el número de 16 Bits =$R22 R21

.EQU NUM_1=$06C9

.DEF RES1=R3
.DEF RES2=R4
.DEF RES3=R5
.DEF RES4=R6

LDI R16,LOW(NUM_1)
LDI R17,HIGH(NUM_1)

MUL R16,R21                 ;LOW1*LOW2
MOV RES1,R0                 ;PRIMERO
MOV RES2,R1                 ;+

MUL R17,R22                 ;HIGH1*HIGH2
MOV RES3,R0                 ;+
```

```
MOV RES4,R1                  ;ÚLTIMO MÁS CARRY

MUL R16,R22                  ;LOW1*HIGH2
ADD RES2,R0
ADC RES3,R1

MUL R17,R21                  ;LOW2*HIGH1
ADD RES2,R0
ADC RES3,R1
ADC RES4,R2                  ;R2 no contiene valor pero si hay
                             ;CARRY SUMA

;RESULTADO FINAL está en: RES4 RES3 RES2 RES1

;Ahora restamos 154000 según la ecuación
;Y=1737(X)-154000

.EQU NUM_2=$025990           ;=154000

LDI R16,BYTE1(NUM_2)    ;$90
LDI R17,BYTE2(NUM_2)    ;$59
LDI R18,BYTE3(NUM_2)    ;$02

;     RES4 RES3 RES2 RES1
;-          R18  R17  R16
;---------------------------

SUB RES1,R16
SBC RES2,R17
SBC RES3,R18
SBC RES4,R2                  ;CARRY

;Ya está convertido en CENTÍMETROS.
;Como el resultado tiene 10,000,000 CIFRAS (32 Bits)
;al final solo vamos a desplegar en LCD las ÚLTIMAS 3

;CONVERTIDOR DE CENTÍMETROS A DISPLAY LCD
CONVIERTE_DATO_A_LCD:

CLC                          ;CLEAR CARRY
CLR R22                      ;BORRA CONTADOR DE 1ª CIFRA
CLR R23                      ;BORRA CONTADOR DE 2ª CIFRA
CLR R24                      ;BORRA CONTADOR DE 3ª CIFRA
CLR R25                      ;BORRA CONTADOR DE 4ª CIFRA
```

```
;DIEZ MILLONES:
.EQU NUMERO1=10_000_000 ;$989680

LDI  R16,BYTE1(NUMERO1)  ;$80
LDI  R17,BYTE2(NUMERO1)  ;$96
LDI  R18,BYTE3(NUMERO1)  ;$98

LDI  R21,0               ;CONTADOR DE DIEZ MILLONES

MOV  R10,RES1
MOV  R11,RES2
MOV  R12,RES3
MOV  R13,RES4

CICLO10:
SUB  R10,R16
SBC  R11,R17
SBC  R12,R18
SBC  R13,R2

BRCS MILLONES

MOV  RES1,R10
MOV  RES2,R11
MOV  RES3,R12
MOV  RES4,R13

INC  R21                 ;CONTADOR DE DIEZ MILLONES

MOV  R22,R21

BRCC CICLO10


MILLONES:
CLC                      ;CLEAR CARRY

.EQU NUMERO2=1_000_000   ;$0F4240
LDI  R16,BYTE1(NUMERO2)  ;$40
LDI  R17,BYTE2(NUMERO2)  ;$42
LDI  R18,BYTE3(NUMERO2)  ;$0F
.
.
.
```

```
CIEN_MILES:
CLC                           ;CLEAR CARRY

.EQU NUMERO3=100_000          ;$0186A0
LDI R16,BYTE1(NUMERO3)        ;$A0
LDI R17,BYTE2(NUMERO3)        ;$86
LDI R18,BYTE3(NUMERO3)        ;$01
  .
  .
  .


DIEZ_MILES:
CLC                           ;CLEAR CARRY

.EQU NUMERO4=10_000           ;$002710
LDI R16,BYTE1(NUMERO4)        ;$10
LDI R17,BYTE2(NUMERO4)        ;$27
LDI R18,BYTE3(NUMERO4)        ;$00
  .
  .
  .


SACANDO_ASCII:
LDI R21,$30
ADD R22,R21
ADD R23,R21
ADD R24,R21
ADD R25,R21

OUT PORTC,R22                 ;1a CIFRA

LDI R16,$05
OUT PORTE,R16
RCALL DELAY
LDI R16,$00
OUT PORTE,R16

OUT PORTC,R23                 ;2a CIFRA
  .
  .
  .

OUT PORTC,R24                 ;3a CIFRA
```

```
    .
    .
    .

RCALL PUNTO

OUT PORTC,R25                ;4a CIFRA
    .
    .
    .

RCALL ESPACIO
RCALL C_MINUS
RCALL M_MINUS
RCALL PUNTO

RCALL DELAY_200_MILISEG      ;ESPERA UN TIEMPO PARA NUEVO
                            ;TRIGGER
RCALL HOME                   ;PARA DEVOLVER EL CURSOR DEL
                            ;LCD AL ORIGEN

RJMP TRIGGER

.INCLUDE "SUBRUTINAS_ASCII_Y_CONTROL_LCD.TXT"
```

✋ Puente de Wheatstone

El puente de Wheastone es usado para conocer el valor de una "Resistencia-incógnita Rx" utilizando una resistencia de ajuste variable en una de las ramas (diagrama 42.1). Conforme R_AJUSTE (que es un potenciómetro digital) se va acercando al valor de la Resistencia-incógnita Rx, también se va reduciendo el voltaje y la corriente en *salida* hasta alcanzar el valor de cero. R1 y R2 son iguales, asimismo R-incógnita (Rx) debe ser igual a "R de ajuste" para un valor de lectura de voltaje mínimo en el AVR, según las ecuaciones del puente de resistencias, que son en realidad divisores de voltaje. Para ambas ramas tenemos:

$$V_{SALIDA} = V_{IN} \cdot \frac{Rx}{R1 + Rx} \qquad \text{(Ec. 42.1)}$$

$$V_{SALIDA} = V_{IN} \cdot \frac{R_{AJUSTE}}{R2 + R_{AJUSTE}} \qquad \text{(Ec. 42.2)}$$

Igualando V_{SALIDA} :

$$V_{IN} \cdot \frac{Rx}{R1 + Rx} = V_{IN} \cdot \frac{R_{AJUSTE}}{R2 + R_{AJUSTE}} \qquad \text{(Ec. 42.3)}$$

Reduciendo:

$$\frac{Rx}{R1 + Rx} = \frac{R_{AJUSTE}}{R2 + R_{AJUSTE}}$$

$$Rx(R2 + R_{AJUSTE}) = R_{AJUSTE}(R1 + Rx)$$

$$Rx.R2 + Rx.R_{AJUSTE} = R_{AJUSTE}.R1 + R_{AJUSTE}.Rx$$

$$Rx.R2 = R_{AJUSTE}.R1 \qquad \text{(Ec. 42.4)}$$

Entonces de (Ec. 42.4) si $R1 = R2 \Rightarrow R_{AJUSTE} = Rx$

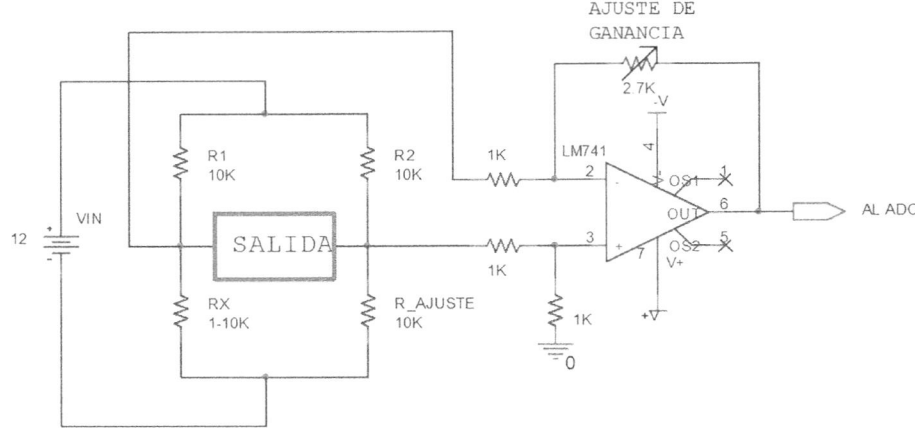

Diagrama 42.1 Diagrama eléctrico del puente de Wheatstone con OPAMP LM741

Para resolver este diagrama usando un AVR (diagrama 42.1), el cual desplegará en LCD el valor de la Resistencia-incógnita, se sugiere usar un potenciómetro digital, que en este caso es un X9C103 (10 Kohms). El rango de detección de la Resistencia-incógnita depende del valor del potenciómetro digital, si se desea detectar a 100 kΩ, será necesario usar un potenciómetro digital X9C104.

42.1 Potenciómetro digital

Trabajamos con el X9C103, pero pueden usarse otro tipo de potenciómetros digitales, inclusive, dependiendo de la destreza del programador, es posible usar varios potenciómetros digitales con un mismo AVR.

Vamos a conectar la terminal $\overline{CS}$ a tierra, VSS y VDD al voltaje tierra y +5 VCD correspondientemente. Las terminales $\overline{INC}$ y $U/\overline{D}$ las controlaremos con el AVR. La salida del potenciómetro digital será en VH y VW.

Pinout

X9C102, X9C103, X9C104, X9C503

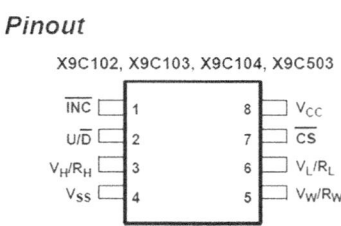

Figura 42.1 Pinning del potenciómetro digital

Como no se conoce el estado del potenciómetro digital, es necesario inicializarlo, ya sea llevándolo a la máxima resistencia, o a la mínima, enviando 100 pasos a la terminal de "Incremento $\overline{INC}$" (compruebe en el manual los pasos para llegar del valor mínimo al máximo o viceversa), así aseguramos que el potenciómetro digital empezará a incrementar (o decrementar) desde un valor deseado hasta alcanzar el valor que necesitamos (que es la Resistencia-incógnita). En la figura 42.2 se observa la arquitectura interna del potenciómetro digital, en el cual se encuentra una unidad de control y memoria; esto nos dice que es posible fabricar nuestro propio potenciómetro digital inclusive usando un AVR.

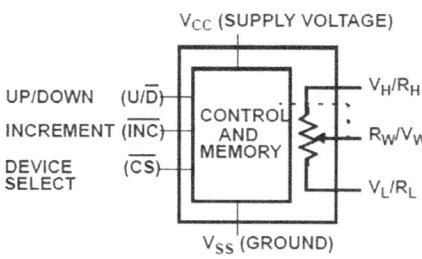

Figura 42.2 Arquitectura interna del potenciómetro digital

La siguiente subrutina se usa para controlar la resistencia interna del potenciómetro digital. La subrutina DELAY_2_MICROS es necesaria para controlar el tiempo de conmutación entre los "pasos" del pot-digital; para ello, compruebe con un multímetro el cambio de resistencia, esta subrutina puede ser cambiada por el programador según lo necesite, también debe considerar el tiempo de respuesta del multímetro, ya que se debe estabilizar la lectura, para ello introducimos la subrutina DELAY_MULTIMETRO, que también puede ser modificada dependiendo del tiempo de estabilidad que necesite su multímetro de lectura (Óhmetro):

```
Encabezado para ATmega8515

Stack Pointer para ATmega8515


LDI R16,0b0000_0011            ;PB0=UP/DOWN, PB1=INCREMENTO
OUT DDRB,R16

;INICIALIZAR POTENCIÓMETRO DIGITAL
LDI R17,100
LDI R18,0

INICIALIZAR:

;0b0000_00 1   1
;          INC U/D
```

```
LDI R16,0b0000_0000
OUT PORTB,R16

RCALL DELAY_2_MICROS

LDI R16,0b0000_0010
OUT PORTB,R16

RCALL DELAY_2_MICROS

INC R18
CP R17,R18
BREQ SUBIDA
RJMP INICIALIZAR

RCALL DELAY_MULTIMETRO
;0b0000_00 1    1
;           INC U/D
SUBIDA:
LDI R17,100
LDI R18,0

CONTINUA_1:

LDI R16,0b0000_0001
OUT PORTB,R16

RCALL DELAY_2_MICROS

LDI R16,0b0000_0011
OUT PORTB,R16

RCALL DELAY_2_MICROS

RCALL DELAY_MULTIMETRO

INC R18
CP R17,R18
BREQ BAJADA
RJMP CONTINUA_1

BAJADA:
LDI R17,100
LDI R18,0
```

```
CONTINUA_2:

;0b0000_00 1   1
;          INC U/D
LDI R16,0b0000_0000
OUT PORTB,R16

RCALL DELAY_2_MICROS

LDI R16,0b0000_0010
OUT PORTB,R16

RCALL DELAY_2_MICROS

RCALL DELAY_MULTIMETRO

INC R18
CP R17,R18
BREQ SUBIDA
RJMP CONTINUA_2

DELAY_2_MICROS:
NOP
RET

DELAY_MULTIMETRO:
.
.
.
RET
```

Una vez entendido cómo controlar este potenciómetro digital, se procede a escribir la subrutina que desplegará el valor de la Resistencia-incógnita en el LCD. El secreto de esta subrutina es el uso de una secuencia de *división*. La subrutina INCREMENTANDO_POT incrementará la resistencia de la R_Ajuste hasta alcanzar el valor de 0 V; en ese momento, la subrutina de división obtendrá un cociente (resultado entero) del número de pasos del pot-digital dividido entre 9 (en teoría debería ser entre 10, pero por imprecisión del pot-digital lo dejamos en 9), asimismo el residuo de la división también será desplegado en el LCD:

Programa:

```
; MIDE EL VOLTAJE ANALÓGICO DE UN CONVERTIDOR ADC0804
;Y MUESTRA EL VOLTAJE LEÍDO EN UN DISPLAY LCD
```

```
.INCLUDE "M8515def.inc"

.DEF DIVIDENDO          = R17 ;El número que proviene del
                              ;ADC0804
.DEF RESIDUO            = R18 ;RESIDUO
.DEF DIVISOR            = R19 ;=9
.DEF RESULTADO          = R20 ;RESULTADO
.DEF DECENAS            = R21 ;DECENAS DEL VOLTAJE
.DEF UNIDADES           = R22 ;UNIDADES DEL VOLTAJE

.CSEG
.ORG 0
```

Stack Pointer para ATmega8515

```
LDI R16,$00                    ;ENTRADA DEL CONVERTIDOR
                               ;ADC0800
OUT DDRA,R16

LDI R16,0b0000_0011            ;CONTROL DE POT-DIGITAL
OUT DDRB,R16

LDI R16,$FF                    ;LCD
OUT DDRC,R16

LDI R16,$FF                    ;LCD
OUT DDRE,R16

INICIALIZANDO_POT_DIGITAL:
LDI R26,100
LDI R27,0
LDI R31,0                      ;ALMACENA EL INCREMENTO DEL POT

RESET:
LDI R16,0b0000_0010
OUT PORTB,R16
RCALL DELAY_POT
LDI R16,0b0000_0000
OUT PORTB,R16
RCALL DELAY_POT
INC R27
CP R27,R26
BRNE RESET

;INICIALIZANDO DISPLAY
```

```
RCALL DISPLAY_CONTROL_ON
RCALL CLEAR_DISPLAY
RCALL ESCRIBIR_EN_LINEA_UNO
RCALL HOME

RCALL C
RCALL O
RCALL L
RCALL O
RCALL C
RCALL A
RCALL ESPACIO
RCALL R
RCALL E
RCALL S
RCALL I
RCALL S
RCALL T
RCALL O
RCALL R

RCALL ESCRIBIR_EN_LINEA_DOS

RCALL P
RCALL R
RCALL E
RCALL S
RCALL I
RCALL O
RCALL N
RCALL A
RCALL ESPACIO
RCALL S
RCALL T
RCALL A
RCALL R
RCALL T

LEYENDO_START:                    ;Se introduce un BOTÓN de
                                  ;arranque de prueba

IN R0,PINB
LDI R16,0b0000_0100
AND R0,R16
CP R0,R16
BRNE LEYENDO_START
```

```
;*********
LEYENDO_RESISTENCIA:
IN R30, PINA                   ;R30-LECTURA DE CONVERTIDOR
LDI R16,0
CP R30,R16
BREQ ESCRIBIR_OHMS
RCALL INCREMENTANDO_POT
RCALL DELAY_POT
RJMP LEYENDO_RESISTENCIA

INCREMENTANDO_POT:
LDI R16,0b0000_0011
OUT PORTB,R16
RCALL DELAY_POT
LDI R16,0b0000_0001
OUT PORTB,R16
RCALL DELAY_POT

INC DIVIDENDO

RET

ESCRIBIR_OHMS:
;SUBRUTINA DE DIVISIÓN de Gerhard Schmidt
;Se cargan los registros correspondientes según
;la estructura de la división:

;                 COCIENTE(RESULTADO)
;                 _____
;     DIVISOR  |DIVIDENDO
;                     RESIDUO
;

LDI DIVISOR,9                  ;DIVISOR

DIV8:
     CLR RESIDUO               ;BORRA EL RESIDUO
     CLR RESULTADO             ;BORRA EL RESULTADO
     INC RESULTADO             ;INCREMENTA PARA EMPEZAR

DIV8A:
     CLC                       ;BORRA LA BANDERA "CARRY"
     ROL DIVIDENDO             ;ROTA A LA IZQUIERDA CON EL
                               ;"CARRY"
```

```
        ROL RESIDUO                    ;ROTA A LA IZQUIERDA CON EL
                                       ;"CARRY"
        BRCS DIV8B                     ;UN "1" SE MOVIÓ A LA IZQUIERDA
        CP RESIDUO,DIVISOR             ;DIVISIÓN SI EL RESULTADO ES
                                       ;0 o 1
        BRCS DIV8C                     ;SALTA SI ES MENOR
DIV8B:
        SUB RESIDUO,DIVISOR            ;RESTA DEL DIVISOR Y RESIDUO
        SEC                            ;ACTIVA EL "CARRY"
        RJMP DIV8D
DIV8C:
        CLC                            ;BORRA LA BANDERA "CARRY"
DIV8D:
        ROL RESULTADO                  ;ROTA A LA IZQUIERDA CON EL
                                       ;"CARRY"
        BRCC DIV8A                     ;SALTAR A "DIV8A" SI "CARRY" ES
                                       ;BORRADA

RCALL CLEAR_DISPLAY
RCALL HOME

RCALL R
RCALL E
RCALL S
RCALL U
RCALL L
RCALL T
RCALL A
RCALL D
RCALL O
RCALL ESPACIO
RCALL IGUAL

RCALL ESCRIBIR_EN_LINEA_DOS

LDI R16,$30
ADD RESULTADO,R16

OUT PORTC,RESULTADO                    ;Sacando ENTEROS en LCD
LDI R16,$05
OUT PORTE,R16
RCALL DELAY
LDI R16,$00
OUT PORTE,R16
```

```
RCALL PUNTO

LDI R16,$30
ADD RESIDUO,R16

OUT PORTC,RESIDUO        ;Sacando DECIMALES en LCD
LDI R16,$05
OUT PORTE,R16
RCALL DELAY
LDI R16,$00
OUT PORTE,R16

RCALL K

LDI R16,$F4              ;Sacando SÍMBOLO de OHMS
OUT PORTC,R16
LDI R16,$05
OUT PORTE,R16
RCALL DELAY
LDI R16,$00
OUT PORTE,R16

FIN: RJMP FIN

IGUAL:
LDI R16,$3D              ;HEXADECIMAL PARA EL SÍMBOLO "IGUAL"
OUT PORTC,R16
.
.
.
RET

.INCLUDE "CODIGOS_ASCII_Y_CONTROL_LCD.TXT"
```

👆 Circuito de cruce por cero para un Dimmer 120 VCA

En el siguiente proyecto programaremos un **Dimmer** para una corriente alterna a 120 VCA usando un ATtiny2313. Este proyecto tiene varios desafíos, el primero es la transformación del voltaje de 120 VCA a 16 VCA sustituyendo al transformador de reducción mediante un circuito conocido como *transformerless*, que está montado con un condensador de poliéster de 1 μF, y una resistencia de carbón. Para dicho circuito se usan las siguientes ecuaciones para la reactancia capacitiva a baja frecuencia (60 Hz) y la caída de voltaje en la carga para CA para el circuito de cruce por cero (diagrama 43.2). **Tenga cuidado en este proyecto porque se gestionan 120 VCA, tome precauciones**:

$$X_C = \frac{1}{2\pi FC} = \frac{1}{2\pi(60\,\text{Hz})(1\,\mu\text{F})} = 2652.58\,\Omega$$

La impedancia es:

$$Z = \sqrt{(X_L - X_C)^2 + R^2} = \sqrt{(-2652.58\,\Omega)^2 + 10\,\text{K}\Omega^2} = 10\,345.82\,\Omega$$

Por lo tanto, la corriente en el sistema es:

$$I = \frac{V}{R} = \frac{120\,\text{VCA}}{10345.82\,\Omega} = 11.59\,\text{mA}$$

Por lo tanto, el voltaje en la carga es:

$$V_{CARGA} = V_{ENTRADA} - V_{RESISTENCIA\ ENTRADA} = 120 - (11.59\,\text{mA}*10\,\text{k}\Omega) = 120 - 115.9 \cong 4.1\,\text{V}$$

Es necesario sincronizar la señal senoidal con el AVR para que se genere un disparo de control para la intensidad del foco; esta sincronización es lo más importante del proyecto. Solo se necesita el ciclo positivo de la señal de entrada, por lo que se toma la salida del puente de diodos, el cual es conectado a un optoacoplador 4N25, que a su vez dispara a la interrupción INT0 del AVR. A este circuito se le conoce como **cruce por cero** (diagrama 43.2).

El INT0 se configura en un flanco de subida (Rising-edge); también es necesario generar un *retardo-debouncer* para que los botones de "subir" y "bajar" intensidad operen solo en un determinado tiempo. Este es el reto del proyecto: que mientras una subrutina se esté ejecutando, un contador de ciclos de reloj "independiente" esté operando al mismo tiempo. Esto se logra mediante el uso de otra interrupción de comparación de un contador del AVR. Es decir, se trabajarán dos interrupciones en este programa, la interrupción INT0 y la interrupción de comparación con los registros OCR1AL y OCR1AH. Sabemos que la frecuencia del voltaje en corriente alterna en América es de 60 Hz, por lo que su periodo es:

$$T = \frac{1}{f} = \frac{1}{60\,\text{Hz}} = 16.66\,\text{ms}$$

El control del Dimmer solo se dará durante 4.165 ms para la máxima y la mínima intensidad, por lo que hay que generar este retraso, al que se le deben sumar 1.5 ms, que corresponden a la mitad de la duración de la salida del 4N25, así lo obtendremos a 4.165 ms + 1.5 ms = 5.66 ms (ESPERANDO_PARA_INICIAR), y otro retraso cuya duración sea variable (RETARDO_DINAMICO), el cual es controlado por la secuencia de botones en PD0 y PD1; otro retraso dispara al MOC3011, que en este programa es de 146.75 μs (RETARDO_ON), el cual está vinculado dentro de la subrutina SALIDA_PULSO (el valor de este retraso depende de la características del optoacoplador. Si el retraso es muy pequeño el MOC3011 no se disparará) (diagrama 43.1).

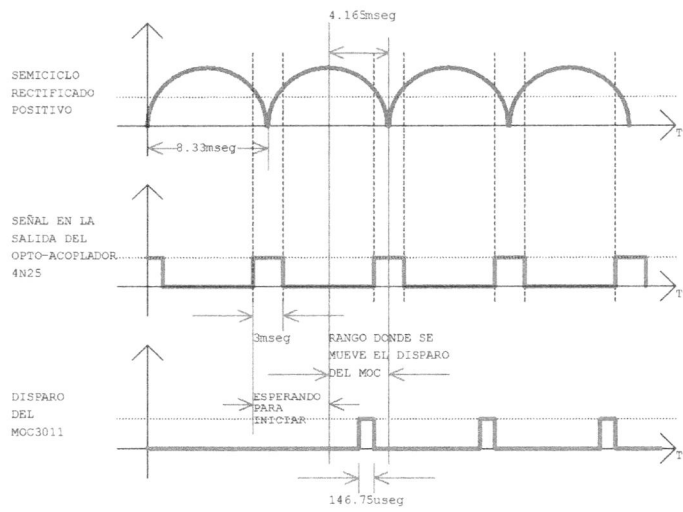

Diagrama 43.1 Diagrama de tiempos de señal rectificada y 4N45

En el diagrama de tiempos (diagrama 43.1) se observa la duración del semiciclc positivo, la salida del 4N25 que dispara al AVR por el flanco de subida en INT0, el cual va a generar el disparo del MOC3011 (duración de 146.75 μs) dentro de un rango dinámico de 4.165 ms. De esta forma, el AVR debe controlar aproximadamente unos 15 niveles de intensidad (depende del valor del Debouncer). La salida del 4N25 respecto al semiciclo positivo del puente de diodos es de 3 ms, el flanco de subida de este pulso es el que dispara al INT0; se programó el Debouncer a 200 ms, pero puede ser reprogramado dependiendo de la aplicación del programador (ajustando los registros OCR1AL y OCR1AH).

La salida del circuito es a través de un MAC12 al que se le pueden conectar de dos a tres focos en paralelo para controlar al mismo tiempo el Dimmer de un cuarto o una sala, por ejemplo (el número de focos a conectar depende de las características del MAC).

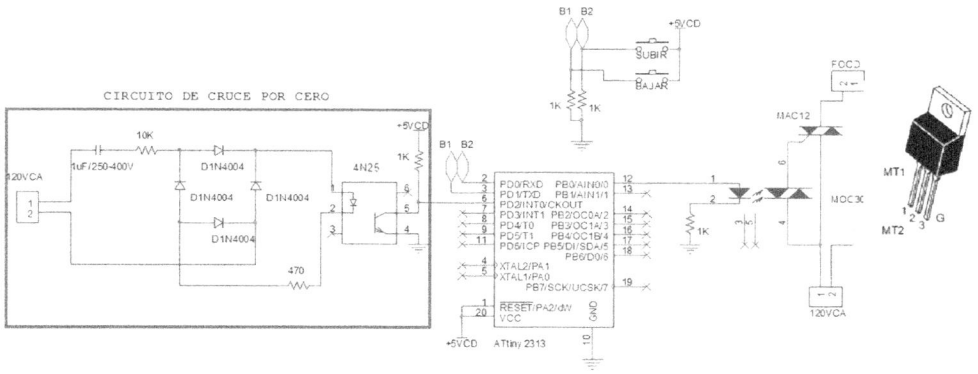

Diagrama 43.2 Circuito del crece por cero para Dimmer con ATtiny2313

El retraso "Debouncer" comentado con anterioridad se diseñó para 332 ms; este retraso no se puede lograr con un contador de 8 bits (contador 0), así que es necesario el contador de 16 bits (el T/C-1 [Timer/contador-1] del ATtiny2313). Cada 332 ms se activa una interrupción interna que lee el estado del puerto PIND, este dato se almacena en el registro R29, el cual está vinculado con la subrutina RETARDO_DINAMICO.

Existen dos formas de crear un retraso de 322 ms (el programador con más experiencia podría encontrar nuevas formas de generar este retraso), la primera es inicializando el contador de 16 bits en cero, preescalándolo y comparando el valor deseado del registro TCNT1L y TCNT1H con los registros OCR1AL y OCR1AH, respectivamente; cuando coinciden estos registros, entonces se genera una interrupción de comparación MATCH-A. La segunda forma es usando los registros de propósito general para hacer un contador ascendente de 24 bits (sin preescalamiento) hasta alcanzar el retraso de 332 ms.

Sabemos que un registro de 16 bits equivale a 65 535 valores o ciclos de reloj ($FFFF), que multiplicado por 0.25 μs = 16.38 ms. Entonces, de acuerdo con el simulador AVR Studio a 4 MHz, 1 ms equivale a 4000 ciclos de reloj sin preescalamiento (usando las siguientes instrucciones que aparecen en el programa para el contador-1 de 16 bits):

```
LDI R16,0<<CS12|0<<CS11|1<<CS10        ;ACTIVA CONTADOR A CK
                                       ; (SIN PREESCALAMIENTO)

OUT TCCR1B,R16

ESPERANDO: RJMP ESPERANDO
```

La configuración del registro `TCCR1B` se deriva de la tabla 43.1:

Tabla 43.1 Preescalamiento para el contador-1

CS12	CS11	CS10	Descripción
0	0	0	Timer/Counter DETENIDO
0	0	1	Clk/1 (SIN preescalamiento)
0	1	0	Clk/8 (preescalamiento)
0	1	1	Clk/64 (preescalamiento)
1	0	0	Clk/256 (preescalamiento)
1	0	1	Clk/1024 (preescalamiento)

Entonces, para retrasar 322 ms en el contador de 16 bits se necesita un preescalamiento (en nuestro caso usaremos CLK/64):

$$332\ ms * 4000 \text{ ciclos de reloj} = 1\ 328\ 000 \text{ ciclos de reloj/pre-escalamiento}$$

$$\Rightarrow \frac{1\ 328\ 000}{64} = 20\ 750 = \$510E$$

La palabra de 16 bits `$510E` se cargará en los registros llamados `OCR1AL` y `OCR1AH`:

```
LDI R16,$51
OUT OCR1AH,R16

LDI R16,$0E
OUT OCR1AL,R16
```

Sin embargo, en el momento de insertar el Debouncer con el contador-1 en el programa para 332 ms, se observará en el foco que los *pasos de cambio* se darán de forma lenta. Si usted desea cambiar la velocidad final en el incremento/decremento de la intensidad del foco (*pasos de cambio*) puede cargar otro valor en los registros `OCR1AL` y `OCR1AH`. Para fines prácticos, por último, se subieron los registros de comparación a $\$30D4$, que retrasa en el simulador aproximadamente 200 ms:

$$\frac{Frec.\ del\ Cristal}{pre-escalamiento} = \frac{4\ \text{MHz}}{64} = 62.5\ \text{kHz} \Rightarrow \frac{1}{62.5\ \text{kHz}} = 16\ \mu\text{seg}$$

$$\Rightarrow \frac{\text{tiempo deseado en mseg}}{16\ \mu\text{seg}} = \frac{200\ \text{mseg}}{16\ \mu\text{seg}} = 12500 = \$30D4$$

200 ms corresponden a 800 000 ciclos de reloj. Lo puede comprobar en el simulador o hacer el cálculo:

$$ciclos\ de\ reloj = 12500 * 64 = 800\,000$$

Programa:

```
;PROGRAMA QUE CONTROLA UN FOCO DE CA CON UN ATTINY2313
;EN FUNCIÓN DEL DIMMER
.INCLUDE "TN2313DEF.INC"
.CSEG
.ORG 0

RJMP SETUP
RJMP DISPARA_MAC12

.ORG 4
RJMP LEYENDO                ;Dirección para interrupción de MATCH-A

SETUP:
LDI  R16,LOW(RAMEND)
OUT  SPL,R16

LDI  R29,$0F                ;Valor de R29. Empieza en APAGADO TOTAL

LDI  R16,$00                ;LEE BOTONES
OUT  DDRD,R16

LDI  R16,1                  ;Permite disparo para foco
OUT  DDRB,R16

LDI  R16,$40                ;ACTIVA INT0
OUT  GIMSK,R16
```

```
LDI R16,$03              ;EN RISING EDGE
OUT MCUCR,R16

LDI R16,0
OUT PORTB,R16            ;Empieza con FOCO APAGADO

LDI R16,0<<CS12|0<<CS11|0<<CS10;PARO CONTADOR
OUT TCCR1B,R16

CLR R16                  ;Resetear CONTADORES
OUT TCNT1H,R16
OUT TCNT1L,R16

LDI R16,$30              ;Valor  para  actuar  como  DEBOUNCER  a
                         ;200ms
OUT OCR1AH,R16

LDI R16,$D4
OUT OCR1AL,R16

LDI R16,1<<OCIE1A        ;Activa  interrupción  por  comparación
                         ;del contador
OUT TIMSK,R16

LDI R16,0<<CS12|1<<CS11|1<<CS10 ;Activa contador a CK/64
OUT TCCR1B,R16

SEI

ESPERANDO: RJMP ESPERANDO

DISPARA_MAC12:
;carga registros para iniciar foco en CERO (Apagado)


;     __          __          __          __
;__|    |_____|  |_____|    |_____|  |_____

;   |  | 146.75 microseg.

;   |<8.33 mseg>|             |4.1ms |

RCALL DIMMER
;ESPERA EL PERMISO DE LA DETECCIÓN DE BOTONES POR MEDIO
;DE LA INTERRUPCIÓN DE COMPARACIÓN-MATCH OCIE1A
```

```
RETI

LEYENDO:
IN R17,PIND

LDI R18,0b0000_0001      ;PD0 botón de SUBE INTENSIDAD
                         ;PD1 botón para BAJA INTENSIDAD
AND R17,R18
CP R17,R18
BREQ SUBE

CONTINUA_1:
IN R17,PIND

LDI R18,0b0000_0010      ;PD0 BOTÓN DE SUBE INTENSIDAD
                         ;PD1 BOTÓN PARA BAJA INTENSIDAD
AND R17,R18
CP R17,R18
BREQ BAJA

CONTINUA_2:
CLR R16                  ;RESETEAR CONTADORES
OUT TCNT1H,R16
OUT TCNT1L,R16
RETI

SUBE:
DEC R29
CPI R29,$00              ;Este comparador se coloca para evitar
                         ;que en MÁXIMA
BREQ RESET_SUBE          ;LUZ  el  foco  se  apague  porque  se
                         ;desborde el registro R29
RJMP CONTINUA_2

BAJA:
INC R29
CPI R29,$1F              ;Protección para que no se apague el
                         ;foco en MÁXIMA
BREQ RESET_BAJA
RJMP CONTINUA_2

RESET_SUBE:
LDI R16,1
OUT PORTB,R16
```

```
LDI R29,0
SEI
RJMP ESPERANDO

RESET_BAJA:
LDI R16,0
OUT PORTB,R16

LDI R29,$0F
RJMP SIN_PULSO

;**************************
DIMMER:
RCALL ESPERANDO_PARA_INICIAR

CPI R29,$FF              ;Este es un candado por si el
                        ;decremento de R29 se DESBORDARA
BREQ RESET_SUBE         ;****OPCIONAL****

CPI R29,$00
BREQ RESET_SUBE

CPI R29,$0F
BRGE RESET_BAJA

MOV R20,R29

RCALL RETARDO_DINAMICO  ;Este es el que mueve el DISPARO
                        ;R29 NO debe ser mayor a 4.165 ms.
MOV R29,R20             ;Para mantener estable la intensidad
                        ;del foco

RCALL SALIDA_PULSO

SIN_PULSO:
RETI

SALIDA_PULSO:           ;Para disparar al MOC3011
LDI R30,1
OUT PORTB,R30
RCALL RETARDO_ON
LDI R30,0
OUT PORTB,R30
RET
```

```
ESPERANDO_PARA_INICIAR:    ;Este es el que se mueve para controlar
                           ;intensidad
LDI R16,$DF                ;5.66 ms
MOV R1,R16

LDI R16,$15
MOV R2,R16

LDI R16,0
MOV R3,R16

CICLO:
DEC R1
CP R1,R3
BRNE CICLO

DEC R2
CP R2,R3
BRNE CICLO
RET

RETARDO_ON:                ;Este controla el ANCHO DE PULSO
                           ;MÍNIMO para activar el MOC3011
LDI R16,$8F                ;146.75 us
MOV R4,R16

LDI R16,$01
MOV R5,R16

LDI R16,0
MOV R6,R16

CICLO2:
DEC R4
CP R4,R6
BRNE CICLO2

DEC R5
CP R5,R6
BRNE CICLO2
RET

RETARDO_DINAMICO:          ;Este es el que controla la intensidad
LDI R19,$FF

                           ;$00<=R29<=$0F
```

```
LDI R21,0

CICLO3:
DEC R19                ;El valor de R29 se controla con los botones
CP R19,R21
BRNE CICLO3

DEC R29
CP R29,R21
BRNE CICLO3
RET
```

En la figura 43.1 se observa el semiciclo positivo de entrada a CA, en referencia a la señal de salida del optoacoplador 4N25 (izquierda) y la señal del disparo del MOC3011(derecha) en relación al semiciclo positivo. Compruebe que el disparo del MOC3011 coincida siempre en la misma posición del semiciclo positivo de CA, en caso contrario, la intensidad del foco estará oscilando, ya que el disparo se ejecutará en el tiempo. Esta sincronía la controla el circuito de *cruce por cero* mediante el puente de diodos y el 4N25. El ancho del pulso de disparo del MOC3011 es fijo.

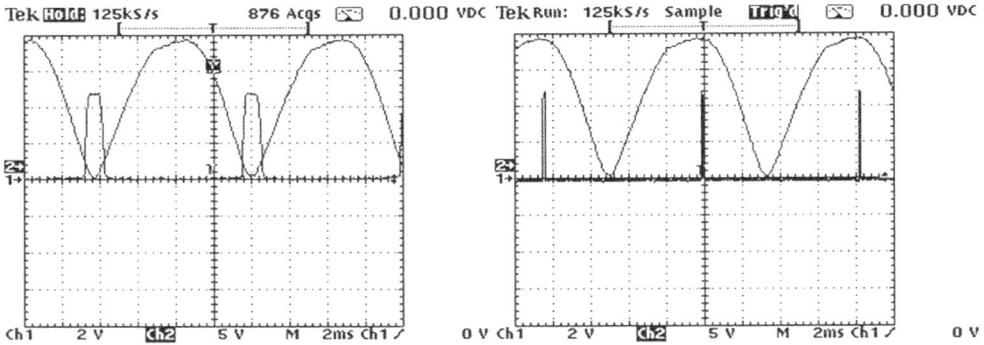

Figura 43.1 Salida del optoacoplador 4N25 (izquierda). Señal del disparo del MOC3011 (derecha)

🖐 Resolución de ecuaciones con AVR

En algunos ejercicios de este libro se usaron ecuaciones sencillas, donde había sumas, restas, multiplicaciones o divisiones, sin embargo, también es posible resolver ecuaciones más elaboradas como la extracción de la raíz cuadrada de un número.

Vamos a proponer un algoritmo para la obtención de la raíz cuadrada de un número de 8 bits con una cantidad entera y fraccional (un solo dígito decimal) para resolver la fórmula de Pitágoras $a = \sqrt{b^2 + c^2}$ y así obtener las dimensiones de la hipotenusa de un triángulo rectángulo (figura 44.1), suponiendo que el lado "b" es el cateto opuesto del ángulo α, y "c" es el cateto adyacente. Propondremos $b = 2$ y $c = 5$, calcular "a":

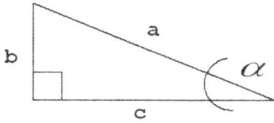

Figura 44.1 Triángulo para resolver la hipotenusa por medio de Pitágoras

Es posible hacer un circuito con entradas dinámicas (diagrama 44.1), donde se muestra el diagrama de bloques para introducir el valor de "b" y del valor de "c", que corresponden a dos convertidores ADC0804 respectivamente. El AVR calculará el valor de la hipotenusa, el cual se desplegará en el LCD con su respectivo punto decimal y parte fraccionaria. El voltaje analógico $V1$ correspondería al valor del cateto opuesto, y el voltaje analógico $V2$ al cateto adyacente. La escala de voltaje sería de 0 a +5 VCD, donde, por medio de una subrutina, interpretaríamos un valor del voltaje como si fuera un centímetro. Este circuito también puede ser usado para procesar las entradas de dos señales diferentes que necesiten ser manipuladas mediante ecuaciones lineales y no-lineales:

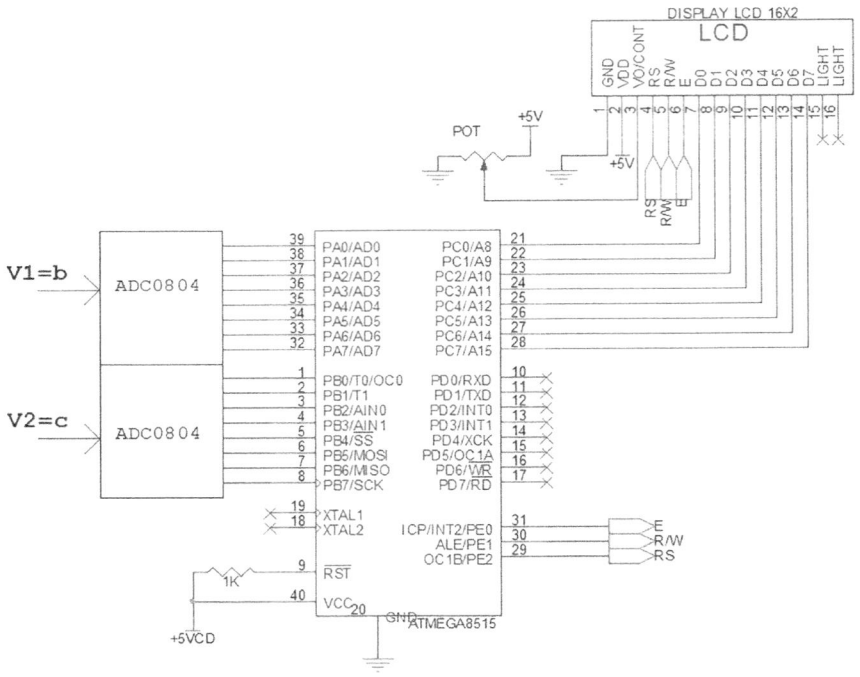

Diagrama 44.1 Diagrama eléctrico para la resolución de ecuaciones para demostrar la extracción de la raíz cuadrada

✓ 44.1 Raíz cuadrada en AVR

El programa para la extracción de una raíz cuadrada es bastante elaborado, de hecho, el procedimiento para obtener la raíz cuadrada de forma manual lo utilizamos para elaborar nuestra propia subrutina, que, aunque es complicada (y tal vez necesite de una mejora), resuelve correctamente la raíz cuadrada para obtener enteros y una cifra de la parte fraccionaria para un número de 8 bits. También encontramos una subrutina en internet para obtener la raíz cuadrada de un numero de 8 bits de una forma más sencilla, pero el resultado no cuenta con la parte fraccionaria (este algoritmo nos lo compartió el soporte técnico de Atmel a través de la página https://sites.google.com/site/avrasmintro/home/2b-basic-math, creada por Retro-Dan@gmail.com).

"RetroDan" propone una forma bastante genial de obtener la raíz de un número mediante la suma de los números impares que componen dicho número, por ejemplo:

La raíz cuadrada (RC) del número 25 sabemos que es 5, pero mediante el proceso de RetroDan, `25=1+3+5+7+9`, es decir, 5 números de sumatorio impar, nos da la RC de 25 (es decir $\sqrt{25} = 5$).

Otro ejemplo: la RC de `16=1+3+5+7`, es decir, 4 números ($\sqrt{16} = 4$), y así sucesivamente. La página mencionada nos ofrece la siguiente subrutina (simule y compruebe el comportamiento de la línea "`SUBI B,-2`"):

Encabezado para cualquier AVR

```
.DEF   ANS = R0      ;RESULTADO
.DEF     A = R16     ;RADICANDO
.DEF     B = R18     ;Para suma

LDI A,25             ;Aquí cargamos el RADICANDO
LDI B,0

SQRT:
LOOP:
SUB A,B              ;Substracción del RADICANDO
BRCS DONE            ;Si es más grande que el cuadrado
                     ;terminamos
CPI A,2
BRLO DONE
INC ANS              ;Incremento de RESULTADO
SUBI B,-2            ;Incremento de B por 2
RJMP LOOP

DONE:RJMP DONE
```

Como se pueden dar cuenta, esta subrutina, aunque se ve bastante sencilla, es muy potente (simule con números que contengan una respuesta fraccional y vea cómo se comporta RESULTADO).

La siguiente propuesta para la extracción de la RC de un número sigue el procedimiento ordinario para el cálculo de una RC de forma manual, cuyos pasos explicaremos a continuación. Según la estructura para la raíz cuadrada, manipularemos cuatro cantidades (RADICANDO, RESULTADO, OPERADORES y RESIDUO):

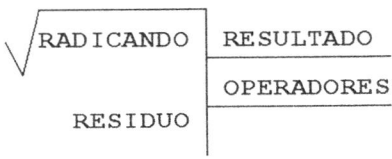

Si se entiende el procedimiento del cálculo de la RC de forma manual, entenderá el procedimiento de esta subrutina, que trataremos de explicar de la forma más sencilla posible.

Supongamos el siguiente ejemplo, calcular la RC de 200d:

1. El RADICANDO será un número de 8 bits, el cual se separa por cifras independientes del dato del RADICANDO. Este procedimiento lo hará la subrutina CONVIERTE_DATO_A_RADICANDO.

$$200d = 2 \quad 0 \quad 0$$

2. La subrutina RESOLVIENDO_ENTEROS va a separar los dígitos en pares (de derecha a izquierda, usemos una *coma*), y siendo el primer dígito de la izquierda el 2, la subrutina buscará un número que multiplicado por sí mismo nos dé o se acerque a 2 (en este caso el número buscado es 1). Este será el primer valor multiplicado por 2 para el OPERANDO, así se obtendrán los valores de los OPERANDOS u OPERADORES (denominaremos de esta forma a los números que son multiplicados por 2), y se obtendrá la resta para la obtención del RESIDUO (consecuencia de RESULTADO y OPERADORES).

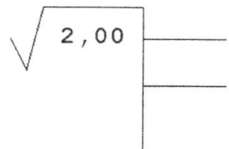

Esta es tal vez la parte más compleja del programa, ya que hay que hacer una serie de multiplicaciones sucesivas hasta encontrar el valor cercano a las cifras separadas del RADICANDO, y esto nos da como resultado el valor de los OPERADORES. Esta porción la encontraremos en la sección de "MULTIPLICACIONES PROGRESIVAS", que va a multiplicar la primera cifra de OPERANDO por 0, hace la resta a cifras separadas de RADICANDO y comprueba a la bandera de carry C; hace una nueva multiplicación por 1, hace la resta del RADICANDO y así sucesivamente hasta encontrar el máximo valor antes de la activación del carry (OPERANDO por 0, 1, 2, etc.):

```
   OPER_0        OPER_1        OPER_2        ...ETC
;x      0     x      1     x      2
; ------       ------        ------
```

3. Una vez resueltos los enteros, se procede a resolver la parte fraccionaria con RESOLVIENDO_PUNTO_DECIMAL, que calcula solo el primer decimal. Existe un error de aproximación por la falta de cálculo de más cifras fraccionarias, pero el resultado para los enteros y la primera cifra decimal coinciden perfectamente con el cálculo manual y con la calculadora.

El último residuo de la parte entera vale 4 (en nuestro caso), **se añadirán dos ceros** a RESIDUO (dos ceros en color rojo), convirtiéndose en un número de 16 bits, y se buscará la primera cifra decimal mediante el proceso de multiplicaciones sucesivas (como en el caso de los enteros), obteniendo el valor de 1 (en color rojo, arriba en RESULTADO y abajo en OPERANDO). Se hace una resta del resultado de OPERANDOS y el RESIDUO anterior (ya con los dos ceros añadidos). La última resta corresponde al valor actualizado del RESIDUO. Si deseamos calcular el segundo decimal, el RESIDUO se convertirá en otro número de 16 bits, lo que complica más el proceso:

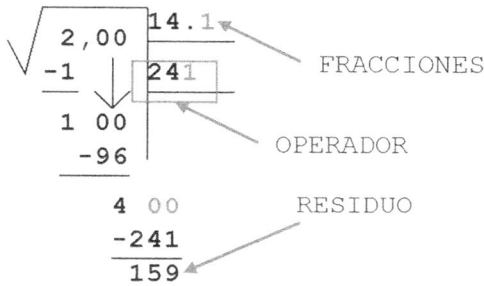

FRACCIONES

OPERADOR

RESIDUO

4. La última parte es desplegar la información del RESULTADO y la parte fraccionaria en el LCD. Esta parte del programa es una extracción de las cifras de cada posición (subrutina ya usada en otros proyectos del libro).

En esta subrutina vamos a encontrar dos nuevas formas de programar: la primera, se usó la directiva .DEF para designar al mismo registro R24 la etiqueta RADICANDO y la etiqueta FRACCIONES. Cuando se ensamble el programa, aparecerá en la ventana de Build la leyenda WARNING indicando una doble asignación de etiqueta al mismo registro; sin embargo, aunque no es una sintaxis muy ortodoxa, funciona muy bien para asignar a un registro una doble función dependiendo de la posición del cursor (del registro definido con .DEF) dentro del programa. Cuando R24 se llama RADICANDO se hace la extracción de las cifras del radicando,

Nota:

Interpretación de RESIDUO:

Recuerde que el RESIDUO es una cantidad aproximada, resultado de la diferencia de la multiplicación del OPERADOR por la primera cifra de FRACCIONES menos el valor del RESIDUO anterior (con los ceros añadidos), si saca el cuadrado del RESULTADO más el RESIDUO no le va a dar el RADICANDO, porque de ser así tendríamos que colocar **un punto decimal** en el RESIDUO, o usar el valor anterior del RESIDUO, el cual sí va a coincidir con la solución RADICANDO=RESULTADO*RESULTADO+RESIDUO. El valor del RESIDUO es para añadir dos ceros para el cálculo de la segunda cifra de FRACCIONES. Este procedimiento es para extraer la RC simulando la forma manual.

Estimado lector, de la siguiente subrutina, si encuentra una forma más sencilla de programarla, por favor envíenos la información por email (la dirección la encontrará al final del libro) para compartirla a la comunidad AVR, sería una gran aportación. De igual forma, si desarrolla subrutinas para el cálculo de funciones trigonométricas, u otras, sería muy útil integrarlo en otros proyectos.

pero cuando R24 se llama FRACCIONES, necesitamos obtener el valor de la parte fraccional. Por la posición del cursor ambas funciones no se cruzan, por ello se puede usar esta doble asignación. Segundo, hay tres líneas de código que han sido escritas de **forma horizontal**, esto es para reducir el número de líneas de **forma vertical** (introducimos de 3 a 5 instrucciones en la misma horizontal), que, aunque esta sintaxis no se aplicó en todo el programa, es un buen pretexto para usar esta nueva forma de programación. Vea la línea "CLC CLZ CLN", la línea "CLR TEMP CLR TEMP2 CLR TEMP3", y la línea "CLR R19 CLR R20 CLR R21 CLR R22 CLR R23" (compruebe en el simulador su comportamiento).

Programa:

Vamos a extraer la RC del número 255; en el LCD se desplegará la RC = 15.9, y la parte del RESIDUO (RESID = 669 en el LCD) será el equivalente a la diferencia de la multiplicación del primer dígito de FRACCIONES (=9) por el OPERANDO (=259). El RESIDUO es la cantidad restante que puede ser considerada para extraer FRACCIONES a dos cifras. Resuelva manualmente la RC de 255 y compruebe los resultados:

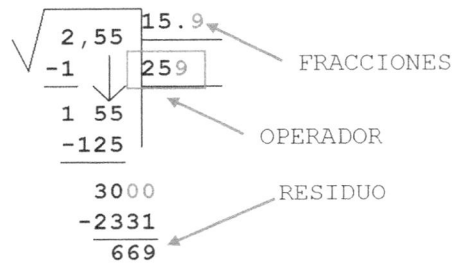

```
;SUBRUTINA QUE EXTRAE LA RAÍZ CUADRADA DE UN NÚMERO DE
;8 Bits CON PUNTO DECIMAL
```

Encabezado para ATmega8515

Stack Pointer para ATmega8515

```
;HAREMOS LA SUBRUTINA DE RAÍZ CUADRADA SEGÚN LA SIGUIENTE
;ESTRUCTURA:
;   _____
; |RADICANDO |
;            |RESULTADO
;            |---------
;            |OPERADORES
;            |---------
;            |
;   RESIDUO  |
```

```
.DEF RESULTADO     = R21
.DEF OPERANDO      = R22
.DEF RESIDUO       = R23
.DEF RADICANDO     = R24    ◄──────────────
.DEF TEMP          = R25
.DEF TEMP2         = R26
.DEF TEMP3         = R27
.DEF TEMP4         = R3
.DEF TEMP5         = R4
.DEF TEMP6         = R5
.DEF TEMP7         = R6
.DEF RESIDUO_LOW   = R30
.DEF RESIDUO_HIGH  = R31
```

Inicializar LCD, y activar línea 1

```
LDI RADICANDO,255  ◄─────────────    ;AQUÍ CARGAMOS EL RADICANDO
```

```
RCALL CONVIERTE_DATO_A_RADICANDO
RCALL RESOLVIENDO_ENTEROS
RCALL RESOLVIENDO_PUNTO_DECIMAL   ◄─────
RCALL AL_LCD
```

Estas son las llamadas a subrutina que usaremos en el cálculo para "Pitágoras" más adelante

```
FIN: RJMP FIN


RESOLVIENDO_ENTEROS:
CLC CLZ CLN                ◄───────────
                           ;1a  2a  3a  <--CIFRAS DEL RADICANDO
                           ;R18 R19 R20
LDI TEMP,0                 ;Paso 1: El cuadrado de la primera
                           ;cifra del RESULTADO
MOV RESULTADO,TEMP         ;1er RESULTADO PARCIAL
MOV TEMP2,R18

CICLO_PARA_PRIMERA_CIFRA:
MUL TEMP,TEMP
MOV TEMP,R0                ;Copia el resultado del cuadrado a
                           ;"TEMP"
SUB TEMP2,TEMP            ;Resta

BRCS DATO_VALIDO
INC RESULTADO             ;Incrementa RESULTADO hasta dar el
                          ;máximo valor necesitado
MOV TEMP, RESULTADO
MOV RESIDUO,TEMP2        ;Copia a RESIDUO la última operación
                        ;antes de CARRY
```

```
MOV TEMP2,R18
RJMP CICLO_PARA_PRIMERA_CIFRA

DATO_VALIDO:
DEC RESULTADO                ;RESULTADO válido antes del CARRY

;PROCESA EL PRIMER GRUPO DE LA IZQUIERDA DEL RADICAL:

SUMA_PRIMER_GRUPO:           ;Para fusionar el segundo y tercer
                             ;DÍGITO
LDI TEMP,10                  ;en la segunda cifra de la derecha
                             ;del RADICANDO
MUL R19,TEMP                 ;Posición de DECENAS y UNIDADES
ADD R20,R0                   ;Por ello multiplicamos por 10

LDI TEMP,100
MUL RESIDUO,TEMP
ADD R20,R0                   ;Sumamos la diferencia de la PRIMERA
                             ;CIFRA
MOV RESIDUO,R20              ;Se actualiza RESIDUO
RJMP ENCONTRANDO_OPERANDOS

ENCONTRANDO_OPERANDOS:
LDI TEMP,2
MOV TEMP2,RESULTADO
MUL TEMP2,TEMP               ;Multiplicamos por 2 el RESULTADO
                             ;para el 1er OPERANDO
ADD OPERANDO,R0              ;Copiamos el RESULTADO de la
                             ;multiplicación a OPERANDO

;BUSCAMOS LA SEGUNDA CIFRA DEL OPERANDO ("OPER")
;POR MULTIPLICACIONES PROGRESIVAS:

; OPER_0        OPER_1       OPER_2    ...ETC
;x     0        x     1      x     2
; ------        ------       ------


LDI R29,10                   ;Valores iniciales para la
                             ;multiplicación sucesiva
LDI R30,0

MOV TEMP3,OPERANDO

MUL TEMP3,R29                ;Multiplicamos por 10 la primera
                             ;cifra del OPERANDO
```

```
MOV TEMP,R0                ;Y lo sumamos al doble de la primera
                           ;cifra de RESULTADO

MULTIPLICACIONES_SUCESIVAS:

MUL R30,TEMP               ;Introducimos el primer valor de la
                           ;multiplicación
MOV TEMP2,R0               ;Progresiva, donde "S"= 0,1,2,3,...n

MOV TEMP,RESIDUO
SUB TEMP, TEMP2            ;Se resta el RESIDUO menos la
                          ;multiplicación anterior

BRCS DATO_VALIDO_2

MOV R28,TEMP               ;Última resta viable antes del salto

INC R30

MOV TEMP3,OPERANDO

MUL TEMP3,R29              ;Multiplicamos por 10 la primera
                          ;cifra del OPERANDO
MOV TEMP,R0
ADD TEMP,R30
RJMP MULTIPLICACIONES_SUCESIVAS

DATO_VALIDO_2:
DEC R30
MOV TEMP2,R30
LDI TEMP,10
MUL OPERANDO,TEMP
ADD TEMP2,R0
MOV OPERANDO,TEMP2         ;Se obtiene la segunda cifra del
                          ;OPERANDO

MOV RESIDUO,R28

MUL RESULTADO,TEMP
ADD R30,R0
MOV RESULTADO,R30

CPI R18,0
BREQ ADAPTANDO_OPERANDO
RJMP CONTINUA
```

```
ADAPTANDO_OPERANDO:
LDI TEMP,2
MUL OPERANDO,TEMP
MOV OPERANDO,R0
CONTINUA:
RET

RESOLVIENDO_PUNTO_DECIMAL:
;Hasta aquí se obtuvieron los enteros, el OPERANDO y el
;RESIDUO, vamos a borrar el contenido de los registros
;temporales y determinar la parte fraccionaria

CLR TEMP CLR TEMP2 CLR TEMP3     ◄ ------------ Sintaxis horizontal

;Vamos a agregar DOS-CEROS al RESIDUO
;multiplicando por 100
;Este procedimiento es para 16 Bits

LDI R29,0
LDI R30,10

CICLO_2:
LDI R16,100
MUL RESIDUO,R16
MOV TEMP,R0
MOV TEMP2,R1

;Escribimos el PUNTO DECIMAL en LCD

;Volvemos a hacer las MULTIPLICACIONES SUCESIVAS
;para las cifras después del punto decimal

MUL OPERANDO,R30

ADD R0,R29              ;Debe Ser una Suma de 16 Bits
ADC R1,R2              ;para sumar el CARRY
MOV TEMP3,R1

MUL R0,R29              ;Debe ser una MULTIPLICACIÓN de
                       ;16 Bits
MOV TEMP4,R0
MOV TEMP5,R1

MUL TEMP3,R29          ;TEMP3 es el resultado del anterior
                       ;"R1"
```

```
MOV TEMP6,R0
MOV TEMP7,R1

;RESOLVIENDO LAS MULTIPLICACIONES ANTERIORES:
ADD TEMP6,TEMP5
ADC TEMP7,R2                 ;Para sumar el CARRY

;RESULTADO DE MULTIPLICACIONES EN  TEMP7  TEMP6  TEMP4

;RESTANDO
SUB TEMP,TEMP4
SBC TEMP2,TEMP6
;SBC TEMP6,R2                 ;Para restar CARRY si existiese

BRCS SIGUE
MOV R19,TEMP                 ;R19 valor de RESIDUO
MOV R20,TEMP2                ;R20 valor de RESIDUO

INC R29
CPI R29,10

BREQ SIGUE                   ;El límite es 9

RJMP CICLO_2

SIGUE:
.DEF FRACCIONES = R24 ◄ ─ ─ ─ ─ ;VA A MARCAR WARNING PERO
                                 ;FUNCIONA BIEN

DEC R29
MOV FRACCIONES,R29
MOV RESIDUO_LOW,R19          ;RESIDUO es de 16 Bits
MOV RESIDUO_HIGH,R20

;EXTRAYENDO LA CIFRA QUE NOS INTERESA
LDI R18,0                    ;R18 CENTENAS de RESULTADO
RET

;**************************
;DESPLIEGA LA INFORMACIÓN EN LCD
AL_LCD:
CLR R19 CLR R20 ◄ ─ ─ ─ ─

;EXTRAE LOS DÍGITOS DE RESULTADO:
SALTO_3:
```

```
MOV R0,RESULTADO
SUBI RESULTADO,10

BRCS UNIDADES_RESULTADO
INC R19                      ;R19 DECENAS de RESULTADO

BRCC SALTO_3

UNIDADES_RESULTADO:
MOV RESULTADO,R0

SALTO_4:

SUBI RESULTADO,1

BRCS SUMANDO_PARA_ASCII
INC R20                      ;R20 UNIDADES de RESULTADO

BRCC SALTO_4

;SUMANDO $30 A CADA DÍGITO
SUMANDO_PARA_ASCII:
LDI R16,$30                  ;SUMAMOS $30
ADD R19,R16                  ;ENTERO 1
ADD R20,R16                  ;ENTERO 2
ADD FRACCIONES,R16           ;PARTE FRACCIONAL
```

```
Sacamos al PORTC:
ENTERO 0
ENTERO 1
ENTERO 2
PUNTO
FRACCIONES
```

```
RCALL ESPACIO                ;ESPACIO

RCALL R                      ;R
RCALL E                      ;E
RCALL S                      ;S
RCALL I                      ;I
RCALL D                      ;D

RCALL IGUAL                  ;=

;* * * * * * * * * * * * * * * * * * * * * * * * * * * * * * * * * * * * * * * * *
```

```
AJUSTA_RESIDUO:
;AJUSTANDO RESIDUO CON FRACCIONES

SUBI FRACCIONES,$30
CPI FRACCIONES,0
BREQ AJUSTE

;EXTRAEMOS CONTENIDO DE RESIDUO PARA 16 Bits
;SI FRACCIONES ES DIFERENTE DE CERO
CLR R19 CLR R20 CLR R21 CLR R22 CLR R23  ◀

MOV R0,RESIDUO_LOW
MOV R1,RESIDUO_HIGH

SALTO_5:
SUBI RESIDUO_LOW,100
SBC  RESIDUO_HIGH,R2     ;Por posible CARRY

BRCS DECENAS_RESIDUO
INC R21                 ;R21 CENTENAS de RESIDUO

MOV R0,RESIDUO_LOW
MOV R1,RESIDUO_HIGH

BRCC SALTO_5

DECENAS_RESIDUO:
SALTO_6:

MOV RESIDUO_LOW,R0
MOV RESIDUO_HIGH,R1

SUBI RESIDUO_LOW,10
SBC  RESIDUO_HIGH,R2     ;Por posible CARRY

BRCS UNIDADES_RESIDUO
INC R22                 ;R22 DECENAS de RESIDUO

MOV R0,RESIDUO_LOW
MOV R1,RESIDUO_HIGH

BRCC SALTO_6
UNIDADES_RESIDUO:
MOV RESIDUO_LOW,R0
MOV RESIDUO_HIGH,R1
```

```
SALTO_7:
SUBI RESIDUO_LOW,1
SBC  RESIDUO_HIGH,R2     ;Por posible CARRY

BRCS SUMANDO_PARA_ASCII_2
INC R23                  ;R23 UNIDADES de RESIDUO

BRCC SALTO_7

;******************
;CONDICIONAL: SI FRACCIONES=0
                        ;SIGNIFICA QUE EL RESIDUO NO ES *100
AJUSTE:
MOV R19,RESIDUO_LOW

SALTO_10:
SUBI R19,100
BRCS COMPENSANDO
INC R17                  ;R17 RESIDUO ÚNICO
BRCC SALTO_10

COMPENSANDO:
MOV RESIDUO_LOW,R17
LDI RESIDUO_HIGH,0

LDI R16,$30
ADD RESIDUO_LOW,R16

OUT PORTC, RESIDUO_LOW

LDI R16,$05
OUT PORTE,R16
RCALL DELAY
LDI R16,$00
OUT PORTE,R16
RET
;*****************************************************

SUMANDO_PARA_ASCII_2:
LDI R16,$30
ADD R21,R16
ADD R22,R16
ADD R23,R16
```

```
Sacamos al PORTC:
R21 CENTENAS de RESIDUO
R22 DECENAS de RESIDUO
R23 UNIDADES de RESIDUO


RET
```

```
;*************************
;EXTRAYENDO DÍGITOS
CONVIERTE_DATO_A_RADICANDO:

LDI R18,0                  ;CENTENAS
LDI R19,0                  ;DECENAS
LDI R20,0                  ;UNIDADES


LEYENDO_HUNDREDS:
MOV R0,RADICANDO
SUBI RADICANDO,100

BRCS LEYENDO_DECIMALES
INC R18                    ;CENTENAS

BRCC LEYENDO_HUNDREDS

LEYENDO_DECIMALES:
MOV RADICANDO,R0

SALTO:
MOV R0,RADICANDO
SUBI RADICANDO,10

BRCS LEYENDO_UNIDADES
INC R19                    ;DECENAS

BRCC SALTO

LEYENDO_UNIDADES:
MOV RADICANDO,R0

SALTO_2:
MOV R0,RADICANDO
SUBI RADICANDO,1
```

```
BRCS RESOLVIENDO_ENTEROS_PARCHE
INC R20                     ;UNIDADES

BRCC SALTO_2

RESOLVIENDO_ENTEROS_PARCHE:
RET

.INCLUDE "CODIGOS_ASCII_Y_CONTROL_LCD.TXT"
.INCLUDE  "DELAY.TXT"
```

Si resolvemos la fórmula de Pitágoras $a = \sqrt{b^2 + c^2}$ usando el circuito (DIAGRAMA ELÉC-TRICO PARA LA RESOLUCIÓN DE ECUACIONES PARA DEMOSTRAR LA EX-TRACCIÓN DE LA RAÍZ CUADRADA) y el algoritmo anterior, entonces hagamos a PINA como la entrada de la variable "b", y a PINB como la entrada de la variable "c". "b" y "c" serán variables de números menores o iguales a 10 para que se respete el resultado a 8 bits en la RC (este procedimiento no se resolvió para extraer una RC a 16 bits).

Vamos a omitir muchas líneas de código para reducir el programa, porque de hecho usted ya conoce esas líneas, cada una de ellas ha sido explicada en este libro. El programa final quedaría de la siguiente forma:

Programa:

```
;PROGRAMA PARA CALCULAR LA HIPOTENUSA DE UN TRIÁNGULO
;RECTÁNGULO USANDO LA ECUACIÓN DE PITÁGORAS
```

> Encabezado para ATmega8515

> Stack Pointer para ATmega8515

> Inicializar LCD, y activar línea 1

```
;DEBE HACER EL MAPEO DE REGISTROS PARA RESOLVER ESTE PROGRAMA.
;AQUÍ USamos R16 Y R17 POR CONVENIENCIA.
;HAGAMOS b=10 Y c=10

IN R16,PINA              ;Para variable "b"
IN R17,PINB              ;Para variable "c"

MUL R16,R16              ;Multiplicamos b*b
MOV R18,R0
```

```
MUL R17,R17                ;Multiplicamos c*c
MOV R19,R0

ADD R18,R19                ;El RESULTADO es 200 (8 bits)
MOV R24,R18                ;Recuerde que usamos R24 para el
                           ;RADICANDO
.
.
.DEF RADICANDO =R24        ;LDI RADICANDO,200
.
.
RCALL CONVIERTE_DATO_A_RADICANDO
RCALL RESOLVIENDO_ENTEROS
RCALL RESOLVIENDO_PUNTO_DECIMAL
RCALL AL_LCD
FIN: RJMP FIN
```

El resultado en el display será:

```
ENTERO_1        =1
ENTERO_2        =4
FRACCIONES      =1
RESIDUO         =159
```

Entonces la hipotenusa según $a = \sqrt{b^2 + c^2} = 14.1$ (el resultado con la calculadora es de 14.1421). En el simulador podrá comprobar el OPERADOR=241.

Recuerde la NOTA sobre la interpretación del RESIDUO.

Crear un PLC con AVR

A veces se cree que un PLC es mucho más poderoso que un microcontrolador; sin embargo, no hay que perder de vista que el cerebro de un PLC es un microcontrolador, que está programado a través de módulos-objeto que generan un código capaz de interactuar con el usuario; todo es cuestión de la aplicación. La programación de un PLC es mucho más amigable que la programación en ensamblador, pero esto es debido al nivel del lenguaje usado. Sin embargo, alguien experimentado en cualquier microcontrolador dirá sin lugar a dudas que un PLC puede ser creado con un AVR o cualquier otro microcontrolador. Básicamente, un PLC está creado con un circuito de entrada optoacoplada, un circuito de salida (también optoacoplada), una etapa de comunicación para la reprogramación, un microcontrolador "cerebro" y un software de usuario para programar (comúnmente en lenguaje "escalera" o Ladder).

En la programación común de un AVR está claro que se necesita programar y reprogramar cuantas veces sea necesario para que el usuario obtenga una aplicación final, la cual normalmente se hace quitando el AVR de la tarjeta electrónica (o protoboard), reprogramándolo y volviéndolo a colocarlo en la base del circuito-aplicación, esto es lo más común en la etapa de desarrollo y experimentación; sin embargo, en un aparato comercial esto no es posible, una vez vendido un aparato sería anormal que el usuario final le pidiera al fabricante alguna función especial, por lo que la fábrica tendrían que retirar el AVR del equipo y volverlo a programar. El fabricante deberá pensar en las funciones que desea que su equipo (con un AVR) realice teniendo en cuenta las variables que pueden ser introducidas en el equipo sin la necesidad de una reprogramación. Esto no sucede en el caso de un PLC, el cual, por diseño, debe ser capaz de ser reprogramado sin la necesidad de retirar su microcontrolador. Este es un gran reto para los fanáticos del AVR, quienes desean crear un PLC con AVR con la misma dinámica que un PLC comercial de cualquier marca.

Buscando alguna aplicación de PLC para AVR en lenguaje *escalera*, encontramos hace unos años un programa llamado LDmicro creado por Jonathan Westhues[1]. Este programa es bastante poderoso en la emulación de un programa escalera de cualquier marca de PLC, la lógica de programación es la misma en cuanto al uso de módulos como contactos de entrada,

---

[1] Jonathan Westhues permitió la autorización de comentar en esta sección su programa y su nombre para que los programadores de AVR conozcan otra aplicación. La página para descargar el programa LDmicro de forma gratuita es http://www.cq.cx/ladder.pl.

relevadores de salida, temporizadores, etcétera. En la figura 45.1 se observa una captura de un programa para controlar un display de 7-segmentos, donde se pueden apreciar contactos de entrada y de salida (al igual que un programa escalera de un PLC comercial). Este programa fue descargado de la página de Jonathan Westhues.

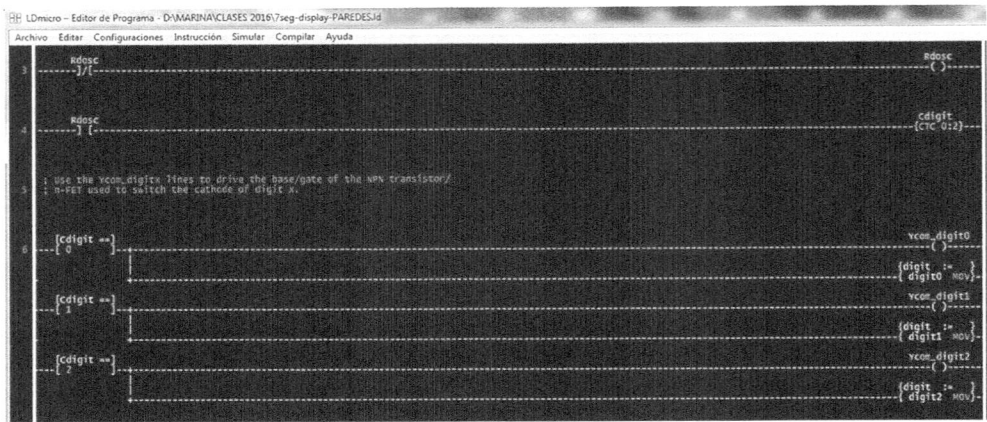

Figura 45.1 Screenshot del programa LDmicro. Cortesía de Jonathan Westhues

Una de las aportaciones que puede hacer un fanático de AVR es crear aplicaciones como esta (LDmicro), hay mucho potencial en el uso del AVR y muchas mejoras se pueden hacer en materia de microcontroladores. Si el programador desea hacer un módulo de control con AVR con optoacopladores de entrada y de salida (o drivers de potencia para salida como el caso del integrado Darlington ULN2803) para controlar motores trifásicos o en general cualquier etapa de alta potencia, los circuitos mostrados a continuación le serán de gran utilidad, ya programe bajo el esquema de la programación tradicional nemónica con AVR Studio (lenguaje ensamblador), o lenguaje C para AVR, o el mencionado programa LDmicro.

En el diagrama 45.1 se observa una propuesta para las entradas optoacopladas con 4N25 para lógica positiva. Las etiquetas de "SENSOR_1 al SENSOR_8" son las entradas al PLC, que están diseñadas para +5 VCD, y las etiquetas de "ENTRADA_1 a la ENTRADA_8" corresponden a las entradas de puerto del AVR, que necesariamente son a +5 VCD.

En el diagrama 45.2 se observa una propuesta con ULN2803 para activar los relevadores, los cuales pueden activar a su vez a actuadores de mayor potencia para motores trifásicos, bombas, etcétera. Las etiquetas "RELE_1 al RELE_8" son las salidas del puerto AVR, y las etiquetas "COM_RELE_1, etcétera", corresponden a las salidas físicas de los relevadores.

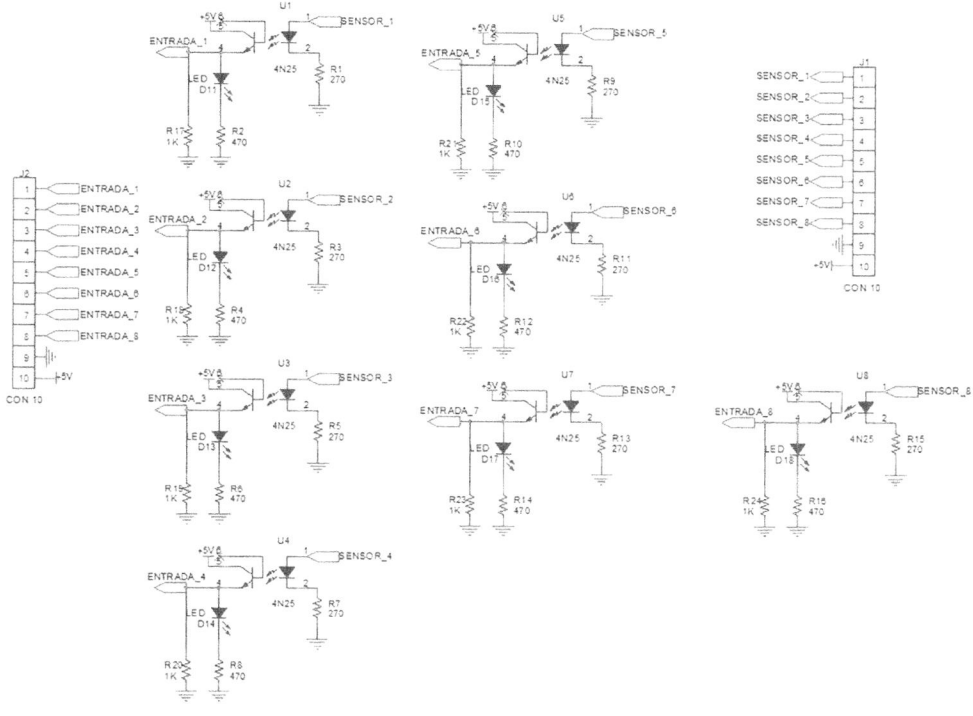

Diagrama 45.1 Módulo de optoacopladores para entrada de señales a un AVR

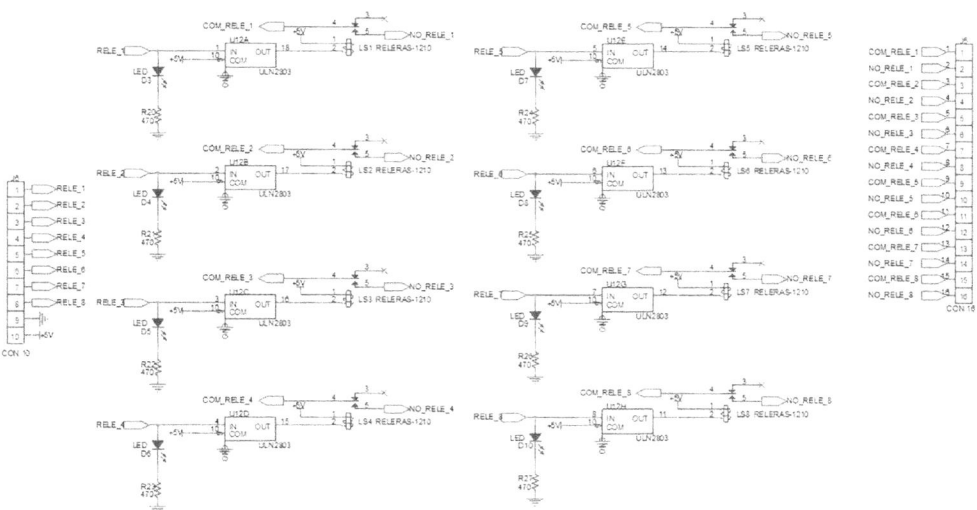

Diagrama 45.2 Módulo driver ULN2803 para salida a etapas de potencia

Tarjeta Programadora Universal

Uno de los problemas al comprar un **módulo-programador (MP) de AVR** no es necesariamente es el coste (existen módulos-programadores para AVR desde unos $ 25 a $ 30 dólares,
hasta más), sino la base para programar el AVR. El MP de AVRISP posee normalmente una
terminal header de 6 pines que corresponde a MISO, MOSI, etcétera, que no cuenta con una
base o soporte para montar el AVR, y no es conveniente conectar alambres al protoboard cada
vez que se necesite programar, ya que se corre el riesgo de dañar el MP (así se nos quemaron
dos), de esto surgió la necesidad de fabricar una base mecánica en la que, al montar el AVR,
se pueda conectar el header del MP. A continuación se muestra el diagrama 46.1 de esta base,
que contiene una serie de resistencias para configurar el intercambio de pines entre un AVR y
otro, es decir, en esta base se pueden programar varios modelos de AVR aun cuando la disposición de sus terminales de programación sean diferentes; por ejemplo, si se desea programar
un ATtiny2313 o un Atmega8515, el conector de Jumper número 6 deberá estar conectado
en las terminales 1 y 2; si se desea programar un ATtiny12 o ATtiny13, el Jumper número
6 deberá cambiarse a las terminales 2 y 3; si se desea programar un ATmega8 o ATmega32,
se deberán hacer los cambios en los jumpers correspondientes (números 1, 2, 3, 4 y 5). Las
resistencias de 10 y 100 Ω evitan un cortocircuito; una vez que el AVR sea programado,
debido a que está alimentado en la base mecánica, se evita un cortocircuito si algún pin está
produciendo un voltaje de +5 VCD cuando la terminal de base está a tierra, o viceversa; de
igual forma, las resistencias ayudan cuando los pines del AVR, ya programados, pueden entrar en conflicto con las terminales de los cristales "XTAL1-XTAL2". En esta base mecánica
también se consideró la conexión a cristal si se necesita programar al AVR con oscilación
externa, de tal forma que un ATtiny12, ATtiny13, ATtiny2313, ATmega8515, ATmega8, AT-
mega32 (o versiones viejas como AT90S2313 y AT90S8515) podrán ser programados con
oscilación interna o externa. El "adaptador-base" es un montaje mecánico de palanca. Teniendo en cuenta este concepto (intercambio de jumpers para programar), se puede fabricar
otro tipo de tarjeta para programar otros modelos de AVR de forma económica. Los AVR de
los proyectos de este libro fueron programados usando esta tarjeta.

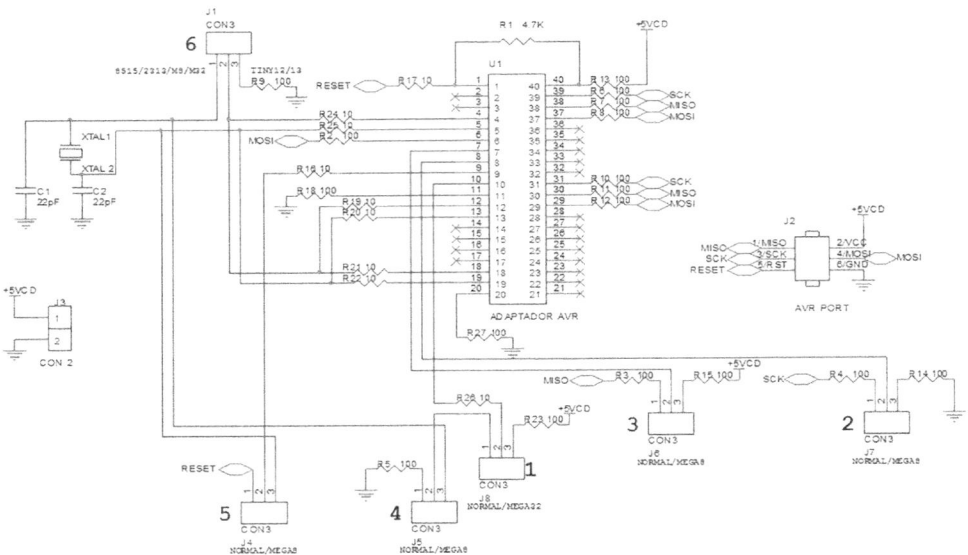

Diagrama 46.1 Diagrama eléctrico de una tarjeta-interfaz para programar diferentes AVR

Cómo hacer una tarjeta tipo Arduino[1]

En el mundo de los AVR sabemos que existen muchas personas que han innovado y realizado nuevas aplicaciones, y este es el caso de la famosa tarjeta de desarrollo Arduino, que está alcanzando cada día más simpatizantes, desde estudiantes de electrónica en secundaria hasta personas que tienen poca experiencia en el uso de los microcontroladores o elementales conocimientos en la electrónica, y esto es lo fabuloso de Arduino, que ha facilitado al usuario las configuraciones propias del AVR que hemos visto en este libro.

A través de un software libre desarrollado por los creadores de Arduino, el usuario se ahorra la programación en la configuración haciendo más amigable el código del programa de la aplicación. El programa que edita el usuario se conoce como Sketch, el cual es convertido a un archivo hexadecimal `.HEX`, que será introducido en la memoria Flash del AVR de la tarjeta. Este archivo `.HEX` es el mismo archivo que el programa AVR Studio genera para ser introducido en el AVR por medio del programador ISP (u otro). Digamos que el freeware Arduino hace las veces del programa AVR Studio, que es editar un lenguaje de programación (en el caso de AVR Studio será el ensamblador y el lenguaje C para AVR, y para Arduino será el lenguaje C/C++), generar el archivo hexadecimal e introducirlo en el microcontrolador AVR en cuestión en una dirección específica de la memoria Flash.

La programación que hace el usuario en Arduino está basada en el lenguaje C y C++. Arduino ha considerado para el programador el uso de variables, constantes, condicionales y funciones y, por supuesto, el contenido de este libro ayudará al lector a entender más lo que hay dentro de un Arduino.

Aquí surge una gran pregunta: ¿por qué entonces no usar siempre la tarjeta de desarrollo Arduino en lugar de un AVR de cualquier otro modelo que necesita ser configurado con

---

[1] Antes de iniciar esta sección, estimado lector, por favor revise estas notas:

Primero: "Existen políticas en el uso del nombre "Arduino", así como normativas descritas en la página https://www.arduino.cc/en/main/Policy, para hacer nuestras propias tarjetas tipo Arduino, la distribución de nuestros propios diseños, vender o contribuir al software de Arduino. En este sentido, no estamos incurriendo en una falta hacia las políticas de Arduino en explicar cómo hacer una tarjeta "do-it-yourself", ya que no estamos nombrando a nuestro circuito "DIY" como "Arduino", sino como una tarjeta (o circuito) tipo Arduino, en el entendido que sí usaremos el freeware de Arduino descargado de la página https://www.arduino.cc/en/Main/Software.

Segundo: "La información presentada en esta sección está tomada de internet, de foros de discusión, de vídeos en YouTube, de manuales de programación AVR y de deducciones personales debido a nuestra experiencia en el ramo de los microcontroladores. En ningún momento pretendemos desvirtuar, o ser una competencia ilícita en contra de Arduino".

Tercero: "El uso que el lector le dé a la información contenida en este libro queda fuera de toda responsabilidad legal o civil hacia la editorial Marcombo y Alfaomega S.A de C.V. y del autor, Ernesto Paredes Martínez".

lo que hemos enseñado en este libro? La respuesta es simple: depende del grado de complejidad del proyecto y de su aplicación. Aunque Arduino está siendo usado en múltiples aplicaciones y cada día los usuarios están subiendo a internet vídeos y códigos, las tarjetas Arduino existentes hasta el momento usan exclusivamente unos pocos modelos AVR, lo que limita al usuario a usar solo esos modelos (por ejemplo el ATmega168, el ATmega328 o el ATmega1280), así que a un aprendiz de microcontroladores se le puede hacer muy atractivo usar Arduino en lugar de aprender las bases de la programación AVR utilizando lenguaje ensamblador o todo el desarrollo compartido en este libro. En nuestra opinión, y en nuestra profesión como ingenieros, no enseñaríamos a usar Arduino como base para aprender a usar los microcontroladores, sino como una herramienta más de desarrollo empleando un AVR. Como catedráticos siempre ofrecemos a nuestros estudiantes el conocimiento que está contenido en este libro antes de pasar a revisar otras tarjetas de desarrollo.

Por ejemplo, hemos escuchado de algunos colegas (que no son ingenieros en electrónica) que han usado Arduino, pero cuando se les pregunta qué tipo de AVR usa su tarjeta, simplemente no saben de qué les estamos hablando, desconocen siquiera qué es un AVR, y ahí reside el problema, que para conocer Arduino primero el usuario debería saber qué es un AVR y cómo se usa; Arduino vendría después. Es importante que el usuario conozca el AVR de su Arduino para sacarle más provecho a su tarjeta de desarrollo.

Otro mal enfoque por parte de los usuarios que trabajan con Arduino es que, como no son desarrolladores o integradores de software y hardware, no visualizan que una tarjeta Arduino que contiene un AVR de superficie (como el ATmega1280), el cual no puede ser removido de la misma tarjeta Arduino, no puede ser usado dentro de un aparato. Por ejemplo, si un desarrollador de hardware quisiera fabricar un aparato basado en Arduino con AVR 1280, tendría que meter toda la tarjeta de desarrollo en lugar de usar solo el propio AVR de Arduino (y conectar con cables o jumpers). En cambio, si el desarrollador usara la tarjeta Arduino basada en el ATmega168, que es un circuito integrado DIP (Dual in-line package) que puede ser extraído del zócalo que viene en la tarjeta, podría programar con el software de Arduino, remover físicamente el AVR de la tarjeta Arduino e insertar ese AVR en la tarjeta de su aplicación; así pues, tendría que comprar tantos ATmega168 como diseños tenga (o aparatos fabricados por el integrador), esto suena muy alentador; sin embargo, vuelvo a remarcar, estamos limitando al desarrollador a usar exclusivamente un modelo de AVR, ¿qué pasaría si el desarrollador desea usar cualquier otro AVR? ¿Se esperaría a que los creadores de Arduino fabriquen una tarjeta de desarrollo que contenga el AVR deseado? Eso sería poco probable.

Con esto, debemos aclarar que Arduino está pensado para que el usuario programe y desarrolle proyectos *prototipo*, y no un proyecto de alta ingeniería, y no porque la tarjeta Arduino no pueda, sino porque físicamente no está pensada para ser introducida en un aparato de "cliente-final".

Desarrolladores de software y hardware en el mundo han elaborado otras tarjetas con el mismo principio de Self-programming[2] usando otros microcontroladores (de otras marcas) o entornos de desarrollo propios del fabricante, este es el caso de la tarjeta de desarrollo Alteri,

---

[2] O también llamado "Autoprogramación". Se llama así porque una parte de la memoria Flash programa otra parte de la memoria del AVR. La nota de aplicación de Atmel para Self-programming es la "AVR109: Self Programming". Este documento PDF se puede descargar de la página de Atmel o en internet a través del buscador que llevará al enlace correspondiente. También puede ser necesario descargar la nota de aplicación "AVR106: C functions for reading and writing to Flash memory".

que usa un PIC, o la tarjeta Little-Bits para niños o la tarjeta de Raspberry Pi o Nanode, Libelium Waspmote, BeagleBone, el Launchpad MSP430 de Texas Instruments, Netduino, Parallax Propeller, entre otras. Esto parece una "guerra" contra Arduino; sin embargo, nosotros lo vemos más bien como una oportunidad de estudiar otros entornos de desarrollo que explotan más la conectividad; por ejemplo, un coste o tamaño menor, u otros tipos de potencialidades. Yo creo que cada tarjeta de desarrollo tiene sus bondades y sus aplicaciones, todo depende de qué nos guste más usar y de nuestro "cliente-final". Personalmente, aunque las tarjetas Arduino son muy poderosas, ya que su *corazón* es un AVR, no tenemos interés en usar una tarjeta de desarrollo en particular porque, con la ayuda de este libro, podemos crear nuestras propias tarjetas de desarrollo, lo que explicaremos más adelante.

Cuando supimos cómo trabajaba la tarjeta Arduino nos pareció una excelente idea; para nosotros, lo más fascinante sigue siendo que los creadores de esta tarjeta hayan usado la propiedad del AVR de Self-programming para que el mismo AVR se programe a sí mismo usando el Sketch que el usuario ha programado en el entorno de desarrollo IDE (Integrated Development Environment) de Arduino, a nosotros este concepto nos parece extraordinario.

El programa que usa la función de Self-programming se llama Bootloader, el cual ha sido editado por la empresa Arduino en lenguaje C++, y si alguno de los amantes del AVR abre este archivo (el cual se encuentra dentro de los archivos del freeware), verá lo complicado del programa. Para haber creado y manipular el programa del Bootloader es necesaria mucha experiencia en programación de lenguaje C y C++, por ello este archivo, creemos, es el secreto del gran éxito de Arduino. El Self-programming se configura directamente en el AVR.

Quien tenga la oportunidad de comprar una tarjeta Arduino, adelante; sin embargo, creemos que al lector le parecerá interesante saber que puede ser capaz de fabricar su propia tarjeta tipo Arduino. Hoy existe el concepto de DIY (de sus siglas en ingles Do-it-yourself o hágalo usted mismo), en el cual podemos tener acceso a información gratuita en internet donde se explica cómo elaborar nuestro propio clon de Arduino. Esto no es para menospreciar o dañar a la gran empresa de Arduino, sino meramente como un ejercicio práctico que, con ayuda de este libro, se puede fabricar.

En este último proyecto queremos compartir esa información gratuita que existe en internet, en YouTube o en foros de AVR, donde se explica con detalle cómo fabricar nuestra propia tarjeta de desarrollo usando AVR.

Mencionamos cuatro formas de fabricar nuestra propia tarjeta de desarrollo. La primera es descargando el freeware de la página de Arduino (https://www.arduino.cc), tener nuestro propio programador para AVR, y descargar el archivo Bootloader para programarlo en nuestro AVR "virgen" Atmega168 o Atmega328 (configurando los fusibles de BOOTSZ y BOOTRST), cuya dirección de alojamiento del Bootloader debe ser la misma que la que usa el AVR de la tarjeta original Arduino (el Bootloader para el ATmega328p lo presento en este libro). Para esta opción necesitamos tener ya sea la tarjeta Arduino original o una interfaz USB-serial. La segunda forma es comprando en Internet un AVR con el Bootloader precargado para Arduino y montar nuestra propia tarjeta de aplicación (para esto necesitaremos previamente el software y la tarjeta original Arduino para programar al AVR clon). La tercera forma es comprar el AVR con el Bootloader precargado, usar una interfaz de comunicación USB-serial y utilizar el IDE de desarrollo Arduino (el software) para descargar los programas editados en el IDE –en esta opción no necesitamos comprar la tarjeta Arduino–. La cuarta forma es que elaboremos nuestro propio código de Bootloader (y programar nuestro propio IDE) y editemos exclusivamente para el modelo de AVR que deseamos programar (que pudiera ser cualquier modelo de AVR con Self-programming). En esta opción usaríamos una interfaz USB-serial o nuestro propio programador de catarina ISP.

Explicaremos en este libro algunas de las opciones ya mencionadas mostrando los pasos para usar nuestro programador de AVR (el que hemos venido usando en este libro para programar todos los proyectos), los pasos para usar un comunicador serial genérico y los pasos para usar la tarjeta de desarrollo Arduino para programar nuestro AVR clon.

Para la cuarta opción, que es editar nuestro propio Bootloader para usar cualquier AVR en una tarjeta de desarrollo, necesitaremos la elaboración de un segundo libro de programación AVR, el cual se está considerando que salga a edición más adelante, y esto es debido a que la complejidad es mayor y se requiere, como mencionamos con anterioridad, de más experiencia en la programación de lenguaje C/C++.

Si se desea mayor información acerca de las características de las tarjetas de desarrollo Arduino vaya a la página https://www.arduino.cc/en/Guide/HomePage y a https://www.arduino.cc/en/Main/Products?from=Main.Hardware.

✓ 47.1 ¿Qué es el Bootloader?[3]

Lo primero que necesitamos conocer es el concepto de Bootloader. El Bootloader (el archivo de "arranque" del AVR) es un programa que reside en una parte de la memoria Flash del AVR y que se usa para que el propio AVR suba (sea leído) o baje (sea escrito) un programa de o en su memoria Flash. Por ejemplo, supongamos que tenemos un coche de control remoto controlado por Bluetooth, este coche tiene un AVR con Self-programming activado, y deseamos cambiar el programa a "control remoto" sin la necesidad de ir por el coche, extraerle el AVR y colocarlo en el programador (y volver a montar todo).

El Self-programming nos permitiría, entonces, que desde nuestra consola de control (si así estuviera diseñada) pudiéramos enviar el nuevo código del comportamiento del coche a través de Bluetooth. El AVR en cuestión recibe este código, que es interpretado por el Bootloader haciendo los cambios pertinentes en el AVR. Esta programación remota se hace mediante un puerto de comunicación del AVR, ya sea en las terminales del UART (o USART) o el SPI (o algún otro protocolo de comunicación serial).

Muchos modelos de AVR poseen la función de Self-programming, se da de alta en el AVR en cuestión y se introduce el Bootloader por medio del programador una sola vez. Posteriormente se hace uso de la comunicación serial local o remota para reprogramar cuantas veces sea necesario el código en la Flash.

El programa de Bootloader puede usar cualquier dato disponible y un protocolo asociado para leer y escribir ese código programa residente en la Flash, o leer el código desde la memoria del programa. En teoría, el Bootloader permite al usuario reprogramar el mismo Bootloader (si esto fuese necesario), la memoria Flash y la memoria EEPROM. Es precisamente esta la complejidad del archivo de arranque (l Bootloader), que, cuando se edita, se deben considerar todos los parámetros a los que deseamos tener acceso. Este archivo de

---

[3] Para mayor referencia cabe dirigirse a la sección de "Boot Loader Support – Read-While-Write Self- Programming" del manual AVR.

arranque emula el archivo de arranque de un ordenador, es decir, todos los archivos Boot que el sistema operativo necesita para entrar en acción.

Dependiendo del tipo de AVR, existen varios tamaños de la sección para introducir el Bootloader, esto ayuda a tener diferentes niveles de protección y a editar archivos Bootloader más complejos.

La memoria Flash está organizada en dos secciones diferentes (figura 47.1), que son la sección de la aplicación y la del Bootloader. La sección de la aplicación es donde va a residir el código que el usuario edita en el programa AVR Studio. Los fusibles de configuración del tamaño del Bootloader del AVR son los BOOTSZ (de Boot-size) bits 11, 10, 01 y 00 (donde observamos que los bits BOOTSZ= 11 configuran el tamaño más pequeño de la sección Boot, y el BOOTSZ= 00 configura el tamaño más grande de la sección Boot).

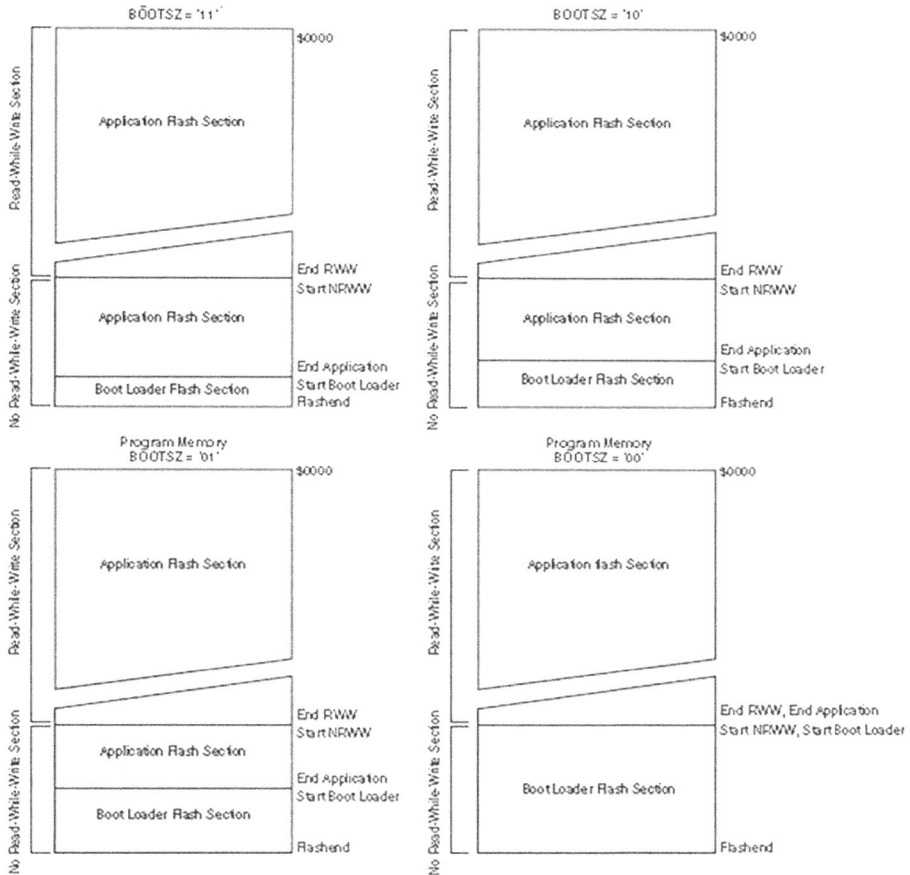

Figura 47.1 Secciones de la memoria Flash[4]

---

[4] Figura tomada del manual del AVR.

Una vez programado el Bootloader, el vector de Reset del AVR apunta a la dirección de arranque después del Reset físico o por software. Una vez "arrancado", el AVR entra en la sección de la Flash para ejecutar la aplicación. Los fusibles de configuración del Bootloader no pueden ser cambiados por el mismo AVR, esto lo debe hacer el usuario cuando está programando el AVR para configurar el Bootloader, o en su defecto, si el usuario necesita re-configurar, entonces podrá hacerlo a través de la programación serial o paralela (cabe revisar la información pertinente a los fusibles de configuración del Bootloader en el manual del AVR para mayor referencia).

Para entender el comportamiento del AVR ante la configuración de la sección del Bootloader, primero necesitamos introducir una subrutina de prueba que haremos en un ATmega8 para comprobar las direcciones donde se introducirá el código de una aplicación en la sección de la Flash. Este programa solo encenderá un LED en PC0:

```
.INCLUDE "M8DEF.INC"
.CSEG
.ORG 0

LDI  R16,LOW(RAMEND)
OUT  SPL,R16

LDI  R16,HIGH(RAMEND)
OUT  SPH,R16

LDI  R16,1
OUT  DDRC,R16                ;TESTIGO PARA FLASH
OUT  PORTC,R16

FIN: RJMP FIN
```

Esta subrutina que enciende un LED testigo en PC0 está introducida en la dirección $00 de la sección de aplicación de la Flash. Si leemos el contenido de la Flash nos aparecerá:

```
:100000000FE50DBF04E00EBF01E004BB05BBFFCF51
:10001000FFFFFFFFFFFFFFFFFFFFFFFFFFFFFFFFF0
:10002000FFFFFFFFFFFFFFFFFFFFFFFFFFFFFFFFE0
:10003000FFFFFFFFFFFFFFFFFFFFFFFFFFFFFFFFD0
:10004000FFFFFFFFFFFFFFFFFFFFFFFFFFFFFFFFC0
:10005000FFFFFFFFFFFFFFFFFFFFFFFFFFFFFFFFB0
:10006000FFFFFFFFFFFFFFFFFFFFFFFFFFFFFFFFA0
:10007000FFFFFFFFFFFFFFFFFFFFFFFFFFFFFFFF90
:10008000FFFFFFFFFFFFFFFFFFFFFFFFFFFFFFFF80
:10009000FFFFFFFFFFFFFFFFFFFFFFFFFFFFFFFF70
```

Contenido de la aplicación

```
:1000A000FFFFFFFFFFFFFFFFFFFFFFFFFFFFFFFF60
:1000B000FFFFFFFFFFFFFFFFFFFFFFFFFFFFFFFF50
:1000C000FFFFFFFFFFFFFFFFFFFFFFFFFFFFFFFF40
:1000D000FFFFFFFFFFFFFFFFFFFFFFFFFFFFFFFF30
:1000E000FFFFFFFFFFFFFFFFFFFFFFFFFFFFFFFF20
:1000F000FFFFFFFFFFFFFFFFFFFFFFFFFFFFFFFF10
:10010000FFFFFFFFFFFFFFFFFFFFFFFFFFFFFFFFFF
:10011000FFFFFFFFFFFFFFFFFFFFFFFFFFFFFFFFEF
:10012000FFFFFFFFFFFFFFFFFFFFFFFFFFFFFFFFDF
:10013000FFFFFFFFFFFFFFFFFFFFFFFFFFFFFFFFCF
```

Ahora vamos a elaborar una subrutina de prueba para la sección del Bootloader que corresponde a la dirección seleccionada en la ventana del programador para un tamaño de 128 palabras en la dirección $0F80. En el programa hay que escribir la dirección del Bootloader en la que se va a introducir el nuevo código (SMALLBOOTSTART). Existen cuatro alternativas de direcciones para programar el Bootloader en el AVR (se seleccionan en la ventana del programador o fusible BOOTSZ) dependiendo del tamaño del archivo Bootloader deseado:

Tamaño de 128 palabras, dirección $0F80 (SMALLBOOTSTART)
Tamaño de 256 palabras, dirección $0F00 (SECONDBOOTSTART)
Tamaño de 512 palabras, dirección $0E00 (THIRDBOOTSTART = BCOTSTART)
Tamaño de 1024 palabras, dirección $0C00 (LARGEBOOTSTART)

La siguiente subrutina Bootloader ("Programa de prueba para SMALLBOOTSTART") va a encender un LED en PB0. Esta subrutina es como cualquier otra que hemos elaborado, pero la gran diferencia es que ahora hemos escrito la línea .ORG SMALLBOOTSTART, que hará que el cursor del programa vaya directamente a la sección que corresponde al "SMALLBOOT" a escribir en hexadecimal el código que sigue:

```
;Programa de prueba para SMALLBOOTSTART
.INCLUDE "M8DEF.INC"
.CSEG                    ;OPCIONAL
.ORG SMALLBOOTSTART
```

```
LDI R16,LOW(RAMEND)
OUT SPL,R16

LDI R16,HIGH(RAMEND)
OUT SPH,R16
```

Esta sección la veremos reflejada en la sección del SMALLBOOT

```
LDI R16,1
OUT DDRB,R16              ;TEST PARA BOOTLOADER EN PB0
OUT PORTB,R16

FIN: RJMP FIN
```

En ambos casos están seleccionadas las opciones Erase device before flash programming, y Verify device after programming, para borrar el contenido de la Flash antes de ser programada y comprobar que el programa deseado coincida con el contenido de la Flash (figura 47.2):

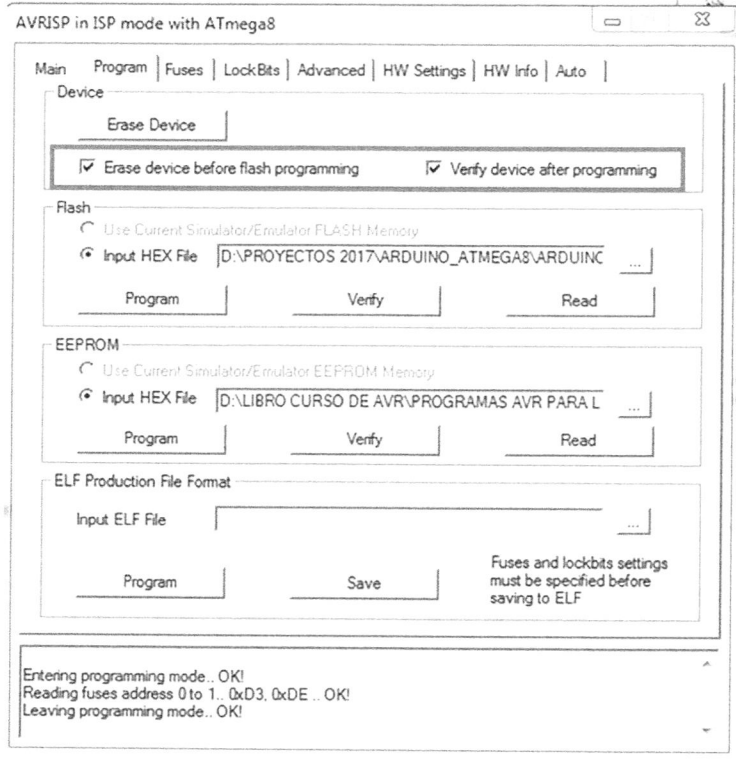

Figura 47.2 Activación de Erase device before flash programming y Verify device after programming

Una vez programado este código (archivo .HEX), observaremos que el LED en PB0 se encenderá mostrando que el código en la sección de Bootloader (de la dirección $0F80) está operando correctamente. Vamos a leer el contenido de la Flash (Read Flash de la ventana de programación) y observaremos el código siguiente:

```
:10000000FFFFFFFFFFFFFFFFFFFFFFFFFFFFFFFF00
:10001000FFFFFFFFFFFFFFFFFFFFFFFFFFFFFFFFF0
:10002000FFFFFFFFFFFFFFFFFFFFFFFFFFFFFFFFE0
:10003000FFFFFFFFFFFFFFFFFFFFFFFFFFFFFFFFD0
:10004000FFFFFFFFFFFFFFFFFFFFFFFFFFFFFFFFC0
:10005000FFFFFFFFFFFFFFFFFFFFFFFFFFFFFFFFB0
:10006000FFFFFFFFFFFFFFFFFFFFFFFFFFFFFFFFA0
:10007000FFFFFFFFFFFFFFFFFFFFFFFFFFFFFFFF90
:10008000FFFFFFFFFFFFFFFFFFFFFFFFFFFFFFFF80
:10009000FFFFFFFFFFFFFFFFFFFFFFFFFFFFFFFF70
:1000A000FFFFFFFFFFFFFFFFFFFFFFFFFFFFFFFF60
                        .
                        .
                        .
:101EF000FFFFFFFFFFFFFFFFFFFFFFFFFFFFFFFFF2
:101F00000FE50DBF04E00EBF01E007BB08BBFFCF2C
:101F1000FFFFFFFFFFFFFFFFFFFFFFFFFFFFFFFFD1
:101F2000FFFFFFFFFFFFFFFFFFFFFFFFFFFFFFFFC1
:101F3000FFFFFFFFFFFFFFFFFFFFFFFFFFFFFFFFB1
:101F4000FFFFFFFFFFFFFFFFFFFFFFFFFFFFFFFFA1
:101F5000FFFFFFFFFFFFFFFFFFFFFFFFFFFFFFFF91
:101F6000FFFFFFFFFFFFFFFFFFFFFFFFFFFFFFFF81
:101F7000FFFFFFFFFFFFFFFFFFFFFFFFFFFFFFFF71
:101F8000FFFFFFFFFFFFFFFFFFFFFFFFFFFFFFFF61
:101F9000FFFFFFFFFFFFFFFFFFFFFFFFFFFFFFFF51
:101FA000FFFFFFFFFFFFFFFFFFFFFFFFFFFFFFFF41
:101FB000FFFFFFFFFFFFFFFFFFFFFFFFFFFFFFFF31
:101FC000FFFFFFFFFFFFFFFFFFFFFFFFFFFFFFFF21
:101FD000FFFFFFFFFFFFFFFFFFFFFFFFFFFFFFFF11
:101FE000FFFFFFFFFFFFFFFFFFFFFFFFFFFFFFFF01
:101FF000FFFFFFFFFFFFFFFFFFFFFFFFFFFFFFFFF1
:00000001FF
```

Contenido del Bootloader

Hasta este momento hemos comprobado que tanto el código en la sección de Flash para la aplicación como el código en la Flash para la sección del Bootloader han sido cargados con éxito (cada uno en la dirección correspondiente).

Podemos cargar al mismo tiempo tanto el código de nuestra aplicación como el código del Bootloader. Haremos para este ejemplo un código donde introduciremos dos directivas .ORG para indicar dos direcciones simultáneas de código en la memoria Flash (.ORG 0, y .ORG SMALLBOOTSTART):

```
.INCLUDE "M8DEF.INC"
.CSEG
.ORG 0                      ;DIRECCIÓN PARA LA APLICACIÓN

LDI R16,LOW(RAMEND)
OUT SPL,R16

LDI R16,HIGH(RAMEND)
OUT SPH,R16

LDI R16,1
OUT DDRC,R16                ;TEST PARA FLASH
OUT PORTC,R16

.ORG SMALLBOOTSTART         ;DIRECCIÓN PARA BOOTLOADER

LDI R16,1
OUT DDRB,R16                ;TEST PARA BOOTLOADER
OUT PORTB,R16

FIN: RJMP FIN
```

Se muestra a continuación el contenido de la Flash, donde observaremos que tanto el código de la aplicación como el código del Bootloader ya están cargados en la memoria:

```
:100000000FE50DBF04E00EBF01E004BB05BBFFFF21
:10001000FFFFFFFFFFFFFFFFFFFFFFFFFFFFFFFFF0
:10002000FFFFFFFFFFFFFFFFFFFFFFFFFFFFFFFFE0
:10003000FFFFFFFFFFFFFFFFFFFFFFFFFFFFFFFFD0
:10004000FFFFFFFFFFFFFFFFFFFFFFFFFFFFFFFFC0
:10005000FFFFFFFFFFFFFFFFFFFFFFFFFFFFFFFFB0
:10006000FFFFFFFFFFFFFFFFFFFFFFFFFFFFFFFFA0
:10007000FFFFFFFFFFFFFFFFFFFFFFFFFFFFFFFF90
:10008000FFFFFFFFFFFFFFFFFFFFFFFFFFFFFFFF80
:10009000FFFFFFFFFFFFFFFFFFFFFFFFFFFFFFFF70
:1000A000FFFFFFFFFFFFFFFFFFFFFFFFFFFFFFFF60
:1000B000FFFFFFFFFFFFFFFFFFFFFFFFFFFFFFFF50
:1000C000FFFFFFFFFFFFFFFFFFFFFFFFFFFFFFFF40
```

Contenido de la aplicación

.
.
.

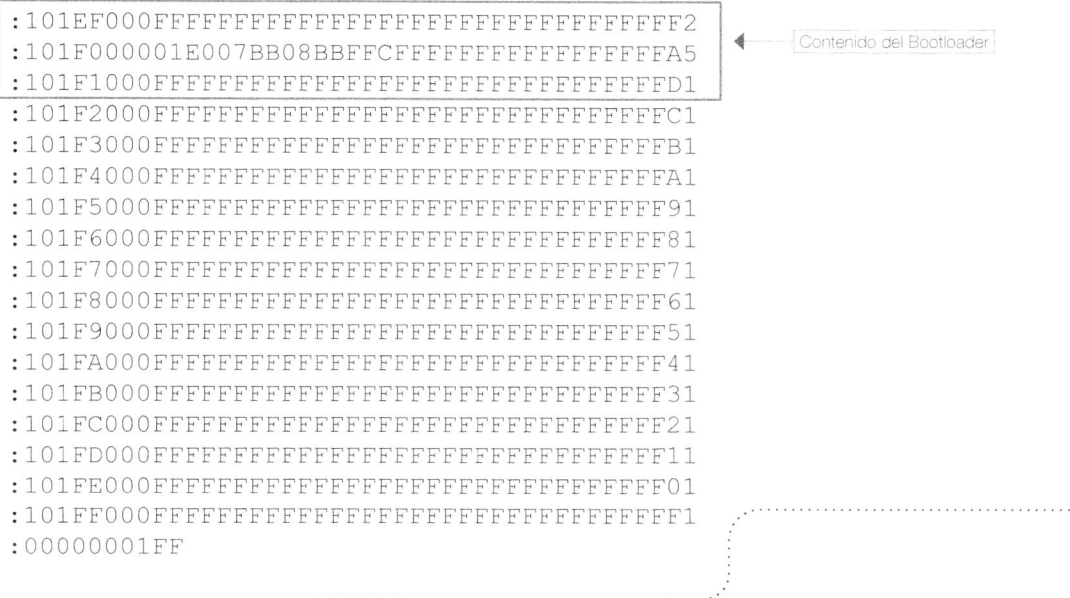

```
:101EF000FFFFFFFFFFFFFFFFFFFFFFFFFFFFFFFFF2
:101F000001E007BB08BBFFCFFFFFFFFFFFFFFFFFA5
:101F1000FFFFFFFFFFFFFFFFFFFFFFFFFFFFFFFFD1
:101F2000FFFFFFFFFFFFFFFFFFFFFFFFFFFFFFFFC1
:101F3000FFFFFFFFFFFFFFFFFFFFFFFFFFFFFFFFB1
:101F4000FFFFFFFFFFFFFFFFFFFFFFFFFFFFFFFFA1
:101F5000FFFFFFFFFFFFFFFFFFFFFFFFFFFFFFFF91
:101F6000FFFFFFFFFFFFFFFFFFFFFFFFFFFFFFFF81
:101F7000FFFFFFFFFFFFFFFFFFFFFFFFFFFFFFFF71
:101F8000FFFFFFFFFFFFFFFFFFFFFFFFFFFFFFFF61
:101F9000FFFFFFFFFFFFFFFFFFFFFFFFFFFFFFFF51
:101FA000FFFFFFFFFFFFFFFFFFFFFFFFFFFFFFFF41
:101FB000FFFFFFFFFFFFFFFFFFFFFFFFFFFFFFFF31
:101FC000FFFFFFFFFFFFFFFFFFFFFFFFFFFFFFFF21
:101FD000FFFFFFFFFFFFFFFFFFFFFFFFFFFFFFFF11
:101FE000FFFFFFFFFFFFFFFFFFFFFFFFFFFFFFFF01
:101FF000FFFFFFFFFFFFFFFFFFFFFFFFFFFFFFFFF1
:00000001FF
```

Contenido del Bootloader

Revisando la ventana del desensamblador (Disassembler) observamos que ambos códigos se encuentran programados al mismo tiempo en la memoria Flash:

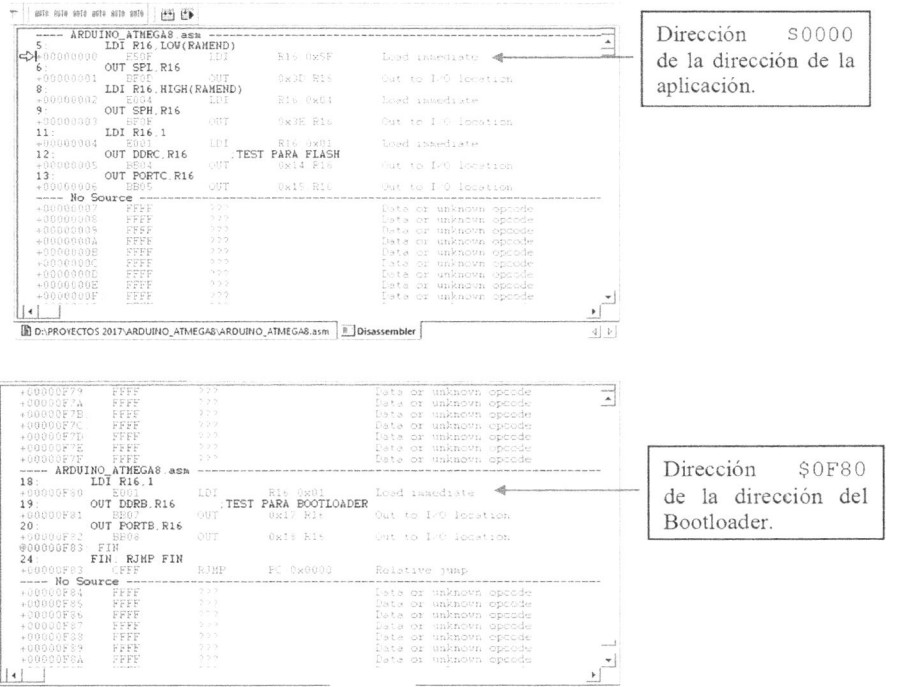

Dirección $0000 de la dirección de la aplicación.

Dirección $0F80 de la dirección del Bootloader.

Para que el AVR programado con estas dos secciones de Flash pueda operar de forma secuencial (primero la sección de Bootloader y después la sección de la aplicación), es necesario que se active el fusible BOOTRST de la ventana FUSES del programador, como lo muestra la figura 47.3); de lo contrario, el programa solo ejecutará la primera sección de la Flash correspondiente a la directiva .ORG 0, y la sección del Bootloader no se ejecutará:

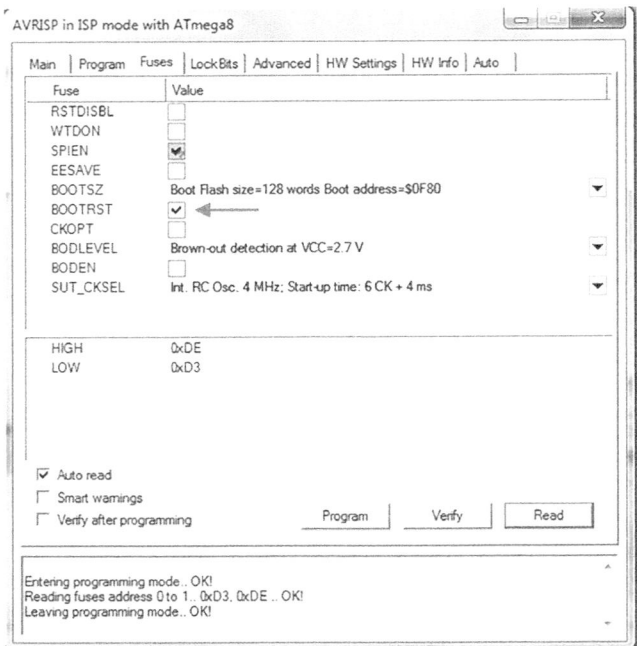

Figura 47.3 Activación del fusible BOOTRST

Al programar el archivo .HEX que contiene tanto el código de aplicación más el código del Bootloader en el AVR, se puede considerar que se trata de una inconsistencia, ¿por qué cargar una aplicación y un Bootloader al mismo tiempo si por definición el Bootloader reprogramará la sección de la aplicación de forma futura? Pues este el concepto de Self-programming (autoprogramación), es decir, un código interno del AVR que programa otra parte de la memoria, ¿para qué entonces cargar previamente la sección de la aplicación? La respuesta es que podemos crear nuestros propios diseños con una aplicación básica con la capacidad de ser reprogramada remotamente sin la necesidad de un programador local. **En el caso de Arduino, el Bootloader se usa para que la tarjeta Arduino se comunique con el software de desarrollo IDE.**

En el freeware de Arduino, localizamos el Bootloader para el ATmega8 (el archivo original en lenguaje C ATmegaBOOT.C, y el código hexadecimal ATmegaBOOT.hex) en la siguiente carpeta: Arduino>hardware>arduino>avr>bootloaders>atmega8. Vamos a mostrar el contenido de ambos para que se vea la complejidad de los archivos:

Archivo ATmegaBOOT.C (reducido):

```
/************************************************************/
/* Serial Bootloader for Atmel mega8 AVR Controller        */
/*                                                          */
/* ATmegaBOOT.c                                             */
/*                                                          */
/* Copyright (c) 2003, Jason P. Kyle                        */
/*                                                          */
/* Hacked by DojoCorp - ZGZ - MMX - IVR                     */
/* Hacked by David A. Mellis                                */
/*                                                          */
/* This program is free software; you can redistribute it   */
/* and/or modify it under the terms of the GNU General      */
/* Public License as published by the Free Software         */
/* Foundation; either version 2 of the License, or          */
/* (at your option) any later version.                      */
/*                                                          */
/* This program is distributed in the hope that it will     */
/* be useful, but WITHOUT ANY WARRANTY; without even the    */
/* implied warranty of MERCHANTABILITY or FITNESS FOR A     */
/* PARTICULAR PURPOSE.  See the GNU General Public          */
/* License for more details.                                */
/*                                                          */
/* You should have received a copy of the GNU General       */
/* Public License along with this program; if not, write    */
/* to the Free Software Foundation, Inc.,                   */
/* 59 Temple Place, Suite 330, Boston, MA   02111-1307 USA */
/*                                                          */
/* Licence can be viewed at                                 */
/* http://www.fsf.org/licenses/gpl.txt                      */
/*                                                          */
/* Target = Atmel AVR m8                                    */
/************************************************************/

#include <inttypes.h>
#include <avr/io.h>
#include <avr/io.h>
#include <avr/pgmspace.h>
#include <avr/eeprom.h>
#include <avr/interrupt.h>
#include <util/delay.h>

//#define F_CPU                     16000000
```

```
/* We, Malmoitians, like slow interaction
 * therefore the slow baud rate ;-)
 */
//#define BAUD_RATE             9600

/* 6.000.000 is more or less 8 seconds at the
 * speed configured here
 */
//#define MAX_TIME_COUNT 6000000
#define MAX_TIME_COUNT (F_CPU>>1)
///#define MAX_TIME_COUNT_MORATORY   1600000

/* SW_MAJOR and MINOR needs to be updated from time to time
to avoid warning message from AVR Studio */
#define HW_VER      0x02
#define SW_MAJOR 0x01
#define SW_MINOR 0x12

// AVR-GCC compiler compatibility
// avr-gcc compiler v3.1.x and older doesn't support outb()
and inb()
//      if necessary, convert outb and inb to outp and inp
#ifndef outb
    #define outb(sfr,val)  (_SFR_BYTE(sfr) = (val))
#endif
#ifndef inb
    #define inb(sfr) _SFR_BYTE(sfr)
#endif

/* defines for future compatibility */
#ifndef cbi
    #define cbi(sfr, bit) (_SFR_BYTE(sfr) &= ~_BV(bit))
#endif
#ifndef sbi
    #define sbi(sfr, bit) (_SFR_BYTE(sfr) |= _BV(bit))
#endif

/* Adjust to suit whatever pin your hardware uses to enter
the bootloader */
#define eeprom_rb(addr)   eeprom_read_byte ((uint8_t *)(addr))
#define eeprom_rw(addr)   eeprom_read_word ((uint16_t *)
(addr))
#define eeprom_wb(addr, val)   eeprom_write_byte ((uint8_t *)
(addr), (uint8_t)(val))
```

```c
/* Onboard LED is connected to pin PB5 */
#define LED_DDR  DDRB
#define LED_PORT PORTB
#define LED_PIN  PINB
#define LED      PINB5


#define SIG1 0x1E  // Yep, Atmel is the only manufacturer of
AVR micros.  Single source :(
#define SIG2 0x93
#define SIG3 0x07
#define PAGE_SIZE  0x20U //32 words


void putch(char);
char getch(void);
void getNch(uint8_t);
void byte_response(uint8_t);
void nothing_response(void);

union address_union {
  uint16_t word;
  uint8_t  byte[2];
} address;

union length_union {
  uint16_t word;
  uint8_t  byte[2];
} length;

struct flags_struct {
  unsigned eeprom : 1;
  unsigned rampz  : 1;
} flags;

uint8_t buff[256];
//uint8_t address_high;

uint8_t pagesz=0x80;

uint8_t i;
//uint8_t bootuart0=0,bootuart1=0;


void (*app_start)(void) = 0x0000;
```

```c
int main(void)
{
  uint8_t ch,ch2;
  uint16_t w;

  //cbi(BL_DDR,BL);
  //sbi(BL_PORT,BL);

  asm volatile("nop\n\t");

  /* check if flash is programmed already, if not start boot-
loader anyway */
  //if(pgm_read_byte_near(0x0000) != 0xFF) {

    /* check if bootloader pin is set low */
    //if(bit_is_set(BL_PIN,BL)) app_start();
  //}

  /* initialize UART(s) depending on CPU defined */
  /* m8 */
  UBRRH = (((F_CPU/BAUD_RATE)/16)-1)>>8;  // set baud rate
  UBRRL = (((F_CPU/BAUD_RATE)/16)-1);
  UCSRB = (1<<RXEN)|(1<<TXEN);  // enable Rx & Tx
  UCSRC = (1<<URSEL)|(1<<UCSZ1)|(1<<UCSZ0);  // config USART;
8N1

  //UBRRL = (uint8_t)(F_CPU/(BAUD_RATE*16L)-1);
  //UBRRH = (F_CPU/(BAUD_RATE*16L)-1) >> 8;
  //UCSRA = 0x00;
  //UCSRC = 0x86;
  //UCSRB = _BV(TXEN)|_BV(RXEN);

.
.
.

            /* Universal SPI programming command, disabled.
Would be used for fuses and lock bits.  */
            else if(ch=='V') {
               getNch(4);
               byte_response(0x00);
            }

            /* Write memory, length is big endian and is in
bytes  */
```

```
            else if(ch=='d') {
               length.byte[1] = getch();
               length.byte[0] = getch();
               flags.eeprom = 0;
               if (getch() == 'E') flags.eeprom = 1;
               for (w=0;w<length.word;w++) {
               buff[w] = getch();// Store data in buffer,
can't keep up with serial //data stream whilst programming
pages
               }
               if (getch() == ' ') {
                       if (flags.eeprom) {  //Write to EEPROM
one byte at a time
                           for(w=0;w<length.word;w++) {
                               eeprom_wb(address.word,-
buff[w]);
                               address.word++;
                           }
                       } else {      //Write to FLASH one
page at a time
                           //if (address.byte[1]>127) ad-
dress_high = 0x01;      //Only possible with m128, m256 will
need 3rd address byte. FIXME
                           //else address_high = 0x00;

                           //address.word = address.word
<< 1;
                           //address * 2 -> byte location
                           //if ((length.byte[0] & 0x01))
length.word++;.
.
.
.


void putch(char ch)
{
  /* m8 */
  while (!(inb(UCSRA) & _BV(UDRE)));
  outb(UDR,ch);
}

char getch(void)
{
  /* m8 */
      uint32_t count = 0;
```

```c
  while(!(inb(UCSRA) & _BV(RXC))) {
          /* HACKME:: here is a good place to count times*/
          count++;
          if (count > MAX_TIME_COUNT)
              app_start();
  }
  return (inb(UDR));
}

void getNch(uint8_t count)
{
  uint8_t i;
  for(i=0;i<count;i++) {
    /* m8 */
    //while(!(inb(UCSRA) & _BV(RXC)));
    //inb(UDR);
          getch(); // need to handle time out
  }
}

void byte_response(uint8_t val)
{
  if (getch() == ' ') {
    putch(0x14);
    putch(val);
    putch(0x10);
  }
}

void nothing_response(void)
{
  if (getch() == ' ') {
    putch(0x14);
    putch(0x10);
  }
}

/* end of file ATmegaBOOT.c */
```

Archivo ATmegaBOOT.hex:

```
:101C000012C02CC02BC02AC029C028C027C026C0A3
:101C100025C024C023C022C021C020C01FC01EC0B8
:101C20001DC01CC01BC011241FBECFE5D4E0DEBF09
:101C3000CDBF10E0A0E6B0E0E6EAFFE102C005900B
```

```
:101C40000D92A236B107D9F711E0A2E6B0E001C0CB
:101C50001D92AA36B107E1F72BD0A3C1D1CF5D9B6E
:101C6000FECF8CB908955F9BFECF8CB108950F9382
:101C70001F93082F10E002C0F6DF1F5F1017E0F37C
:101C80001F910F9108951F93182FEDDF803231F4CB
:101C900084E1E5DF812FE3DF80E1E1DF1F9108953B
:101CA000E2DF803221F484E1DADF80E1D8DF0895D9
:101CB0000F931F93CF93DF93000010BC83E389B988
:101CC00088E18AB986E880BDBD9A1092680120E05B
:101CD00030E240E050E007C088B3832788BBCA01E8
:101CE0000197F1F72F5F2031B8F320936801BBDF34
:101CF0000803381F1813399F4B6DF8032C1F784E11A
:101D0000AEDF81E4ACDF86E5AADF82E5A8DF80E212
:101D1000A6DF89E4A4DF83E5A2DF80E523C1803468
:101D200029F4A1DF8638B0F09EDF14C0813471F44D
:101D30009ADF803811F482E01DC1813811F481E00E
:101D400019C1823809F015C182E114C1823421F42D
:101D500084E18DDFA5DFCBCF853411F485E0F9CFA9
:101D60008035C1F38135B1F38235A1F3853539F47E
:101D70007ADF8093640077DF80936500EBCF863550
:101D800019F484E074DFF5C0843609F090C06BDF8D
:101D90008093670168DF80936601809169018E7F7F
:101DA0008093690160DF853429F480916901816045
:101DB0008093690100E010E007C055DFF801EA599F
:101DC000FF4F80830F5F1F4F8091660190916701E5
:101DD0000817190790F347DF803209F088CF809108
:101DE000690180FF1FC000E010E014C0F801EA594B
:101DF000FF4F8091640009091650060081C5D0809113
:101E00006400909165000196909365008093640052
:101E10000F5F1F4F8091660190916701081719007A6
:101E200028F343C0F894E199FECF1127E0916400B4
:101E3000F0916500EE0FFF1FC6E6D0E080916601CD
:101E40009091670180FF01C00196103051F422D0BB
:101E500003E000935700E8951DD001E1009357007F
:101E6000E8950990199016D001E000935700E89585
:101E70001395103258F011270DD005E0009357004C
:101E8000E89508D001E100935700E8953296029753
:101E900039F0DBCF0091570001700130D9F308957C
:101EA000103011F00296E7CF112484E15BC0843733
:101EB00009F04BC0D8DE80936701D5DE80936601C0
:101EC000D2DE90916901853421F49160909369018B
:101ED0000DC09E7F909369018091640090916500901
:101EE000880F991F909365008093640BCDE803258
:101EF0009F0FDCE84E1B3DE00E010E01EC0809169
:101F0000690180FF06C08091640090916500334D023
```

```
:101F100008C081FD07C0E0916400F0916500E49184
:101F20008E2F9DDE809164009091650001969093C4
:101F30006500809364000F5F1F4F80916601909150
:101F4000670108171907D8F20EC0853779F48BDEC0
:101F5000803209F0CCCE84E182DE8EE180DE83E93E
:101F60007EDE87E07CDE80E17ADEC1CE863709F056
:101F7000BECE80E088DEBBCEE199FECF9FBB8EBB9C
:101F8000E09A99278DB30895262FE199FECF9FBB44
:101F90008EBB2DBB0FB6F894E29AE19A0FBE019664
:061FA0000895F894FFCF44
:021FA6008000B9
:0400000300001C00DD
:00000001FF
```

Ahora que hemos entendido cómo opera la sección del Bootloader en el AVR, y ya habiendo elaborado nuestro código de arranque (o el código Booloader que editó Arduino), podremos diseñar, por ejemplo, un aparato volador que puede estar midiendo la presión atmosférica y reprogramar algunas funciones extra o recalibrarlo ahí mismo "en el aire" sin la necesidad de tener que aterrizar el dispositivo, extraerle el AVR y reprogramarlo de la forma tradicional (editando el código en AVR Studio y usando un programador AVRISP o similar). Con el uso del Bootloader podemos acceder a la reprogramación de la memoria Flash desde el suelo usando algún tipo de comunicación remota como un Bluetooth o un XBee.

47.2 Partes de la tarjeta Arduino

La tarjeta de desarrollo Arduino básicamente tiene tres secciones: la primera es la interfaz de comunicación serial que conecta el ordenador y la tarjeta Arduino, esta interfaz es un conector USB controlado por otro AVR (el ATmega16U2) con un protocolo de comunicación JTAG (o algún otro como el STK500). Este protocolo de comunicación es un código que ha sido programado por la empresa Arduino. Si quisiéramos clonar la tarjeta Arduino, necesitaríamos, para empezar, el protocolo JTAG, que puede ser descargado de la página de Atmel para ser programado en el ATmega16U2, o en su defecto editar nuestro propio código de protocolo de comunicación serial, que convierte el formato de la comunicación USB con el protocolo serial del AVR.

El problema del ATmega16U2 es que es un CI de montaje superficial, entonces se necesitaría un programador que tenga una base especial para poder programar el ATmega16U2 por medio del programa AVR Studio; por ello, en su defecto para hacer la tarjeta Arduino DIY será necesario usar una interfaz serial RS-232 (diagrama eléctrico presentado en el capítulo 33 "Comunicación entre un AVR y un ordenador") con un convertidor a USB (para la conexión al ordenador).

Segunda etapa: la fuente de alimentación a +5 V, voltaje que puede ser escogido de un transformador de un móvil y pasar el voltaje a un regulador LM7805. También puede ser usada una fuente de alimentación lineal, pero preferentemente hay que utilizar una fuente conmutada (se puede usar el cargador de un portátil que ya no usemos y necesitaríamos igualmente un regulador de voltaje a +5 V).

Tercera etapa: el AVR de la placa con sus terminales externas presentadas en la tarjeta a través de los diferentes pines (que son las entradas y salidas de las terminales digitales y analógicas del AVR). EL AVR de la comunicación serial opera con un cristal de cuarzo de 16 MHz, al igual que el cristal del ATmega168. A continuación se muestran las terminales del AVR (ATmega328p) original y la nomenclatura designada por Arduino para los bornes de salida/entrada de la tarjeta (figuras 47.4 y 47.5)[5]:

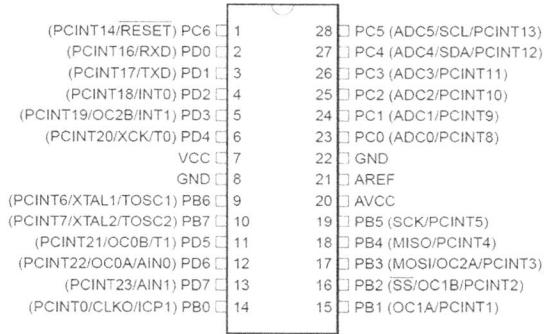

Figura 47.4 Pinout del ATmega328p

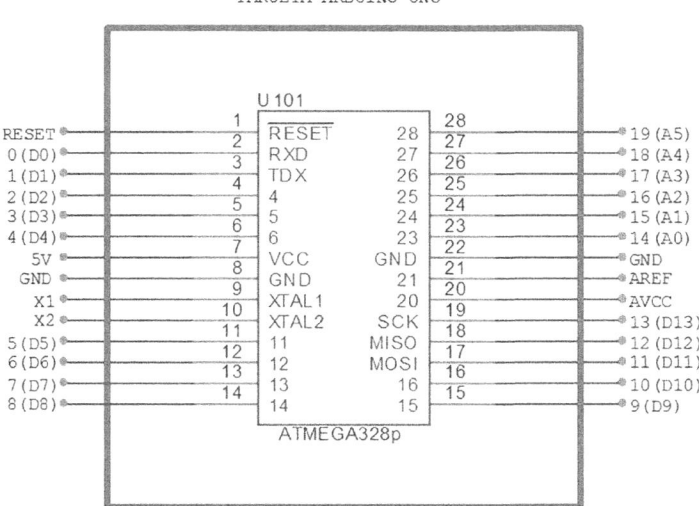

Figura 47.5 Relación del Pinout del ATmega328p con la tarjeta Arduino UNO[6]

---

[5] Figuras tomadas del manual AVR ATmega328p.
[6] Diagrama tomado de la página https://www.arduino.cc/en/uploads/Main/Arduino_Uno_Rev3-schematic.pdf.

Este es el diagrama eléctrico de la tarjeta Arduino UNO donde se aprecian con detalle todos los componentes de la placa y las etapas previamente descritas líneas arriba (figura 47.6).

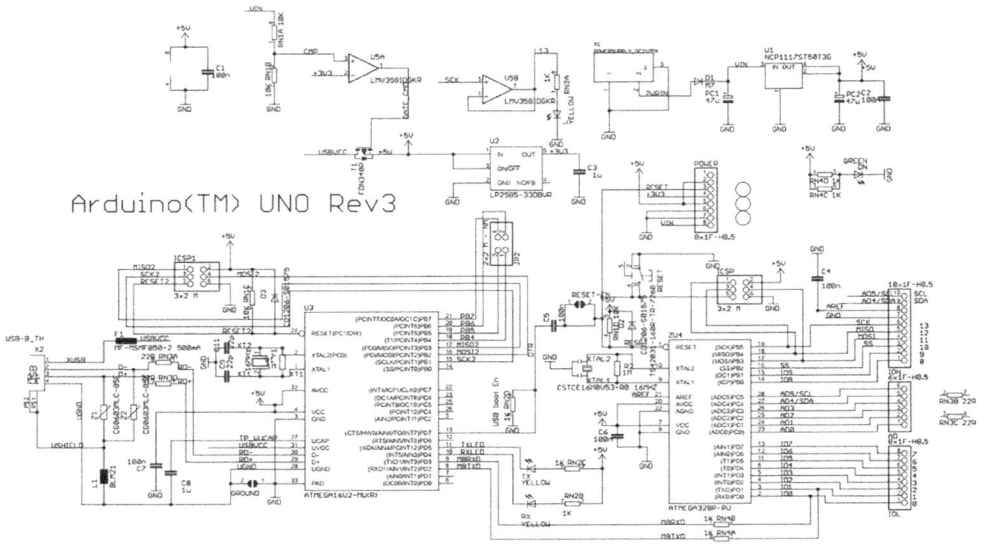

Arduino(TM) UNO Rev3

Figura 47.6 Diagrama eléctrico de la tarjeta Arduino UNO

✓ 47.3 Montando nuestra tarjeta tipo Arduino

Primeramente vamos a desglosar las opciones más comunes para desarrollar nuestra propia tarjeta tipo Arduino (información que puede encontrar en internet), y al final explicaremos nuestra forma de diseñar esta tarjeta.

Opción A: usando el Arduino UNO como programador serial Tx/Rx:

1. En internet podemos comprar en la página de www.ebay.com o en la página de www.mercadolibre.com.mx el CI ATmega168 (o el ATmega328p) con el Bootloader precargado, al quesolo necesitamos colocar en un protoboard.

2. Comprar un cristal de 16 MHz (pruebe con cristal de 8MHz) para el AVR nuevo y dos condensadores cerámicos de 22 pF.

3. Necesitamos el protoboard para montar el AVR ATmega328p (pico-power) y montar el circuito del diagrama 47.1. Recuerde usar una fuente

Nota:

Estimado lector, antes de comprar una tarjeta Arduino, primero lea las opciones que le mostraremos a continuación y seleccione la que más le convenga.

externa para alimentar al AVR en el protoboard. La tarjeta Arduino se conectará al ordenador.

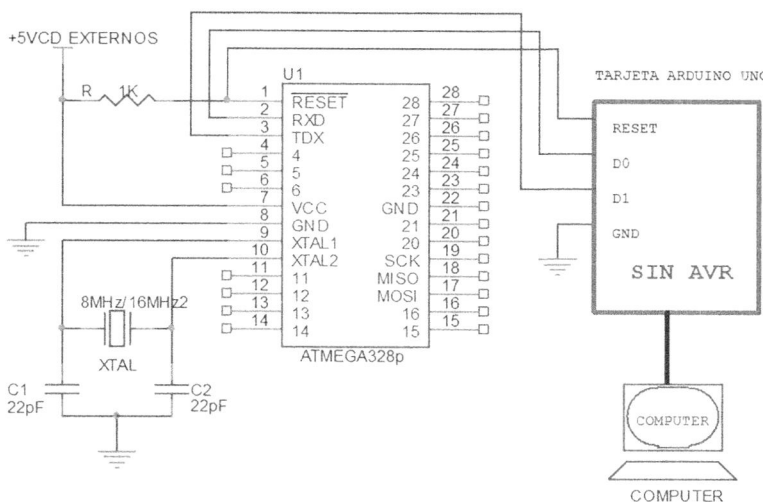

Diagrama 47.1 Conexión para programar por serial

4. La tarjeta Arduino será usada como programador serial (usando las terminales Tx/ Rx, que corresponden a las terminales de la tarjeta D0 y D1, y en el AVR nuevo las terminales 2 y 3, respectivamente). También conectar la tierra (terminal de GND) de la tarjeta Arduino a la tierra del proto (si existiese algún error en la programación, cambie de terminal de GND en la tarjeta Arduino).

5. Remover el AVR de la tarjeta Arduino.

6. Descargar e instalar el software libre de programación de la página de Arduino https://www.arduino.cc/en/Main/Software

7. Conectar la tarjeta Arduino (sin el AVR) a una entrada USB del ordenador. La configuración serial establecerla en 9600 Bauds, 8 bits de datos, paridad: ninguna, bits de parada = 1, control de flujo: ninguno.

8. Abrir el programa de Arduino IDE y seleccionar el tipo de Arduino según el Bootloader precargado (en nuestro caso será el Arduino UNO) en: Menú>Herramientas>Placa>Arduino Uno.

9. Seleccionar el puerto de comunicación donde se encuentra conectada la tarjeta Arduino en: Menú>Herramientas>Puerto>COMx (Arduino Uno).

10. Seleccionar el tipo de programador que vamos a usar, que en este caso es el "ArduinoISP" en: Menú>Herramientas>Programador> ArduinoISP.

11. Abrir el programa más básico para probar nuestro nuevo AVR clon. Usemos el programa de Blink en: Abrir>01.Basics>Blink. En este momento, la pantalla del IDE debe mostrar un código.

12. Pulsar la tecla del IDE "Subir" (es una flecha ). Se debe observar la leyenda "compilando programa>>>>>>>subiendo>>>>>>>subido".

13. ¡Listo! Nuestro LED conectado en el pin PB5 del AVR del protoboard (que sería el pin D13 de la tarjeta Arduino Uno) deberá parpadear a intervalos de 1 segundo (si usamos el cristal de 16 MHz) o a intervalos de 2 segundos si usamos el cristal de 8 MHz.

Nota:

Cuando queramos borrar el programa en el AVR de destino, basta con seleccionar ▣ en el IDE para abrir un Sketch nuevo, y volver a pulsar la tecla "subir". Esto hará que se borre el programa anterior en el AVR de destino.

Opción B: usando el Arduino UNO como programador SPI (MISO/MOSI/SCK/RESET):

1. Comprar el ATmega168 (o el ATmega328p) sin el Bootloader precargado. Se pueden configurar manualmente los fusibles `BOOTSZ` (`Boot Flash size=256 words start address=$3F00`), activar `BOOTRST` y `SUT_CKSEL` (`Ext. Crystal Osc. 8.0- MHz; Start-up time PWRDWN/RESET: 16K CK/14`) en el nuevo AVR con nuestro programador de catarina AVRISP. Sin embargo, la misma tarjeta Arduino configurará estos fusibles en el nuevo AVR de forma automática.

2. Comprar un cristal de 16 MHz (no usar un cristal de 8 MHz) para el AVR nuevo y dos condensadores cerámicos de 22 pF.

3. Conectar las terminarles MISO/MOSI/SCK/RESET/GND de la tarjeta Arduino al AVR nuevo en el protoboard (conectar como aparece en el diagrama 47.2).

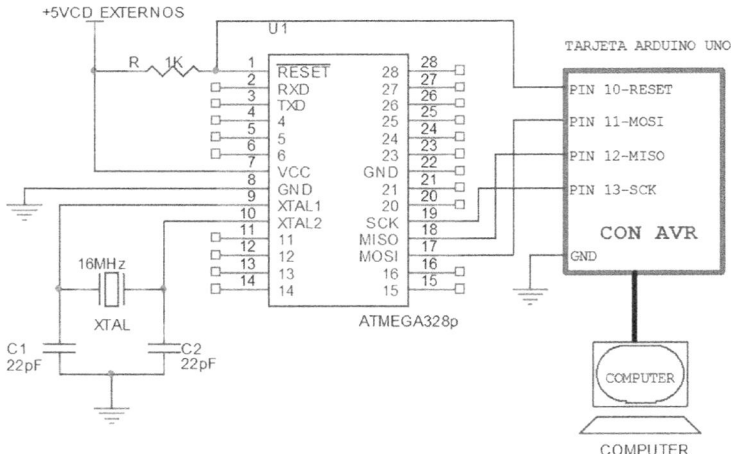

Diagrama 47.2 Conexión para programar por ISP

4. Conectar la tarjeta Arduino (con el AVR original) a una entrada USB del ordenador. La configuración serial establecerla en 9600 Bauds, 8 bits de datos, paridad: ninguna, bits de parada = 1, control de flujo: ninguno.

5. Ejecutar el programa de Arduino y abrir el código del Bootloader en: Abrir  >ArduinoISP.
6. Seleccionar nuestra tarjeta Arduino (en nuestro caso será el Arduino UNO) en: Menú>Herramientas>Placa>Arduino Uno.
7. Seleccionar el puerto de comunicación donde se encuentra conectada la tarjeta Arduino en: Menú>Herramientas>Puerto>COMx (Arduino Uno).
8. Seleccionar el tipo de programador que vamos a usar, que en este caso es el "Arduino as ISP" en: Menú>Herramientas>Programador> Arduino as ISP.
9. Pulsar "subir" . Se debe observar la leyenda "compilando programa>>>>>>subiendo>>>>>>>subido".
10. Pulsar Herramientas>Quemador de Bootloader. Se debe observar la leyenda "Quemando bootloader a la placa I/O (esto debería tardar un minuto)…". Al terminar el proceso aparece la leyenda "Quemado de bootloader completado".
11. ¡Listo! Nuestro AVR en el protoboard ya es un clon del AVR original.

Opción C: usando un convertidor USB-serial como interfaz para programar:

1. Comprar el ATmega168 (o el ATmega328p) con el Bootloader precargado.
2. Comprar un cristal de 16 MHz (la opción de un cristal de 8 MHz no es muy buena) para el AVR nuevo y dos condensadores cerámicos de 22 pF.
3. Necesitamos del protoboard para montar el AVR ATmega328p (pico-power) y montar el circuito del diagrama 47.3. Usar una fuente externa para alimentar el AVR en el protoboard. **No usaremos la tarjeta Arduino.**
4. Para esta opción, la configuración serial del convertidor serial establecerla en 9600 Bauds, 8 bits de datos, paridad: ninguna, bits de parada = 1, control de flujo: ninguno.

Nota:

No olvide cambiar la resistencia de Reset del AVR a 10 kΩ.

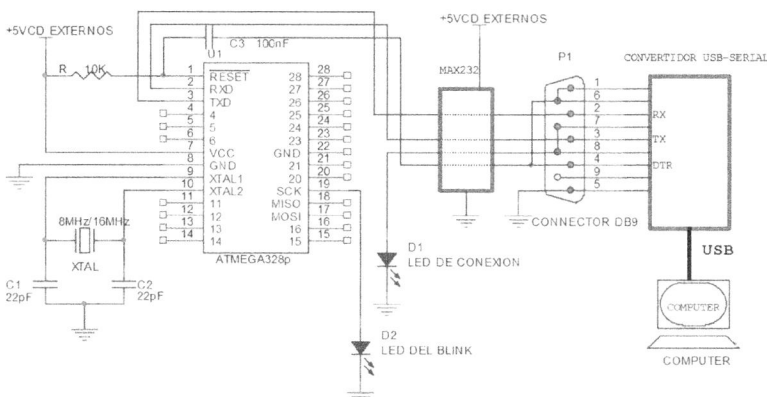

Diagrama 47.3 Conexión para programar por convertidor serial

5. Usar un comunicador serial con USB (convertidor) que contenga las terminales seriales Rx/Tx y una terminal de control "Data Terminal Ready –DTR" (terminal 4 del conector DB-9. Esta será conectada a la terminal de Reset del AVR nuevo a través del convertidor). Necesitamos conectar la terminal 2-Rx del convertidor a la terminal 3-TXD del AVR, y la terminal 3-Tx del convertidor a la terminal 2-RXD del AVR. La figura 47.7 muestra el Pinout de salida del convertidor (conector DB-9):

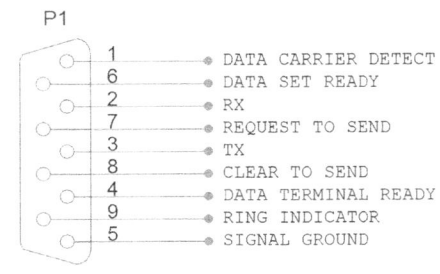

CONNECTOR DB9

Figura 47.7 Pinout del convertidor USB-serial

6. Descargar e instalar el software de Arduino.
7. Abrir el programa de Arduino IDE y seleccionar el tipo de Arduino según el Bootloader precargado (en nuestro caso será el Arduino UNO) en: Menú>Herramientas>Placa>Arduino Uno.
8. Seleccionar el puerto de comunicación donde se encuentra conectado nuestro convertidor USB-serial en: Menú>Herramientas>Puerto>COMx (FT232/RS-232).
9. Seleccionar el tipo de programador que vamos a usar, que en este caso es el "ArduinoISP" en: Menú>Herramientas>Programador> ArduinoISP.
10. Abrir el programa de Blink en: abrir ⬛>01.Basics>Blink. En este momento, la pantalla del IDE debe mostrar el código.
11. Pulsar "subir" ⬛. Se debe observar la leyenda "compilando programa>>>>>>subiendo>>>>>>>subido". Si un error llegará a ocurrir, desconectar y reconectar el cable USB del ordenador y reiniciar el IDE.
12. ¡Listo! Nuestro LED en el protoboard deberá parpadear.

Opción D: cargando manualmente el Bootloader en nuestro nuevo AVR:

Aparentemente esta opción debía ser la primera de la lista, pero la colocamos al final, ya que quisimos primeramente mostrar las opciones más comunes que existen en internet y terminar con esta propuesta "manual" con lo que hemos aprendido en este libro.

Por fortuna, el AVR de la tarjeta Arduino UNO (el Atmega328p) puede ser leído en un protoboard usando nuestro programador de catarina (el AVRISP), para ello se monta el siguiente circuito (diagrama 47.4).

La idea es presentarle, estimado lector, el Bootloader original que se encuentra residente en el AVR de la tarjeta Arduino (para mostrar el Bootloader original se extrajo el AVR de la tarjeta original Arduino UNO y se colocó en el protoboard). Si no se cuenta con un cristal de cuarzo de 16 MHz puede usar uno de 8 MHz con dos condensadores de 22 pF cada uno (use un voltaje de fuente externa a +5 VCD). Revise la ayuda del programa AVR Studio para visualizar las conexiones del conector de 6 pines (Target interface) del programador AVRISP mkII.

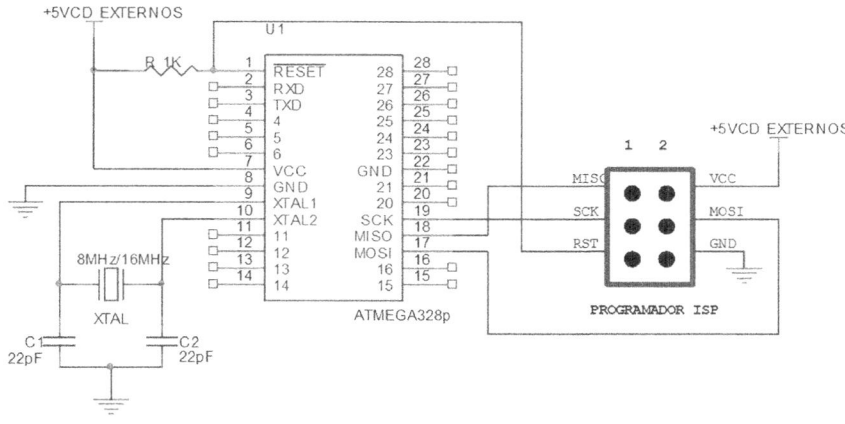

Diagrama 47.4 Conexiones para leer el AVR de la tarjeta original Arduino

Después de seleccionar en la ventana de programación del AVR Studio al ATmega328p, y leerlo, observaremos la configuración de los fusibles, donde se encontrará activado el fusible BOOTRST, el tamaño del BOOTSZ (que es de 256 palabras) y el SUT_CKSEL (que se encuentra configurado para Ext. Crystal Osc. 8.0- MHz; Start-up time PWRD-WN/RESET: 16K CK/14...) (figura 47.8). **Esta misma configuración la programaremos manualmente en nuestro nuevo AVR Atmega328p.**

Figura 47.8 Lectura de los fusibles del ATmega328p residente en la tarjeta Arduino UNO

Ahora, pasaremos a leer el contenido de la Flash (en la pestaña de Program>Read). El nuevo archivo leído lo guardaremos con cualquier nombre con extensión `.HEX`; esto es lo que leemos en la última parte de la memoria Flash:

```
:107DB000FFFFFFFFFFFFFFFFFFFFFFFFFFFFFFFFD3
:107DC000FFFFFFFFFFFFFFFFFFFFFFFFFFFFFFFFC3
:107DD000FFFFFFFFFFFFFFFFFFFFFFFFFFFFFFFFB3
:107DE000FFFFFFFFFFFFFFFFFFFFFFFFFFFFFFFFA3
:107DF000FFFFFFFFFFFFFFFFFFFFFFFFFFFFFFFF93
:107E0000112484B714BE81FFF0D085E080938100F7
:107E100082E08093C00088E18093C10086E0809377
:107E2000C20080E18093C4008EE0C9D0259A86E02C
:107E300020E33CEF91E0309385002093840096BBD3
:107E4000B09BFECF1D9AA8958150A9F7CC24DD24C4
:107E500088248394B5E0AB2EA1E19A2EF3E0BF2EE7
:107E6000A2D0813461F49FD0082FAFD0023811F036
:107E7000013811F484E001C083E08DD089C08234E0
:107E800011F484E103C0853419F485E0A6D080C0E4
:107E9000853579F488D0E82EFF2485D0082F10E0AE
:107EA000102F00270E291F29000F111F8ED06801E7
:107EB0006FC0863521F484E090D080E0DECF843638
:107EC0009F040C070D06FD0082F6DD080E0C81688
:107ED00080E7D80618F4F601B7BEE895C0E0D1E017
:107EE00062D089930C17E1F7F0E0CF16F0E7DF06D8
:107EF00018F0F601B7BEE89568D007B600FCFDCFD4
:107F0000A601A0E0B1E02C9130E011968C91119780
:107F100090E0982F8827822B932B1296FA010C0160
:107F200087BEE89511244E5F5F4FF1E0A038BF0790
:107F300051F7F601A7BEE89507B600FCFDCF97BE46
:107F4000E89526C08437B1F42ED02DD0F82E2BD052
:107F50003CD0F601EF2C8F010F5F1F4F84911BD097
:107F6000EA94F801C1F70894C11CD11CFA94CF0C13
:107F7000D11C0EC0853739F428D08EE10CD085E9AC
:107F80000AD08FE07ACF813511F488E018D01DD067
:107F900080E101D065CF982F8091C00085FFFCCF94
:107FA0009093C60008958091C00087FFFCCF809118
:107FB000C00084FD01C0A8958091C6000895E0E648
:107FC000F0E098E1908380830895EDDF803219F02E
:107FD00088E0F5DFFFCF84E1DECF1F93182FE3DFCA
:107FE0001150E9F7F2DF1F91089580E0E8DFEE27F6
:107FF000FF270994FFFFFFFFFFFFFFFFFFFF0404C0
:00000001FF
```

En "negritas" está el Bootloader original del Atmega328p de Arduino. Es el que debe copiar en un archivo de **Bloc de Notas** y salvarlo con extensión **.HEX**

A este nuevo archivo pongámosle "`Bootloader_prueba.hex`", el cual vamos a cargar al AVR virgen con nuestro programa AVR Studio y nuestro programador de catarina.

¡Listo! Este nuevo AVR ya configurado y precargado con nuestro Bootloader (que fue el leído desde Arduino) ya funciona como el original AVR de la tarjeta Arduino UNO (coloque este nuevo AVR en la tarjeta Arduino y descargue el programa más sencillo, que es el de Blink, y verá que se comporta exactamente igual que el AVR original).

Palabras finales

Este libro es la recopilación de varias prácticas de laboratorio y de varios proyectos para la industria, que hemos ido elaborando durante años, para compartir la experiencia en el uso de este gran microcontrolador: AVR. Esperamos que este trabajo haya cumplido su propósito, que es enseñar a programar AVR paso a paso. Somos conscientes de que este libro podría ser aún más profundo; si desea compartir alguna aplicación interesante con el uso del AVR, por favor, envíe sus comentarios al email programacion_avr@outlook.com. Estamos trabajando en otros proyectos importantes usando AVR, por lo tanto, está planeado hacer un segundo libro.

Tratamos de ser cuidadosos en la explicación de cada página para que se entendiera el concepto, el truco y los secretos para la elaboración de los proyectos de este trabajo usando AVR. Pedimos disculpas si se llega a encontrar algún error de ortografía o algún error en una línea de código, fuimos muy concienzudos al revisar una y otra vez los códigos de cada proyecto, pero es un trabajo titánico elaborar un libro, y en todo el proceso quizá se haya cometido algún error. De antemano agradecemos por haber adquirido este libro, que suma el esfuerzo de muchas horas de trabajo y de años de experiencia docente y laboral, así como el trabajo de otros fanáticos del AVR, como la empresa Arduino, todos los desarrolladores que mencionamos en la sección de agradecimientos, el apoyo de compañías como OrCAD y Atmel, así como todo el esfuerzo del personal de Marcombo y Alfaomega Grupo Editor S.A. de C.V.

Gracias

Índice analítico

A nuestras familias, amigos y mentores, que han sido nuestros pilares en este viaje.

A nuestros estudiantes y colegas, por compartirnos una parte de su vida, lo que ha profundizado nuestra pasión por la educación y la investigación. Que las páginas siguientes no solo sirvan como una guía para adquirir conocimientos, sino también como una invitación a imaginar y crear.

A todos ustedes, nuestro más sincero agradecimiento y la esperanza de que este trabajo inspire tanto como nosotros hemos sido inspirados en su creación.

Antes de comenzar a leer este libro

En este libro se utiliza la tipografía `Courier` en los casos en los que se hace referencia a código o acciones por realizar en el ordenador, ya sea en un ejemplo o cuando se refiere a alguna función mencionada en el texto. También se usa para indicar menús de programas, teclas, URL, grupos de noticias o direcciones de correos electrónicos.

Los términos y definiciones que se utilizan mayormente en lengua inglesa se mantienen en este libro en dicho idioma y en cursiva.

El código fuente de los ejemplos, así como todos los recursos didácticos y de programación que se utilizan en este libro, podrán descargarse a medida que se avanza en la lectura.

Estos recursos están disponibles en www.marcombo.info con el código **ALGORITMOS24**.

Contenido

Prólogo

En una época donde la eficiencia y la optimización se han convertido en el mantra de la ingeniería y la administración es vital tener a nuestra disposición las herramientas y técnicas de optimización adecuadas. El creciente auge de la tecnología y el análisis de datos ha puesto de manifiesto el valor incuestionable de los algoritmos de optimización. Estos algoritmos nos permiten encontrar las mejores soluciones posibles en una variedad de contextos, desde la planificación de recursos en la ingeniería hasta la toma de decisiones estratégicas en la administración.

Aprender optimización numérica puede ser un reto, ya que es necesario tener conocimientos de matemáticas y programación informática. Además, la cantidad de información que se ha generado recientemente y el uso de términos especializados puede resultar abrumadora, sobre todo para las personas que no cuentan con un profesor experto que los guíe en este tema.

Este libro aborda el siguiente desafío: *introducir al lector, con una lectura ligera y amena, al mundo de la optimización numérica y brindar simultáneamente las herramientas de matemáticas y programación, de una forma secuencial que no requiera conocimientos previos especializados ni la ayuda de un instructor experto.*

La lectura ligera diferencia a este libro de otros libros especializados en optimización numérica, en los que la densidad del contenido teórico, matemático y de programación hace que comprender unas cuantas páginas nos lleve una buena cantidad de tiempo. Esto supondrá una diferencia considerable para lectores que se inician por primera vez en el tema y que no disponen de un tutor experto que pueda guiarles. Las ecuaciones y temas matemáticos se introducen de forma gradual para una mejor comprensión. El principal reto es que el lector no necesite realizar cursos por separado o leer previamente libros de matemáticas, optimización y programación para iniciarse en el mundo de la optimización y que, una vez ahí, a partir de los conocimientos provistos por este libro, pueda decidirse por rutas de mayor especialización.

Una característica distintiva de este libro es su amplio uso de implementaciones de MATLAB, que sirve como herramienta práctica para reducir la distancia entre la teoría y la aplicación en el mundo real. El libro está estructurado teniendo en cuenta que el aprendizaje se acelera cuando los conceptos teóricos se complementan con ejemplos prácticos de resolución de problemas basados en programación. Este enfoque es particularmente beneficioso para los estudiantes que puedan tener una formación más débil en matemáticas, ya que demuestra el sentido práctico y la eficacia de la optimización de una manera más accesible. La inclusión de ejemplos de código ya preparados no solo hace que la materia resulte más atractiva para los estudiantes, sino que también los anima a experimentar, modificar y mejorar el código con sus propias ideas. Este método de aprendizaje está diseñado para que resulte menos desalentador y más estimulante, sobre todo para aquellos que podrían sentirse abrumados ante la perspectiva de desarrollar programas complejos desde cero. El enfoque del libro pretende desmitificar las complejidades de la optimización en ingeniería industrial, haciéndola más accesible e interesante tanto para estudiantes como para profesionales.

Si eres un estudiante que se aproxima por primera vez a la optimización numérica, encontrarás este libro de gran ayuda para tus estudios, proporcionándote una comprensión sólida de los algoritmos de optimización y de cómo se utilizan en la práctica. Si eres un profesional no especializado en la optimización pero con la necesidad de adentrarse en este campo, este libro te servirá como un excelente punto de partida.

El camino hacia la eficiencia y la optimización puede ser complicado, pero con las herramientas y técnicas adecuadas, se vuelve mucho más manejable. Esperamos que este libro sea un compañero útil en ese viaje.

Avelina Alejo-Reyes,
Erik Cuevas,
Paulina González-Ayala,
Julio César Rosas-Caro.

CAPÍTULO 1

INTRODUCCIÓN
A LA OPTIMIZACIÓN

1.1 Definición y conceptos fundamentales

La optimización es un acto natural para el ser humano, tan natural que lo hacemos todo el tiempo, a veces sin percatarnos de ello. Siguiendo a [1.1] y [1.2], podemos definir la optimización de la siguiente manera: "Optimizar es tomar las decisiones para obtener el mejor resultado posible con los recursos y restricciones que tenemos".

Las personas adquieren viviendas, ordenadores, coches, ropa, comida, una profesión, una pareja, una ciudad de residencia. En todas las elecciones las personas preferimos las mejores opciones a las peores, sin embargo, solemos ser conscientes de nuestras limitaciones y de nuestras restricciones y, debido a ello, no siempre optamos por las mejores opciones en todo, sino por las que consideramos las mejores considerando nuestras prioridades, nuestros recursos y nuestras restricciones. Todos coincidimos en que una casa grande bonita y bien ubicada es la mejor opción, pero, a veces, debido a nuestras restricciones, sacrificamos el tamaño por una buena ubicación, o viceversa. No escogemos las mejores opciones, escogemos las opciones *óptimas*, que desde cierto punto de vista sí son las mejores, considerando las opciones, prioridades y restricciones. A esta tarea que llevamos a cabo la denominamos **optimización**.

Las limitaciones y restricciones mejor entendidas son las relacionadas con la economía; las entendemos bien porque las vivimos todo el tiempo, por eso es por lo que este libro abordará en su mayoría ejemplos de la economía simple (sin abordar temas financieros complejos).

Optimizar también se puede traducir, en cierta forma, como decidir qué coste estamos dispuestos a pagar, o qué sacrificios estamos dispuestos a hacer, con tal de obtener los beneficios correspondientes. En los problemas físicos o en los matemáticos sucede algo similar, suele haber un coste para cada resultado, una variable que se puede explicar como el coste de otra. El coste no es necesariamente algo malo, simplemente es lo que necesitamos invertir para obtener el resultado esperado.

Pongamos un ejemplo. En la industria automotriz los diseñadores de coches ofrecen, entre otros, distintas opciones de coches deportivos, con una considerable capacidad de aceleración. Estos suelen contar con un motor de gran potencia y suelen ser coches pequeños con un peso considerablemente menor al de los coches familiares. Podríamos decir que, si queremos maximizar la aceleración, necesitamos maximizar la potencia del motor y minimizar el peso del vehículo. Por eso, los coches deportivos suelen ser pequeños, pero tienen un motor muy potente. Por otra parte, los conductores de coches deportivos no esperan que su vehículo tenga un bajo consumo de combustible, o que el mantenimiento sea económico. Los coches de bajo consumo también suelen ser pequeños, pero por lo general su motor es de poca potencia. Por su parte, los coches familiares suelen tener un tamaño considerablemente grande y un motor potente. Sin embargo, el motor, en relación con el peso del vehículo, no suele estar diseñado para ofrecer una alta aceleración, sino para guardar un equilibrio entre aceleración y consumo de combustible mientras se cumple con la posibilidad de llevar a muchos pasajeros, en ocasiones hasta tres filas de asientos. Por último, los camiones también suelen contar con muchos caballos de potencia, pero, debido a su tamaño, en la práctica acaban siendo los vehículos con menor aceleración.

Podemos identificar en los diseñadores de coches señales claras de toma de decisiones basadas en directrices, recursos y restricciones.

¿Sería posible diseñar un camión o un tráiler con alta aceleración? Sí, es posible fabricar un motor muy grande. Probablemente no lo hacen porque los fabricantes calculan que el coste sería muy alto, y que no tendría un alto volumen de ventas, que sus compradores preferirían el tipo de camiones que se venden actualmente. Podríamos repasar muchos ejemplos y detectar la optimización detrás de casi cualquier actividad humana.

La optimización no solo está en los fabricantes de coches, también en las personas o en los consumidores. Hay personas que prefieren no invertir demasiados recursos en un coche para tener esos recursos disponibles o para destinarlos a otros gastos que consideran más importantes, y en esos gastos es donde dichas personas tratan de optimizar sus recursos.

Las situaciones físicas se pueden representar en términos matemáticos, a lo que comúnmente llamamos **modelar** [1.3], y una vez que se encuentran modeladas matemáticamente es posible optimizarlas utilizando las técnicas que describiremos en este libro. En términos matemáticos optimizar implica encontrar los valores mínimos o máximos de una función objetivo bajo ciertas restricciones matemáticas (si las hay). La función objetivo es una variable que depende de otras variables de entrada. El objetivo de los algoritmos de optimización no es solo encontrar el mínimo o máximo de la función objetivo, sino los valores de las variables independientes que dan como resultado dicho valor mínimo o máximo [1.4].

Retomando la definición que enunciamos sobre la optimización: "tomar las decisiones para obtener el mejor resultado posible con los recursos y restricciones que tenemos"; el obtener los mejores resultados puede referirse a muchas cosas, por ejemplo, maximizar las ganancias en un proyecto o minimizar el coste de un producto.

Tal como se ha mencionado, la optimización se utiliza en un amplio espectro de aplicaciones, no solo en las relacionadas con la economía, pero las opciones relacionadas con la economía tienen un atractivo didáctico sobresaliente, por lo que serán utilizadas para diversas explicaciones en este libro.

La función objetivo es una representación matemática de la variable (por ejemplo, el coste) que se desea optimizar [1.5]. En un problema de optimización se busca encontrar el valor mínimo o máximo de esta función. Las restricciones, por otro lado, son las limitaciones o condiciones bajo las cuales se debe resolver el problema.

Los problemas de optimización pueden ser lineales o no lineales [1.6], dependiendo de si la función objetivo y las restricciones son representadas por una ecuación lineal o no. Su función objetivo puede tener forma convexa o no convexa. También pueden ser de variable única o de múltiples variables, dependiendo de la cantidad de variables de decisión involucradas. Estos términos, que pueden sonar extraños en este momento, serán abordados en los siguientes capítulos, pero comenzaremos con ejemplos simples que nos ayuden a desenvolvernos es estos temas poco a poco antes de incrementar gradualmente la dificultad de los mismos.

1.2 El problema EOQ, "el problema de Juan"

Comenzaremos analizando lo que vamos a denominar "el problema de Juan". Juan vive en una comunidad remota y es el distribuidor local de agua purificada, la cual vende en envases de 5 litros. Juan compra estos envases a 1 euro cada uno, pero para ir a comprarlos debe ir al pueblo más cercano, lo cual le cuesta 10 euros, teniendo en cuenta los gastos en combustible y el mantenimiento de su vehículo. Asimismo, su coche puede transportar un máximo de 200 envases.

Juan vende 5 envases de agua por día. Los guarda en el almacén local de la comunidad, en donde ha de pagar 5 céntimos en concepto de almacenaje por cada envase y por cada día.

De forma rutinaria, cuando se le acaba el inventario (los envases disponibles para vender), viaja al pueblo de nuevo y compra otros 200 envases de agua (los que le caben en su coche), que le duran unos 40 días. Ese día Juan gasta 210 euros, 200 por los envases y 10 por el viaje.

Juan es una persona curiosa que disfruta de los retos mentales. Además, le gusta tomar decisiones sabias, por lo que a veces Juan se pregunta si su método de trabajo es el mejor o si habría una forma de administrar mejor sus recursos.

Así que vamos a analizar el problema de Juan y a tratar de optimizarlo. Concretamente vamos a tratar de minimizar el coste de mantenimiento de su inventario. Nótese que no mencionamos el precio al que Juan vende sus envases de agua. De hecho, no es necesario saber esto para minimizar el coste de administración de inventario, pero, si el lector lo desea, puede imaginar cierto precio de venta, por ejemplo, 4 euros por envase. Nótese también que hemos definido que venderá 5 envases diarios, esto es, suponer que la demanda es constante, lo cual podemos hacer como primera aproximación. En la vida real es difícil dar con un ejemplo de demanda constante, pero sí que podemos obtener un promedio de ventas por día y utilizar ese parámetro para el modelo matemático. Esta es una práctica común en diversos sectores industriales. Además, existen algoritmos que nos pueden ayudar a predecir variables como esta. En cualquier caso, nos vamos a centrar en los gastos de Juan, que es lo que deseamos minimizar, con los datos que nos son proporcionados.

El primer paso para resolver este problema es modelarlo matemáticamente, esto es, expresar matemáticamente el coste promedio que Juan paga por mantener su inventario.

Cada vez que va al pueblo, Juan compra Q envases de agua (en este momento, Q = 200). Sabe que debe comprar al menos 5 envases de agua o, de otra forma, su viaje no serviría ni siquiera para mantener su inventario un solo día. También sabe que no le conviene comprar pocos envases porque ir al pueblo cuesta dinero. Quizás desee, por simplicidad, comprar múltiplos de 5, para saber cuántos días tendrá cubierto su inventario con números naturales, aunque esto no es matemáticamente necesario. Lo que sí podemos afirmar es que el periodo T_C con el que debe hacer el viaje para comprar Q envases se puede expresar como (1.1).

$$T_C = \frac{Q}{d},$$ (1.1)

en donde d es la demanda de envases por día, que en el ejemplo estudiado es 5 (la cantidad de envases diarios que vende en su pueblo). Así, si compra Q = 5 envases, deberá hacer un viaje cada T_C = 1 día. Si compra Q = 15 envases, deberá hacer un viaje cada T_C = 3 días, y así sucesivamente. Actualmente Juan hace compras de Q = 200 envases, por lo que viaja al pueblo cada 40 días.

T_C es para nosotros el periodo del ciclo de orden. Todas las empresas compran sus productos y planifican las compras de forma cíclica, el periodo puede durar quince días o un mes, incluso habrá empresas cuyo ciclo de orden para algún producto dure varios meses.

Después de saber cada cuánto va al pueblo (cada T_C), podemos asegurar que el coste promedio de transportar sus envases de agua del pueblo a su comunidad se puede expresar como (1.2).

$$\text{Coste de transporte promedio} = \frac{k}{T_C} = \frac{d}{Q}k,$$ (1.2)

en donde k es el coste del viaje al pueblo (k = 10 en el ejemplo actual). El coste de transporte promedio es k = 10 euros por viaje dividido entre 40 días (ya que actualmente T_C = 40). Esto es 25 céntimos en promedio por día. Si hiciera viajes para traer 100 envases de agua en lugar de 200, tendría que ir al pueblo cada 20 días en lugar de cada 40, y el coste promedio sería de 0.50 euros por día. Así que el coste de transporte aumenta cuando disminuye la cantidad (Q) de envases que él compra.

Analicemos ahora el coste de almacenamiento de los envases de agua en el almacén de su localidad. La figura 1.1 de más abajo muestra el comportamiento del inventario. Supongamos que $Q = 25$ y que cada bote con el símbolo "5x" representa 5 envases. El primer día Juan debe pagar Q veces los 5 céntimos de euro por cada uno de los 25 envases. Al segundo día, solo necesita pagar por 20 envases, y así sucesivamente hasta que los envases se acaben. Cada día Juan necesita pagar menos dinero por el almacenamiento, de hecho, el área bajo la curva del nivel de inventario multiplicado por el coste de inventario es el coste de almacenamiento. En un periodo del ciclo de orden, esta área se puede expresar como (1.3).

$$\text{Área bajo la curva} = \frac{T_c Q}{2}. \tag{1.3}$$

Si lo multiplicamos por h (el coste de almacenamiento por cada envase) y lo dividimos entre T_c obtendremos el coste promedio. Este coste promedio de almacenamiento de productos del inventario se puede calcular como (1.4).

$$\text{Coste promedio de almacenamiento} = \frac{Q}{2}h. \tag{1.4}$$

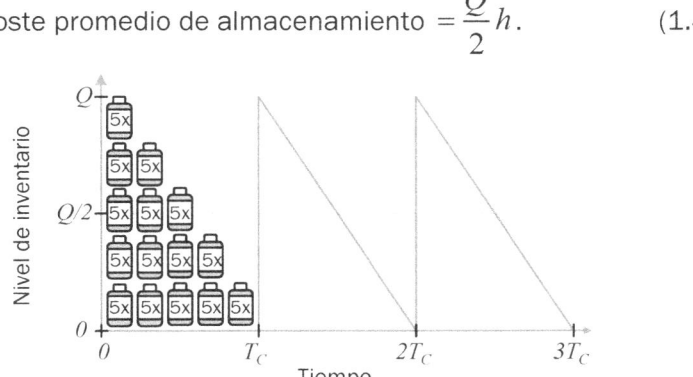

Figura 1.1 Comportamiento del inventario.

De (1.4) es posible observar que el coste promedio de almacenamiento aumenta cuando aumenta la cantidad (Q) de envases que Juan compra.

El coste promedio P de las piezas es fijo (1 euro por envase). Si conocemos la demanda diaria, podemos calcular cuánto gasta Juan en promedio por día en pagar los envases de agua, y podemos calcularlo como (1.5).

$$\text{Coste promedio de los envases} = Pd .\qquad(1.5)$$

El coste de los envases no depende de la cantidad (Q) de envases que él compra cada vez que va al pueblo, solo depende de la demanda, que en nuestro ejemplo es constante.

La ecuación del gasto promedio de Juan se puede obtener sumando los tres tipos de costes descritos en (1.2), (1.4) y (1.5), y se puede expresar como (1.6).

$$f(Q) = \frac{d}{Q}k + \frac{Q}{2}h + dP .\qquad(1.6)$$

Esta es la formula más importante de nuestro problema, la que nos da el resultado que queremos minimizar. La llamaremos *función objetivo f(Q)* y, dado que queremos hacerla lo más pequeña posible, estamos frente a un problema de minimización. La tabla 1.1 muestra un resumen de los parámetros en (1.6).

Tabla 1.1 Parámetros de (1.6)

Demanda	$d = 5$ envases por día
Coste de transporte	$k = 10$ euros por cada viaje al pueblo
Coste de almacenamiento	$h = 0.05$ euros por envase por día
Coste de cada envase	$P = 1$ euro por envase

Actualmente, dado que Juan realiza viajes para comprar 200 envases, podemos evaluar la función objetivo (1.6) cuando $Q = 200$ y con los parámetros de la tabla 1.1. Esto sería (1.7).

$$f(200) = \frac{5}{200}10 + \frac{200}{2}0.05 + 5 \times 1 = 10.25. \qquad (1.7)$$

El resultado es que $f(200) = 10.25$, es decir, Juan gasta 10.25 envases diarios en mantener su inventario. Esto ya considera el coste de transporte, de almacenamiento y el precio de los envases de agua. Juan paga esto porque decidió viajar cada vez que se le acaba el inventario y comprar todos los envases que caben en su coche, así que va cada 40 días a por 200 envases.

Si un día cambiara de opinión sobre su plan y decidiera viajar cada 20 días para comprar 100 envases, el coste promedio de inventario se podría evaluar con la ecuación (1.6), con $Q = 100$ y los parámetros de la tabla 1.1, como (1.8).

$$f(100) = \frac{5}{100}10 + \frac{100}{2}0.05 + 5 \times 1 = 8. \qquad (1.8)$$

El coste $f(100) = 8$. En otras palabras, Juan gastaría menos dinero, 8 en lugar de 10.25 euros diarios. Algunos datos que podríamos comentar es que el coste de transporte aumentó de (1.8) con respecto a (1.7), sin embargo, el coste de almacenamiento disminuyó. La disminución del coste de almacenamiento fue mayor al aumento en el coste de transporte, por lo que la función, en general, dio un resultado menor.

Adelantándonos un poco, la decisión óptima sería comprar 45 envases por viaje y, con esto, su coste de inventario sería de $f(45) = 7.2361$ euros diarios. Esta decisión es el óptimo global de este problema, esto quiere decir que no existe otro valor de Q que otorgue un coste menor, la mejor decisión es $Q = 45$.

Es interesante ver que una decisión que pareciera intrascendente puede mejorar el resultado. Sería más interesante saber cómo hacer esto.

La diferencia entre los costes descritos podría parecer pequeña para algunos lectores cuando hablamos de cantidades pequeñas como en este ejemplo, pero hay empresas cuyo coste de inventario se mide en millones de euros, y un ahorro de un pequeño porcentaje podría significar mucho dinero. Además, en un mundo competitivo, cualquier ventaja cuenta.

Lo más importante es que lo único que tiene que hacer Juan para ahorrar dinero es tomar una decisión: decidir cuántos envases debe comprar cada vez que va al pueblo. Pero ¿cómo podría Juan saberlo? ¿Cómo encontrar el valor óptimo? ¿Se puede hacer con MATLAB? ¿Se puede optimizar todo? O ¿qué cosas sí podemos optimizar? Estas son las preguntas que abordaremos en este libro.

La optimización tiene un papel central en muchos campos, pero es especialmente relevante en la ingeniería y la administración. En la ingeniería, los problemas de optimización surgen con frecuencia en áreas como la planificación y control de procesos, el diseño de sistemas, la distribución de recursos y la toma de decisiones estratégicas. Los ingenieros a menudo necesitan encontrar la solución más eficiente o rentable a un problema, dadas ciertas limitaciones. Esto puede implicar, por ejemplo, minimizar el coste de producción de cierto producto, manteniendo al mismo tiempo un nivel de calidad específico.

En la administración, los problemas de optimización también son muy comunes. Por ejemplo, una empresa puede querer maximizar sus beneficios sujetos a restricciones de presupuesto, o puede querer encontrar la forma más eficiente de asignar a sus empleados a diferentes tareas. La optimización también puede ser útil en la planificación estratégica, ayudando a los administradores a tomar decisiones informadas y eficientes.

En los capítulos subsecuentes exploraremos en detalle diferentes tipos de problemas de optimización y cómo se pueden resolver utilizando algoritmos y técnicas específicas. También veremos cómo estos conceptos se pueden aplicar en la ingeniería y la administración, y cómo se pueden implementar en el lenguaje de programación de MATLAB.

MATLAB es una potente plataforma de cálculo numérico que, además, es un programa de uso común para los estudiantes de ingeniería. Al final de este libro, el lector tendrá un punto de inicio claro en los fundamentos de la optimización y será capaz de aplicar estos conceptos en su propio trabajo.

Por otra parte, el lector podrá implementar los conceptos descritos en este libro en otros paquetes computacionales, tales como Excel o Python.

1.3 Introducción a los métodos de solución. "El gradiente descendiente"

Existen diversos métodos de optimización numérica ([1.7] y [1.8]), algunos de los cuales serán abordados en este libro. Sin embargo, podemos comenzar con uno de los más utilizados y simples: el *método del gradiente*, también llamado *método del gradiente descendiente*.

Para introducir el significado de estos métodos podemos imaginar que estamos en un enorme cerro al que subimos caminando. Sin embargo, llegada la tarde, la cima del cerro se cubre de una densa niebla y no podemos ver a distancia, solo alcanzamos a visibilizar algunos metros delante de nosotros. Queremos bajar el cerro, al menos lo suficiente como para evitar la niebla, así que debemos definir una estrategia; podemos seguir esta simple regla, *ir siempre hacia abajo*, podemos dar un paso en cada dirección, sentir cuál de esos pasos nos lleva cuesta abajo más rápidamente y seguir esa dirección. Esto, en esencia, es el método del gradiente descendiente.

Figura 1.2 Cómo bajar un cerro si ha sido cubierto con una densa niebla.

El ejemplo descrito trata sobre un problema de minimización. Queremos llegar abajo o minimizar la altura a la que estamos. Aunque no conozcamos el camino, intuitivamente sabemos que, si avanzamos siempre hacia abajo, seguramente llegaremos al pie del cerro. La contraparte de minimización sería llegar a la cima, esto sería un problema de maximización y la estrategia análoga sería *avanzar siempre hacia arriba*.

Regresemos a nuestro problema de minimización. El método requiere tener un punto de partida y calcular el "gradiente" o la pendiente en ese punto, que es una dirección en la que la función aumenta más rápidamente. Luego, damos un paso en la dirección opuesta (si estamos tratando de minimizar la función) o en la misma dirección (si estamos tratando de maximizar la función). Repetimos este proceso varias veces, hasta llegar al punto más bajo, que, en el ejemplo del cerro, sería llegar a la base.

A cada paso que damos le llamaremos iteración. En general, los métodos que estudiaremos son iterativos ([1.9] y [1.10]), es decir, por pasos. En cada iteración o paso se sigue el mismo procedimiento que en el anterior, pero se actualiza el valor de las variables. El tamaño de los pasos que damos es importante. Si damos pasos muy pequeños (por ejemplo, de diez centímetros), el método puede ser muy lento. Cuando intentamos minimizar una función en un ordenador nuestros pasos pueden tomar cualquier valor (por ejemplo, dos kilómetros) pero, si damos pasos muy grandes, podríamos llegar a otro cerro, en lugar de llegar a la base del cerro en donde nos encontramos. Este tamaño de paso a menudo se ajusta a lo largo del proceso de optimización para ayudar a equilibrar la velocidad y la precisión.

El método del gradiente [1.2], también llamado del gradiente descendiente, es un algoritmo de optimización que busca encontrar el mínimo de una función. La idea es comenzar en un punto x_0, a partir del cual se calculan los siguientes puntos x_1, posteriormente x_2, y así x_3, ..., x_n, x_{n+1}, etc. El punto inicial puede ser dado, elegido en base a la experiencia o simplemente elegido al azar.

En toda iteración decimos que nos encontramos en el punto x_n, y el siguiente punto se llamará x_{n+1}. Para aplicar el método es conveniente conocer la función objetivo $f(x)$ (por ejemplo, la ecuación (1.6) para el problema de Juan), pero no es imperativo. Lo que sí es necesario es conocer su gradiente $\nabla f(x)$ (el símbolo del gradiente se llama nabla). El gradiente puede llamarse también pendiente o derivada. La expresión gradiente se puede usar para funciones de muchas dimensiones, por lo que puede englobar un significado más amplio. Sin embargo, en nuestra aplicación es simplemente la pendiente ($\nabla f(x)$) o la derivada de una función $f(x)$ con respecto de una variación en x. El método consiste en utilizar dicha pendiente $\nabla f(x)$ para calcular la posición después del siguiente paso, y es posible utilizar un parámetro α (alfa) para multiplicar o escalar la longitud del paso; un α pequeña nos llevará en pasos pequeños, mientras que un α grande dará pasos grandes.

La fórmula básica del método del gradiente es la siguiente:

$$x_{n+1} = x_n - \alpha \times \nabla f(x_n).$$ (1.9)

La figura 1.3 muestra un dibujo con una explicación gráfica de la ecuación (1.9). El cerro se muestra en dos dimensiones, con el eje x como eje horizontal y el eje y como la altura $f(x)$.

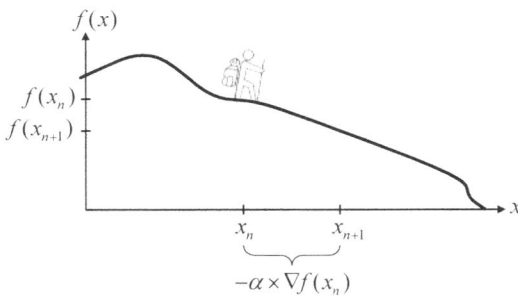

Figura 1.3 Variables de la fórmula (1.9).

Supongamos que estamos en la iteración (o paso) n; a nuestra posición con respecto al eje x se le llama x_n, y a nuestra altura se le llama $f(x_n)$. La altura es la función objetivo en este problema y el objetivo es minimizar la misma.

Para conseguir nuestro objetivo tenemos que avanzar en la dirección positiva del eje x. La fórmula contiene un signo negativo, pero como el gradiente (o derivada) de la función objetivo en este caso es negativo, la fórmula incrementará la variable x, acercándonos cada vez más al objetivo. En otras palabras, el término $\alpha \nabla f(x_n)$ es negativo, por lo que el signo negativo en la fórmula asegura que el siguiente paso de la solución avanzará en la dirección que minimiza $f(x)$ naturalmente. En un problema de maximización habría que cambiar el signo de (1.9) a positivo.

Nótese que el gradiente o derivada $\nabla f(x_n)$ puede ser difícil de obtener para ciertas aplicaciones, por lo que en ocasiones se obtiene de forma numérica en lugar de determinarla matemáticamente. En ocasiones la función objetivo no es derivable, por lo que habría que utilizar otros métodos, que también serán explicados más adelante.

1.3.1 Solución del problema con el método de gradiente descendiente utilizando MATLAB

Utilizaremos un código escrito en el lenguaje de MATLAB para minimizar el coste promedio de mantenimiento de inventario (el problema de Juan), descrito por las siguientes expresiones:

(P)   Min $f(x) = \dfrac{50}{x} + \dfrac{0.05x}{2} + 5$.   (1.10)

           s.t. $0 < x \leq 200$.   (1.11)

Note que (1.10) es la misma función expresada en (1.6), pero sustituyendo la Q por una x, y sustituyendo además los valores de los parámetros ($d = 5$, $h = 0.05$, $k = 10$).

Esta es una forma estándar de describir un problema de optimización. Se especifica que es un problema de minimización con la palabra Min, se especifica la función objetivo (1.10) y debajo de esta se especifican las restricciones (si las hay). En este caso especificamos que el pedido de envases (x) debe ser positivo (mayor a cero), no podemos comprar una cantidad negativa de envases, y que el máximo valor es 200, ya que el vehículo de Juan tiene una capacidad máxima de 200 envases.

Una observación importante es que en los siguientes problemas no especificaremos que x debe ser un número natural (un entero), sin embargo, podemos resolverlo considerando la continuidad de (1.10), y al final considerar que la solución será el entero más cercano al resultado obtenido por el código.

El siguiente código de MATLAB resuelve el problema de Juan mediante el método del gradiente descendiente. El código se presenta y se explicará en su forma más simple, para a continuación modificarlo y mejorarlo.

```
% Código 1.1 - Problema 1.0, gradiente descendiente
clear; clc; close;    % reset

f = @(x) 50./x + 0.05*x./2 + 5 ;    % Función
grad_f = @(x) -50/x^2 + 0.025 ;     % Gradiente

% Parámetros del optimizador
max_iter = 200 ;    % número máximo de iteraciones
q = 20 ;            % punto inicial
alpha = 100 ;       % tasa de aprendizaje

for i = 1:max_iter    % iteraciones
    q = q - alpha * grad_f(q) ;
end

Solucion = q
```

Para ejecutar el código 1.1 es necesario abrir MATLAB y abrir un nuevo archivo .m o script. Esto se puede hacer dando clic como se muestra en la figura 1.4 u oprimiendo Ctrl+N.

Aparecerá un nuevo archivo sin nombre (Untitled). En el editor podemos copiar el código 1.1 y pegarlo en esta ventana. Al guardar el archivo se recomienda generar una nueva carpeta en el disco duro con un nombre que no contenga espacios ni puntos, en lugar de esos caracteres podemos agregar guiones bajos, por ejemplo, el nombre de la carpeta "C:\Curso_optimizacion_1" no nos causará problema, pero si la nombramos como "C:\Curso optimizacion 1", los espacios en blanco podrían causar conflicto al abrir, cerrar o ejecutar el script (los acentos han sido omitidos en los nombres de archivo).

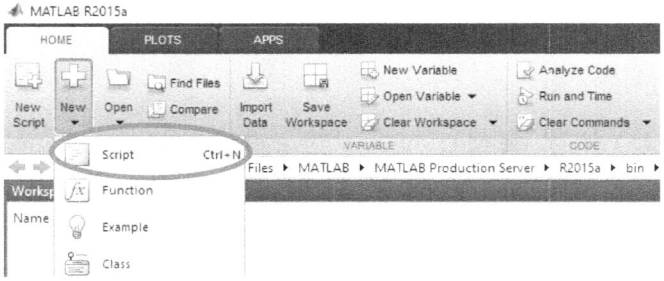

Figura 1.4 Abriendo un nuevo script en MATLAB.

Por otra parte, el nombre del archivo .m o script puede ser "codigo_1_1.m" (la extensión .m se agrega por defecto), el cual no nos causará problema, pero si lo guardamos como "codigo_1.1.m", el punto entre los unos podría causar errores.

Si todo sale bien, la ventana debe verse como la figura 1.5, y podemos ejecutar el código con el botón "Run" u oprimiendo la tecla F5.

Debido a que guardamos el archivo en una carpeta diferente a la carpeta por defecto de MATLAB, es posible que aparezca un mensaje como el de la figura 1.6. En tal caso, se recomienda dar clic en la opción "Add to path". Este mensaje aparecerá una vez por sesión, la primera vez que ejecutemos un código o script.

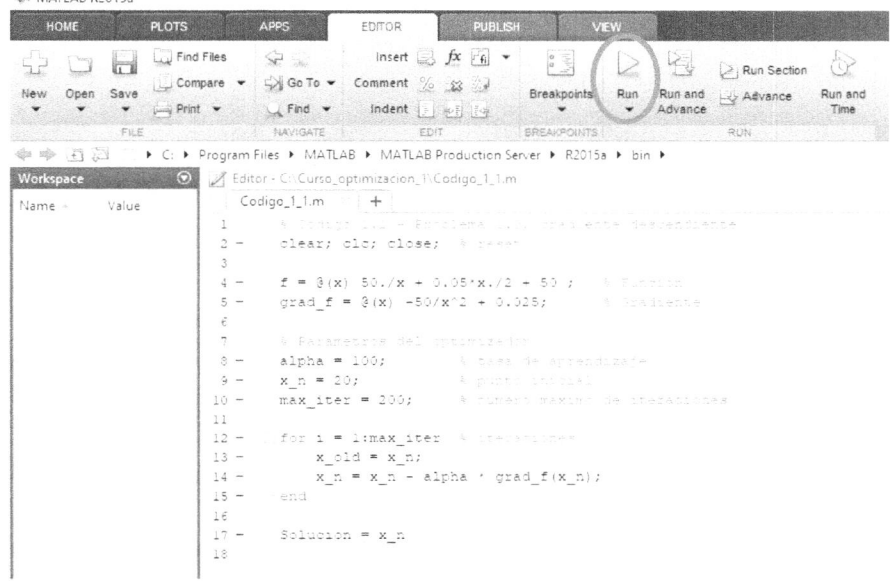

Figura 1.5 Ejecutando el archivo script "Codigo_1_1".

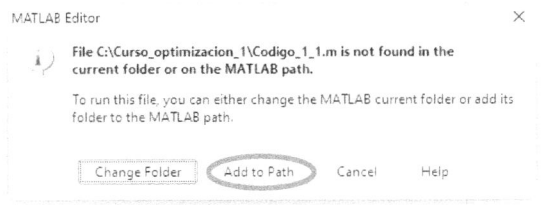

Figura 1.6 Mensaje sobre la carpeta en la que ejecutamos el archivo script.

Si todo sale bien, el archivo .m o script mostrará un mensaje en la ventana de comandos de MATLAB como el de la figura 1.7, donde nos dice que la solución del problema es comprar 44.72 envases de agua. Aún no le hemos dicho a MATLAB que el número de envases debe ser entero, pero podemos asumir que la respuesta está entre 44 y 45. Tal como se mencionó, la solución del problema planteado es $Q = 45$.

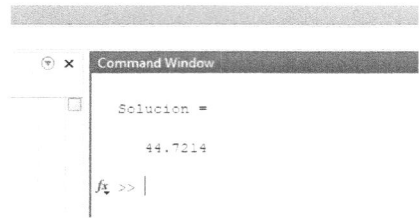

Figura 1.7 Ventana de comandos donde se muestra la solución.

1.3.2 Explicación del código 1.1

Ahora podemos abordar el código 1.1. En la primera línea se encuentran 3 instrucciones seguidas de la palabra *reset*.

```
clear; clc; close;    % reset
```

La primera instrucción (`clear;`) limpia la memoria, esto es, si se han ejecutado códigos en MATLAB con anterioridad, MATLAB podría tener almacenada en su memoria algunas variables con valores asignados o matrices de variables, por lo que es conveniente borrar la memoria para evitar que estos valores tengan interacción con nuestro programa.

La segunda instrucción (`clc;`) limpia la ventana de comandos; aunque esto no es necesario, ayuda a mantener ordenada el área de trabajo. Por último, la instrucción (`close;`) cierra ventanas de gráficas que se hayan abierto con antelación.

Después de este *reset* podemos asegurar que nuestro MATLAB está limpio de resultados anteriores y realizará su trabajo de acuerdo solo a nuestro código. Las tres instrucciones previamente descritas pueden estar en renglones diferentes, pero, si utilizamos el punto y coma (`;`), podemos también ponerlas en el mismo renglón.

Continuando con el código, las siguientes dos líneas definen la función objetivo y su gradiente. El signo de porcentaje (%) indica un comentario que no se ejecuta en el programa, pero es útil poner comentarios en el código que den una idea de lo que se está haciendo para entenderlo de una forma más sencilla y rápida.

```
f = @(x) 50./x + 0.05*x./2 + 50 ;    % Función
grad_f = @(x) -50/x^2 + 0.025;        % Gradiente
```

Después de estas definiciones, podemos llamar a la función f(x) y/o grad_f(x) y sustituir la x con algún valor para evaluar su valor. Por ejemplo, en la ventana de comandos, posteriormente a la ejecución del programa o a la definición de estas dos funciones, podemos escribir "f(100)" y oprimir la tecla "Enter". El programa respondería con "ans = 8", lo que quiere decir que la respuesta (en inglés, *answer*) de evaluar la función es igual a 8. Lo mismo ocurre con la función del gradiente, véase la figura 1.8.

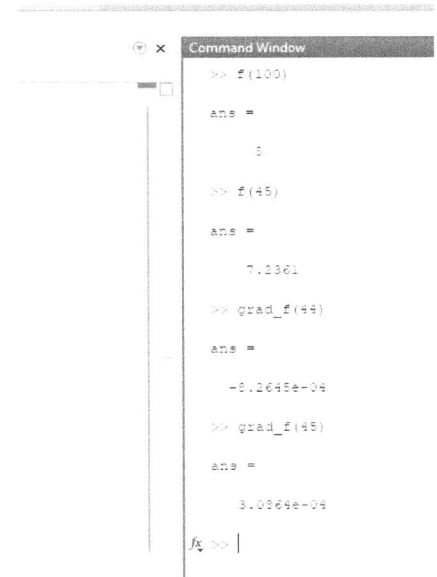

Figura 1.8 Evaluación de funciones definidas previamente.

Una curiosidad del código 1.1 es que realmente no es necesario definir la función f(x), basta con definir su derivada o gradiente grad_f(x), de hecho, la función f(x) no se usa en todo el programa. Podríamos decir que el código busca el punto cuya derivada es más cercana a cero. Sin embargo, la función será utilizada en códigos posteriores y hemos querido incluirla para que sea más claro para el lector la función que deseamos minimizar.

Continuando con el código, después de definir la función objetivo y su gradiente, se definen los parámetros del optimizador:

```
% Parámetros del optimizador
max_iter = 200;        % número máximo de iteraciones
q = 20;                % punto inicial
alpha = 100;           % tasa de aprendizaje
```

El parámetro `max_iter` define el número máximo de iteraciones o pasos que realizará el algoritmo; el número 200 es un número relativamente bajo, por lo que el código se ejecuta en muy poco tiempo. El código 1.1 ha sido creado para ofrecer una solución correcta en poco tiempo. No obstante, siempre es importante definir un máximo número de iteraciones; de otra forma, un error de programación podría ocasionar que un algoritmo se ejecute de una forma virtualmente infinita, y eventualmente el microprocesador del ordenador podría sobrecalentarse y dañarse.

Podríamos, por ejemplo, cambiar el máximo número de iteraciones de 200 a 200 000, lo que hará que el ordenador tarde más tiempo en darnos la respuesta (aunque finalmente nos dé la misma respuesta). Cuando asignamos muchas iteraciones, hay una forma de saber que MATLAB aún no ha terminado y está ocupado haciendo los cálculos. En la parte inferior izquierda, MATLAB indica que está ejecutando un proceso con la palabra ocupado en inglés, *busy*.

Además, si el algoritmo está tardando mucho tiempo y deseamos interrumpirlo, podemos teclear Ctrl+C, lo que le indica a MATLAB que debe detenerse.

Figura 1.9 Indicación de que un proceso se está ejecutando.

Por otra parte, si reducimos el número de iteraciones, por ejemplo, de 200 a 20, el código se ejecutará más rápidamente. Sin embargo, es poco probable que llegue a la solución; en este caso, indicaría que la solución es 43.7978 (en lugar de 44.7214). A pesar de no llegar a la solución, se acerca bastante con solo unas cuantas iteraciones.

Después del número de iteraciones, definimos el valor inicia de la variable "`q = 20;`". No existe una regla estricta de por dónde comenzar a buscar la solución. En muchas ocasiones, se hace de forma aleatoria; en esta ocasión se decidió, de forma arbitraria, comenzar con 20 envases de agua.

Por último, se define la tasa de aprendizaje "`alpha = 100 ;`". Este parámetro define el tamaño de los pasos en el proceso de búsqueda. Si es demasiado grande, tal como se mencionó, podría ser que un paso salga del espacio en el que se encuentra la solución, aunque si la solución queda dentro del espacio de búsqueda, el algoritmo regresará a buscar la solución, pero esto puede ocasionar retrasos en la solución también si el paso es muy pequeño. 200 iteraciones podrían ser insuficientes. Se invita al lector a intentar con diversos valores de la tasa de aprendizaje, tales como 10, 1, etc.

Por último, llegamos a las iteraciones, es decir, un ciclo "for" que se realiza el número especificado de veces ejecutando la ecuación (1.9). De hecho, a diferencia de la ecuación (1.9), la variable nueva se actualiza o reescribe sobre la anterior. En este caso, no necesitamos guardar el valor anterior, solamente continuar las iteraciones.

```
for i = 1:max_iter   % iteraciones
    q = q - alpha * grad_f(q) ;
end

Solucion = q
```

El no agregar el punto y coma "`;`" al final de la instrucción es la forma de decirle a MATLAB que esa instrucción se debe ejecutar como si estuviera en la ventana de comandos y, por lo tanto, mostrar la solución en dicha ventana.

La última instrucción, "`Solucion = q`", no es parte del proceso de búsqueda, pero permite que la solución se muestre al final en la pantalla.

1.4 El método de la derivada igual a cero

Antes de continuar, nos gustaría hacer una pausa para tocar dos temas que podrían causar inquietud.

El código 1.1 considera que se conoce la expresión de la derivada de la función objetivo. Esto no siempre estará disponible, por lo que se explicará cómo hacerlo sin esta información (después de abordar el código 1.1).

También, antes de continuar, es conveniente discutir brevemente el método de la derivada igual a cero, sobre todo si el lector está familiarizado con el cálculo diferencial o ha tomado cursos de ingeniería, ya que podría observar que en los cursos de cálculo se enseña un método de optimización muy rápido y eficiente, el método de la derivada igual a cero.

Nótese que la derivada de la ecuación (1.10) con respecto de x, que es el gradiente, se puede expresar como (1.12). Está expresión se utilizó en el código 1.1.

$$\frac{d}{dx}f(x) = -\frac{50}{x^2} + 0.025 \,. \tag{1.12}$$

Es posible igualar la derivada a cero y despejar x; el resultado de esto es que $x = 44.7213$. Este método es simple y efectivo, por lo que evidentemente será la primera opción en casos en donde la derivada sea conocida y en donde la o las variables de decisión se puedan despejar. Sin embargo, en muchos problemas de optimización esto no es posible, de hecho, esto se presentará más adelante discutiendo una modificación del problema de Juan.

Por otra parte, aunque esté definida la derivada, esta podría tener varios polos, es decir, varios puntos de cruce por cero, por lo que el método de la derivada igual a cero podría complicarse.

El objetivo final de este libro es la aplicación de métodos numéricos en problemas de optimización, incluyendo los que no se pueden resolver con el método de la derivada igual a cero o con el método del gradiente descendiente. Existen diversas razones por las que la función objetivo puede ser no diferenciable, por ejemplo, que sea discontinua o que esté dada por una tabla de datos, por lo que habrá puntos en particular en el que la derivada sea igual a infinito o menos infinito.

El aprender a distinguir cuándo podemos o cuándo es más conveniente utilizar cierto método es parte importante de la optimización. Por lo pronto podemos resumir que, si la derivada está definida y/o se puede calcular con facilidad, el método del gradiente descendiente será una primera opción.

1.5 Calcular el gradiente cuando no está definido

Existen situaciones en las que el gradiente (la derivada) no está definida, pero puede ser calculada numéricamente. En estos casos podemos aproximarla mediante la ecuación (1.13):

$$\nabla f(x_n) \approx \frac{f(x_n + h) - f(x_n)}{h}. \qquad (1.13)$$

La ecuación (1.13) se puede explicar con la figura 1.10. El gradiente se puede aproximar como la relación entre el incremento de la función dividida entre el incremento de la variable independiente. De hecho, la definición de derivada es esta ecuación, cuando el incremento de la variable independiente tiende a ser cero.

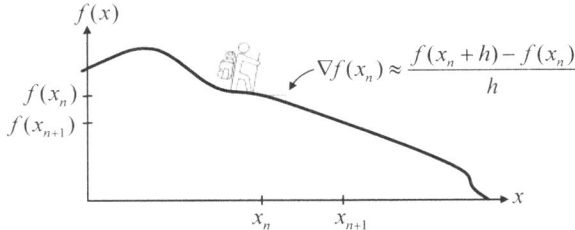

Figura 1.10 Cómo obtener una aproximación a la derivada.

El código 1.2 aplica este principio para obtener el gradiente de forma numérica:

```
% Código 1.2 - Problema 1.0, gradiente (calculado) descendiente
clear ; clc ; close ;   % reset

f = @(x) 50./x + 0.05*x./2 + 5 ;      % Función

% Parámetros del optimizador
max_iter = 200 ;        % número máximo de iteraciones
q = 20 ;                % punto inicial
alpha = 100 ;           % tasa de aprendizaje
h = 0.001 ;             % delta de q

for i = 1:max_iter  % iteraciones
    grad  = ( f(q+h) - f(q) )/( (q+h) - q ) ;
    q = q - alpha * grad ;
end

Solucion = q
```

Las principales diferencias del código 1.2 en relación al 1.1 es que no está definida una ecuación para el gradiente, pero este se calcula utilizando la ecuación de la función objetivo, que en este caso sí se está invocando en la parte del programa que realiza las iteraciones. Nótese que se está definiendo el incremento de "q" como "`h = 0.001 ;  % delta de q`"; este incremento es el que tiende a ser cero en la definición de la derivada. En el ciclo "for" que realiza el algoritmo, la línea anterior al cálculo de la nueva "q" calcula el gradiente con la fórmula (1.13) "`grad  = ( f(q+h) - f(q) )/( (q+h) - q ) ;`".

Al ejecutar el código, nos arroja el resultado de 44.7209, muy aproximado, aunque no idéntico al código 1.1. Aun así, con este resultado podemos aconsejar a Juan comprar 45 envases de agua cada vez que va al pueblo.

1.5.1 Estrategia de paro

Hasta ahora hemos programado una cantidad fija de iteraciones a realizar. Podemos también utilizar un método o estrategia de paro en la que podemos preguntar si el gradiente es suficientemente pequeño, por ejemplo, la milésima parte de una millonésima (1×10^{-9}); de esta manera, podemos imaginar que la derivada es muy pequeña, prácticamente cero, y podremos detener el algoritmo y determinar si el programa se detuvo por la estrategia de paro o si lo hizo porque llegó al máximo número de iteraciones. En este caso, no sabemos si el gradiente era lo suficientemente cercano a cero como para considerar al resultado obtenido como una buena solución.

El código 1.3 incorpora esta función. Nótese que, al final de la definición de los parámetros del optimizador, se define una tolerancia para la estrategia de paro "`tol = 1e-9 ;` tolerancia para estrategia de paro".

```
% Código 1.3 - Problema 1.0, gradiente descendiente, calculando el
% gradiente y con estrategia de paro anticipado

clear ; clc ; close ;      % reset

f = @(x) 50./x + 0.05*x./2 + 5 ;      % Función

% Parámetros del optimizador
max_iter = 200 ;      % número máximo de iteraciones
q = 20 ;              % punto inicial
alpha = 100 ;         % tasa de aprendizaje
h = 0.001 ;           % delta de q
tol = 1e-9;           % tolerancia para estrategia de paro

for i = 1:max_iter    % iteraciones
    grad  = ( f(q+h) - f(q) )/( (q+h) - q ) ;
    q = q - alpha * grad ;

    if abs(grad) < tol      % Comprueba convergencia
        Conver_itera = i
        break
    end

end

Solucion = q
```

Si ejecutamos el código, obtenemos el resultado mostrado en la figura 1.11, que nos indica no solo la solución, sino también en qué iteración se consiguió dicha solución. En este caso, el código no llegó a la iteración 200, debido a que el gradiente fue más pequeño que la milésima parte de una millonésima en la iteración 138.

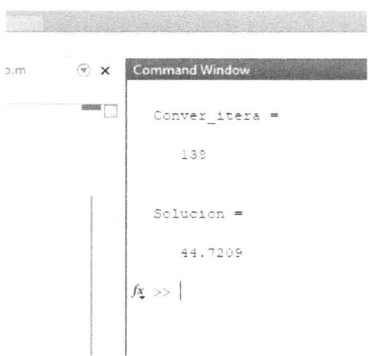

Figura 1.11 Resultado con la estrategia de paro.

La estrategia de paro se encuentra dentro del ciclo "for", donde preguntamos con un condicionante "if" si el valor absoluto del gradiente es más pequeño que la tolerancia. Solo en caso de que esto sea cierto se ejecutará el código dentro del ciclo.

```
if abs(grad) < tol        % Comprueba convergencia
    Conver_itera = i
    break
end
```

En caso de que la condición se cumpla, el código despliega en la ventana de comandos la iteración actual, que es lo que nos permite ver en qué iteración se alcanzó la convergencia. Así se le llama a este procedimiento, se dice que el programa o el algoritmo convergió. Después de esto, la instrucción ("break") detiene las iteraciones del ciclo "for" para que no se siga ejecutando.

1.5.2 Representando la función y la solución actual

Agregaremos ahora algunas gráficas que nos ayudarán a entender lo que está pasando. Internamente el código 1.4 es parecido al código 1.3, pero ofrece algunas funciones gráficas adicionales que explicaremos. Primero, procedamos a ejecutar el siguiente código:

```matlab
% Código 1.4 - Problema 1.0, gradiente descendiente, calculando el
% gradiente, con estrategia de paro, y gráfica

clear ; clc ; close ;      % reset

f = @(x) 50./x + 0.05*x./2 + 5 ;      % Función

% Representamos la función objetivo
x = [ 1 : 1 : 200 ] ;      % generamos un eje
f_x = f(x);                % evalua la función
plot(f_x)                  % grafico
axis ([ 0 200 6 16]) ;     % ajustamos el zoom

% Parámetros del optimizador
max_iter = 200 ;          % numero máximo de iteraciones
q = 20 ;                  % punto inicial
alpha = 100 ;             % tasa de aprendizaje
h = 0.001 ;               % delta de q
tol = 1e-9;               % tolerancia para estrategia de paro

% Antes de comenzar dibujamos el punto inicial
hold on ;                 % indica que no queremos sustituir la gráfica
plot(q, f(q), 'ro', 'MarkerSize', 2 ) ; % dibuja un punto

for i = 1:max_iter      % iteraciones
    grad  = ( f(q+h) - f(q) )/( (q+h) - q ) ;
    q = q - alpha * grad ;

    if abs(grad) < tol        % Comprueba convergencia
        Conver_itera = i
        break
    end

    hold on ;         % indica que no queremos sustituir la gráfica
    plot(q, f(q), 'ro', 'MarkerSize', 2 ) ;
    pause(0.1);       % pausamos 0.1 segundos para poder verlo

end

Solucion = q
```

Al ejecutar el código podemos corroborar que la solución es la misma que en el código 1.3, pero ahora se muestra una imagen con una gráfica convexa a la cual se le agregan puntos conforme avanza el código hasta que el último punto se posiciona en el valle de la gráfica, como se puede ver en la figura 1.12:

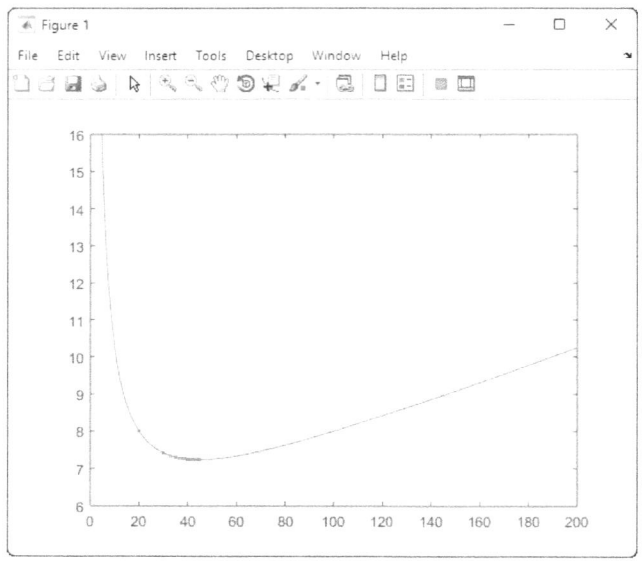

Figura 1.12 Gráfica del resultado y los puntos explorados.

Se invita al lector a cambiar algunos parámetros, por ejemplo, el punto inicial, la tasa de aprendizaje, la tolerancia, el incremento (h), etc. para apreciar los cambios en el algoritmo.

Podemos apreciar que los puntos son las soluciones que el algoritmo va explorando, y que se dibujan sobre una gráfica previamente dispuesta. En el código 1.4, debajo de la definición de la función objetivo, se representa inicialmente dicha función con el siguiente código.

```
% Representamos la función objetivo
x = [ 1 : 1 : 200 ] ;      % generamos un eje
f_x = f(x);                % evalúa la función
plot(f_x)                  % gráfica
axis ([ 0 200 6 16]) ;     % ajustamos el zoom
```

Tal como se indica, para hacer la gráfica debemos definir todos los puntos del eje x que se desean evaluar. A pesar de que el vehículo de Juan tiene una capacidad máxima de 200, la gráfica se realiza hasta Q = 200. La primera línea (`x = [ 1 : 1 : 200 ] ;`) genera un vector llamado x de 200 elementos que comienza con el 1 y va incrementando de uno en uno hasta el 200. La segunda línea, que evalúa la función (`f_x = f(x);`), genera otro vector de 200 elementos en los que se guardan los valores de evaluar la función [*f(1) f(2) … f(200)*]; este segundo vector se llama `f_x`. Posteriormente representamos dicha función y después ajustamos los ejes con un *zoom* conveniente para apreciar lo que pasa con la función objetivo.

Antes de comenzar las iteraciones del algoritmo, dibujamos el punto inicial con las siguientes instrucciones:

```
% Antes de comenzar dibujamos el punto inicial
hold on ;              % indica que no queremos sustituir la gráfica
plot(q, f(q), 'ro', 'MarkerSize', 2 ) ; % dibuja un punto
```

Tal como se muestra, la instrucción "`hold on ;`" le indica a MATLAB que se dibujará sobre la gráfica que ya existe o, de lo contrario, MATLAB borraría la gráfica anterior para dibujar el punto como una gráfica nueva.

El último cambio del código 1.4 en comparación con el 1.3 es que, después de cada iteración, debajo del código que verifica la convergencia, se dibuja el punto recién obtenido.

```
hold on ;              % indica que no queremos sustituir la gráfica
plot(q, f(q), 'ro', 'MarkerSize', 2 ) ;
pause(0.1);            % pausamos 0.1 segundos para poder verlo
```

Nótese que el ordenador realiza las operaciones tan rápidamente que no podemos apreciar, de forma visual, lo que está sucediendo internamente. Para poder apreciar cómo se van dibujando los nuevos puntos y cómo el algoritmo va explorando el área de búsqueda es necesario pausar el ordenador 100 milisegundos después de cada iteración. Esta última línea es opcional y la duración de la pausa también es a gusto del usuario.

1.5.3 Representando los costes parciales y el total

Regresemos un poco ahora a ver cómo se comporta cada uno de los costes, lo que ayudará a entender el comportamiento del problema y dar algunas definiciones. A continuación, se muestra el código 1.5, el cual representa los costes que eventualmente se suman en la función objetivo.

```
% Código 1.5 - Problema 1.0, gráficas de costes

clear ; clc ; close ;  % reset

% Parametros del problema
d = 5 ;          % demanda diaria de envases
k = 10 ;         % coste de viajar al pueblo a por los envases
h = 0.05 ;       % coste de almacenamiento diario por envase
P = 1 ;          % coste unitario de los envases

x = [ 1 : 1 : 200 ] ;    % generamos un eje x (q)
CTr = k.*d./x ;          % Coste de trasporte promedio
CAl = x.*h./2 ;          % Coste de almacenamiento promedio
CPr = d*P*ones(1,200) ;  % Coste promedio del producto (envase)

CTot = CTr + CAl + CPr ;

plot(x, CTr, x, CAl, x, CPr, x, CTot, 'linewidth', 2')      % gráfica
axis ([ 0 200 0 12]) ;   % ajustamos el zoom
```

Si todo sale bien, el código 1.5 debe mostrar la gráfica de la figura 1.13, que muestra los costes promedio de transporte (color azul), de almacenamiento (color rojo), el coste unitario de los productos (los envases de agua, en color amarillo) y el coste total (en color morado). Estos costes están representados en relación a Q, es decir, en relación a la cantidad de envases que compra Juan cuando va al pueblo.

Minimizar el coste promedio total es el objetivo de la optimización en esta aplicación. Podemos notar que existen dos costes que influyen en la localización del punto mínimo del coste total: el coste de transporte y el de almacenamiento.

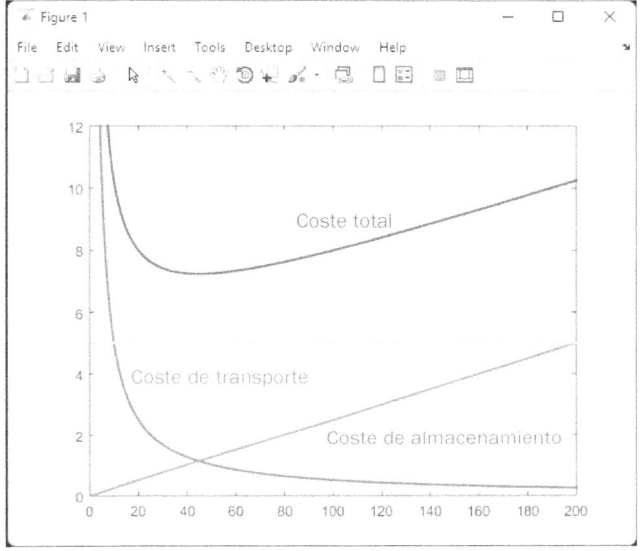

Figura 1.13 Gráficas de costes.

El coste promedio de transporte, calculado con la ecuación (1.2), es muy alto cuando Juan compra pocos envases y muy bajo cuando Q es alta. Recordemos que es un coste promedio, el coste de ir al pueblo es fijo ($k = 10$), pero, si cuando va compra muchos envases, puede pasar muchos días sin hacer ese gasto. Por otro lado, el coste de almacenamiento aumenta. Esto ocurre porque, si Q es muy grande, algunos envases pasarán mucho más tiempo en el almacén, debiendo pagar diariamente los 5 céntimos por envase en concepto de almacenamiento. El coste de los envases no cambia, por lo que la línea amarilla es una recta. El coste total, que es la línea morada, es una curva convexa que tiene un único valle.

Algunos detalles que debemos observar en el código 1.5 son los siguientes.

Los parámetros del problema están declarados al inicio del programa, en los códigos anteriores estaban implícitos en la definición de la función objetivo:

```
% Parámetros del problema
d = 5 ;            % demanda diaria de envases
k = 10 ;           % coste de viajar al pueblo a por los envases
h = 0.05 ;         % coste de almacenamiento diario por envase
P = 1 ;            % coste unitario de los envases
```

Declararlos y usarlos posteriormente para los cálculos es un estilo de programación más elegante y conveniente si se desea hacer un cambio, por ejemplo, que uno de los costes cambie; bastaría con entrar a modificar su respectivo parámetro.

No se define una función (`@(x)`) que pueda ser evaluada para diversos valores, sin embargo, las operaciones de los costes se hacen de forma vectorial. Es por eso que aparecen los puntos antes de los signos de multiplicación y división, lo que le indica a MATLAB que los elementos utilizados son vectores; lo mismo aplica para las matrices, de hecho, MATLAB identifica nuestras variables como matrices de 1 x 200.

```
x = [ 1 : 1 : 200 ] ;      % generamos un eje x (q)
CTr = k.*d./x ;            % Coste de trasporte promedio
CAl = x.*h./2 ;            % Coste de almacenamiento promedio
CPr = d*P*ones(1,200) ;    % Coste promedio del producto (envase)

CTot = CTr + CAl + CPr ;
```

En el caso del coste promedio del producto, que es un escalar (una matriz de 1 x 1) constante, no podríamos sumarlo con los vectores, pero, al multiplicarlo por una matriz de unos de 1 x 200 (`ones(1,200)`), se convierte en un vector hecho de números iguales.

Por último, para poner varias curvas en la misma gráfica, es necesario repetir en cada curva cuál será su variable independiente. En nuestro ejemplo, en todos los casos esta será la x, que es el vector que contiene los diferentes valores que puede tomar la variable Q.

```
plot(x, CTr, x, CAl, x, CPr, x, CTot, 'linewidth', 2')     % gráfica
axis ([ 0 200 0 12]) ;    % ajustamos el zoom
```

Además, al final de la instrucción `plot` podemos hacer algunas modificaciones a las gráficas, como acabamos de hacer en este caso, que el ancho de las líneas sea de 2. La última línea ajusta los ejes a un *zoom* conveniente para su visualización.

Ahora ya sabemos cómo resolver el problema de Juan utilizando el método del gradiente descendiente. Veamos un par de ejercicios más de la aplicación del método del gradiente.

1.6 Ejercicio: maximizar el área de un terreno

Un granjero planea construir un corral de madera para sus ovejas. Tiene suficiente madera para cercar un perímetro de 300 metros (incluida la puerta), y desea hacerlo de forma rectangular. Con ese material podría hacer un corral de 50 x 100 metros, lo que le permitiría tener un corral de 5000 metros cuadrados para sus ovejas, pero se pregunta si habrá otra relación que le brinde más espacio a las ovejas con el mismo material. Con el fin de hacer esto realiza el dibujo de la figura 1.14 y llama X e Y a las dimensiones del corral.

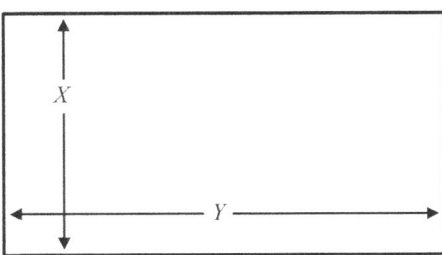

Figura 1.14 Área del terreno a cercar.

El objetivo será maximizar el área de un rectángulo considerando una restricción en la longitud de su perímetro. El perímetro no debe superar los 300 metros y, considerando el ancho y alto mostrado en la figura 1.14, esto se puede expresar como (1.14):

$$2X + 2Y = 300 . \tag{1.14}$$

El granjero puede construir un rectángulo de menor perímetro, por lo que, en lugar de una igualdad, (1.14) podría ser una desigualdad. Sin embargo, es lógico pensar que utilizar un perímetro menor a 300 metros no daría como resultado el valor máximo del área, por lo que (1.14) se puede definir como una igualdad.

Por otra parte, el área del terreno que se desea maximizar se puede expresar como el producto de X por Y, véase (1.15):

$$A = X \times Y . \tag{1.15}$$

Se desea aplicar el método del gradiente descendiente que, en este caso, sería el gradiente ascendente, debido a que es un problema de maximización. Para aplicar dicho método es deseable tener la función objetivo en función de una sola variable. En el caso de (1.14), se puede expresar Y como (1.16):

$$Y = \frac{300 - 2X}{2} . \tag{1.16}$$

Denominaremos al perímetro con P para poder escribir el problema de forma general. El área estaría definida en (1.15), la cual se puede reescribir como (1.17):

$$A = X \left(\frac{P - 2X}{2} \right) = \frac{PX - 2X^2}{2} = X \frac{P}{2} - X^2, \tag{1.17}$$

en donde P es el perímetro, definido como $P = 300$ metros para nuestro problema.

De nuevo, utilizaremos la forma canónica de escribir un problema de optimización, el cual, para el ejemplo descrito, se puede expresar de la siguiente forma:

$$\max_{X \in \hat{}} f(X) = X \frac{P}{2} - X^2 . \tag{1.18}$$

Sujeto a:

$$2X + 2Y = 300.$$ (1.19)

$$X > 0.$$ (1.20)

$$Y > 0.$$ (1.21)

La forma canónica expresa inicialmente la función objetivo, con la expresión *max* (para maximización) o *min* (para minimización). Posteriormente se escribe "sujeto a" y se enumeran las restricciones del problema. Y con las restricciones se termina la formulación.

La expresión debajo de la palabra *max*, ($X \in {}^{\sim}$), se lee como " X pertenece a ($\in$), el conjunto de números reales de dimensión uno (${}^{\sim}$)". En otras palabras, X es un escalar, un número que puede tomar valores reales, como 1, 50, 60.5, etc. Hay problemas en los que la solución será no solo un escalar, sino un conjunto de escalares; por ejemplo, si la solución fuera un par de coordenadas (x, y), entonces la solución pertenecería al conjunto de número reales de dos dimensiones ($X \in {}^{\sim 2}$). En este caso, la solución son dos números X e Y, sin embargo, mediante una igualdad en la primera restricción, fue posible poner a la Y en función de la X para definir la función objetivo solo en función de X.

Las restricciones (1.20) y (1.21) parecen obvias. No obstante, en una formulación de optimización es importante incluir toda la información posible debido a que, en ocasiones, el modelado del problema puede hacerlo una persona experta en cierto tema, y la optimización puede realizarla otra persona especialista en optimización o en software, y que podría no tener el conocimiento físico del problema.

El código 1.6 resuelve el problema descrito mediante el método del gradiente:

```
% Código 1.6 - maximizar el área, método de gradiente
clear; clc; close;    % reset

P = 300 ;
f = @(x)  x*P/2 - x^2 ;        % Función

% Parámetros del optimizador
max_iter = 200 ;       % número máximo de iteraciones
x_n = 10 ;             % punto inicial
alpha = 0.1 ;          % tasa de aprendizaje
h = 0.00001 ;          % delta de x_n

for i = 1:max_iter    % iteraciones
    grad  = ( f(x_n+h) - f(x_n) )/h ;
    x_n = x_n + alpha * grad ;
end

Sol_X = x_n
Sol_Y = (P-2*x_n)/2
```

Al ejecutar el código en MATLAB es posible notar que la solución es tener X = 75 e Y = 75. Esto permite tener un área de 5625 metros cuadrados, 625 metros cuadrados más que el diseño inicial que el granjero tenía pensado.

Veamos ahora otro ejemplo.

1.7 Ejercicio: maximizar la fuerza electroestática entre dos partículas con cargas

Normalmente describimos a los átomos como una unidad compuesta de subpartículas, protones, neutrones y electrones, y solemos decir que existe la misma cantidad de protones que de electrones. Esto es cierto para átomos en equilibrio o sin carga eléctrica, pero los átomos pueden estar desequilibrados en el número de protones y electrones. Este desequilibrio da lugar a la existencia de carga eléctrica y de la electricidad; por ejemplo, en las baterías, el polo negativo tiene átomos con más electrones que protones y el polo positivo tiene el caso contrario y, cuando un circuito se cierra, electrones de los átomos que tienen electrones de más viajan para equilibrar a los átomos que tienen electrones de menos. Cuando todos los átomos están en equilibrio, la batería está completamente descargada.

Los electrones se mueven impulsados por la fuerza de atracción entre cargas eléctricas, una fuerza invisible de la naturaleza. En cierta forma es parecida a la fuerza de la gravedad, pero la fuerza de la gravedad es provocada por la masa (o peso) de los átomos, mientras que la fuerza de atracción es provocada por la carga eléctrica, que es ese desequilibrio entre electrones y protones. Parece que la naturaleza quiere estar equilibrada y está dispuesta a realizar trabajo con ese fin, y nosotros como humanidad hemos aprendido a controlar esa fuerza invisible y maravillosa, y a utilizarla en nuestros aparatos y dispositivos.

En el área de la electricidad y el magnetismo, la fuerza de atracción entre cargas puede ser calculada con una ecuación llamada *la ley de Coulomb*. La fuerza puede ser de atracción si las partículas tienen carga de diferente signo, véase la figura 1.15. No importa qué carga está de qué lado, simplemente que sean diferentes, ambas cargas sienten una fuerza de igual magnitud, pero de sentido contrario, que las empuja a unirse.

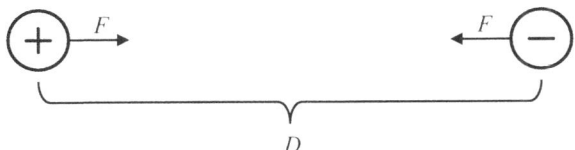

Figura 1.15 Fuerza de atracción entre cargas de diferente signo.

La fuerza puede ser de repulsión si las cargas tienen el mismo signo, véase la figura 1.16.

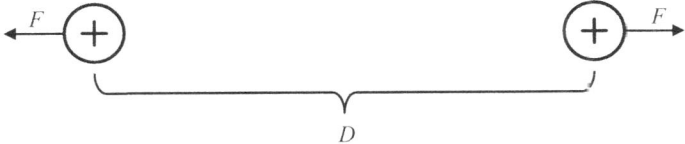

Figura 1.16 Fuerza de repulsión entre cargas del mismo signo.

En caso de que la fuerza sea de repulsión. No importa el signo de estas, sino que sean del mismo signo (ambas positivas o ambas negativas).

La fuerza es proporcional al producto de las cargas e inversamente proporcional al cuadrado de la distancia entre las partículas. La ecuación de la ley de Coulomb es la siguiente (1.22):

$$F = K \frac{Q_1 Q_2}{D^2},$$

(1.22)

en donde K es la constante de Coulomb $K=1/4\pi\varepsilon 0=8.9875 \times 10^9$ N.m^2/C^2. La unidad de carga es el coulomb, la unidad de distancia, el metro y la unidad de fuerza, el Newton. La constante de Coulomb suele redondearse a 9×10^9.

Supongamos que se dispone de una carga total $Q_T = 100 \times 10^{-6}$ C (cien micro coulomb) que podemos utilizar para cargar dos partículas. Para esto debemos repartir la carga en dos partes Q_1 y Q_2, siendo ambos números positivos, de tal forma que se cumpla (1.23):

$$Q_1 + Q_2 = Q_T.$$

(1.23)

Si las partículas están separadas por una distancia de 0.15 m (quince centímetros), encuentre la distribución de cargas, es decir, calcule cuánto debe valer Q_1 y Q_2 de forma que se cumpla con (1.23) y que además maximice la fuerza de repulsión entre ellas.

Para resolver este problema podemos utilizar el método del gradiente, en este caso ascendente, ya que se trata de un problema de maximización, pero antes debemos adecuar el modelo a la forma canónica de un problema de maximización. Para esto, podemos expresar Q_2 en términos de Q_T y Q_1, véase (1.24):

$$Q_2 = Q_T - Q_1.$$

(1.24)

Y sustituir (1.24) en la ley de Coulomb (1.22), con lo que se obtiene:

$$F = K \frac{Q_1 (Q_T - Q_1)}{D^2}.$$

(1.25)

Esto nos permite tener la función objetivo en función de una sola variable, y utilizar el método del gradiente para resolverlo.

El problema se puede expresar de la siguiente forma:

$$\max_{Q_1 \in \tilde{}} f\left(Q_1\right) = K \frac{Q_1\left(Q_T - Q_1\right)}{D^2}. \tag{1.26}$$

Sujeto a:

$$Q_1 + Q_2 = Q_T. \tag{1.27}$$

$$Q_1 > 0. \tag{1.28}$$

$$Q_2 > 0. \tag{1.29}$$

Y con los parámetros siguientes $K = 9 \times 10^9$, $Q_T = 100 \times 10^{-6}$, $D = 0.15$.

El código 1.7 resuelve el problema descrito:

```
% Codigo 1.7 - maximizar la fuerza entre cargas
clear; clc; close;   % reset

C = 100e-6 ;
K = 9e9 ;
d = 0.15 ;

f = @(x) K*( x*C - x^2 )/d^2 ;        % funcion
%grad_f = @(x) (K/d^2)*(C-2*x) ;       % Gradiente

% Parametros del optimizador
max_iter = 200 ;      % numero maximo de iteraciones
q1 = 10e-6 ;          % punto inicial
alpha = 1e-12 ;       % tasa de aprendizaje
h = 1e-12 ;           % delta de q1

for i = 1:max_iter    % iteraciones
    grad = ( f(q1+h) - f(q1) )/h ;
    q1 = q1 + alpha * grad ;
end

Solucion = q1
```

Al ejecutar el código en MATLAB es posible comprobar que la solución es tener Q_1 = 50x10^{-6} y, por ende, Q_2 = 50x10^{-6}. Cualquier otra combinación de cargas tendría una fuerza de repulsión menor.

1.8 Cuando NO funciona el método del gradiente

Retomando los conceptos aprendidos del método del gradiente, ahora que definimos una estrategia para *bajar el cerro*, que se puede resumir como avanzar siempre hacia abajo, podemos dividir los cerros en dos tipos: los que se pueden bajar con esa regla y los que no. La figura 1.17 muestra una situación en la que ir siempre hacia abajo no nos asegura que podamos llegar a la base, al contrario, ir siempre hacia abajo nos detendrá en un pequeño valle que existe en el cerro de la figura 1.17. A este valle le llamaremos el óptimo local, y la existencia de estos óptimos locales en las funciones objetivo plantea retos interesantes en el campo de la optimización.

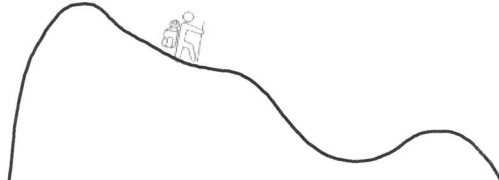

Figura 1.17 Un cerro que no se puede bajar con el método del gradiente descendiente.

Algunas situaciones de la vida real pueden introducir óptimos locales en la función objetivo que se desea optimizar, como se verá en el siguiente ejemplo.

1.9 El problema de Juan (EOQ) con óptimos locales ocasionados por descuentos por volumen

Después de resolver su problema de optimización, Juan comienza a comprar 45 envases y a visitar el pueblo cada 9 días. Es consciente de que cuando se presente un cambio de parámetros tendrá que realizar la optimización nuevamente, pero ahora cuenta con herramientas como los códigos de MATLAB y el método del gradiente descendiente.

Un buen día su proveedor decide implementar una estrategia de descuentos por volumen, algo muy común en todos los mercados; los proveedores ofrecen cierto descuento a los que deciden comprar un volumen considerable de mercancía.

El proveedor de Juan anuncia que, si le compra 120 envases o más de una sola vez, en lugar de cobrarle 1 euro por envase le cobrará 75 céntimos, y que, si le compra 160 envases o más, se los dará a 60 céntimos cada uno. La pregunta ahora es si debería cambiar la cantidad de envases que compra, esto es, si debería optimizar nuevamente su función objetivo.

El problema tiene un ligero cambio, y los descuentos por volumen son muy comunes en la economía. Sin embargo, ese ligero cambio causa problemas al método del gradiente descendiente. El código 1.8 intenta resolver el problema planteado ahora con el método del gradiente descendiente.

```
% Código 1.8 - Problema de Juan con descuentos por volumen, con el
% algoritmo del gradiente descendiente.
clear ; clc ; close ;    % reset

% Parámetros del problema
d = 5 ;          % demanda diaria de envases
k = 10 ;         % coste de viajar al pueblo a por los envases
h = 0.05 ;       % coste de almacenamiento diario por envase
%P = 1 ;         % coste unitario de los envases

Px(    1:  119) = 1 ;       % Coste con descuentos por cantidad
Px(  120:  159) = 0.75 ;
Px(  160:  200) = 0.60 ;

x   = [ 1 : 1 : 200 ] ;   % generamos un eje x (q)
CTr = k.*d./x ;           % Coste de trasporte promedio
CAl = x.*h./2 ;           % Coste de almacenamiento promedio
CPr = d*Px ;              % Coste promedio del producto (envase)

f = CTr + CAl + CPr ;

% Parámetros del optimizador
max_iter = 5000 ;    % número máximo de iteraciones
q     = 30   ;       % punto inicial
alpha = 5    ;       % tasa de aprendizaje
h     = 1    ;       % delta de q
```

```
for i = 1:max_iter    % iteraciones
    grad  = ( f(round(q+h)) - f(round(q)) )/( (q+h) - q ) ;
    q = q - alpha * grad ;

end

Solucion = q
```

Antes de ver las soluciones ofrecidas, veamos un poco el código, sobre todo las partes nuevas. Por ejemplo, después de definir los parámetros del problema, notamos que el coste unitario está comentado (tiene el %), y posteriormente definimos el coste en partes:

```
% Parámetros del problema
d = 5 ;          % demanda diaria de envases
k = 10 ;         % coste de viajar al pueblo a por los envases
h = 0.05 ;       % coste de almacenamiento diario por envase
%P = 1 ;          % coste unitario de los envases

Px(    1:  119) = 1 ;    % Coste con descuentos por cantidad
Px(  120:  159) = 0.75 ;
Px(  160:  200) = 0.60 ;
```

Así es como se construye en MATLAB un vector de 200 valores, pero que del 1 al 119 tiene valores de 1; del 120 al 159, tiene valores de 0.75 y del 160 al 200, tiene valores de 0.6.

Posteriormente, debemos calcular los costes. El cálculo será un poco diferente porque ahora queremos utilizar los vectores para poder hacerlo. La primera línea del código siguiente genera un vector de 200 unidades que será usado como referencia tanto para los cálculos como para las gráficas. Posteriormente se calculan los costes promedio, el de transporte (fórmula (1.2)), el coste de almacenamiento (fórmula (1.4)) y el coste del producto (fórmula (1.5)).

```
x    = [ 1 : 1 : 200 ] ; % generamos un eje x (q)
CTr = k.*d./x ;          % Coste de trasporte promedio
CAl = x.*h./2 ;          % Coste de almacenamiento promedio
CPr = d*Px ;             % Coste promedio del producto (envase)

f = CTr + CAl + CPr ;
```

Por último, estos costes se suman. La función objetivo está guardada en el vector "f". Posteriormente, definimos los parámetros del optimizador y aplicamos el algoritmo del gradiente descendiente.

Pero, al calcular el gradiente, debido a que el coste ahora está definido en un vector cuya variable independiente es un entero (x), debemos redondear el valor obtenido con las fórmulas. Esto hace la instrucción (round(q)):

```
for i = 1:max_iter      iteraciones
    grad  = ( f(round(q+h)) - f(round(q)) )/( (q+h) - q ) ;
    q = q - alpha * grad ;

end
```

Al ejecutar el código nos indica como solución la solución anterior, aunque nos provee la solución con decimales (por ejemplo, 44.5), pero podemos fácilmente evaluar la función en 44 y 45 (*f(44)* y *f(45)*) en la ventana de comandos para obtener que la solución sin descuentos por volumen es 45. Sin embargo, la solución ya no es 45, sino 120. Podemos notarlc si escribimos *f(120)* en la ventana de comandos y comparamos este coste promedio con los costes promedio obtenidos previamente.

Incluso si inicializamos el algoritmo en un número mayor que Q = 120 difícilmente nos dará el resultado, y podría haber algunos puntos de inicio que terminen en un error del programa.

El código 1.8 tiene problemas para encontrar la solución. El principal problema es que, con la introducción de los descuentos por volumen, la función objetivo se volvió discontinua, y en el ámbito de la optimización podemos decir que es no diferenciable. Este término se escucha normalmente al hablar de los algoritmos de optimización numérica, dado que los problemas en los que la función objetivo es no diferenciable es en donde los algoritmos que no están basado en el gradiente encuentran sus principales aplicaciones.

El código 1.9 representa la función objetivo junto con los costes promedio para que apreciemos visualmente la naturaleza discontinua de la función objetivo.

```
% Código 1.9 - Problema 1.0, gráficas de costes con descuentos por
% volumen

clear ; clc ; close ;   % reset

% Parámetros del problema
d = 5 ;            % demanda diaria de envases
k = 10 ;           % coste de viajar al pueblo a por los envases
h = 0.05 ;         % coste de almacenamiento diario por envase
%P = 1 ;           % coste unitario de los envases

P(    1:  119) = 1    ; % Coste con descuentos por cantidad
P(  120:  159) = 0.75 ;
P(  160:  200) = 0.60 ;

x = [ 1 : 1 : 200 ] ;    % generamos un eje x (q)
CTr = k.*d./x ;          % Coste de trasporte promedio
CAl = x.*h./2 ;          % Coste de almacenamiento promedio
CPr = d*P ;              % Coste promedio del producto (envase)

CTot = CTr + CAl + CPr ;

plot(x, CTr, x, CAl, x, CPr, x, CTot, 'linewidth', 2')      % gráfica
axis ([ 0 200 0 12]) ;  % ajustamos el zoom
```

Al ejecutar este código podemos ver la gráfica de la figura 1.18, que es parecida a la 1.13, pero se observa la discontinuidad en el coste unitario y el efecto que este tiene en el coste total, que es la función objetivo.

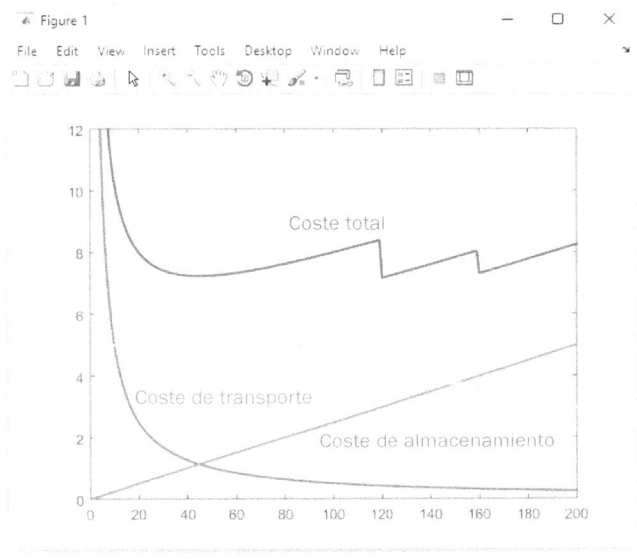

Figura 1.18 Gráficas de costes.

Si el algoritmo trata de calcular el gradiente en un punto de discontinuidad, el valor obtenido es tan grande que puede causar un error, por ejemplo, sugerir que el siguiente valor de Q es 500 (cuando Q está acotada entre los valores 1 y 200). Lo más complicado es que el nuevo óptimo global está justamente en un punto de discontinuidad (120).

Retomando el tema de la solución, la nueva sería comprar 120 envases a la vez, pero ¿cómo podemos hacer que el ordenador encuentre este valor ahora? Habrá que tener paciencia ya que acabamos de empezar, pero, efectivamente, en este capítulo se resolverá esta inquietud.

El método de gradiente descendiente no es capaz de resolver el problema ahora que se han introducido descuentos por volumen, ya que estos descuentos introducen discontinuidades a la función objetivo que la vuelven no diferenciable. Resolveremos este problema con algunos métodos iterativos estocásticos, comenzando con el más simple: la búsqueda aleatoria o Random Search.

1.9.1 El método de la búsqueda aleatoria o Random Search

Comenzaremos con uno de los métodos más sencillos y elementales, aunque, a pesar de su sencillez, es poderoso y contiene algunos elementos de los métodos de optimización que serán abordados en este libro.

El método de búsqueda aleatoria [1.11], como su nombre indica, consiste en buscar aleatoriamente en el espacio de búsqueda de la solución. Las soluciones generadas con este método son evaluadas en la función objetivo y ante las restricciones (si las hay). Una variable en la memoria de programa guarda durante las iteraciones la mejor solución encontrada hasta el momento, la cual se actualiza a lo largo de las iteraciones, si es que se van presentando mejores soluciones. Esto se repite hasta que se completa el número máximo de iteraciones que previamente fue programado.

Aunque este planteamiento puede parecer simple, ofrece una alternativa eficaz para la optimización de problemas muy complejos. Algunos ejemplos de sus aplicaciones son la selección de parámetros en modelos de aprendizaje automático o en situaciones de alta dimensionalidad. En otras palabras, nuestro problema es relativamente sencillo considerando el tipo de problemas que suelen resolverse con métodos iterativos. Solo tenemos que encontrar el valor de una variable: cuántas botellas de agua debe comprar Juan cada vez que va al pueblo.

El método de búsqueda aleatoria es particularmente útil en situaciones con recursos computacionales limitados.

El método de la búsqueda aleatoria consistiría en seleccionar al azar un valor entre 1 y 200 y, posteriormente, evaluar la solución considerando la ecuación (1.6), repetida aquí como (1.30):

$$f(Q) = \frac{d}{Q}k + \frac{Q}{2}h + dP.$$ (1.30)

Recuérdese que d = 5 envases por día, k = 10 euros por cada viaje al pueblo y h = 0.5 euros por envase por día, pero que P depende de la solución a probar (Q), es $P = 1$ euro por envase si $120 < Q < 160$, y es igual a 0.60 si $160 \leq Q$.

Una vez evaluada la función objetivo, en la primera iteración se guarda la solución y en las siguientes iteraciones se compara la nueva solución con la guardada. La mejor solución se va guardando hasta que se alcanza un numero preestablecido de iteraciones.

A primera vista parece un método poco eficiente, ya que tenemos que hacer el proceso muchas veces para encontrar la solución. La buena noticia es que un ordenador puede hacer esto muy rápidamente, el mismo ordenador que fue programado con el método de gradiente descendiente y que no pudo completar la tarea.

Por otra parte, debemos recordar que abordaremos este método como una introducción a otros métodos que también tienen un componente de aleatoriedad pero con estrategias mucho más avanzadas, y que han sido utilizados para resolver problemas muy complejos, problemas que las matemáticas convencionales fueron incapaces de resolver.

Para ejecutar el procedimiento de la búsqueda aleatoria, podemos seguir los siguientes pasos:

(i) Definir un dominio de valores posibles para cada parámetro de la solución. Este dominio puede ser continuo (como un rango de números con punto decimal) o discreto (como una lista de opciones o números enteros).

En nuestro caso, la solución tiene un único parámetro, que es la cantidad de envases a comprar, y es un parámetro discreto, debido a que no se contempla la compra de fracciones de envases sino de envases enteros. El rango puede ir desde 1 hasta 200.

(ii) Establecer un número máximo de iteraciones que se ejecutarán en el método, es decir, el número total de combinaciones que se van a probar. Esto se puede ajustar considerando el tiempo computacional y/o un límite de recursos (aunque, como ya hemos comentado, un ordenador moderno puede

hacer cientos o miles de iteraciones en el tiempo que le llevaría a una persona hacer una sola iteración).

Una característica del método de búsqueda aleatoria es que, para cada prueba, la búsqueda se realiza de forma uniforme en el espacio de búsqueda definido, lo que significa que cada combinación tiene la misma probabilidad de ser seleccionada, sin importar en qué posición se encuentra la mejor solución en el espacio de búsqueda. Hay otros métodos que sí consideran la información de iteraciones anteriores para refinar la búsqueda, y que veremos en capítulos posteriores.

El método de búsqueda aleatoria es simple y eficiente en términos de recursos computacionales en comparación con otros métodos de búsqueda. Podríamos decir que una técnica de optimización poderosa en su simplicidad. Además, como se verá en capítulos posteriores, tiene diversas variantes, como la búsqueda aleatoria local y la búsqueda aleatoria adaptativa, con modificaciones que mejoran algunos aspectos del algoritmo original.

El código 1.10 resuelve el problema de Juan, con los descuentos por volumen, mediante el método de búsqueda aleatoria:

```
% Código 1.10 - Problema de Juan, con descuentos por volumen, resuelto
% con el método de Random Search.
clear ; clc ; close ;   % reset

% Parámetros del problema
d = 5 ;              % demanda diaria de envases
k = 10 ;             % coste de viajar al pueblo a por los envases
h = 0.05 ;           % coste de almacenamiento diario por envase
P = 1 ;              % coste unitario de los envases

Px(    1:  119) = 1 ;        % Coste con descuentos por cantidad
Px(  120:  159) = 0.75 ;
Px(  160:  200) = 0.60 ;

x = [ 1 : 1 : 200 ] ;   % generamos un eje x (q)
CTr = k.*d./x ;         % Coste de trasporte promedio
CAl = x.*h./2 ;         % Coste de almacenamiento promedio
CPr = d*Px ;            % Coste promedio del producto (envase)

f = CTr + CAl + CPr ;

% Parámetros del optimizador
```

```
max_iter = 400 ;        % número máximo de iteraciones
q = 20 ;                % punto inicial
n = 0 ;                 % contador de mejoras

for i = 1:max_iter      % iteraciones

    q_n = 1 + round(199*rand) ;   % generamos un valor aleatorio

    if ( f(q_n) < f(q))  % evaluamos si hay que actualizar
        q = q_n ;        % actualiza

        n = n + 1 ;      % incrementa el contador de mejoras
        [ n i q ]        % despliega la solución y los contadores

    end


end

Solucion = q
```

Las partes principales que distinguen a este algoritmo se encuentran dentro del ciclo "for" de las iteraciones. La función (rand) genera un valor aleatorio entre 0 y 1 y necesitamos un valor entre 1 y 200; si multiplicamos el valor de (rand) por 200, el valor aleatorio estaría entre 0 y 200, pero no necesitamos evaluar el valor de 0, ya que el volumen de compra no puede ser cero, así que lo multiplicamos por 199 y le sumamos uno, y con esto nos aseguramos de que el valor aleatorio generado, que podría ser la nueva solución a probar, está entre 1 y 200.

```
    q_n = 1 + round(199*rand) ;   % generamos un valor aleatorio
```

Esta nueva solución se almacena en una variable (q_n). Después de eso tenemos una sentencia if, en este caso preguntamos que si la nueva solución generada aleatoriamente es mejor que la mejor probada hasta el momento, la cual ha sido almacenada en una variable (q). Si es la primera iteración, la variable q contiene el punto inicial, que en el código 1.10 es igual a 20. Después de la primera iteración, la variable q se actualiza solamente si se encuentra una mejor solución.

De hecho, la sentencia `if` podría ser tan simple como la siguiente:

```
if ( f(q_n) < f(q))  % si pertenece evaluamos si es mejor
    q = q_n ;  % + paso ;     % si es mejor, actualizamos el valor
end
```

Evidentemente, la variable `q` contendrá al final la mejor de las 400 soluciones que se probaron. Este número se almacenó en la variable `max_iter` antes de comenzar el ciclo "for".

A pesar de que la sentencia `if` podría ser simple, el código 1.11 incluye un par de líneas que sirven para desplegar información:

```
if ( f(q_n) < f(q))  % evaluamos si hay que actualizar
    q = q_n ;   % actualiza

    n = n + 1 ;  % incrementa el contador de mejoras
    [ n i q ]    % despliega la solución y los contadores

end
```

La variable (`n`), llamada contador de mejoras, e inicializada con el valor de cero, contará cuántas veces se introdujo al código dentro del (`if`), es decir, se evaluarán 400 soluciones encontradas al azar. Sin embargo, el código dentro del `if` se ejecuta solamente cuando la nueva solución encontrada es la mejor encontrada hasta el momento, así que cada vez que se introduce se incrementa el contador de mejoras (`n`), y después se construye un vector con 3 variables. Esta es una forma sencilla y práctica de mostrar 3 valores en la misma línea de la ventana de comandos.

Dicho vector (`[ n i q ]`) muestra el contador de mejoras (`n`), es decir, cuántas veces se ha encontrado una mejor solución, y muestra también el contador del ciclo "for" (`i`), solo para saber en cuál de las 400 iteraciones se encontró la mejor solución actual y, por último, la solución actualizada (`q`), que es la mejor solución actual.

Al ejecutar el código, notamos que resuelve correctamente el problema en muy corto tiempo en comparación con el método de gradiente descendiente, que presentaba errores. Es impresionante cómo un algoritmo tan simple puede resolver el problema con rapidez y precisión, casi siempre el resultado es el óptimo global y, si elevamos el número de iteraciones, la confiabilidad aumenta significativamente y el resultado correcto es mostrado casi todo el tiempo.

Conforme avancemos en los capítulos abordaremos otros a goritmos y de una forma más rigurosa. Así, también se abordarán problemas más complejos, multimodales y multidimensionales resueltos con métodos capaces de proveer soluciones a problemas con una cantidad infinita de posibles soluciones.

Los problemas, modelos matemáticos y algoritmos que hemos cubierto en este capítulo introductorio son solo la punta del iceberg, una pequeña muestra de un extenso campo de investigación con décadas de desarrollo, pero sigue siendo un campo relativamente nuevo, que recientemente ha evolucionado y ha tomado impulso con el creciente interés en la inteligencia artificial.

Si ha llegado hasta este punto, podrá ver el enorme potencial que tiene dominar estos temas y poder resolver las incógnitas de la optimización, que posee un enorme campo de aplicaciones en ámbitos tanto profesionales como personales.

Bienvenido al apasionante mundo de la optimización numérica.

Referencias

[1.1] Rao, S. S., (2019). *Engineering Optimization, Theory and Practice*. Wiley.

[1.2] Nocedal, J. y Wright, S. J. (2006). *Numerical Optimization*. Springer.

[1.3] Rioshansi, R. y Conejo, A. J. (2019). *Optimization in Engineering: Models and Algorithms*. Springer.

[1.4] Deb, K. (1999). Evolutionary Algorithms for Multi-Criterion Optimization in Engineering Design. *Evolutionary Algorithms in Engineering and Computer Science*, *2*, 135-161.

[1.5] Manchanda, P., Pierre R., & Siddiqi, A. H. (2020). *Mathematical Modelling, Optimization, Analytic and Numerical Solutions*. Springer.

[1.6] Evtushenko, Y. G., & Stoer, J. (1985). *Numerical Optimization Techniques.* Publications Division.

[1.7] Feng, Z. K., Niu, W. J., & Liu, S. (2021). Cooperation search algorithm: A novel metaheuristic evolutionary intelligence algorithm for numerical optimization and engineering optimization problems. *Applied Soft Computing*, *98*, 106734.

[1.8] Bonnans, J. F., Gilbert, J. C., Lemaréchal, C., & Sagastizábal, C. A. (2006). *Numerical Optimization: Theoretical and Practical Aspects*. Springer.

[1.9] Tapley, B. D., & Lewallen, J. M. (1967). Comparison of several numerical optimization methods. *Journal of Optimization Theory and Applications*, *1*, 1-32.

[1.10] Dennis Jr, J. E., & Schnabel, R. B. (1996). *Numerical Methods for Unconstrained Optimization and Nonlinear Equations*. Society for Industrial and Applied Mathematics.

[1.11] Russell, S., & Norvig, P. (2010). *Artificial Intelligence: A Modern Approach.* Pearson.

CAPÍTULO 2

GRADIENTE DESCENDIENTE

2.1 Introducción

Tal como se comentó en el primer capítulo, la optimización es una actividad natural, parte de la vida diaria. Pero también es una actividad importante para la industria. La mayoría de las empresas requieren optimizar diversos procesos, por ejemplo, en su cadena de suministro, sus costes de inventario o sus costes de producción. Estas actividades pueden ser compras de materiales, selección de proveedores, transporte, procesos de manufactura, etc. (consultar referencias [2.1] a [2.3]).

En el capítulo 1 se introdujeron algunos conceptos básicos junto con el problema de Juan. Este problema es una versión simple de lo que, en el ámbito de la ingeniería, se denomina problema de EOQ (en inglés, *Economic Order Quantity*) (referencias [2.4] y [2.5]), un tema de estudio en la ingeniería industrial. En dicho capítulo se introdujeron, además, algunos tópicos particulares y un par de métodos de solución, el de gradiente descendiente y el de búsqueda aleatoria, que se explicaron en su forma más sencilla y elemental.

Este capítulo explicará el método del gradiente descendiente en su forma general. Se verán también algunos ejercicios, no sin antes introducir un par de conceptos determinantes en la dificultad para resolver un problema: la multimodalidad y la multidimensionalidad.

2.1.1 Modalidad y dimensionalidad

El primero de estos términos fue mencionado en el problema de Juan y en el problema de bajar un cerro; después de explicar el método del gradiente, mencionamos que podríamos dividir los cerros en dos tipos: los cerros que se pueden bajar (o subir) con ayuda del método del gradiente, el cual consiste en ir siempre hacia abajo (o hacia arriba), y los cerros en los que este método no es efectivo, véase la figura. 2.1.

Figura 2.1 Tipos de cerro de acuerdo a sus modas (unimodal y multimodal).

En el contexto de la optimización, un problema es **multimodal** cuando tiene múltiples soluciones **óptimas locales**, siendo la mejor de ellas por definición el **óptimo global**. Estos diferentes máximos o mínimos locales se llaman **modas**, y cuando hay múltiples modas en un problema, decimos que se trata de un problema multimodal.

Otra forma de especificar que un problema es **unimodal** es mencionar que su función objetivo es **convexa**. La presencia de múltiples modas puede dificultar la tarea de encontrar el máximo o mínimo global de una función, especialmente cuando se utilizan métodos de optimización basados en el gradiente. Esto se debe a que estos métodos pueden quedarse atrapados en un máximo o mínimo local y no alcanzar el global. Esto le ocurrió al problema de Juan, y le ocurre normalmente al problema EOQ cuando se introducen descuentos por volumen.

Para tratar problemas multimodales, a menudo se utilizan técnicas de optimización más sofisticadas, que serán cubiertas en este libro, como algoritmos genéticos, optimización por enjambre de partículas y otros métodos evolutivos, que son menos propensos a quedar atrapados en óptimos locales y tienen una mayor probabilidad de encontrar el óptimo global en problemas multimodales.

Por otra parte, la **dimensión** de un problema se refiere al número de variables independientes que se deben considerar para encontrar una solución. Esencialmente, es una medida de cuán complejo es un problema desde el punto de vista del espacio de búsqueda.

En una gráfica de dos dimensiones, para encontrar cierto punto, se requieren dos variables, supongamos que son (x, y). El problema de optimización consistiría en tener una en función de la otra $(y = f(x))$, y podríamos maximizar o minimizar $y = f(x)$ eligiendo a x. La figura 2.2 muestra un cerro de dos dimensiones, pero el problema es de una dimensión porque hay una sola variable independiente (x); la otra no es independiente, sino que depende de la primera $(y = f(x))$.

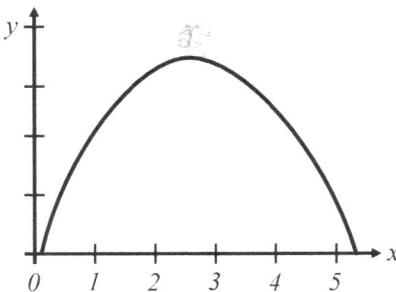

Figura 2.2 Cerro de dos dimensiones, problema de una dimensión.

La figura 2.3 muestra un cerro en tres dimensiones. En este caso, el problema de maximización es de dos dimensiones, porque hay dos variables independientes y una dependiente.

Nótese que, en lugar de utilizar los nombres *(x, y)* para los ejes, utilizaremos la notación (x_1, x_2), que es más común en el campo de la optimización.

La altura máxima del cerro es 50 metros. La altura depende de dónde nos ubiquemos; por ejemplo, en el origen $(x_1 = 0, x_2 = 0)$, la altura $y = f(x_1, x_2)$ es igual a cero, mientras que el máximo se encuentra en el punto $(x_1 = 5, x_2 = 5)$ con una altura $y = f(x_1, x_2) = 50$ (metros).

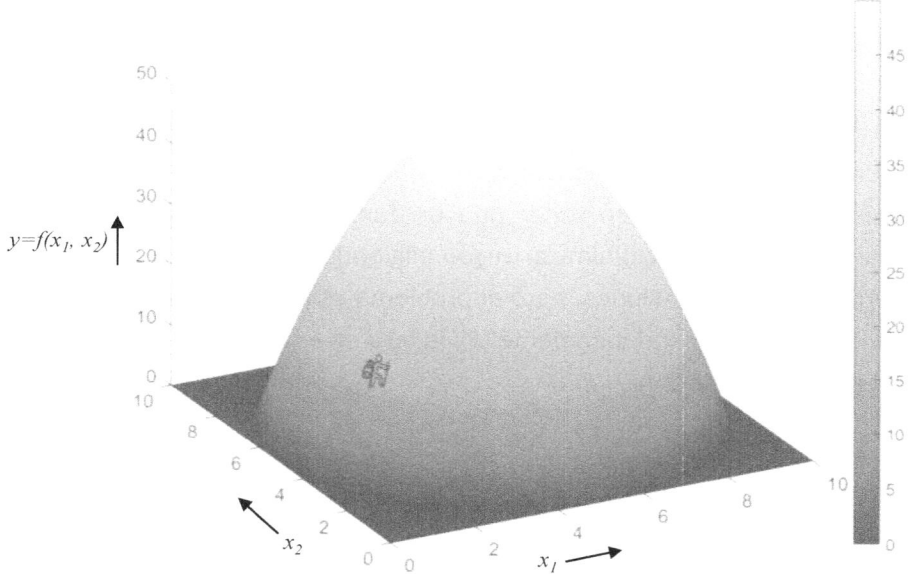

Figura 2.3 Cerro de tres dimensiones, problema de dos dimensiones.

En los capítulos siguientes se explicará que el problema de EOQ (el problema de Juan que se abordó como de una dimensión en el capítulo 1) es común que se convierta en multidimensional con otro fenómeno que también es muy común en la industria, y que ocurre cuando los proveedores no tienen suficiente capacidad de producción para proveer la demanda, por lo que la demanda es cubierta con una combinación de compras de diversos proveedores.

Dentro de los ejemplos que se revisarán en este capítulo, se abordará también el ajuste de curva. Puede que el lenguaje suene confuso, pero los autores invitamos al lector a continuar sin preocuparse de los términos nuevos, ya que nos aseguraremos de explicar cada uno con claridad conforme aparezcan.

El problema de ajuste de curva, en el que se seleccionan los parámetros de una curva para minimizar la distancia entre la curva y una serie de puntos, comienza también como un problema de dimensión uno, asumiendo que una línea recta parte del origen, y la única variable independiente, o solución, es la pendiente (m). Posteriormente, el problema se convierte en dos dimensiones al considerar que la recta no parte del origen, por lo que hay que encontrar la pendiente pero también el intercepto (b).

La dimensión del problema tiene implicaciones importantes en términos de la dificultad para resolverlo. A medida que la dimensión aumenta, el espacio de soluciones posibles puede crecer mucho. Este fenómeno es conocido coloquialmente como la "maldición de la dimensionalidad". A medida que el número de dimensiones aumenta, se requieren algoritmos más sofisticados y/o más tiempo computacional para explorar y encontrar soluciones óptimas en ese espacio ampliado. Esto es especialmente cierto para los métodos de búsqueda exhaustiva, donde el número de combinaciones posibles puede crecer rápidamente con cada dimensión adicional. Por lo tanto, los problemas de alta dimensión a menudo requieren técnicas especiales o aproximaciones para ser resueltos de manera efectiva.

2.2 El método del gradiente descendiente

Este método es uno de los primeros algoritmos empleados para la optimización de funciones objetivo de diversas dimensiones. En muchos de los procesos, la función objetivo es multidimensional, es decir, el objetivo es conocer el valor óptimo de diversas variables que son representadas en un vector de decisión, y la función puede ser no lineal. El requisito es que la función matemática sea diferenciable, ya que su funcionamiento está basado en el cálculo del gradiente o el uso de la derivada. Por su simplicidad y sencillez para aplicarse, es uno de los métodos más utilizados ([2.6] y [2.7]) y fue introducido por primera vez por Augustin Louis Cauchy en el siglo XIX.

En este capítulo se presentará el método del gradiente en su forma general para un problema multidimensional, es decir, en el que la solución no es un escalar, sino un vector. Posteriormente se repasarán algunos problemas.

Consideraremos, como punto de inicio del algoritmo que se conoce, a la función objetivo y las restricciones, si es que existen. Como ejemplo, utilizaremos un cerro en 3D (similar a la figura 2.3). La función objetivo puede expresarse como:

$$f(x_1, x_2) = 50 - (x_1 - 5)^2 - (x_2 - 5)^2. \tag{2.1}$$

Tal como se mencionó en la figura 2.3, podríamos utilizar los ejes (x, y, z), comúnmente utilizada en algunos cursos de física y matemáticas, pero utilizaremos la nomenclatura (x_1, x_2, x_3) que es más utilizada en el ámbito de la optimización, y familiarizarse con esta notación permite extender más fácilmente los conceptos a problemas de N dimensiones.

Se requiere, además, un punto de inicio o solución inicial. Este punto puede ser seleccionado de forma aleatoria o el programador puede proponer una de acuerdo con su experiencia.

En este libro se hará uso de vectores. Por simplicidad en la notación, llamaremos, por ejemplo, la solución $\mathbf{x}$ a las coordenadas de un punto, a un vector que se compone de dos escalares (x_1 y x_2). Nótese que se utilizará la notación de negritas para referirnos a los vectores (o matrices, si es el caso), para diferenciarlos de los escalares. La solución inicial se llamará $\mathbf{x}_0$, después de esta solución inicial, se generará una solución $\mathbf{x}_1$, $\mathbf{x}_2$, $\mathbf{x}_3$, ..., y así sucesivamente hasta terminar el proceso iterativo.

Recordemos que cada una de estas soluciones ($\mathbf{x}_1$, $\mathbf{x}_2$, $\mathbf{x}_3$, ..., $\mathbf{x}_{Iter}$) se compone de dos valores para un problema de dos dimensiones, o tres valores para un problema de tres dimensiones, o N valores para un problema de dimensión N.

$$\mathbf{x}_0 = \begin{bmatrix} x_0[1] \\ x_0[2] \\ \vdots \\ x_0[N] \end{bmatrix}. \qquad (2.2)$$

En el caso del cerro en 3D, que es un problema de dos dimensiones, la solución inicial puede ser (2.3):

$$\mathbf{x}_0 = \begin{bmatrix} x_0[1] \\ x_0[2] \end{bmatrix} = \begin{bmatrix} 2 \\ 4 \end{bmatrix}. \qquad (2.3)$$

Las coordenadas ($x_1 = 2$ y $x_2 = 4$) indican, aproximadamente, dónde está nuestro escalador en la figura 2.3. A partir del punto inicial $\mathbf{x}_0$ se obtendrá el siguiente punto $\mathbf{x}_1$, a partir de este se obtendrá $\mathbf{x}_2$, y así sucesivamente hasta un número de iteraciones que llamaremos *Iter*. Esto es lo que conocemos como proceso iterativo, un proceso paso a paso que en cada paso evoluciona hacia la solución final, la cual se espera que sea la solución óptima $\bar{x}$.

A las variables independientes, en este caso, las coordenadas (x_1 y x_2), se les llama variables de decisión, y normalmente están acotadas, es decir, no pueden tomar cualquier valor. En nuestro problema de la figura 2.3 podemos reconocer que tanto x_1 como x_2, toman valores de 0 a 10. Esta información es importante, pues para cada variable de decisión existe un valor máximo y un valor mínimo. Es posible definir vectores con los valores máximos y mínimos de las variables de decisión:

$$\mathbf{x}_{min} = \begin{bmatrix} x_{1\,min} \\ x_{2\,min} \\ \vdots \\ x_{N\,min} \end{bmatrix}. \qquad (2.4)$$

$$\mathbf{x}_{\max} = \begin{bmatrix} x_{1\max} \\ x_{2\max} \\ \vdots \\ x_{N\max} \end{bmatrix}. \tag{2.5}$$

En el ejemplo del cerro es posible definir vectores con los valores máximos y mínimos de las variables de decisión.

Tal como se ha dicho, el punto inicial se puede generar de forma aleatoria. Esto se puede hacer como (2.6):

$$\mathbf{x}_0 = \left((\mathbf{x}_{\max} - \mathbf{x}_{\min}) \odot \mathbf{rand} \right) + \mathbf{x}_{\min}. \tag{2.6}$$

La palabra *rand* es una función de MATLAB y de otros programas de optimización que hace alusión a aleatorio (*random* en inglés). Esta función provee un número cuasi aleatorio entre 0 y 1. El hecho de estar en negrita (**rand**) indica que es un vector en que cada elemento se ha generado con valores aleatorios, y el símbolo de un círculo con un punto adentro se conoce en matemáticas como producto de Hadamard y significa que es una multiplicación elemento por elemento; en MATLAB esto se indica agregando un punto antes del signo de multiplicación entre dos vectores o matrices.

Estos valores iniciales serán modificados en cada iteración mediante la siguiente ecuación (2.7):

$$\mathbf{x}_{k+1} = \mathbf{x}_k - \alpha \nabla f, \tag{2.7}$$

en donde $\mathbf{x}_{k+1}$ es la solución o posición que estamos construyendo a partir de la solución anterior $\mathbf{x}_k$ y el paso que vamos a dar. El paso está definido como $-\alpha$ para el caso de minimización o, $+\alpha$ para el caso de maximización, multiplicado por el gradiente de la función ∇f. El operador nabla (∇) indica el gradiente de la función (f) algo similar a la derivada, pero la derivada genera una función escalar a partir de una función escalar, y el gradiente genera un vector a partir de una función escalar. En otras palabras, la función objetivo puede ser una función escalar como (2.1). En un caso general, el gradiente de una función escalar que tiene N variables independientes $f(x_1, x_2, \ldots x_N,)$ se calcula como (2.8).

$$\nabla f\left(x_1, x_2, \ldots, x_N\right) = \begin{bmatrix} \dfrac{\partial}{\partial x_1} f\left(x_1, x_2, \ldots, x_N\right) \\ \dfrac{\partial}{\partial x_2} f\left(x_1, x_2, \ldots, x_N\right) \\ \vdots \\ \dfrac{\partial}{\partial x_N} f\left(x_1, x_2, \ldots, x_N\right) \end{bmatrix}. \qquad (2.8)$$

Para el ejemplo del cerro en 3D, mostrado en la figura 2.3 y cuya función está definida en (2.1), se calcularía como:

$$\nabla f(x_1, x_2) = \nabla\left(50 - \left(x_1 - 5\right)^2 - \left(x_2 - 5\right)^2\right). \qquad (2.9)$$

$$\nabla f\left(x_1, x_2\right) = \begin{bmatrix} \dfrac{\partial}{\partial x_1} f\left(x_1, x_2\right) \\ \dfrac{\partial f}{\partial x_2} f\left(x_1, x_2\right) \end{bmatrix} = \begin{bmatrix} -2\left(x_1 - 5\right) \\ -2\left(x_2 - 5\right) \end{bmatrix}. \qquad (2.10)$$

El gradiente de una función en un punto x_i, representa la dirección en la cual la función presenta su máximo crecimiento. Si queremos subir el cerro, debemos avanzar en esa dirección, si queremos bajarlo, debemos avanzar en la dirección contraria, por eso el signo menos en (2.7) se utiliza para un objetivo de minimización (bajar el cerro), pero en la misma ecuación un signo más nos llevaría a subir el cerro.

El cálculo del gradiente, entonces, representa la manera en que nuestra función varía respecto a una de las variables del vector de decisión, es decir, respecto a una de sus dimensiones [2.8].

El gradiente se puede calcular de forma deterministica con (2.8), pero también se puede aproximar numéricamente, como se vio en el ejemplo de

Juan, para cada variable dependiente, con el mismo concepto de la derivada calculada de forma numérica. Para un sistema con tres variables independientes (x_1, x_2, x_3), esto se puede hacer de la siguiente forma:

$$\frac{\partial}{\partial x_1} f\left(x_1, x_2, x_3\right) = \frac{f\left(\left(x_1 + h\right), x_2, x_3\right) - f\left(x_1, x_2, x_3\right)}{h}. \qquad (2.11)$$

$$\frac{\partial}{\partial x_2} f\left(x_1, x_2, x_3\right) = \frac{f\left(x_1, \left(x_2 + h\right), x_3\right) - f\left(x_1, x_2, x_3\right)}{h}. \qquad (2.12)$$

$$\frac{\partial}{\partial x_3} f\left(x_1, x_2, x_3\right) = \frac{f\left(x_1, x_2, \left(x_3 + h\right)\right) - f\left(x_1, x_2, x_3\right)}{h}. \qquad (2.13)$$

En un caso general, para una función escalar de N variables independientes (x_1, x_2, ..., x_i, ..., x_N), la derivada parcial de la función con respecto de la i-ésima variable independiente (x_i) se podría aproximar a:

$$\frac{\partial}{\partial x_i} f\left(x_1, x_2, ..., x_i, ..., x_N\right)$$

$$= \frac{f\left(x_1, x_2, ..., \left(x_i + h\right), ..., x_N\right) - f\left(x_1, x_2, ..., x_i, ..., x_N\right)}{h}. \qquad (2.14)$$

2.2.1 Encontrar la cima del cerro en 3D

El primer ejemplo que abordaremos será como encontrar la cima del cerro en 3D que se muestra en la figura 2.3. Pero, antes de abordar este tema, repasaremos cómo hacer una gráfica en MATLAB en 3D en general y cómo hacer la gráfica de interés (el cerro en 3D) en particular.

2.2.2 Dibujando el cerro en 3D

Existen diversas formas de dibujar una figura como la descrita, aunque revisar exhaustivamente la programación en MATLAB está fuera del enfoque de este libro, por lo que se utilizará una forma en particular. No obstante, sí repasaremos un detalle en particular de la figura 2.3.

La superficie descrita por la ecuación (2.1) es parecida pero no es exactamente la misma que en la figura 2.3. El código 2.1 muestra una gráfica de la ecuación (2.1):

```
% Código 2.1 - Dibuja un cerro en 3D sin suelo
clear ; clc ; close ;   % reset

f = @(x1, x2) 50 -2*(x1-5).^2 -2*(x2-5).^2 ;  % ecuación 2.1

% Crear una malla de puntos en el espacio
[x1, x2] = meshgrid(linspace(0, 10, 1000), linspace(0, 10, 1000));

z = f(x1, x2); % Evaluar la función en cada punto de la malla

% Dibujar la superficie 3D
surf(x1, x2, z, 'EdgeColor', 'none', 'FaceColor', 'interp') ;
colorbar ; % muestra la barra de colores.
```

El resultado de ejecutar este código se muestra en la figura 2.4, una figura muy parecida pero no idéntica a la figura 2.3. Esta figura se conoce como paraboloide elíptico. Para tener una apariencia estéticamente parecida a la de un cerro le añadimos el suelo, por lo que tomamos este paraboloide e hicimos que las partes negativas fueran igual a cero.

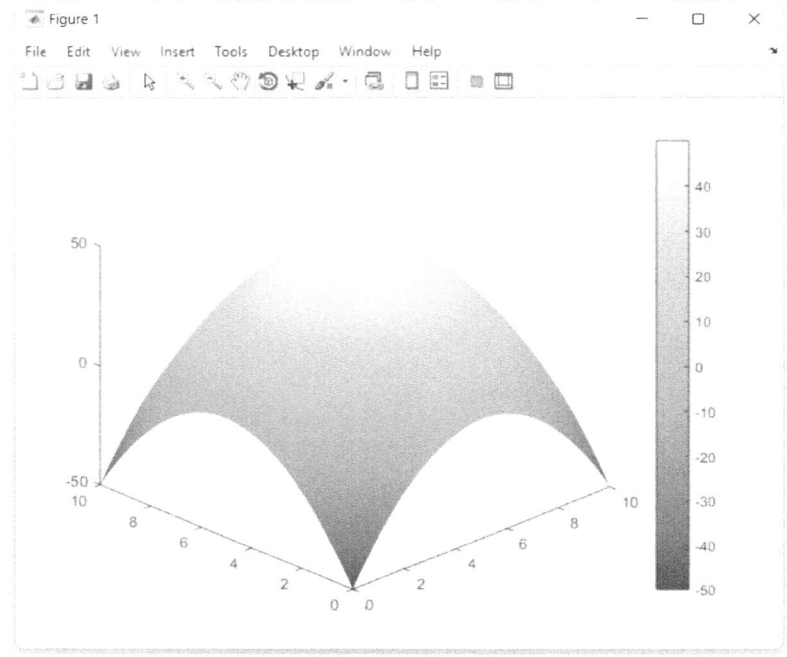

Figura 2.4 Paraboloide elíptica, cerro de tres dimensiones sin suelo.

Para generar el cerro en 3D de la figura 2.3 se utilizó el código 2.2:

```
% Código 2.2 - Dibuja un cerro en 3D con suelo
clear ; clc ; close ;   % reset

f = @(x1, x2) 50 -2*(x1-5).^2 -2*(x2-5).^2 ;  % ecuación (2.1)

% Crear una malla de puntos en el espacio
[x1, x2] = meshgrid(linspace(0, 10, 1000), linspace(0, 10, 1000));

z = f(x1, x2);   % Evaluar la función en cada punto de la malla

for i1=1:1000
    for i2=1:1000
        if z(i1,i2)<0
            z(i1,i2)=0;
        end
    end
end

% Dibujar la superficie 3D
surf(x1, x2, z, 'EdgeColor', 'none', 'FaceColor', 'interp') ;
colorbar ;  % muestra la barra de colores.
```

El ciclo "for" anidado recorre toda la gráfica para que los puntos negativos sean igual a cero. Podemos observar que, al ejecutar este código, se aprecia una figura idéntica a la figura 2.3. Ahora sí podremos utilizar la figura 2.3 como ejemplo didáctico, sin embargo, debemos considerar que, si tratamos de maximizar la función con el método del gradiente pero inicializamos el sistema en el suelo, en donde la derivada es igual a cero, el algoritmo no encontrará la cima.

Por esta razón, dejaremos de utilizar el gráfico de la figura 2.3 a pesar de su mayor parecido con un cerro, y utilizaremos el paraboloide elíptico real mostrado en la figura 2.4. Cuando abordemos técnicas de optimización que no dependan del gradiente, podremos volver al cerro 3D con suelo.

2.2.3 Maximizando la función

El código 2.3 aplica la técnica del gradiente para maximizar la función objetivo descrita por el paraboloide elíptico de la ecuación (2.1) y mostrado en la figura 2.4.

```
% Código 2.3 - optimiza el cerro en 3D con el método del gradiente
clear ; clc ; close ;   % reset

% Definición de la función y su gradiente
f      = @(x) 50 -2*(x(1)-5).^2 -2*(x(2)-5).^2 ;  % ecuación (2.1)
grad_f = @(x) [ -2*(x(1)-5) ; -2*(x(2)-5) ] ;     % ecuación (2.10)

% Parámetros para el método del gradiente
alpha = 0.1 ;    % Tasa de aprendizaje
Iter  = 1000 ;   % Número máximo de iteraciones
p = [ 1; 1];     % Punto de inicio

for iter = 1:Iter   % Proceso iterativo
    p = p + alpha * grad_f(p) ;    % Obtiene siguiente punto
end

Sol = p          % Resultado coordenadas del punto mas alto
Altura = f(p)    % Altura del punto mas alto
```

Al ejecutar el código, podemos ver en la ventana de comandos que la solución es el punto (5, 5), y la altura del cerro en ese punto es 50.

Como ya mencionamos en el capítulo anterior, la primera línea hace *reset* de la memoria de MATLAB, limpia las variables y la ventana de comandos y cierra ventanas auxiliares (por ejemplo, gráficas realizadas con otros códigos).

```
% Código 2.3 - optimiza el cerro en 3D con el método del gradiente
clear ; clc ; close ;   % reset
```

Las siguientes líneas definen la función objetivo y su gradiente. Nótese que, a diferencia de los códigos anteriores, este código contiene un cambio importante: las funciones reciben un argumento (*x*), pero dentro de las mismas se accede a sus componentes (*x(1)* y *x(2)*), es decir, *x* debe ser un vector de 2 componentes. No necesitamos decirlo explícitamente, pero, si dentro de la función se accede a componentes del argumento, entonces la función debe recibir un vector. Podríamos hacer una función que reciba un vector de cualquier dimensión, lo que podría ser útil si se requiere estudiar un problema de alta dimensionalidad.

Lo mismo ocurre con la función gradiente, pero, a diferencia de la función objetivo, que recibe un vector y entrega un escalar, la función gradiente recibe un vector y devuelve un vector. Como resultado devuelve la ecuación (2.10), que tiene dos componentes. Por esta razón se utilizan los corchetes y el punto y coma (;) dentro de la función.

```
% Definición de la función y su gradiente
f      = @(x) 50 -2*(x(1)-5).^2 -2*(x(2)-5).^2 ;  % ecuación (2.1)
grad_f = @(x) [ -2*(x(1)-5) ; -2*(x(2)-5) ] ;      % ecuación (2.11)
```

Estas definiciones simplifican la operación del método de optimización que, como podemos observar, es muy simple. Las siguientes líneas establecen los parámetros del método de optimización y del proceso iterativo.

```
% Parámetros para el método del gradiente
alpha = 0.1 ;    % Tasa de aprendizaje
Iter  = 1000 ;   % Número máximo de iteraciones
p = [ 1; 1];     % Punto de inicio

for iter = 1:Iter % Proceso iterativo
```

```
    p = p + alpha * grad_f(p) ;   % Obtiene siguiente punto
end

Sol = p           % Resultado coordenadas del punto más alto
Altura = f(p)     % Altura del punto más alto
```

El código 2.4 realiza la misma optimización, pero incluye la gráfica y coloca los puntos en donde el optimizador va explorando la solución.

```
% Código 2.4 - optimiza el cerro en 3D con el método del gradiente
clear ; clc ; close ;   % reset

% Definición de la función y su gradiente
f_ = @(x1,x2) 50 -2*(x1  -5).^2 -2*(x2  -5).^2 ;   % ecuación (2.1)
grad_f = @(x) [ -2*(x(1)-5) ; -2*(x(2)-5) ] ;       % ecuación (2.10)

% Crear una malla de puntos en el espacio
[x1, x2] = meshgrid(linspace(0, 10, 1000), linspace(0, 10, 1000));
z = f_(x1, x2);   % Evaluar la función en cada punto de la malla
surf(x1, x2, z, 'EdgeColor', 'none', 'FaceColor', 'interp') ;
colorbar ;   % muestra la barra de colores.

% Parámetros para el método del gradiente
alpha = 0.1 ;   % Tasa de aprendizaje
Iter  = 100 ;   % Número máximo de iteraciones
p = [ 0; 5] ;   % Punto de inicio

for iter = 1:Iter   % Proceso iterativo
    p = p + alpha * grad_f(p) ;   % Obtiene siguiente punto

    hold on ;        % indica que no queremos sustituir la gráfica
    plot3(p(1), p(2), f_(p(1),p(2)), 'ro', 'MarkerSize', 2 );
    pause(0.05);     % pausamos 0.1 segundos para poder verlo

end

Sol = p              % Resultado coordenadas del punto más alto
Altura = f_(p(1),p(2))   % Altura del punto más alto
```

Al ejecutar este código deberíamos obtener una gráfica igual a la de la figura 2.4 pero, esta vez, se observa que aparecen puntos rojos en los puntos en donde el algoritmo busca una nueva solución, hasta llegar a la parte superior.

El código tiene diferencias con el 2.3 que serán discutidas a continuación, pero nos gustaría comentar que MATLAB es un lenguaje muy poderoso y flexible, y casi todos los procedimientos se pueden hacer de diversas formas. Invitamos al lector a no sentirse abrumado por el amplio mundo de MATLAB, no es necesario ser un experto en MATLAB para resolver los problemas que se nos van presentando, y la recomendación es utilizar los códigos que se proveen, sobre todo los que se ajusten mejor a su estilo.

Las principales diferencias de este código con el anterior son:

La función objetivo `f_` se definió para aceptar dos argumentos, cada uno como un escalar. Recuerde que en el código 2.3 la función objetivo recibía un vector compuesto de dos escalares. La razón de este cambio se debe a que en este código se realizará una gráfica de la función, y existe un método en MATLAB para hacer esto de una forma muy simple, pero la función objetivo debe recibir los argumentos por separado.

```
% Definición de la función y su gradiente
f_  = @(x1,x2) 50 -2*(x1  -5).^2 -2*(x2  -5).^2 ;   % ecuación (2.1)
grad_f = @(x) [ -2*(x(1)-5) ; -2*(x(2)-5) ] ;        % ecuación (2.10)
```

Ahora procedemos con la gráfica en 3D. La función (`meshgrid`) genera dos matrices, en este caso de 1000 x 1000, que contienen cada una coordenadas (x, y) que podrían ser las coordenadas de cada punto del cerro. Estas coordenadas pueden ser utilizadas para evaluar la función objetivo, que generaría una tercera matriz (`z = f_(x1, x2) ;`) con los valores de la altura del cerro. Ahora podemos utilizar la función (`surf`) para dibujar la superficie en 3D.

```
% Crear una malla de puntos en el espacio
[x1, x2] = meshgrid(linspace(0, 10, 1000), linspace(0, 10, 1000));
z = f_(x1, x2) ; % Evaluar la función en cada punto de la malla
surf(x1, x2, z, 'EdgeColor', 'none', 'FaceColor', 'interp') ;
colorbar ; % muestra la barra de colores.
```

El proceso iterativo se realiza de la misma forma, pero dentro del ciclo "for" se coloca un punto en los lugares que se van explorando con el siguiente código:

```
for iter = 1:Iter    % Proceso iterativo
    p = p + alpha * grad_f(p) ;    % Obtiene siguiente punto

    hold on ;           % indica que no queremos sustituir la gráfica
    plot3(p(1), p(2), f_(p(1),p(2)), 'ro', 'MarkerSize', 2 );
    pause(0.05);        % pausamos 0.1 segundos para poder verlo

end
```

El código 2.4b realiza la misma función que el código 2.4, sin embargo, en lugar de definir el gradiente como una función y evaluarlo, obtiene el gradiente de forma numérica, a través del ciclo "for" del proceso iterativo. En este libro se presentará más de un estilo de programación. Se invita al lector a seguir el estilo que le sea más conveniente.

```
% Código 2.4b - optimiza cerro en 3D - método del gradiente
clear ; clc ; close ;    % reset

% Definición de la función y su gradiente
f = @(x1,x2) 50 -2*(x1  -5).^2 -2*(x2  -5).^2 ;    % ecuación (2.1)

% Crear una malla de puntos en el espacio
[x1, x2] = meshgrid(linspace(0, 10, 1000), linspace(0, 10, 1000));
z = f(x1, x2); % Evaluar la función en cada punto de la malla
surf(x1, x2, z, 'EdgeColor', 'none', 'FaceColor', 'interp') ;
colorbar ;      % muestra la barra de colores.

% Parámetros para el método del gradiente
alpha = 0.01 ;  % Tasa de aprendizaje
Iter  = 100  ;  % Número máximo de iteraciones
p = [ 0; 5]  ;  % Punto de inicio
h = 0.001    ;

for iter = 1:Iter   % Proceso iterativo

    p(1) = p(1) + alpha * (f(p(1)+h,p(2)  ) - f(p(1),p(2)))/h ;
    p(2) = p(2) + alpha * (f(p(1)  ,p(2)+h) - f(p(1),p(2)))/h ;

    hold on ;        % indica que no queremos sustituir la gráfica
    plot3(p(1), p(2), f(p(1),p(2)), 'ro', 'MarkerSize', 2 );
    pause(0.05);     % pausamos 0.1 segundos para poder verlo

end

Sol = p         % Resultado coordenadas del punto más alto
Altura = f(p(1),p(2))   % Altura del punto más alto
```

2.3 El problema del ajuste de curva

Veamos ahora un ejemplo cuyo contenido matemático se utiliza en diversas áreas de la ingeniería. El problema es de dos dimensiones, sin embargo, comenzaremos con un planteamiento que simplifica los cálculos disminuyendo a una dimensión.

Un constructor de vías de tren se enfrenta al siguiente problema. Se desea construir una vía de tren recta que pase lo más cerca posible de un grupo de ciudades (el mapa de las ciudades se muestra en la figura 2.5). El mapa sitúa a la ciudad del extremo este en el centro de un plano cartesiano en el que cada unidad son 100 km. Esta ciudad será el primer punto de las vías del tren, y se desea minimizar la suma de las distancias verticales (de norte a sur) de las otras 5 ciudades hacia la vía $(d_1+d_2+d_3+d_4+d_5)$. La minimización se realizará mediante la correcta selección de la pendiente m que definirá la inclinación de las vías con respecto a la horizontal (línea este a oeste).

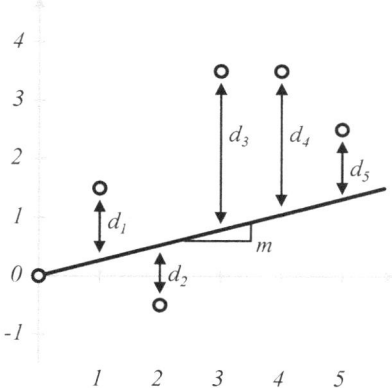

Figura 2.5 Mapa de las ciudades.

Recordemos que cada punto de una recta que parte del origen se puede expresar con (2.15):

$$y = mx .$$

(2.15)

Las coordenadas de las ciudades se pueden apreciar en la tabla 2.1:

Tabla 2.1 Coordenadas de las ciudades

x	0	1	2	3	4	5
y	0	1.5	-0.5	3.5	3.5	2.5

Así que la suma de distancias puede escribirse como (2.16):

$$\sum d = |1.5 - m| + |-0.5 - 2m| +$$

$$+ |3.5 - 3m| + |3.5 - 4m| + |2.5 - 5m|. \tag{2.16}$$

Recordemos que cada punto de una recta que parte de origen se puede expresar con (2.15). Se utiliza el valor absoluto y no la diferencia simple debido a que, si se utiliza la diferencia simple, un valor negativo podría cancelarse con un valor positivo y semejar que la suma de las distancias no está disminuyendo cuando sí lo está haciendo.

El código 2.5 resuelve el problema planteado mediante el método del gradiente descendiente:

```
% Codigo 2.5 - Ajuste de curva (linea recta) %
clear; clc; close;     % reset

x = [ 0 , 1   , 2    , 3   , 4   , 5   ];
y = [ 0 , 1.5 , -0.5 , 3.5 , 3.5 , 2.5 ];

m     = 0 ;        % Pendiente inicial
alpha = 0.005 ;    % Tasa de aprendizaje
niter = 200 ;      % Numero de iteraciones
h     = 0.001 ;    % delta de x_m

for i = 1:niter    % Loop del algoritmo

    sum_d =   abs( y(2) -   m   ) + abs( y(3) - 2*m     ) ...
            + abs( y(4) - 3*m   ) + abs( y(5) - 4*m     ) ...
            + abs( y(6) - 5*m   ) ;

    sum_d_h = abs( y(2) -    (m+h) ) + abs( y(3) - 2*(m+h) ) ...
            + abs( y(4) - 3*(m+h) ) + abs( y(5) - 4*(m+h) ) ...
            + abs( y(6) - 5*(m+h) ) ;

    grad = (sum_d_h - sum_d ) / h ; % Calcula el gradiente
```

```
    m = m - alpha * grad ;          % Actualiza la pendiente
end

Sol_m = m
```

Si todo sale bien, después de resolver el problema, MATLAB nos indicará que la solución es tener una pendiente m = 0.86. Nótese que el programa se ejecuta muy rápidamente, nos ofrece la solución de forma prácticamente instantánea. La solución es una aproximación muy buena. Cuando se aplica un método de optimización, existe un compromiso entre precisión y velocidad en el que profundizaremos más adelante.

El código 2.6 realiza el mismo programa, con la diferencia de que incluye la ubicación de las ciudades tal como se hace en la figura 2.5. Representa la línea inicial con una pendiente de m = -1 y, conforme la pendiente se va actualizando, incluye una a una las líneas actualizadas hasta llegar a su versión final:

```
% Codigo 2.6 - Ajuste de curva (línea recta) V2
clear; clc; close;   % reset

x = [ 0 , 1   , 2   , 3   , 4   , 5   ];
y = [ 0 , 1.5 , -0.5 , 3.5 , 3.5 , 2.5 ];

m     = 0 ;        % Pendiente inicial
alpha = 0.005 ;    % Tasa de aprendizaje
niter = 200 ;      % Numero de iteraciones
h     = 0.001 ;    % delta de x_n

scatter(x, y, 'b') ; % Representar la ubicacion de las ciudades
axis ([ 0 6 -6 6]) ; % ajustamos el zoom
hold on ; % Indica que, al dibujar algo más, no se borrará la gráfica

for i = 1:niter % Loop para realizar el gradiente descendiente

    sum_d =   abs( y(2) -    m    ) + abs( y(3) - 2*m    ) ...
            + abs( y(4) - 3*m    ) + abs( y(5) - 4*m    ) ...
            + abs( y(6) - 5*m    ) ;

    sum_d_h = abs( y(2) -    (m+h) ) + abs( y(3) - 2*(m+h) ) ...
            + abs( y(4) - 3*(m+h) ) + abs( y(5) - 4*(m+h) ) ...
            + abs( y(6) - 5*(m+h) ) ;

    grad = (sum_d_h - sum_d ) / h ; % Calcula el gradiente
```

```
    m = m - alpha * grad ;            % Actualiza la pendiente

    plot(x, m.*x, 'r');              % Representa la nueva línea
    pause(0.1);                      % Pausa un momento

end

plot(x, m.*x, 'b');                  % Representa la nueva línea
Sol_m = m
```

Si todo sale bien, la gráfica de MATLAB se debe ver como en la figura 2.6. La flecha indica la dirección en la que se van dibujando las nuevas líneas. Podemos observar que, conforme las líneas se acercan a la solución, la distancia entre ellas es menor.

Algunos comentarios que podemos añadir al respecto de este código es que, en las primeras líneas, declaramos los pares ordenados o las coordenadas de las ciudades, que corresponden con la tabla 2.1.

```
x = [ 0 , 1   ,  2   , 3  , 4   , 5   ];
y = [ 0 , 1.5 , -0.5 , 3.5 , 3.5 , 2.5 ];
```

Posteriormente se añaden los parámetros del optimizador, antes de comenzar con las iteraciones. Las siguientes líneas reproducen la figura 2.5, localizando en una gráfica de plano cartesiano las ciudades.

```
scatter(x, y, 'b') ; % Representar la ubicación de las ciudades
axis ([ 0 6 -6 6]) ; % ajustamos el zoom
hold on ; % Indica que, al dibujar algo más, no se borrara la gráfica
```

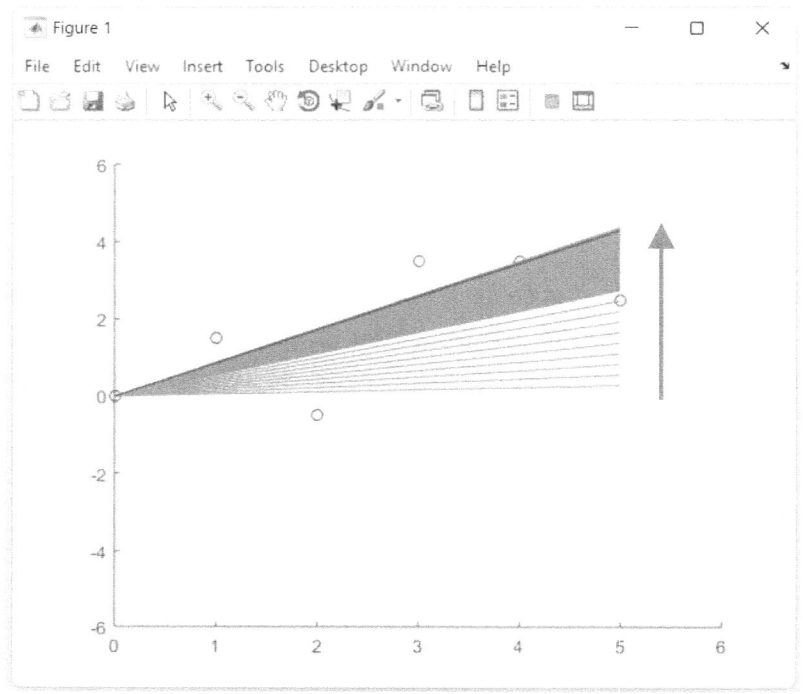

Figura 2.6 Gráfica del resultado y los puntos que se exploraron.

Dentro del ciclo "for", que realiza los pasos del método de optimización, podemos observar el cálculo del gradiente, que se realiza de forma numérica. Inicialmente calculamos la distancia con la pendiente actual (m), posteriormente calculamos la distancia con la pendiente actual sumándole el incremento h y, por último, aplicamos la fórmula del gradiente calculado. Una vez tengamos el gradiente actualizamos la pendiente m.

```
sum_d =   abs( y(2) -    m      ) + abs( y(3) - 2*m     ) ...
        + abs( y(4) - 3*m      ) + abs( y(5) - 4*m     ) ...
        + abs( y(6) - 5*m      ) ;

sum_d_h = abs( y(2) -    (m+h) ) + abs( y(3) - 2*(m+h) ) ...
        + abs( y(4) - 3*(m+h) ) + abs( y(5) - 4*(m+h) ) ...
        + abs( y(6) - 5*(m+h) ) ;

grad = (sum_d_h - sum_d ) / h ; % Calcula el gradiente
m = m - alpha * grad ;          % Actualiza la pendiente
```

Antes de hacer la siguiente iteración, representamos la línea con la pendiente actualizada y esperamos un momento, para poder apreciar visualmente cómo se van actualizando las gráficas.

```
plot(x, m.*x, 'r');        % Representa la nueva línea
pause(0.1);                % Pausa un momento
```

Una vez terminado el proceso iterativo, el programa nos muestra en pantalla la solución (Sol_m = m) y representa una última línea recta, en este caso, de color azul.

Intente cambiar algunos puntos para ver cómo cambia la solución del problema, por ejemplo, con los parámetros de la tabla 2.2, o bien cambiar los parámetros del algoritmo, como la pendiente inicial, la taza de aprendizaje, el incremento h con el que se calcula el gradiente, etc.

Tabla 2.2 Coordenadas alternativas del problema

x	0	1	2	3	4	5
Y	0	1.5	1.5	3.5	3.5	5

Observe el comportamiento del programa ante los cambios de sus parámetros.

Por último, antes de pasar al siguiente tema, el código 2.7 resuelve el problema utilizando una forma de programación más elegante y normalmente utilizada cuando se usa MATLAB:

```
% Codigo 2.7 - Ajuste de curva (línea recta)
clear; clc; close;  % reset

x = [ 0 , 1   , 2    , 3    , 4    , 5   ];
y = [ 0 , 1.5 , -0.5 , 3.5 , 3.5 , 2.5 ];

m     = 0 ;      % Pendiente inicial
alpha = 0.005 ;  % Tasa de aprendizaje
niter = 200 ;    % Numero de iteraciones
h     = 0.001 ;  % delta de x_n

scatter(x, y, 'b') ; % Representar la ubicacion de las ciudades
```

```
axis ([ 0 6 -6 6]) ; % ajustamos el zoom
hold on ; % Indica que, al dibujar algo más, no se borrará la gráfica

for i = 1:niter % Loop del algoritmo

    sum_d   = sum( abs(y -  m   *x)) ;
    sum_d_h = sum( abs(y - (m+h)*x)) ;

    grad = (sum_d_h - sum_d ) / h ; % Calcula el gradiente
    m = m - (alpha * grad) ;        % Actualiza la pendiente

    plot(x, m.*x, 'r');             % Representa la nueva linea
    pause(0.1);                     % Pausa un momento

end

plot(x, m.*x, 'b');                 % Representa la nueva linea
Sol_m = m
```

Los cálculos dentro del ciclo de iteraciones han sido reescritos. Hacerlos punto por punto, como en los códigos anteriores a este, nos ayuda a entender lo que pasa dentro del programa. No obstante, hacerlo mediante las operaciones con vectores (y eventualmente con matrices) lo hace más elegante y, además, si crece el número de puntos para el ajuste de curva, el código no cambia si se hace utilizando operaciones vectoriales.

Las líneas de código que se utilizan para el cálculo del gradiente hacen exactamente lo mismo; obtienen la diferencia entre el vector y la línea recta de pendiente m, obtienen su valor absoluto y, mediante la instrucción "sum", hacen la suma de todos los valores obtenidos:

```
    sum_d   = sum( abs(y -  m   *x)) ;
```

También se podría dividir esta línea de código en las operaciones que se realizan anidadas para entender un poco mejor las operaciones. La primera operación que se realiza es la obtención del error. Este da como resultado un vector de la misma longitud de "y", en este caso de seis elementos; posteriormente se obtiene su valor absoluto y esto da como resultado otro vector de 6 elementos, pero ahora todos positivos. Por último, la suma de todos los elementos da como resultado un escalar.

```
Error_vector = y - m*x ;
Valores_absolutos = abs (Error_vector) ;
sum_d  = sum(Valores_absolutos) ;
```

2.3.1 La minimización del error cuadrático

El ajuste de curva, en la que buscamos los parámetros de una curva que hacen que se asemeje a una serie de puntos previamente descritos, es una técnica utilizada en diversos campos de la ingeniería y, en algunos casos, se denomina regresión lineal [2.9]. Se desea que la curva pase exactamente por los puntos, aunque sabemos que esto puede ser imposible, esto es, puede existir un error, y a la diferencia entre el valor de la curva y el de los puntos le llamaremos error. Hasta ahora hemos utilizado la suma de los errores en su valor absoluto.

Es más común tener como objetivo el minimizar el error cuadrático, es decir, la suma de los errores elevados al cuadrado. Esto ayuda para evitar el uso del valor absoluto, ya que, al elevar al cuadrado las diferencias entre los puntos y la curva trazada, las diferencias negativas se vuelven positivas. Además, el error cuadrático es derivable, algo que será explicado y utilizado como una ventaja. Pero, antes de avanzar en esa dirección, veamos el código 2.8 que resuelve el problema de ajuste de curva utilizando el error cuadrático:

```
% Código 2.8 - Ajuste de curva (línea recta - error cuadrático)
clear; clc; close;   % reset

x = [ 0 , 1  , 2  , 3  , 4  , 5  ] ;
y = [ 0 , 1.5 , -0.5 , 3.5 , 3.5 , 2.5 ] ;

m     = 0 ;        % Pendiente inicial
alpha = 0.001 ;    % Tasa de aprendizaje
niter = 100 ;      % Número de iteraciones
h     = 0.001 ;    % delta de x_n

% Representar los datos originales
scatter(x, y, 'b');
axis ([ 0 6 -6 6]) ;   % ajustamos el zoom
hold on;
```

```
for i = 1:niter % Loop para realizar el gradiente descendiente

    sum_d   = sum( (y -  m   *x).^2 ) ;
    sum_d_h = sum( (y - (m+h)*x).^2 ) ;

    grad = (sum_d_h - sum_d ) / h ;
    m = m - alpha * grad ;

    plot(x, m.*x, 'r');
    pause(0.1);

end

plot(x, m.*x, 'b');
Sol_m = m
```

Si todo sale bien, el programa nos devolverá una gráfica como la mostrada en la figura 2.7, y nos indicará que el resultado es 0.6813. Es normal que, al utilizar el error cuadrático, el resultado sea diferente que al utilizar el valor absoluto del error. En ambos casos, el algoritmo trata de minimizar una suma de errores, pero, con error cuadrático, el algoritmo trata de minimizar "más" los errores más grandes, por lo que decimos que "penaliza" los valores más grandes del error.

Supongamos que debemos salir de un lugar a las 15:50 horas y llegar a otro lugar a las 16:10 horas, pero el tiempo que tardamos en llegar es de 40 minutos, por lo que inevitablemente cometeremos un error. Podemos elegir salir a las 15:50 horas de la primera cita y llegar a las 16:30 horas (20 minutos tarde) a nuestra segunda cita. Tendríamos un error de 0 minutos en nuestra primera actividad y un error de 20 minutos en la segunda actividad. En valor absoluto, es lo mismo que salir a las 15:40 horas de la primera cita, con lo que tendríamos un error de 10 minutos en la primera actividad y 10 minutos en la segunda. Pero, si utilizamos el error cuadrático, la segunda opción es la mejor, ya que el error cuadrático sería $10^2 + 10^2 = 200$, que es menor que $0^2 + 20^2 = 400$.

Se ha observado, además, que utilizar el error cuadrático ofrece un mejor desempeño del algoritmo. Nótese que el código 2.8 utiliza 100 iteraciones (*niter*), mientras que con el error absoluto preferimos utilizar 200. Como ejercicio, intente probar el algoritmo con el error cuadrático para los datos de la tabla 2.3:

Tabla 2.3 Coordenadas alternativas del problema

x	0	1	2	3	4	5
Y	0	1	2	3	4	5

Un detalle que podemos resaltar del código 2.8 es que, dentro del ciclo que realiza las iteraciones, el error se calcula de la siguiente forma:

```
sum_d = sum( (y - m*x).^2 ) ;
```

El punto que está antes del signo de elevar a una potencia se utiliza para indicarle al compilador que no se trata de elevar al cuadrado un vector, lo que sería matemáticamente incorrecto, ya que solo los escalares y las matrices cuadradas se pueden elevar al cuadrado. El punto indica que esa operación de elevar al cuadrado se desea realizar en cada uno de los elementos de un vector.

También se utiliza para multiplicar y para dividir, cuando queremos indicar que se realicen operaciones elemento a elemento y no de forma matricial. A pesar de eso, al multiplicar (`m*x`) en esa misma línea, el punto no es necesario, ya que *m* es un escalar (un número) y no un vector (un arreglo de números); aun así podemos agregar el punto sin causar error, pero en este caso (`m.*x`) no es necesario.

También mencionamos que el error cuadrático es derivable y que esto es una ventaja, y ahora abordaremos la razón, pero antes debemos de recordar que, si las señales presentan discontinuidades, esto puede causar errores al aplicar el método del gradiente, como se observó en el ejemplo de EOQ del capítulo 1. Pero, si las señales tienen un comportamiento suave, es posible obtener una expresión para la derivada del error cuadrático y utilizarla en lugar de calcular el gradiente mediante el procedimiento del incremento (h).

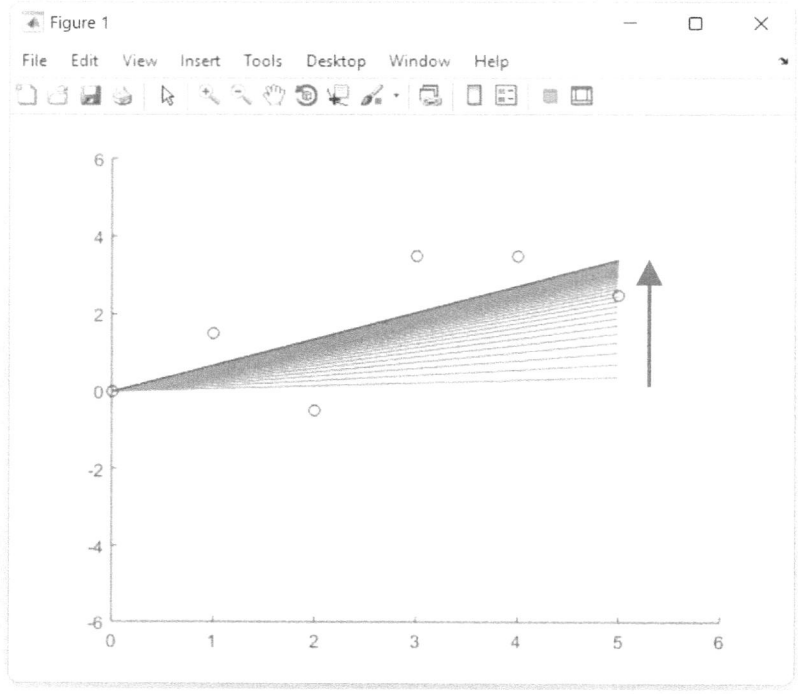

Figura 2.7 Gráfica del resultado y los puntos que se exploraron del ajuste de curva utilizando el error cuadrático.

El error cuadrático entre una línea recta que comienza en el origen y una serie de puntos se puede expresar como (2.17):

$$E^2 = \sum_{i=1}^{n} \left(y_i - mx_i \right)^2.$$

(2.17)

Por lo que la derivada parcial del error con respecto de m se puede expresar como (2.18):

$$\frac{\partial E^2}{\partial m} = 2 \sum_{i=1}^{n} \left(y_i - mx_i \right) \left(-x_i \right).$$

(2.18)

El código 2.9 resuelve el problema con el método del gradiente descendiente, utilizando el error cuadrático y la ecuación (2.18) para calcular el gradiente. Nótese que no es necesario definir un incremento h, y que el cálculo del gradiente se simplifica a la primera línea dentro del ciclo "for" de las iteraciones.

```
% Código 2.9 - Ajuste de curva (línea recta - error cuadrático)
clear; clc; close;  % reset

x = [ 0 , 1   , 2    , 3   , 4   , 5   ] ;
y = [ 0 , 1.5 , -0.5 , 3.5 , 3.5 , 2.5 ] ;

m     = 0 ;        % Pendiente inicial
alpha = 0.001 ;    % Tasa de aprendizaje
niter = 100 ;      % Número de iteraciones

% Representar los datos originales
scatter(x, y, 'b');
axis ([ 0 6 -6 6]) ;  % ajustamos el zoom
hold on;

for i = 1:niter % Ciclo de iteraciones

    grad = 2*sum((y - m*x).*(-x)) ;
    m = m - alpha * grad ;

    plot(x, m.*x, 'r');
    pause(0.1);

end

plot(x, m.*x, 'b');
Sol_m = m
```

Además, es posible extender este concepto a líneas rectas que no crucen al eje y en $y=0$, sino en $y=b$. El error cuadrático se podría expresar como (2.19):

$$E^2 = \sum_{i=1}^{n} \left(y_i - \left(mx_i + b \right) \right)^2 . \qquad (2.19)$$

Y ahora tendríamos dos derivadas parciales del error cuadrático, una con respecto de m y otra con respecto de b, véase (2.20) y (2.21):

$$\frac{\partial E^2}{\partial m} = 2 \sum_{i=1}^{n} \left(y_i - \left(mx_i + b \right) \right) \left(-x_i \right) . \qquad (2.20)$$

$$\frac{\partial E^2}{\partial b} = 2\sum_{i=1}^{n}\left(y_i - \left(mx_i + b\right)\right)\left(-1\right). \tag{2.21}$$

Con estas expresiones podemos escribir un programa que realice el ajuste de curva con la línea recta y que considere que la curva no necesita pasar por el origen. El código 2.10 realiza esta tarea:

```
% Código 2.10 - Ajuste de curva (línea recta - error cuadrático)
clear; clc; close;  % reset

x = [ 0 , 1   , 2   , 3   , 4   , 5   ] ;
y = [ 0 , 1.5 , -0.5 , 3.5 , 3.5 , 2.5 ] ;

m      = 0 ;       % Pendiente inicial
b      = 0 ;
alpha_m = 0.001 ;  % Tasa de aprendizaje
alpha_b = 0.005 ;  % Tasa de aprendizaje
niter  = 200 ;     % Número de iteraciones

% Representar los datos originales
scatter(x, y, 'b');
axis ([ 0 6 -6 6]) ;  % ajustamos el zoom
hold on ;

for i = 1:niter % Ciclo de iteraciones

    grad_m = 2*sum((y - (m*x+b)).*(-x)) ;
    grad_b = 2*sum((y - (m*x+b)).*(-1)) ;

    m = m - alpha_m * grad_m ;
    b = b - alpha_b * grad_b ;

    plot(x, (m.*x + b), 'r');
    pause(0.1);

end

plot(x, (m.*x + b), 'b');
Sol_m = m
Sol_b = b
```

Nótese que ahora la línea recta solución no cruza por el origen. Como ejercicio, intente probar el algoritmo con el error cuadrático para los datos de la tabla 2.4:

Tabla 2.4 Coordenadas alternativas del problema

x	0	1	2	3	4	5
Y	1	2	3	4	5	6

Podrá corroborar que el programa ofrece una buena solución ($m = 0.99$, $b = 1.02$), sin embargo, intuitivamente podemos imaginar que la solución óptima sería ($m = 0.99$, $b = 1.02$). Esto se debe a los parámetros que estamos programando, principalmente a que, para observar el comportamiento del optimizador, es decir, para ver las gráficas, limitamos el número de iteraciones. Podrá el lector imaginar que, si en lugar de 200 iteraciones, programamos 20 000, la ejecución llevaría mucho tiempo, mientras esperamos frente al ordenador. Podemos hacer muchas iteraciones en poco tiempo si omitimos las gráficas; por ejemplo, el código siguiente es el mismo que 2.10b, pero las gráficas dentro del ciclo de iteraciones han sido comentadas (no se representa cada iteración, solo al final).

```
% Código 2.10b - Ajuste de curva (línea recta - error cuadrático)
clear; clc; close;      % reset

x = [ 0 , 1 , 2 , 3 , 4 , 5 ] ;
y = [ 1 , 2 , 3 , 4 , 5 , 6 ];

m       = 0 ;         % Pendiente inicial
b       = 0 ;
alpha_m = 0.001 ;     % Tasa de aprendizaje
alpha_b = 0.005 ;     % Tasa de aprendizaje
niter   = 2000 ;      % Número de iteraciones

% Representar los datos originales
scatter(x, y, 'b');
axis ([ 0 6 -6 6]) ;  % ajustamos el zoom
hold on ;

for i = 1:niter % Ciclo de iteraciones

    grad_m = 2*sum((y - (m*x+b)).*(-x)) ;
    grad_b = 2*sum((y - (m*x+b)).*(-1)) ;

    m = m - alpha_m * grad_m ;
    b = b - alpha_b * grad_b ;
```

```
%    plot(x, (m.*x + b), 'r');
%    pause(0.1);

end

plot(x, (m.*x + b), 'b');
Sol_m = m
Sol_b = b
```

Podemos notar que el código se ejecuta casi instantáneamente, a pesar de que realiza 10 veces más iteraciones que en el pasado (`niter = 2000 ;`), y que, además, la solución es más precisa. Podemos también comentar solo la línea que hace una pausa (`pause(0.1)  ;`), el código no se ejecuta tan rápidamente como en el caso en el que comentamos ambas líneas, pero se ejecuta mucho más rápidamente que en el caso de representar y pausar.

El código 2.10c realiza la misma función, pero, en lugar de definir el gradiente y evaluarlo como una función, se calcula de forma numérica, lo que se definió como función es el error cuadrático.

```
% Código 2.10c - Ajuste de curva (línea recta - error cuadrático)
% Gradiente estimado de forma numérica
clear; clc; close;   % reset

y = [ 0 , 1.5 , -0.5 , 3.5 , 3.5 , 2.5 ] ;
x = [ 0 , 1   , 2    , 3   , 4   , 5   ] ;

E2 = @(m,b) (y - (m*x + b )).^2 ;

m      = 0 ;        % Pendiente inicial
b      = 0 ;
alpha_m = 0.001 ;   % Tasa de aprendizaje
alpha_b = 0.005 ;   % Tasa de aprendizaje
niter  = 200 ;      % Número de iteraciones
h = 0.001 ;

% Representar los datos originales
scatter(x, y, 'b');
axis ([ 0 6 -6 6]) ;   % ajustamos el zoom
hold on ;


for i = 1:niter % Ciclo de iteraciones

    m = m - alpha_m * sum(E2(m+h, b ) - E2(m, b))/h ;
    b = b - alpha_b * sum(E2(m, b+h ) - E2(m, b))/h ;
```

```
        plot(x, (m.*x + b), 'r');
        pause(0.1);

end

plot(x, (m.*x + b), 'b');
Sol_m = m
Sol_b = b
```

2.3.2 Interpolación cuadrática

Imaginemos ahora que la función no es una línea recta sino una función cuadrática del tipo (2.22):

$$y = ax^2 + bx + c. \tag{2.22}$$

El error cuadrático estaría definido como (3.2):

$$E^2 = \sum_{i=1}^{n} \left(y_i - \left(a\left(x_i \right)^2 + bx_i + c \right) \right)^2. \tag{2.23}$$

Siguiendo el procedimiento utilizado anteriormente, el código 2.11 resuelve el problema de interpolación cuadrática con el método del gradiente descendiente.

```
% Código 2.11 - Ajuste de curva (línea recta - error cuadrático)
clear; clc; close;  % reset

y1 = [ 0.1  0.2  1    3    6    10   ] ;
x  = [ 0    1    2    3    4    5    ] ;

E2 = @(a,b,c) (y1 - (a*x.^2. + b*x +c )).^2 ;

a = 0 ;    b = 0 ;   c = 0 ;  % parámetros iniciales

alpha = 0.001 ;  % Tasa de aprendizaje
niter = 200 ;    % Número de iteraciones
h = 0.01 ;

y2 = a*x.^2 + b*x + c ;  % Así se evalúa la solución (en este caso,
inicial)

% Representar los datos originales
scatter(x, y1, 'b');
```

```
axis ([ 0 5.5 0 11]) ;   % ajustamos el zoom
hold on ;
plot(x, y2, 'r');

for i = 1:niter % Ciclo de iteraciones

    a = a - alpha * sum(E2(a+h, b  , c  ) - E2(a, b, c))/h ;
    b = b - alpha * sum(E2(a  , b+h, c  ) - E2(a, b, c))/h ;
    c = c - alpha * sum(E2(a  , b  , c+h) - E2(a, b, c))/h ;

    y2 = a*x.^2 + b*x + c;
    hold on ;
    plot(x, y2, 'r');
    pause(0.025) ;

end

    hold on ;
    plot(x, y2, 'b');

Sol = [a, b, c]
```

2.3.3 Interpolación polinómica

Por último, debemos mencionar que existe una gran variedad de métodos de ajuste de curvas, incluso es posible generar una curva cuyo error sea cero. El coste de hacer que el error sea cero es que la función normalmente no es una línea recta definida únicamente por su pendiente (m) y su intercepto (b). De hecho, para ajustar una curva que pase por n puntos con un error cero, es necesario un polinomio de grado (n-1). A este método se le llama interpolación polinómica. Es un tema que está fuera del enfoque del presente libro, pero existe una función en MATLAB que nos permite hacer uso de este método sin necesidad de entender el funcionamiento interno. La función se llama (`polyfit(x, y, N)`) y solo necesita el vector de la variable independiente (x), el de la variable dependiente (y) y el orden del polinomio que se desea ajustar. De hecho, si el orden es uno, entonces la función provee una recta (al igual que nuestro código); de igual manera, podemos pedirle una función de orden dos, tres, etc. Cuanto mayor sea el orden del polinomio, menor es el error, hasta tener un error igual a cero cuando el orden (N) es igual al número de puntos brindados menos uno. Para un orden mayor, el error siempre será cero, pero incluso existirá más de un polinomio que pueda ajustar la curva.

Tal como se mencionó, en esta sección se provee un par de códigos de MATLAB que permitirán al lector utilizar la función (`polyfit(x,y,N)`) en caso de estar interesado, ya que es un arma muy poderosa para algunos cursos de ingeniería.

Quizá, una vez dominadas las técnicas estudiadas en este curso, el lector podría intentar programar una función de interpolación polinomial (sin utilizar la función de MATLAB).

Por lo pronto, el código 2.12 realiza la interpolación polinomial para los mismos puntos que hemos utilizado (vea la figura 2.5):

```
% Código 2.12 - Ajuste de curva (función polyfit)
clear; clc; close;   % reset

x = [ 0 , 1   ,  2   , 3   , 4   , 5   ] ;
y = [ 0 , 1.5 , -0.5 , 3.5 , 3.5 , 2.5 ] ;

p = polyfit(x,y,5) ;

x2 = [ 0 : 0.1 : 5 ] ;

Y_fit = p(1)*x2.^5 + p(2)*x2.^4 + p(3)*x2.^3 ...
      + p(4)*x2.^2 + p(5)*x2.^1 + p(6) ;

scatter(x, y, 'b') ;   % Representar los puntos
axis ([ 0 6 -6 6]) ;   % ajustamos el zoom
hold on ;
plot(x2, Y_fit) ;      % Representa el polinomio obtenido
```

Al ejecutar el código, se despliega la gráfica de la mostrada en la figura 2.8. Notamos que la función polinomial pasa exactamente por los puntos provistos. Se invita al lector a cambiar algunos puntos y observar que la función (`polyfit(x,y,N)`) siempre encuentra el ajuste perfecto.

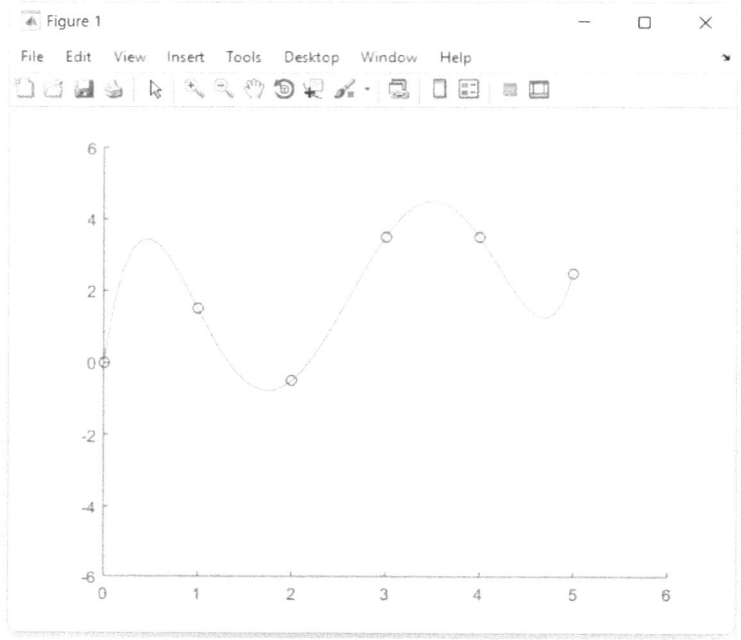

Figura 2.8 Gráfica del resultado del ajuste de curva con interpolación polinomial.

Veamos algunos detalles del código. Después de limpiar la memoria y la pantalla en la primera línea que llamamos "*reset*", el código define inicialmente los puntos de la ubicación de las ciudades (figura 2.5, tabla 2.1), y utiliza la función "*polyfit*" para generar los coeficientes del vector que pasa por todos los puntos definidos por los vectores x e y, es decir, por el punto (0, 0), (1, 1.5), (2, -0.5), (3, 3.5), (4, 3.5) y (5, 2.5).

```
% Código 2.12 - Ajuste de curva (función polifit)
clear; clc; close;   % reset

x = [ 0 , 1   , 2    , 3    , 4    , 5    ] ;
y = [ 0 , 1.5 , -0.5 , 3.5  , 3.5  , 2.5  ] ;

p = polyfit(x,y,5) ;
```

El vector de coeficientes p es utilizado para generar una gráfica que pueda ser superpuesta con los puntos de las ciudades, tal como superpusimos las gráficas de la línea obtenida con la minimización del error cuadrático. Es posible generar un vector de 6 elementos con la x definida, sin embargo, podría ser más interesante ver la gráfica en su comportamiento completo, por lo que generamos un eje x con más puntos (51 puntos, para ser exactos), comenzando con el cero y yendo de 0.1 en 0.1, hasta llegar al 5.

```
x2 = [ 0 : 0.1 : 5 ] ;
```

El polinomio es generado con la siguiente línea:

```
Y_fit = p(1)*x2.^5 + p(2)*x2.^4 + p(3)*x2.^3 ...
    + p(4)*x2.^2 + p(5)*x2.^1 + p(6) ;
```

Por último, dibujamos los puntos en la gráfica y representamos encima la función obtenida con el polinomio:

```
scatter(x, y, 'b') ;    % Representar los puntos
axis ([ 0 6 -6 6]) ;    % ajustamos el zoom
hold on ;               % Indicamos que no se borren los puntos
plot(x2, Y_fit) ;       % Representa el polinomio obtenido
```

Finalmente, el MATLAB cuenta con una función para obtener la gráfica del polinomio que no requiere que uno escriba el polinomio de esta forma:

```
Y_fit = p(1)*x2.^5 + p(2)*x2.^4 + p(3)*x2.^3 ...
    + p(4)*x2.^2 + p(5)*x2.^1 + p(6) ;
```

Hablamos de la función "`polyval`"; el siguiente código 2.13 realiza la misma función que el 2.12, pero el código 2.13 hace uso de la función "`polyval`":

```
% Código 2.13 - Ajuste de curva (función polifit)
clear; clc; close;  % reset

x = [ 0 , 1   , 2    , 3   , 4   , 5   ] ;
y = [ 0 , 1.5 , -0.5 , 3.5 , 3.5 , 2.5 ] ;

p = polyfit(x,y,5) ;

x2 = [ 0 : 0.1 : 5 ] ;
```

```
y_fit = polyval(p, x2) ;

scatter(x, y, 'b') ; % Representar los puntos
axis ([ 0 6 -6 6]) ; % ajustamos el zoom
hold on ;
plot(x2, y_fit) ;          % Representa el polinomio obtenido
```

2.4 Maximizando la función Peaks

Intentaremos ahora una función multimodal y multidimensional [2.10]. Es una función comúnmente utilizada en los cursos de optimización numérica. Se le llama comunmente la función Peaks, y está descrita por la ecuación (2.24):

$$f(x_l, x_2) = 3(1-x_1)^2 \cdot e^{(-(x_1^2 - (x_2+1)^2))}$$

$$-10\left(\frac{x_1}{5} - x_1^3 - x_2^5\right) \cdot e^{(-x_1^2 - x_2^2)} - \frac{1}{3}e^{\left(-(x_1+1)^2 - x_2^2\right)}, \quad (2.24)$$

donde los valores tanto de x_1 como de x_2 se encuentran en el intervalo de $(-3 \le x_1 \le 3)$, $(-3 \le x_2 \le 3)$. El código 2.14 representa la función Peaks.

```
% Código 2.14 - Representa la función Peaks
clear ; clc ; close ;   % reset

f = @(x1,x2) 3*(1-x1).^2.*exp(-(x1.^2) - (x2+1).^2) ...
    - 10*(x1/5 - x1.^3 - x2.^5).*exp(-x1.^2-x2.^2) ...
    - 1/3*exp(-(x1+1).^2 - x2.^2) ;

% Crear una malla de puntos en el espacio
[x1, x2] = meshgrid(linspace(-3, 3, 1000), linspace(-3, 3, 1000)) ;
z = f(x1, x2) ; % Evaluar la función en cada punto de la malla

figure('Position', [100 100 700 600]) ;
surf(x1, x2, z, 'EdgeColor', 'none', 'FaceColor', 'interp') ;
```

Si todo sale bien, al ejecutar el código se mostrará una figura como la figura 2.9. Retomando la analogía de los cerros, la función Peaks sería una superficie con 3 cerros y 2 valles. Los valles tienen una altura negativa, mientras que los cerros tienen una altura positiva, por lo que la altura cero sería el nivel del suelo.

Dentro de las herramientas que aparecen junto con la figura se encuentra la de "Rotate 3D", cuyo icono está señalado con una flecha roja en la figura 2.9. Una vez que damos clic al pasar el ratón sobre la figura podemos observar el cursor con una forma similar al icono. Arrastre suavemente y observe cómo la figura 3D gira mostrando más detalles de su forma (mantenga pulsado el botón del ratón y muévalo sin dejar de pulsar el botón).

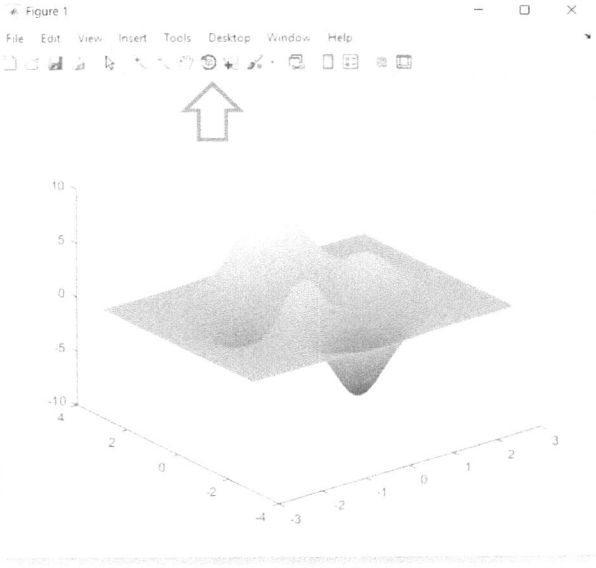

Figura 2.9 Gráfica de la función Peaks en 3D.

Las gráficas en 3D nos ayudarán a visualizar la evolución del algoritmo, pero existe otra forma en 2D de mostrar los picos y los valles de un campo escalar como este. Se trata de la gráfica de contornos. El código 2.15 representa la función Peaks utilizando las gráficas de contornos.

```
% Código 2.15 - Representa la función Peaks en 2D (contornos)
clear ; clc ; close ;    % reset

f = @(x1,x2) 3*(1-x1).^2.*exp(-(x1.^2) - (x2+1).^2) ...
    - 10*(x1/5 - x1.^3 - x2.^5).*exp(-x1.^2-x2.^2) ...
    - 1/3*exp(-(x1+1).^2 - x2.^2) ;

% Crear una malla de puntos en el espacio
```

```
[x1, x2] = meshgrid(linspace(-3, 3, 1000), linspace(-3, 3, 1000)) ;
z = f(x1, x2) ; % Evaluar la función en cada punto de la malla

figure('Position', [100 100 600 500]) ;
contour(x1,x2,z,20) ;
colorbar ; % muestra la barra de colores.
```

Si todo sale bien, al ejecutar el código se mostrará una figura como la figura 2.10.

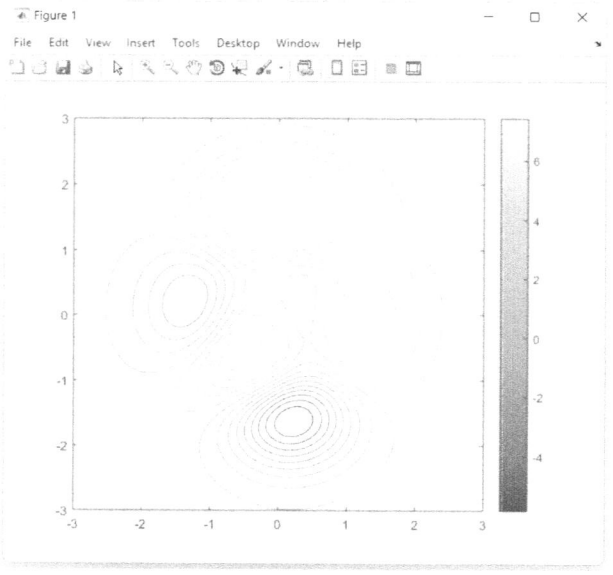

Figura 2.10 Gráfica de la función peaks en 2D (contornos).

Retomando la analogía de los cerros, el color de los contornos simboliza la altura del contorno (estos contornos son utilizados también en la topografía de los cerros reales). Las barras naranjas y amarillas son los picos más altos, los círculos azules y morados son los valles más profundos. Observe las figuras 2.9 y 2.10, lo que ayudará a entender mejor la función Peaks.

El código 2.16 implementa el algoritmo del gradiente ascendente para maximizar la función Peaks.

```
% Código 2.16 - Optimiza función Peaks con gradiente
clear ; clc ; close ; % reset
```

```
f = @(x1,x2) 3*(1-x1).^2.*exp(-(x1.^2) - (x2+1).^2) ...
    - 10*(x1/5 - x1.^3 - x2.^5).*exp(-x1.^2-x2.^2) ...
    - 1/3*exp(-(x1+1).^2 - x2.^2) ;

% Crear una malla de puntos en el espacio
[x1, x2] = meshgrid(linspace(-3, 3, 1000), linspace(-3, 3, 1000)) ;
z = f(x1, x2) ; % Evaluar la función en cada punto de la malla

figure('Position', [100 100 1200 400]) ;
subplot(1, 2, 1) ;
surf(x1, x2, z, 'EdgeColor', 'none', 'FaceColor', 'interp') ;
colorbar ; % muestra la barra de colores.
hold on ;
subplot(1, 2, 2) ;
contour(x1,x2,z,20) ;

% Parámetros para el método del gradiente
alpha = 0.01 ; % Tasa de aprendizaje
Iter  = 100 ; % Número máximo de iteraciones
p = [ -1; 2] ; % Punto de inicio
h = 0.001 ;

for iter = 1:Iter % Proceso iterativo

    p(1) = p(1) + alpha * (f(p(1)+h,p(2)) - f(p(1),p(2)))/h ;
    p(2) = p(2) + alpha * (f(p(1),p(2)+h) - f(p(1),p(2)))/h ;

    hold on ;
    subplot(1, 2, 1) ;
    plot3(p(1), p(2), f(p(1),p(2)), 'ro', 'MarkerSize', 2 ) ;
    hold on ;
    subplot(1, 2, 2) ;
    plot(p(1),p(2),'.','markersize',10,'markerfacecolor','g') ;
    pause(0.05) ;

end

Sol = p          % Resultado coordenadas del punto más alto
Altura = f(p(1),p(2))   % Altura del punto más alto
```

Si todo sale bien, al ejecutar el código se mostrará la figura 2.11, en donde se aprecia la función Peaks en 3D y una representación en 2D, así como los puntos que el algoritmo va explorando.

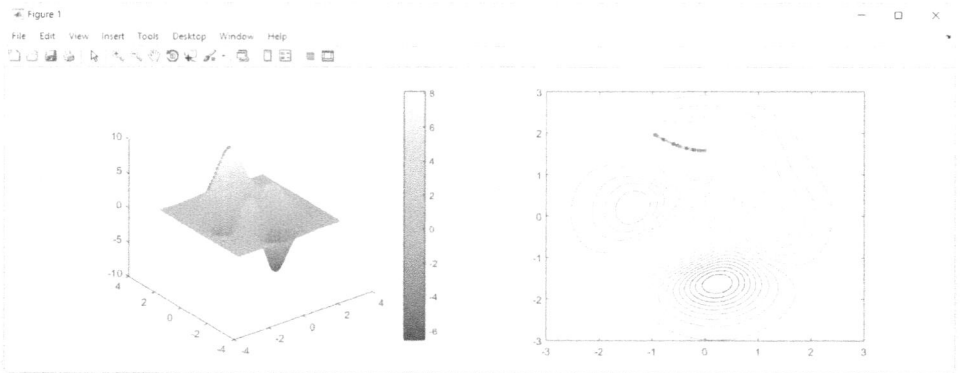

Figura 2.11 Gráfica del resultado del método del gradiente en la función Peaks.

Ahora repasaremos algunos detalles del código. En las primeras líneas se establece la función Peaks. Además, se crean las matrices o mallas x_1, x_2, y z, la cuales son, de hecho, la evaluación de la función Peaks.

```
% Código 2.16 - Optimiza función Peaks con gradiente
clear ; clc ; close ;   % reset

f = @(x1,x2) 3*(1-x1).^2.*exp(-(x1.^2) - (x2+1).^2) ...
    - 10*(x1/5 - x1.^3 - x2.^5).*exp(-x1.^2-x2.^2) ...
    - 1/3*exp(-(x1+1).^2 - x2.^2) ;

% Crear una malla de puntos en el espacio
[x1, x2] = meshgrid(linspace(-3, 3, 1000), linspace(-3, 3, 1000)) ;
z = f(x1, x2) ;   % Evaluar la función en cada punto de la malla
```

Las siguientes líneas crean la figura. Nótese que ahora utilizamos la instrucción (`figure('Position', [100 100 1200 400])` ;), no es necesario crear la figura cuando uno utiliza funciones de representación como (`Surf, plot, contour`) ya que la figura se crea automáticamente, pero si utilizamos la función podemos considerar algunas opciones. Por ejemplo, en este caso le estamos diciendo que la esquina inferior izquierda esté en las coordenadas (100, 100) de la pantalla, que considere que el origen es la esquina inferior izquierda de la pantalla. Además le estamos especificando que el ancho de la figura será de 1200 píxeles y el alto será de 400. La figura es relativamente ancha, y esto es porque queremos utilizar dos gráficas: del lado izquierdo la gráfica 3D y del lado derecho la representación de contornos, una forma de representar en 2D una función escalar con dos argumentos de entrada.

```
figure('Position', [100 100 1200 400]) ;
subplot(1, 2, 1) ;
surf(x1, x2, z, 'EdgeColor', 'none', 'FaceColor', 'interp') ;
colorbar ; % muestra la barra de colores.
hold on ;
subplot(1, 2, 2) ;
contour(x1,x2,z,20) ;
```

La instrucción (`subplot(1, 2, 1) ;`) indica que, dentro de la figura creada, no se utilizará todo el espacio, sino que el espacio se dividirá en una matriz de 1 x 2 (pueden ser más, se invita al lector a intentar con otras combinaciones, tales como 2 x 1, 2 x 2, etc.), donde el último número indica que se utilizará el primer espacio. Posteriormente se utiliza la función (`surf`), como se ha hecho con anterioridad; en el segundo espacio se utiliza la función `contour`, (`contour(x1,x2,z,20) ;`), que realiza la gráfica de 2D que se muestra del lado derecho de la figura. Lo que se especifica son las variables independientes, la variable dependiente y, por último, cuántas lineas o contornos queremos representar.

Posteriormente se declaran los parámetros del método del gradiente y se realiza el proceso iterativo. Nótese que el gradiente de las funciones se calcula de forma numérica. Dentro del ciclo "for" del proceso iterativo, se utilizan las mismas funciones (`subplot`) para indicar en cuál de las 2 gráficas queremos poner el punto en el que el método está explorando.

```
% Parámetros para el método del gradiente
alpha = 0.01 ;   % Tasa de aprendizaje
Iter  = 100 ;    % Número máximo de iteraciones
p = [ -1; 2] ;   % Punto de inicio
h = 0.001 ;

for iter = 1:Iter   % Proceso iterativo

    p(1) = p(1) + alpha * (f(p(1)+h,p(2)) - f(p(1),p(2)))/h ;
    p(2) = p(2) + alpha * (f(p(1),p(2)+h) - f(p(1),p(2)))/h ;

    hold on ;
    subplot(1, 2, 1) ;
```

```
    plot3(p(1), p(2), f(p(1),p(2)), 'ro', 'MarkerSize', 2 ) ;
    hold on ;
    subplot(1, 2, 2) ;
    plot(p(1),p(2),'.','markersize',10,'markerfacecolor','g') ;
    pause(0.05) ;

end

Sol = p              % Resultado coordenadas del punto más alto
Altura = f(p(1),p(2))   % Altura del punto más alto
```

Al final del código 2.14 se muestra la solución y su valor en la función objetivo.

La función Peaks es ampliamente utilizada para probar algoritmos de optimización, por lo que, de hecho, está definida en MATLAB y no es necesario definirla como se hizo en el código 2.14. Podemos invocarla con el operador Peaks (x1, x2).

El código 2.17 realiza las mismas operaciones que el código 2.16, pero, en lugar de definir la función Peaks y llamarla (o invocarla) con f(x1, x2), utiliza la función definida en MATLAB.

```
% Código 2.14b - Optimiza función Peaks con gradiente y función implícita
clear ; clc ; close ;  % reset

% Crear una malla de puntos en el espacio
[x1, x2] = meshgrid(linspace(-3, 3, 1000), linspace(-3, 3, 1000)) ;
z = peaks(x1, x2) ;  % Evaluar la función en cada punto de la malla

figure('Position', [100 100 1200 400]) ;
subplot(1, 2, 1) ;
surf(x1, x2, z, 'EdgeColor', 'none', 'FaceColor', 'interp') ;
colorbar ;  % muestra la barra de colores.
hold on ;
subplot(1, 2, 2) ;
contour(x1,x2,z,20) ;

% Parámetros para el método del gradiente
alpha = 0.01 ;  % Tasa de aprendizaje
Iter  = 100 ;  % Número máximo de iteraciones
p = [ -1; 2] ;  % Punto de inicio
h = 0.001 ;

for iter = 1:Iter % Proceso iterativo

    p(1) = p(1) + alpha * (peaks(p(1)+h,p(2)) - peaks(p(1),p(2)))/h ;
```

```
p(2) = p(2) + alpha * (peaks(p(1),p(2)+h) - peaks(p(1),p(2)))/h ;

hold on ;
subplot(1, 2, 1) ;
plot3(p(1), p(2), peaks(p(1),p(2)), 'ro', 'MarkerSize', 2 ) ;
hold on ;
subplot(1, 2, 2) ;
plot(p(1),p(2),'.','markersize',10,'markerfacecolor','y') ;
pause(0.05) ;

end

Sol = p            % Resultado coordenadas del punto más alto
Altura = peaks(p(1),p(2))    % Altura del punto más alto
```

Por último, en los códigos 2.16 y 2.17 se inicia el algoritmo en (-1, -2). Ese es el punto de inicio, ¿qué pasa si el punto de inicio es diferente? Intente ejecutar el código inicializando el algoritmo en otro punto, como (-0.5, -1). Al hacer esto notamos que el algoritmo no encuentra el máximo pico. El algoritmo del gradiente quedará atrapado en un óptimo local. Invitamos al lector a intentar estas y otras opciones que considere ilustrativas.

En los capítulos siguientes se utilizarán métodos metaheurísticos, como el Adaptive Random Search, o el Particle Swarm Optimization (PSO), y observaremos cómo estos algoritmos basados en métodos probabilísticos pueden encontrar soluciones en circunstancias en las que los métodos basados en gradientes quedan atrapados en óptimos logales, sin importar el punto de inicio del algoritmo.

2.5 Minimizando la función de Bohachevsky

Intentaremos ahora con otra función multimodal y multidimensional, que también es utilizada a menudo para probar algoritmos de optimización. Se llama la función de Bohachevsky, y está descrita por la ecuación (2.25):

$$f(x_1, x_2) = x_1^2 + 2 \cdot x_2^2 - 0.3 \cdot \cos(3 \cdot \pi \cdot x_1) - 0.4 \cdot \cos(4 \cdot \pi \cdot x_2) + 0.7 .$$

(2.25)

Esta función tiene variantes (con diferentes parámetros) que pueden acentuar aún más las múltiples modas, lo que dificulta aún más su solución. Se utiliza normalmente como prueba de minimización (no maximización).

Los valores de las variables independientes (x_1 y x_2) se encuentran en el intervalo de (-10 $\leq x_1 \leq$ 10), (-10 $\leq x_2 \leq$ 10). El código 2.18 implementa el algoritmo del gradiente descendiente con la función de Bohachevsky.

```matlab
% Código 2.18 - Optimiza función de Bohachevsky con gradiente descendiente
clear ; clc ; close ;  % reset

f = @(x1,x2) (x1.^2) + 2.*(x2.^2)  -0.3.*cos(3.*pi.*x1) ...
             -0.4 .* cos(4.*pi.*x2) + 0.7 ;

% Crear una malla de puntos en el espacio
[x1, x2] = meshgrid(linspace(-10, 10, 1000), linspace(-10, 10, 1000)) ;
z = f(x1, x2) ; % Evaluar la función en cada punto de la malla

figure('Position', [100 100 1200 400]) ;
subplot(1, 2, 1) ;
surf(x1, x2, z, 'EdgeColor', 'none', 'FaceColor', 'interp') ;
colorbar ; % muestra la barra de colores.
hold on ;
subplot(1, 2, 2) ;
contour(x1,x2,z,20) ;

% Parámetros para el método del gradiente
alpha = 0.02;   % Tasa de aprendizaje
Iter  = 100 ; % Número máximo de iteraciones
p = [ -8; -8] ; % Punto de inicio
h = 0.001 ;

for iter = 1:Iter % Proceso iterativo

    p(1) = p(1) - alpha * (f(p(1)+h,p(2)) - f(p(1),p(2)))/h ;
    p(2) = p(2) - alpha * (f(p(1),p(2)+h) - f(p(1),p(2)))/h ;

    hold on ;
    subplot(1, 2, 1) ;
    plot3(p(1), p(2), f(p(1),p(2)), 'ro', 'MarkerSize', 2 ) ;
    hold on ;
    subplot(1, 2, 2) ;
    plot(p(1),p(2),'.','markersize',10,'markerfacecolor','g') ;
    pause(0.05) ;

end

Sol = p          % Resultado coordenadas del punto más alto
Altura = f(p(1),p(2))    % Altura del punto más alto
```

Si todo sale bien, al ejecutar el código se mostrará la figura 2.12, en donde se aprecia la función de Bohachevsky en 3D y una representación en 2D, así como los puntos que el algoritmo va explorando.

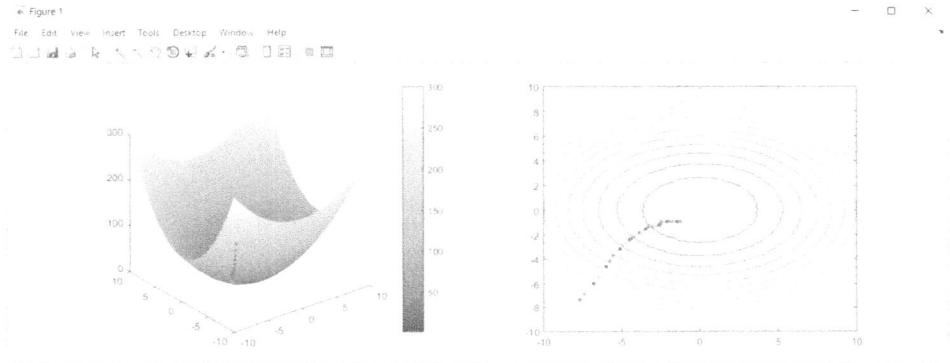

Figura 2.12 Gráfica del resultado del método del gradiente en la función de Bohachevsky.

El código es muy similar al código 2.13. La única diferencia es que, al ser un problema de minimización, las ecuaciones que calculan el siguiente punto, dentro del proceso iterativo, tienen un signo negativo en donde el código 2.14 tenía un signo positivo.

```
p(1) = p(1) - alpha * (f(p(1)+h,p(2)) - f(p(1),p(2)))/h ;
p(2) = p(2) - alpha * (f(p(1),p(2)+h) - f(p(1),p(2)))/h ;
```

Es importante mencionar que el método del gradiente no es el más adecuado para resolver este tipo de problemas multimodales y multidimensionales. Se mencionó en el ejemplo de la función Peaks que la solución obtenida dependía del punto de inicio. En este caso, normalmente es complicado obtener la solución, que realmente es el punto (0, 0).

La dificultad de minimizar la función de Bohachevsky se debe a que cuenta con ondas pequeñas (sinusoidales) que generan óptimos locales en donde el algoritmo puede quedar atrapado.

El algoritmo del gradiente descendiente es un poderoso método dentro de la ingeniería, demostrando su efectividad en diversos problemas. No obstante, como hemos visto en este segundo capítulo, al incrementar la dificultad de los problemas puede encontrar dificultades para obtener el óptimo global.

En los siguientes capítulos retomaremos este tipo de problemas, la función Peaks y la función de Bohachevsky con métodos probabilísticos y podremos tener una clara idea de sus beneficios.

Sigamos adelante.

Referencias

[2.1] Rao, S. S., (2019). *Engineering Optimization, Theory and Practice.* Wiley.

[2.2] Bonnans, J. F., Gilbert, J. C., Lemaréchal, C., & Sagastizábal, C. A. (2006). *Numerical Optimization: Theoretical and Practical Aspects.* Springer.

[2.3] Rioshansi, R. y Conejo, A. J. (2019). *Optimization in Engineering: Models and Algorithms.* Springer.

[2.4] Schwarz, L. B. (2008). *Building Intuition: Insights from Basic Operations Management Models and Principles.* Springer.

[2.5] Senthilnathan, S. (2019). Economic order quantity (EOQ). *SSRN.* Available at http://dx.doi.org/10.2139/ssrn.3475239.

[2.6] Nocedal, J. y Wright, S. J. (2006). *Numerical Optimization.* Springer.

[2.7] Goodfellow, I., Bengio, Y., & Courville, A. (2016). *Deep Learning.* The MIT press.

[2.8] Mathews, J. H., & Fink, K. D. (2004). *Numerical Methods Using MATLAB.* Pearson.

[2.9] Bernal, A. R., Macorra, M. Z., & Alvarenga, J. C. L. (2011). ¿Cómo y cuándo realizar un análisis de regresión lineal simple? Aplicación e interpretación. *Dermatología Revista Mexicana*, 55(6), 395-402.

[2.10] Brero, A. C., & Gallard, R. H. (200). *Una comparación de algoritmos evolutivos para la optimización de funciones multimodales.* VI Congreso Argentino de Ciencias de la Computación.

CAPÍTULO 3

BREVE HISTORIA DE LOS MÉTODOS DE OPTIMIZACIÓN METAHEURÍSTICOS

3.1 Introducción

El siguiente capítulo tiene como objetivo conocer cómo surgieron y evolucionaron los métodos metaheurísticos, así como la clasificación de los diferentes métodos de optimización de acuerdo a sus principales características. Se describen los conceptos de heurística y metaheurística para resolver problemas de la vida diaria expresados mediante modelos matemáticos. La optimización de estos problemas representa el proceso de encontrar la "mejor solución" entre un gran conjunto de posibles soluciones. Al término de esta sección conocerá los conceptos de exploración, explotación en el espacio de búsqueda, así como diversas estrategias empleadas para la modificación de las soluciones candidatas con el objetivo de acercarse a la mejor solución.

La optimización de procesos está presente en nuestra vida diaria. Habitualmente estamos interesados en minimizar o maximizar algo. Por ejemplo, podemos estar interesados en minimizar nuestros gastos o la distancia que recorremos diariamente al trabajo. De forma similar, en las compañías hay interés en minimizar costes y maximizar utilidades, entre otras cosas. En la mayoría de nuestras actividades nos interesa en encontrar "la mejor solución". Utilizamos conocimientos adquiridos y nuestra experiencia para tratar de encontrar soluciones y elegir la mejor de ellas. De igual forma, diversos procesos de la naturaleza se desarrollan de tal forma que parecen siempre obtener la mejor solución, mediante un procedimiento aprendido que tienen los elementos que participan en él. Por ejemplo, ¿cómo hace un grupo de mariposas monarcas para viajar desde Norteamérica y llegar hasta Michoacán, Méjico? Es como si existiera una ruta muy establecida e instrucciones precisas a seguir por las generaciones de aquellas que emprendieron el viaje. Ocurre lo mismo con la caza que realizan muchos animales aproximándose a su presa sigilosamente y dando con el mejor objetivo; con el enfriamiento de ciertos materiales hasta lograr sus mejores características; con el trabajo exhaustivo de los enjambres de hormigas o de abejas para construir y crear. Es decir, existen procesos de la naturaleza que parecen ser simplemente perfectos para su funcionamiento en la realización de una tarea, por lo que cada vez el ser humano está más interesado en tratar de descifrar esa perfección y en intentar replicarla.

Para poder hablar sobre los métodos metaheurísticos es importante que se defina qué es una heurística y metaheurística.

Heurística [3.1] es una estrategia de instrucciones obtenidas mediante prueba y error con el objetivo de encontrar soluciones óptimas para el problema en estudio en un tiempo razonable. Mediante la experiencia del ingeniero en el problema específico estudiado, se establecen estas reglas intuitivas de búsqueda.

Metaheurística [3.2] es una familia de heurísticas que se unen para emular el comportamiento de un proceso y así lograr las mejores soluciones en un tiempo razonable.

La idea es que un eficiente e intuitivo algoritmo trabaje en un tiempo razonable para encontrar buenas soluciones. Con este tipo de algoritmos no podemos estar seguros de contar con la solución global del espacio de búsqueda, sin embargo, al aplicarlos usted se dará cuenta de que obtiene soluciones muy buenas y en un tiempo de procesamiento bajo.

Una de las primeras veces que fue utilizado el concepto de heurística fue con Alan Turing y Gordon Welchman, durante la Segunda Guerra Mundial, donde diseñaron un dispositivo electromecánico llamado Bombe para ayudar a la máquina Enigma con la cual fue posible descifrar las transmisiones de Enigma. Bombe usó un algoritmo heurístico, llamado así por Turing, para buscar diversas combinaciones y encontrar la correcta codificación de un mensaje de Enigma [3.3].

Para poder realizar una clasificación de los métodos metaheurísticos es de importancia saber que muchos de los procesos de interés a optimizar suelen representarse mediante funciones matemáticas no lineales y multidimensionales. Por tal motivo es de suma importancia el generar estrategias eficientes para la solución de estas funciones matemáticas.

Como ha sido mencionado en los capítulos anteriores, los métodos clásicos de optimización son aquellos que están basados en el uso de la derivada para lograr la convergencia del algoritmo a una solución óptima. Estos métodos son rápidos para este tipo de optimización [3.4]. Son algoritmos sencillos en su aplicación, sin embargo, su utilización es muy particular debido a las características que debe cumplir la función a optimizar. Para la aplicación de los métodos clásicos de optimización se requiere que la función sea diferenciable y unimodal (un solo mínimo o máximo) [3.5]. Situaciones muy sencillas pueden convertir nuestra función objetivo en no diferenciable, o bien puede ser una función multimodal (varios máximos o mínimos) haciendo que estos métodos no representen la mejor opción para encontrar soluciones, ya que el algoritmo podría quedarse estancado en uno de esos óptimos locales sin la posibilidad de encontrar el óptimo global.

Como alternativa de solución a lo antes mencionado, surgieron otras herramientas en décadas anteriores. En la década de los 60 surgió uno de los primeros métodos que basó su estrategia en un proceso totalmente estocástico, el método de búsqueda aleatoria [3.6]. El proceso de optimización se realiza mediante la generación aleatoria de una sola solución candidata y evolucionada durante todo el proceso. Este proceso ha sido la base de muchos de los métodos metaheurísticos. John Holland desarrolló en 1960 el algoritmo genético [3.7]. Este algoritmo es un algoritmo basado en el proceso de selección natural y de evolución de Darwin. Holland fue el primero en establecer operaciones de cruce, mutación y la selección de la mejor solución. Estos operadores siguen siendo utilizados hasta la fecha en nuevos algoritmos (se abordarán más adelante). En la década de los 70 surgieron trabajos reforzando la idea de los algoritmos genéticos. Después de la década de los 80, las metaheurísticas tuvieron un auge muy grande. Surgió el algoritmo de recocido simulado (*simulated annealing*) por Kirkpatrick [3.8], inspirada en el proceso de recocido físico donde un metal es calentado hasta una temperatura mayor a su punto de fusión y posteriormente inicia el proceso de enfriamiento hasta llegar a una temperatura baja. En esta misma década surgió el algoritmo Tabú Search [3.9]. En la década de los 90 surgió una técnica inspirada en la inteligencia de enjambres y hasta la fecha han surgido diversos algoritmos metaheurísticos, como la optimización de colonia de hormigas [3.10] o la optimización de enjambre de partículas, entre otros que se apoyan en la solución de complejos problemas matemáticos.

Dentro de la clasificación de los algoritmos de optimización [3.11] podemos encontrar problemas de un solo objetivo o multiobjetivo; sin restricciones, con restricciones; unimodales, multimodal; lineal, no lineal; determinísticos, estocásticos. En el sentido de los algoritmos metaheurísticos, estos son estocásticos, basados en una solución o poblacionales (varias soluciones).

3.2 Clasificación de las técnicas de optimización

Para poder clasificar las diversas técnicas de optimización vamos a recordar cómo se define un modelo de optimización (capítulo 1). Pensaremos, primero, en dos grupos, los métodos basados en la derivada para lograr la búsqueda de la solución óptima y los métodos evolutivos. Estos últimos no utilizan información de la derivada para realizar la estrategia de búsqueda que encontrará la solución óptima.

El problema que se ha de minimizar o maximizar requiere ser plasmado en forma de ecuaciones matemáticas y restricciones (en caso de existir) que calculen nuestra variable de respuesta. La variable de respuesta podría ser el coste generado en el proceso de compras o bien el tiempo de espera en un proceso. Esta función es la que mediante un algoritmo metaheurístico va a ser minimizada o maximizada.

Minimizar:

$$x \in \sim^d \qquad f(x_i), \quad \forall x = 1, 2...d, \tag{3.1}$$

sujeto a:

$$\delta(x_j), \quad \forall x = 1, 2...J, \tag{3.2}$$

$$\omega(x_k), \quad \forall x = 1, 2...K, \tag{3.3}$$

donde las ecuaciones (1)-(3) son funciones de un vector de decisión (ecuación (4)), es decir, las variables de decisión de las cuales deseamos encontrar sus valores óptimos.

Ecuación (1) representa la función objetivo a optimizar y las ecuaciones (2) y (3) son las restricciones a las que se encuentra sujeto el problema.

$$x = (x_1, x_2, x_3, ...x_n), \tag{3.4}$$

Para optimizar estos modelos matemáticos se utilizan las técnicas de optimización clásicas o evolutivas.

La clasificación que se presenta en este capítulo será sobre las técnicas empleadas por los algoritmos para optimizar los modelos matemáticos y está basada en si emplean un solo agente de búsqueda o varios agentes. Por ejemplo, dentro de los métodos clásicos también podemos encontrar los modelos de programación lineal o no lineal y programación estocástica o programación dinámica, pero estos modelos no son competencia de este libro. Por el momento, nos centraremos en los métodos metaheurísticos.

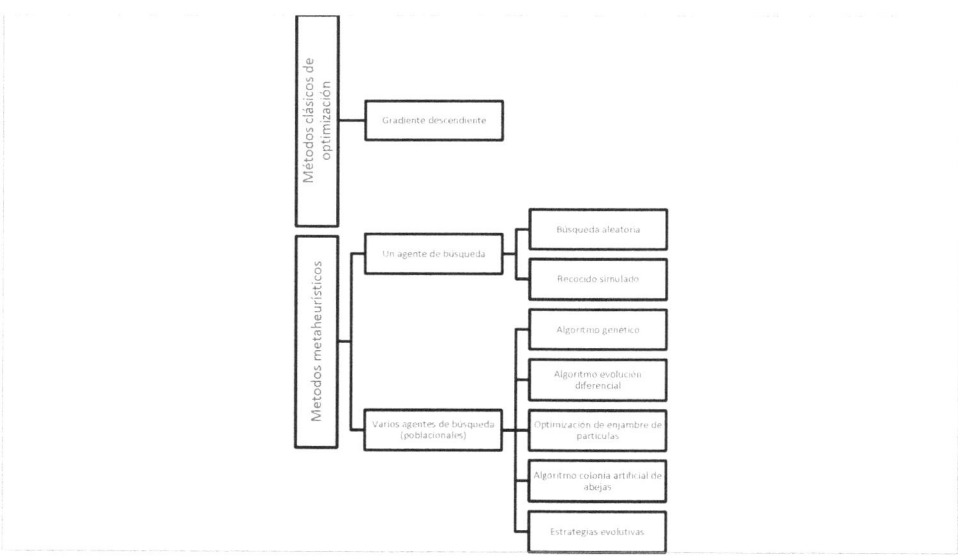

Figura 3.1 Clasificación de los métodos de optimización.

El proceso de búsqueda para explorar en el espacio y encontrar cuál es la mejor solución es de suma importancia en el algoritmo. Podemos optar por métodos donde un solo agente de búsqueda es generado o bien por varios agentes donde entre ellos obtendrán información para seguir al que entre ellos cuenta con la mejor solución.

El espacio de búsqueda es el área sobre la que se va a realizar la exploración del área. Por ejemplo, puede estar interesado en conocer el punto más profundo del mar. Hasta el momento, el punto más profundo conocido es el Abismo de Challenger, que se encuentra a casi 11 000 metros de profundidad. Para que sirva de referencia, es mucho más profundo que el Monte Everest sumergido (8 848 metros). No obstante, este es el punto más profundo conocido en esa área de exploración, es decir, en ese espacio de búsqueda; si el ser humano tuviera la capacidad de explorar completamente todo el océano con una mayor tecnología, posiblemente un nuevo punto más profundo podría ser encontrado.

Para explicar el espacio de búsqueda tomaremos este ejemplo. El espacio explorado en esa época fue en el noreste del pacífico que incluía la Isla de las Marianas, cerca de la Isla de Guam. Esta fosa fue determinada como el espacio de búsqueda.

Figura 3.2 Espacio de búsqueda.

En esta área de búsqueda un agente o varios pueden ser necesitados. Pensemos en el agente encargado de explorar esta zona de las Marianas. Las primeras personas que exploraron esta área de búsqueda fueron Jacques Piccard y Don Walsh en 1960 mediante el Trieste, un batiscafo (embarcación sumergible para las profundidades del mar).

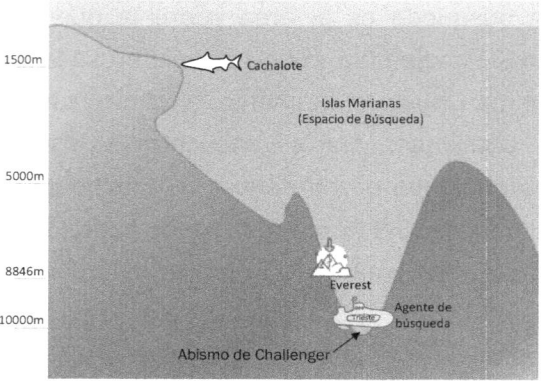

Figura 3.3 Agente en el espacio de búsqueda.

En este caso particular, la exploración de la Isla Mariana puede clasificarse como un método de un solo agente de búsqueda. La Fig. 3.4 representa el proceso genérico para un algoritmo poblacional.

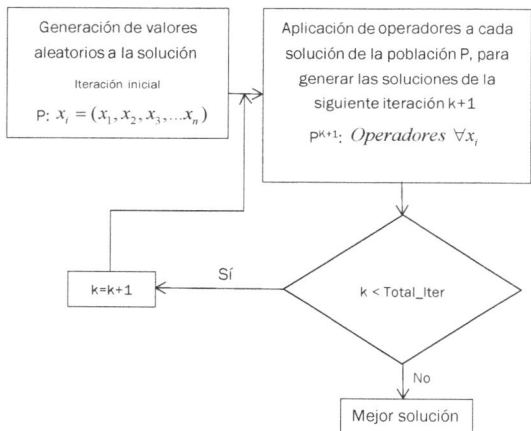

Figura 3.4 Proceso genérico de optimización en algoritmos poblacionales.

Los algoritmos metaheurísticos nos ayudarán a encontrar la solución del modelo matemático, en este caso ilustrado con las ecuaciones 1 a 3. Mediante estos algoritmos (figura 3.1) se aplican soluciones iniciales al modelo, generando así una población (P), es decir, varios agentes de búsqueda. Las soluciones van modificándose mediante el uso de operadores durante un número máximo asignado de iteraciones (Total_Iter) hasta encontrar una solución factible y con excelente resultado.

3.3 Exploración y explotación

La exploración se define como una estrategia de búsqueda de nuevas soluciones, que puede ser arriesgada, ya que puede ser incierto el área de búsqueda seleccionada y, por lo tanto, también la calidad de la solución que se encontrará. Con una buena generación de los primeros agentes de búsqueda y delimitación del espacio de búsqueda, la exploración puede traer muy buenos beneficios en la calidad de la solución. La explotación se refiere al uso de soluciones que ya han sido encontradas mediante la exploración para mejorar su calidad de solución. En la exploración buscamos nuevas soluciones en todo nuestro espacio de búsqueda, mientras que en la explotación se refinan localmente las mejores soluciones que fueron encontradas en la exploración. Debe existir una buena conjugación de ambas para lograr explorar buenas zonas y después afinar (explotar) los mejores resultados [3.12].

3.4 Técnicas básicas de selección

El decidir si alguna solución será seleccionada para explorar su espacio y explotarlo es muy importante en el proceso. La **aceptación probabilística** [3.13] suele emplearse por diversos métodos evolutivos. Este operador se refiere al poder realizar una acción que está condicionada a una determinada probabilidad asignada. El objetivo es seleccionar soluciones para que agentes de búsqueda de mejor calidad tengan mayor probabilidad de ser elegidos.

Este operador es frecuentemente usado en diversos métodos para quedarnos con los mejores agentes de búsqueda y así ir refinando las soluciones. Este operador puede comprenderse como el hecho de realizar la acción 1 si su valor arroja una probabilidad válida. Esta probabilidad es generada aleatoriamente bajo una distribución uniforme U[0,1] y, si el valor de este número aleatorio o probabilidad aleatoria es mejor a la probabilidad previa asignada como requerimiento, entontes la acción 1 es ejecutada.

A continuación, se presenta el código para hacer esta selección:

```
% Código - Selección probabilistica
clear ; clc ; close ;  % reset

tarea1=0;
notarea1=0;

%Proceso iterativo para ir evaluando cada agente
for i=1:100
    %Generar el número aleatorio entre 0,1
    aleatorio= rand;
    %Condición de aceptación probabilistica
    %se contrasta el aleatorio obtenido co la probabilidad de requisito
    if (aleatorio<=0.8)
        %iremos revisando cuántos elementos cumplen la condición
        tarea1=tarea1+1;
    else
        %iremos revisando cuántos elementos cumplen la condición
        notarea1=notarea1+1;
    end
end
```

Una vez ejecutado el código puede hacerse la selección de los elementos que cumplen con la condición establecida previamente. Cuanto más cercano pongamos a 1 la probabilidad establecida como requisito, más oportunidad tienen los agentes de ser seleccionados. En el código anterior los resultados para esos 100 agentes fueron 79 veces para seleccionar la tarea y 21 para no ejecutarla.

Por otro lado, la **selección probabilística** es otro operador frecuentemente utilizado por algunos algoritmos metaheurísticos. Para explicar este operador es necesario introducir un concepto nuevo, *fitness* de la solución. *Fitness* es el valor que obtiene la solución cuando es evaluado en la función objetivo, entonces cada agente al final contará con un *fitness*. Traigamos a este capítulo el pequeño modelo del ejemplo del capítulo 1, donde el objetivo era minimizar el coste de un vendedor de envases de agua.

(P)   Min $f(x) = \dfrac{50}{x} + \dfrac{0.05x}{2} + 5$.   (3.5) s.t. $\qquad 0 < x \le 200,$ $\hfill$ (3.6)

Imaginemos que no se pudiera explorar todo el espacio de búsqueda, por lo que tendríamos que generar agentes de búsqueda aleatorios tal y como ha sido explicado en este capítulo, y esos valores de la variable sería evaluados en la función objetivo (3.5). El siguiente código muestra cómo generar algunos primeros valores para las primeras soluciones, su evaluación y, por lo tanto, la obtención del *fitness*:

```
% Código - fitness
clear; clc; close;   % reset

%Parametros
a=1;      %limite inferior para valor de la variable
b= 200;   %limite superior para valor de la variable
x=[];

% Generar aleatoriamente 10 agentes
for i=1:10
    x(i)= rand()*(b-a)+a;
    f(i) = 50/x(i) + 0.05*x(i)/2 + 5 ;  % Función
end
```

La siguiente tabla muestra 10 valores que fueron obtenidos en esta operación (usted obtendrá valores diferentes debido a la aleatoriedad del procedimiento).

Tabla 3.1 Valores *fitness*

x	Fitness
37.78	7.27
181.07	9.80
195.97	10.15
88.34	7.77
23.11	7.74
52.35	7.26
82.34	7.67
119.38	8.40
53.18	7.27
120.97	8.44

Estas soluciones son a las que se les puede aplicar diferentes operadores con el objetivo de mejorar la calidad de la solución. En los métodos metaheurísticos, debe elegir una solución x_i de una población. Su elección debe tener en cuenta el *fitness* de las soluciones, con el objetivo de que las soluciones de mejor calidad cuenten con una mayor probabilidad de ser elegidas. Por tal motivo es importante saber cuál es la probabilidad que representa cada uno de los *fitness*.

El operador de selección probabilística trata de que las soluciones con mejores *fitness* puedan ser elegidas. Cabe señalar que la aleatoriedad (al contrastar con un número aleatorio) puede permitir que soluciones con no tan buen valor puedan ser seleccionadas. No obstante, resulta bueno para el trabajo del algoritmo que tenga soluciones buenas (muchas de ellas), pero también malas, para permitirse seguir explorando ciertas áreas.

Una vez que ya tenemos los *fitness* de nuestras soluciones debemos considerar qué tipo de problema estamos realizando. En este caso, el modelo presentado es un modelo de minimización, por lo que acomodaremos las soluciones de mayor a menor *fitness* con el objetivo de que, al calcular la probabilidad acumulada, estas soluciones tengan mayores posibilidades de ser elegidas.

La siguiente tabla muestra el cálculo de las probabilidades, que debe ser calculada con la siguiente fórmula:

$$P_{ij} = \frac{f(x_{ij})}{\sum_{i=1}^{N} f(x_{ij})} \tag{3.7}$$

donde, $f(x_{ij})$ representa el *fitness* de la solución x_i en la familia $x(1,2,3...N)$ y en la iteración j. Cabe recordar que el algoritmo será ejecutado en diferentes ocasiones y que en cada iteración contamos con la familia de soluciones, por lo que la probabilidad para la solución x_{ij} será su *fitness* dividido entre la suma de todos los *fitness*.

Tabla 3.2 Probabilidades

x	Fitness	Probabilidad	Probabilidad acumulada
37.78	7.27	0.124	0.124

181.07	9.80	0.120	0.244
195.97	10.15	0.103	0.347
88.34	7.77	0.103	0.450
23.11	7.74	0.095	0.545
52.35	7.26	0.095	0.640
82.34	7.67	0.094	0.733
119.38	8.40	0.089	0.822
53.18	7.27	0.089	0.911
120.97	8.44	0.089	1.000

Una vez calculada la probabilidad, se debe considerar la probabilidad acumulada. Esta representa la suma de las probabilidades anteriores hasta ella. Por ejemplo, la probabilidad acumulada para la solución dos es 0.244, es decir, 0.124 (probabilidad anterior) más su probabilidad 0.120; la probabilidad acumulada para la tercera solución es 0.347, es decir, 0.124 más 0.103 más 0.103, y así sucesivamente.

Esta probabilidad acumulada va a ser contrastada con un número aleatorio asignado. Para este ejemplo consideraremos 0.6, y si la probabilidad acumulada es mayor a este número, entonces la solución es elegida. Por lo tanto, las mejores soluciones tendrán mayor oportunidad de ser seleccionadas.

Además de estos operadores, existen otros más para la selección de buenas soluciones y que, gracias a la aleatoriedad, dan margen a que el conjunto de soluciones seleccionadas tengan en su mayoría soluciones buenas pero también algunas malas, con el objetivo de seguir explorando otras secciones del espacio de búsqueda.

Referencias

[3.1] Reeves, C. R. (1996). Heuristic Search Methods: A Review. En Johnson, D. & O'Brien, F., *Operational Research Society* (pp. 122-149). Keynote Papers.

[3.2] Sörensen, K., Sevaux, M., & Glover, F. (2018). A history of metaheuristics. En Marti, R., Pardalos, P., & Resende, M. (Eds.), *Handbook of Heuristics* (pp. 791-808). Springer.

[3.3] Copeland, B. J. (2005). *Alan Turing's Automatic Computing Engine*. Oxford University Press.

[3.4] Pelikan, M., Goldberg, D. E. & Lobo, F. G. (2002). A Survey of Optimization by Building and Using Probabilistic Models. *Computational Optimization and Applications,* 21, 5–20.

[3.5] Venkataraman, P. (2009). *Applied Optimization with Matlab Programming*. Wiley.

[3.6] Yang, X.-S. (2011). *Engineering Optimization, An introduction with Metaheuristic Applications*. Wiley.

[3.7] Holland, J. H. (1962). Outline for a Logical Theory of Adaptative Systems. *Journal of the ACM*, 9(3), 297-314.

[3.8] Kirkpatrick, S., Gellat, C. D., & Vecci, M. P. (1983). Optimization by simulated annealing. *Science, 220*(4598), 671-680.

[3.9] Glover, F., & Laguna, M. (1997). *Tabu Search*, Kluwer Academic Publishers.

[3.10] Dorigo. M., & Birattari, M. (2010). *Ant colony optimization*. Springer.

[3.11] Yang, X.-S. (2010). *Engineering Optimization, An introduction with Metaheuristic Applications*. Wiley.

[3.12] Bäck, T. & Schwefel, H. P. (1993). An Overview of Evolutionary Algorithms for Parameter Optimization. *Evolutionary Computation*, (1), 1-23.

[3.13] Cuevas Jiménez, E. V., Oliva Navarro, D. A., Díaz Cortés, M. A., & Osuna Enciso, J. V. (2016). *Optimización: Algoritmos Programados con MATLAB*. Alpha Editorial.

EOQ CON MÚLTIPLES PROVEEDORES, DESCUENTOS POR VOLUMEN, RESTRICCIONES DE CAPACIDAD Y DE CALIDAD

4.1 Introducción al problema de inventarios

En el capítulo 1 se utilizó el problema de Juan para introducir algunos conceptos básicos de optimización, un problema de particular interés para la ingeniería industrial. Juan compra y vende envases de agua y debe administrar su inventario para tener envases disponibles y así poder cubrir su demanda, pero, además, Juan aprende a minimizar el coste de la administración de su inventario. Desde el punto de vista de la optimización, el problema se ha afrontado como un problema de minimización de costes.

Este capítulo se centra en una versión más completa del problema de Juan. Es un problema que puede ser simple bajo ciertas consideraciones, pero que puede ser complejo también, y ha sido ampliamente estudiado en las últimas décadas en la ingeniería industrial. Se llama EOQ por sus siglas en inglés (*Economic Order Quantity*) (referencias [4.1] y [4.2]).

Las diversas variantes del problema EOQ [4.3] dependen de las opciones consideradas, por ejemplo, tener en cuenta que la demanda es constante o variable, que se puede calcular de forma exacta (determirística) o que tenemos una idea de la demanda, pero que existe un componente aleatorio (probabilística). Es posible considerar que existen descuentos por volumen o no, los descuentos pueden ser en el coste de los productos o en el coste de transporte, y es posible tener restricciones de calidad para los productos o materiales comprados. También se puede considerar que existen diversos proveedores (o uno solo) y, en el caso de que existan diversos proveedores, existe posibilidad de que tengan (o no) restricciones de capacidad de producción.

La cantidad de variantes de este problema, su forma particular, la cual difiere de otros problemas de optimización que se han abordado, y su importancia para la ingeniería industrial hace conveniente dedicar un capítulo a su estudio. Además de estudiar este problema, estos capítulos nos ayudarán a familiarizarnos con algunos conceptos del área de aplicación.

El caso de Juan puede ser visto como un sistema con un flujo de bienes, en este caso, de envases de agua. La figura 4.1 muestra los actores de este sistema con el flujo de productos de izquierda a derecha. Juan obtiene los productos de su proveedor, al cual visita en un pueblo cercano mediante compras al por mayor (con un volumen relativamente grande). Después, Juan almacena el producto y lo vende a sus clientes.

Proveedor de Juan   Juan   Clientes de Juan

Figura 4.1 El problema de Juan.

Este sistema simple se aproxima a la administración de inventario de una empresa. Las empresas compran productos, que pueden ser materias primas básicas, en caso de los fabricantes primarios, o pueden ser partes hechas, en caso de las ensambladoras o fabricantes de productos finales. El flujo puede ser también de productos finales, en el caso de los distribuidores, mayoristas, y minoristas. Juan es un minorista.

En todos estos casos, la optimización del coste de inventario se realiza con los mismos conceptos, aunque las expresiones matemáticas pueden variar en complejidar. Para poder generalizar, en lugar de Juan, hablaremos de una empresa. Véase la figura 4.2, en donde se encuentra un tomador de decisiones.

La empresa compra sus productos de sus proveedores, puede hacer manufactura o vender los productos tal como los compró, sea cual sea el proceso, y luego vende sus productos a sus clientes.

Todos los actores del proceso pueden ser empresas, así que, para diferenciarlos, cuando hablemos de la empresa o compañía nos referiremos únicamente al actor central (equivalente a Juan), en donde está el tomador de decisiones que realizará la optimización. A las empresas proveedoras se les llamará simplemente proveedores y a las empresas o usuarios finales se les llamará clientes [4.4].

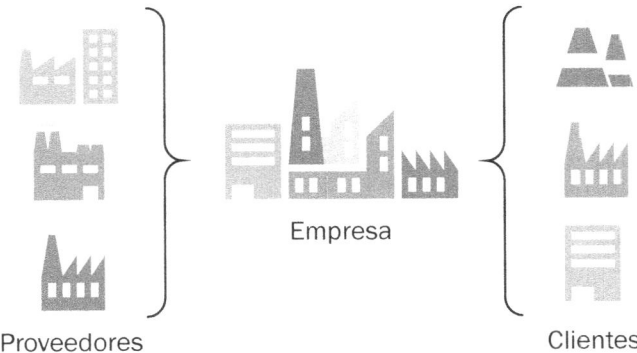

Empresa

Proveedores   Clientes

Figura 4.2 El problema de una compañía.

Cuando hablemos de las compras y de la optimización, se considerará un único producto. A pesar de que una compañía grande normalmente requiere muchos productos o partes diferentes, el análisis de optimización se hace normalmente para cada uno de estos por separado.

Veamos algunos ejemplos cuya dificultad va aumentando de forma gradual. Además, nos familiarizaremos con los nombres de las variables.

4.1.1 Ejemplo 1. Dos proveedores sin restricción de capacidad

Supongamos que la empresa necesita comprar 100 000 unidades al mes de un producto o parte, a lo que llamaremos demanda d = 100 000. En el caso de Juan, su demanda era de 5 unidades (envases de agua) por día.

Cuando hablamos de miles, es posible utilizar el prefijo K que significa multiplicar algo por mil ($x10^3$), por lo que 100 000 = 100 $x10^3$ = 100 K.

Para satisfacer la demanda y tener esas 100 000 unidades al mes, tenemos dos proveedores de los que podemos seleccionar uno, o incluso podemos comprarles a ambos una combinación de partes que sumen 100 000 unidades cada mes.

El proveedor uno ofrece el producto a un coste p_1 = 1.4 euros por unidad, mientras que el proveedor dos lo ofrece a un coste de p_2 = 1.6 euros por unidad.

Si tuviéramos solo esta información, la elección sería simple, comprar al proveedor uno, pues ofrece un coste más barato por cada unidad. Pero nos indican, además, que el proveedor uno está a más del doble de distancia del proveedor dos.

El transporte está a cargo de la empresa, que envía un camión a recoger el pedido. Debido a las diferencias en la distancia, ir en el camión a por un pedido al proveedor uno le cuesta diez mil euros. Llamaremos a este coste k_1 = 10 000, mientras que en el caso del proveedor dos, el transporte de un pedido cuesta cuatro mil euros, k_2 = 4000. En ambos casos, podemos suponer que el camión de la empresa es suficiente para transportar un pedido de cualquier dimensión. Más adelante tomaremos consideraciones más complejas, pero para comenzar esta información es suficiente.

Además del coste de las unidades y del coste de transporte, hay un coste de almacenamiento. Almacenar el producto en la bodega de la empresa tiene un coste calculado en $h = 2$ euros por unidad por mes.

Ahora nos hacemos la pregunta ¿a qué proveedor deberíamos comprarle? (puede ser a uno o a ambos). Y, similar a la pregunta del problema de Juan, ¿cuántas unidades comprar? Se asume que cada compra requerirá un viaje, por lo que hacer dos compras de 10 000 unidades a cierto proveedor requiere del doble de coste de transporte que hacer una compra de 20 000 unidades. Pero, como ya vimos con el problema de Juan, hacer compras grandes conlleva un mayor gasto de almacenamiento.

En este caso, no se ha planteado un límite en la capacidad de producción de los proveedores, así que podemos asumir que cualquiera de ellos puede proveer las 100 000 unidades al mes, así que podríamos hacer el análisis (parecido al del problema de Juan) para cada uno de ellos, y elegir el que resulte en un menor coste promedio.

Algunas de las ecuaciones que utilizaremos las hemos usado en el capítulo 1, aunque las escribiremos todas de nuevo para mayor comodidad. Además, la explicación es diferente y con un enfoque más amplio. Más adelante en este mismo capítulo esas ecuaciones se modificarán hasta llegar a su complejidad final.

Para comenzar, consideraremos que le compramos al proveedor 1, analizaremos el coste óptimo con dicho proveedor y posteriormente consideraremos al proveedor 2.

El objetivo es determinar el tamaño óptimo de pedido (Q), pero antes solemos tratar de expresar matemáticamente el coste como una función de Q (que llamaremos $f(Q)$), para posteriormente aplicar alguna técnica de optimización que minimice $f(Q)$ encontrando el valor óptimo de Q.

Para definir $f(Q)$ podemos considerar que tenemos una Q desconocida, que, aunque es desconocida, sabiendo que la demanda $d = 100\,000$

unidades al mes, podemos afirmar que hay que hacer un pedido cada periodo T_C [4.5], calculado con (4.1):

$$T_C = \frac{Q}{d}. \tag{4.1}$$

Por ejemplo, si al final decidimos que el tamaño de las órdenes es $Q = 50\,000$, entonces tendremos que realizar una orden cada 0.5 meses. El hecho de que el periodo tenga decimales no representa un problema. Asumiremos que todas las órdenes realizadas a cierto proveedor tendrán el mismo tamaño, ya que, como podemos recordar del problema de Juan, hay un tamaño de orden Q que minimiza el coste, así que siempre utilizaremos ese tamaño óptimo, que en este momento no sabemos (es una incógnita) para el problema planteado, pero que determinaremos pronto.

También podemos definir el coste de transporte promedio como (4.2):

$$\text{Coste de transporte promedio i} = \frac{k_i}{T_C} = \frac{d}{Q} k_i. \tag{4.2}$$

Recordemos que tenemos dos costes de transporte porque los proveedores están a diferente distancia. Esto lo indicamos con la letra i en "k_i", así que calcularemos el coste para cada proveedor por separado $k_1 = 10\,000$ y $k_2 = 4000$.

La ecuación (4.2) indica que cuanto más pequeña sea Q, más corto será el periodo del ciclo de orden (T_C), lo que hace necesario hacer más viajes al mes, incrementando el coste de transporte.

El coste de almacenamiento es indiferente del proveedor porque el almacenamiento se realiza en las instalaciones de la empresa. Tal como se ha mencionado, cuesta $h = 2$ euros guardar cada unidad un mes.

El coste de almacenamiento se puede analizar con la figura 4.3. Esta figura tiene algunas consideraciones de optimización, por ejemplo, asumimos que el inventario se llena con el pedido Q cuando se han terminado las partes.

Conforme las unidades se están consumiendo, el nivel del almacén baja linealmente hasta llegar a cero, que es cuando el inventario se renueva.

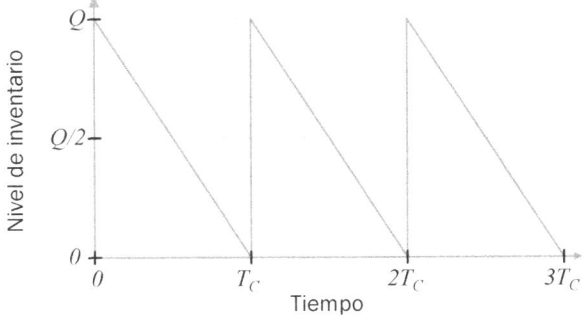

Figura 4.3 Comportamiento del inventario.

Por ejemplo, si $Q = 50\,000$, T_C sería igual a 0.5 meses, por lo que dos veces al mes se llena el inventario. Cuando el inventario se llena, su nivel máximo es de 50 000, y cuando el inventario se acaba (momento en el que el inventario llega a cero), se vuelve a llenar. Intuitivamente podemos pensar que esto es peligroso, que sería más seguro llenar el inventario cuando este llegue, por ejemplo, a 10 000, con lo que el nivel máximo de inventario sería 60 000 y el mínimo 10 000. De esta forma, si ocurre un incidente que no permite el reabastecimiento inmediato, hay un margen de seguridad de 10 000 unidades.

Esto implicaría tener siempre 10 000 unidades más de las necesarias. Este margen de seguridad costaría 20 000 euros al mes, eso es lo que cuesta tener 10 000 unidades guardadas todo el tiempo. Es una buena idea tener este margen de seguridad, pero, por una parte, no se incluirá dentro de la optimización porque este coste no depende del número de orden, en otras palabras, no se puede reducir con la optimización. La única forma de reducirlo es reducir el coste de almacenamiento por unidad ($h = 2$), quizá con alguna estrategia de mejora en el almacén, o reducir la cantidad de unidades que se guardan como margen de seguridad.

El tener margen de seguridad es una decisión de la empresa, y aunque si se puede analizar de forma determinística, está fuera de los alcances de este análisis. Así que ignoraremos para fines de análisis la existencia o no de un margen de seguridad y contabilizaremos solo la cantidad del inventario que se está renovando.

Entonces, para calcular el coste de almacenamiento o de inventario [4.6], necesitamos calcular la cantidad promedio mensual de unidades que se guardan en el almacén y multiplicarlo por el coste de almacenar una unidad al mes. Esta cantidad promedio de unidades que se guardan se puede expresar como (4.3):

$$\text{Cantidad de unidades en inventario por periodo} = \frac{T_C Q}{2}. \qquad (4.3)$$

Esta es la cantidad de unidades que se tienen en el almacén en un periodo T_C (el área bajo la curva). Si lo multiplicamos por h y lo dividimos entre T_C obtendremos el coste promedio mensual. Este coste promedio de inventario se puede calcular como (4.4):

$$\text{Coste promedio de inventario} = \frac{Q}{2} h. \qquad (4.4)$$

Por último, el coste de las unidades depende del proveedor. Si compramos todas las unidades al mismo proveedor, el coste promedio de las unidades se puede calcular como (4.5):

$$\text{Coste promedio de las unidades} = p_i d. \qquad (4.5)$$

Finalmente, el coste promedio total puede ser calculado sumando los tres costes mencionados en (4.2), (4.4) y (4.5). La ecuación de $f(Q)$ es (4.6).

$$f(Q_i) = \frac{d}{Q_i} k_i + \frac{Q_i}{2} h + dp_i. \qquad (4.6)$$

El subíndice *i* en la ecuación (4.6) indica que ahora habrá una Q óptima para cada uno de los dos proveedores, por lo que habrá una Q_1 óptima y una Q_2 óptima.

Esta es la función objetivo $f(Q_i)$ y, dado que queremos hacerla lo más pequeña posible, estamos frente a un problema de minimización. La tabla 4.1 muestra un resumen de los parámetros en (4.6).

Tabla 4.1 Resumen de los parámetros

	Definición	Parámetros del ejemplo
r	Número proveedores	2 proveedores
d	Demanda	100 000 unidades al mes
h	Coste de inventario	2 euros por unidad al mes
k_i	Coste de transporte	$k_1 = 10\,000$, $k_2 = 400$, euros por pedido
p_i	Coste de las unidades	$p_1 = 1.4$, $p_2 = 1.6$ euros por unidad

Podríamos hacer un programa que haga la optimización, por ejemplo, con el método del gradiente descendiente, y ejecutarlo dos veces, una con los parámetros del proveedor 1 y una segunda ocasión con los parámetros del proveedor 2. También podríamos hacer un solo código que realice la optimización de ambas funciones. En este caso, vamos a utilizar un solo código para ambas funciones. El código 4.1 minimiza la función (4.6) para ambos proveedores del problema que hemos discutido. El código será explicado a continuación:

```
% Código 4.1 - Dos proveedores sin restricción de capacidad (Gradiente)
clear ; clc ; close ;      % reset

x = [ 1 : 1 : 200000 ] ;      % genera eje x (q) para todos los cálculos

% Parámetros del problema
d = 100000 ;      % demanda mensual
h = 2 ;           % coste de almacenamiento por unidad por mes
k1 = 10000 ;      % coste de transporte proveedor 1
P1 = 1.4 ;        % coste de las unidades del proveedor 1
k2 = 4500 ;       % coste de transporte proveedor 2
P2 = 1.6 ;        % coste de las unidades del proveedor 2
```

```
CTr = k1.*d./x ;      % Coste de trasporte promedio
CAl = x.*h./2 ;       % Coste de almacenamiento promedio
CPr = d*P1 ;          % Coste promedio del producto (envase)
f1 = CTr + CAl + CPr ; % Coste total del proveedor 1

CTr = k2.*d./x ;      % Coste de trasporte promedio
CAl = x.*h./2 ;       % Coste de almacenamiento promedio
CPr = d*P2 ;          % Coste promedio del producto (envase)
f2 = CTr + CAl + CPr ; % Coste total del proveedor 2

% Parámetros del optimizador
max_iter = 200 ;      % número máximo de iteraciones
q1 = 100 ;            % punto inicial Q1
q2 = 100 ;            % punto inicial Q2
alpha = 2000 ;        % tasa de aprendizaje
h = 1 ;               % delta de q

for i = 1:max_iter  % iteraciones

    grad1  = ( f1(round(q1+h)) - f1(round(q1)) )/( (q1+h) - q1 ) ;
    q1 = q1 - alpha * grad1 ;

    if q1<0           q1 = 0 ;          end % Evitamos que q salga
    if q1>100000      q1 = 100000 ;     end % del rango permitido

    grad2  = ( f2(round(q2+h)) - f2(round(q2)) )/( (q2+h) - q2 ) ;
    q2 = q2 - alpha * grad2 ;

    if q2<0           q2 = 0 ;          end % Evitamos que q salga
    if q2>100000      q2 = 100000 ;     end % del rango permitido

end

format bank
Q1_opt = [ round(q1)  f1(round(q1)) ]
Q2_opt = [ round(q2)  f2(round(q2)) ]
```

Si todo sale bien, al ejecutar el código este tendrá como resultado que, en caso de utilizar el proveedor 1, el tamaño óptimo del pedido es 31 623 y el coste promedio total de mantener el inventario es de 203 245.55 euros al mes. En caso de utilizar el proveedor 2, el tamaño óptimo del pedido es de 21 213 y el coste promedio total de mantener el inventario es de 202 426.41 euros.

En otras palabras, la solución óptima es comprarle al proveedor 2 solamente y hacer pedidos de 21 213 unidades. El proveedor 2 es el que tenía el mayor coste unitario de las 100 000 unidades que se necesitan al mes, con lo que es una solución que no parece intuitiva.

Es fácil imaginar que difícilmente se nos ocurriría una solución como esta. Las soluciones intuitivas podrían estar lejos de ser las ideales. Si el tomador de decisiones hubiera decidido pedir las 100 000 unidades al proveedor 1 una vez al mes, algo que podría parecer intuitivo, el coste mensual de mantener el inventario sería de 250 000 euros. Por otra parte, si alguien decidiera pedirle 100 000 unidades al mes al proveedor 2, el coste total de mantener el inventario sería de 264 500 euros.

Veamos ahora el código. Las primeras líneas reinician la memoria del MATLAB (eliminando variables, limpiando la pantalla y cerrando ventanas abiertas). Además, generan un vector de 100 000 más un valores, que será utilizado como eje x, o eje de la Q. La razón para generar un vector de una unidad mayor que el máximo número que puede tomar la Q es porque en el algoritmo del gradiente descendiente se utiliza el valor de la Q actual + 1. Así, nos aseguramos de que el algoritmo no puede tratar de acceder a un valor fuera de rango.

```
% Código 4.1 - Dos proveedores sin restricción de capacidad (Gradiente)
clear ; clc ; close ;    % reset

x = [ 1 : 1 : 100000 ] ;     % genera eje x (Q) para todos los cálculos
```

Posteriormente introducimos los parámetros del sistema, de acuerdo con la explicación provista y con la tabla 4.1.

```
% Parámetros del problema
d = 100000 ;      % demanda mensual
h = 2 ;           % coste de almacenamiento por unidad por mes
k1 = 10000 ;      % coste de transporte proveedor 1
P1 = 1.4 ;        % coste de las unidades del proveedor 1
k2 = 4500 ;       % coste de transporte proveedor 2
P2 = 1.6 ;        % coste de las unidades del proveedor 2
```

Después de introducir los parámetros, se calculan las funciones objetivo que, en este caso, son dos, debido a que el coste es diferente para cada proveedor. En estas líneas se calculan los costes de acuerdo con la ecuación (4.6):

```
CTr = k1.*d./x ;        % Coste de trasporte promedio
CAl = x.*h./2 ;         % Coste de almacenamiento promedio
CPr = d*P1 ;            % Coste promedio del producto (envase)
f1 = CTr + CAl + CPr ;  % Coste total del proveedor 1

CTr = k2.*d./x ;        % Coste de trasporte promedio
CAl = x.*h./2 ;         % Coste de almacenamiento promedio
CPr = d*P2 ;            % Coste promedio del producto (envase)
f2 = CTr + CAl + CPr ;  % Coste total del proveedor 2
```

Antes de comenzar con la optimización, establecemos los parámetros del optimizador.

```
% Parámetros del optimizador
max_iter = 200 ;        % numero máximo de iteraciones
q1 = 100 ;             % punto inicial Q1
q2 = 100 ;             % punto inicial Q2
alpha = 2000 ;         % tasa de aprendizaje
h = 1 ;               % delta de q
```

En las siguientes líneas, entramos al ciclo "for" de la optimización, donde se realizan 200 iteraciones. Es posible observar que se optimizan ambas funciones en el mismo ciclo "for", pero la optimización se realiza de forma independiente.

```
for i = 1:max_iter    % iteraciones

    grad1  = ( f1(round(q1+h)) - f1(round(q1)) )/( (q1+h) - q1 ) ;
    q1 = q1 - alpha * grad1 ;

    if q1<0          q1 = 0 ;          end % Evitamos que q salga
    if q1>100000     q1 = 100000 ;     end % del rango permitido

    grad2  = ( f2(round(q2+h)) - f2(round(q2)) )/( (q2+h) - q2 ) ;
    q2 = q2 - alpha * grad2 ;

    if q2<0          q2 = 0 ;          end % Evitamos que q salga
    if q2>100000     q2 = 100000 ;     end % del rango permitido
```

```
end

format bank
Q1_opt = [ round(q1) f1(round(q1)) ]
Q2_opt = [ round(q2) f2(round(q2)) ]
```

Podemos notar que, dentro del ciclo "for", existen un par ce líneas para limitar la q_1 y q_2 que son las siguientes:

```
if q1<0          q1 = 0 ;         end % Evitamos que q salga
if q1>100000     q1 = 100000 ;    end % del rango permitido
```

Estas líneas solo preguntan si el tamaño de orden no se sale de los límites, para asegurarse de que se encuentre entre 0 y 100 000 unidades, algo que ocasionaría un error en la ejecución del programa. Estas líneas podrían escribirse de la siguiente forma, que es la más parecida a la forma normal en la que se escriben las sentencias if:

```
if q1<0
    q1 = 0 ;
end

if q1>100000
    q1 = 100000 ;
end
```

Escribir las sentencias if en una sola línea ayuda a tener un código más compacto, aunque no tiene impacto en el desempeño del programa.

Por último, antes de mostrar el resultado, la línea (format bank) le pide a MATLAB que muestre los números sin notación científica, algo opcional, pero esta es la forma en la que estamos acostumbrados a ver los resultados de este tipo de problemas.

4.1.2 Combinación de proveedores

Hemos analizado un caso de optimización en el que había dos proveedores. Después de optimizar el tamaño de orden de cada uno, decidimos (con ayuda de un programa de ordenador y un algoritmo de optimización) que la solución óptima es comprarle todas las unidades al proveedor 2 en pedidos de 21 213 unidades.

Esta solución resulta más económica que soluciones que podrían parecer intuitivas, como hacer cada mes un pedido de 100 000 unidades (considerando que necesitamos 100 000 unidades al mes). Una posibilidad que no hemos contemplado es la de comprarle la mitad de las unidades a un proveedor y la mitad al otro, o bien hacer una combinación de ambas. En este capítulo se analizará como se calcula el coste en los casos en los que hay combinación de proveedores.

Además de satisfacer la curiosidad, la combinación de proveedores es necesaria cuando existen restricciones de capacidad, lo cual es muy común para empresas grandes, que compran a proveedores pequeños [4.7].

Imagine que los proveedores nos indican que su límite de capacidad para producir partes es de 60 000 unidades al mes (cualquiera de los dos). Aunque el proveedor 2 esté dispuesto a vendernos todas las unidades de su producción, necesitamos al proveedor 1, porque nos faltarían 40 000 unidades al mes para cubrir la demanda. Pero ¿cómo se calculan los costes? Y ¿cómo se puede tomar una decisión óptima, sobre el número de pedidos y el tamaño de orden?

Comencemos por el ciclo de orden. Si ahora tenemos unidades de dos proveedores, la ecuación (4.1) evolucionaría a la ecuación (4.7):

$$T_C = \frac{\sum_{i=1}^{r} R_i}{d}, \qquad (4.7)$$

en donde R_i, representa todas las unidades compradas al proveedor i, en nuestro ejemplo, $r = 2$ (número de proveedores), así que habrá una R_1, que son las unidades compradas al proveedor 1, y una R_2, que serían las unidades compradas al proveedor 2.

Supongamos, con fines ilustrativos, que decidimos hacer un pedido de 60 000 unidades al proveedor 2, y un pedido de 40 000 unidades al proveedor 1. Esto significaría que el ciclo de orden duraría $T_C = 1$ mes, lo cual es lógico, ya que la demanda es de 100 000 unidades y estamos comprando un total de 100 000 unidades en esos dos pedidos.

Pero debemos recordar que el tamaño de orden óptimo también puede ser un número que no se adapte a realizar una orden al mes. Supongamos que el tamaño óptimo de orden para el proveedor 1 resulta ser 30 000 y, para el proveedor 2, resulta ser 20 000. Estos números son parecidos al resultado del problema anterior, pero utilizaremos números cerrados como ejemplo ilustrativo.

No hay problema en elegir $Q_1 = 30\,000$ y $Q_2 = 20\,000$, simplemente que el ciclo de orden duraría 0.5 meses (de acuerdo con (4.7)), lo cual es lógico, ya que estas Q_1 y Q_2 suman la mitad de la demanda mensual.

Ahora, supongamos que queremos pedir más unidades del proveedor 2 porque ha resultado ser más barato; podríamos hacer, en un solo ciclo de orden, una sola orden de unidades al proveedor 1, y dos órdenes al proveedor 2, o una combinación diferente, por ejemplo, tres órdenes al proveedor 2 y una orden al proveedor 1.

Entonces definiremos el conjunto de variables J_1, y J_2 como el número de órdenes realizadas al proveedor 1 y al proveedor 2, respectivamente. Y seguiremos utilizando a Q_1 y Q_2 como el tamaño de orden de los pedidos realizados al proveedor 1 y al proveedor 2, respectivamente.

En otras palabras, si decidimos que, en un ciclo de orden, realizaremos un pedido de 30 000 unidades al proveedor 1 y dos pedidos de 20 000 unidades al proveedor 2, nuestras Js y Qs quedarían de la siguiente forma: $J_1 = 1$, $J_2 = 2$, $Q_1 = 30\,000$, $Q_2 = 20\,000$. También podemos utilizar la forma vectorial y pensar que tanto J como Q son vectores de tamaño r (en donde r es el número de proveedores).

$$\mathbf{J} = \begin{bmatrix} J_1 \\ J_2 \end{bmatrix} = \begin{bmatrix} 1 \\ 2 \end{bmatrix}. \tag{4.8}$$

$$\mathbf{Q} = \begin{bmatrix} Q_1 \\ Q_2 \end{bmatrix} = \begin{bmatrix} 30000 \\ 20000 \end{bmatrix}. \tag{4.9}$$

Ahora podemos definir a las variables R_1 y R_2 y al vector $\boldsymbol{R}$ que se compone de ambos valores como (4.10):

$$\mathbf{R} = \begin{bmatrix} R_1 \\ R_2 \end{bmatrix} = \mathbf{J} \odot \mathbf{Q} = \begin{bmatrix} J_1 \\ J_2 \end{bmatrix} \odot \begin{bmatrix} Q_1 \\ Q_2 \end{bmatrix} = \begin{bmatrix} J_1 Q_1 \\ J_2 Q_2 \end{bmatrix}. \tag{4.10}$$

Para nuestro ejemplo, este vector $\boldsymbol{R}$ sería:

$$\mathbf{R} = \mathbf{J} \odot \mathbf{Q} = \begin{bmatrix} 1 \\ 2 \end{bmatrix} \odot \begin{bmatrix} 30000 \\ 20000 \end{bmatrix} = \begin{bmatrix} 30000 \\ 40000 \end{bmatrix}. \tag{4.11}$$

De acuerdo con (4.7), el periodo del ciclo de orden sería 0.7 meses para el ejemplo bajo estudio.

$$T_C = \frac{\sum_{i=1}^{r} R_i}{d} = \frac{R_1 + R_2}{d} = \frac{30000 + 40000}{100000} = 0.7. \tag{4.12}$$

Tiene sentido, ya que la suma de unidades (4.11) es de 70 000 y la demanda mensual es de 100 000.

Después de introducir la ecuación (4.7), mencionamos que R_i es la cantidad de unidades que se le compran a un proveedor en un ciclo de orden. En ese entonces no habíamos definido una fórmula para $\boldsymbol{R}$, aun así, es correcto afirmar que R_i es la cantidad de unidades ordenadas a cada proveedor en un periodo del ciclo de orden. En el ejemplo bajo discusión, el periodo de ciclo de orden dura 0.7 meses, y en ese periodo, al proveedor 1 se le ordenan 30 000 unidades, mientras que al proveedor 2 se le ordenan 40 000.

El coste de transporte en un ciclo de orden puede ser calculado como (4.13):

$$\text{Coste de transporte en un ciclo de orden} = \sum_{i=1}^{r} J_i k_i \,. \qquad (4.13)$$

Para el ejemplo que estamos discutiendo, este coste sería:

$$\sum_{i=1}^{r} J_i k_i = J_1 k_1 + J_2 k_2 = 1 \times 10000 + 2 \times 4500 = 19000 \,. \qquad (4.14)$$

En un ciclo de orden de 0.7 meses haríamos un viaje de 10 000 euros y dos viajes de 4500. Pero ¿para qué nos interesa el coste promedio?. Para poder comparar soluciones con diferente ciclo de orden. Dado que hemos definido (4.7), el coste promedio del transporte, al cual llamaremos Z_I, se podría expresar como (4.15), que es (4.13) dividido entre el periodo del ciclo de orden.

$$Z_1 = \frac{1}{T_C} \left[\sum_{i=1}^{r} J_i k_i \right] = \frac{d}{\sum_{i=1}^{r} R_i} \left[\sum_{i=1}^{r} J_i k_i \right]. \qquad (4.15)$$

El coste de las unidades en un ciclo de orden estaría dado por (4.16):

$$\text{Coste de las unidades en un ciclo de orden} = \sum_{i=1}^{r} R_i p_i \,. \qquad (4.16)$$

Simplemente es la suma de cada unidad multiplicada por su coste. Para nuestro ejemplo, esto sería:

$$\sum_{i=1}^{r} R_i p_i = R_1 p_1 + R_2 p_2 = 30000 \times 1.4 + 30000 \times 1.6 \,. \qquad (4.17)$$

$$\sum_{i=1}^{r} R_i p_i = 106000 \,. \qquad (4.18)$$

Recuerde que nos interesa el coste promedio para poder comparar soluciones con diferente ciclo de orden. Similar a (4.15), el coste promedio de las unidades, al cual llamaremos Z_2, se podría expresar como:

$$Z_2 = \frac{1}{T_C}\left[\sum_{i=1}^{r} R_i p_i\right] = \frac{d}{\sum_{i=1}^{r} R_i}\left[\sum_{i=1}^{r} R_i p_i\right].$$

(4.19)

La expresión parece complicada, solo recuerde que no es más que expresar de forma matemática los conceptos que hemos estado discutiendo.

Ahora veamos el coste de almacenamiento, que también es diferente. Para el análisis nos apoyaremos en la gráfica de la figura 4.4. Necesitamos calcular el promedio del área bajo la curva, o el promedio de unidades que se guardan en el almacén. En el caso anterior (figura 4.3) todos los pedidos eran del mismo tamaño, pero, en este caso, pueden ser diferentes.

Asumiremos que los pedidos se van realizando cuando se vacía el almacén. Si hiciéramos todos los pedidos juntos, el coste de almacenamiento sería mayor. Asumiremos, también, que primero hacemos los pedidos de un proveedor y, cuando terminamos con el número de pedidos (J_i) de un proveedor, continuamos con el siguiente, y así sucesivamente. Si decidiéramos intercalar los proveedores, podemos observar que el área bajo la curva no sufriría cambios.

En la figura 4.4 existen dos tamaños de orden, a un proveedor se le hacen dos pedidos y al otro, tres pedidos. Así que el tiempo que el almacén tarda en vaciarse es diferente para la orden realizada a cada proveedor. En el problema discutido, al proveedor 1 se le hace un pedido y al proveedor 2 se le hacen dos pedidos. En la figura tenemos más pedidos para apreciar mejor el efecto de combinar proveedores.

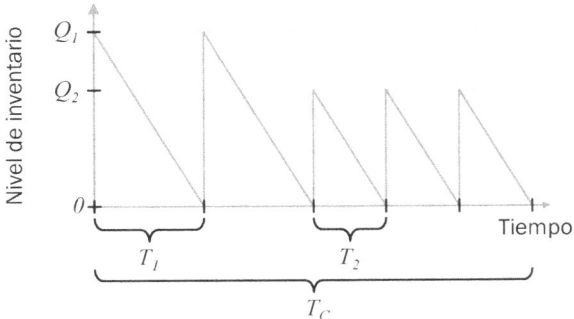

Figura 4.4 Comportamiento del inventario en un periodo Tc.

Los periodos T_1 y T_2 se podrían calcular de la siguiente forma:

$$T_1 = \frac{Q_1}{d}; \qquad\qquad T_2 = \frac{Q_2}{d}. \qquad\qquad (4.20)$$

$$T_C = 2T_1 + 3T_2. \qquad\qquad (4.21)$$

Los factores 2 y 3 son el número de pedidos realizados a cada proveedor, por lo que (4.21) se puede escribir en una forma general como (4.22):

$$T_C = J_1 T_1 + J_2 T_2 = \sum_{i=1}^{r} J_i T_i = \sum_{i=1}^{r} \frac{J_i Q_i}{d} = \frac{1}{d} \sum_{i=1}^{r} J_i Q_i. \qquad (4.22)$$

La ecuación (4.22) es equivalente a (4.12), es otra forma de demostrar el periodo del ciclo de orden.

El área bajo la curva (ÁBC) de la figura 4.4 en un periodo T_C se expresaría como:

$$\text{ÁBC} = 2\frac{Q_1 T_1}{2} + 3\frac{Q_2 T_2}{2} = 2\frac{Q_1}{2}\frac{Q_1}{d} + 3 \times \frac{Q_2}{2}\frac{Q_2}{d}. \qquad (4.23)$$

Estamos sumando el área de triángulos. Tenemos dos triángulos grandes y tres pequeños. El número de triángulos de cada proveedor corresponde con el número de pedidos, por lo que podríamos expresar (4.23) como (4.24).

$$\text{ÁBC} = J_1 \times \frac{Q_1^2}{2d} + J_2 \times \frac{Q_2^2}{2d} = \frac{1}{2d}\sum_{i=1}^{r} J_i Q_i^2 .\tag{4.24}$$

Algunos libros utilizan (4.24), considerando la definición de $R_i = J_i Q_i$, la cual es una forma alternativa equivalente.

$$\text{ÁBC} = = \frac{1}{2d}\sum_{i=1}^{r} J_i Q_i^2 = \frac{1}{2d}\sum_{i=1}^{r} \frac{R_i^2}{J_i} .\tag{4.25}$$

Finalmente, podemos dividir algunas de las expresiones de (4.25) entre el periodo del ciclo de orden (T_C) y multiplicarlas por h. Así, obtenemos el coste promedio de almacenamiento de todas las unidades, al que llamaremos Z_3:

$$Z_3 = \frac{1}{T_C}\left[\frac{h}{2d}\sum_{i=1}^{r} \frac{R_i^2}{J_i} \right] = \frac{d}{\sum_{i=1}^{r} R_i}\left[\frac{h}{2d}\sum_{i=1}^{r} \frac{R_i^2}{J_i} \right].\tag{4.26}$$

Sumando los costes promedio Z_1, Z_2, y Z_3, el coste promedio del mantenimiento de inventario, al que llamaremos Z_T, se expresaría como (4.27). Esta expresión en la función objetivo que deseamos minimizar.

$$Z_T = \frac{d}{\sum_{i=1}^{r} R_i}\left[\sum_{i=1}^{r} J_i k_i + \sum_{i=1}^{r} R_i p_i + \frac{h}{2d}\sum_{i=1}^{r} \frac{R_i^2}{J_i} \right].\tag{4.27}$$

El código 4.2 realiza los cálculos para tener el coste promedio de mantenimiento de inventario con las ecuaciones descritas, el cual será explicado a continuación:

```
% 4.2 - Calculadora de coste promedio 2 Proveedores combinados
clear ; clc ; close ; format bank ; % reset de memoria

d = 100000 ;        % demanda mensual
h = 2 ;             % coste de almacenamiento por unidad por mes
r =  2 ;            % numero de proveedores

Q   = [ 31000 21000 ] ;  % Solución a probar
J   = [ 1 2 ] ;

% Parámetros de los proveedores
```

```
k = [ 10000 4500 ] ;   % coste fijo de transporte por cada proveedor
P = [    1.4  1.6 ] ;   % coste de cada unidad por cada proveedor

R = J.*Q ;
frec = d/sum(R) ;

Z1 = (frec) * sum(J.*k);        % Promedio
Z2 = (frec) * sum(R.*P);        % Promedio
Z3 = (frec) * (h/(2*d)) * sum(R.^2 ./ J);  % Coste de inventario
Ztot = Z1 + Z2 + Z3
```

El código 4.2 es relativamente sencillo, las primeras líneas realizan un *reset* de la memoria para MATLAB e introducen los parámetros del problema. Recuerde que (`format bank`) le dice a MATLAB que, en el momento de mostrar algún resultado en pantalla, no utilice el formato científico sino el bancario, al al cual estamos acostumbrados.

```
% 4.2 - Calculadora de coste promedio 2 Proveedores
clear ; clc ; close ; format bank ;   % reset de memoria

d = 100000 ;       % demanda mensual
h = 2 ;            % coste de almacenamiento por unidad por mes
r =  2 ;           % número de proveedores
```

Posteriormente, se introduce la solución a probar. Es aquí en donde podemos modificar si queremos probar otra solución, así como los parámetros de los proveedores.

```
Q = [ 31000 21000 ] ;   % Solución a probar
J = [ 1 2 ] ;

% Parámetros de los proveedores
k = [ 10000 4500 ] ;   % coste fijo de transporte por cada proveedor
P = [    1.4  1.6 ] ;   % coste de cada unidad por cada proveedor
```

Calculamos ahora la cantidad de unidades que se le compran a cada proveedor (ecuación (4.19)) y el periodo de compra, de hecho, en este caso le podemos llamar frecuencia porque es el inverso del periodo. En las ecuaciones descritas normalmente se divide entre el periodo, así que, si calculamos el inverso del periodo, podemos utilizar ese número como un factor que multiplica en donde sea necesario dividir entre el periodo.

```
R = J.*Q ;
frec = d/sum(R) ;
```

Nótese que J y Q son vectores, el punto antes del asterisco indica que la multiplicación se haga elemento por elemento (producto de *Hadamard*). En la segunda línea, d es un escalar (es igual a 100 000), pero R es un vector, la instrucción `sum(R)` realiza la suma de todos los elementos del vector entre paréntesis, en este caso de R. Aunque J y R son vectores pequeños, cada uno contiene solo dos elementos, y las mismas líneas funcionarían para vectores con muchos elementos.

Por último, se evalúan los costes promedio (Z_1, Z_2, y Z_3) de acuerdo con las ecuaciones (4.15), (4.19) y (4.26). Y, finalmente, se suman para tener el coste total.

```
Z1 = (frec) * sum(J.*k);      % Promedio
Z2 = (frec) * sum(R.*P);      % Promedio
Z3 = (frec) * (h/(2*d)) * sum(R.^2 ./ J); % Coste de inventario
Ztot = Z1 + Z2 + Z3
```

En la última línea no se agregó el punto y coma (;) porque queremos que muestre ese resultado en la ventana de comandos.

Podemos utilizar este código para soluciones con un solo proveedor, pero habría que cambiar los vectores Q, J, k, y P y usarlos como escalares.

Con este código, ahora podemos calcular el coste de mantenimiento de inventario cuando se utilizan proveedores combinados. Si evaluamos la idea de hacer un pedido a cada proveedor de $Q_1 = Q_2 = 50\,000$ unidades, resultaría en un $T_C = 1$ mes. Esto sería equivalente a decir que evaluaremos la solución $J = [1, 1]$ y $Q = [50\,000, 50\,000]$. El coste promedio (la función objetivo) sería igual a 214 500 euros al mes.

Si evaluamos la solución que mencionamos al principio de este subcapítulo $J = [1, 2]$ y $Q = [30\,000, 20\,000]$, el coste promedio (la función objetivo) sería igual a 202 857.14 euros al mes. Esta no es la solución óptima, aunque es mejor que las anteriores; aun así, en este momento no hemos mencionado cómo obtener una solución, solo hemos analizado cómo calcular los costes cuando se tiene que comprar una combinación de diferentes proveedores.

Resulta interesante pensar cómo podríamos obtener una solución o, mejor aún, cómo podríamos obtener la solución óptima.

Recapitulemos ahora un poco lo que hemos obtenido. Cuando los proveedores tienen una capacidad suficiente para proveer la demanda, basta con calcular el proveedor más barato y esa será la mejor solución, pero a veces los proveedores no tienen suficiente capacidad para proveer la demanda, esto es común en empresas grandes que compran a proveedores pequeños que manufacturan las unidades. Cuando esto ocurre, es necesario utilizar combinación de proveedores, y el coste total se puede calcular con el código 4.2.

4.1.3 Restricciones de capacidad

Antes de continuar sería conveniente discutir lo siguiente. Si evaluamos la solución $J = [1, 3]$ y $Q = [31\,000, 21\,000]$, el coste promedio (la función objetivo) sería igual a 202 702.13 euros al mes. Un coste menor a otras soluciones con combinación de proveedores que se han mencionado. Sin embargo, esta solución requiere que el proveedor 2 produzca 67 021.28 unidades al mes, pero habíamos supuesto que los proveedores no pueden producir más de 60 000 unidades al mes.

En otras palabras, cuando existen restricciones de cualquier tipo, por ejemplo, de capacidad [4.8], es necesario corroborar que las restricciones se cumplen, no basta con tener una solución que resulte en un bajo coste utilizando la calculadora de costes.

El código 4.3 calcula el coste promedio de mantener el inventario. Además, se establece la restricción de capacidad, y el programa evalúa si la solución introducida cumple con la restricción de capacidad.

```
% 4.3 - Calculadora de coste Proveedores combinados (restricción Cp)
clear ; clc ; close ; format bank ; % reset de memoria

d = 100000 ;      % demanda mensual
h = 2 ;           % coste de almacenamiento por unidad por mes
r = 2 ;           % número de proveedores

Q  = [ 31000 21000 ] ; % Solución a probar
J  = [ 1  2 ] ;

% Parámetros del problema
k  = [ 10000 4500 ] ; % coste fijo de transporte por cada proveedor
P  = [    1.4 1.6 ] ; % coste de cada unidad por cada proveedor
Cp = [ 60000 60000 ] ; % Capacidad máxima de producción mensual

R = J.*Q ;            % Calculamos las unidades producidas por ciclo
frec = d/sum(R) ;     % 1/frec, Calculamos el ciclo
Pp =(frec)*R ;        % Calculamos unidades producidas por mes

Z1 = (frec) * sum(J.*k) ;      % Coste de transporte
Z2 = (frec) * sum(R.*P);       % Coste de las unidades
Z3 = (frec) * (h/(2*d)) * sum(R.^2 ./ J); % Coste de almacenamiento

Ztot = Z1 + Z2 + Z3

for i = 1 : r
    if Pp(i) > Cp(i)
        disp(['Proveedor ' num2str(i) ' Supera Cp' ]);
    end
end
```

El código es muy similar al anterior, solo comentaremos las diferencias. En donde se establecen los parámetros del problema, se declara el vector Cp, que contiene la capacidad de producción mensual de cada proveedor. En este caso, se utiliza como ejemplo 60 000 para cada proveedor. Posteriormente aparecen las siguientes líneas:

```
R = J.*Q ;            % Calculamos las unidades producidas por ciclo
frec = d/sum(R) ;     % 1/frec, Calculamos el ciclo
Pp =(frec)*R ;        % Calculamos unidades producidas por mes
```

La primera línea calcula el vector R, el cual contiene la cantidad de unidades pedidas a cada proveedor en un ciclo de orden. Pero la capacidad de cada proveedor está dada en unidades por mes, por lo que hay que calcular cuántas unidades produce cada proveedor al mes. La segunda línea calcula la frecuencia del ciclo de orden (el inverso del periodo), y por último, la tercera línea calcula el vector `Pp` (unidade producidas), que contiene cuántas unidades produce un proveedor al mes. Si el periodo de ciclo de orden fuera un mes, la frecuencia (uno dividido entre el periodo) sería igualmente uno, pero este código supone que el periodo del ciclo de orden puede ser diferente de un mes.

Por último, después de mostrar la solución `Ztot`, aparece un ciclo "for" que revisa elemento por elemento. Si `Pp` es mayor que `Cp`, si esto ocurre, quiere decir que la solución que se está evaluando supera la capacidad de producción de alguno de los proveedores.

```
for i = 1 : r
    if Pp(i) > Cp(i)
        disp(['Proveedor ' num2str(i) ' Supera Cp' ]);
    end
end
```

La evaluación de esta restricción se puede hacer de varias formas, la ventaja del método utilizado en el código 4.3 es que permite saber cuál de los proveedores es el que enfrentaría problemas de capacidad de producción. Podríamos refinar el código para saber el porcentaje de capacidad de producción que tienen los demás proveedores, se invita al lector a intentarlo.

En la forma estándar en la que se describen los problemas de optimización, las restricciones suelen venir después de la función objetivo, por ejemplo, de la siguiente forma:

(P)   Min
$$Z_T = \frac{d}{\displaystyle\sum_{i=1}^{r} R_i} \left[\sum_{i=1}^{r} J_i k_i + \sum_{i=1}^{r} R_i p_i + \frac{h}{2d} \sum_{i=1}^{r} \frac{R_i^2}{J_i} \right].$$ (4.28)

s.t. $\dfrac{R_i}{T_C} \leq c_i,$ $\forall\ i=1, ..., r,$ (4.29)

Este modelo se lee: el objetivo es minimizar la función objetivo descrita por la ecuación (4.16), sujeto a (s.t.) la restricción descrita en la ecuación (4.17).

4.1.4 Introduciendo descuentos por volumen

En el capítulo 1, el problema de Juan se complicó cuando introdujimos descuentos por volumen, esto no permitió que se utilizara el método del gradiente descendiente y que se haya tenido que utilizar un método estocástico, el método de búsqueda aleatoria o Random Search.

Tal como se ha mencionado, es natural que el precio unitario de los bienes sea menor cuando se compran volúmenes altos, es lo que permite que el negocio de Juan sea rentable y de muchas empresas en la cadena de suministro, como los distribuidores o mayoristas y los minoristas. Las empresas prefieren tener ventas de volúmenes grandes. Por ello, los descuentos por volumen son una práctica estándar en todos los mercados.

Abordaremos un ejemplo en el que los proveedores de la empresa tienen descuentos por volumen [4.9]. Además, consideraremos que existen tres proveedores $r = 3$. La demanda mensual sigue siendo $d = 100\,000$ unidades por mes, el coste de almacenamiento se mantiene en $h = 2$ euros por unidad almacenada por mes.

Los costes de transporte son fijos en este ejemplo, esto quiere decir que no dependen del volumen de compra. En un ejemplo posterior se introducirá el caso en el que sí dependen del volumen de compra. En el ejemplo anterior, los costes de transporte también eran fijos, pero en este ejemplo se utilizan valores diferentes. El coste de transporte k_i de un pedido para cada proveedor i se especifica en la tabla 4.2.

Tabla 4.2 Resumen de los parámetros

k_i	Proveedor	Coste
k_1	1	4000 euros por pedido
k_2	2	1000 euros por pedido
k_3	3	2500 euros por pedido

Podemos apreciar que el proveedor 1 tiene un coste mayor por el traslado de cada pedido y que el más económico en cuestiones de transporte es el proveedor 2, mientras que el proveedor 3 tiene un coste intermedio.

El coste unitario y los rangos de descuentos son diferentes para cada proveedor. El proveedor 1 tiene costes descritos por la tabla 4.3.

Tabla 4.3 Costes unitarios y rangos de descuentos del proveedor 1

Unidades	Coste
1 a 39 999	1.4 euros por unidad
40 000 a 54 999	1.31 euros por unidad
55 000 en adelante	1.18 euros por unidad

De la tabla 4.3 podemos observar que el proveedor 1 vende las unidades a 1.4 euros para volúmenes bajos. Si alguien compra más de 40 000 unidades, el coste disminuye a 1.31 euros, y para volúmenes superiores a 55 000 unidades, el volumen disminuye a 1.18 euros por unidad.

De forma similar a la tabla 4.3, la tabla 4.4 muestra la información de costes y rangos de precio para el proveedor 2. Y la tabla 4.5 muestra la misma información para el proveedor 3.

Tabla 4.4 Costes unitarios y rangos de descuentos del proveedor 2

Unidades	Coste
1 a 29 999	1.60 euros por unidad
30 000 a 49 999	1.46 euros por unidad
50 000 en adelante	1.28 euros por unidad

Tabla 4.5 Costes unitarios y rangos de descuentos del proveedor 3

Unidades	Coste
1 a 24 999	1.62 euros por unidad
25 000 a 44 999	1.53 euros por unidad
45 000 en adelante	1.33 euros por unidad

El código 4.4 calcula el coste promedio de mantenimiento del inventario considerando los tres proveedores y los datos mencionados.

```
% 4.4 - Calculadora de coste promedio 3 Proveedores combinados
clear ; clc ; close ; format bank ; % reset de memoria

d = 100000 ;      % demanda mensual
h = 2 ;           % coste de almacenamiento por unidad por mes
r = 3 ;           % numero de proveedores

Q  = [ 30000 20000 10000 ] ; % Solución a probar
J  = [ 1 2 3 ] ;

% Parámetros del problema
k  = [ 4000    1000   2500 ] ; % coste de transporte por orden (fijo)
Cp = [ 60000 60000 60000 ] ; % Capacidad máxima de producción mensual

P1(      1:  39999) = 1.40 ; % Proveedor 1
P1( 40000:  54999) = 1.31 ;
P1( 55000: 100001) = 1.18 ;

P2(      1:  29999) = 1.60 ; % Proveedor 2
P2( 30000:  49999) = 1.46 ;
P2( 50000: 100001) = 1.28 ;

P3(      1:  24999) = 1.62 ; % Proveedor 3
P3( 25000:  44999) = 1.53 ;
P3( 45000: 100001) = 1.33 ;

R  = J.*Q ;          % Calculamos las unidades producidas por ciclo
frec = d/sum(R) ;    % 1/frec, Calculamos el ciclo

Z1 = (frec) * sum(J.*k) ;     % Coste de transporte
% Z2 es el coste de las unidades
Z2 = (frec) * ( R(1)*P1(Q(1)) + R(2)*P2(Q(2)) + R(3)*P3(Q(3)) );
Z3 = (frec) * (h/(2*d)) * sum(R.*Q);  % Coste de almacenamiento
Ztot = (frec) * (Z1 + Z2 + Z3 )

Pp =(frec)*R        % Calculamos unidades producidas por mes

for i = 1 : r
    if Pp(i) > Cp(i)
        disp(['Proveedor ' num2str(i) ' Supera Cp' ]);
    end
end
```

Si todo sale bien, notaremos que el coste promedio con la solución provista es de 188 100 euros al mes.

Nótese que el código incluye al final la parte que advierte si alguno de los proveedores supera la capacidad de producción individual.

4.1.5 Tratamiento de la calidad imperfecta de las unidades

El problema EOQ es muy amplio, como se mencionó al inicio de este capítulo, y ha sido estudiado durante décadas en la ingeniería industrial. El problema se puede hacer más grande y complejo conforme se van agregando datos y conforme se van considerando situaciones especiales que deben ser consideradas en el modelo matemático.

Toca el turno de analizar una de las consideraciones que puede llevar a tener más restricciones o, al menos, a modificar el modelo matemático desarrollado. Esta es la calidad de los productos vendidos por los proveedores. Normalmente los proveedores que ofrecen un precio unitario más bajo tienen productos de menor calidad que los proveedores más caros. Las consideraciones de calidad se pueden dividir en dos partes: los problemas de calidad que afectan en el largo plazo, como la vida útil de las unidades, y los problemas de calidad que afectan en el corto plazo, como defectos de fabricación que impiden que la unidad pueda ser utilizada inmediatamente.

Debido a que el análisis en el que se enfoca este capítulo está destinado a la producción o venta en el corto plazo de productos, analizaremos la calidad desde un punto de vista inmediato. El objetivo es contabilizar cuánto afecta que un proveedor tenga más unidades defectuosas que otro.

Por ejemplo, supongamos que el tomador de decisiones está en una empresa manufacturera que requiere partes para integrarlas en un producto más complejo, como un vehículo. Cierta parte debe tener medidas precisas para poder ser utilizada. Si no tiene las medidas especificadas, se debe desechar. Y el coste corre a cuenta de la empresa.

Es casi imposible recibir todas las unidades perfectas. A pesar de los controles de calidad, siempre existen algunas unidades defectuosas. Gracias a los avances en los controles de calidad, el número de unidades defectuosas suelen ser algunas unidades por millón, y se utilizan las siglas PPM para expresar esto. En este libro se utilizará la definición de un índice de calidad porcentual, por ejemplo, 0.99, lo que quiere decir que el 99% de las unidades cumplen con los estándares de calidad. Esto sería equivalente a tener 10 000 PPM defectuosas (10 000 partes por millón defectuosas).

En el desarrollo matemático del problema existen diversas formas de introducir las restricciones de calidad. Es posible introducirla en forma de una restricción, con un estilo similar al de (4.17), una restricción que asegure que se cumpla la calidad. Otra forma es pensar que esas unidades defectuosas afectarían al cálculo del periodo del ciclo de orden (o de su inverso, la frecuencia).

Podemos pensar que, para evitar un desabastecimiento, las unidades defectuosas deben ser consideradas en el ciclo de orden. Esta idea fue introducida por Alejo *et al*. [4.7].

En estos casos, se debe utilizar la siguiente ecuación para calcular el nuevo ciclo de orden:

$$T_C = \frac{\sum_{i=1}^{r} R_i q_i}{d}, \qquad (4.30)$$

en donde q_i, es el índice de calidad del proveedor i, que puede ser, por ejemplo, 0.95, 0.99. Esto quiere decir que el ciclo de orden se calcula a partir de las unidades que sí se pueden utilizar (o vender) para satisfacer la demanda.

Recordando a la ecuación (4.12), repetida aquí como (4.31), supongamos que nuestra demanda es d = 100 000 unidades, que tenemos dos proveedores, a los cuales les pedimos 30 000 y 40 000 unidades por ciclo, y que el periodo del ciclo de orden, que en (4.31) se llama T_{C1}, es 0.7 meses.

$$T_{C1} = \frac{\sum\limits_{i=1}^{r} R_i}{d} = \frac{R_1 + R_2}{d} = \frac{30000 + 40000}{100000} = 0.7. \qquad (4.31)$$

Supongamos ahora que queremos considerar la calidad, que el proveedor 1 tiene un factor de calidad $q_1 = 0.98$, y el proveedor 2 tiene un factor de calidad $q_2 = 0.99$. El ciclo de orden que considera la calidad, llamado T_{C2} en (4.32), sería igual a 0.69 meses.

$$T_{C1} = \frac{\sum\limits_{i=1}^{r} R_i q_i}{d} = \frac{R_1 q_1 + R_2 q_2}{d} = \frac{30000 \times 0.98 + 40000 \times 0.99}{100000} = 0.69. \qquad (4.32)$$

El nuevo ciclo de orden afectará el coste total, debido a que los elementos del coste promedio están divididos entre el periodo del ciclo de orden o multiplicados por la frecuencia, que es el inverso del periodo.

Volvemos al ejemplo de los tres proveedores. Supongamos en el ejemplo del código 4.4 que los proveedores tienen un índice de calidad descrito por la tabla 4.6:

Tabla 4.6 Índices de calidad de los proveedores

q_i	Proveedor	Índice de calidad
q_1	1	0.995
q_2	2	0.990
q_3	3	0.999

El código 4.4 necesita solo un cambio en una línea para considerar la calidad, esto es cambiar el cálculo del ciclo de orden, que está como:

```
frec = d/sum(R) ;     % 1/frec. Calculamos el ciclo
```

a la siguiente forma, la cual es la ecuación (4.30):

```
frec = d/sum(R.*q) ;  % 1/frec. Calculamos el ciclo
```

Notamos que, al ejecutarlo, el coste aumenta de 188 100 a 190 301.09 euros al mes. El ciclo de trabajo se reduce debido al porcentaje de unidades que deben ser desechadas. Y esto aumenta el coste (el aumento del coste se calcula implícitamente con las mismas ecuaciones del coste promedio).

El incremento del coste no es significativo, al menos en porcentaje, pero, tal como se mencionó al principio del libro, algunas empresas tienen costes muy altos de administración de inventario, y un pequeño porcentaje puede significar mucho dinero. Además, en un mundo competitivo, cualquier ventaja cuenta. Por otra parte, cuantas más consideraciones reales se tomen en cuenta, más precisos serán nuestros cálculos.

Por el momento hemos aprendido a modelar matemáticamente el problema EOQ, es decir, el problema de Juan. Aunque con el problema de Juan tomamos el modelo más simple, sin combinación de proveedores, ahora consideramos combinación de proveedores, lo que eleva la dimensión del problema y modifica las ecuaciones, pues el coste promedio se debe calcular simultáneamente considerando todos los proveedores. Se introdujeron, además, descuentos por volumen, lo que añade óptimos locales al problema, dificultando su solución con algoritmos basados en gradiente. Por último, se introdujeron consideraciones de calidad, en forma de porcentaje de unidades perfectas, y se observó cómo esto modifica el coste promedio.

Pero dejamos una incógnita, no presentamos un código que obtenga la solución (solo modelamos el coste). En los siguientes capítulos, utilizaremos técnicas de optimización modernas para encontrar la solución a este intrincado, interesante y muy importante problema dentro de la ingeniería industrial, el problema EOQ.

Referencias

[4.1] Schwarz, L. B. (2008). The economic order-quantity (EOQ) model. En *Building Intuition: Insights from Basic Operations Management Models and Principles* (pp. 135-154). Springer.

[4.2] Chikaputri, K. K., Yudhistira, G. A., & Qurtubi (2023). *Comparison Analysis of Economic Order Quantity (EOQ) Method and Min-Max Method on Inventory Management.* AIP Conference Proceedings.

[4.3] Raju, U. (2022). A review of Economic Order Quantity modelling, their extensions and applicability. *Journal of Physics: Conference Series, 2332*(1).

[4.4] Alejo-Reyes, A., Mendoza, A., & Olivares-Benitez, E. (2021). Inventory replenishment decisions model for the supplier selection problem facing low perfect rate situations. *Optimization Letters*, *15*(5), 1509-1535.

[4.5] Mendoza, A., & Ventura, J.A. (2013). Modeling actual transportation costs in supplier selection and order quantity allocation decisions. *Operational Research*, *13*(1), 5-25.

[4.6] Mendoza, A., & Ventura, J.A. (2009). Estimating freight rates in inventory replenishment and supplier selection decisions. *Logistics Research,* (1), 185-196.

[4.7] Alejo-Reyes, A., Olivares-Benitez, E., Mendoza, A., & Rodriguez, A. (2020). Inventory replenishment decision model for the supplier selection problem using metaheuristic algorithms. *Mathematical Biosciences and Engineering, 17*(3), 2016-2036.

[4.8] Alejo-Reyes, A., Mendoza, A., & Olivares-Benitez, E. (2021). A heuristic method for the supplier selection and order quantity allocation problem. *Applied Mathematical Modelling*, (90), 1130-1142.

[4.9] Alejo-Reyes, A., Mendoza, A., Cuevas, E., & Alcaraz-Rivera, M. (2023). A Mathematical Model for an Inventory Management and Order Quantity Allocation Problem with Nonlinear Quantity Discounts and Nonlinear Price-Dependent Demand. *Axioms, 12*, 547.

CAPÍTULO 5
DISTRIBUCIONES DE PROBABILIDAD Y EL MÉTODO DE RANDOM SEARCH

5.1 Introducción

En el capítulo 1 introdujimos brevemente el método del Rancom Search. El problema de Juan se complicó cuando introdujimos el concepto de descuentos por volumen y no fue posible resolverlo con el método del gradiente descendiente, así que utilizamos el Random Search y pudimos obtener un buen resultado con el código 1.10.

En el código 1.10 utilizamos la función (rand) y explicamos de forma simple y breve que esta función nos devuelve aleatoriamente un número entre 0 y 1. Esta información es correcta, aunque podría ser conveniente tener más información al respecto, por ejemplo, la función (rand) *distribución de probabilidades uniforme* [5.1], sería bueno ahora explicar qué significa eso.

Además, existe otra función en MATLAB, que es la más utilizada para los algoritmos probabilísticos. Hablamos de la función (randn) (con una n al final). La función (randn) ofrece una *distribución normal de probabilidad* [5.2], también conocida como *distribución gaussiana* o *campana de Gauss*.

Este capítulo está destinado a explicar brevemente estos conceptos. Y presenta algunas variantes del algoritmo de Random Search cue tienen gran utilidad.

Las variantes del algoritmo de Random Search [5.3] que serán abordadas son las de Local Random Search (búsqueda aleatoria local) y Adaptive Random Search (búsqueda aleatoria adaptiva). La primera de las variantes, en lugar de buscar aleatoriamente, pero con una *distribución uniforme* en todo el rango de la solución, utiliza una *distribución normal* (*campana de Gauss*) enfocándose en cierta región de búsqueda (con mayor probabilidad). La segunda de las variantes utiliza este mismo principio, pero además reduce paulatinamente el rango probable de búsqueda (*la desviación estándar*) para enfocarse paulatinamente en cierta región.

Estos algoritmos serán probados con algunos de los problemas abordados anteriormente, por ejemplo, el problema de minimizar la *función de Bohachevsky* [5.4].

5.2 Las distribuciones de probabilidad

La lectura de este capítulo nos ayudará a comprender las distribuciones de probabilidad [5.5] y la naturaleza de la función (`randn`).

Una distribución de probabilidad es una gráfica que nos ayuda a saber cuánta probabilidad hay de tener cierto resultado en cierto evento. Supongamos que tenemos un dado normal de seis caras, enumeradas del 1 al 6. Si lanzamos el dado puede caer en cualquiera de las seis caras, y es igual de probable que caiga en la cara 1 en comparación con la cara 2, con la 3, etc. Todas las caras tienen la misma probabilidad de quedar en la parte alta del dado.

La figura 5.1 es una gráfica de distribución de probabilidades, nos muestra la distribución de probabilidades del resultado de lanzar un dado al aire. Lo que la figura 5.1 indica es que el resultado puede ser una de seis opciones: 1, 2, 3, 4, 5, o 6. Y cualquiera de los resultados tiene la misma probabilidad de ocurrir, que es (1/6). A una distribución de este tipo, en el que todas las opciones del rango tienen la misma probabilidad de ocurrir, se le llama *distribución uniforme*.

La función (`rand`) devuelve un número entre 0 y 1, por ejemplo, 0.23, 0.55, etc. Y tiene una distribución uniforme, quiere decir que no hay un número con mayor probabilidad de caer que otro. Siendo estrictos, debemos mencionar que esta función puede generar números muy cerca del 0 (por ejemplo, 0.0001) y del 1 (por ejemplo, 0.9999), pero no exactamente el 0 o el 1, no está programada para tal fin. De cualquier forma, para fines prácticos debemos de esperar un número entre 0 y 1.

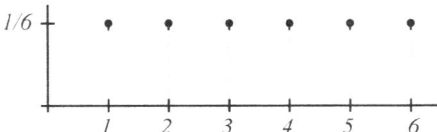

Figura 5.1 Distribución de probabilidades en el resultado de lanzar un dado.

Pero ¿qué ocurre si no lanzamos un dado sino dos y establecemos que el resultado es la suma de lo que indiquen ambos dados? Esta es la forma más común de utilizar un par de dados, y sabemos que el resultado puede ser uno de entre once resultados posibles: 2, 3, 4, 5, 6, 7, 8, 9, 10, 11, o 12.

La figura 5.2 nos muestra una gráfica con los posibles resultados de este experimento:

$$
\text{Dado 1}
\begin{cases}
1 & 2 \quad 3 \quad 4 \quad 5 \quad 6 \quad 7 \\
2 & 3 \quad 4 \quad 5 \quad 6 \quad 7 \quad 8 \\
3 & 4 \quad 5 \quad 6 \quad 7 \quad 8 \quad 9 \\
4 & 5 \quad 6 \quad 7 \quad 8 \quad 9 \quad 10 \\
5 & 6 \quad 7 \quad 8 \quad 9 \quad 10 \quad 11 \\
6 & 7 \quad 8 \quad 9 \quad 10 \quad 11 \quad 12
\end{cases}
$$

$$\quad\quad\quad 1 \quad 2 \quad 3 \quad 4 \quad 5 \quad 6$$

$$\underbrace{}_{\text{Dado 2}}$$

Figura 5.2 Posibles resultados de lanzar 2 dados y sumar el resultado.

En el lado izquierdo de la figura 5.2 dice *Dado 1*, y muestra las seis posibilidades del resultado del dado 1, que están ordenadas en las filas (horizontales). Abajo están las del *Dado 2*, en las columnas (verticales), y en el cuadro del centro están las sumas de los resultados, en la intersección de las filas con columnas. Hay treinta y seis posibles resultados de este experimento o combinaciones de los dados. Sin embargo, estas treinta y seis posibilidades contienen a los once números que hemos mencionado (del 2 al 12). Quiere decir que algunos de los resultados se repiten; por ejemplo, es lo mismo tener 2 en el dado 1 y 3 en el dado 2 que viceversa, tener 3 en el dado 1 y 2 en el dado 2.

El cuadro de la figura 5.2 nos ayuda a visualizar los resultados que más se repiten. Algunas casillas están marcadas con color gris, solo para poder hablar de ellas y distinguirlas con facilidad.

Veamos primero el resultado de arriba a la izquierda, que está marcado con gris claro, es el resultado de 2. Es poco probable tener 2 como resultado, porque ambos dados tienen que caer en 1 exactamente y no hay otra opción. Por experiencia en los juegos de mesa, podemos afirmar que es un resultado poco común, y lo mismo le sucede al 12, es un resultado poco común.

Pero la explicación está en las probabilidades. De los treinta y seis posibles resultados, solo uno da como resultado el 2, su probabilidad es 1/36 (podemos decir 1 de 36). Lo mismo le sucede al número 12, es poco probable porque solo una combinación de las treinta y seis posibles da como resultado 12, luego su probabilidad es también 1/36.

En comparación con el 2 o el 12, es más probable tener, por ejemplo, un 5, debido a que de las treinta y seis posibilidades, cuatro de ellas dan como resultado 5 (también marcadas en gris claro en la figura 5.2), es decir, si el dado uno da 4 y el dado dos da 1, o si el dado uno da 3, mientras el dado dos da 2, la probabilidad de tener un 5 es 4/36 (cuatro de treinta y seis), cuatro veces más probable que tener 2 o 12.

El 7 es la mejor posibilidad, ya que seis combinaciones de los dados dan como resultado 7, así que tiene la mejor probabilidad de todos los resultados, con 6/36.

La figura 5.3 muestra la distribución de probabilidades del resultado de nuestro experimento de lanzar dos dados y sumar el resultado de estos. Esta distribución refleja lo que hemos observado y discutido de la figura 5.2.

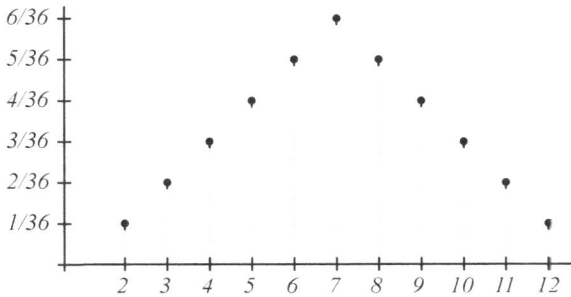

Figura 5.3 Distribución de probabilidades en el resultado de lanzar dos dados.

Cuando el experimento tiene pocas opciones, como el lanzar dos dados, que tiene treinta y seis posibilidades, probablemente sea sencillo decir la información con palabras, pero en opciones con más posibilidades, la gráfica de distribución de probabilidades es una herramienta muy útil. En la figura 5.3 podemos ver fácilmente que el 7 es la mejor opción, con 6/36 de probabilidad, mientras que el 1 y el 12 son las peores opciones y el 6 y el 8 son buenas opciones también con 5/36.

Dos puntos importantes de esta discusión: (i) Si debes apostar por un valor en el experimento de los dos dados, lo más conveniente es apostar por el 7, siendo el 6 y el 8 también buenas opciones y las peores el 2 y el 12, ya que son los números que tienen la probabilidad más baja de aparecer. (ii) En el campo de las probabilidades existen estas gráficas, las distribuciones de probabilidad, como la figura 5.1 y la figura 5.2, que nos ayudan a visualizar este tipo de información.

El nombre genérico de este tipo de gráficas (como la figura 5.1 y la figura 5.3) es *histograma*. Un histograma [5.6] es una forma de mostrar datos o información en un gráfico, y se utiliza especialmente cuando queremos ver cuántas veces se repite un valor o cómo se distribuyen los valores del conjunto.

Los histogramas se pueden generar no solo para un valor que se repite, sino en intervalos o clases, por ejemplo, la estatura de las personas se puede agrupar por estaturas exactas en centímetros o en grupos con intervalos de 5 o 10 cm.

Existe una distribución o histograma especialmente importante para el tema de probabilidades y para los algoritmos de optimización probabilística, la *distribución normal de probabilidad*, también conocida como *distribución gaussiana o campana de Gauss*. Se caracteriza por tener una forma de campana simétrica, y es fundamental en la teoría de la estadística debido a su amplia aplicación en una variedad de contextos, desde la física hasta la economía y la ciencia social.

La distribución normal está presente en la naturaleza, en datos como la estatura de las personas y su peso. Las características de determinada población natural suelen estar distribuidas en la campana de Gauss. La figura 5.4 muestra la forma de esta distribución con sus parámetros más comunes, es decir, centrada en el cero y con un pico de 0.4.

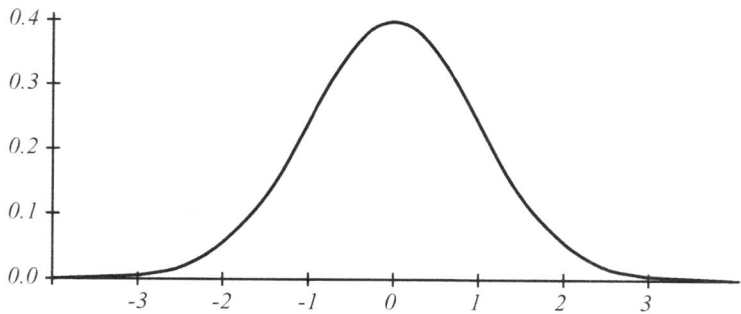

Figura 5.4 Distribución normal o campana de Gauss de la función (`randn`).

Esta función nos interesa porque, en los algoritmos que utilicemos, normalmente utilizaremos esta función de MATLAB (`randn`), que es diferente a la que utilizamos anteriormente (`rand`).

El estudio de las probabilidades es un área muy interesante y extensa. Aunque no es el objetivo de este capítulo, ya que el objetivo principal es entender qué son las distribuciones de probabilidad y saber que, cuando utilicemos la función (randn), el resultado será un número aleatorio, podemos tener una idea clara de sus posibles resultados si observamos la distribución de probabilidad de la figura 5.4.

Haremos una pausa para repasar y recordar la orientación que estamos tomando. Analizamos el problema de Juan sin descuentos por volumen y lo resolvimos con el método del gradiente; introdujimos los descuentos por volumen, en donde el método del gradiente encontró dificultades y migramos a un método probabilístico, el método de la búsqueda aleatoria.

Los algoritmos de optimización metaheurística pueden ser vistos como la opción adecuada para problemas en los que el método del gradiente no puede encontrar el resultado.

El código 1.10, que resuelve el problema de Juan con el método del Random Search, hace uso de la función (rand), la cual arroja un número entre 0 y 1 con una distribución uniforme de probabilidad (véase la figura 5.5). Lo que podemos ver en esta distribución es que la función (rand) nos arrojará un valor entre 0 y 1, y que es una distribución continua, es decir, que puede dar números con muchos decimales, como 0.1, 0.123, 0.755, etc. Y que la probabilidad de que nos dé 0.1 es la misma de que nos dé 0.343 o 0.978, etc. En otras palabras, nos dará un valor entre 0 y 1 elegido al azar, y ningún número tiene una probabilidad mayor que otro.

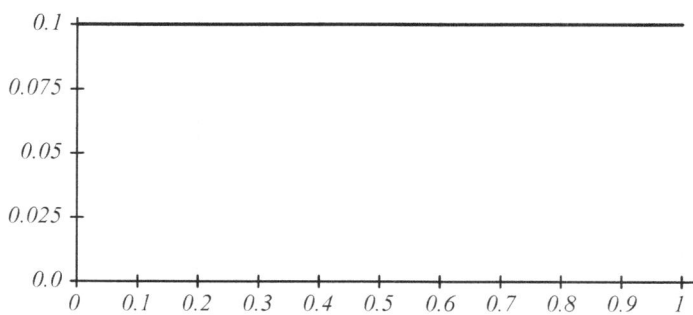

Figura 5.5 Distribución uniforme de probabilidad de la función (`rand`).

La función más utilizada en los algoritmos probabilísticos no es la función (`rand`) sino la función (`randn`), que es diferente. La función (`randn`) tiene la distribución normal de probabilidad, es decir, parecida a la figura 5.4. Esto quiere decir que nos puede dar un valor positivo o negativo, que puede estar en -1 y 1, pero también tiene valores fuera de este rango, por ejemplo, puede dar -1.5 o -2.1, pero esto último es poco probable.

En otras palabras, la función (`randn`) nos dará un valor aleatorio, pero no todos los valores tienen la misma probabilidad, lo más probable es que esté cercano al cero (la distribución de probabilidad no es uniforme).

Por otra parte, hay dos factores que podemos utilizar para ajustar la campana de Gauss. Recordemos que en el código 1.10 queríamos elegir un valor entre 1 y 200, en lugar de un valor entre 0 y 1, así que utilizamos la función (`rand`) multiplicada por 199 y le sumamos un 1. De forma similar podemos ajustar la función (`randn`) para que tome valores en un rango diferente al de la figura 5.4. De hecho, estrictamente hablando, la distribución normal tiene la forma descrita en la figura 5.6, en donde el parámetro central μ (miu) se llama media y el parámetro σ (sigma) se llama desviación estándar.

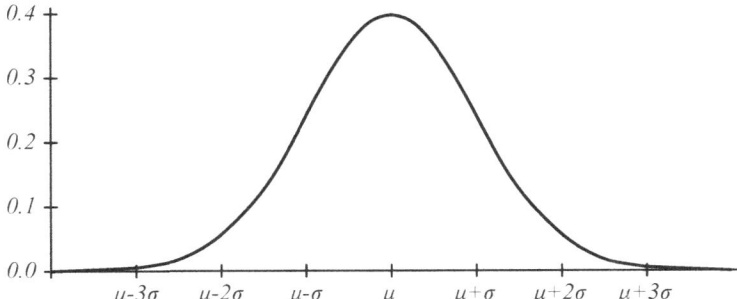

Figura 5.6 Distribución normal con parámetros (`randn`).

La ecuación matemática que describe a la distribución normal es la descrita en la fórmula (5.1):

$$f(x) = \frac{1}{\sigma\sqrt{2\pi}}\, e^{-\frac{(x-\mu)^2}{2\sigma^2}},\qquad\qquad (5.1)$$

en donde, como se ha mencionado, μ es la media, σ la desviación estándar, y los parámetros constantes son π (3.14159...) y e (2.71828).

Lo más común es que la media (μ) sea igual a cero y la desviación estándar (σ) sea igual a uno, a esto nos referimos en figura 5.4 con los parámetros más comunes. Con estos parámetros, la probabilidad de que la respuesta de (`randn`) esté entre -1 y 1 es de 68%, la probabilidad de que la respuesta esté entre -2 y 2 es del 95%, y la probabilidad de que esté entre -3 y 3 es de 99.7%.

Las siguientes líneas de un código de MATLAB representan la función descrita en la fórmula (5.1), evaluando la función directamente (no es un ejercicio de probabilidades, solo se evalúa (5.1)).

```
% Código 5.1 - Representa distribución normal evaluando ecuación
clear ; clc ; close ;      % reset

% Parámetros de la distribución normal estándar
mu = 0 ;                   % Media
sigma = 1 ;                % Desviación estándar

x = linspace(-3, 3, 1000) ;
pdf = (1/(sigma*sqrt(2*pi))) * exp(-(x-mu).^2 / (2*sigma^2)) ;    (5.1)
```

```
plot(x, pdf, 'LineWidth', 2); % representa
grid on;               % activa la malla
```

Si todo sale bien al ejecutar estas líneas, se mostrará la gráfica de la distribución normal, como en la figura 5.7.

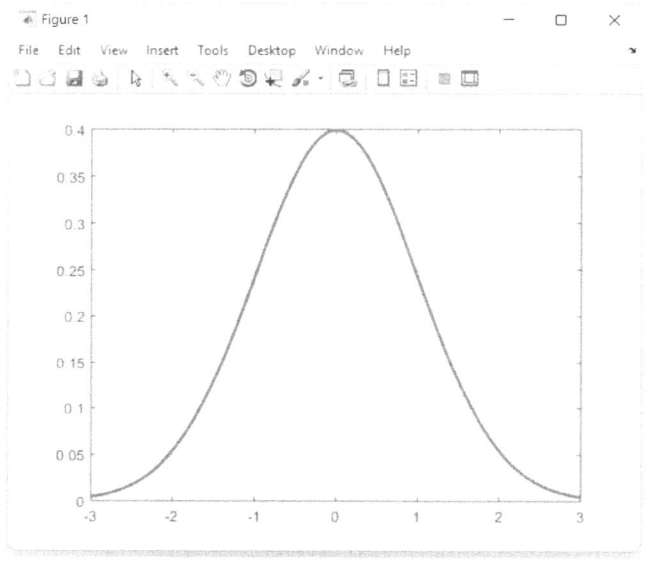

Figura 5.7 Histograma de números aleatorios creados con la función (rand).

El siguiente código 5.2 es un ejercicio en el que se generan un millón de números aleatorios con la función (rand) y posteriormente los representa en un histograma.

```
% Código 5.2 - Ejercicios (rand)
clear ; clc ; close ;   % reset

datos = rand(1000000, 1) ;
grafica = histogram(datos, 1000) ; % 1000 bines (intervalos)
```

La primera línea del código 5.2 genera un vector de un millón de elementos con la función (rand). Esta función sin argumentos (sin números entre paréntesis) genera un escalar aleatoriamente; si añadimos argumentos, genera una matriz de elementos seleccionados aleatoriamente. Para generar un vector de un millón de elementos, podemos hacerlo como una matriz de un millón por uno.

Si todo sale bien, al ejecutar el código 5.2, se mostrará la gráfica de la figura 5.8, en la que podemos observar que hay más o menos mil resultados en cada uno de los mil intervalos (*bines*), y así se divide, de manera casi uniforme, el millón de números generados.

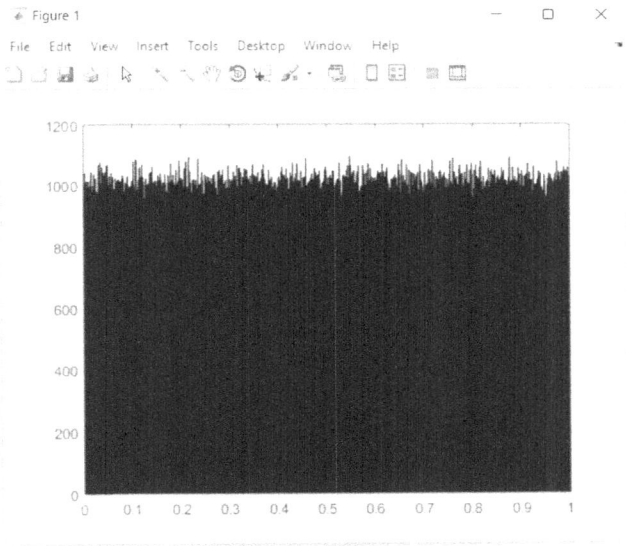

Figura 5.8 Histograma de números aleatorios creados con la función (`rand`).

Podemos observar que la figura 5.8 es muy parecida al la figura 5.5, pero la figura 5.8 tiene algunas variaciones, dada la aleatoriedad del experimento.

Ahora veamos el histograma de la función (`randn`), un experimento parecido al anterior pero con una distribución normal, que se puede realizar con el código 5.3.

```
% Código 5.3 - Ejercicios (randn)
clear ; clc ; close ;   % reset

datos = randn(1000000, 1) ;
grafica = histogram(datos, 1000) ;   % 1000 bines (grupos)
```

Si todo sale bien, la gráfica del MATLAB debe mostrar un resultado como el de la figura 5.9. Los números también se han agrupado en mil intervalos; los intervalos más poblados están cerca del 0, con más o menos cuatro mil elementos cada uno, y cuanto más se aleja del 0, los grupos van estando menos poblados.

Podemos notar ahora que la figura 5.9 es muy parecida a las gráficas de la distribución normal, como las figuras 5.4, 5.6 y 5.7.

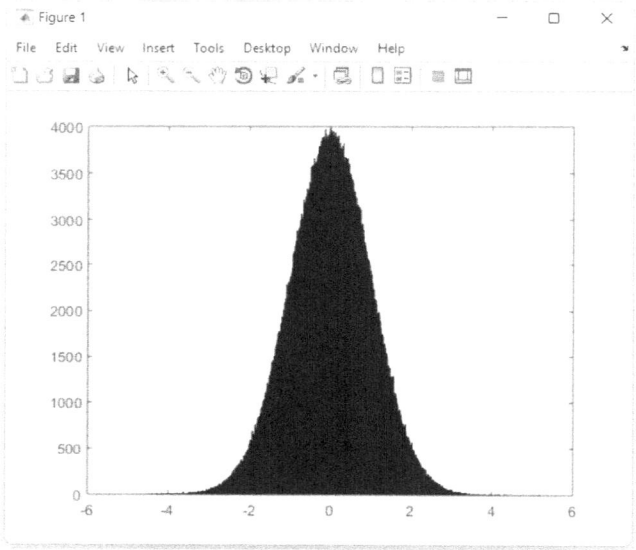

Figura 5.9 Histograma de números aleatorios creados con la función (`randn`).

En pocas palabras, la función (`randn`) genera números aleatorios, y lo más probable es que estos números estén entre -1 y 1, pero también podrían tener una mayor magnitud, por ejemplo, entre -2 y 2. En teoría, puede generar números de magnitud grande, como -100, 250, etc., pero la probabilidad de que esto ocurra es muy baja.

5.3 El método de la búsqueda aleatoria local o Random Local Search

El método Random Search fue utilizado en el problema de Juan con descuentos por volumen. El método de la búsqueda aleatoria, al igual que muchos algoritmos de optimización, tiene variantes, métodos con modificaciones que buscan mejorar diversos aspectos del algoritmo original. Repasaremos un par de variantes del Random Search que pueden ser de utilidad (referencias [5.7], [5.8] y [5.9]). Además, ayudarán a comprender cómo un método puede evolucionar con cambios en su algoritmo de búsqueda.

Veamos ahora el método de la búsqueda aleatoria en su variante de búsqueda aleatoria local o Random Local Search. El objetivo es partir de una solución a probar y, en lugar de buscar la siguiente de forma aleatoria a lo largo de todo el rango de la variable, buscar una solución con mayor probabilidad en la vecindad o cercanía de la mejor solución actual.

Supongamos que queremos buscar el lugar más alto de la montaña (véase la figura 5.10). Sabemos que el rango para buscar está entre 0 y 7 km a partir del origen. Supongamos, además, que esta *maximización* se realiza con el algoritmo del Random Search. Este algoritmo busca (en su forma más simple) una solución con una distribución uniforme y va guardando la mejor solución obtenida hasta la iteración actual. Quiere decir que la siguiente solución a evaluar podría estar en cualquier lugar de la variable dependiente con la misma probabilidad. Suponiendo que la mejor solución hasta el momento es 1 (véase la figura 5.10), la siguiente solución a probar podría ser, 2.1, 3.5, 4.8, 6.3, ..., con la misma probabilidad.

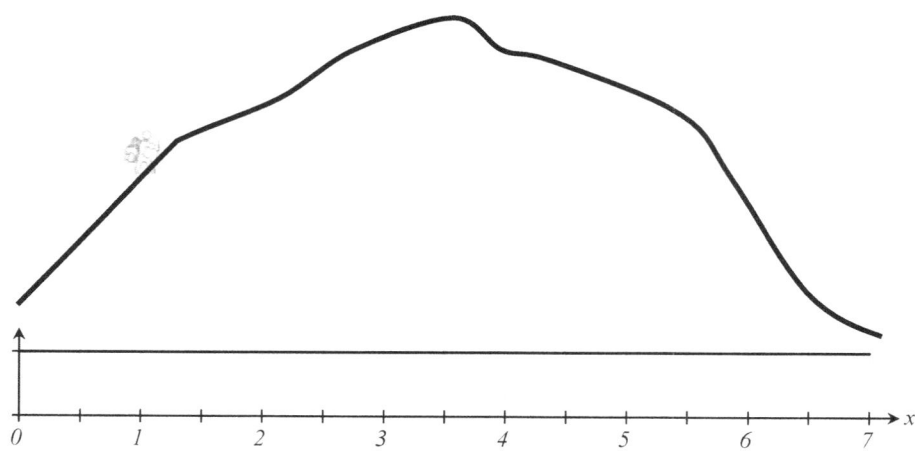

Figura 5.10 Problema de maximización con el método de Random Search (`rand`).

Debido a que la distribución de probabilidad en el método de Random Search es uniforme, utilizamos la función (`rand`).

El método de Random Local Search [5.10] utiliza una distribución normal con una media en la posición actual (véase la figura 5.11). Al igual que el algoritmo anterior, se evalúa la nueva solución generada aleatoriamente, y se va guardando la mejor solución. Si la nueva solución es mejor, se guarda; de lo contrario, se desecha.

Pero la distribución es normal, con una distribución centrada en la mejor solución hasta el momento (véase la figura 5.11). Esto quiere decir que lo más probable es que la siguiente solución esté en la cercanía de la solución actual.

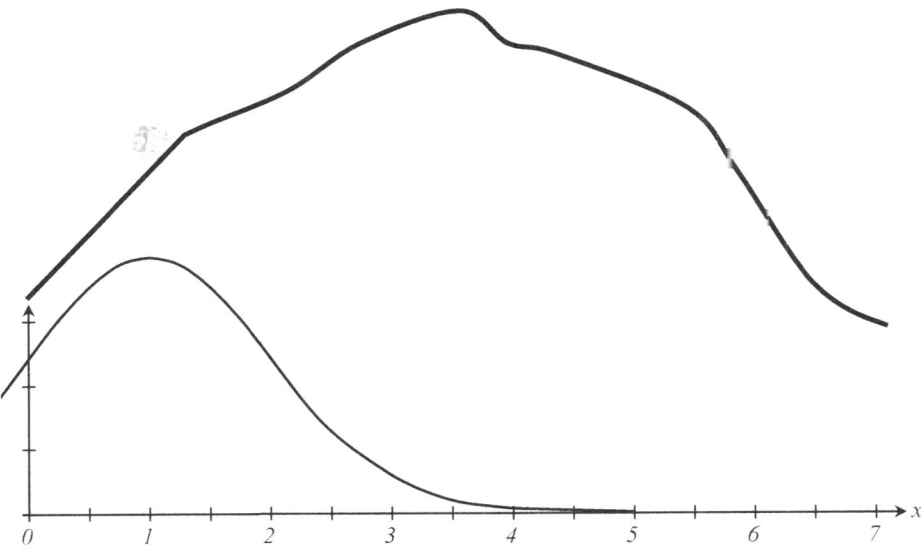

Figura 5.11 Problema de maximización con el método de Random Local Search (rand).

Recordando un poco la explicación de la figura 5.4 y los parámetros de la distribución normal, suponemos una desviación estándar de 1 y una media de 1 (tal como aparece en la figura 5.11). La probabilidad de que la siguiente solución esté entre 0 y 2 es del 68%, y la probabilidad de que la respuesta esté entre -1 y 3 es del 95%. Recuerde que el rango de la variable independiente (de la x) en la figura 5.11 es de 0 a 7, por lo que tener una solución en -1 es imposible, tendríamos que desechar una solución así.

El uso de la distribución normal nos ayuda a enfocar la búsqueda en un área. Sin embargo, presenta el inconveniente de que la solución puede quedar fuera del rango de la variable independiente, así que en los algoritmos que utilicen una distribución normal, invariablemente tenemos que evaluar si la variable independiente (x) está dentro del rango permitido antes de evaluar la función objetivo.

Resolvamos el problema de Juan con descuentos por volumen con el método del Random Local Search. Como recordatorio, el problema se trata de minimizar la siguiente función objetivo:

$$Min \qquad f(Q) = \frac{d}{Q}k + \frac{Q}{2}h + dP. \qquad (5.2)$$

$$s.t. \qquad 0 < Q \le 200, \qquad (5.3)$$

Considerando los siguientes parámetros:

Tabla 5.1 Parámetros de (5.2)

Demanda d	$d = 5$ envases al día
Coste de transporte k	$k = 10$ euros por cada viaje al pueblo
Coste de almacenamiento h	$h = 0.05$ euros por envase por día
Coste de cada envase P	P = 1 euros por envase si $0 < Q < 120$ P = 0.75 euros por envase si $120 \le Q < 160$ P = 0.60 euros por envase si $160 \le Q \le 200$

El código 5.4 resuelve el problema bajo estudio (el problema de Juan con descuentos por volumen) mediante el algoritmo de búsqueda aleatoria local:

```
% Código 5.4 - Problema de Juan, con descuentos por volumen, resuelto
% con el método de Random Local Search.
clear ; clc ; close ;  % reset

% Parámetros del problema
d = 5 ;           % demanda diaria de envases
k = 10 ;          % coste de viajar al pueblo a por los envases
h = 0.05 ;        % coste de almacenamiento diario por envase
P = 1 ;           % coste unitario de los envases

Px(    1:  119) = 1 ;          % Coste con descuentos por cantidad
Px(  120:  159) = 0.75 ;
Px(  160:  200) = 0.60 ;

x = [ 1 : 1 : 200 ] ;    % generamos un eje x (q)
CTr = k.*d./x ;          % Coste de trasporte promedio
CAl = x.*h./2 ;          % Coste de almacenamiento promedio
CPr = d*Px ;             % Coste promedio del producto (envases)

f = CTr + CAl + CPr ;
```

```
% Parámetros del optimizador
max_iter = 1000 ;      % número máximo de iteraciones
q = 20 ;               % punto inicial
n = 0 ;                % contador de mejoras
RStep = 50 ;           % Tamaño de pasos

for i = 1:max_iter     % iteraciones

    %q_n = 1 + round(199*rand) ; % generamos un paso aleatorio
    q_n = round(q + randn*RStep);

    if(( q_n >= 1 ) & ( q_n <= 200 ))

        if ( f(q_n) < f(q))  % evaluamos si hay que actualizar
            q = q_n ;        % actualiza

            n = n + 1 ;      % incrementa el contador de mejoras
            [ n i q ]        % despliega la solución y los contadores

        end
    end


end

Solucion = q
```

Repasemos ahora las partes más importantes del código 5.4, que es similar al 1.10 del capítulo 1. No obstante, lo repasaremos con detenimiento.

Las primeras líneas del código reinician la memoria (*reset*), limpian (eliminan) las variables existentes, limpian la ventana de comandos y cierran ventanas abiertas.

```
% Código 5.4 - Problema de Juan, con descuentos por volumen, resuelto
% con el método de Random Local Search.
clear ; clc ; close ;   % reset
```

Posteriormente se declaran los parámetros del programa, incluyendo el coste de los envases con descuentos por cantidad.

```
% Parámetros del problema
d = 5 ;        % demanda diaria de envases
k = 10 ;       % coste de viajar al pueblo a por los envases
h = 0.05 ;     % coste de almacenamiento diario por envase
```

```
Px(    1:   119) = 1 ;        % Coste con descuentos por cantidad
Px(  120:   159) = 0.75 ;
Px(  160:   200) = 0.60 ;
```

A continuación, se genera el vector de la variable independiente, que de hecho es la Q, pero, por costumbre y familiaridad, le llamamos "*eje x*". Calculamos los costes promedio de transporte, almacenamiento y del producto y los sumamos, lo que genera la función objetivo (5.2).

```
x = [ 1 : 1 : 200 ] ;    % generamos un eje x (q)
CTr = k.*d./x ;          % Coste de trasporte promedio
CAl = x.*h./2 ;          % Coste de almacenamiento promedio
CPr = d*Px ;             % Coste promedio del producto (envase)

f = CTr + CAl + CPr ;
```

A continuación, se declaran los parámetros del optimizador. Podemos notar que, en los parámetros del optimizador:

```
% Parámetros del optimizador
max_iter = 1000 ;    % número máximo de iteraciones
q = 20 ;             % punto inicial
n = 0 ;              % contador de mejoras
RStep = 50 ;         % Tamaño de pasos
```

después del contador de mejoras (`n`), aparece el parámetro `RStep`. Este parámetro lo utilizaremos para ajustar el tamaño de los pasos, en este caso (`RStep = 50 ;`). Habíamos mencionado que la función (`randn`) generará, lo más probablemente, un valor entre -1 y 1, e incluso podría ser entre -2 y 2. Este número generado aleatoriamente será multiplicado por `RStep`, así, los pasos en la búsqueda de una nueva solución estarán en el rango de ±50, ±100. Es un parámetro aleatorio, pero, sabiendo que tiene una distribución normal, podemos estimar el alcance de la búsqueda.

Por último, se ejecuta el ciclo "for" de la optimización.

```
for i = 1:max_iter    % iteraciones

    %q_n = 1 + round(199*rand) ; % generamos un paso aleatorio
```

```
q_n = round(q + randn*RStep);

if(( q_n >= 1 ) & ( q_n <= 200 ))

    if ( f(q_n) < f(q)) % evaluamos si hay que actualizar
        q = q_n ;    % actualiza

        n = n + 1 ;  % incrementa el contador de mejoras
        [ n i q ]    % despliega la solución y los contadores

    end
end

end

Solucion = q
```

Dentro del ciclo "for" que ejecuta el algoritmo de búsqueda, generamos el nuevo punto con la línea de código (`q_n = round(q + randn*RStep)`). Le estamos diciendo que la nueva `q_n` será igual a la mejor solución `q` más un incremento que se obtiene de multiplicar el parámetro `RStep` por la función `randn`. Recuerde que, como el resultado de `randn` puede ser positivo o negativo, el algoritmo puede dar un paso hacia adelante o hacia atrás, pero siempre alrededor de la mejor solución encontrada hasta el momento (`q`). Esta es la principal diferencia con respecto del Random Search simple.

Posterior a esto, antes de evaluar la función, preguntamos si está dentro del rango permitido (`if(( q_n >= 1 ) & ( q_n <= 200 ))`), debido a que el paso puede ser grande y salir del rango de q, que debe estar entre 1 y 200. O quizá la mejor solución actual está cerca de 1, y si el paso es negativo, fácilmente podría darnos una `q_n` negativa, que es una solución que se debe desechar sin evaluarse.

Si la solución generada de forma aleatoria (aunque con el método de búsqueda aleatoria local) está dentro del rango esperado para una solución, entonces procedemos a evaluarla y a guardar la nueva solución, si es que es mejor que la mejor solución anterior. La instrucción `round` toma la parte entera de la nueva solución, ya que, como se ha comentado, el número de envases a comprar debe ser un número entero.

Una ventaja del método de búsqueda aleatoria local es la capacidad de buscar alrededor de un punto en particular. Su capacidad de dar saltos al azar reduce las posibilidades de quedar atrapado en un óptimo local, sin embargo, si el parámetro `RStep` es muy pequeño, los saltos alrededor del punto actual podrían ser muy pequeños también, lo que podría reducir sus posibilidades de evitar óptimos locales.

5.4 El método de la búsqueda aleatoria adaptiva o Adaptive Random Search

Otra variante interesante sobre la búsqueda aleatoria, que repasaremos en este capítulo, es el método de la búsqueda adaptiva [5.11]. La directriz de este método es que, conforme pasan las iteraciones, el tamaño de los pasos posibles a buscar `RStep` disminuya paulatinamente, para comenzar con una *exploración* inicial o búsqueda extensiva y, posteriormente, conforme avanzan las iteraciones, realizar una búsqueda minuciosa enfocada en un área o *explotación* en los alrededores en donde probablemente esté la mejor solución. Este método es especialmente útil para funciones objetivo que tienen poca variación en la región circundante de la solución global. En otras palabras, cuando en la región cercana al óptimo global el gradiente es pequeño en magnitud.

El código 5.5 resuelve el problema bajo estudio, el problema de Juan con descuentos por volumen, utilizando el método del Adaptive Random Search o búsqueda aleatoria adaptiva.

```
% Código 5.5 - Problema de Juan, con descuentos por volumen, resuelto
% con el método de Adaptive Random Search.
clear ; clc ; close ;  % reset

% Parámetros del problema
d = 5 ;         % demanda diaria de envases
k = 10 ;        % coste de viajar al pueblo a por los envases
h = 0.05 ;      % coste de almacenamiento diario por envase
P = 1 ;         % coste unitario de los envases
```

```
Px(    1:   119) = 1 ;           % Coste con descuentos por cantidad
Px(  120:   159) = 0.75 ;
Px(  160:   200) = 0.60 ;

x = [ 1 : 1 : 200 ] ;           % generamos un eje x (q)
CTr = k.*d./x ;                 % Coste de trasporte promedio
CAl = x.*h./2 ;                 % Coste de almacenamiento promedio
CPr = d*Px ;                    % Coste promedio del producto (envase)

f = CTr + CAl + CPr ;

% Parámetros del optimizador
max_iter = 500 ;                % número máximo de iteraciones
q = 20 ;                        % punto inicial
n = 0 ;                         % contador de mejoras

for i = 1:max_iter              % iteraciones

    % q_n = 1 - round(199*rand) ; % generamos un paso aleatorio
    q_n = round(q + randn*(100 - i/5));

    if(( q_n >= 1 ) & ( q_n <= 200 ))

        if ( f(q_n) < f(q))     % evaluamos si hay que actualizar
            q = q_n ;           % actualiza

            n = n + 1 ;         % incrementa el contador de mejoras
            [ n i q ]           % despliega la solución y los contadores

        end
    end


end

Solucion = q
```

Las principales diferencias entre el código 5.5 con respecto del 5.4 es que en el nuevo código 5.5 no aparece el parámetro (RStep), y al buscar una nueva solución aleatoria, la función (rand) se multiplica por el factor (100 - i/5). La variable i lleva la cuenta de las iteraciones, podemos notar que, inicialmente, el factor mencionado (100 - i/5) es prácticamente 100, pero, conforme las iteraciones crecen y se van acercando al máximo valor de iteraciones, que en este caso es 500, el factor se acerca a cero. En otras palabras, el área de búsqueda se va reduciendo, consiguiendo que, conforme pasen las iteraciones, el algoritmo pase de hacer una búsqueda en un área grande, lo que normalmente llamamos *exploración* en la optimización, a hacer una búsqueda en un área más pequeña, lo que normalmente llamamos *explotación* en la optimización.

Al ejecutar el código, la velocidad y la precisión son muy buenas, prácticamente en todas las ejecuciones el algoritmo arroja el resultado correcto y, si elevamos el número de iteraciones, la confiabilidad aumenta considerablemente.

Conforme avancemos en los capítulos abordaremos otros algoritmos más sofisticados, pero, a su vez, basados en una búsqueda aleatoria, que es el principio del Random Search. Existen algoritmos aleatorios pensados para problemas multimodales y multidimensionales.

Retomaremos los problemas abordados en el capítulo 1 y 2 para resolverlos con estas variantes del método de Random Search como ejemplos ilustrativos.

5.5 Maximizar el área de un terreno

Retomaremos algunos problemas vistos con anterioridad, comenzando con el problema del granjero que planea hacer un corral rectangular (véase figura 5.12) de madera para sus ovejas. Tenía suficiente madera para cercar un perímetro de 300 metros (incluida la puerta), y quería hacer el corral con la mayor área posible.

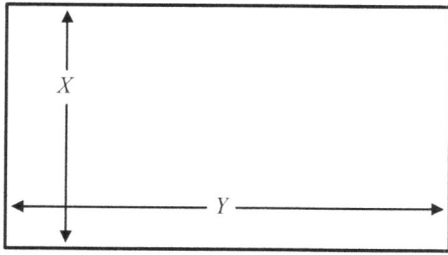

Figura 5.12 Terreno rectangular cuya área se desea maximizar.

El modelado matemático realizado en el capítulo 1 para este problema se puede resumir en que el perímetro no debe superar los 300 metros, lo que se puede expresar como (5.4):

$$2X + 2Y = 300.$$ (5.4)

El área del terreno que se desea maximizar se puede expresar como el producto de X por Y, véase (5.5):

$$A = X \times Y :$$ (5.5)

Para poner el área en función de X, podemos despejar Y de (5.4), lo que resultaría en (5.6):

$$Y = \frac{300 - 2X}{2}.$$ (5.6)

Posteriormente podemos sustituir (5.6) en (5.5). El área estaría definida como (5.7):

$$A = X\left(\frac{P - 2X}{2}\right) = \frac{PX - 2X^2}{2} = X\frac{P}{2} - X^2.$$ (5.7)

Así que el problema de optimización se resume en maximizar (5.7) sujeto a las restricciones descritas a continuación:

$$\max_{X \in \tilde{}} f(X) = X\frac{P}{2} - X^2.$$ (5.8)

Sujeto a:

$$2X + 2Y = 300.$$ (5.9)

$$X > 0.$$ (5.10)

$$Y > 0.$$ (5.11)

El código 5.6 resuelve el problema descrito mediante el método del Adaptive Random Search:

```
% Código 5.6 - Problema del área máxima
% resuelto con el método de Adaptive Random Search.
clear ; clc ; close ;     % reset

P = 300 ;
f = @(x)  x*P/2 - x^2 ;         % Función

% Parámetros del optimizador
max_iter = 1000 ;     % número máximo de iteraciones
x = 10 ;              % punto inicial
n = 0 ;               % contador de mejoras

for i = 1:max_iter    % iteraciones

    x_n = x + randn*(100 - i/10);

    if(( x_n >= 0 ) & ( x_n <= 300 ))

        if ( f(x_n) > f(x))   % evaluamos si hay que actualizar
            x = x_n ;   % actualiza

            n = n + 1 ;   % incrementa el contador de mejoras
            [ n i x ]     % despliega la solución y los contadores

        end

    end

end

Solucion = x
```

El código 5.6 resuelve el problema descrito mediante el método del Adaptive Random Search:

```
% Código 5.6 - Problema del área máxima
% resuelto con el método de Adaptive Random Search.
clear ; clc ; close ;     % reset

P = 300 ;
f = @(x)  x*P/2 - x^2 ;         % Función

% Parámetros del optimizador
max_iter = 1000 ;     % número máximo de iteraciones
x = 10 ;              % punto inicial
n = 0 ;               % contador de mejoras

for i = 1:max_iter    % iteraciones

    x_n = x + randn*(100 - i/10);
```

```
    if(( x_n >= 0 ) & ( x_n <= 300 ))

        if ( f(x_n) > f(x))   % evaluamos si hay que actualizar
            x = x_n ;       % actualiza

            n = n + 1 ;   % incrementa el contador de mejoras
            [ n i x ]     % despliega la solución y los contadores

        end

    end

end

Solucion = x
```

5.6 Maximizando la función Peaks

Probablemente los beneficios de los algoritmos estocásticos sean más visibles en un problema como la maximización de la función Peaks [5.12] que, como se ha mencionado, es una función multimodal y multidimensional, comúnmente utilizada en los cursos de optimización numérica, y está descrita por la ecuación (5.12):

$$f(x_i, x_2) = 3(1-x_1)^2 \cdot e^{(-(x_1^2 - (x_2+1)^2))}$$

$$-10\left(\frac{x_1}{5} - x_1^3 - x_2^5\right) \cdot e^{(-x_1^2 - x_2^2)} - \frac{1}{3}e^{(-(x_1+1)^2 - x_2^2)}, \quad (5.12)$$

donde los valores tanto de x_1 como de x_2 se encuentran en el intervalo de $(-3 \leq x_1 \leq 3)$, $(-3 \leq x_2 \leq 3)$. En el capítulo 2 se presentó el código 2.14, el cual maximiza la función mediante el algoritmo del gradiente ascendente, repetido aquí por conveniencia:

```
% Código 2.14 - Optimiza función Peaks con gradiente
clear ; clc ; close ;   % reset

f = @(x1,x2) 3*(1-x1).^2.*exp(-(x1.^2) - (x2+1).^2) ...
    - 10*(x1/5 - x1.^3 - x2.^5).*exp(-x1.^2-x2.^2) ...
    - 1/3*exp(-(x1+1).^2 - x2.^2) ;

% Crear una malla de puntos en el espacio
[x1, x2] = meshgrid(linspace(-3, 3, 1000), linspace(-3, 3, 1000)) ;
```

```
z = f(x1, x2) ; % Evaluar la función en cada punto de la malla

figure('Position', [100 100 1200 400]) ;
subplot(1, 2, 1) ;
surf(x1, x2, z, 'EdgeColor', 'none', 'FaceColor', 'interp') ;
colorbar ; % muestra la barra de colores.
hold on ;
subplot(1, 2, 2) ;
contour(x1,x2,z,20) ;

% Parámetros para el método del gradiente
alpha = 0.01 ;   % Tasa de aprendizaje
Iter  = 100 ; % Número máximo de iteraciones
p = [ -1; 2] ; % Punto de inicio
h = 0.001 ;

for iter = 1:Iter % Proceso iterativo

    p(1) = p(1) + alpha * (f(p(1)+h,p(2)) - f(p(1),p(2)))/h ;
    p(2) = p(2) + alpha * (f(p(1),p(2)+h) - f(p(1),p(2)))/h ;

    hold on ;
    subplot(1, 2, 1) ;
    plot3(p(1), p(2), f(p(1),p(2)), 'ro', 'MarkerSize', 2 ) ;
    hold on ;
    subplot(1, 2, 2) ;
    plot(p(1),p(2),'.','markersize',10,'markerfacecolor','g') ;
    pause(0.05) ;

end

Sol = p           % Resultado coordenadas del punto más alto
Altura = f(p(1),p(2))    % Altura del punto más alto
```

Algo que no se mencionó es que el algoritmo del gradiente puede encontrar el máximo de la función Peaks cuando se inicializa en una región cercana a su pico más alto, o al menos, en un punto cuyo gradiente apunte en dirección al pico más alto, y que no tenga en el camino un óptimo local que pueda atrapar la solución. Por ejemplo, el código 2.14 tiene como punto de inicio las coordenadas [-1, 2], pero ¿qué pasa si inicializamos en puntos cercanos a otros picos, por ejemplo, en los puntos [-0.5, -1] o [2, 0]? El código es incapaz de encontrar el máximo en este caso, queda atrapado en alguno de los picos de la función.

El código 5.7 maximiza la función Peaks con el método del Adaptive Random Search:

```matlab
% Codigo 5.7 - Optimiza funcion Peaks con Adaptive Random Search
clear ; clc ; close ;   % reset

f = @(x1,x2) 3*(1-x1).^2.*exp(-(x1.^2) - (x2+1).^2) ...
    - 10*(x1/5 - x1.^3 - x2.^5).*exp(-x1.^2-x2.^2) ...
    - 1/3*exp(-(x1+1).^2 - x2.^2) ;

% Crear una malla de puntos en el espacio
[x1, x2] = meshgrid(linspace(-3, 3, 1000), linspace(-3, 3, 1000)) ;
z = f(x1, x2) ;   % Evaluar la funcion en cada punto de la malla

figure('Position', [100 100 1200 400]) ;
subplot(1, 2, 1) ;
surf(x1, x2, z, 'EdgeColor', 'none', 'FaceColor', 'interp') ;
colorbar ;   % muestra la barra de colores.
hold on ;
subplot(1, 2, 2) ;
contour(x1,x2,z,20) ;

% Parametros para el metodo del gradiente
Niter  = 1000 ;   % Numero maximo de iteraciones
p1 = -0.5 ;
p2 =  -1  ;       % Punto de inicio
n = 0 ;           % contador de mejoras

for iter = 1:Niter  % Proceso iterativo

    p_n1 = p1 + randn*3*(1 - iter/100) ;
    p_n2 = p2 + randn*3*(1 - iter/100) ;

    if( (p_n1>-3) && (p_n1<3) && (p_n2>-3) && (p_n2<3))

        if ( f(p_n1, p_n2) > f(p1,p2))   % evaluamos si se actualiza
            p1 = p_n1 ;        % actualiza
            p2 = p_n2 ;

            n = n + 1 ;        % incrementa el contador de mejoras
            [ n iter f(p1,p2) ] % muestra un status

            hold on ;
            subplot(1, 2, 1) ;
            plot3(p1, p2, f(p1,p2), 'ro', 'MarkerSize', 2 ) ;
            hold on ;
            subplot(1, 2, 2) ;
            plot(p1,p2,'.','markersize',10,'markerfacecolor','g') ;
            pause(0.05) ;

        end

    end

end
Sol = [p1 p2]          % Resultado coordenadas del punto mas alto
Altura = f(p1,p2)      % Altura del punto mas alto
```

Al ejecutar el código podemos observar que, efectivamente, a pesar de inicializar el algoritmo en un punto cercano a un óptimo local, salta rápidamente al pico en donde se encuentra el óptimo local. Podemos decir que la velocidad, precisión y confiabilidad del algoritmo es muy sobresaliente.

Analicemos ahora el código. Inicialmente, se realiza el *reset* de la memoria y se define la función Peaks para que pueda ser evaluada con argumentos `(x1,x2)`, que son las coordenadas de una solución a probar.

```
% Código 5.7 - Optimiza función Peaks con Adaptive Random Search
clear ; clc ; close ;   % reset

f = @(x1,x2) 3*(1-x1).^2.*exp(-(x1.^2) - (x2+1).^2) ...
    - 10*(x1/5 - x1.^3 - x2.^5).*exp(-x1.^2-x2.^2) ...
    - 1/3*exp(-(x1+1).^2 - x2.^2) ;
```

Posteriormente creamos la figura que nos ayuda visualmente a saber cómo se mueve el algoritmo mediante los puntos de mejora que va encontrando. La creación de esta figura es tal cual como se explicó en el capítulo 2: se crea una malla de coordenadas, en toda la malla se evalúa la función objetivo y, posteriormente, se puede representar en 3D o 2D con ayuda de los contornos.

```
% Crear una malla de puntos en el espacio
[x1, x2] = meshgrid(linspace(-3, 3, 1000), linspace(-3, 3, 1000)) ;
z = f(x1, x2) ;   % Evaluar la función en cada punto de la malla

figure('Position', [100 100 1200 400]) ;
subplot(1, 2, 1) ;
surf(x1, x2, z, 'EdgeColor', 'none', 'FaceColor', 'interp') ;
colorbar ;   % muestra la barra de colores.
hold on ;
subplot(1, 2, 2) ;
contour(x1,x2,z,20) ;
```

Ahora declaramos los parámetros para el método del Adaptive Random Search.

```
% Parámetros para el método del Adaptive Random Search
Niter  = 1000 ;   % Número máximo de iteraciones
p1 = -0.5 ;
p2 =  -1  ;       % Punto de inicio
n = 0 ;           % contador de mejoras
```

Después de los parámetros, comienza el ciclo "for" que realiza la maximización.

```
for iter = 1:Niter % Proceso iterativo

    p_n1 = p1 + randn*3*(1 - iter/100) ;
    p_n2 = p2 + randn*3*(1 - iter/100) ;
```

Primero se crea la nueva solución de forma aleatoria. Podemos observar que la solución se crea de forma aleatoria, pero se parte del punto anterior (p1, p2) que, en el caso de la primera iteración, es el punto inicial. Al punto inicial se le suma un número generado al azar (+ randn*3*(1 - iter/100)), el número se multiplica por 3 para que la desviación estancar inicial sea aproximadamente 3, esto asegura que la busqueda inicial abarque el rango completo de la función. Sin embargo, el factor que multiplica al número generado aleatoriamente (3*(1 - iter/100)) disminuye paulatinamente conforme pasan las iteracinoes (iter), de tal forma que cuando las iteraciones se acercan al máximo número de iteraciones (Niter = 1000), el número que multiplica al valor generado aleatoriamente se acerca a cero.

Una vez generada la nueva solución de forma aleatoria, pero con parámetros que podemos determinar, preguntamos si la nueva solución está en el rango de la función objetivo, que va desde -3 hasta 3, tanto para la x como para la y.

```
    if( (p_n1>-3) && (p_n1<3) && (p_n2>-3) && (p_n2<3))
```

En caso de que la nueva solución sí esté dentro de ese rango, procedemos a preguntar si, al evaluar esa nueva solución, la función objetivo es mayor que la solución anterior:

```
        if ( f(p_n1, p_n2) > f(p1,p2)) % evaluamos si se actualiza
```

De ser así, quiere decir que hemos encontrado una nueva mejor solución, y procedemos a actualizar la solución.

```
            p1 = p_n1 ;      % actualiza
            p2 = p_n2 ;
```

Además de actualizar la solución, incrementamos el contador de mejoras. Es un contador que nos ayuda a saber, al final, cuántas mejores soluciones se encontraron en todas las iteraciones. Tenemos una línea que muestra el estatus en pantalla; ese estatus contiene el contador de mejoras, la iteración, que nos ayuda a saber en cuál de las mil iteraciones se obtuvo dicha mejora y, por último, la función objetivo evaluada en la nueva solución. Este último número se espera que se incremente conforme se van encontrando nuevas mejores soluciones.

```
n = n + 1 ;        % incrementa el contador de mejoras
[ n iter f(p1,p2) ] % muestra un estatus
```

Después de esto ponemos dos puntos en las gráficas, uno para la gráfica de 3D y otro para la gráfica de 2D.

```
hold on ;
subplot(1, 2, 1) ;
plot3(p1, p2, f(p1,p2), 'ro', 'MarkerSize', 2 ) ;
hold on ;
subplot(1, 2, 2) ;
plot(p1,p2,'.','markersize',10,'markerfacecolor','g') ;
pause(0.05) ;

    end

  end

end
```

Por último, mostramos la solución, lo cual es opcional, dado que el estatus de las mejoras en pantalla contienen al final la mejor solución encontrada.

```
Sol = [p1 p2]        % Resultado coordenadas del punto más alto
Altura = f(p1,p2)    % Altura del punto más alto
```

5.7 Minimizando la función de Bohachevsky

Abordaremos finalmente la función de Bohachevsky [5.4], una función difícil de optimizar que, incluso en el capítulo 2, con el algoritmo del gradiente descendiente, no obtuvo el óptimo global (el cual está en (0,0)). La dificultad radica en que contiene funciones sinusoidales que generan ondas pequeñas (cuya magnitud, de hecho, se puede ajustar mediante parámetros constantes); estas ondas generan óptimos locales y es más difícil diferenciarlos en regiones cercanas al óptimo global debido a que el gradiente se hace más pequeño. La función de Bohachevsky está descrita por la ecuación (5.13):

$$f(x_1, x_2) = x_1^2 + 2 \cdot x_2^2 - 0.3 \cdot \cos\left(3 \cdot \pi \cdot x_1\right) - 0.4 \cdot \cos\left(4 \cdot \pi \cdot x_2\right) + 0.7. \quad (5.13)$$

El objetivo es de minimización, es decir, encontrar los valores x_1 y x_2 que minimizan (5.13). Los valores de las variables independientes (x_1 y x_2) se encuentran en el intervalo de (-10 ≤ x_1 ≤ 10), (-10 ≤ x_2 ≤ 10). En el capítulo 2 se presentó el código 2.15, que implementa el algoritmo del gradiente descendiente con la función de Bohachevsky, que se repite aquí por conveniencia:

```
% Código 2.15 - Optimiza función Peaks con gradiente
clear ; clc ; close ;    % reset

f = @(x1,x2) (x1.^2) + 2.*(x2.^2)  -0.3.*cos(3.*pi.*x1) ...
         -0.4 .* cos(4.*pi.*x2) + 0.7 ;

% Crear una malla de puntos en el espacio
[x1, x2] = meshgrid(linspace(-10, 10, 1000), linspace(-10, 10, 1000)) ;
z = f(x1, x2) ; % Evaluar la función en cada punto de la malla

figure('Position', [100 100 1200 400]) ;
subplot(1, 2, 1) ;
surf(x1, x2, z, 'EdgeColor', 'none', 'FaceColor', 'interp') ;
colorbar ; % muestra la barra de colores.
hold on ;
subplot(1, 2, 2) ;
contour(x1,x2,z,20) ;

% Parámetros para el método del gradiente
alpha = 0.02;   % Tasa de aprendizaje
Iter  = 100 ;  % Número máximo de iteraciones
p = [ -8; -8] ;  % Punto de inicio
h = 0.001 ;

for iter = 1:Iter % Proceso iterativo

    p(1) = p(1) - alpha * (f(p(1)+h,p(2)) - f(p(1),p(2)))/h ;
    p(2) = p(2) - alpha * (f(p(1),p(2)+h) - f(p(1),p(2)))/h ;
```

```
    hold on ;
    subplot(1, 2, 1) ;
    plot3(p(1), p(2), f(p(1),p(2)), 'ro', 'MarkerSize', 2 ) ;
    hold on ;
    subplot(1, 2, 2) ;
    plot(p(1),p(2),'.','markersize',10,'markerfacecolor','g') ;
    pause(0.05) ;

end

Sol = p              % Resultado coordenadas del punto más alto
Altura = f(p(1),p(2))    % Altura del punto más alto
```

El código genera, al igual que en la función Peaks, una figura que contiene a la función tanto en 3D como en 2D. En la función en 2D es evidente que la solución no queda al centro de la gráfica (0, 0).

El código 5.8 minimiza la función de Bohachevsky con el algoritmo del Adaptive Random Search:

```
% Código 2.15 - Optimiza función Peaks con gradiente
clear ; clc ; close ;  % reset

f = @(x1,x2) (x1.^2) + 2.*(x2.^2)  -0.3.*cos(3.*pi.*x1) ...
             -0.4 .* cos(4.*pi.*x2) + 0.7 ;

% Crear una malla de puntos en el espacio
[x1, x2] = meshgrid(linspace(-10, 10, 1000), linspace(-10, 10, 1000)) ;
z = f(x1, x2) ; % Evaluar la función en cada punto de la malla

figure('Position', [100 100 1200 400]) ;
subplot(1, 2, 1) ;
surf(x1, x2, z, 'EdgeColor', 'none', 'FaceColor', 'interp') ;
colorbar ; % muestra la barra de colores.
hold on ;
subplot(1, 2, 2) ;
contour(x1,x2,z,20) ;

% Parámetros para el método del Adaptive Random Search
Niter  = 10000 ; % Número máximo de iteraciones
p1 = -8 ;
p2 = -8 ;        % Punto de inicio
n = 0 ;          % contador de mejoras

for iter = 1:Niter % Proceso iterativo

    p_n1 = p1 + randn*10*(1 - iter/1000) ;
    p_n2 = p2 + randn*10*(1 - iter/1000) ;
```

```
if( (p_n1>-10) && (p_n1<10) && (p_n2>-10) && (p_n2<10))

    if ( f(p_n1, p_n2) < f(p1,p2)) % evaluamos si se actualiza

        p1 = p_n1 ;        % actualiza
        p2 = p_n2 ;

        n = n + 1 ;        % incrementa el contador de mejoras
        [ n iter f(p1,p2) ] % muestra un estatus

        hold on ;
        subplot(1, 2, 1) ;
        plot3(p1, p2, f(p1,p2), 'ro', 'MarkerSize', 2 ) ;
        hold on ;
        subplot(1, 2, 2) ;
        plot(p1,p2,'.','markersize',10,'markerfacecolor','g') ;
        pause(0.05) ;

    end

  end

end

Sol = [p1 p2]       % Resultado coordenadas del punto más alto
Altura = f(p1,p2)   % Altura del punto más bajo
```

Dada la dificultad de la función, se utilizó un número mayor de iteraciones (`Niter = 10000 ;`). Sin embargo, el ordenador ejecuta las iteraciones en muy poco tiempo y obtiene una solución muy cercana al óptimo global en todas las ejecuciones. En la figura generada con la función en 3D y 2D es evidente la tendencia del algoritmo a terminar en la parte central de la imagen.

Podemos observar también una ventaja de los algoritmos metaheurísticos, ya que el código 5.8 es muy similar al código 5.7, solo se actualiza la función objetivo y los parámetros del optimizador. Además, es importante notar que, dado que este programa se utiliza para minimizar, la actualización de la nueva solución se hace si la función objetivo en la nueva solución es menor a la anterior (no mayor, como en el caso de la maximización).

Estos últimos dos ejemplos han demostrado la superioridad de los algoritmos probabilísticos contra los algoritmos basados en el gradiente cuando el problema presenta multimodalidad y multidimensionalidad. La velocidad de la ejecución del código y la confiabilidad de encontrar la solución correcta es muy sobresaliente en comparación con los códigos basados en gradiente.

Ahora que hemos presenciado las ventajas de los algoritmos probabilísticos, estamos listos para abordar algunos métodos probabilísticos más modernos y poderosos en comparación con el algoritmo del Random Search.

Referencias

[5.1] Johnson, N. L., Kotz, S., & Balakrishnan, N. (1994). *Continuous Univariate Distributions,* (2ª ed., Vol. 1). Wiley.

[5.2] Rice, J. A. (2006). *Mathematical Statistics and Data Analysis* (3ª ed.). Cengage Learning.

[5.3] Kaelo, P., & Ali, M. M. (2006). Some Variants of the Controlled Random Search Algorithm for Global Optimization. *Journal of Optimization Theory and Applications, 130*(2), 253-264.

[5.4] Mairaj, A., Al Bataineh, A., Kaur, D., & Javaid, A. (2019). *Identifying the optimal solutions of Bohachevsky test function using swarming algorithms*. Proceedings on the International Conference on Artificial Intelligence (ICAI).

[5.5] Devore, J. L. (2008). P*robability and Statistics for Engineering and the Sciences*. Cengage Learning.

[5.6] Walpole, R. E., Myers, R. H., & Myers, S. L. (1999). *Probabilidad y estadística para ingenieros*. Pearson.

[5.7] Ali, M. M., Törn, A., & Viitanen, S. (1997). A numerical comparison of some modified controlled random search algorithms. *Journal of Global Optimization*, (11), 377-385.

[5.8] Zhigljavsky, A. A. (2012). *Theory of Global Random Search*, Springer.

[5.9] Andradóttir, S., & Prudius, A. A. (2010). Adaptive random search for continuous simulation optimization. *Naval Research Logistics (NRL), 57*(6), 583-604.

[5.10] Lourenço, H. R., Martin, O. C., & Stützle, T. (2003). Iterated Local Search. En Glover, F., & Kochenberger, G. A. (Eds.), *Handbook of metaheuristics* (pp. 320-353). Springer.

[5.11] Hamzaçebi, C., & Kutay, F. (2006). A heuristic approach for finding the global minimum: Adaptive random search technique. *Applied Mathematics and Computation, 173*(2), 1323-1333.

[5.12] Jones, D. R., Schonlau, M., & Welch, W. J. (1998). Efficient global optimization of expensive black-box functions. *Journal of Global optimization*, (13), 455-492.

CAPÍTULO 6

MÉTODO DE RECOCIDO SIMULADO (SIMULATED ANNEALING)

6.1 Introducción

El recocido simulado, conocido en inglés como Simulated Annealing, es una técnica de optimización metaheurística que se inspiró en el proceso físico de recocido utilizado en metalurgia. Este método se ha consolidado como una herramienta fundamental en el campo de la optimización computacional debido a su capacidad para encontrar soluciones aproximadas a problemas complejos, especialmente aquellos que involucran un gran número de variables y donde los métodos tradicionales pueden fallar o ser ineficientes. Es uno de los métodos mejor establecidos en el campo de los métodos de una partícula.

El concepto de recocido simulado fue introducido en la década de 1980 por S. Kirkpatrick, C. D. Gelatt y M. P. Vecchi [6.1], aunque sus raíces podrían remontarse a trabajos anteriores en estadística y física. La técnica toma su nombre del proceso de recocido en metalurgia, donde un material se calienta y luego se enfría lentamente para disminuir su energía interna y aumentar su resistencia y ductilidad. De manera similar, el recocido simulado busca optimizar una función objetivo (equiparable a la energía interna del sistema) mediante una exploración controlada del espacio de soluciones, permitiendo ocasionalmente movimientos que no mejoren la solución actual, con el fin de evitar quedar atrapado en óptimos locales.

En el contexto de la optimización, el recocido simulado se destaca por su versatilidad y robustez, siendo aplicable a una amplia gama de problemas, desde la optimización de rutas en logística hasta la disposición de componentes en circuitos electrónicos. Su estructura, a diferencia de los métodos basados en gradiente, disminuye la posibilidad de que la solución quede atrapada en óptimos locales o soluciones subóptimas. El recocido simulado explora el espacio de soluciones de manera más exhaustiva, lo que aumenta la probabilidad de encontrar soluciones globales óptimas o cercanas a ellas.

El objetivo del recocido simulado reside en explorar considerando el enfoque de "enfriamiento", tratando de emular el enfriamiento de metales [6.2] y [6.3]. Las decisiones iniciales permiten cambios significativos, lo que permite un proceso de exploración o búsqueda extensiva en un área grande, pero, a medida que el "sistema" se enfría, los cambios se vuelven más sutiles y dirigidos, lo que permite un proceso de explotación o búsqueda exhaustiva es un área pequeña. Esto es similar al método de Adaptive Random Search pero con una ecuación diferente, una ecuación que hace una analogía con los procesos físicos, lo que no solo proporciona una base conceptual sólida para el algoritmo, sino que también ofrece una estructura intuitiva para su implementación y ajuste en diferentes aplicaciones.

6.2 Descripción del método de recocido simulado

Al igual que otros métodos de una partícula, como los basados en el gradiente o los de búsqueda aleatoria, el algoritmo del recocido simulado se inicia con una solución inicial x_{actual} que puede ser elegida de forma aleatoria. Se define un parámetro llamado temperatura inicial T_0; en teoría la temperatura inicial es alta y se irá enfriando conforme pasen las iteraciones, y este enfriamiento reducirá el área de búsqueda paulatinamente permitiendo el paso de la exploración a la explotación (referencias [6.4] a [6.6]).

En cada iteración se genera una nueva solución x_{nueva} a partir de la solución actual más una perturbación aleatoria. La perturbación se genera con una distribución normal multiplicada por la temperatura actual:

$$x_{nueva} = x_{actual} + randn \times T_{actual} \,. \tag{6.1}$$

Si la nueva solución está dentro del rango permitido para la variable independiente, se evalúa la nueva solución. Por ejemplo, si esperamos un número positivo y (6.1) nos entrega un número negativo, desechamos la solución de esa iteración y pasamos a la siguiente iteración.

Si la nueva solución es una solución válida (está en el rango de la variable independiente), la evaluamos en la función objetivo $f(x)$. Y calculamos lo que en este método se conoce como diferencia de coste o diferencia de energía (ΔE), es simplemente la diferencia entre la función objetivo evaluada con la nueva solución, menos la función objetivo evaluada con la solución anterior:

$$\Delta E = f(x_{nueva}) - f(x_{actual}). \tag{6.2}$$

Considerando minimización, si ΔE es menor que cero, esto quiere decir que la nueva solución es mejor que la solución actual, entonces la nueva solución pasa a ser la solución actual.

Sin embargo, existe otra condición en la que la nueva solución pasa a ser la solución actual (incluso si es peor), si se cumple una sentencia aleatoria:

$$e^{\left(\frac{-\Delta E}{T_{actual}}\right)} > rand \,. \tag{6.3}$$

Del lado izquierdo de (6.3) tenemos la expresión de e (el número de Euler 2.7183), elevado a una fracción que contiene el negativo de la diferencia de energía (ΔE) dividida entre la temperatura. Del lado derecho, tenemos a la función Rand, que nos proveerá un valor aleatorio entre 0 y 1, con una distribución uniforme.

Supongamos que la temperatura inicial es 1. En las primeras iteraciones tendríamos prácticamente elevado al negativo de la diferencia de energía. Para soluciones peores a la solución actual, la diferencia de energía es negativa, por lo que sería un número positivo.

Así que hay dos opciones o situaciones por las que actualizaríamos la solución: la primera es que la solución nueva sea mejor que la anterior, es decir, que la diferencia de energía sea positiva (véase (6.2)). La segunda opción es que se cumpla (6.3), debido a que una diferencia de energía positiva daría como resultado que se actualice la solución. Podemos centrar el análisis de (6.3) a los casos en que la diferencia de energía es positiva.

Al principio, es muy probable que (6.3) se cumpla, como hemos comentado. Supongamos que la temperatura inicial es 1, y que la solución nueva es peor que la anterior, de forma que la diferencia de energía es 1, esto daría que la función exponencial sea aproximadamente 2.7183, mientras que la función aleatoria puede tomar valores entre 0 y 1. Esto da como resultado que al iniciar el algoritmo haya varios saltos de exploración. Abarcando un área relativamente grande del espacio de búsqueda, posteriormente, conforme la temperatura va disminuyendo, el exponente se hace más pequeño disminuyendo las probabilidades de que se cumpla (6.3). En este punto se ha acabado la exploración, dando lugar a la explotación, en la que, para actualizar la solución, prácticamente la nueva solución debe ser mejor.

Durante la exploración inicial cabe la posibilidad de que se encuentre la mejor solución, y después se sustituya debido a la política de la exploración con las probabilidades. Sin embargo, el algoritmo contempla guardar la mejor solución encontrada en el camino, la cual podría ser la solución al final.

Por último, podemos mencionar la ecuación utilizada para el enfriamiento o disminución de la temperatura. En cada iteración la temperatura se actualiza con la ecuación (6.4), en la cual la temperatura actual se multiplica por un factor α (menor que 1) que produce que la temperatura disminuya un poco con cada iteración:

$$T_{nueva} = \alpha \times T_{actual} . \tag{6.4}$$

Hay diversas formas de detener el algoritmo, se puede declarar un número máximo de iteraciones, o se puede declarar una temperatura mínima y, al alcanzar la temperatura mínima, detener el algoritmo. El algoritmo es ampliamente utilizado en diversas aplicaciones de ingeniería [6.7].

6.3 Ejemplo del método de recocido simulado

El código 6.1 resuelve el problema de Juan mediante el algoritmo de recocido simulado. Ejecutemos el código antes de repasar los detalles del mismo:

```
% Código 6.1 - Problema 1.0, recocido simulado
clear; clc; close;   % reset

f = @(x) 50./x + 0.05*x./2 + 5 ;      % Función

% Parámetros iniciales
x0 = 10 ;              % Punto de inicio
T = 1 ;               % Temperatura inicial
alpha = 0.9999 ;      % Factor de enfriamiento
max_iter = 4000 ;     % Número máximo de iteraciones por temperatura

% Inicialización
x_current = x0 ;
f_current = f(x_current) ;
x_best = x_current ;
f_best = f_current ;

% Bucle principal del algoritmo
for j = 1:max_iter
    % Perturbar la solución actual (asegurando que x_new sea positivo)
    x_new = abs(x_current + randn * T);
    f_new = f(x_new);

    % Criterio de aceptación
    if (f_new < f_current) || (exp((f_current - f_new)/T) > rand())
        x_current = x_new;
        f_current = f_new;

        % Actualizar el mejor encontrado
        if f_new < f_best
            x_best = x_new;
            f_best = f_new;
        end
    end

    T = T * alpha ;
end

% Mostrar resultados
Sol_best = x_best
Costo_best = f_best
```

Al igual que los códigos anteriores, el código 6.1 inicia haciendo un *reset* de la memoria, y posteriormente declara la función objetivo y los parámetros iniciales.

```
% Código 6.1 - Problema 1.0, recocido simulado
clear; clc; close;  % reset

f = @(x) 50./x + 0.05*x./2 + 5 ;     % Función

% Parámetros iniciales
x0 = 10 ;                % Punto de inicio
T = 1 ;                  % Temperatura inicial
alpha = 0.9999 ;         % Factor de enfriamiento
max_iter = 4000 ;        % Número máximo de iteraciones por temperatura
```

El punto inicial puede ser calculado con una función probabilística para que sea aleatoria, aunque en este caso estamos iniciando en (x0 = 10). La temperatura inicial es 1, alfa (el factor de enfriamiento) es igual a 0.9999 y el número de iteraciones se ha definido como 4000.

Posteriormente inicia el ciclo principal de las iteraciones, las primeras líneas definen la nueva solución y evalúan a esta solución en la función objetivo.

```
% Bucle principal del algoritmo
for j = 1:max_iter
    % Perturbar la solución actual (asegurando que x_new sea positivo)
    x_new = abs(x_current + randn * T);
    f_new = f(x_new);
```

Ahora se evalúa la aceptación de la nueva solución, que depende de dos posibles opciones: que la solución sea mejor, o que se cumpla la ecuación (6.3).

```
    % Criterio de aceptación
    if (f_new < f_current) || (exp((f_current - f_new)/T) > rand())
        x_current = x_new;
        f_current = f_new;
```

A continuación, preguntamos si la solución nueva es mejor que la mejor que se ha encontrado hasta ahora y, de ser así, se actualiza. Después de esto, se actualiza la temperatura con la ecuación (6.4) y se termina la iteración. Al final de todas las iteraciones, se despliega la mejor solución.

```matlab
        % Actualizar el mejor encontrado
        if f_new < f_best
            x_best = x_new;
            f_best = f_new;
        end
    end

    T = T * alpha ;
end

% Mostrar resultados
Sol_best = x_best
Costo_best = f_best
```

Referencias

[6.1] Kirkpatrick, S., Gellat, C. D., & Vecci, M. P. (1983). Optimization by simulated annealing. *Science, 220*(4598), 671-680.

[6.2] Dekkers, A., & Aarts, E. (1991). Global optimization and simulated annealing. *Mathematical programming*, (50), 367-393.

[6.3] Brooks, S. P., & Morgan, B. J. (1995). Optimization using simulated annealing. *Journal of the Royal Statistical Society Series D: The Statistician, 44*(2), 241-257.

[6.4] Nikolaev, A. G., & Jacobson, S. H. (2010). Simulated annealing. En Gendreau, M., & Potvin, J.-Y. (Eds.), *Handbook of metaheuristics*, (pp. 1-39). Springer.

[6.5] Jansen, T. (2011). Simulated annealing. En Auger, A., & Doerr, B. (Eds.), *Theory Of Randomized Search Heuristics*: *Foundations and Recent Developments*, (pp. 171-195). World Scientific.

[6.6] Guilmeau, T., Chouzenoux, E., & Elvira, V. (2021). *Simulated annealing: A review and a new scheme*. IEEE Statistical Signal Processing Workshop (SSP).

[6.7] Gonzalez-Ayala, P., Alejo-Reyes, A., Cuevas, E., & Mendoza, A. (2023). A Modified Simulated Annealing (MSA) Algorithm to Solve the Supplier Selection and Order Quantity Allocation Problem with Non-Linear Freight Rates. *Axioms, 12*(5), 459.

CAPÍTULO 7

OPTIMIZACIÓN POR ENJAMBRE DE PARTÍCULAS (PARTICLE SWARM OPTIMIZATION - PSO)

7.1 Introducción

Hasta el momento se han estudiado técnicas de optimización que se basan en tener una solución inicial o actual y buscar iterativamente una mejor solución a la anterior, y cuando se encuentra una mejor solución, la anterior se desecha y se sustituye con la nueva mejor solución. Esto es, siempre se tiene una solución, la mejor hasta el momento, y aunque puedan existir otras soluciones, no las guardamos, las vamos borrando de la memoria, sustituyéndolas con la nueva mejor en cuanto esta aparece.

La investigación en métodos de optimización cuenta con técnicas que trabajan con múltiples soluciones (no solo con una), intentando utilizar la información de las múltiples soluciones para realizar una optimización más sofisticada. Por ejemplo, en lugar de guardar solo la mejor solución, se podrían guardar las 5 mejores, o las 10.

Las técnicas que tienen guardadas varias soluciones (en lugar de una) se denominan de múltiples partículas, en donde cada partícula es una solución. En este escenario, las técnicas que hemos estudiado previamente, como la del gradiente descendiente o la de Random Search, se denominan técnicas de una partícula.

En el contexto que estudiamos se dice que una partícula se mueve, lo que quiere decir que es eliminada y sustituida con otra solución o partícula. Esto suena intuitivo en el método del gradiente descendiente, en el que la nueva solución es determinada por el gradiente de la función objetivo a partir de la solución anterior. Además, puede ser descrito como un movimiento, como el movimiento de una partícula, que se mantiene en movimiento hasta que llega a su posición final, mientras que se considera la solución obtenida. Al ejecutar los códigos del capítulo del gradiente descendiente, los que incluían una gráfica, podíamos observar ese movimiento aparente de una partícula que subía o bajaba hasta encontrar el óptimo según sea el caso.

Este capítulo abordará la optimización por enjambre de partículas (Particle Swarm Optimization, PSO), una técnica metaheurística de optimización global inspirada en comportamientos sociales observados en la naturaleza, particularmente en bandadas de aves o bancos de peces. Desarrollada inicialmente por James Kennedy y Russell Eberhart en 1995 [7.1], el PSO se fundamenta en la idea de que el movimiento coordinado y la inteligencia colectiva de un grupo pueden ser utilizados para encontrar soluciones óptimas en un espacio de búsqueda multidimensional.

El PSO no solo es una técnica de optimización efectiva y ampliamente utilizada, sino que ha iniciado una tendencia en los investigadores de métodos de optimización, que han desarrollado más técnicas intentando emular comportamientos de animales en la naturaleza.

En el PSO se cuenta con varias soluciones, y cada solución individual dentro del espacio de búsqueda es representada por una "partícula". Cada partícula se mueve a través del espacio de búsqueda con una velocidad que se ajusta individualmente en base a la experiencia de la partícula y de sus partículas vecinas. El movimiento de cada partícula es influenciado tanto por la mejor posición que ha encontrado (cognición personal) como por la mejor posición encontrada por el enjambre (cognición social). Este equilibrio entre exploración (búsqueda de nuevas áreas) y explotación (profundización en áreas conocidas) permite que el enjambre converja hacia las soluciones óptimas.

El PSO se ha convertido en una herramienta popular y eficaz para resolver problemas de optimización complejos y de naturaleza no lineal en diversos campos (referencias [7.2] y [7.3]). Su simplicidad en términos de conceptos y su fácil implementación lo hacen atractivo para muchas aplicaciones prácticas. Además, el PSO no requiere que el problema de optimización sea diferenciable, al igual que el método del Random Search y a diferencia de los métodos basados en gradientes. Esto lo hace particularmente útil en escenarios donde los métodos tradicionales fallan o son difíciles de aplicar.

La flexibilidad del PSO ha permitido su aplicación en una amplia gama de áreas, incluyendo, pero no limitándose a, la ingeniería eléctrica (para el diseño de redes eléctricas y sistemas de control), la bioinformática (en la alineación de secuencias de ADN), la optimización de procesos industriales y hasta en el ámbito financiero, para la optimización de carteras de inversión. Esta amplia aplicabilidad destaca no solo la robustez del PSO, sino también su relevancia en la resolución de problemas complejos en el mundo real.

7.2 Descripción del método de PSO

Como se ha mencionado, el PSO se inspira en el comportamiento social y colectivo de organismos como los pájaros y los peces. En la naturaleza, estos enjambres exhiben un comportamiento que se puede describir como una inteligencia colectiva; pareciera que el grupo es capaz de tomar decisiones complejas cuando realmente se trata de individuos con pensamiento propio, no cuentan con un elemento central de inteligencia o un líder definido. Esta analogía se traslada al PSO, donde un "enjambre de partículas" o un conjunto de soluciones a un problema de optimización se mueve a través del espacio de búsqueda. Cada "partícula" del enjambre representa una solución posible y sigue reglas simples basadas en su experiencia y la de sus vecinos para encontrar óptimos locales o globales ([7.4] y [7.5]).

En el PSO, cada partícula tiene dos atributos principales: posición y velocidad (véanse las referencias [7.1], [7.6] y [7.7]). El número de partículas se puede elegir como un parámetro del algoritmo, podemos imaginar que son

10 partículas o podrían ser 100; para generalizar, hablaremos de un número i de partículas.

La posición actual de una partícula se llamará $\mathbf{x}_{i(n)}$ y representa una solución potencial en el espacio de búsqueda del problema. Su velocidad actual se denominará $\mathbf{v}_{i(n)}$, y determina cuán rápido y en qué dirección se mueve la partícula para explorar nuevas posiciones (soluciones).

Recuerde que las letras negritas, como $\mathbf{x}$ y $\mathbf{v}$, indican que se trata de un vector. Podemos imaginar el caso de dos dimensiones, donde cada vector tiene su componente "x" y "y".

Además de la posición y velocidad individual, se tiene una mejor posición personal $\mathbf{p}_{best,i}$, y una mejor posición global $\mathbf{g}_{best}$. Esto es porque en el PSO existe la regla de que las partículas se tienen que mover, aunque estén en el óptimo global, el movimiento es parte del algoritmo. Sin embargo, si una partícula se ve forzada a moverse, la información de la mejor solución no se pierde, se almacena en esa variable que indica la mejor solución que ha tenido la partícula. Al final es posible consultar esa solución y recuperarla en caso de ser la mejor solución.

Entonces se guarda la mejor solución de cada partícula $\mathbf{p}_{best,i}$; si i fuera igual a 10, lo que indica que tenemos 10 partículas, tendríamos una $\mathbf{p}_{best,1}$, $\mathbf{p}_{best,2}$, ... $\mathbf{p}_{best,9}$, y $\mathbf{p}_{best,10}$. Pero solamente una $\mathbf{g}_{best}$, que evidentemente sería una de esas 10 mejores soluciones individuales $\mathbf{p}_{best,i}$.

Ahora que hemos definido estos términos, podemos agregar que la velocidad de la partícula i, para el siguiente movimiento (recordemos que es un proceso iterativo o por pasos), a la cual llamaremos $\mathbf{v}_{i(n+1)}$, se encontrará mediante la siguiente fórmula:

$$\mathbf{v}_{i(n+1)} = \omega \mathbf{v}_{i(n)} + c_1 r_1 \left(\mathbf{p}_{best,i} - \mathbf{x}_{i(n)} \right) + c_2 r_2 \left(\mathbf{g}_{best} - \mathbf{x}_{i(n)} \right). \qquad (7.1)$$

La ecuación (7.1) nos indica que la velocidad del siguiente movimiento de la partícula i depende de su velocidad actual, o velocidad del movimiento anterior $\mathbf{v}_{i(n)}$, la cual está multiplicada por un parámetro o constante ω al que se le llama factor de inercia, debido a que puede regular el impacto que la velocidad anterior tiene sobre la velocidad nueva.

En el siguiente elemento de (7.1) tenemos a la distancia entre la partícula (en su posición actual $\mathbf{x}_{i(n)}$) y su mejor solución ($\mathbf{p}_{best,i}$). En el campo de la optimización, a esta distancia ($\mathbf{p}_{best,i} - \mathbf{x}_{i(n)}$) se le llama *cognición personal*. Esta distancia o cognición está multiplicada por dos factores: c_1 es una constante, llamada constante de aceleración personal, debido a que multiplica a la distancia de la partícula con su mejor solución; r_1 es un número aleatorio entre 0 y 1 ([0,1]).

El último elemento de (7.1) contiene la distancia entre la partícula (en su posición actual $\mathbf{x}_{i(n)}$) y la mejor solución (de las i partículas) ($\mathbf{g}_{best}$). A esta distancia ($\mathbf{g}_{best} - \mathbf{x}_{i(n)}$) se le llama *cognición social* y está multiplicada por dos factores: c_2 es una constante, llamada constante de aceleración social, debido a que multiplica a la distancia de la partícula con la mejor solución (de toda la sociedad, por decirlo así), y r_2 es un número aleatorio entre 0 y 1 ([0,1]).

Las constantes ω, c_1, y c_2 son seleccionadas por el programador para ajustar el impacto que cada uno de los tres factores tiene sobre la nueva velocidad; r_1 y r_2, son valores aleatorios. El factor de la aleatoriedad sigue presente, como en la mayoría de los algoritmos metaheurísticos y en los procesos de la naturaleza.

Una vez definido cómo se calcula la velocidad de las partículas, podemos definir cómo se calcula la nueva posición de las partículas como en (7.2):

$$\mathbf{X}_{i(n+1)} = \mathbf{X}_{i(n)} + \mathbf{V}_{i(n+1)}. \tag{7.2}$$

En cada iteración, las partículas ajustan sus velocidades en función de sus experiencias personales y las del colectivo, explorando así el espacio de búsqueda. El equilibrio entre la explotación (centrándose en áreas conocidas) y la exploración (buscando nuevas áreas) es crucial para la efectividad del PSO. El ajuste de los parámetros como ω, c_1, y c_2 puede tener un impacto significativo en el comportamiento del enjambre y, por ende, en la eficiencia del algoritmo para encontrar soluciones óptimas.

Antes de ver un código, veamos un ejemplo sencillo. La figura 7.1 muestra un diagrama de contornos, de hecho, es la función Peaks que estudiamos en el capítulo 2. Imaginemos que tenemos 100 partículas, pero solo nos centramos en una, la partícula de color negro. Esta partícula estuvo en donde se ve el punto gris, con coordenadas (-2, -1), pasó por donde está el punto verde con coordenadas (0, -0.5) y ahora, después de 43 iteraciones, se encuentra en el punto de color negro (-1, 1). Supongamos que es la partícula $i = 5$ y, dado que estamos en la iteración $n = 43$,

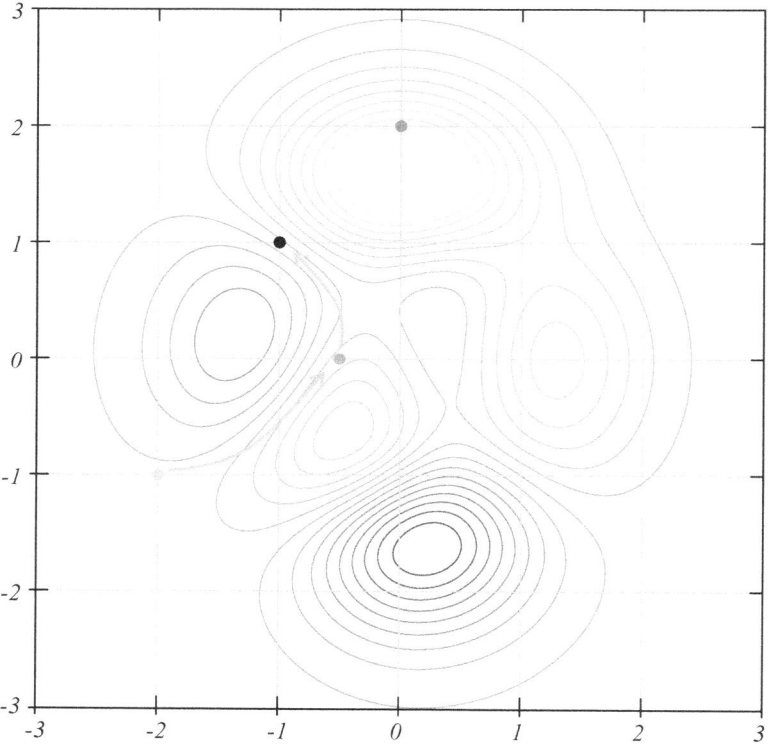

Figura 7.1 Ejemplo del comportamiento de una partícula en el PSO.

la posición actual ($n = 43$) de la partícula ($i = 5$) se puede escribir como (7.3).

$$\mathbf{x}_{i(n)} = \mathbf{x}_{5(43)} = \begin{bmatrix} -1 \\ 1 \end{bmatrix}. \tag{7.3}$$

La posición de la mejor solución que ha tenido la partícula 5 se puede escribir como (7.4):

$$\mathbf{p}_{best,5} = \begin{bmatrix} -0.5 \\ 0 \end{bmatrix}. \tag{7.4}$$

Y la mejor posición global $\mathbf{g}_{best}$ se puede escribir como (7.5):

$$\mathbf{g}_{best} = \begin{bmatrix} 0 \\ 2 \end{bmatrix}. \tag{7.5}$$

Supongamos, además, que la velocidad $\mathbf{v}_{5(43)}$ de nuestra partícula es conocida como:

$$\mathbf{v}_{5(43)} = \begin{bmatrix} -0.1 \\ 0.15 \end{bmatrix}. \tag{7.5}$$

En la primera iteración se puede considerar que las velocidades son cero, posteriormente, conforme pasan las iteraciones se calculan las velocidades con la ecuación (7.1). En este caso, calcularemos la velocidad de la siguiente forma:

$$\mathbf{v}_{5(44)} = \omega \mathbf{v}_{5(43)} + c_1 r_1 \left(\mathbf{p}_{best,5} - \mathbf{x}_{5(43)} \right) + c_2 r_2 \left(\mathbf{g}_{best} - \mathbf{x}_{5(43)} \right). \tag{7.6}$$

Supongamos que $\omega = 0.5$, $c_1 = 1.5$ y $c_2 = 1.5$. Y, utilizando los vectores que hemos definido en (7.3) a (7.6), la ecuación (7.7) quedaría:

$$\mathbf{v}_{5(44)} = 0.5 \begin{bmatrix} -0.1 \\ 0.15 \end{bmatrix} + 1.5 r_1 \left(\begin{bmatrix} -0.5 \\ 0 \end{bmatrix} - \begin{bmatrix} -1 \\ 1 \end{bmatrix} \right) + 1.5 r_2 \left(\begin{bmatrix} 0 \\ 2 \end{bmatrix} - \begin{bmatrix} -1 \\ 1 \end{bmatrix} \right). \tag{7.7}$$

Nótese que la diferencia entre la mejor posición de la partícula y su posición actual, la *cognición personal*, tendría en su componente $x = -0.5 - (-1) = 0.5$, y en su componente $y = 0 - 1 = -1$. Quiere decir que, para ir de la posición actual de la partícula a la mejor posición que ha tenido, tendría que avanzar 0.5 en dirección del eje x, y -1 en dirección del eje y, y esto nos llevaría del punto negro al punto verde.

La *cognición social* tendría 1 en su componente en x y 1 en su componente en y. Esto nos llevaría del punto negro al punto rojo. Es por eso que los vectores en ocasiones son nombrados como distancias.

Nótese que en la figura 7.1 el punto rojo, que es la mejor posición obtenida hasta ahora, está intencionalmente puesto en un lugar diferente al óptimo global. Se supone que no ha terminado el algoritmo, pero que, poco a poco, las partículas podrían irse acercando al óptimo global que, de acuerdo con lo que estudiamos en el capítulo 2, estaría aproximadamente en (0, 1.5).

7.3 Funciones útiles en MATLAB

Antes de ver la aplicación, repasaremos algunas funciones de MATLAB que serán de gran utilidad, tanto en el PSO como en otros algoritmos metaheurísticos.

Si tenemos una matriz (A), podemos tomar una columna con la instrucción `A(:,i)`, en donde `i` es la columna que nos interesa. Por ejemplo, el código 7.1 define una matriz (A), posteriormente genera un vector columna con la columna 1 de la matriz (A) y posteriormente genera un vector fila con la fila 2 de la matriz (A). Ejecute el código y observe el resultado en la ventana de comandos:

```
% Código 7.1 - define una matriz y llama una fila o columna
clear ; clc ; close ; % reset
A = [ 1 4 7 ; 2 5 8 ; 3 6 9 ]
B = A(:,1)
C = A(2,:)
D = C'
```

Si todo sale bien, la pantalla de comandos debe mostrar la matriz (A), su primera columna y su segunda fila. Nótese que el apóstrofe puede transponer un vector fila y convertir un vector fila en vector columna, o viceversa (`D = C'`).

Ya hemos utilizado la definición de funciones en MATLAB. Por ejemplo, en el código 7.2 se define una función (F1), que hace la suma de un número con su cuadrado; también se define la matriz (A) de 3 x 3 y el vector (B) de 2 x 1:

```
% Código 7.2 - operaciones con matrices y funciones
clear ; clc ; close ;   % reset
F1 = @(x)  x + (x.^2) ;
A = [ 1 4  7 ; 2  5  8 ; 3  6  9 ]
B = [ 1 ; 3 ]
R1 = F1(5)
R2 = F1(B)
R3 = F1(A(:,1))
```

Internamente no hay diferencia en MATLAB entre vectores y matrices, los vectores son un caso particular de las matrices.

Posteriormente, en el código 7.2, está el ejemplo de evaluar un escalar con la función (`F1(5)`), evaluar un vector (`F1(B)`) y cómo evaluar solo una columna de una matriz (`F1(A(:,1))`).

Ejecute el código 7.2 y observe el resultado para entender mejor las funciones con vectores y matrices.

Existe una función de MATLAB muy útil para encontrar valores máximos de un vector. El código 7.3 declara un vector (`X`), y después utiliza dos veces la función (`max(X)`). La primera vez la función se aplica al vector y se asigna a un escalar (`A = max(X)`), y en ese caso, la función devuelve el valor máximo de todos los valores del vector (`A = 6`):

```
% Código 7.3 - función max
clear ; clc ; close ;   % reset
X = [ 1 ; 3 ; 5 ; 6 ; 4 ; 2 ]
A = max(X)
[A, B] = max(X)
```

La segunda vez, la función se aplica al vector de la misma forma, pero, en esta ocasión, la respuesta de la función se asigna a un arreglo de dos valores (`[A, B] = max(X)`). El resultado es que en el primer valor se guarda el valor máximo del vector (`A = 6`), y en el segundo, se guarda el número de elemento del vector (`B = 4`), es decir, su posición dentro del vector, lo que es muy útil para saber en qué posición está el valor máximo.

El código 7.4 hace un ejercicio relacionado con la función Peaks. Observémoslo con atención:

```
% Código 7.4 - peaks max
clear ; clc ; close ;   % reset
X = [ -2, -1 ; -0.5, 0 ; -1, 1 ; 0, 2]
pBestVal =  peaks(X(:,1), X(:,2))
[gBestVal, gBestIdx] = max(pBestVal)
gBest = X(gBestIdx, :)
```

Después de hacer el *reset* de la memoria, se declara un vector (X) que contiene 4 pares ordenados. Estos pares son las coordenadas de los puntos señalados en la figura 7.1; el punto gris es [-2, -1], el punto verde es [-0.5, 0], el punto negro es [-1, 1], y el punto rojo es [0, 2]. Sabemos que este punto rojo es el más cercano al máximo global de esta función, por lo que, si evaluamos las coordenadas en la función Peaks, el punto rojo debería dar el número más grande.

En la notación de MATLAB, el punto y coma significa que se salta al siguiente renglón o fila; así, se pueden declarar todos los puntos en la misma variable como un arreglo de soluciones.

Posteriormente, el código 7.2 evalúa los puntos con la función (peaks), y guarda el valor en la variable (pBestVal), que de hecho es un vector de 4 elementos, y contiene la altura en Peaks de los puntos descritos en la figura 7.1. Evidentemente el valor más grande es el último, ya que el punto rojo es el más cercano al óptimo global. Después el código utiliza la función (max(pBestVal)) para obtener el máximo valor y su índice y, por último, el par de coordenadas que coinciden con este valor se guarda en la variable (gBest). Ejecute el código y observe los resultados en la ventana de comandos, lo que ayudará a entender su funcionamiento.

En otras palabras, tenemos un conjunto de cuatro coordenadas (X), las evaluamos en la función Peaks, obtenemos el que da el valor más alto y guardamos tanto el valor más alto obtenido de Peaks (gBestVal) como las coordenadas (gBest). Evidentemente, este conjunto de líneas será utilizado cuando se resuelva la función Peaks con el PSO.

7.4 Maximizar la función Peaks

Veamos ahora cómo aplicar el algoritmo de PSO para maximizar la función Peaks. El código 7.1 hace este trabajo, lo ejecutaremos y posteriormente discutiremos un poco sobre el código:

```
% Código 7.1 - Peaks con PSO
clear ; clc ; close ;      reset

% Crear una malla de puntos en el espacio
[x1, x2] = meshgrid(linspace(-3, 3, 1000), linspace(-3, 3, 1000)) ;
z = peaks(x1, x2) ; % Evaluar la función en cada punto de la malla

figure('Position', [100 100 1200 400]) ;      % Crea marco de la figura
subplot(1, 2, 1) ;                 % sub-figura 1
surf(x1, x2, z, 'EdgeColor', 'none', 'FaceColor', 'interp') ;  % Fig 2D
colorbar ;                         % muestra la barra de colores
hold on ;                          % que no se borre
subplot(1, 2, 2) ;                 % sub-figura 1
contour(x1,x2,z,20) ;              % grafica de contornos
hold on ;                          % que no se borre

numPart = 100;                     % Número de partículas
X = rand(numPart, 2) * 6 - 3 ;     % Inicialización de las partículas
V = zeros(numPart, 2) ;            % Inicialización de las velocidades

% Mejor posición personal y global
pBest = X ;
pBestVal =  peaks(X(:,1), X(:,2)) ;
[gBestVal, gBestIdx] = max(pBestVal) ;
gBest = X(gBestIdx, :) ;

% Parametros del PSO
w = 0.5;          % Factor de inercia
c1 = 1.5;         % Coeficiente cognitivo
c2 = 1.5;         % Coeficiente social
Niter = 200;      % Número máximo de iteraciones

for iter = 1:Niter % Proceso iterativo

    % Actualización de la velocidad
    V = w*V + c1*rand*(pBest - X) ...
        + c2*rand*(repmat(gBest, numPart, 1) - X);
    X = X + V ;  % Actualización de la posición

    for i = 1:numPart
        % Evaluación de la nueva posición
        currentVal = peaks(X(i,1), X(i,2)) ;

        % Actualiza (si aplica) la mejor posición personal
        if currentVal > pBestVal(i)
            pBestVal(i) = currentVal ;
```

```
        pBest(i, :) = X(i, :) ;
    end
end

% Actualiza (si aplica) la mejor posición social (o global)
[maxPBestVal, idx] = max(pBestVal);
if maxPBestVal > gBestVal
    gBestVal = maxPBestVal ;
    gBest = pBest(idx, :) ;

    subplot(1, 2, 1) ;
    plot3( gBest(1), gBest(2), peaks(gBest(1), gBest(2)), ...
        'ro', 'MarkerSize', 2 ) ;
    subplot(1, 2, 2) ;
    plot(gBest(1), gBest(2),'.','markersize',10, ...
        'markerfacecolor','g') ;
    pause(0.05) ;
end

end

Sol = gBest        % Resultado coordenadas del punto más alto
Altura = peaks(gBest(1), gBest(2))    % Altura del punto más alto
```

Veamos ahora algunos detalles del código. El programa inicia como otros códigos que hemos estudiado, haciendo el *reset* de memoria, creando la malla para representar la función objetivo y representando la misma; en este caso, se hace una figura con 2 sub-figuras, para ver la función Peaks en 3D y en 2D con la gráfica de contornos. En este caso no se define la función para evaluarse, se utiliza la que está definida en MATLAB:

```
% Código 7.1 - Peaks con PSO
clear ; clc ; close ;   % reset

% Crear una malla de puntos en el espacio
[x1, x2] = meshgrid(linspace(-3, 3, 1000), linspace(-3, 3, 1000)) ;
z = peaks(x1, x2) ;   % Evaluar la función en cada punto de la malla

figure('Position', [100 100 1200 400]) ;      % Crea marco de la figura
subplot(1, 2, 1) ;                     % sub-figura 1
surf(x1, x2, z, 'EdgeColor', 'none', 'FaceColor', 'interp') ;  % Fig 3D
colorbar ;                             % muestra la barra de colores.
hold on ;                              % que no se borre
subplot(1, 2, 2) ;                     % sub-figura 1
contour(x1,x2,z,20) ;                  % gráfica de contornos
hold on ;                              % que no se borre
```

Posteriormente se definen los parámetros del optimizador y se inicializan los vectores, en este caso se están utilizando 100 partículas (`numPart = 100 ;`). Los vectores de posiciones y de velocidades se llaman `X` y `V` respectivamente, son de hecho matrices de 100 x 2, sin embargo, cada par de escalares se considera una sola velocidad y posición, con su componente x y su componente y:

```
numPart = 100 ;                    % Número de partículas
X = rand(numPart, 2) * 6 - 3 ;     % Inicialización de las partículas
V = zeros(numPart, 2) ;            % Inicialización de las velocidades
```

Nótese que los vectores de posición se han inicializado aleatoriamente mediante la función (`rand`) que sí se utiliza sin argumentos, devuelve un solo valor (un escalar) entre 0 y 1, pero, si se ponen argumentos entre paréntesis, por ejemplo (`rand(n, m)`), devuelve una matriz de (n x m) con todos los valores tomados aleatoriamente entre 0 y 1.

Por otro lado, las velocidades se inicializan en cero con el operador (`zeros`) que se utiliza para generar matrices llenas de ceros (`V = zeros(numPart, 2) ;`).

Una vez que se han generado aleatoriamente las primeras posiciones, las siguientes líneas inicializan las mejores posiciones tanto de forma personal como social. La mejor posición personal es muy simple, dado que solo existe un valor para cada partícula, así que la solución actual es la mejor solución hasta el momento (`pBest = X ;`).

Posteriormente se definen los parámetros del optimizador y se inicializan los vectores, en este caso se están utilizando 100 partículas (`numPart = 100 ;`). El vector de posiciones y de velocidades se llaman `X` y `V` respectivamente, son de hecho matrices de 100 x 2, sin embargo, cada par de escalares se considera una sola velocidad y posición, con su componente x y su componente y.

Posteriormente se identifica la mejor posición global dentro de las 100 partículas generadas; primero tenemos que evaluar las partículas, en la función Peaks, después podemos utilizar la función (`max`) para así guardar la altura de la mejor solución, y la mejor solución (sí, son las mismas líneas que estudiamos en el subcapítulo anterior).

```
% Mejor posición personal y global
pBest = X ;
pBestVal =  peaks(X(:,1), X(:,2)) ;
[gBestVal, gBestIdx] = max(pBestVal);
gBest = X(gBestIdx, :);
```

A continuación, se declaran los parámetros constantes del PSO, en este caso el factor de inercia y los coeficientes cognitivos, así como el máximo número de iteraciones:

```
% Parámetros del PSO
w = 0.5;         % Factor de inercia
c1 = 1.5;        % Coeficiente cognitivo
c2 = 1.5;        % Coeficiente social
Niter = 200;     % Número máximo de iteraciones
```

Ahora es posible iniciar el proceso iterativo que aplica el algoritmo del PSO. Nótese que la actualización de la velocidad y de la posición es muy simple porque MATLAB nos permite hacer estas funciones de forma matricial:

```
for iter = 1:Niter % Proceso iterativo

    % Actualización de la velocidad
    V = w*V + c1*rand*(pBest - X) ...
        + c2*rand*(repmat(gBest, numPart, 1) - X);
    X = X + V ; % Actualización de la posición
```

Un detalle interesante es que, aunque la mejor posición global (gBest) es un vector, solo contiene una solución (es un vector de 1 x 2), los otros vectores tienen un tamaño mayor, contienen el mismo número de soluciones que el número de partículas utilizadas, en este caso 100. Una función de MATLAB (repmat(gBest, numPart, 1)) nos ayuda a generar un vector que contiene 100 veces (numPart) la solución (gBest).

Dentro del proceso iterativo, después de actualizar la posición de las partículas, es tiempo de evaluar las nuevas posiciones y de actualizar, si aplica, la mejor solución personal:

```
    for i = 1:numPart
        % Evaluación de la nueva posición
        currentVal = peaks(X(i,1), X(i,2)) ;
```

```
            % Actualiza (si aplica) la mejor posición personal
        if currentVal > pBestVal(i)
            pBestVal(i) = currentVal ;
            pBest(i, :) = X(i, :) ;
        end
  end
```

Igualmente, se evalúa la posibilidad de actualizar la mejor posición global, de nuevo si aplica; en otras palabras, si en las nuevas partículas generadas sí se encontró una mejor solución global. En este caso, además se señala con un punto en las gráficas, es decir, que solo se señala la mejor solución global que se va encontrando:

```
    % Actualiza (si aplica) la mejor posición social (o global)
    [maxPBestVal, idx] = max(pBestVal);
    if maxPBestVal > gBestVal
        gBestVal = maxPBestVal ;
        gBest = pBest(idx, :) ;

        subplot(1, 2, 1) ;
        plot3( gBest(1), gBest(2), peaks(gBest(1), gBest(2)), ...
                'ro', 'MarkerSize', 2 ) ;
        subplot(1, 2, 2) ;
        plot(gBest(1), gBest(2),'.','markersize',10, ...
                'markerfacecolor','g') ;
        pause(0.05) ;
    end

end
```

Por último, se muestra la mejor solución, en sus coordenadas y en su altura o valor evaluado con la función Peaks:

```
Sol = gBest           % Resultado coordenadas del punto más alto
Altura = peaks(gBest(1), gBest(2))    % Altura del punto más alto
```

7.5 Minimizar la función de Bohachevsky

Veamos ahora el código 7.2, el cual aplica el algoritmo del PSO, pero ahora no se trata de maximizar sino de minimizar, y la función objetivo es la función de Bohachevsky:

```
% Código 7.2 - Bohachevsky con PSO
clear ; clc ; close ;    % reset
```

```matlab
Boha = @(x1,x2) (x1.^2) + 2.*(x2.^2)  -0.3.*cos(3.*pi.*x1) ...
            -0.4 .* cos(4.*pi.*x2) + 0.7 ;

% Crear una malla de puntos en el espacio
[x1, x2] = meshgrid(linspace(-10, 10, 1000), linspace(-10, 10, 1000)) ;
z = Boha(x1, x2) ; % Evaluar la función en cada punto de la malla

figure('Position', [100 100 1200 400]) ;       % Crea marco de la figura
subplot(1, 2, 1) ;                      % sub-figura 1
surf(x1, x2, z, 'EdgeColor', 'none', 'FaceColor', 'interp') ; % Fig 3D
colorbar ;                              % muestra la barra de colores.
hold on ;                               % que no se borre
subplot(1, 2, 2) ;                      % sub-figura 1
contour(x1,x2,z,20) ;                   % gráfica de contornos
hold on ;                               % que no se borre


numPart = 100;                          % Número de partículas
X = rand(numPart, 2) * 20 - 10 ;        % Inicialización de las partículas
V = zeros(numPart, 2) ;                 % Inicialización de las velocidades

% Mejor posición personal y global
pBest = X ;
pBestVal = Boha(X(:,1), X(:,2)) ;
[gBestVal, gBestIdx] = min(pBestVal);
gBest = X(gBestIdx, :);

% Parámetros del PSO
w = 0.5;             % Factor de inercia
c1 = 1.5;            % Coeficiente cognitivo
c2 = 1.5;            % Coeficiente social
Niter = 100;         % Número máximo de iteraciones


for iter = 1:Niter % Proceso iterativo

    % Actualización de la velocidad
    V = w*V + c1*rand*(pBest - X) ...
        + c2*rand*(repmat(gBest, numPart, 1) - X);
    X = X + V ; % Actualización de la posición

    for i = 1:numPart
        % Evaluación de la nueva posición
        currentVal = Boha(X(i,1), X(i,2)) ;

        % Actualiza (si aplica) la mejor posición personal
        if currentVal < pBestVal(i)
            pBestVal(i) = currentVal ;
            pBest(i, :) = X(i, :) ;
        end
    end

    % Actualiza (si aplica) la mejor posición social (o global)
    [maxPBestVal, idx] = min(pBestVal);
    if maxPBestVal < gBestVal
```

```
    gBestVal = maxPBestVal ;
    gBest = pBest(idx, :) ;

    subplot(1, 2, 1) ;
    plot3( gBest(1), gBest(2), Boha(gBest(1), gBest(2)), ...
        'ro', 'MarkerSize', 2 ) ;
        hold on ;                    % que no se borre
    subplot(1, 2, 2) ;
    plot(gBest(1), gBest(2),'.','markersize',10, ...
        'markerfacecolor','g') ;
    pause(0.05) ;
    hold on ;                        % que no se borre
    end

end

Sol = gBest          % Resultado coordenadas del punto más alto
Altura = Boha(gBest(1), gBest(2))     % Altura del punto más alto
```

Como principales diferencias de este código con respecto del código 7.1 podemos notar que en este caso sí se define la función de Bohachevsky, ya que esta no está definida en MATLAB. Además, como el objetivo en este caso es minimizar en lugar de maximizar, en lugar de utilizar la función (`max()`) se utiliza su función análoga (`min()`). Por último, para actualizar las mejores soluciones, no se pregunta si son mayores que las mejores anteriores (`>`), sino que se pregunta si son menores (`<`).

Nótese que el algoritmo PSO inicializa las partículas de forma aleatoria y, a pesar de esto, tiene pocas posibilidades de quedar atrapado en un óptimo local, debido a la cantidad de partículas y al movimiento de estas.

Referencias

[7.1] Kennedy J. & Eberhart, R. (1995). Particle Swarm Optimization. *Proceedings of the IEEE International Conference on Neural Networks*, 4, 1942-1948.

[7.2] Wang, D., Tan, D., & Liu, L. (2018). Particle swarm optimization algorithm: an overview. *Soft computing*, (22), 387-408.

[7.3] Zhang, Y., Wang, S., & Ji, G. (2015). A Comprehensive Survey on Particle Swarm Optimization Algorithm and Its Applications. *Mathematical Problems in Engineering*.

[7.4] Koohi, I., & Groza, V. Z. (2014). Optimizing particle swarm optimization algorithm. *IEEE 27th Canadian conference on electrical and computer engineering (CCECE)*, 1-5.

[7.5] Sedighizadeh, D., & Masehian, E. (2009). Particle Swarm Optimization Methods, Taxonomy and Applications. *International Journal of Computer Theory and Engineering, 1*(5), 486-502.

[7.6] Mazhoud, I., Hadj-Hamou, K., Bigeon, J., & Joyeux, P. (2013). Particle swarm optimization for solving engineering problems: A new constraint-handling mechanism. *Engineering Applications of Artificial Intelligence, 26*(4), 1263-1273.

[7.7] Shami, T. M., El-Saleh, A. A., Alswaitti, M., Al-Tashi, Q., Summakieh, M. A., & Mirjalili, S. (2022). Particle Swarm Optimization: A Comprehensive Survey. *IEEE Access, 10*, 10031-10061.